Paul Kannmann

Das Stalag XI A Altengrabow
1939–1945

Wissenschaftliche Reihe der Stiftung Gedenkstätten Sachsen-Anhalt
Band 2

Herausgegeben von der Stiftung Gedenkstätten Sachsen-Anhalt

Paul Kannmann

Das Stalag XI A Altengrabow 1939–1945

mitteldeutscher verlag

Die Veröffentlichung dieses Buches wird gefördert durch das Kultusministerium des Landes Sachsen-Anhalt aus Mitteln der GlücksSpirale von LOTTO.

Die Realisierung des Projektes erfolgt in Kooperation mit der Landeszentrale für politische Bildung Sachsen-Anhalt.

Umschlagabbildung: Blick auf das Lager Altengrabow; Quelle: privates Fotoalbum P. Jacobshagen, Dok.Stelle Celle

Bibliografische Information der Deutschen Nationalbibliothek
Die Deutsche Nationalbibliothek registriert diese Publikation in der Deutschen Nationalbibliografie; detaillierte bibliografische Daten im Internet unter http://d-nb.de.

Zugl. Diss., Univ. Magdeburg 2013

2015
© mdv Mitteldeutscher Verlag GmbH, Halle (Saale)
www.mitteldeutscherverlag.de

Gesamtherstellung: Mitteldeutscher Verlag, Halle (Saale)

ISBN 978-3-95462-545-1

Printed in the EU

Inhalt

1 Einführung

„Im Frühjahr [1940] wurde mein Bataillon nach Altengrabow zur Lagerbewachung verlegt. Dieses Mal hatte auch meine Kompanie ihr Quartier im Lager. Der Dienst war eintönig. Das Erleben des Frühlings in den nahen Wäldern, die Nachrichten vom siegreichen Feldzug in Holland, Belgien und Frankreich und das Zusammensein des ganzen Offizierskorps belebten unsere Gemüter.“[1]
Paul Jacobshagen (stellvertretender Kommandant in Altengrabow)

„Es war der 24. Dezember [1941]. Sie befahlen uns, sich zu bewegen und brachten uns zum Zentraleingang. Wir waren ungefähr 250 Leute und ich stand in der letzten Reihe. Wieder hörten wir Schüsse. Ich drehte mich um und sah, wie die Faschisten alle töteten, die zurück blieben. Das waren Kranke mit geschwollenen Füßen. Ich versuchte, nicht zurück zu bleiben und kam in die dritte Reihe von hinten. Neben mir stolperten einige, fielen und wurden auch getötet. Die Schüsse brachten das ganze Lager auf die Beine. Ganz erschrocken standen sie am Stacheldraht und beobachteten uns.“[2]
Khacik Adamjan (sowjetischer Kriegsgefangener in Altengrabow)

---

1 Auszug aus den in den 1960er Jahren angefertigten Kriegserinnerungen des u.a. im Kriegsgefangenen-Mannschaftsstammlager (Stalag) XI A eingesetzten Offiziers P. Jacobshagen zum Jahr 1940 (im Folgenden: „Jacobshagen-Bericht"), S. 102. Freundlicherweise zur Verfügung gestellt von R. Keller (Dok.Stelle Celle).

2 Auszug aus den Gefangenschaftserinnerungen „Als ich 20 Jahre alt wurde" von Khacik Adamjan, der als sowjetischer Kriegsgefangener u.a. im Stalag XI A untergebracht war (im Folgenden: „Adamjan-Bericht"), S. 2. Mit freundlicher Unterstützung zur Verfügung gestellt von Dr. Rüdiger Fikentscher, ehemaliges Mitglied im Förderverein zur Erforschung der Stalag-XI-A-Historie. Veröffentlicht in den „Freitagsbriefen" des Vereins „Kontakte-Контакты" e.V./Verein für Kontakte zu Ländern der ehemaligen Sowjetunion im April 2007.

„Über die Beweggründe meiner Handlungsweise, die ich als höchst verworfen anerkenne, befragt, kann ich nur erklären, dass ich diesen Kriegsgefangenen gern hatte."[3]
Grete H. (deutsche Zivilistin, Stendal 1944)

Der als monoton geschilderte Militärdienst Jacobshagens, die Erinnerungen des sowjetischen Kriegsgefangenen Adamjan an die Erschießung seiner Kameraden und das Verhältnis der Grete H. mit einem kriegsgefangenen Franzosen deuten die Vielfalt der Erfahrungshorizonte an, die mit der Geschichte des Kriegsgefangenen-Mannschaftsstammlagers (Stalag) XI A im Zeitraum von 1939 bis 1945 verbunden sind. Hauptmann Jacobshagen versah zwar lediglich einen Teil seines Dienstes im Stalag XI A, doch war er damit Akteur innerhalb der völkerrechtswidrigen Behandlungspraxis in Altengrabow.[4] Der Kriegsverlauf ließ zu Beginn des Jahres 1940 noch keine Zweifel an der Strategie der Bewegungskriege aufkommen. Das Herrschaftsgebiet des Deutschen Reiches dehnte sich in kürzester Zeit aus, was zu einer positiven Kriegsstimmung beitrug. In einem Ermittlungsverfahren in den 1960er Jahren trat Jacobshagen als Zeuge für die sogenannte Aussonderung von sowjetischen Kriegsgefangenen auf. Angehörige der Schutzstaffel der

---

3   Landeshauptarchiv Sachsen-Anhalt, Abteilung Magdeburg (im Folgenden: LHASA, MD), C 134 Magdeburg Sondergericht Magdeburg und Staatsanwaltschaft beim Sondergericht Magdeburg, Nr. 169, Bl. 6. Das Zitat der jungen Arbeiterin (*01.07.1924; Name geändert) im Ersatzverpflegungsmagazin Magdeburg (Außenstelle Stendal), die am 22. Juni 1944 während der Haft von einem Kind entbunden wurde, ist während einer Vernehmung durch die Geheime Staatspolizei (Gestapo) zu Protokoll gegeben worden. Durch Falschaussagen versuchte sie die Identität des Vaters, eines im Stalag XI A kriegsgefangenen Franzosen, zu schützen. Die von einer Mitangeklagten des „Verbotenen Umgangs mit Kriegsgefangenen" Denunzierte wurde in ein Zuchthaus eingewiesen. Über den Verbleib des Kindes und das Schicksal der Mutter ist weiter nichts bekannt. Vgl. Kap. 5.2.1.

4   In seinen Nachkriegsmemoiren heißt es: „Wir waren Landes-Schützen-Kompanie, genau: 2. Kompanie 718." „Jacobshagen-Bericht", S. 100. Jacobshagen war damit für die Ausbildung und Führung der für die Kriegsgefangenenbewachung befehligten Soldaten zuständig.

NSDAP (SS) nahmen im Stalag XIA die Auswahl der als besonders gefährlich eingeschätzten Gefangenen vor und arbeiteten dabei eng mit der Wehrmacht zusammen.

Der sowjetische Kriegsgefangene Adamjan wog nach dem Winter 1941/42 nach eigenen Angaben 36 Kilogramm bei einer Körpergröße von 1,77 Meter.[5] Am 25. Dezember 1941 verbrachte er in der Baracke seinen 20. Geburtstag mit zwei in der Nacht zuvor verstorbenen Kameraden. Als Verfügungsmasse am unteren Ende der nationalsozialistischen „Rassenhierarchie" angesiedelt, erfuhr er im Stammlager eine durch Nutzenabwägungen und Organisationsdefizite geprägte menschenverachtende Behandlung.

Das Schicksal der Grete H. ist indirekt mit dem Stalag XIA verbunden. Sie lernte 1943 einen kriegsgefangenen Franzosen am Arbeitsplatz in Stendal kennen und begann ein folgenschweres Verhältnis mit ihm. Kriegsgefangene wurden, so Silke Schneider, durch geschlechtliche Beziehungen mit deutschen Frauen zu „doppelten Feinden".[6] Die Schwangerschaft der Grete H. hatte eine hohe Zuchthausstrafe zur Folge, denn die in die Rechtsgeschichte eingegangenen Verurteilungen sogenannter „Geschlechtsverkehr-Verbrechen" sollten eine besonders abschreckende Wirkung in der Bevölkerung erzielen. Trotz der sehr unterschiedlichen Erfahrungen haben die biografischen Momentaufnahmen einen identischen Fluchtpunkt: den Ort Altengrabow. Mit ihm ist eine kontinuierliche, umfassende[7] und bis in das Jahr 1895 zurückreichende Militär-

---

5   „Adamjan-Bericht", S. 3.
6   Schneider, Silke: Verbotener Umgang. Ausländer und Deutsche im Nationalsozialismus. Diskurse um Sexualität, Moral, Wissen und Strafe (Historische Grundlagen der Moderne. Autoritäre Diktaturen und Regime, 2), Baden-Baden 2011, S. 191.
7   Der heute formal nicht mehr existierende Ort Altengrabow schreibt diese militärische Kontinuitätslinie bis in die Gegenwart fort. Die Bundeswehr hat das Gelände nach umfangreichen Räumungsarbeiten Mitte der 1990er Jahre in die militärische Aus- und Weiterbildungspraxis integriert. Online unter URL: http://www.streitkraeftebasis.de (07.06.2012), Eintrag März 2011 unter dem Titel „Ein Platz mit Geschichte und Zukunft".

geschichte verbunden.[8] Auf dem Grund des geschliffenen Dorfes Gloine wurde ein Schießplatz angelegt, welcher 50 Kilometer östlich von Magdeburg entfernt war und als Ausbildungsstätte für die Armee diente.[9] Binnen kurzer Zeit umfasste der „Truppenübungsplatz Altengrabow" einen Quadratkilometer Jerichower Boden und stand allen Waffengattungen des Heeres (Infanterie, Artillerie, Kavallerie) mit zahlreichen Funktionsbauten zur Verfügung. Der Ort entwickelte sich mit dem infrastrukturellen Ausbau zu einem festen Bestandteil in der Ausbildungspraxis des Heeres. Zahlreich erhaltene Postkarten ehemaliger Soldaten zeugen noch heute von der weitreichenden Wirkung dieses Militärstandortes.[10]

Während des Ersten Weltkrieges sind auf dem Gelände neben Reservisten und Kriegsfreiwilligen auch kriegsgefangene britische, französische und russische Soldaten untergebracht worden.[11] Der Regionalforscher Walter Sens hielt in seiner 1933 erschienenen Broschüre „Altengrabow tief im Sande …!" zur Einrichtung des Gefangenenlagers und seiner Indienststellung fest: „Und außerhalb der Lagergrenzen, da, wo man nach dem ursprünglichen Plan von 1895 das Barackenlager platzieren wollte, entsteht das Gefangenenlager Altengrabow. Schon in den ersten Kriegstagen gehen die Bauhandwerker an die Arbeit. […] In aller Eile entsteht ein höchst primitiver Stacheldrahtzaun. Da kommen auch schon die allerersten Gefangenentransporte. Zumeist sind es verwundete Belgier und Franzosen aus den allerersten Grenzkämpfen. […] An die 12.000 Gefangene wurden hier bewacht und betreut."[12]

Die einsatzfähigen Kriegsgefangenen sind auf die umliegenden Dör-

---

8   Vgl. Sens, Walter: „Altengrabow tief im Sande …!". Eine Geschichte des Truppenübungsplatzes, Burg b.M. 1933.

9   Vgl. ebd., S. 4–7.

10   Online: http://www.akpool.de/kategorien/2442-ansichtskarten-39291-alten grabow (22.01.13).

11   Vgl. Doegen, Wilhelm (Hg.): Kriegsgefangene Völker. Der Kriegsgefangenen Haltung und Schicksal in Deutschland, Bd. 1, Berlin 1919, S. 12–14.

12   Sens, „Altengrabow tief im Sande …!", S. 53–55.

fer verteilt worden und arbeiteten auf den Feldern der ortsansässigen Bauern. Nach dem Ende des Krieges wurden Flüchtlinge in den ehemaligen Barackenlagern untergebracht, und Anfang der 1920er Jahre hielt die Reichswehr Einzug auf dem Gelände. Mit Beginn des Zweiten Weltkrieges ist in der Nähe des Truppenübungsplatzes abermals ein Kriegsgefangenenlager für Mannschaftsdienstgrade (Stalag)[13] eingerichtet worden, in welchem Gefangene aus mehr als zehn Nationen registriert waren. Das Stalag XI A war neben dem Stalag XI B (Fallingbostel) für die Verwahrung, Betreuung und Entsendung in die Arbeitskommandos innerhalb eines sich phasenweise ausbreitenden Verwaltungsgebietes im Wehrkreis XI[14] zuständig. Nach heutigen geografischen Begriffen umfasste dieses Gebiet große Teile der Bundesländer Niedersachsen und Sachsen-Anhalt. Die Verwaltungseinheit erstreckte sich von Bückeburg im Westen bis Wittenberg im Osten sowie von Uelzen bis Göttingen in Nord-Süd-Achse.[15] Der Regierungsbezirk Magdeburg gehörte ab Mitte der 1930er Jahre zum Wehrkreis XI mit Sitz in Hannover. Der Zuständigkeitsbereich des Stalags XI A umfasste also den östlichen Teil des Wehrkreises und deckt sich daher mit großen Teilen des heutigen Bundeslandes Sachsen-Anhalt.

Nach der Evakuierung Altengrabows Anfang Mai 1945 diente es vorerst als Filtrierungslager für sowjetische und polnische Kriegsgefangene, um dann ununterbrochen bis 1994 von den sowjetischen Streitkräften (GSSD) als Truppenübungsplatz genutzt zu werden.[16] Der Ort Altengrabow stellt bis heute einen schwierigen bzw.

---

13 Weitere Lagertypen waren Offizierslager (Oflag); Durchgangslager (Dulag), Marinelager (Marlag).

14 Zur Gliederung des Wehrkreises XI siehe: http://www.lexikon-der-wehrmacht. de/Gliederungen/Wehrkreise/WK11-R.htm (02.07.2015).

15 Vgl. Keller, Rolf: Bergen-Belsen, Altengrabow, Magdeburg. Sowjetische Kriegsgefangene im Wehrkreis XI, in: Erinnern!, Bd. 3 (2004), H. 3, S. 1–13.

16 Vgl. Neef, Christian: Das Ende der 10. Panzerdivision, in: Spiegel, Nr. 53 (2009), S. 100–103.

vergessenen Ort[17] in der Erinnerungskultur der Bundesrepublik Deutschland im Allgemeinen und Sachsen-Anhalts im Besonderen dar. Dies gründet auf der weitestgehenden Unkenntnis, die über seine konkrete Geschichte und deren Bedeutung für die Kriegsgefangenenpolitik[18] im Ersten und Zweiten Weltkrieg vorhanden ist. Ebenso schwerwiegend wirken sich die nur geringfügig vorhandenen baulichen Reste des Lagers aus. Friedhofsanlagen, Baracken und Infrastrukturen sind bereits von den russischen Streitkräften geschleift worden. Auch heute liegen große Teile des ehemaligen Lagergeländes im Sperrgebiet, denn die Bundeswehr hat das Gelände nach 1994 in die Aus- und Weiterbildungspraxis integriert. Es sind keine dinglichen Reste des Stalags XI A vorhanden, die nicht durch die militärische Nachnutzung überformt worden sind. Dadurch verbleibt der historische Ort auf einer abstrakten Ebene und passt sich in das Konzept der „verunsichernden", aber auch vergessenen Orte ein. In der Nähe des Bahnhofs, zwischen Drewitz und Dörnitz, erinnert seit 2009 ein Mahnmal an die vor Ort verstorbenen Kriegsgefangenen und stellt damit erstmals einen festen Bestandteil in der regionalen Erinnerungskultur dar.[19] 68 Jahre nach der Evakuierung des Stalags XI A werden mit der vorliegenden Studie Forschungsergebnisse zu wesentlichen inhaltlichen

---

17 Zum erinnerungskulturellen Konzept vgl. den Sammelband von Thimm, Barbara/Kößler, Gottfried/Ulrich, Susanne (Hg.): Verunsichernde Orte. Selbstverständnis und Weiterbildung in der Gedenkstättenpädagogik (Schriftenreihe des Fritz-Bauer-Institutes, 21), Frankfurt am Main 2010.

18 Diesem von Overmans vermehrt verwendeten Terminus wird eine wesentliche Tragkraft zugeschrieben. Die Auseinandersetzung mit den in der Studie betrachteten Themenfeldern „Arbeit, Versorgung und Kontakt mit der deutschen Bevölkerung" lässt erkennen, wie sich die unterschiedliche Politik gegenüber den aus ganz Europa stammenden Kriegsgefangenen und ihrer Lebenswirklichkeit auszuwirken vermochte.

19 Vgl. Schütze, Bettina: Gemeinsam das Puzzle der Aufarbeitung vollenden, in: Volksstimme, 27.10.2012, online: http://www.volksstimme.de/nachrichten/lokal/burg/956087_Gemeinsam-das-Puzzle-der-Aufarbeitung-vollenden.html (08.09.2013).

Aspekte präsentiert und anhand der neueren Forschungsliteratur diskutiert; zudem wird die besondere Bedeutung des Ortes Altengrabow als künftiger Lern- und Gedenkort für die überregionale Erinnerungskultur begründet.[20]

1.1 Fragestellungen

Diese Studie hat das Ziel, die Bedeutung und die Auswirkungen des vielgestaltigen Kriegsgefangeneneinsatzes zwischen 1939 und 1945 im östlichen Teil des Wehrkreises XI, also in großen Teilen der preußischen Provinz Sachsen,[21] aufzuarbeiten. Der Umfang

---

20 Rüdiger Erben, damaliger Staatssekretär im Ministerium des Innern des Landes Sachsen-Anhalt, wies in seiner Rede am Mahnmal anlässlich des Endes des Zweiten Weltkrieges in Altengrabow am 4. Mai 2008 daraufhin, dass „bisher nur ein Bruchteil der Ereignisse, der Schicksale und des Leidens aller Inhaftierten bekannt ist. Ich halte es deshalb für unsere gemeinsame Aufgabe, dass die Ereignisse im Kriegsgefangenlager Altengrabow erforscht, der Öffentlichkeit präsentiert und in die Gedenkkultur unseres Landes eingeführt werden." Pressemitteilung 097/08, online: http://www.asp.sachsen-anhalt.de/presse app/data/mi/2008/097_2008.htm (09.09.2010). Im stenografischen Bericht der 16. Sitzung des Landtages vom 16. Dezember 2011 ist vom Mitglied des Landtages Dieter Steinecke (CDU) erneut auf die regionalhistorische Bedeutung des Stalags XI A aufmerksam gemacht worden. Im Landtag schloss sich Ende 2011 eine Diskussion an, welche die Aufnahme Altengrabows als Lern- und Gedenkort in die Gedenkstättenlandschaft Sachsen-Anhalts forderte. Die historische Bedeutung des Stalags ist in der regionalpolitischen Diskussion maßgeblich an den konkreten Ort Altengrabow gebunden worden. Die Rolle der Außenlager und ihre Bedeutung für die Region spielten dabei (noch) eine untergeordnete Rolle. Die nun vorliegende Untersuchung ist aus diesem Grunde u.a. als regionalhistorische Diskussionsgrundlage einer Debatte zu verstehen, die erstens in das umfassende Thema einführen und zweitens weiteren – notwendigen – Studien Vorschub leisten will.

21 Im weiteren Verlauf wird von Teilen der „Provinz Sachsen" gesprochen, die vornehmlich das Gebiet des Regierungsbezirkes Magdeburg umfassten. Dieses Verwaltungsgebiet deckt sich mit großen Teilen des östlichen Wehrkreises XI, dem Entsendegebiet des Stalags XI A und damit den Arbeitseinsatzorten der Kriegsgefangenen.

des Themas macht es notwendig, den Gegenstand inhaltlich und zeitlich einzugrenzen. Der Fokus wurde auf drei Themenbereiche, aber letztlich eng miteinander verknüpfte Ereignisräume[22] gerichtet: Von der Entwicklung des Kriegsgefangenenwesens hin zur Einrichtung des Lagers und der engen Zusammenarbeit mit zivilen Dienststellen wird die wirtschaftlich begründete „Zwangsintegration" der Kriegsgefangenen in die zivile Arbeitswelt des Wehrkreises nachgezeichnet. Weiterhin galt es bis zur wissenschaftlichen Beschäftigung mit der Thematik als unbekannt, wie die institutionelle Zusammenarbeit der zivilen und militärischen Stellen mit dem Stalag XI A realisiert worden ist. Hierbei rücken die Effektivität der am Einsatz beteiligten Behörden, Ministerien und Ämter ebenso in den Blickpunkt wie eventuell aufgetretene Kommunikations- und Organisationsprobleme des Kriegsgefangeneneinsatzes. Die Lebenswirklichkeit der Gefangenengruppen ist maßgeblich von der Zusammenarbeit dieser Dienststellen beeinflusst worden. Auch wenn offiziell die soziale Exklusion der Kriegsgefangenen gefordert war, ließ sie sich im Arbeitsprozess mit der deutschen Landbevölkerung und den Betriebsgemeinschaften nicht widerspruchsfrei realisieren. Aus diesen Erläuterungen sind die nachfolgenden vier Fragestellungen abgeleitet worden:

1. Zum Verständnis der Gefangenschaftsverläufe sind vorerst die Entwicklungen des Völkerrechts, des deutschen Kriegsgefangenenwesens nach dem Ersten Weltkrieg, die mit dem Genfer Kriegsgefangenabkommen (GKA) geplante Zusammenarbeit zwischen Feindmächten und abschließend die Grundsätze der nationalsozialistischen Kriegsgefangenenpolitik darzulegen. Welche Rechte und

---

22 Vgl. Schlumbohm, Jürgen (Hg.): Mikrogeschichte – Makrogeschichte. Komplementär oder inkommensurabel? Göttingen 2000; Lüdtke, Alf: Alltagsgeschichte, Mikro-Historie, historische Anthropologie, in: Hans-Jürgen Goertz (Hg.): Geschichte. Ein Grundkurs, Reinbek 1998, S. 565–567; Medick, Hans: Mikro-Historie, in: Schulze, Winfried (Hg.): Sozialgeschichte, Alltagsgeschichte, Mikro-Historie. Eine Diskussion, Göttingen 1994, S. 40–53.

Pflichten hatten die für den Arbeitseinsatz[23] befehligten Kriegsgefangenen im Hinblick auf das geltende Völkerrecht?

2. In einer Synopse wird das ausgewertete Verwaltungsschriftgut der Landräte der Regierungsbezirke, der Lagerkommandantur des Stalags XI A, des Wehrkreiskommandos XI und des Ober- und Regierungspräsidiums analysiert, um auf dieser Grundlage die Grundzüge des Umgangs regionaler Akteure mit den Kriegsgefangenen zu diskutieren. Die gleichzeitige Berücksichtigung von Ego-Dokumenten und Lagerbesichtigungen des Internationalen Komitees vom Roten Kreuz (IKRK) trägt außerdem dazu bei, die Lebenswelt und den Alltag der Kriegsgefangenen in unterschiedlichen Phasen der Bestandsgeschichte des Stalags XI A perspektivreich zu rekonstruieren. In welchem Maße setzten das Wehrkreiskommando XI und die Lagerkommandantur die Forderungen des GKA um? Unterschieden sich die Arbeitseinsatzpraxen, die Versorgungsqualität und Behandlungsweisen im östlichen Teil des Wehrkreises grundlegend voneinander? In welchen Phasen des Krieges konfligierten die Planungen des Oberkommandos der Wehrmacht, des Reichsinnenministeriums und des Reichsarbeitsministeriums mit der praxisorientierten Verwaltung der Kriegsgefangenen auf der lokalen Ebene?

3. Die Untersuchung des Stalags XI A erfordert eine besondere Berücksichtigung der Kommunikationsverläufe zwischen dem Oberkommando der Wehrmacht (OKW), dem Auswärtigen Amt (AA), der Schutzmacht Schweiz und dem IKRK. Die in Altengrabow angewandte Kriegsgefangenenpolitik deutscher Befehlshaber und Arbeitgeber hatte das geltende Völkerrecht theoretisch und praktisch zu wahren. Das IKRK entsandte zur Überprüfung der Bestimmungen Delegierte in das Kriegsgefangenenlager in Alten-

---

23 Anmerkungen zu diesem Propagandabegriff vgl. Naasner, Walter: Neue Machtzentren in der deutschen Kriegswirtschaft 1942–1945. Die Wirtschaftsorganisation der SS, das Amt des Generalbevollmächtigten für den Arbeitseinsatz und das Reichsministerium für Rüstung und Kriegsproduktion im nationalsozialistischen Herrschaftssystem (Schriften des Bundesarchivs, 45), Boppard 1994, S. 3.

grabow und hatte damit die Möglichkeit, Rechtsbrüche zu bean-
standen und die Feindstaaten des Deutschen Reiches zu informieren.[24] Für das Stalag XI A sind 25 schriftliche Berichte überliefert,
die Auskünfte über das Lagerleben und die Leistungsfähigkeit der
Kommandantur vermitteln. In welchem Maße konnte die Tätigkeit
des IKRK zur Aufrechterhaltung oder gar zur Verbesserung der Versorgungslage führen? Lässt sich aus den Berichten des IKRK zum
Stalag XI A und der Kommunikation mit dem Auswärtigen Amt ein
zunehmender Druck der Schutzmacht Schweiz beziehungsweise
des IKRK auf die Akteure vor Ort ableiten?
4. Die Unterbringung der Kriegsgefangenen des Stalags XI A in
mehr als 1.600 Arbeitskommandos inmitten der deutschen Gesellschaft trug wesentlich zu einer erhöhten Anzahl verbotener Kontakte bei. Die Außenlager des Stalags XI A können als Exklaven
oder auch „Unorte"[25] innerhalb des NS-Volksgemeinschaftskons-
truktes interpretiert werden. Unter welchen Bedingungen gelang
es Gefangenen und Frauen, eine begonnene Beziehung aufrechtzuerhalten, und welche Gegenmaßnahmen leitete die NS-Justiz ein?

1.2 Forschungsstand

Bis auf wenige Ausnahmen[26] und Initiativen nahm das Thema nur
geringfügig Raum in der Forschungsdiskussion ein, obwohl es

---

24 Ausgeschlossen hiervon waren die sowjetischen Kriegsgefangenen, was
    1941/42 zu einem Massensterben in deutschen Stalags, „Russenlagern" und
    Konzentrationslagern führte. Das Deutsche Reich und die Sowjetunion haben
    das Genfer Kriegsgefangenenabkommen nicht beachtet.

25 Für die vorliegende Studie wurde das methodische Konzept von Däumer, Mat-
    thias: Unorte. Spielarten einer verlorenen Verortung. Kulturwissenschaftliche
    Perspektiven (Mainzer historische Kulturwissenschaften, 3), Bielefeld 2010,
    S. 9–30, herangezogen.

26 Vgl. Keller, Bergen-Belsen, Altengrabow, Magdeburg, S. 1–13.

sich um eines der größten Lager seiner Art in Mitteldeutschland handelte. Studien zur Geschichte des Stalags XI A und der in diesem Lager kriegsgefangenen Nationenangehörigen liegen bisher in französischer,[27] niederländischer[28] und polnischer Sprache[29] vor. Diese ältere Forschung basiert vornehmlich auf den Erinnerungen ehemaliger Kriegsgefangener und konzentriert sich auf das Schicksal einzelner Kriegsgefangenengruppen. Eine Gesamtschau auf die Entwicklung des Lagers innerhalb des deutschen Kriegsgefangenenwesens liegt bis zum gegenwärtigen Zeitpunkt also nicht vor. Ab 1994 wird Altengrabow als Militärstandort in der sachsen-anhaltischen Regionalpresse fassbar. Mit der Berichterstattung über die Exhumierung italienischer Kriegsgefangener drangen Informationen über die Bestehens- und Wirkungsgeschichte des Lagers in den öffentlichen Raum.

In Studien zum Schicksal sowjetischer Kriegsgefangener werden das Massensterben[30] und die sogenannten Aussonderungen[31] durch Wehrmacht und Gestapo untersucht. Die sehr enge Verzahnung des Kriegsgefangenensystems mit den Landesarbeitsämtern und Industriezweigen im Wehrkreis XI belegt deutlich, wie dringend die Arbeitskraft der Kriegsgefangenen in den einzelnen Verwaltungseinheiten (Regierungsbezirken) der preußischen Provinz

---

27 Vgl. Montant, Fabienne: Altengrabow. Stalag XI-A, Carcassonne 1999.

28 Vgl. Smit, David Jan: Onder Vlaggen van Zweden en het Rode Kruis: Een medisch-historische studie naar aspecten van internationale bescherming van en hulpen zorgverlening aan Nederlandse militairen in Duitse krijgsgevangenschap van 1940 tot 1945, Diss. Univ. Rotterdam 1997.

29 Vgl. Brelewska, Lucyna: W stalagu XI Altengrabow-lazaret Gross Lubars, in: „Łambinowicki Rocznik Muzealny". T. 8, Łambinowice-Opole 1985, S. 70–80.

30 Keller, Rolf: Sowjetische Kriegsgefangene im Deutschen Reich 1941/42. Behandlung und Arbeitseinsatz zwischen Vernichtungspolitik und kriegswirtschaftlichen Zwängen, Göttingen 2011, S. 258–279.

31 Vgl. Otto, Reinhard: Wehrmacht, Gestapo und sowjetische Kriegsgefangene im deutschen Reichsgebiet 1941/42 (Schriftenreihe der Vierteljahrshefte für Zeitgeschichte, 77), Oldenburg 1998, S. 139 f.

Sachsen zur Aufrechterhaltung der landwirtschaftlichen und industriellen Produktion benötigt wurde.[32] Nur wenige Firmengeschichten[33] berücksichtigen diesen Umstand, jedoch handelt es sich bei diesen Veröffentlichungen vornehmlich um Gesamtschauen zur Firmenhistorie und weniger um methodisch gesättigte Detailstudien über den Kriegsgefangeneneinsatz. Neben diesen populärwissenschaftlichen Publikationen ist bis zum gegenwärtigen Zeitpunkt keine detaillierte Studie zum Kriegsgefangeneneinsatz im Industriegroßraum Magdeburg vorgelegt worden. Die Veröffentlichungen von Bindernagel/Bütow[34] und Begrich[35] zum Einsatz von KZ-Häftlingen in der Magdeburger Industrie gelten bisher als einzige Spezialuntersuchungen, die das Thema „Zwangsarbeit und Konzentrationslager" in der Magdeburger Industrie zum Inhalt haben.

Die Geschichte des Stalags XI A wird bis zum jetzigen Zeitpunkt

---

32 Vgl. Kannmann, Paul: Das Kriegsgefangenen-Mannschaftsstammlager XI A Altengrabow 1939–1945, in: Erinnern!, Bd. 2 (2012), S. 15–27.

33 Vgl. Kretschmann, Christoph: Vom Grusonwerk zum SKET. 150 Jahre Industriegeschichte, 2. Aufl., Magdeburg 2007; Rasenberger, Herbert: Vom süßen Anfang bis zum bitteren Ende. 110 Jahre Fahlberg-List in Magdeburg – mehr als eine Betriebsgeschichte, Oschersleben (Bode) 2009.

34 Vgl. Bindernagel, Franka/Bütow, Tobias: Ein KZ in der Nachbarschaft. Das Magdeburger Außenlager der Brabag und der „Freundeskreis Himmler", 2. Aufl., Köln 2004. Vgl. ebenso Wolters, Christine: Rezension zu: Bindernagel, Franka; Bütow, Tobias: Ein KZ in der Nachbarschaft. Das Magdeburger Außenlager der Brabag und der „Freundeskreis Himmler". Köln 2003, in: H-Soz-u-Kult, 07.01.2004, online: www.hsozkult.de/publicationreview/id/rezbuecher-3757 (17.07.2015).

35 Vgl. Begrich, Pascal: Das Frauen-KZ der Polte OHG in Magdeburg, in: Kaltenborn, Steffi/Schmiechen-Ackermann, Detlef (Hg.): Stadtgeschichte in der NS-Zeit. Fallstudien aus Sachsen-Anhalt und vergleichende Perspektiven, Münster 2005, S. 123–134; ders.: „Man passte auf, dass man uns leiden ließ". KZ-Häftlinge in Magdeburg, in: Puhle, Matthias (Hg.): Unerwünscht – verfolgt – ermordet. Ausgrenzung und Terror während der nationalsozialistischen Diktatur in Magdeburg 1933–1945 (Magdeburger Museumsschriften, 11), Magdeburg 2008, S. 317–328.

vermehrt in der Regionalpresse[36] und in Internetbeiträgen[37] dargestellt. Wendet man den Blick ab von den lokal- und regionalhistorischen Drucksachen zum Thema Kriegsgefangene auf dem Territorium des heutigen Sachsen-Anhalt, so sind die Internetseiten ehemaliger Kriegsgefangener zu benennen. Sie bieten individuelle Kriegserinnerungen und Bildmaterialien, die Einblicke in das Lagerleben einzelner Personen – vor allem Franzosen, Briten und Polen – geben. Diese Form der Informationsaufbereitung dient aber vielmehr individuellen Sinnbildungsprozessen und entspricht aus diesem Grund nicht wissenschaftlichen Standards.[38] Die Internetseiten ehemaliger Kriegsgefangener tragen aber grundsätzlich dazu bei, Kenntnisse über das Vorhandensein und die Arbeitsweise eines solchen Stammlagers überregional bekanntzumachen und ehemalige Kriegsgefangene im öffentlichen/digitalen Raum zu vernetzen. Allerdings enthalten derartige Erzeugnisse häufig inhaltliche Fehler, wie die falsche Zuordnung von Bildern zu den vermeintlichen Aufnahmeorten.[39] Zur Ausein-

---

36 Auswahl: Haderer, Toni: Die Gedenkstätten des Mannschaftsstammlagers Stalag XI-A Altengrabow, in: Zerbster Heimatkalender, Bd. 2008, S. 136–141; ders.: Toni Haderer arbeitet Geschichte des Kriegsgefangenenlagers auf/Wer kann Hinweise zur Exhumierung geben?, in: Volksstimme, 04.07.2012, online: http://www.volksstimme.de/nachrichten/lokal/burg/?em_cnt=869209 (03.08.2012).

37 Vgl. http://www.nexusboard.net/sitemap/15919/kzs-und-zwangsarbeit-in-und-um-magdeburg-auch-stalag-altengrabow-t128/ (01.02.2013); http://mahnmal-stalag11a.beepworld.de/ (21.03.2013), ebenso die polnische URL: http://www.polskienekropolie.de/doku.php?id=pl:altengrabow (03.02.2013). Der Förderverein „Mahnmal Kriegsgefangenenlager Stalag XI A" aus Dörnitz stellte u.a. den Inhalt der vor Ort aufgestellten Informationstafeln online: http://mahnmal-stalag11a.beepworld.de/ (22.02.2013).

38 Die Provenienz der Informationen und die Zuordnung der Bilder lassen sich mitunter nicht nachvollziehen, so dass die Verwendung des Materials grundsätzlich problematisch erscheint. Vgl. http://ppognant.online.fr/cadalten.html (11.07.2011.)

39 Vgl. Kruszona, Bogdan: Wachman Stalagu XI A Altengrabow, Pelplin 2008. Diese Darstellung ist durch fachliche Fehler und mangelnde Quellenverweise gekennzeichnet.

andersetzung mit diesem skizzierten Forschungsstand ist auf die Entwicklungstendenzen der „Kriegsgefangenenforschung" im Allgemeinen und auf zwei herausgehobene Beispiele im Besonderen einzugehen. Auf dem Territorium der heutigen neuen Bundesländer lagen während des Zweiten Weltkrieges zahlreiche Stalags,[40] zu denen bis 1990 keine wesentlichen Forschungsbeiträge geleistet worden sind. Für den Anfang der 1990er Jahre lassen sich nur wenige Untersuchungen ermitteln, die sich mit der Rolle der Kriegsgefangenenlager während des Zweiten Weltkrieges und ihrer Nachnutzung als Filtrierungslager der Roten Armee auseinandersetzten.[41] Der Gegenstand „Kriegsgefangenenlager des Zweiten Weltkrieges" ist in der Historiografie der Deutschen Demokratischen Republik letztlich ebenso tabuisiert worden wie in der bundesdeutschen Forschung bis zum Ende der 1960er Jahre.[42] Politisches Kalkül, Quellenarmut und mangelndes Interesse einer breiteren Öffentlichkeit[43] für die nicht *im Krieg*, sondern während der Gefangenschaft verstorbenen Feindsoldaten forcier-

---

40 Zu benennen sind die Kriegsgefangenen-Mannschaftsstammlager in den Gebieten u.a. bei Berlin (III D), Mühlberg (IV B), Luckenwalde (III A) Neubrandenburg (II A), Fürstenberg (III B).

41 Erste Forschungen zur Kriegsgefangenengeschichte im mitteldeutschen Raum nach 1990 leistete u.a. Jörg Osterloh, dessen Studie in zweiter Auflage erschienen ist. Vgl. Osterloh, Jörg: Ein ganz normales Lager. Das Kriegsgefangenen-Mannschaftsstammlager 304 (IV H) Zeithain bei Riesa/Sa. 1941 bis 1945 (Schriftenreihe der Stiftung Sächsische Gedenkstätten zur Erinnerung an die Opfer Politischer Gewaltherrschaft, 2), 2. Aufl., Leipzig 1997. Verwiesen sei ebenso auf die Untersuchung zur Nachnutzung des Stalags in Mühlberg durch den sowjetischen Geheimdienst. Vgl. Kilian, Achim: Einzuweisen zur völligen Isolierung. NKWD-Speziallager Mühlberg/Elbe 1945–1948, Leipzig 1992.

42 Vgl. Pfahlmann, Hans: Fremdarbeiter und Kriegsgefangene in der deutschen Kriegswirtschaft 1939–1945, Darmstadt 1968.

43 Zur Historiografie des Schicksals sowjetischer Kriegsgefangener in deutschem Gewahrsam gibt Keller als Begründung an: „Dafür gibt es eine Reihe weiterer Ursachen und Gründe, beispielsweise das lange fehlende Interesse der Historiker im Allgemeinen an bestimmten Aspekten der NS-Geschichte und der Militärhistoriker im Besonderen am Kriegsgefangenenthema." Keller, Sowjetische Kriegsgefangene, S. 18.

ten in beiden deutschen Staaten die Verkennung dieses auf außenpolitischer Ebene für beide – als Nachfolgestaaten des Deutschen Reiches – komplizierten erinnerungskulturellen Problems.[44] Die hochaufgeladenen bundesdeutschen Diskussionen in den 1970er Jahren zum Thema „Kriegsgefangenschaft deutscher Soldaten" in britischer, amerikanischer und sowjetischer Gefangenschaft offenbarten, wie eruptiv beispielsweise die Forschungsergebnisse der Maschke-Kommission nach Meinung des Auswärtigen Amtes und später der Bundesregierung im Ausland wirken konnten.[45] Span-

---

44 Die Reduzierung des Themenspektrums auf den „Widerstand" sowjetischer Gefangener in der ostdeutschen Forschung ist nicht aufgebrochen worden. Vgl. Brodskij, Efim A.: Die Lebenden kämpfen. Die illegale Organisation Brüderliche Zusammenarbeit der Kriegsgefangenen (BSW), Berlin (Ost) 1968; ders.: Im Kampf gegen den Faschismus. Sowjetische Widerstandskämpfer in Hitlerdeutschland 1941–1945, Berlin (Ost) 1975. Verwiesen sei auf die Diskussion in Osterloh, Jörg: Verdrängt, vergessen, verleugnet. Die Geschichte der sowjetischen Kriegsgefangenen in der historischen Forschung in der Bundesrepublik und der DDR, in: Geschichte in Wissenschaft und Unterricht, Bd. 47 (1996), S. 608–619.

45 „Eine ,Wissenschaftliche Kommission für deutsche Kriegsgefangenengeschichte', gegründet vom damaligen Bundesvertriebenenministerium in Konsultation mit dem Suchdienst des Deutschen Roten Kreuzes, dem Evangelischen Hilfswerk für Kriegsgefangene und Internierte, dem Deutschen Caritas-Verband und dem Verband der Heimkehrer, nahm im Frühjahr 1958 die Arbeit auf. Die Maschke-Kommission, wie sie nach ihrem Leiter genannt wurde, war berufen worden, um das Schicksal der insgesamt etwa 11 bis 12 Millionen deutschen Kriegsgefangenen des Zweiten Weltkriegs zu dokumentieren." Benz, Wolfgang: Kriegsgefangenenlager 1939–1950, S. 16. Maschke war von 1962 bis 1974 wissenschaftlicher Leiter der „Wissenschaftlichen Kommission für die Dokumentation des Schicksals der deutschen Kriegsgefangenen des Zweiten Weltkriegs". Es entstand eine 22-bändige Reihe zur Geschichte der deutschen Kriegsgefangenen des Zweiten Weltkrieges, die in der Bundesrepublik Deutschland kontroverse Diskussionen auslöste. Vgl. Zeidler, Manfred: Die Dokumentationstätigkeit deutscher Stellen und die Entwicklung des Forschungsstands zu den Verurteilungen deutscher Kriegsgefangener in der UDSSR in den Nachkriegsjahren, in: Hilger, Andreas: Sowjetische Militärtribunale, Bd. 1: Die Verurteilung deutscher Kriegsgefangener 1941–1953, Köln 2001, S. 25–69. Verwiesen sei zudem auf den Presseartikel mit dem Titel o.A: „Skoro domoi", in: Spiegel, Nr. 16 (1969), S. 68–92.

nungen in der auf „Versöhnung gerichteten Außenpolitik"[46] sollten um jeden Preis vermieden werden, was sich negativ auf die Erforschung des Gesamtkomplexes „Kriegsgefangenschaft" auswirkte. Die zum damaligen Zeitpunkt vorerst nicht in Gänze veröffentlichten Ergebnisse der Maschke-Kommission belegten, welche Sprengkraft man dem Thema „Kriegsgefangenschaft" aus politischer Perspektive beimaß. Bedenkt man die Vielzahl der in das Deutsche Reich verbrachten Kriegsgefangenen aus allen Teilen Europas und insbesondere die hohe Sterblichkeitsrate unter den sowjetischen und italienischen Kriegsgefangenen, dann offenbaren sich erstens das Ausmaß der deutschen Kriegsgefangenenpolitik, zweitens das provozierte Massensterben innerhalb des deutschen Stalag-Systems[47] und drittens die Grenzen der fachwissenschaftlichen Diskussion. Die in der Bundesrepublik Deutschland eingeleitete juristische Aufarbeitung der Verbrechen in den Konzentrationslagern nahm in gewisser Weise eine Katalysatorfunktion für die „Kriegsgefangenenforschung" ein. Die Ermordung sowjetischer Kriegsgefangener in Konzentrationslagern geriet hier zwar in den Fokus der juristischen Ermittlungen, die Rolle der Wehrmacht und des Kriegsgefangenenwesens wurde aber nicht geschichtswissenschaftlich erforscht.[48] Es ist festzuhalten, dass

---

46 Benz, Wolfgang: Kriegsgefangenenlager 1939–1950. Kriegsgefangenschaft als Thema der Gedenkarbeit (Gedenkarbeit in Rheinland-Pfalz, 9), hg. von der Landeszentrale für Politische Bildung Rheinland Pfalz, Mainz 2012, S. 17.

47 Vgl. Keller, Rolf/Otto, Reinhard: Das Massensterben der sowjetischen Kriegsgefangenen und die Wehrmachtbürokratie. Unterlagen zur Registrierung der sowjetischen Kriegsgefangenen 1941–1945 in deutschen und russischen Institutionen. Ein Forschungsbericht, in: Militärgeschichtliche Mitteilungen, hg. vom Militärgeschichtlichen Forschungsamt, Nr. 57 (1998), Heft 1, S. 149–180; Schreiber, Gerhard: Die italienischen Militärinternierten im deutschen Machtbereich 1943 bis 1945. Verraten – Verachtet – Vergessen (Beiträge zur Militärgeschichte, 28), München 1990.

48 Beispielgebend sei auf die Schilderung der Historiografie bezüglich der Erforschung der Einsatzbefehle 8, 9 und 14 hingewiesen. Vgl. Otto, Wehrmacht, S. 10–13.

zum Gegenstand „Kriegsgefangenschaft in deutschem Gewahrsam" in der Bundesrepublik Deutschland erst ab Ende der 1970er Jahre analytisch angelegte, mit einer umfangreichen Methodenmatrix ausgerichtete und den Umständen entsprechend quellengesättigte Studien zur Rolle der Wehrmacht bei dem Massensterben sowjetischer Kriegsgefangener veröffentlicht worden sind.[49] Streit untersuchte in seinem Standardwerk die Behandlung der sowjetischen Kriegsgefangenen, die nach den ermordeten europäischen Juden die zweitgrößte Opfergruppe des Zweiten Weltkrieges darstellen. Die Rehabilitierung der in Kriegsgefangenschaft überlebenden sowjetischen Soldaten durch die russische Regierung im Jahr 1995 beförderte den Zugang zu den russischen Archiven. Dieser Umstand ermöglichte Historikern in den Folgejahren die systematisch angelegte Erforschung des Gegenstandes und die Aushebung verschollen geglaubten Quellenmaterials. Jüngst hat Rolf Keller in seiner 2011 erschienenen Analyse Stellung zu der Frage bezogen, wie Behandlung und Arbeitseinsatz im Zusammenhang von Vernichtungspolitik und kriegswirtschaftlichen Erfordernissen im Deutschen Reich organisiert waren.[50] Weitere Grundlagenstudien zu diesem Spezialthema sind die Arbeiten von Streim[51] und Otto.[52] Wirtschafts-, militär- und sozialgeschichtliche Perspektiven bereicherten die Kriegsgefangenenforschung enorm.[53] Multiper-

---

49 Die Tabuisierung des Massensterbens innerhalb der Stalags ist in der Bundesrepublik Deutschland am Ende der 1970er Jahre von der herausragenden Studie Christian Streits durchbrochen worden. Vgl. Streit, Christian: Keine Kameraden. Die Wehrmacht und die sowjetischen Kriegsgefangenen 1941–1945 (Studien zur Zeitgeschichte, 13), Stuttgart 1978.

50 Vgl. Keller, Sowjetische Kriegsgefangene.

51 Vgl. Streim, Alfred: Die Behandlung sowjetischer Kriegsgefangener im „Fall Barbarossa". Eine Dokumentation unter Berücksichtigung der Unterlagen deutscher Strafvollzugsbehörden und der Materialien der Zentralen Stelle der Landesjustizverwaltungen zur Aufklärung von NS-Verbrechen (Motive – Texte – Materialien, Bd. 13), Heidelberg 1981.

52 Vgl. Otto, Wehrmacht.

53 Einen sehr präzisen Überblick über die Behandlung der Kriegsgefangenen-

spektivisch ausgerichtete Studien zogen bis in die Gegenwart eine nahezu unüberblickbare Anzahl von fachwissenschaftlichen Veröffentlichungen nach sich, die durch sogenannte graue Literatur eine Erweiterung fand.[54] Ebenso lässt sich eine Vielzahl von populärwissenschaftlichen Veröffentlichungen ermitteln, die sich mit den Erfahrungen ehemaliger Kriegsgefangener in deutschem Gewahrsam auseinandersetzen.[55] Die Verknüpfung sozial- und geschichtswissenschaftlicher Methoden trug dazu bei, das Zusammenwirken von deutscher Zivilbevölkerung und Kriegsgefangenen auszuloten.[56] Abschließend ist festzuhalten, dass das Thema „Kriegsgefangenschaft in deutschem Gewahrsam" seit Mitte der 1990er Jahre eine zunehmende Berücksichtigung erfuhr, von der die Stalag-Forschung im Besonderen profitiert. Es sind fünf Monografien zu Stammlagern erschienen, die das Schicksal und den

---

gruppen bietet der Sammelbandbeitrag von Overmans, Rüdiger: Die Kriegsgefangenenpolitik des Deutschen Reiches 1939 bis 1945, in: Das Deutsche Reich und der Zweite Weltkrieg, Bd. 9: Die Deutsche Kriegsgesellschaft 1939 bis 1945, 2. Hbd.: Ausbeutung, Deutungen, Ausgrenzung, München 2005, S. 729–875.

54 Vgl. Briefe sowjetischer Kriegsgefangener 2004–2006, hg. vom Verein „Kontakte-Контакты" e.V./Verein für Kontakte zu Ländern der ehemaligen Sowjetunion, in Kooperation mit dem Deutsch-Russischen Museum Berlin-Karlshorst, Berlin 2007.

55 Auswahl: Wylie, Neville: Barbed Wire Diplomacy. Britain, Germany and the Politics of Prisoners of War, 1939–1945, Oxford 2010; Monteath, Peter: P.O.W. Australian Prisoners of War in Hitler's Reich, Sydney 2011; Bearden, Bob: To D-Day and back. Adventures with the 507th Parachute Infantry Regiment and life as a World War II POW, St. Paul 2007; Vercoe, Tony: Survival at Stalag IVB. Soldiers and airmen remember Germany's largest POW camp of World War II, Jefferson 2006.

56 Vgl. Schneider, Silke: Verbotener Umgang. Ausländer und Deutsche im Nationalsozialismus. Diskurse um Sexualität, Moral, Wissen und Strafe, Baden-Baden 2011; Kundrus, Birthe: Kriegerfrauen. Familienpolitik und Geschlechterverhältnis im Ersten und Zweiten Weltkrieg, Hamburg 1995; dies.: Verbotener Umgang. Liebesbeziehungen zwischen Ausländern und Deutschen 1939–1945, in: Hoffmann, Katharina/Lembeck, Andreas (Hg.): Nationalsozialismus und Zwangsarbeit in der Region Oldenburg, Oldenburg 1999, S. 149–170.

Einsatz mehrerer Kriegsgefangenengruppen untersuchen. Sie bieten eine Einordnung in die militärischen und völkerrechtlichen Zusammenhänge.[57] Neben diesen Überblicksdarstellungen sind zudem zahlreiche Studien veröffentlicht worden, die sich ebenso mit Spezialthemen[58] auseinandersetzen.

1.3 Quellen

Die Quellenlage zum Stalag XI A ist äußerst fragmentarisch und kompliziert. Die für die vorliegende Studie ausgewerteten Splitterbestände sind entweder den größtenteils entstandenen Kriegszerstörungen entgangen oder sind Teil sogenannten Beuteschriftgutes. Diese Feststellung gilt für die konsultierten Abteilungen des Bundesarchivs, aber auch für die Landes-, Kreis- und Stadtarchive. Mit der vom OKW und zivilen Stellen vorgenommenen Verwaltung von Kriegsgefangenen waren sowohl ein erheblicher Arbeitsaufwand als auch eine feingliedrige Arbeitsteilung im militärischen und zivilen Sektor verbunden. Dies ist nicht nur der Vielzahl der Kriegsgefangenen geschuldet, sondern auch der Vielzahl der Berührungspunkte, die die Kriegsgefangenen mit dem nationalsozialistischen

---

57 Vgl. Hüser, Karl/Otto, Reinhard: Das Stammlager 326 (VI K) Senne 1941–1945. Sowjetische Kriegsgefangene als Opfer des Nationalsozialistischen Weltanschauungskrieges, Bd. 2, Bielefeld 1992; Osterloh, Ein ganz normales Lager; Mai, Uwe: Kriegsgefangen in Brandenburg. Stalag III A in Luckenwalde 1939–1945, Berlin 1999; Kilian, Achim: Mühlberg 1939–1948. Ein Gefangenenlager mitten in Deutschland, Köln/Weimar/Wien 2001; Borgsen, Werner/Volland, Klaus: Stalag X B Sandbostel. Zur Geschichte eines Kriegsgefangenen- und KZ-Auffanglagers in Norddeutschland 1939–1945, 4. Aufl., Bremen 2010.

58 Vgl. Albrecht, Martin: Stalag Luft I in Barth. Britische und amerikanische Kriegsgefangene in Pommern 1940 bis 1945, Schwerin 2011; Geck, Stefan: Dulag Luft/Auswertestelle West. Vernehmungslager der Luftwaffe für westalliierte Kriegsgefangene im Zweiten Weltkrieg (Europäische Hochschulschriften, Reihe 3: Geschichte und ihre Hilfswissenschaften, 1057), Frankfurt am Main 2008.

System gezwungenermaßen gemein hatten. Zu nennen sind hier vorerst ihre Registrierung im Stalag, ihr Arbeitseinsatz und der daraus folgende Umgang mit sogenannten Betriebsgemeinschaften. Allein aus den (Lebens-)Bereichen „Stalag" und „Arbeitskommando" resultierten damit Verwaltungsakten, die einerseits genaue Auskunft über die Bewegungen (u. a. Personalkarte I) der Kriegsgefangenengruppen geben, andererseits Informationen über den jeweiligen Arbeitgeber enthalten. In diesen Dokumenten sind u. a. Details über den Alltag der Kriegsgefangenen im Lager oder ihre Arbeitskommandos, die Bezahlung, medizinische Versorgung und Ernährung ablesbar.

Die Berichte des IKRK sind als wesentlicher externer Blick auf das Lagergeschehen im Stalag XI A hervorzuheben.[59] Als Schutzmacht okkupierter Staaten informierte das IKRK über die Zustände innerhalb eines Lagers und seiner Außenkommandos. Setzt man diese Hauptquellen in eine verhältnismäßige Beziehung, so ist anzumerken, dass über das Stalag XI A trotz der kriegsbedingt sehr schlechten Überlieferungslage auswertbares Quellenmaterial vorliegt.[60]

---

59 Im Rahmen des Genfer Abkommens von 1929 war es auch während des Zweiten Weltkrieges den Schutzmächten der kriegsgefangenen Soldaten in den Lagern möglich, Gesandte zur Kontrolle der Umsetzungsmodalitäten in die einzelnen Stalags zu entsenden. Im Zuge dieser Lagerbesuche sind zahlreiche und zeitnahe Berichte über den Zustand jener Kriegsgefangenen verfasst worden, deren Nationen das Genfer Abkommen auch unterzeichnet haben. Das IKRK widmete sich bei diesen Besuchen vorrangig dem gesundheitlichen Zustand der Kriegsgefangenen, deren Versorgung und auch der ärztlichen Betreuung. Diese Berichte vermitteln einen Eindruck vom Zustand des betreffenden Lagers. Jedoch erfährt man nichts über diejenigen Bevölkerungsgruppen, in deren Lagerbereich die Kommissionsangehörigen formal keinen Zugang hatten: die Lagerabteilungen der sowjetischen Kriegsgefangenen. Ihre medizinische Mangelversorgung wurde von offizieller Seite nicht wahrgenommen und dokumentiert.

60 Die regionale Kriegsgefangenenforschung ist vielfach durch das Fehlen der Lagerverwaltungsakten und des zivilen Schriftgutes beeinflusst. Interne Abläufe im Lager (Personal, Disziplin, Versorgung, Entwicklungen in der Verwaltung etc.) können nur durch eine Zusammenschau des fragmentarisch überlieferten Materials rekonstruiert werden.

Darüber hinaus lässt sich Verwaltungsschriftgut beteiligter Dienststellen ermitteln, welches in Ansätzen Einblicke in den Arbeitseinsatz und alle damit verbundenen Vorgänge erlaubt (Arbeitsamt,
Landrats- und Kreisebene). Ein weiterer Quellenbestand umfasst
Schriftgut von NS-Justizbehörden, die u. a. mit der Bestrafung deutscher Zivilpersonen wegen „Verbotenem Umgang mit Kriegsgefangenen" beauftragt waren.[61] Für die vielseitigen Begegnungsar-
ten zwischen Deutschen und Ausländern sind insbesondere die
Anklageschriften des Sondergerichts Magdeburg aufschlussreich.
Es ist darauf hinzuweisen, dass nur sehr wenige Quellen Aussagen über die medizinische Betreuung in den Lazaretten und die
Begräbnisstätten für die Kriegsgefangenen enthalten. Diesem Mangel konnte ansatzweise mit der Recherche in Kreis- und Stadtarchiven entgegengetreten werden, um zumindest einen Überblick
über ausgewählte Ortschaften und Arbeitskommandos zu erlangen. Es handelt sich dabei um Wernigerode, den Großraum Magdeburg und Stendal. Derlei verwaltungsbedingte Innenansichten
über die Abläufe innerhalb eines Lagers sind besonders ertragreich, gewähren sie doch Aufklärung über die Umsetzung der Vorgaben des OKW aus Berlin und die Wahrung der Bestimmungen
des Genfer Kriegsgefangenenabkommens aus dem Jahr 1929. Weiterhin fanden Restbestände der inneren Verwaltung Berücksichtigung, die Auskünfte über Aushandlungsprozesse und Sonderwege

---

61 Folgende Bestände sind auf VUK-Fälle untersucht worden: LHASA, MD, C 144
    Straf- und Gefängnisse Magdeburg, Gommern und Schönebeck; LHASA, MD,
    C 134 Magdeburg Sondergericht Magdeburg und Staatsanwaltschaft beim Son-
    dergericht Magdeburg; LHASA, MD, C 141 Staatsanwaltschaft Stendal. – Vgl.
    zum Thema: „... das gesunde Volksempfinden gröblichst verletzt". „Verbote-
    ner Umgang mit Kriegsgefangenen" im Sondergerichtsbezirk Halle (Saale),
    hg. von der Heinrich-Böll-Stiftung Sachsen-Anhalt und der Stiftung Gedenk-
    stätten Sachsen-Anhalt, Gedenkstätte Roter Ochse (Saale), 2. Aufl., Halle
    2012; „Verbotener Umgang mit Kriegsgefangenen". Verfahren am Landgericht
    Halberstadt (1940–1945), hg. von der Stiftung Gedenkstätten Sachsen-Anhalt,
    Gedenkstätte Roter Ochse Halle (Saale) und der Heinrich-Böll-Stiftung Sach-
    sen-Anhalt, Halle 2012 und Kap. 5 dieser Arbeit.

innerhalb der Kriegsgefangenenverwaltung bzw. -behandlung vor Ort gegeben haben.

Im Politischen Archiv des Auswärtigen Amtes Berlin[62] lagern sowohl Korrespondenzen zwischen dem Stab des Lagers, dem Auswärtigen Amt und den Feindmächten als auch die Besuchsberichte des IKRK. Weiterhin sind völkerrechtliche Vorgaben, Denkschriften zur Einhaltung der Genfer Konvention und Schriftwechsel zwischen OKW und IKRK überliefert, die die Kommunikation der Feindmächte und auch Konfliktlösestrategien bei Nichteinhaltung der Genfer Konvention untereinander widerspiegeln.

Im Bundesarchiv, Abteilung Militärarchiv in Freiburg i.B. sind u.a. Lageberichte zum Einsatz der Kriegsgefangenen in der Provinz Sachsen, der Rüstungsinspektion[63] im Wehrkreis XI, Akten

---

62 Ausgewertet wurden die Unterlagen der Rechtsabteilung zum Völkerrecht/ Kriegsrecht. Der Verfasser hat 2.200 Blatt belastbare Aktenbestände zur Auswertung herangezogen.

63 „Die Wehrwirtschaftsoffiziere des Wehrkreiskommandos (Wwi OWK Kdo) waren nachgeordnete Dienststellen des Oberkommandos der Wehrmacht für den Bereich des Wehrkreises bzw. für das Generalgouvernement und für das Protektorat Böhmen und Mähren. Nach seinen Weisungen nahmen sie die wehrwirtschaftlichen Belange der Wehrmacht wahr, soweit es sich dabei nicht um territorial zu bearbeitende wehrwirtschaftliche Angelegenheiten – in denen sie dem Chef des Generalstabes des Wehrkreiskommandos unterstellt waren – handelte. Die Wwi O WK Kdo waren gehalten, ihre Aufgaben in engster Zusammenarbeit mit den Rüstungsdienststellen des Reichsministers für Rüstung und Kriegsproduktion sowie mit den zuständigen örtlichen Dienststellen der Wehrmacht, des Staates, der Partei und der Wirtschaft durchzuführen (vgl. RW 20-1/13). Zwischen dem 1. Juli 1942 und 1. Juli 1943 wurden aufgrund von Gebietsänderungen und -neueinteilungen einige Rüstungsinspektionen geteilt. Dazu gehören die Rüstungsinspektion IV (ab den 1. April 1943 in Rüstungsinspektion IV a (Dresden) und IV b (Reichenberg)), die Rüstungsinspektion V (ab den 1. Juli 1942 in Rüstungsinspektion V (Stuttgart) und Oberrhein (Straßburg)), die Rüstungsinspektion VIII (ab den 1. Januar 1943 in Rüstungsinspektion VIII a (Breslau) und VIII b (Kattowitz)), die Rüstungsinspektion XI (ab den 1. Juli 1943 in Rüstungsinspektion XI a (Hannover) und XI b (Magdeburg)) [...].“ Begriffsklärung „Rüstungsinspektionen“ im BArch, MA zum Bestand RW 20, online: http://www.argus.bstu.bundesarchiv.de/RW201-30899/ index.htm?kid=2a25303b-acbf-4de7-816d-fa5d73cf2c7c (12.02.2012).

des Wehrkreiskommandos XI, die Namen der Kommandanten und ihrer Stellvertreter ermittelt worden. Erkenntniserweiternd wirkten diejenigen Bestände, welche Erlasse, Befehle und Anordnungen des OKW im Wehrkreis XI enthalten.[64] Die Bestände des Kommandeurs des Kriegsgefangenenwesens im Wehrkreis XI sind nicht überliefert, weshalb die Umsetzung der wesentlichen Entscheidungsprozesse des OKW für den Wehrkreis XI nicht auswertbar ist. Im Archiv/Dokumentationsstelle des Kriegsgefangenenmuseums in Opole (Polen) sind u. a. ergänzende statistische Materialien, Ego-Dokumente und Lagerfotografien archiviert. Das hierbei gehobene Material erweitert insbesondere die Kenntnisse über den Arbeitseinsatz der polnischen Kriegsgefangenen und zugehöriger Arbeitskommandos.[65]

Die zum Stalag XI A überlieferten Akten im Staatlichen Militärarchiv der Russischen Föderation (RGVA[66]) und im Staatsarchiv der Russischen Föderation in Moskau (GARF[67]) verdichten die Sicht auf das Schicksal der sowjetischen Kriegsgefangenen in Altengrabow. Es sind insbesondere Fluchtmeldungen sowie der Schriftverkehr zwischen Polizeibehörden und Bürgermeistern betreffs der Kriegsgefangenenbehandlung überliefert. Hervorzuheben ist besonders der Bericht einer sowjetischen Untersuchungskommission aus dem

---

64 Vor allem folgende Bestände sind im Bundesarchiv-Militärarchiv von Bedeutung: RH 53; RH 53-11, RW 20-11 und RW 48.

65 Archiwum Centralnego Muzeum Jencow Wojenich w Lambinowicach-Opulu. Bestände: Materialy i Dokumenty, Statystyka genewska, sygn. 15; WASt-St.XIA, l. 566.

66 Rossijski Gosudarstvennyj Voennyj Archiv. Fond 1367: Dokumentarmaterial über Konzentrations- und Kriegsgefangenenlager; Fond 2, Nr. 29 enthält eine Liste der Zu- und Abgänge des Stalags XI A. Vgl. u. a. Sichtungsprotokoll Polian, Pavel (Dok.Stelle Celle).

67 Gosudarstvennyj Archiv Rossijskoj Federacii. Fond 7021: Außerordentliche Staatliche Kommission zur Feststellung und Untersuchung von Gräueltaten der deutsch-faschistischen Eroberer und ihrer Helfershelfer sowie des von ihnen verursachten Schadens an Menschen, Kolchosen, gesellschaftlichen Organisationen, staatlichen Betrieben und Einrichtungen der UdSSR (CGK).

Jahre 1947, der als erste inhaltliche Aufarbeitung der Ereignisse im Lager hinsichtlich der sowjetischen Kriegsgefangenen zu bezeichnen ist. Dieser Bericht umfasst ca. 47 Seiten und diente zur Erfassung der gewalttätigen Übergriffe, des Massensterbens und der Zeugenvernehmung.

Das im Landeshauptarchiv Sachsen-Anhalt, Abteilung Magdeburg ausgewertete Quellenmaterial ermöglichte trotz der lückenhaften Überlieferung detaillierte Einsichten in die Arbeitseinsatzorganisation der in den Wehrkreis XI strömenden Kriegsgefangenen. Anhand der Bestände zu Magdeburger Industriegroßbetrieben (u. a. Fahlberg-List, Buckau R. Wolf, Krupp-Gruson) sind in einem zweiten Schritt Rückschlüsse über Einsatz, Zusammensetzung, Betreuung und Ernährung der Kriegsgefangenen ableitbar.[68] Zur Ergänzung des vorliegenden Aktenmaterials sind Landes-, Kreis- und Stadtarchive konsultiert worden, um Einblicke in die Umsetzungs-, Gestaltungs- und Aushandlungsprozesse der beteiligten Stellen vor Ort (Landesbauernschaften, Landesarbeitsämter, Polizei, Gestapo) zu erhalten. Vielfach sind darin wertvolle Briefwechsel, Erlasse und Anordnungen beteiligter Behörden überliefert, die Kenntnisse über die in der zweiten Kriegshälfte auftretenden Probleme des Kriegsgefangeneneinsatzes vermitteln. Als weiteres Quellenmaterial sind die Nachlässe ehemaliger Kriegsgefangener zu nennen, die einen Teil ihrer Gefangenschaft in Altengrabow oder einem der zahlreichen Außenlager verbracht haben. Die individuelle Perspektive auf das Lager wird zusätzlich durch die bisher unveröffentlichten Memoiren eines deutschen und eines britischen Offiziers erweitert.[69] Wertvolle Erkenntnisse zum Kriegsgefangenenwesen des Deutschen Reiches und insbesondere zur Organisa-

---

68   Einen belastbaren Überblick über die Ernährungsentwicklung in einem Industriebetrieb gibt der Bestand LHASA, MD, I 33 Maschinenfabrik Buckau R. Wolf AG, Magdeburg.

69   „Jacobshagen-Bericht" (s. Anm. 1) und „Worrall-Bericht" (s. Anm. 913).

tion des Wehrkreises XI konnten durch den Kontakt zur Dokumentationsstelle der Stiftung Niedersächsische Gedenkstätten in Celle gewonnen werden.[70] Die langjährige Forschungsarbeit auf niedersächsischem Gebiet u.a. durch Rolf Keller und die Bereitstellung weiteren Materials durch die Dokumentationsstelle haben das Gelingen der Quellenrecherchen maßgeblich unterstützt.

1.4 Methodik

Auf Grund der von vornherein angelegten Struktur eines Stalags kommt folgender methodischer Ansatz zur Anwendung: Die physischen Grenzen des Lagers verliefen zwar streng genommen in Altengrabow, jedoch wird das Stalag als *raumübergreifend* verstanden. Denn die Kriegsgefangenen verbrachten ihre Zeit vorrangig nicht in Altengrabow, sondern in einem der über 1.600 Außenlager in der preußischen Provinz Sachsen. Das Stammlager selbst und die mit ihm verbundene, in den Raum ausgreifende Struktur überspannten netzartig den Wehrkreis XI und das Zuständigkeitsgebiet des Landesarbeitsamtes Mitteldeutschland. Die Arbeitseinsatzplanung konnte mit diesem System nahezu optimal auf Kosten der Kriegsgefangenen umgesetzt werden und wirkte sich stabilisierend auf regionale Wirtschaftsunternehmen und Stadtverwaltungen aus.[71] Die schwierige

---

70 Dem Verfasser sind von R. Keller (Dok.Stelle Celle) zur Verfügung gestellt worden: Auswertungsprotokolle und Signaturhinweise für LHASA, GARF, RGVA, BArch, MA Freiburg i.Br., Bildmaterialien, Ego-Dokumente und Statistiken.

71 Der Einsatz der Kriegsgefangenen in Kommunen und Städten ist in Kooperation mit den Stadtverwaltungen organisiert worden. Zur Arbeitsweise und Nazifizierung sei verwiesen auf Mecking, Sabine/Wirsching, Andreas (Hg.): Stadtverwaltung im Nationalsozialismus. Systemstabilisierende Dimensionen kommunaler Herrschaft. Paderborn 2005 und die Besprechung des Sammelbandes von Stelbrink, Wolfgang: Rezension zu: Mecking, Sabine; Wirsching, Andreas (Hg.): Stadtverwaltung im Nationalsozialismus. Systemstabilisierende Dimensionen kommunaler Herrschaft. Paderborn 2005, in: H-Soz-u-Kult, 15.11.2005, online:

Quellenlage erfordert weiterhin eine inhaltliche Beschränkung auf die Hauptkontingente der in Altengrabow kriegsgefangenen Militärangehörigen. Quantitativ lassen sich vornehmlich folgende Gefangenengruppen im ermittelten Quellenmaterial ausmachen: Polen, Belgier, Niederländer, Franzosen und Rotarmisten (vgl. Tab. 8, S. 461). Eine Synthese der jeweiligen Teilergebnisse erlaubt es, die vom Deutschen Reich in unterschiedlichen Kriegsphasen geschaffenen Bedingungen gegenüberzustellen. Mit den gewonnenen Erkenntnissen kann in einem letzten Abschnitt das Lagerleben selbst und der Einsatz der Gefangenen in den außerhalb Altengrabows gelegenen Arbeitskommandos quellengesättigt veranschaulicht und untereinander verglichen werden. Auf die wesentliche Standardliteratur und neuere Forschungstendenzen wird im Fußnotenbereich verwiesen bzw. werden deren Ergebnisse diskutiert. Die Untersuchung der Paradigmen des Arbeitseinsatzes, die Umsetzung *vor Ort* durch zivile Verwaltungsinstanzen und die Einbindung Kriegsgefangener in die Produktionsabläufe regionaler Unternehmen trägt wesentlich dazu bei, Kenntnisse über das „erzwungene Miteinander" und die Probleme des Kriegsgefangeneneinsatzes zu erweitern.

---

www.hsozkult.de/publicationreview/id/rezbuecher-6696 (17.07.2015). – Zum Thema „systemstabilisierende kommunale Herrschaft" siehe den Forschungsüberblick in Wirsching, Andreas: Nationalsozialismus in der Region. Tendenzen der Forschung und methodische Probleme, in: Möller, Horst/Wirsching, Andreas/Ziegler, Walter (Hg.): Nationalsozialismus in der Region, München 1996, S. 25–46. Zum Zerfall der kommunalen Selbstverwaltung siehe Matzerath, Horst: Nationalsozialismus und kommunale Selbstverwaltung, Stuttgart 1970. Bernhard Gotto kommt nach der Erforschung der Stadtverwaltung Augsburg während des Nationalsozialismus zum Schluss, dass sie ein eigenständiges Glied im Herrschaftssystem darstellte und Gestaltungsmöglichkeiten zu nutzen wusste. Vgl. Gotto, Bernhard: Nationalsozialistische Kommunalpolitik. Administrative Normalität und Systemstabilisierung durch die Augsburger Stadtverwaltung 1933–1945 (Studien zur Zeitgeschichte, 7), München 2006. Zu Kontinuitäten und Elitenwechsel in der Kommunalpolitik siehe Kaltenborn, Steffi/Schmiechen-Ackermann, Detlef (Hg.): Stadtgeschichte in der NS-Zeit. Fallstudien aus Sachsen-Anhalt und vergleichende Perspektiven. Münster 2005.

Mit Blick auf die arbeitsbedingten Migrationsbewegungen des 19. Jahrhunderts in die Provinz Sachsen ist festzuhalten, dass die Landbevölkerung an den freiwilligen Einsatz von Polen gewohnt war und sich daraus vielerorts intensive Arbeitsbeziehungen ergaben. Der Einsatz der Erntehelfer (sogenannte Schnitter), ihre Unterbringung in Kasernen und die effektive Verwaltung ihrer Arbeitskraft stellte womöglich eine generelle Gewöhnung an den Einsatz Fremder dar, die die Beschäftigung der Kriegsgefangenen im landwirtschaftlichen Sektor ab 1939 zu beschleunigen vermochte. Zur Strukturierung des ab 1939 zum Einsatz gekommenen Verwaltungsschemas wird ein Phasenmodell angewendet, das eng an den zeitlichen Verlauf der in Ost- und Westeuropa geführten Bewegungskriege gekoppelt ist. Die für das Modell notwendigen Parameter werden in Kap. 3.2.1 vorgestellt. Mit der Einteilung in drei unterschiedlich verlaufende Verwaltungsphasen wird der Versuch unternommen, einen Zusammenhang zwischen den theoretisch hochgerechneten Gefangenenkontingenten aus den „Blitzkriegen" an der Westfront und der regionalen Verwaltungsleistung durch die zahlreichen Akteure auf Meso- und Subebene herzustellen. Die Gefangennahme von Rotarmisten in den ersten Monaten nach dem Angriff am 22. Juni 1941 wirkte sich vorerst nicht auf die Stammlager aus, weil diese Gefangenen im OKH-Bereich verblieben. Mit dem Eintreffen der ersten schlecht versorgten Kontingente in den Stammlagern sank dann die Leistungsfähigkeit der regionalen Systeme rapide ab, weil die dafür nötigen Infrastrukturen nicht geschaffen worden waren (Unterkünfte, Krankenbehandlung, Ernährung). Mit dem Versiegen der Kriegsinitiative im Osten Ende 1942 maß man den sowjetischen Kriegsgefangenen eine zunehmend höhere Bedeutung für den Arbeitseinsatz im Deutschen Reich bei, doch reagierten die Stalags auf diesen Paradigmenwechsel nicht in ausreichendem Maße. Das Phasenmodell trägt zum Verständnis bei, wie die *zivilen* Verwaltungsinstanzen im Untersuchungsgebiet ab Kriegsbeginn 1939 auf das Eintreffen der

Kriegsgefangenen reagierten, welche Gegenmaßnahmen sie in den Phasen entwickelten und ab wann womöglich eine Überforderung des Einsatzsystems in der Provinz Sachsen festzustellen ist.[72] Der in Kap. 1.1 benannten Einschränkung des „Verbotenen Umgangs" auf „Geschlechtsverkehr-Verbrechen" liegt folgende Annahme zu Grunde: Erstens stellt dieser Fall des Kontaktes eine sehr komplexe Begegnungsform dar. Lebensmitteltausch, vertrauliche Zuneigung und der Austausch von Geschenken gingen in den insgesamt 30 zur Untersuchung gelangten Fällen fließend ineinander über. Sexuelle Kontakte mit deutschen Frauen machten Kriegsgefangene für Polizei, Justiz und Parteiführung erneut zu Feinden der inneren Sicherheit.[73] Am Beispiel der „Geschlechtsverkehr-Verbrechen" lässt sich also nachweisen, wie die militärischen und zivilen Sicherheitsbehörden in unterschiedlichen Phasen des Krieges auf den unerwünschten Nebeneffekt des Arbeitseinsatzes reagierten. In zweiter Linie ermöglichen die Sondergerichtsakten einen Zugang zur Kennenlernphase und der Aufrechterhaltung der Beziehung unter zunehmend schwierigen Bedingungen. Auf dieser

---

72 Phase I umfasst den Zeitraum von Oktober 1939 bis Mai 1940. In Phase II sind die Erfahrungen aus Phase I im Kontext des Einsatzes „westlicher" Kriegsgefangener angepasst worden. Phase III setzt mit dem Eintreffen der sowjetischen Kriegsgefangenen im Oktober 1941 ein. Der Abschnitt für sowjetische Kriegsgefangene behandelt insbesondere Aspekte des Völkerrechtsbruchs. Bis zum Eintreffen der sowjetischen Gefangenen sind Erfahrungen in Verwaltung, Betreuung und Arbeitseinsatzpraxis gesammelt worden. Vereinzelt wurden Abläufe optimiert, korrigiert und eingestellt. Die sehr unterschiedlich gehandhabte Berücksichtigung des Genfer Abkommens ist in allen drei Phasen auf die Kriegsgefangenenpolitik des Deutschen Reiches zurückzuführen.

73 „Trotz würdiger Behandlung müssen die Kr.Gef. als Feinde betrachtet werden, soweit es sich nicht gemäß Angabe des Stalags um erwiesenermaßen volksdeutsche Personen handelt. Der Verkehr mit den feindlichen Kr.Gef. hat sich auf das zur Durchführung des Arbeitsvertrages Erforderliche zu beschränken. Umgehung dieser Bestimmung kann schwerwiegende Nachteile unseres Vaterlandes zur Folge haben und gegebenenfalls als Landesverrat betrachtet werden." LHASA, MD, C 30 Landratsamt und Kreiskommunalverwaltung Osterburg A, Nr. 1311, Bl. 13.

Mikroebene treten Gefangene nicht mehr als bloße „Erkennungs-nummern" auf, sondern als Individuen mit Netzwerken und Frei-zeitverhalten. Drittens werden Kriegsgefangene in diesen Fällen nicht wie bisher als Feinde wahrgenommen, sondern als Bekannt-schaft. Der mit der Auswertung der Sondergerichtsurteile vorge-nommene Perspektivwechsel auf die Fremden und die Diskussion dreier unterschiedlich intensiver Fälle tragen dazu bei, die Gren-zen des „Volksgemeinschaftskonzeptes"[74] fallorientiert zu diskutie-ren. Die phasenzentrierte Analyse in den Hauptkapiteln sieht vor, die Problemlösungsstrategien der jeweiligen Akteure aufzudecken, ihre Rückwirkung auf die Kriegsgefangenen herauszuarbeiten und unter Berücksichtigung neuer Forschungstendenzen zu diskutie-ren. Dies ermöglicht Rückschlüsse auf regional wirksame Inklusi-ons- und Exklusionsmechanismen, mit denen die Kriegsgefange-nen vor Ort konfrontiert waren.

---

74 Vgl. zur Diskussion Kershaw, Ian: „Volksgemeinschaft". Potenzial und Gren-zen eines neuen Forschungskonzepts, in: Vierteljahrshefte für Zeitgeschichte, Bd. 59 (2011), S. 1–17, und Wildt, Michael: „Volksgemeinschaft". Eine Ant-wort auf Ian Kershaw, in: Zeithistorische Forschungen, Bd. 8 (2011), S. 102–109; Wildt, Michael: Volksgemeinschaft. Eine Gewaltkonstruktion des Volkes, in: Bielefeld, Ulrich: Gesellschaft-Gewalt-Vertrauen, Hamburg 2012 S. 438–457.

2 Kriegsvölkerrecht und Kriegsgefangenenwesen

2.1 Das Genfer Abkommen vom 27. Juli 1929

Die Entwicklung des rechtlichen Rahmens zur *Normierung* kriegerischer Konflikte in Europa lässt sich erstmals während der sogenannten Einigungskriege feststellen. Die Einsicht in die Notwendigkeit derartiger Rahmen ermöglichte den Ausbau des in Kriegen bis dato angewandten Gewohnheitsrechtes. So sind die erste Genfer Konvention (1864) und ihr folgend die Haager Landkriegsordnung (HLKO) von 1899 bzw. 1907[75] als Meilensteine des humanitären Völkerrechts und als Ausgangspunkte weiterer Überarbeitungen zu bezeichnen. Die Vermeidung, Eindämmung und Bestrafung von Kriegsverbrechen galten als Zielstellungen dieses Völkerrechts.

Die Verläufe des Ersten und Zweiten Weltkriegs haben bewiesen, dass die Entwicklung des modernen Kriegsgerätes zu Massenvernichtungen führte, denen das Völkerrecht trotz seiner formalen Wirkmächtigkeit nichts entgegenzusetzen hatte.[76] Sehr wohl konnte das Kriegsvölkerrecht im Ersten und Zweiten Weltkrieg aber dazu beitragen, das Leben von Soldaten in Gefangenschaft erträglicher zu gestalten. Grundsätzlich ausgenommen waren Nationen, die Teile des Genfer Abkommens in seiner Fassung von

---

75 Abkommen vom 18. Oktober 1907, betreffend die Gesetze und Gebräuche des Landkrieges. Vgl. Die Genfer Rotkreuz-Abkommen vom 12. August 1949 und die beiden Zusatzprotokolle vom 8. Juni 1977 sowie das Abkommen betreffend die Gesetze und Gebräuche des Landkrieges vom 18. Oktober 1907 und Anlage (Haager Landkriegsordnung, mit einer Einführung Anton Schlögel), Bonn 1988.

76 Vgl. Bruendel, Steffen: Kriegsgreuel 1914–1918. Rezeption und Aufarbeitung deutscher Kriegsverbrechen im Spannungsfeld von Völkerrecht und Kriegspropaganda, in: Neitzel, Sönke/Hohrath, Daniel: Kriegsgreuel. Die Entgrenzung der Gewalt in kriegerischen Konflikten vom Mittelalter bis ins 20. Jahrhundert (Krieg in der Geschichte, 40), Paderborn 2008, S. 293–316.

1929 nicht unterzeichnet und ratifiziert haben.[77] Das Deutsche Reich und die Sowjetunion hatten während des Zweiten Weltkrieges mit Blick auf die hohen Verluste in der Kriegsgefangenschaft kein völkerrechtlich gebundenes Interesse an den Kriegsgefangenen des Feindstaates. Die ideologische Aufladung des „Ostfeldzuges" führte zu einer bis zu diesem Zeitpunkt unbekannten entmenschlichten Kriegführung, die laut Gerlach in den deutschen Gefangenenlagern weitergeführt wurde.[78] Die von Toppe[79] im Jahr 2007 sehr quellennah[80] beschriebenen Entwicklungslinien des modernen Kriegsvölkerrechts in Deutschland sollen an dieser

---

77 Der Krieg zwischen Deutschland und der Sowjetunion stellt in diesem Zusammenhang ein besonders komplexes völkerrechtliches Problem dar. Hitler und Stalin maßen den eigenen Soldaten, die sich in der Hand des Gegners befanden, keine besonders hohe Bedeutung bei. Stalins Befehl Nr. 270 vom 16. August 1941 lautete: „Ich befehle: 1. Die Kommandeure und Politkader, die sich während der Schlacht die Rangabzeichen abreißen und Fahnenflucht ins Hinterland begehen oder sich dem Feind gefangen geben, sind als böswillige Deserteure anzusehen, deren Familien als Familien von eidbrüchigen und landesverräterischen Deserteuren zu verhaften sind. Den Familien der sich gefangengebenden Soldaten aber ist die staatliche Unterstützung und Hilfe zu entziehen." Zit. nach: Overmans, Die Kriegsgefangenenpolitik, S. 801. Overmans stellt zurecht heraus, dass damit das „sowjetische Verständnis von Kriegsgefangenschaft für die Dauer des Krieges definiert" war. Ebd.

78 Vgl. Gerlach, Christian: Krieg, Ernährung, Völkermord. Forschungen zur deutschen Vernichtungspolitik im Zweiten Weltkrieg, Hamburg 1998, S. 10–84. – Verwiesen sei auf die seit 1999 kontrovers geführte Debatte um den „Hungerplan". Ihr liegt die Annahme zu Grunde, dass im Oktober 1941 der Beschluss gefallen sei, „die nicht arbeitenden Kriegsgefangenen verhungern zu lassen. Damit stellt sich der Tod der sowjetischen Kriegsgefangenen nicht mehr als „death by neglect", sondern als das Resultat eines bewussten Tötungswillens dar." Overmans, Rüdiger/Hilger, Andreas/Polian, Pavel (Hg.): Rotarmisten in deutscher Hand. Dokumente zu Gefangenschaft, Repatriierung und Rehabilitierung sowjetischer Soldaten des Zweiten Weltkrieges, Paderborn 2012, S. 30.

79 Toppe, Andreas: Militär und Kriegsvölkerrecht. Rechtsnorm, Fachdiskurs und Kriegspraxis in Deutschland 1899–1940, München 2007.

80 Vgl. Arnold, Klaus Jochen: Rezension zu: Toppe, Andreas: Militär und Kriegsvölkerrecht. Rechtsnorm, Fachdiskurs und Kriegspraxis in Deutschland 1899–1940. München 2007, in: H-Soz-u-Kult, 18.06.2008, www.hsozkult.de/publicationreview/id/rezbuecher-10751 (17.07.2015).

Stelle nicht nochmals im Detail nachgezeichnet werden,[81] doch ist ein wesentlicher Aspekt im Zusammenhang mit der vorliegenden Studie hervorzuheben: Laut Toppe war der „Soldat der Wehrmacht ein Vertreter eines Staates, der sich nach 1933 endgültig von der Völkerrechtsgemeinschaft abgesetzt hatte und ein neues Recht propagierte. Dieses Recht blieb in seiner Intention unklar, ebenso wie das Ordnungsgefüge zwischen Staat, Partei und Gesellschaft. Das Unbestimmte wurde konstitutive Bedingung des Maßnahmenstaates."[82] Dass dieser „Maßnahmenstaat" im gleichen Zeitraum – nämlich 1934 – ein hochkomplexes Regelwerk ratifizierte, ist im Zuge der innenpolitischen Entwicklung Deutschlands als paradoxes Verhalten zu bezeichnen. Auf der einen Seite agierte der deutsche Soldat als Teil des Kriegsapparates auf dem Felde völkerrechtlich auf unsicherem Gelände, andererseits unterwarf sich eben jener Staat – und mit ihm das OKW – beschneidenden internationalen Völkerrechtsnormen. Zwischen den Staaten, Schutzmächten und Hilfsorganisationen ist während des Krieges ein Kommunikationsraum geschaffen worden, der als Beleg für die Aushandlungsprozesse in der Auslegung des Kriegsvölkerrechts aufzufassen ist. Besonders auffallend sind hier die Kommunikationsverläufe zwischen Großbritannien, den Vereinigten Staaten von Amerika und dem Auswärtigen Amt des Deutschen Reiches. Trotz des mit aller Härte und zahlreichen Kriegsverbrechen in Europa geführten Krieges sind Grundstandards in der Kommunikation bis zum Kriegsende beibehalten worden, die u.a. die Betreuung der Kriegsgefangenen im Gewahrsamsstaat betrafen. Toppes Feststellung, der deutsche Soldat sei der Völkerrechtsgemeinschaft enthoben gewesen, greift daher nur bedingt. Betrachtet man den *Ereignisraum* des Krieges nur bis zur Gefangennahme, mag dies bisweilen zutreffen. Eine

---

81 Hervorzuheben ist der Beitrag von Oeter, Steffen: Die Entwicklung des Kriegsgefangenenrechts. Die Sichtweise eines Völkerrechtlers, in: Overmans, Rüdiger (Hg.): In der Hand des Feindes. Kriegsgefangenschaft von der Antike bis zum Zweiten Weltkrieg, Köln (u.a.) 1999, S. 41–62.
82 Toppe, Militär und Kriegsvölkerrecht, S. 281f.

ganzheitliche Sicht des Krieges schließt aber letztlich die potenzielle Gefangennahme ein und ist folglich nicht ohne international anerkannte Völkerrechte von 1929 (1934) denkbar. Sehr wohl wurden die Soldaten der kriegführenden Staaten auf eine Gefangennahme und das von ihnen erwartete nachrichtendienstliche Verhalten vorbereitet. Kenntnisse über das Völkerrecht und die mit ihm verbundenen Rechte und Pflichten sind ebenso als Bestandteil der Ausbildung nachgewiesen.[83] Der Vorteil für einen Großteil der kriegsgefangenen Soldaten des Zweiten Weltkriegs bestand darin, dass ihre Gefangenschaft von einem kodifizierten Rechtsrahmen begleitet worden ist. Verwies die Haager Landkriegsordnung in ihrer vierten Fassung von 1907 noch auf basale Kriegsgefangenenrechte, so stellte sich die Genfer Konvention von 1929 für einen beträchtlichen Teil der Gefangenen als erhebliche Verbesserung dar.[84] Das GKA ermöglichte grundsätzlich die Überprüfung der Kriegsgefangenenlager durch Dritte (Schutzmächte, IKRK, YMCA) und schuf einhergehend Transparenz in der Kriegsgefangenenbetreuung.

Gegenstand des Kapitels ist die Überprüfung der Kriegsgefangenenbehandlung und deren halböffentlicher Diskussion – auch zum Zwecke der Propaganda und Gegenaufklärung. Grundsätzlich zogen die Propagandaapparate ihren Vorteil aus der ergiebigen IKRK-Berichterstattung, ließen sich doch mit ihnen Aussagen zur Leistungsfähigkeit des Kriegsgefangenensystems und etwaiger Verstöße treffen. Es liegt also nah, Verläufe des Zweiten Weltkriegs und die Beteiligung seiner Akteure ebenso eingehend aus der Sicht des übergeordneten Kriegsgefangenenwesens und -völkerrechts zu betrachten. Als Grundlage der Kommunikation sind die auf der Subebene in den Gefangenenlagern festgehaltenen Informationen

---

83 Vgl. Zagovec, Rafael: Gespräche mit der „Volksgemeinschaft". Die deutsche Kriegsgesellschaft im Spiegel westalliierter Frontverhöre, in: Das Deutsche Reich und der Zweite Weltkrieg, Bd. 9/2, München 2005. S. 298–310.
84 Vgl. Overmans, Kriegsgefangenenpolitik, S. 851.

zu bezeichnen, deren Übermittlung vorrangig durch neutrale Dritte (Schutzmächte, IKRK) stattfand.

Die Kriegsgefangenschaft in Deutschland wurde in den Stammlagern von Besuchen des IKRK begleitet. Es handelt sich dabei um eine Organisation, die während des 19. Jahrhunderts in kriegerischen Konflikten auf dem europäischen Kontinent eine systematische Kriegskrankenpflege zu entwickeln suchte. Als Schöpfer dieser philanthropischen Bewegung gilt Henry Dunant[85], der 1863 in Genf Vorbereitungen zu einer internationalen Konferenz traf, die die Notwendigkeit der Kriegskrankenpflege[86] als Teil kriegerischer Konflikte begründen sollte. Verantwortlich für Dunants Anliegen waren seine Kriegserfahrungen aus der Schlacht von Solferino im Jahre 1859, in der er die fatalen Folgen einer fehlenden Verwundetenpflege beobachtet hatte.[87] Aus dem Mangel der Kriegsverwundetenfürsorge entwickelte sich sein Vorhaben, humanitäre Hilfen für in kriegerischen Auseinandersetzungen verletzte Kombattanten und Zivilisten zur Verfügung zu stellen. Die Bedeutung des völkerrechtlichen Rahmens für die Kriegsgefangenen des Zweiten Weltkriegs, des Genfer Abkommens über die Behandlung der Kriegsgefangenen, ist für die vorliegende Untersuchung keineswegs zu unterschätzen.

Die Geschichte des IKRK während des Zweiten Weltkriegs ist neben der Kriegsgefangenenbetreuung maßgeblich durch das Verhalten

---

85　Vgl. Dunant, Eudes: Henry Dunant, un pionnier de l'humanitaire. Biographie, Nantes 2011; ebenso: Heudtlass, Willy/Gruber, Walter: J. Henry Dunant. Gründer des Roten Kreuzes, Urheber der Genfer Konvention. Eine Biographie in Dokumenten und Bildern, 4. Aufl., Stuttgart 1985.

86　Vgl. Klingemann, Carsten/Panke-Kochinke, Birgit/Schaidhammer-Placke, Monika: Frontschwestern und Friedensengel: Kriegskrankenpflege im Ersten und Zweiten Weltkrieg, in: Projektverbund Friedens- und Konfliktforschung in Niedersachsen. Ergebnisberichte aus Forschungsprojekten der Jahre 1998–2001, Osnabrück Universität (2003), S. 105–125.

87　Vgl. Dunant, Henry: Eine Erinnerung an Solferino. Jubiläumsausgabe 125 Jahre Rotes Kreuz, Bern 1988.

gegenüber den Zivilinternierten in Konzentrationslagern geprägt. Die Forschungen Favez' zum Zusammenwirken des IKRK mit den Konzentrationslagern offenbarten, dass sich beide Akteure in der Ausrichtung ihrer Interessen äußerst widersprüchlich verhielten. Favez legte deutlich dar, dass die Rolle des IKRK in der Handhabung der sogenannten „Judenfrage" im Deutschen Reich weitläufig versagt habe. Die Vermischung diplomatischer, politischer und moralischer Interessen lähmte das Komitee zunehmend – insbesondere durch das Wissen um das eigentlich Unvorstellbare: die „Endlösung der Judenfrage".[88] Sowohl Anpassungsdruck als auch wenig Berührungsängste mit den NS-Eliten werden von Favez als nicht zu unterschätzende Gründe einer mangelnden Hilfe für die europäischen Juden herausgearbeitet.[89] Die neuen europäischen Verhältnisse nach dem 1. September 1939, die Ausdehnung des NS-Apparates und seiner Institutionen auf Kerneuropa bis Mai/Juni 1940 machen nur allzu verständlich, wieso aus historischer Perspektive in der Spitzenebene des IKRK eine Haltung des Arrangements führender IKRK-Mitarbeiter ermittelt worden ist.[90] Favez schloss aus der Ausrichtung der IKRK-Strategie, dass man in der Frage der Zivilinternierten Zugeständnisse machte, um den Zugang zu den Kriegsgefangenen in den deutschen Lagern nicht zu verlieren. Es handelt sich hierbei um eine ausgiebig diskutierte These, zu der bis heute keine quellenmäßig gestützten Gegenargumente erbracht wurden. Favez Forschungen verdeutlichen, welche passive Rolle

---

88 Vgl. Die Schweiz und die Flüchtlinge zur Zeit des Nationalsozialismus, hg. von der Unabhängigen Expertenkommission Schweiz-Zweiter Weltkrieg, Bern 2009, S. 101, online: www.akdh.ch/ps/uek.pdf (18.09.2012).

89 Vgl. Favez, Jean-Claude: The Red Cross and the Holocaust, Cambridge 1999; ders.: Das internationale Rote Kreuz und das Dritte Reich. War der Holocoust aufzuhalten?, München 1989.

90 Vgl. Favez, Jean-Claude: Das IKRK und die Todeslager des Dritten Reiches, in: Enzensberger, Hans Magnus (Hg.): Krieger ohne Waffen. Das Internationale Komitee vom Roten Kreuz (Die andere Bibliothek, 196), Frankfurt am Main 2001, S. 125; ebenso: Die Schweiz und die Flüchtlinge, S. 101 f.

das IKRK unter Max Hubers und ab 1944 unter Carl Jacob Burckhardts Leitung spielte.[91]

Die für die Kriegsgefangenen des Deutschen Reiches unternommenen Anstrengungen erschwerten demnach die ab 1940/41 nunmehr eingeschränkte Philanthropie[92] leitender IKRK-Strategen. Die Schilderung dieses Konflikts auf höherer Verwaltungsebene dient als Verweis auf die letztlich *politische* Dimension des Handlungsrahmens, indem sich das IKRK während des Krieges unter der Leitung Hubers und Burckhardts befand. Ihr Handeln beeinflusste ebenso die Schweiz als neutrale Nation im gesamteuropäischen Konfliktfeld und ist nicht losgelöst von deren Schutzmachtmandaten im Besonderen und deren Außenpolitik im Allgemeinen zu verstehen. Die Kenntnis darüber, keinerlei wirksame Anstrengungen gegen die Deportationen unternommen und diplomatische Kommunikationswege mit den Alliierten wider besseren Wissens ungenutzt gelassen zu haben, hat das widersprüchliche Bild vom IKRK während des Zweiten Weltkrieges in der europäischen Erinnerungskultur nachhaltig geprägt.[93]

Sehr aktiv trat das IKRK für die Interessen der Kriegsgefangenen ein und entwickelte sich bis Kriegsende zu einem Apparat mit

---

91 Vgl. Favez, Das IKRK und die Todeslager, S. 133–135.

92 „Die damaligen Hauptverantwortlichen der Organisation erhielten Informationen von verschiedenen Seiten, die im allgemeinen aus verlässlichen Quellen stammten. Trotzdem blieb das Komitee skeptisch und zog es vor, die Berichte, die ihm der Jüdische Weltkongress, der Ökumenische Rat der Kirchen und sogar die eigenen Delegierten lieferten, als übertrieben zu erachten." Vichniac, Isabelle: Nicht viel mehr als Schweigen. Als das IKRK seine Grundsätze verriet, in: NZZ Folio H. 2 (1995), online: http://www.nzzfolio.ch/www/ d80bd71b-b264-4db4-afd0-277884b93470/showarticle/d2a169c5-3027-4b4c-be16-8194a3840945.aspx (10.09.2012).

93 Verwiesen sei auf die Dokumentensammlung von Klarsfeld, Serge: Recueil de documents des archives du Comité International de la CroixRouge sur le sort des Juifs de France internés et déportés 1939–1945. The Beate Klarsfeld Foundation, Paris 1999. Zur Diskussion vgl. Stauffer, Paul: Der Holocaust in Frankreich und das IKRK. Realistisches Bild in einer Quellensammlung, in: Neue Züricher Zeitung, 27.03.2000, Nr. 73, S. 15.

mehr als 3.000 Mitarbeitern in der Schweiz.[94] Die Sicherstellung der Logistik, die Finanzierung der Hilfspakete und die Aufrechterhaltung der Kommunikationswege zwischen allen Beteiligten erforderten ein hohes Maß an Effizienz und der Kultivierung des völkerrechtlich nicht fixierten Reziprozitätsprinzips. Die Grundlage der Hilfestellungen bildeten das „Genfer Abkommen zur Verbesserung des Loses der Verwundeten und Kranken der Heere im Felde" und das „Abkommen über die Behandlung der Kriegsgefangenen" von 1929[95]; die Abkommen traten für das Deutsche Reich am 21. August 1934 in Kraft. Der für das Thema bedeutende zweite Abschnitt dieses Abkommens setzte sich aus 97 Artikeln zusammen, die alle Belange des Verhältnisses zwischen Gewahrsamsstaat und Kriegsgefangenen regelten. Zur Durchsetzung der im Genfer Kriegsgefangenenabkommen (GKA) aufgeführten Artikel war ein dritter Akteur notwendig, der regelmäßige Inspektionen der Kriegsgefangenenlager vornahm.[96] Die Berichterstattung über die Lager wurde von der Schutzmacht der gegnerischen Kriegspartei und/oder dem Internationalen Komitee vom Roten Kreuz geleistet. Als Besonderheit ist hier ein Vorgang zu benennen, in dem das IKRK gleichzeitig als Schutzmacht auftrat. Das Deutsche Reich vertrat die Ansicht, dass die Heimatstaaten der jugoslawischen und polnischen Kriegsgefangenen nach der Besetzung nicht mehr existierten. Folglich könnten diese Staaten auch nicht mehr durch eine Schutzmacht vertreten werden. An dieser Stelle sei ein Auszug der

---

94 Vgl. Overmans, Kriegsgefangenenpolitik, S. 851.
95 Als Grundlage der vorliegenden Studie wurde die Bekanntmachung vom 29. März 1934 über das Genfer Abkommen genutzt, die im RGBl. 1934/Teil II, S. 207–262, veröffentlicht ist. – Das Reichsgesetzblatt (Jg. 1867–1945) ist als Faksimile online veröffentlicht unter: http://alex.onb.ac.at/tab_dra.htm (30.06.2015).
96 Overmans Forschungen haben ergeben, dass Stammlager im Durchschnitt bis zu drei Besuche pro Jahr erfahren haben. Vgl. Overmans, Kriegsgefangenenpolitik, S. 844. Gegen Kriegsende nahmen die Besuchszahlen rapide ab, was dem Flächenbombardement und dem merklichen Zusammenbruch der Infrastruktur geschuldet war.

Stellungnahme Himmlers angeführt, in der die Schutzmachttätigkeit Schwedens für Polen als haltlos bezeichnet wird:

„Reichsführer SS und Chef der Deutschen Polizei im RMI H. Himmler; Berlin, den 16. Januar 1940 Betrifft: Polnische Kriegsgefangene. Sofort! Mit Rücksicht auf die veränderten staatsrechtlichen Verhältnisse in Polen ist der hiesigen Schwedischen Gesandtschaft, welche die polnischen Interessen in Deutschland wahrnahm, durch Verbalnote vom 20.v.Mts. mitgeteilt worden, daß die Voraussetzungen, unter denen der Schutz der polnischen Interessen in Deutschland übernommen worden war, nach Ansicht der Reichsregierung durch die Entwicklung der Ereignisse in Fortfall gekommen seien und das Schutzmandat der Schwedischen Gesandtschaft damit als erledigt anzusehen ist. Die Schwedische Regierung ist gebeten worden, davon Kenntnis zu nehmen, daß die Fürsorge für die Angelegenheiten und Gegenstände, die in den Bereich des von der Gesandtschaft ausgeübten Schutzes fielen, nunmehr den zuständigen deutschen Stellen obliegt."[97]

Die hierfür notwendigen Voraussetzungen wurden nach Kriegsbeginn umgehend mit dem Auswärtigen Amt und dem OKW geschaffen, damit die reibungslose Zusammenarbeit im Interesse beider Parteien gewährleistet war. Der Wegfall der im Dokument benannten Besuche konnte vom Deutschen Reich nicht durchgesetzt werden. In diesem Kommunikationsraum ist der Einsatz von sogenannten Schutzmächten[98] als eminent wichtig einzuschätzen,

---

97 LHASA, MD, C 30 Osterburg A, Nr. 1311, Bl. 198.

98 „Eine Schutzmacht tritt in Funktion, wenn 2 Staaten im Konfliktfall die diplomatischen und/oder konsularischen Beziehungen abbrechen. Sie übernimmt einen Teil der Aufgaben der bisherigen ordentlichen Vertretung. Die Schutzmacht vertritt, sofern alle betroffenen Parteien einverstanden sind, die Interessen eines Staates (Entsendestaat) in einem Drittstaat (Empfangsstaat). Sie gewährt den Angehörigen des Entsendestaates vor Ort Schutz. Ihre Dienstleistung erlaubt den betroffenen Staaten, minimale Beziehungen aufrecht zu erhalten." Angaben auf der Internetseite Eidgenössisches Departement für auswärtige Angelegenheiten, online: http://www.eda.admin.ch/eda/de/home/topics/peasec/sec/goch/protpw.html (18.09.2012).

gewährleisteten sie doch als Stellvertreter der Interessen eines von Deutschland besetzten Staates wesentliche Absprachen in Bezug auf dessen kriegsgefangene Soldaten. „Doch auch darüber hinaus besaß die Schutzmacht Funktionen; sie inspizierte die Lager, hielt Verbindung zu den Vertrauensmännern der Kriegsgefangenen und berichtete an den Heimatstaat. Jeder konnte sich mit Beschwerden an sie richten. […] Waren zu Beginn des Krieges die USA, die Schweiz und Schweden die wichtigsten Träger von Schutzmachtmandaten, wurden die Mandate nach dem Kriegseintritt in der Regel auf die beiden letzteren Staaten übertragen. Letztlich übte Schweden 114 Mandate im Auftrag von 28 Staaten aus, die Schweiz sogar 219 für 43 Nationen."[99] Das Ziel des IKRK und seiner Akteure war die Konzentration auf drei große Aufgabenbereiche, welche durch das GKA vorbestimmt waren. Sie umfassten die Lagerinspektion, die Kommunikation zwischen den Kriegsgefangenen und der Heimat und letztlich die Lieferung von sogenannten Liebesgaben.[100] Für das IKRK arbeiteten während des Krieges insgesamt 340 Delegierte, die für die zusammen 11.000 Lagerbesuche verantwortlich zeichneten. Von dieser hohen Anzahl sind 2.729 Besuche registriert, die in deutschen Lagern stattfanden.[101]

Spoerer nahm die Behauptung auf, dass die Behandlung der Kriegsgefangenen im deutschen Gewahrsam maßgeblich durch rassenhierarchische Vorstellungen geprägt war.[102] Dieser Befund lässt sich mit Hilfe der IKRK-Berichte eindeutig nachweisen. Doch

---

99 Overmans, Kriegsgefangenenpolitik, S. 840. Auf den Seiten des Eidgenössischen Departements für auswärtige Angelegenheiten ist von weniger Staaten die Rede: „Sie vertrat die Interessen von 35 Staaten – darunter Krieg führende Grossmächte – mit über 200 Einzelmandaten." Vgl. https://www.eda.admin.ch/eda/de/home/aussenpolitik/menschenrechte-menschliche-sicherheit/frieden/schutzmachtmandate.html (25.06.2015).

100 Vgl. Overmans, Kriegsgefangenenpolitik, S. 843.

101 Vgl. ebd., S. 844.

102 Vgl. Spoerer, Mark: Die soziale Differenzierung der ausländischen Zivilarbeiter, Kriegsgefangenen und Häftlinge im Deutschen Reich, in: Das Deutsche Reich und der Zweite Weltkrieg, Bd. 9/2, München 2005, S. 502 ff.

lässt sich mit Blick auf Details entgegenhalten, dass sich das Deutsche Reich im Falle Altengrabows und auch anderer Stalags pragmatische Entscheidungen vorbehielt. Die Aussage, die polnischen Soldaten seien auf die Behandlungsstufe der später gefangengehaltenen Rotarmisten zu stellen, greift mit Blick auf die IKRK-Berichte für das Stalag XI A nicht. Die den Polen und auch Serben zugestandenen Rechte umfassten ein größeres Spektrum. Dass ein Großteil aller Gefangenen, außer den Briten und Amerikanern, in Detailfragen trotzdem völkerrechtswidrig behandelt worden ist, kann bereits an dieser Stelle für das Stalag XI A konstatiert werden. Hierzu zählen Fragen der Unterbringung, Versorgung und medizinischen Behandlung. Die IKRK-Berichte, auch wenn sie mit quellenkritischer Vorsicht zu bewerten sind, zeichnen über bestimmte Zeitverläufe hinweg ein insgesamt negatives Bild, welches durch Ausnahmen ergänzt wird. Es ist in Übereinstimmung mit Overmans bemerkenswert, dass es trotz eines nicht festgeschriebenen Inspektionsrechtes und eines im GKA weiterhin nicht garantierten Rechtes auf Hilfeleistung für Kriegsgefangene im feindlichen Gewahrsam zu einem zielführenden Informationsaustausch zwischen den kriegführenden Nationen kam.

Im folgenden Abschnitt wird eine Auswahl tragender GKA-Artikel zusammengestellt, um einen analytischen Zugang zu den erörterten IKRK-Besuchskriterien zu erlangen. Die Themen umfassten vornehmlich folgende Belange: Ernährung, Unterbringung, Kommunikation, Kontrolle, Rechte und Pflichten in der Kriegsgefangenschaft:

Art. 2: „Die Kriegsgefangenen unterstehen der Gewalt der feindlichen Macht, aber nicht der Gewalt der Personen oder Truppenteile, die sie gefangen genommen haben. Sie müssen jederzeit mit Menschlichkeit behandelt, insbesondere gegen Gewalttätigkeiten, Beleidigungen und öffentliche Neugier geschützt werden. Vergeltungsmaßnahmen an ihnen auszuüben ist verboten."[103]

---

103 RGBL 1934/Teil II, S. 233.

Art. 4: „[...] Unterschiede in der Behandlung der Kriegsgefangenen sind nur insoweit zulässig, als es sich um Begünstigungen handelt, die auf den militärischen Dienstgrad, dem körperlichen oder seelischen Gesundheitszustand, der beruflichen Eignung oder dem Geschlecht beruhen."[104]

Art. 8: „Die Kriegführenden sind verpflichtet, einander jede Gefangennahme in möglichst kurzer Frist durch Vermittlung der gemäß Artikel 77 eingerichteten Auskunftsstellen mitzuteilen. Ebenso sind sie verpflichtet, einander anzugeben, wohin die Angehörigen Briefe an die Kriegsgefangenen zu richten haben. [...]"[105]

Art. 9: „[...] Die Kriegführenden haben die Zusammenlegung von Gefangenen verschiedener Rassen und Nationalitäten in ein Lager möglichst zu vermeiden. [...]"[106]

Art. 10: „Die Kriegsgefangenen sind in Häusern oder Baracken unterzubringen, die jede mögliche Gewähr für Reinlichkeit und Zuträglichkeit bieten. Die Räume müssen vollständig vor Feuchtigkeit geschützt, genügend geheizt und beleuchtet sein. [...]"[107]

Art. 11: „Die Verpflegung der Kriegsgefangenen hat in Menge und Güte derjenigen der Ersatztruppen gleichwertig zu sein. Die Gefangenen erhalten außerdem die Hilfsmittel, um sich die zu ihrer Verfügung stehenden Zusatznahrungsmittel selbst zuzubereiten. [...]"[108]

Art. 16: „Den Kriegsgefangenen wird in der Ausübung ihrer Religion mit Einschluß der Teilnahme am Gottesdienst volle Freiheit gelassen, unter der einzigen Bedingung, daß sie die Ordnungs- und Polizeivorschriften der Militärbehörde befolgen. Den kriegsgefangenen Geistlichen jedweder Religionsgemeinschaft ist es gestattet, ihr Amt unter ihren Glaubensgenossen ohne Einschränkung auszuüben."[109]

---

104 Ebd., S 234.
105 Ebd., S 235.
106 Ebd.
107 Ebd.
108 Ebd., S. 236.
109 Ebd., S. 237.

Art. 28: „Der Gewahrsamsstaat übernimmt die volle Verantwortung für Unterhalt, Versorgung, Behandlung und Entlohnung der Kriegsgefangenen, wenn sie für Rechnung von Privatpersonen arbeiten."[110]

Art. 33: „Die Einrichtung der Arbeitskommandos hat, besonders hinsichtlich der gesundheitlichen Bedingungen, der Verpflegung, der Vorsorge für Unglücks- oder Erkrankungsfälle, des Briefverkehrs und Paketempfangs, derjenigen der Kriegsgefangenenlager zu entsprechen. Jedes Arbeitskommando untersteht einem Gefangenenlager. Der Kommandant dieses Lagers ist dafür verantwortlich, daß die Bestimmungen dieses Abkommens bei dem Arbeitskommando befolgt werden."[111]

Art. 34: „Die Kriegsgefangenen erhalten für die zur Verwaltung, Bewirtschaftung und Unterhaltung der Lager nötigen Arbeiten keinen Lohn. Die zu anderen Arbeiten verwendeten Gefangenen haben Anspruch auf einen Lohn, der durch Vereinbarungen zwischen den Kriegführenden festzusetzen ist. [...]"[112]

Art. 43: „An jedem Ort, wo sich Kriegsgefangene befinden, haben diese die Befugnis, Vertrauensleute zu bestimmen, die sie gegenüber den Militärbehörden und Schutzmächten zu vertreten haben. Die Bestimmung der Vertrauensleute unterliegt der Genehmigung der Militärbehörde. Die Vertrauensleute haben die Sammelsendungen in Empfang zu nehmen und zu verteilen. Ebenso fällt die Organisation einer gegebenenfalls von den Gefangenen unter sich beschlossenen Einrichtung zur gegenseitigen Unterstützung in die Zuständigkeit der Vertrauensleute. Außerdem können diese den Gefangenen zur Erleichterung der Beziehungen mit den in Artikel 78 genannten Hilfsgemeinschaften ihre Dienste zur Verfügung stellen. [...]"[113]

---

110 Ebd., S. 239.
111 Ebd., S. 240.
112 Ebd.
113 Ebd., S. 243.

Art. 68: „Die Kriegführenden sind verpflichtet, schwerkranke und schwerverwundete Kriegsgefangene, nachdem sie sie transportfähig gemacht haben, ohne Rücksicht auf Dienstgrad und Zahl in ihre Heimat zurückzusenden. [...]"[114]

Art. 86: „Die Vertragsparteien erkennen an, daß die ordnungsmäßige Anwendung dieses Abkommens eine Gewähr findet, in der Möglichkeit der Mitarbeit der mit der Wahrnehmung der Interessen der kriegführenden betrauten Schutzmächte; zu diesem Zweck können die Schutzmächte auch außerhalb ihres diplomatischen Personals unter ihren eigenen Staatsangehörigen oder unter den Angehörigen anderer neutraler Staaten Delegierte bestimmen. Für diese Delegierten muß die Zustimmung des Kriegführenden eingeholt werden, bei dem sie ihre Aufgabe ausüben sollen. Die Vertreter der Schutzmacht und ihre zugelassenen Delegierten sind ermächtigt, sich ohne Ausnahme an alle Örtlichkeiten zu begeben, wo Kriegsgefangene untergebracht sind. Sie haben Zugang zu allen Räumen, die mit Kriegsgefangenen belegt sind, und können sich mit diesen, im Allgemeinen ohne Zeugen, persönlich oder durch Vermittlung von Dolmetschern unterhalten. [...]"[115]

Die für dieses Kapitel vorgenommene Artikelauswahl erfolgte aus folgendem Grund: Das Deutsche Reich behielt sich auch im Falle des Stalags XI A vor, pragmatische Entscheidungen hinsichtlich der Ausführung insbesondere der oben aufgeführten Artikel zu treffen. Beispielsweise waren während der Gespräche mit den Vertrauensmännern Angehörige des Lagerstabes anwesend. Das vertrauliche Gespräch konnte in diesem Rahmen also nicht geführt werden. Ebenso konnte die Laufroute durch das Stammlager vom Stab beeinflusst werden, indem bestimmte Bereiche weiträumig umgangen wurden. Auffällig ist ebenfalls, dass die IKRK-Delegierten oftmals die gleichen Außenkommandos besuchten. Demnach ist die Auswahl als normierendes Instrument für einen Soll-Zu-

---

114 Ebd., S. 248.
115 Ebd., S. 252.

stand zu verstehen, der in jedem Stammlager des Deutschen Reiches einzuhalten war. Dass diese Vorgaben mitunter keine Umsetzung fanden, ist hier bereits ansatzweise angedeutet worden, doch wird dieser Gegenstand noch eine weitere Vertiefung erfahren. Im folgenden Kapitel sind die vielseitigen Beziehungen und Kontrollmechanismen zwischen den sogenannten Kriegführenden, den Schutzmächten und den Hilfsorganisationen als äußerst komplexe Vorgänge herauszustellen und anschließend zu analysieren. Mit diesem Vorgehen werden zwei Nahziele verfolgt: Erstens ist anhand der IKRK-, YMCA- und Ego-Dokumente ein Vergleich aufzubereiten. Der Rückbezug auf das GKA ermöglicht in einem zweiten Schritt das Erschließen von Handlungsräumen auf beiden Seiten. In der vorliegenden Studie wird es vorkommen, dass von einer Entlassung in ein sogenanntes Zivilarbeiterverhältnis gesprochen wird. Kriegsgefangene sind keinesfalls immer aus der Kriegsgefangenschaft entlassen und repatriiert worden. Das Deutsche Reich/OKW unternahm den Versuch, bestimmte Gefangenengrup-

Schmematische Darstellung begrifflicher Abgrenzungen (nach Spoerer, Die soziale Differenzierung, S. 487)

pen im deutschen Arbeitssektor zu beurlauben[116] und die Zugriffs-
möglichkeiten auf sie zu erhöhen. Der Schutz durch die oben aufgeführten Artikel des GKA entfiel. Das Schema Spoerers auf der
vorigen Seite veranschaulicht, wie komplex der „Werdegang" eines
Kriegsgefangenen oder aber auch Zivilarbeiters im Deutschen
Reich sein konnte.

2.2 Entwicklung des Kriegsgefangenenwesens nach 1918

Sowohl die strukturelle Entwicklung, als auch die allgemeinen
Richtlinien des Kriegsgefangenenwesens wurden vom Allgemeinen
Wehrmachtsamt (AWA) im Oberkommando der Wehrmacht (OKW)
erlassen und waren deutlich von den Erfahrungen des Ersten Weltkrieges beeinflusst.[117] Im Gegensatz zum Krieg von 1914 bis 1918
planten die führenden Militärs im OKW in einem neuerlichen militärischen Konflikt von Beginn an mit einer weitaus höheren Anzahl
von Kriegsgefangenen. Für deren Unterbringung, Versorgung und
Arbeitseinsatz mussten innerhalb kurzer Zeit zahlreiche logistische
Vorbereitungen getroffen werden.[118] Zu den Erfahrungen mit dem

---

116 Vgl. Spoerer, Mark: Zwangsarbeit unter dem Hakenkreuz. Ausländische Zivilarbeiter, Kriegsgefangene und Häftlinge im Deutschen Reich und im besetzten
   Europa 1939–1945, Stuttgart 2001, S. 105.
117 Der Aufbau der Kriegsgefangenenorganisation erfolgte 1937, wobei die Orga-
   nisationsform „in ihren Grundzügen [...] endgültig im November 1938" fest-
   stand. Overmans, Kriegsgefangenenpolitik, S. 738.
118 Als Beispiel für die Organisation im landwirtschaftlichen Sektor: „Zur Unterbringung der Kriegsgefangenen wird zwischen der Gemeinde Anderbeck, vertreten durch den Bürgermeister Brüning und Fräulein Pepper-Schollmeyer folgende Vereinbarung getroffen: Fräulein Pepper-Schollmeyer stellt folgende
   Räume und folgendes Gelaß zur Verfügung, welches von der Wehrmacht mit
   der Bezeichnung ‚Kriegsgefangenen-Lager' beschlagnahmt ist: 1. den durch
   Bretterwand abgetrennten Hofraum 2. drei Räume über der Durchfahrt und
   dem Schlachthaus 3. Das Schlachthaus mit Feuerstellen und Kochgeschirr
   (1 Kessel, 2 Töpfe, 3 Kannen, 1 Kartoffeldämpfer, 2 Eimer, 1 Kochherd) 4. Ein

Arbeitseinsatz Kriegsgefangener während des Ersten Weltkrieges hält Vergin fest: „Das größte Problem beim Einsatz von Kriegsgefangenen zur Zwangsarbeit war wegen der hohen Fluchtzahlen die personalintensive Bewachung. Gleichzeitig war die Arbeitsleistung sehr niedrig, denn es bestand kaum Anreiz, durch erhöhte Leistungen den eigenen Verdienst zu steigern, außerdem fehlte die Motivation, für den Feind zu arbeiten."[119]

Die Erfahrungen aus den Materialschlachten in Ypern und auch das Wissen um die Kampfkraft motorisierter Stoßtrupps führten in den 1930er Jahren zu einer Modernisierung kriegstheoretischer Paradigmen innerhalb des deutschen Generalstabes und folglich auch zur Anpassung des Kriegsgefangenenwesens. Der damit einhergehende Entschluss, militärische Siege mittels zeitlich begrenzter Bewegungskriege herbeizuführen und damit große Massen an Kriegsgefangenen aus dem Operationsgebiet systematisch abtransportieren zu müssen, stellte die Logistiker der Wehrmacht vor erhebliche Planungsaufgaben.[120] Beeinflusst wurden diese Konzeptionen durch die 1929/34 selbst auferlegte Verpflichtung des Deut-

---

Zimmer im Wohnhaus für die Unterbringung der Wachmannschaft. Fräulein Pepper-Schollmeyer verpflichtet sich, die vorbezeichneten Räume nebst der zur Verpflegung erforderlichen Gerätschaften, soweit letztere ihr Eigentum sind, solange zur Verfügung zu stellen, wie es für die Unterbringung der Kriegsgefangenen benötigt wird. Als Entschädigung dafür wird während der Belegung des Kriegsgefangenenlagers pro Tag und pro Kriegsgefangener ein Quartiergeld von -.20 RM gewährt. Für den Raum der Wachmannschaft wird für die Zeit der Belegung pro Mann und pro Tag ein Quartiergeld von -.40 RM gewährt. Die Zahlung erfolgt durch die Gemeindekasse Anderbeck. Bis zur Rückzahlung des von der Gemeindekasse Anderbeck für Frau Pepper-Schollmeyer verauslagten Betrages von 345.05 RM wird das auflaufende Quartiergeld von der Gemeindekasse einbehalten." Kreisarchiv Landkreis Harz, Gemeinde Anderbeck, Nr. II/12, Bl. 123f.

119 Vergin, Ute: Die nationalsozialistische Arbeitseinsatzverwaltung und ihre Funktionen beim Fremdarbeiter(innen)einsatz während des Zweiten Weltkrieges, Diss. Univ. Osnabrück 2008, S. 287.

120 Vgl. Frieser, Karl Heinz: Die deutschen Blitzkriege. Operativer Triumph – strategische Tragödie, in: Müller, Rolf-Dieter/Volkmann, Hans-Erich: Die Wehrmacht. Mythos und Realität, München 1999, S. 183–185.

schen Reiches, die Grundsätze der Kriegsgefangenenbehandlung im Rahmen der Genfer Konvention einzuhalten und allen Kriegsgefangenen fremder Nationen den darin vorgesehenen Schutz zu gewähren (vgl. Dok. 1, S. 413). Im Verlauf des Krieges gegen die Sowjetunion und der damit einhergehenden Gefangennahme von Millionen sowjetischer Soldaten fand die Genfer Konvention jedoch keinerlei Berücksichtigung. Als Begründung des Deutschen Reiches wurde angegeben, dass die Sowjetunion, weil sie nicht als Signatarstaat der Genfer Konvention in Erscheinung trat, für ihre Kombattanten nicht den Schutz des Abkommens beanspruchen könne.[121] Streit hob in seiner Studie zum Schicksal der sowjetischen Gefangenen hervor, dass die Sowjetunion aber das „Abkommen zur Verbesserung des Loses der Verwundeten und Kranken" von 1929 ratifiziert hatte. Das Deutsche Reich war damit theoretisch zumindest verpflichtet, sowjetische Verwundete und Kranke zu behandeln.[122]

Neuere Forschungen zum Thema „Arbeitseinsatz sowjetischer Kriegsgefangener" haben nachweisen können, dass die menschenfeindliche Nichtberücksichtigung des GKA zwar grundsätzlich Vorteile für den Arbeitseinsatz in der NS-Wirtschaft bot, jedoch die Behandlung der sowjetischen Gefangenen erhebliche langfristige Probleme nach sich zog. Changierte ihr Einsatz bis 1942 noch zwischen „Vernichten oder Ausnutzen"[123], so lässt sich nach der Kriegswende ein Umdenken bei deutschen Militärs und Bürokraten feststellen. Ein Thema, das in der Diskussion eine gesonderte Erörterung erfährt.

Das mit der Genfer Konvention geschaffene internationale Recht ermöglichte den Schutzmächten der kriegführenden Nationen die Kontrolle der Kriegsgefangenenlager und der Arbeitskommandos,

---

121 Vgl. Keller, Sowjetische Kriegsgefangene, S. 44.
122 Vgl. Streit, Keine Kameraden, S. 183.
123 Vgl. als Diskussionsgrundlage Otto, Reinhard: „Vernichten oder Ausnutzen". „Aussonderungen" und Arbeitseinsatz sowjetischer Kriegsgefangener im Reichsgebiet in den Jahren 1941/42, Diss. Univ. Paderborn 1995.

um Missstände in der Gefangenenbehandlung zu verhindern (vgl. Dok. 2, S. 420). Ego-Dokumente lassen erkennen, wie einnehmend „Arbeit" auf ihren Lebensalltag einwirkte. Alle Abläufe waren auf die Erhaltung ihrer Arbeitskraft ausgerichtet und konzentrierten sich auf ihre effektive Ausnutzung.[124] Die Planungen des Kriegsgefangenenwesens wurden Ende der 1930er Jahre eng auf die Zusammenarbeit mit den regionalen Arbeitsämtern abgestimmt, denn die zahlreichen Kriegsgefangenen sollten nach Registrierung und ärztlicher Untersuchung im Stalag schnellstens in den Arbeitseinsatz gelangen.[125] Die logistische Verteilung der massenhaft bereitstehenden Kriegsgefangenen ist bereits kurz nach Kriegsbeginn vorgenommen worden, um Rückstaus in Stammlagern zu unterbinden. Ihre Aufnahmefähigkeit war eng bemessen, so dass die Stalags ebenso die schnelle Einrichtung von Außenlagern forcierten.

Landwirtschaftsbetriebe richteten sich mit einer Bedarfsmeldung an die Kreisbauernschaft und konnten daraufhin mit einer Zuteilung der dringend benötigten und kostengünstigen Arbeitskräfte durch das jeweilige Arbeitsamt rechnen. Die Grundlagen der hierfür notwendigen Kommunikation zwischen zivilen und militärischen Dienststellen erforderten ein hohes Maß an Arbeitsteilung und Strukturierung, welches durch den Einsatz von Kontrolloffizieren aufrechtzuhalten war (vgl. Dok. 3, S. 427). Die vertragliche Regelung setzte voraus, dass Unterkunft, Bezahlung und Bewachung hinreichend geklärt waren, damit sich der Einsatz für alle beteiligten Stellen problemlos und kostengünstig gestaltete. Verträge sollten auf Veranlassung des Regierungspräsidenten der Provinz Sachsen, Hans Georg von Jagow, zwischen den Gemeinden und dem Stammlager abgeschlossen werden.[126] Für das grund-

---

124 Vgl. Vorschrift für das Kriegsgefangenenwesen, Teil 11. Dienstanweisung für den Führer eines Kriegsgefangenen-Arbeitskommandos vom 2.8.1939, Berlin 1939, S. 17f.

125 Vgl. Speckner, Hubert: In der Gewalt des Feindes. Kriegsgefangenenlager in der „Ostmark" 1939–1945, Wien 2003, S. 19.

126 Vgl. LHASA, MD, C 30 Osterburg A, Nr. 1311, Bl. 3.

sätzliche Verständnis dieser Zusammenarbeit scheint es notwendig, sich mit den grundlegenden Entwicklungstendenzen des deutschen Arbeitsmarktes auseinanderzusetzen. Die strukturellen Anpassungen waren gekennzeichnet durch ein hohes Maß an Mobilität unter den Arbeitnehmern. Die Abwanderung von Arbeitskräften aus landwirtschaftlichen Arbeitssektoren in die sich zunehmend entwickelnde Großindustrie sorgte gleichzeitig für eine hohe Fluktuation ungelernter Arbeits- und Fachkräfte innerhalb des mitteldeutschen Arbeitsmarktes.[127] Als Hauptgrund ist hier die wachsende Rüstungsproduktion im Untersuchungsgebiet zu sehen, die erhebliche Wanderungsbewegungen aus ländlichen Regionen in die Großstädte auslöste. Somit zeichnete sich vor Kriegsbeginn eindeutig ab, dass die fehlenden Arbeitskräfte schnellstmöglich mit Kriegsgefangenen zu ersetzen waren. Die Wehrwirtschaftsstellen wussten dieser Entwicklung Ende der 1930er Jahre pragmatisch entgegenzutreten, denn bereits während des Ersten Weltkrieges hatte man flächendeckend gute Erfahrungen mit dem Arbeitseinsatz von Kriegsgefangenen gemacht. Der Apparat zur Bereitstellung der ersten Kriegsgefangenenkontingente im Zusammenwirken der regionalen Arbeitsämter und Landesbauernschaften auf ziviler Seite erwies sich hierbei als stabilisierende Konstante. Strukturelle Veränderungen des Systems lassen sich nur geringfügig nachweisen und hatten letztlich keinen negativen Einfluss auf die Kommunikationsschnittstellen zwischen Militär- und Arbeitseinsatzplanung im östlichen Teil des Wehrkreises XI. Herlemann hat in ihrer 1993 erschienenen Studie „Der Bauer klebt am Hergebrachten" den Mangel an deutschen Arbeitskräften quellennah für das heutige Gebiet Niedersachsen ausgewertet.[128]
Die Ergebnisse zeigen auf, wie eng die zivilen Stellen nach dem

---

127 Vgl. Herbert: Fremdarbeiter, S. 48–50.
128 Vgl. Herlemann, Beatrix: „Der Bauer klebt am Hergebrachten". Bäuerliche Verhaltensweisen unterm Nationalsozialismus auf dem Gebiet des heutigen Landes Niedersachsen, Hannover 1993, S. 249–255.

Kriegsbeginn am 1. September 1939 mit den Kriegsgefange-nen-Mannschaftsstammlagern im Wehrkreis XI zusammenarbeiten mussten, um die geschaffenen Defizite ansatzweise auszugleichen. Ziel war es, die noch auf dem Felde stehende Ernte mit den in den Arbeitseinsatz befohlenen Kriegsgefangenen einzufahren, um einen größeren Schaden zu verhindern. Grundsätzlich vergleich-bar war die von Herlemann untersuchte Situation mit den Verhält-nissen innerhalb der Provinz Sachsen, die Mitte der 1930er Jahre ebenso auf die hohe Abwanderungsrate männlicher Landarbeiter in industriell geprägte Arbeitsfelder reagieren musste. Das Pro-blem des Arbeitskräftemangels sollte sich zuspitzen, als die Wehr-macht mit flächendeckenden Aushebungen begann, um neue Kon-tingente für den geplanten Kriegseinsatz bereitzustellen.[129] Die effektive Zusammenarbeit zwischen militärischen und zivilen Stel-len beruhte auch auf dem engmaschigen Netz des 1933 gegründe-ten Reichsnährstandes (RNS), der als Dachorganisation des Agrar-sektors über enge Anbindungen an die regionalen Arbeitsämter verfügte.[130] Die dem Reichsnährstand unterstellten Landes-, Kreis-, und Ortsbauernschaften koordinierten letztlich auch die Arbeits-einsatzplanungen. „Um sicherzustellen, dass sich die Produktion so effizient wie nur möglich entwickelte, begann der RNS seine Kon-troll- und Überwachungsmaßnahmen auf jedes Feld, jede Scheune und jeden Melkstall im Land auszudehnen."[131] Während des Krie-ges konnten die am Arbeitskräfteeinsatz beteiligten Stellen auf ein gut funktionierendes Kommunikationsnetz zurückgreifen und

---

129 Vgl. Münkel, Daniela: Nationalsozialistische Agrarpolitik und Bauernalltag (Campus Forschung, 735), Frankfurt am Main 1996, S. 393–395.

130 Grundsätzlich zur Organisationsstruktur vgl. Mai, Uwe: „Rasse und Raum". Agrarpolitik, Sozial- und Raumplanung im NS-Staat, Paderborn 2002. Aus gegenwärtiger Perspektive ist die Schilderung der Struktur in Müllenbusch, Josef: Die Organisation der deutschen Ernährungswirtschaft. Der Reichsnähr-stand – Aufbau und Aufgaben einschließlich Kriegsernährungswirtschaft, Ber-lin 1941 erkenntniserweiternd.

131 Tooze, Adam: Ökonomie der Zerstörung. Die Geschichte der Wirtschaft im Nationalsozialismus (Schriftenreihe, 663), Bonn 2007, S. 225.

die in das Reich strömenden Kriegsgefangenen zielorientiert auf landwirtschaftliche Güter im Umland des Stalags verteilen. Die Zusammenarbeit war ausgerichtet auf die Erhöhung der Leistungsfähigkeit, sollte aber während des Krieges insbesondere auf der Subebene stellenweise immer wieder an ihre Grenzen stoßen.[132] Diese Sachlagen haben ihren Grund nicht in der fehlerhaften Planung des Arbeitskräfteeinsatzes auf Landes- oder Kreisebene, sondern sind vielmehr auf den Aktionismus eingesetzter Domänenpächter oder Ortsbauernführer zurückzuführen. Diese waren u. a. für die Verteilung der Kriegsgefangenen auf unterschiedliche Güter verantwortlich und stellten das letzte Glied in der Organisation von

---

132 Als Beispiel sei der Inhalt eines Schreibens vom 16. Juni 1941 an den Oberpräsidenten genannt, der Aufschluss über etwaige organisatorische Fehlplanungen in der Gefangenenverteilung preisgibt. „Bei einer am 11.6. von mir vorgenommenen Besichtigung der Domäne Holzzelle (dicht südlich Eisleben) teilte mir der Domänenpächter folgendes mit: In der Nacht zuvor hatte er 40 serbische Arbeiter für seine Landwirtschaft erhalten, ebenso wie einige andere in der allernächsten Umgebung von Eisleben liegende Güter. Den landwirtschaftlichen Betrieben war auferlegt worden (anscheinend vom Arbeitsamt im Zusammenwirken mit dem Stalag), diese Arbeiter unmittelbar im Stammlager Herzberg abzuholen. Da die Domäne Holzzelle nicht in der Lage war, einen Lastwagen nach Herzberg zu entsenden, tat sich der Domänenpächter mit einem Nachbarlandwirt zusammen, dem ebenfalls serbische Landarbeiter zugeteilt waren und dieser sandte einen Trecker (Geschwindigkeit 15 Stundenkilometer) mit Anhängern nach Herzberg und holte dort die Arbeiter ab. Die Entfernung von Herzberg nach Eisleben beträgt 146 km. In Eisleben kamen die Serben nach naturgemäß sehr langer Fahrt an; aber erst nach 3 Uhr konnten die Arbeiter auf die einzelnen Betriebe unterverteilt werden, obwohl die für die Domäne Holzzelle vorhandene Anzahl Gefangener bereits mit dem ersten Transport angekommen war; dies mit der Begründung, daß gerade diese Arbeiter für einen anderen landwirtschaftlichen Betrieb eingeteilt seien. Die von Holzzelle nach Eisleben entsandten Fuhrwerke nebst Gespannführern mussten infolgedessen noch eine ganze Reihe von Stunden zwecklos in Eisleben warten, weil die anderen ebenfalls nach Herzberg entsandten Trecker noch langsamer fuhren. […] M. E. hätte bei diesem Vorfall in vielerlei Richtung durch bessere Dispositionen, […], besser gearbeitet werden müssen. […] Auch scheint mir, daß hier in sehr weitem Umfange Benzin vergeudet wird." LHASA, MD, C 20 I Oberpräsident Magdeburg. Allgemeine Abteilung, Ib Nr. 886 Bd. 3, Bl. 66.

kriegsgefangenen Arbeitskräften dar. Strategische und auf Langfristigkeit ausgelegte Planungen ließen sich vielerorts nicht umsetzen und zogen Nachbesserungsmaßnahmen seitens beteiligter Stellen bis Mitte 1940 nach sich.[133]

Trotz des hohen Maßes an Arbeitsteilung erfuhren die Bedarfsanmeldungen bis Oktober nicht die notwendige flächendeckende Berücksichtigung und es kam daher zu Engpässen in der regionalen Arbeitseinsatzplanung innerhalb des Untersuchungsgebietes. Entsprechend der Kriegsverläufe auf den europäischen Schlachtfeldern konnte das System bis 1943 aus vornehmlich utilitaristischen Gründen perfektioniert werden. Die kriegswichtigen Sektoren wie Luftwaffenindustrie (Dessau) und Metallverarbeitung benötigten dringend die in den Wehrkreis strömenden kostengünstigen Arbeitskräfte und unternahmen zahlreiche Anstrengungen, um ihren Einsatz in Teilen der Provinz Sachsen zu gewährleisten. Aus Perspektive der Kriegsgefangenen ist insbesondere diese Subebene von Interesse, stellt sie doch den Ereignisraum des *kriegsbedingten Miteinanders* zwischen der deutschen Bevölkerung und den fremden Arbeitskräften dar. Für den Zeitraum von 1942 bis 1944 ist die Dichte des Quellenmaterials als belastbar zu bezeichnen und es lässt sich anhand mehrerer Orte eine detaillierte Untersuchung vornehmen.

2.3 Das Kriegsgefangenenwesen im Deutschen Reich

Von 1939 bis Anfang 1942 unterstand das Kriegsgefangenenwesen dem Allgemeinen Wehrmachtsamt (AWA) des Oberkommandos

---

133 So werden in einem Schreiben des Arbeitsamtes Stendal an die Arbeitsamts-Nebenstellen Gardelegen, Osterburg, Salzwedel, Tangermünde Verbesserungen vorgeschlagen, um den Einsatz der Gefangenen möglichst effizient zu gestalten. Vgl. LHASA, MD, C 30 Osterburg A, Nr. 1311, Bl. 6f.

der Wehrmacht (OKW)[134]. Das AWA beherbergte den „Inspekteur für das Kriegsgefangenenwesen", der für die Inspektion der Lager im Reichsgebiet und die „Abteilung für Wehrmachtsverluste und Kriegsgefangenenwesen"[135] zuständig war.

Zu Beginn des Jahres 1941 wurde durch das OKW die Dienststelle des „Kommandeurs der Kriegsgefangenen im Wehrkreis" (Kdr.Kgf.) ins Leben gerufen, denn die Organisation der zahlreich ins Reich verbrachten Kriegsgefangenen bedurfte einer Neustrukturierung. Der Kdr.Kgf. war innerhalb dieser Anpassung des Kriegsgefangenenwesens wiederum dem Wehrkreisbefehlshaber unterstellt, hatte die Befugnisse eines Divisionskommandeurs und agierte als Sachbearbeiter für alle mit dem Gefangenenwesen auftretenden Fragen.[136] Eine wesentliche Änderung im Kriegsgefangenenwesen vollzog sich Anfang des Jahres 1942. Es wurde die Dienststelle des „Chefs des Kriegsgefangenenwesens im OKW" (Chef KGW) ins Leben gerufen, der wiederum die „Allgemeine Abteilung für das Kriegsgefangenenwesen im OKW" und die „Organisationsabteilung" unterstanden.[137] Die Allgemeine Abteilung „bearbeitete Fragen der Behandlung der Kriegsgefangenen, den Verkehr mit dem Auswärtigen Amt und den Schutzmächten, die wirtschaftlichen Angelegenheiten, den Verkehr mit dem Roten Kreuz und der YMCA (‚Young Men's Christian Association'[138]), die Postangelegenheiten sowie Beurlaubungen, Entlassungen und Austausch von

---

134 Zuständig für die Umsetzung des Genfer Kriegsgefangenenabkommens war das am 4. Februar 1938 aus dem ehemaligen Wehrmachtsamt des Reichskriegsministeriums hervorgegangene Oberkommando der Wehrmacht Vgl. Streim, Die Behandlung sowjetischer Kriegsgefangener, S. 7f.

135 Vgl. Overmans, Rüdiger: Deutsche militärische Verluste im Zweiten Weltkrieg, München 1999, S. 104f.

136 Vgl. Speckner, In der Gewalt des Feindes, S. 19.

137 Vgl. Keller, Sowjetische Kriegsgefangene, S. 45.

138 Dt. Christlicher Verein Junger Männer. – Zur organisatorischen Arbeit des Vereins vgl. Christiansen, Chris: Hoffnung hinter Stacheldraht. Hilfe für Kriegsgefangene. Erinnerungen eines CVJM-Sekretärs 1942–1948, Metzingen 1999.

Kriegsgefangenen".[139] Die Organisationsleitung hingegen bearbeitete u.a. Statistiken, Personalangelegenheiten, den Arbeitseinsatz, Fluchten und die Einrichtung der Lager.[140] Diese Sachbearbeitungsdienststelle „Chef KGW" wurde zuerst von Generalmajor von Graevenitz und danach von Generalmajor Westhoff geführt; die Entscheidungsgewalt über grundsätzliche Kriegsgefangenenfragen verblieben beim AWA bzw. beim Chef OKW. Ab 1943 sah sich das deutsche Kriegsgefangenenwesen mit zahlreichen logistischen Problemen konfrontiert, in deren Folge auch eine zunehmende Anzahl an erfolgreichen Fluchten zu verzeichnen war. Im Juli 1943 wurde die Stelle des „Generalinspekteurs für das Kriegsgefangenenwesen der Wehrmacht" geschaffen, die dem OKW unterstellt wurde.[141] Eine wesentliche Neuerung war die Ausweitung der Kompetenz auf das Operationsgebiet, welches in Kriegsgefangenenfragen bis dato dem Oberkommando des Heeres (OKH) unterstellt war. Mit dieser wesentlichen Entscheidung war die Lösung der Aufgabe verbunden, die Kriegsgefangeneneinrichtungen und den Kriegsgefangeneneinsatz zu inspizieren und dabei auf die Fluchtprävention, aber auch auf den Arbeitseinsatz der Kriegsgefangenen zielführend im Sinne Hitlers einzuwirken. Das folgende Schema dient zur Veranschaulichung der Organisationsstruktur.

Die strikte Trennung zwischen OKW- und OKH-Gebiet wurde damit erstmals durchbrochen und dem als Generalinspekteur eingesetzten Generalleutnant Roettig damit theoretisch Zugriff auf alle in deutscher Hand befindlichen Kriegsgefangenen gewährt.[142] Diese Organisationsstruktur wurde maßgeblich von einem Ereignis beeinflusst und führte zur formalen Herauslösung des Kriegsgefan-

---

139 Speckner, In der Gewalt des Feindes, S. 20.
140 Vgl. ebd.
141 Vgl. Absolon, Rudolf: Die Wehrmacht im Dritten Reich, Bd. 6, 19. Dezember 1941 bis 9. Mai 1945 (Schriften des Bundesarchivs, 16.6), Boppard am Rhein 1995, S. 177.
142 Vgl. Streit, Keine Kameraden S. 67.

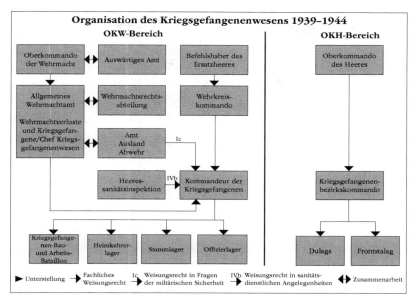

Organisation des Kriegsgefangenenwesens 1939–1944

OKW-Bereich

OKH-Bereich

| Oberkommando der Wehrmacht | ◆▶ | Auswärtiges Amt | | Befehlshaber des Ersatzheeres | | Oberkommando des Heeres |

Allgemeines Wehrmachtamt ◆▶ Wehrmachtsrechtsabteilung ... Wehrkreiskommando

Wehrmachtverluste und Kriegsgefangene/Chef Kriegsgefangenenwesen ◆▶ Amt Ausland Abwehr — Ic

Heeressanitätsinspektion — IVb — Kommandeur der Kriegsgefangenen ... Kriegsgefangenenbezirkskommando

Kriegsgefangenen-Bau- und Arbeits-Bataillon ... Heimkehrerlager ... Stammlager ... Offizierlager ... Dulags ... Frontstalag

▶ Unterstellung → Fachliches Weisungsrecht → Ic Weisungsrecht in Fragen der miltärischen Sicherheit → IVb Weisungsrecht in sanitätsdienstlichen Angelegenheiten ◆▶ Zusammenarbeit

Organisation des Kriegsgefangenenwesens 1939–1945 (nach Overmans, Kriegsgefangenenpolitik, S. 739)

genenwesens aus den OKW-Strukturen. Die Massenflucht aus dem Stalag Luft III (Sagan) zog erhebliche Vertrauensverluste Hitlers nach sich.[143] In der Folge wurde Reichsführer SS Heinrich Himmler zum „Befehlshaber über das Ersatzheer" (BDE) ernannt.[144] Das Kriegsgefangenenwesen wurde zwar als Wehrmachtorganisation beibehalten, doch stand es nun befehlsgemäß unter der Führung Himmlers. Dieser beauftragte im Nachgang SS-Obergruppenführer Gottlob Berger mit der organisatorischen Überarbeitung und Anpassung des Kriegsgefangenenwesens.[145]

---

143 Vgl. Geck, Das Deutsche Kriegsgefangenenwesen 1939–1945, S. 27.

144 Vgl. Speckner, In der Gewalt des Feindes, S. 22.

145 Vgl. Dokumentensammlung in: Kübler, Robert: Chef KGW. Das Kriegsgefangenenwesen unter Gottlob Berger, Lindhorst 1984.

Die Aufteilung des Kriegsgefangenwesens auf zwei ideologisch stark voneinander zu unterscheidende Institutionen war Hitlers politischem Kalkül geschuldet. Es sollten die massenhaft auftretenden Fluchten durch das strikte Eingreifen der SS rapide vermindert, dabei aber nicht die Bestimmungen der Genfer Konvention von 1929 vollends ignoriert und ein Abbruch der Beziehungen zu den Schutzmächten herbeigeführt werden.[146] Die damit einhergehende komplizierte Gemengelage zwischen den Interessen beteiligter Dienststellen zog insbesondere im letzten Kriegshalbjahr vielseitige Konflikte nach sich, die sich ansatzweise im Schriftverkehr zwischen dem Auswärtigen Amt und der Wehrmacht widerspiegeln.[147]

Ab 1. Oktober 1944 unterstanden Hitler demnach auf der einen Seite der Befehlshierarchie der „Chef OKW", untergeordnet das AWA und in dritter Instanz der „Inspekteur für das Kriegsgefangenenwesen" im OKW. Im zweiten Befehlsstrang im umstrukturierten Kriegsgefangenenwesen unterstanden Adolf Hitler direkt der Reichsführer SS Himmler als BdE und ihm untergeordnet Gottlob Berger als „Chef KGW". Die komplexe Befehlsstruktur und Zuständigkeit wurde zusätzlich erweitert durch den Einsatz eines Beauftragten des Reichssicherheitshauptamtes (RSHA), der zur Verhinderung von Fluchten seine Arbeit in den Lagern selbst aufnahm. Hier war er dem Lagerkommandanten in der Hierarchie gleichgestellt.[148] Von besonderer Bedeutung in dieser zweigliedrigen Befehlsstruktur ist, dass laut Verfügung des BdE im November 1944 die „Höheren SS-und Polizeiführer" zusätzlich die Funktion des „Höheren Kommandeurs der Kriegsgefangenen im Wehrkreis" übernahmen. Der Kdr.Kgf. empfing demnach in der Folgezeit seine Befehle nicht mehr vom „Wehrkreisbefehlshaber oder vom Chef des OKW, son-

---

146 Vgl. Absolon, Die Wehrmacht im Dritten Reich, S. 205.
147 Vgl. PA AA, R 100710 Fichenr. 1804/1805.
148 Vgl. Speckner, In der Gewalt des Feindes, S. 23.

dern von der SS".[149] Der Zugriff der SS auf das Kriegsgefangenenwesen konnte seine Wirkung im letzten Kriegsjahr nicht mehr in dem Maße entfalten, wie es die politische Führung in Berlin und die regionalen NS-Sicherheitsbehörden erhofften. Speckner führte für diesen Umstand Gründe an, die diesen Verlauf nach wie vor zutreffend beschreiben: Erstens ist die allgemeine Kriegslage des Jahres 1944 als ausschlaggebend zu bezeichnen, denn eine zunehmende Radikalisierung im Umgang mit den Kriegsgefangenen hätte Anlass zu massiven Gegenmaßnahmen seitens der Alliierten gegeben, und zweitens übernahm Berger ganze Abteilungen aus dem Apparat des OKW geschlossen in seine neue Dienststelle.[150] An dieser Stelle ist jedoch ausdrücklich festzuhalten, dass die Behandlung der osteuropäischen, italienischen und sowjetischen Kriegsgefangenen bereits zuvor – also unter alleiniger Federführung des OKW – ein hohes Maß an Brutalisierung erreicht hatte. Insbesondere die hohen Sterblichkeitsraten unter den sowjetischen und italienischen Kriegsgefangenen in den Stalags gelten als Ausdruck mangelhafter Planung, systematischer Unterversorgung und politischen Kalküls.

2.3.1 Zum Begriff „Kriegsgefangener"

Grundsätzlich wurde die Auslegung des Begriffs „Kriegsgefangener" im OKW durch das GKA bestimmt. Kilian hat in seiner Studie bereits auf das Problem der begrifflichen – besser semantischen – Entwicklung hingewiesen und die Anpassungen sowohl des Begriffs „Kriegsgefangener" als auch deren Status in der NS-Kriegsgefangenenpolitik beschrieben.[151] Die von Kilian erfassten „Begriffs-Bausteine"[152] sind insgesamt formaler, d. h. militärisch-völkerrechtlicher Ausprägung. Eine Auffächerung dieser

---

149 Ebd., S. 24.
150 Vgl. ebd.
151 Vgl. Kilian, Mühlberg 1939–1948; Mai, Kriegsgefangen in Brandenburg, S. 16f.
152 Mai, Kriegsgefangen in Brandenburg, S. 17.

begrifflichen Perspektive erscheint auf Grund folgender Annahme sinnvoll: Mit dem Begriff „Kriegsgefangener" sind ebenso zahlreiche individuell ausgehandelte Einstellungen und Wahrnehmungen des zu Benennenden verbunden. Zivilpersonen, die mit Kriegsgefangenen in Kontakt traten, bezeichneten die kriegsgefangenen Fremden mitunter nicht als solche bzw. nahmen sie durch den engen Kontakt am Arbeitsplatz nicht dauerhaft als Kriegsgefangene wahr. Aus der Analyse des gehobenen Quellenmaterials zum sogenannten „Verbotenen Umgang mit Kriegsgefangenen" folgt die These, dass der völkerrechtlich-militärische Begriff „Kriegsgefangener" im Bewusstsein der mit ihnen betrauten Zivilbevölkerung vielfach einer „Dynamisierung" unterlag. Eine Wahrnehmungsänderung bezüglich des Fremden lässt sich an den Namen, Begriffen und Bezeichnungen für kriegsgefangene Fremde feststellen,[153] die sowohl bei Zivilisten – auf Bauernhöfen – untergebracht waren als auch in zivilen – industriell geprägten – Einsatzorten arbeiteten.[154]

---

153 Vgl. u. a. Bestand C 134 (Magdeburg und Staatsanwaltschaft beim Sondergericht Magdeburg; LHASA, MD).

154 Weiterführend sei auf die theoretische Analyse von Elke M. Geenen mit dem Titel „Soziologie des Fremden. Ein gesellschaftstheoretischer Entwurf" verwiesen. Geenen arbeitete unter Berücksichtigung der Konzeptionen von Niklas Luhmann und George Herbert Mead u. a. eine Soziologie der Inklusion und Exklusion heraus. Ein Gegenstand, der in Anbetracht des noch jungen Forschungsfeldes „Verbotener Umgang mit Kriegsgefangenen (VUK)" weiterführender soziologischer Untersuchungen bedarf. Das Identifizieren und Verstehen der „Hinterbühnen und Aushandlungsprozesse" zwischen Inkludierten und Exkludierten hat zur Folge, dass die Vielfältigkeit der Kontaktformen und Bezeichnungen gegenüber den Fremden in der sogenannten Volksgemeinschaft ihrer abstrakten Form enthoben werden. Im Kontext des massenhaften Kriegsgefangeneneinsatzes im Deutschen Reich, insbesondere nach dem Einsatz polnischer und sowjetischer Kriegsgefangener, nehmen soziale Differenzierungen, sogenannte Nutzenbeziehungen und die „Gewöhnung" des Eigenen an das Fremde eine bedeutende Rolle im Kontext von Inklusion und Exklusion ein. Vgl. das Theoriekonzept von Geenen, Elke M.: Die Soziologie des Fremden. Ein gesellschaftstheoretischer Entwurf, Opladen 2002, S. 187–222. – Unter Berücksichtigung der regionalen Forschungsliteratur zum „Verbotenen Umgang mit Kriegsgefangenen" erscheint eine detaillierte Analyse der

Diese Bezeichnungen konnten im Verlauf des Krieges starken Variationen unterworfen sein und Verhältnisse schaffen, die nicht allein dem oben beschriebenen Begriff „Kriegsgefangener" zuzuordnen sind. Der Verfasser vertritt die These, dass beidseitige Verhaltensweisen, besonders im Zusammenhang mit den sogenannten „Verbotenen Umgängen" und „GV-Verbrechen", nicht aus der militärisch-begrifflichen Perspektive analysiert werden können.[155] Es ist daher notwendig, die in den wenig vorhandenen Quellen erkennbaren Äußerungen zur Individualität der Fremden aufzuzeigen. In den Betrieben sind die Gefangenen zwar als *Kriegsgefangene* bezeichnet, aber vielmehr als notwendige *Arbeiter* wahrgenommen worden. In den Fällen des untersuchten „Verbotenen Umgangs" erscheinen Kriegsgefangene ausschließlich als Privatpersonen, deren Persönlichkeit ausschlaggebend für eine Beziehungsaufnahme war und nicht deren *Funktionalität* als Kriegsgefangener. Dieses Stadium ist in den genannten Fällen sehr schnell übergangen worden. Unter dem Begriff „Kriegsgefangener" sind gemeinhin *Angehörige der Feindmacht und ihnen gleichgestellte*

Interaktionsformen zwischen Lagern und ihrer unmittelbaren Umwelt – eine flächenmäßig raumübergreifende Untersuchung der Interaktionsformen zwischen „Volksgemeinschaftsmitgliedern" und den kriegsgefangenen Fremden des Stalags XI A – erkenntniserweiternd. (In Anlehnung an Roitsch, Bianca: „Ueberall [...] merkt man, daß sich in nächster Nähe eine kleine Stadt aufgetan hat". Interaktionsformen der frühen Konzentrationslager Moringen und Esterwegen mit ihrem Umfeld, in: Stern, Katrin/Reinicke, David/Thieler, Kerstin u.a [Hg.]: Gemeinschaft als Erfahrung. Kulturelle Inszenierungen und soziale Praxis 1930–1960, Paderborn 2014, S. 63–88.) Eine quellengesättigte Analyse der vor Ort wirkmächtigen Zugehörigkeitsdefinitionen, der sozialen Praxen und der Tradierung von Feindbildern im Erfahrungsraum Stalag XI A widerspiegelt die Selbst- und Fremdbilder der am „VUK" beteiligten Protagonisten. Diese – die begriffliche Dynamisierung berücksichtigende – Perspektive vermag es unter Berücksichtigung der gegenwärtig kontrovers diskutierten analytischen Kategorie „Volksgemeinschaft", Zugänge zu den wirksamen Inklusions- und Exklusionsmechanismen der vor Ort handelnden Personen auszuleuchten.

155 Als entscheidend für die Wahrnehmung des Fremden wird der Ort des Arbeitseinsatzes erachtet. Vgl. Spoerer: Die soziale Differenzierung, S. 573.

andere Personen zu subsumieren. Das OKW verstand unter diesem Begriff weiterhin Personen, die „männliche Angehörige feindlicher Staaten zwischen vollendetem 16. und vollendetem 64. Lebensjahre [sind], die zu den Besatzungen oder Fahrgästen aufgebrachter neutraler und feindlicher Handelsschiffe gehören und von den eigenen Seestreitkräften oder Polizeiorganen auf offener See oder im Hafen festgenommen wurden."[156] Nur für diesen Personenkreis beanspruchte das OKW den Terminus „Kriegsgefangener". Nicht unter den Begriff Kriegsgefangene fielen Personen, wie feindliche Polizeibeamte, feindliche Zivilpersonen, Sanitätspersonal und Feldgeistliche mit dem Neutralitätsausweis sowie Partisanen.[157] Zugeständnisse in großem Umfang machte das OKW/OKH u.a. nach der Gefangennahme der 1944 im Warschauer Aufstand innerhalb der sogenannten Heimatarmee eingesetzten Soldaten. Zahlreiche Kämpfer erfüllten die oben aufgeführten Definitionsmerkmale aufgrund ihres Zivilstatus nicht, sind nach Beendigung des Aufstandes aber trotzdem u.a. in das Kriegsgefangenen-Mannschaftsstammlager XI A verbracht worden.

Dem Stalag XI A und seinen zugehörigen Außenlagern haftet damit die Eigenschaft an, durch die Einstellung gegenüber den Völkern Europas ein an das Völkerrecht gebundener, nach Ankunft der sowjetischen Kriegsgefangenen aber auch ein rechtsfreier Ort gewesen zu sein. Folglich ist die eingangs aufgeführte Definition nur auf einen Teil des Kriegsgefangenen-Korpus anwendbar. Das Stalag-System wurde letztlich beiden Perspektiven auf die Gefangenen gerecht, in dem sich alle mit dem Lager beschäftigten Personen ein spezifisches und damit recht individuelles Bild von den Gefangenen schufen. Die Abstufung der Kriegsgefangenen unter-

---

156 Dienstanweisung für den Kommandanten eines Kriegsgefangenen-Mannschaftsstammlagers, Berlin 1939, S. 9.

157 Es wird in der Anweisung aber deutlich darauf hingewiesen, dass Feldgeistliche und Sanitätspersonal zur Betreuung der Kriegsgefangenen herangezogen werden können. Dem betroffenen Personenkreis sind Erleichterungen während des Dienstes gewährt worden (keine Appelle, eigene Verpflegung).

lag letztlich politischen, tradierten, zum Teil rassistischen, Auffassungen gegenüber den *Fremden*, die sich insbesondere auf der Subebene (Lagerabschnitt, Arbeitskommando) manifestierten. Die Behandlung der Fremden wies ein außerordentliches Spektrum auf, so dass die eingangs zitierte OKW-Definition nur als Ausgangsbasis genutzt wird. Entscheidend für den Erfahrungshorizont aus Perspektive des Kriegsgefangenen waren seine Herkunft, Arbeitseinstellung und körperliche Widerstandsfähigkeit. Aus Perspektive der mit ihrem Einsatz Beauftragten entschied die individuelle Disposition, Einsicht in regelkonformes Verhalten und die Wirksamkeit der militärischen Kontrollmaßnahmen über das Wohl und die Fremdbezeichnung des Kriegsgefangenen. Sieht man von der formalen Definition des Begriffes „Kriegsgefangener" ab, ergibt sich die Frage, mit welchem Inhalt der Begriff gefüllt wird, nachdem das Stalag als militärisch abgeschlossener Raum verlassen und ein Ausschnitt der zivilen Welt betreten wurde. Die Bilder der in einem schlechten physischen Zustand ins Reich strömenden sowjetischen Kriegsgefangenen[158] konnten entscheidend dazu beitragen, diese tatsächlich im Duktus der NS-Propaganda als „Untermenschen" wahrzunehmen und damit auch unmenschlich zu behandeln. Der Begriff „Kriegsgefangener" erhielt jedoch seitens der betroffenen Bevölkerung unter Umständen eine zivile, durch zwischenmenschliche Empfindungen verursachte Umdeutung. Diese geht in den meisten Fällen weit über die technisch-formale Sprache des Kriegsgefangenenwesens hinaus. Stigmatisierungen und vermeintliche Zusammenhänge zwischen Herkunftsland und Arbeitseinstellung des Kriegsgefangenen sind hier zu benennen. Ebenso lassen sich positive Zuschreibungen feststellen, die Informationen über die Inklusion des Gefangenen preisgeben (positiv besetzte Spitz-

---

158 Vgl. Keller, Rolf: „Die kamen in Scharen hier an, die Gefangenen". Sowjetische Kriegsgefangene, Wehrmachtsoldaten und deutsche Bevölkerung in Norddeutschland 1941/42, in: Rassismus in Deutschland, hg. von der KZ-Gedenkstätte Neuengamme (Beiträge zur Geschichte der nationalsozialistischen Verfolgung in Norddeutschland, 1), Bremen 1994, S. 35–60.

namen, Kurzformen des Vornamens und Diminutive mit besitzanzeigendem Fürwort).

Mit diesen Erläuterungen sei hervorgehoben, dass der Begriff im Abschlusskapitel der Studie seinem formalen Charakter enthoben und aus einer erweiterten Perspektive verstanden worden ist. Im Stalag XI A waren die Feindsoldaten zwar grundsätzlich als „Kriegsgefangene" registriert und untergebracht, doch ist der ihnen vom Deutschen Reich zugeschriebene Status in den Außenkommandos sehr unterschiedlich gewesen. Eine Sensibilisierung für zeitgenössische Aushandlungen des Begriffs ermöglicht in einem zweiten Schritt auch Zugang zum Selbstverständnis der sie Bezeichnenden. Diese Perspektive auf die Kriegsgefangenen wurde gewählt, um ihre primäre Eigenschaft als Arbeitskräfte lediglich als Bedingung für komplexeres Verhalten ihnen gegenüber interpretierbar zu machen.

2.3.2 Der Wehrkreis XI

Mit Beginn des Zweiten Weltkrieges wurden im Wehrkreis XI das Stalag XI A Altengrabow im Osten und das Stalag XI B Fallingbostel im Westen angelegt.[159] Die formale Strukturerweiterung hat sich erst während der 1930er Jahre sukzessive entwickeln können, weil Hitler den Ausbau des Militärs und einhergehend zielführende Gegebenheiten zur Rekrutierung und Ausbildung der Wehrmacht forderte. Bis zur Mitte der 1930er Jahre gehörte der Regierungsbezirk Magdeburg noch zum Wehrkreis III. 1936 erfolgte die Umstrukturierung der Wehrkreise, und ihre Gesamtzahl wurde erhöht. In einem Schreiben des Generalkommandos des III. Armeekorps im Wehrkreiskommando III vom 21. September 1936 wird die strukturelle Neuplanung des Wehrkreises XI bekanntgegeben: „Der 6. Oktober 1936 bringt im Zuge des Aufbaues des Heeres die Errichtung neuer Wehrkreise. Mit diesem Tage scheiden die 13. D i v i s i o n

---

159 Vgl. LHASA, MD, C 20 I, Ib Nr. 3269.

W. E. I. Magdeburg und die Kdtr. des Tr. Üb. Pl. [Truppenübungs-platz] Altengrabow aus dem Wehrkreis III aus. Sie treten zu dem neu gebildeten Wehrkreise XI unter dem Wehrkreiskommando XI in Hannover über. Mit ihnen scheiden: der Reg. Bezirk Magdeburg das Land Anhalt und Teile des Landes Braunschweig aus der militä-rischen Betreuung durch das Wehrkreiskommando III aus. In Jah-ren harter Aufbauarbeit hat das Wehrkreiskommando nebst seinen Kommandobehörden und Dienststellen die freudige und rückhalt-lose Unterstützung durch alle Behörden und Dienststellen der Par-tei, des Staates, des Reichsarbeitsdienstes, der S. A., S. S. und der N. S. K. K. gefunden. […] Heil Hitler! Der Kommandierende General des III. A. K. und Befehlshaber im Wehrkreise III"[160]

In der Anlage des Antwortschreibens vom kommandierenden General des XI. Armeekorps zeichnet sich genau ab, welche geo-grafischen Räume zum neu strukturierten Wehrkreis XI gehören. Diese Einteilung ist für das Verständnis des untersuchten Gebietes besonders erkenntnisreich: „1.) Aus dem Regierungsbezirk Han-nover: Die Kreise: Hannover, Springe, Neustadt und Hameln/Pyr-mont 2.) Aus dem Regierungsbezirk Lüneburg: Die Kreise: Celle, Burgdorf, Gifhorn, Dannenberg und Ülzen 3. Aus dem Regierungs-bezirk Hildesheim:

Die Kreise: Hildesheim, Peine, Marienburg, Alfeld, Einbeck, Nort-heim, Zellerfeld, Osterode, Göttingen, Duderstadt und Goslar 4.[161] Aus dem Regierungsbezirk Magdeburg: Die Kreise: Salzwedel, Osterburg, Stendal, Gardelegen, Jerichow, I und II, Wollmierstedt[162], Wanzleben, Oschersleben, Wernigerode, Kalbe[163], Quedlinburg und Magdeburg 5. Aus dem Lande Braunschweig; Die Kreise: Braun-

---

160 Ebd., Bl. 6.
161 Am 10. Oktober 1936 wurde vom Generalkommando das Verzeichnis der poli-tischen Kreise um den Kreis Neuhaldensleben erweitert. Vgl. LHASA, MD, C 20 I, Ib Nr. 3269, Bl. 12.
162 Richtig: Wolmirstedt.
163 Hier ist Calbe (Saale) gemeint.

schweig, Helmstedt, Wolfenbüttel, Blankenburg, Gandersheim und Holzminden 6. Aus dem Lande Anhalt – Dessau: Die Kreise: Zerbst, Köthen, Bernburg und Ballenstedt"[164]

Die im Rundbrief dargelegte Veränderung sollte Bestand haben und während des Krieges geringfügige Anpassungen erfahren. Ebenfalls in einem Rundbrief legte der Reichsinnenminister[165] die grundlegende Verfahrensweise in der Organisation und Verteilung der massenhaft eintreffenden Kriegsgefangenen dar. Diese kurze Meldung des Reichsinnenministers verdeutlicht sehr genau die Abwärtsstruktur der Arbeitseinsatzorganisation und den Vorrang der Bereitstellung von kostengünstigen Arbeitskräften in der Landwirtschaft Mitteldeutschlands (vgl. Dok. 9, S. 448). In einem internen Schreiben an den Chef des Wehrwirtschafts- und Rüstungsamtes (Generalmajor Georg Thomas) erging am 5. September 1939 die Meldung, dass die „ersten Durchgangslager für Kriegsgefangene in Alten-Grabow, Neu Brandenburg, Jüterbog und Hoyerswerda [eingerichtet werden]. Die Kriegsgefangenen sollen durchweg in der Landwirtschaft eingesetzt werden. In den einzelnen Lagern werden Vermittlungsstellen der Arbeitsämter eingerichtet. Ob.Rg.Rt. [Oberregierungsrat] Luyken fährt morgen auf Wunsch des Staatssekretärs Syrup zusammen mit den Herren von AWA nach Alten-Grabow, um die nötigen Vereinbarungen zu treffen. Weiterer Bericht folgt dann."[166] Die Standortwahl des Stammlagers in Altengrabow gründet u.a. auf der bereits für den Ersten Weltkrieg nachgewiesenen Anbindung an den *Truppenübungsplatz Altengrabow*. Das OKW gab strenge Vorschriften heraus, die bei der Einrichtung eines Stalags zu beachten waren. Traditionen und militärstrategische Überlegungen fielen demnach bei der Auswahl des Standortes ineinander. Das Lager musste auf unfruchtbarem Boden und abseits der Bevölkerung gelegen sein. Nach Möglich-

---

164 LHASA, MD, C 20 I, Ib Nr. 3269, Bl. 10.
165 LHASA, MD, C 30 Osterburg A, Nr. 1311, Bl. 2.
166 BArch, MA, RW 19/2140, Bl. 15.

keit waren fluchtbegünstigende Faktoren, wie unübersichtliches Gelände, Straßenanbindungen (Fernverkehr) und Wasserwege in der Planung zu berücksichtigen. Mit Blick auf andere Stammlager im Deutschen Reich lässt sich behaupten, dass überdurchschnittlich viele Stalags in unmittelbarer Nähe militärisch genutzter Orte errichtet worden sind. Die Anbindung an Truppenübungsplätze war im Wehrkreis XI im Falle Altengrabows und Bergen-Belsens gegeben.[167] Die Abgeschiedenheit hatte zum Zweck, sowohl unerlaubte Kontakte mit der deutschen Bevölkerung als auch der Versuch der Spionage durch die Gefangenen zu vermeiden. Aus dieser Sachlage ergab sich aus nachrichtendienstlicher, militärischer und völkerrechtlicher Notwendigkeit die Wahl des Lagerstandortes. Die Abgelegenheit des Ortes Altengrabow vereinte diese Eigenschaften miteinander.

Aus heutiger Sicht ergibt sich aus der Vielzahl der mit dem Stalag beschäftigten Stellen ein Problemfeld der geografischen Zuordnung von Außenkommandos im östlichen/nordöstlichen Gebiet des Wehrkreises XI. Orientiert man sich an den zeitgenössischen Benennungen, so wird man mit sich geografisch überschneidenden politisch-militärischen Verwaltungseinheiten konfrontiert. So fallen ineinander die Provinz Sachsen, der Gau Magdeburg-Anhalt, der Raumbegriff Mitteldeutschland[168], das Gebiet des Wehr-

---

167 Zur Geschichte des Ortes Bergen-Belsen während des Zweiten Weltkrieges vgl. Buchholz, Marlis: Bergen-Belsen. Kriegsgefangenenlager 1940–1945; Konzentrationslager 1943–1945; Displaced Persons Camp 1945–1950, Katalog der Dauerausstellung, Göttingen 2009.

168 An dieser Stelle sei auf die ergiebigen Forschungen Jürgen Johns hingewiesen, der sich in seinen Arbeiten eingehend mit dem bis dato diffusen Begriff „Mitteldeutschland" auseinandergesetzt hat. Die historische Überformung des Begriffs und Wortes „Mitteldeutschland" wird ausführlich im Sammelband von John, Jürgen: Mitteldeutschland. Begriff, Geschichte, Konstrukt, Rudolstadt 2001 dargelegt. Die Selbstbezeichnung des „Landesarbeitsamtes Mitteldeutschland" mit Sitz in Erfurt umreißt letztlich auch das Einflussgebiet der zivilen Behörde. Wo die Grenzen Mitteldeutschlands lagen, ist jedoch in den zeitgenössischen Quellen keineswegs geografisch definiert; die fragmentarischen

kreises XI und die Zuständigkeitsbereiche des Landesarbeitsamtes Mitteldeutschland. Es ist zum Verständnis der Ausdehnung des Stalag-Bereiches erforderlich, sich vornehmlich auf die politischen Kreise des Wehrkreises XI und die geografischen Zuständigkeitsbereiche des Landesarbeitsamtes Mitteldeutschland (LAA) zu konzentrieren. Ein zusätzlicher Abgleich der Zuständigkeitsbereiche der Kontrolloffiziere verschafft Klarheit über die organisatorische Zusammenarbeit des LAA Mitteldeutschland mit dem Stab des Stalags XI A. Denn diese Offiziere stellen die Verbindung zwischen militärischen und zivilen Stellen für den Arbeitseinsatz der Kriegsgefangenen dar. Die Zusammenschau des militärischen und zivilen Raumes und die Steuerung des regionalen Arbeitseinsatzes vermittelt also ein deutliches Bild vom Einsatz- bzw. Entsendegebiet der im Stalag XI A registrierten Kriegsgefangenen. „Der Bereich des Stalag XI A Altengrabow umfasste den gesamten Regierungsbezirk Magdeburg, der Provinz Sachsen, die anhaltischen Stadt- und Landkreise Ballenstedt, Bernburg, Dessau, Köthen und Zerbst[169], den

---

Bestände zum „Landesarbeitsamt Erfurt" im Thüringischen Hauptstaatsarchiv Weimar konnten ebenfalls nicht zur eindeutigen Klärung der geografischen Zuständigkeitsbereiche beitragen. Aus diesem Grunde werden zur Klärung die Abschnitte der Kontrolloffiziere herangezogen, denn diese decken sich annähernd mit denen der regionalen Arbeitsämter. Zum Bereich des Landesarbeitsamtes Mitteldeutschland gehörten folgende Arbeitsamtbezirke: Aschersleben, Bernburg, Bitterfeld (nördlicher Teil), Burg, Dessau, Halberstadt, Magdeburg und Stendal. Vgl. Keller: Sowjetische Kriegsgefangene, S. 180.

169 Zur Aktenlage im Landeshauptarchiv Sachsen-Anhalt, Abt. Dessau sei auf folgende Bestände verwiesen: Z 149 Kreisdirektion Zerbst, Nr. 234 Kriegsgefangene, Ausländer 1939–1945 [u.a. ausführliche Darstellung Einsatz, Behandlung und Umgang mit Kriegsgefangenen Stalag XI A Altengrabow]; Z 149 Kreisdirektion Zerbst, Nr. 235 Kriegsgefangene Ausländer 1936–1944 [u.a. ausführliche Darstellung Einsatz, Behandlung bzw. Umgang mit Kriegsgefangenen Stalag XI A Altengrabow]; Z 149 Kreisdirektion Zerbst, Nr. 824 Verhalten und Behandlung der Zivilarbeiter und Arbeiterinnen polnischer Nationalität, 1940 [u.a. auch Schriftverkehr, Anweisungen usw. betreffend Stalag XI A Altengrabow, Bl. 127–148]; F 407 Kaliwerk Bernburg-Gröna, Nr. 21 Anhaltischer Bergrevierbeamter Dessau [u.a. Kriegsgefangene Stalag XI A Altengrabow], 1940; F 412 Deutsche Solvay-Werke. Kaliwerke Bernburg-Solvayhall, Nr. 208

Landkreis Blankenburg und Teile des Kreises Helmstedt, des Landes Braunschweig sowie Teile des Kreises Bitterfeld und des Saalkreises im Regierungsbezirk Merseburg der Provinz Sachsen."[170] Die Vielzahl der Außenkommandos lässt erkennen, dass das betreffende Gebiet während des Krieges spinnennetzartig von Außenlagern des Stammlagers überzogen war. Die militärhistorischen Quellen einerseits und die zivilen Verwaltungsdokumente andererseits belegen eindeutig, dass zu Beginn des Krieges zahlreiche Gefangene aus umliegenden Wehrkreisen in den Großraum Mitteldeutschland drangen. Folglich kamen beispielsweise auf einem neu eingerichteten Arbeitskommando in der Börde Anfang 1940 Kriegsgefangene aus den Stalag VI C und VI B zum Einsatz.[171] Hieraus ergaben sich zahlreiche logistische Probleme für den Arbeitgeber, den Lagerkommandanten des Außenkommandos und den Stab der Stammlager. Das Wehrkreiskommando XI forderte daher eine strukturierte Entsendung auf die Arbeitskommandos, denn damit ließe sich der Einsatz wehrkreisübergreifender Wachmannschaften von vornherein verhindern. Ebenso kam es zu Beginn des Arbeitseinsatzes vor, dass Stalag-XI-A-Gefangene und mit ihnen die Wachmannschaften in umliegende Wehrkreise verlegt wurden. Auf den ersten Blick ist dies, abgesehen von den organisatorischen Problemen, wenig bedeutend. Doch analysiert man die gerichtlich geahndeten Beziehungen zwischen Zivilisten und Kriegsgefangenen, so kann sich der wehrkreisübergreifende Einsatz der Gefangenen negativ auf die Erforschung auswirken. In den Strafprozessakten ist nicht immer die Stammlagerzugehörigkeit des Kriegsgefange-

---

Arbeitskommando der Wehrmacht..., 1943–1945 [u.a. Abrechnung Lohn mit Stalag Altengrabow]; I 410 Junkers-Werke Dessau. Flugzeug- und Motorenbau, Nachtrag 1, Nr. 51 Buchungskonten für Kriegsgefangenenlager Altengrabow 1943–1945; Z 112 Landesforstverwaltung Nr. 283 Einsatz von Kriegsgefangenen in Forstämtern, 1939–1940 [u.a. mehrmalige Erwähnung Altengrabow]. (Freundlicher Hinweis von A. Sperk.)

170 Keller, Sowjetische Kriegsgefangene, S. 181.
171 LHASA, MD, C 20 I, Ib Nr. 886 Bd. 2, Bl. 93.

nen aufgeführt. Aus der strukturellen Anpassung ergibt sich, dass das Wehrkreiskommando XI zu Beginn des Westfeldzuges einen vollständigen Einsatz der in dem Wehrkreis XI kriegsgefangenen Soldaten anstrebte. Es sollten also keine Kriegsgefangenen aus unterschiedlichen Wehrkreisen, sondern lediglich Zusammenlegungen aus den Lagern eines Wehrkreises zum Einsatz kommen. Damit versuchte man, den geografischen Raumvorgaben von 1936 zu entsprechen und in der Folge die zuständigen Wachmannschaften nur aus einem Wehrkreis heranzuziehen. Dieses Vorhaben hat sich aber während des Kriegsverlaufes nicht durchsetzen können. Verantwortlich hierfür zeichnen die Arbeitseinsatzplanung in der Landwirtschaft bis Mitte 1941 und die ab 1942 erfolgte Versetzung von Kriegsgefangenen in kriegswichtige Produktionsstätten. Die organisatorische, letztlich auf kriegswirtschaftlichen Notwendigkeiten beruhende Arbeitseinsatzplanung hatte eine hohe Fluktuation der Kriegsgefangenen im Wehrkreis XI und in „Mitteldeutschland" (Wehrkreis IX, IV und III) zur Folge. Dabei behielten die Kriegsgefangenen zwar ihre Erkennungsnummer, jedoch konnte ihr Einsatz je nach Fähigkeit (Ausbildung) auch in anderen Gebieten des Deutschen Reiches angeordnet werden. Die Stalags im Wehrkreis XI sind, neben der sicheren Verwahrung der Gefangenen, also als Verteiler und Garanten des problemlosen Arbeitseinsatzes konzipiert worden. Abhängig war dieses Vorhaben von leistungsfähigen zivilen Dienststellen und der vor Ort ansässigen Lagerkommandantur. Das folgende Kapitel vermittelt einen Überblick über die im Stalag XI A eingesetzten Offiziere.

2.3.3 OKW-Personal im Stalag XI A

Nimmt man die Geburtsjahrgänge der in den Stäben wirkenden Offiziere zur Kenntnis, so sind diese Männer während des Kaiserreiches sozialisiert worden und haben den Ersten Weltkrieg bewusst miterlebt. Ihnen oblag die Umsetzung der Kriegsgefangenenpolitik und -versorgung im Untersuchungsgebiet. Es ist von einer hohen Fluktuation innerhalb des Stabes auszugehen. Im Falle des

Stalags XI A Altengrabow sind die nicht zeitgenössischen Aufzeichnungen des stellvertretenden Kommandanten Paul Jacobshagen und ein von ihm angefertigtes Fotoalbum überliefert.[172] Als Quelle vermitteln sie Einblicke in die Selbstwahrnehmung und auch -darstellung eines unmittelbar mit Kriegsgefangenenfragen beschäftigten Funktionsträgers. Die Einflechtung der beiden Ego-Dokumente ist mit der Zielstellung verbunden, die Wahrnehmung des Raumes Altengrabow und der Kriegsgefangenen zu erfassen. Das überlieferte Fotoalbum ist für die Analyse der internen Abläufe und Beziehungen besonders geeignet. Bilder von Feiern, Sportfesten und NS-Gedenktagen vermitteln Kenntnisse von einer privaten – aber als dokumentationswürdig erachteten – Perspektive auf das Lagerleben der Offiziere in Altengrabow. Die zeitgenössische Rezeption von Bildern beförderte nachweislich Gemeinschaftsprozesse und die Sinnstiftung des eigenen Handelns. Die Konstruktion von Herrschaft wird insbesondere an Motiven erkennbar, in denen polnische Gefangene zur Schau gestellt werden (vgl. Abb. 3, S. 412).

Im Anhang ist eine Auflistung der persönlichen Daten derjenigen Offiziere zusammengestellt, die neben den Kommandanten der Kommandantur angehörten (siehe Tab. 1, S. 450). Nur wenige der in der Liste aufgeführten Personen sind im Verwaltungsschriftgut überliefert[173] und erlauben eine genauere Zuordnung ihrer Tätigkeit. Die Namen einiger Kommandanten (Otto Neue[174]) finden sich

---

172 Die schriftlichen Aufzeichnungen (sieben Seiten) sind von R. Keller (Dok. Stelle Celle) zur Verfügung gestellt worden. Das betreffende Fotoalbum ist von U. Jacobshagen mit freundlicher Genehmigung zur Auswertung und Nutzung übergeben worden.

173 Laut Untersuchungsbericht ehemaliger Kommandant des „Russenlagers". Im Bericht sehr wahrscheinlich als „Hensch" bezeichnet. Vgl. GARF, Fond 7021, Findbuch 115, Nr. 5, S. 18. Donczyk gibt an, dass Paul Haentsch für den Arbeitseinsatz der Kriegsgefangenen verantwortlich war. Vgl. HStaatsA. Hannover, Nds. 721 Hannover, Acc. 90/99, Nr. 145, Bd. 2, Bl. 220.

174 Kdt. Stalag XI A vom 25.9.1941–23.4.1943. Vorher Kommandant in XI C. Der ehemalige Kriegsgefangene Donczyk hielt in seiner Darstellung über das Stalag XI A fest: „Während seiner Regierung […], besonders im Winter 1941 bis

in IKRK-Berichten und allgemeinen Anordnungen zur Verwaltung der Kriegsgefangenen wieder. Der Altersdurchschnitt der aufgeführten Offiziere lag zu Kriegsbeginn bei 48 Jahren. Der älteste Offizier war P. Drübba, geboren 1874. Als jüngstes Mitglied des Lagerstabes versah Paul Seeger, geboren 1895, seine Dienstzeit in Altengrabow. Ein biografischer, aber wenig aussagekräftiger Zugang ist mit den siebenseitigen Aufzeichnungen von Paul Jacobshagen (Offizier im Landesschützenbataillon 718) gegeben. Seine Nachkriegsmemoiren enthalten keine wesentlichen Informationen zum Stalag XI A. Vielmehr verliert er sich in der Beschreibung von umliegenden Regionen und seinen städtebaulichen Interessen.[175] Personelle Zusammenhänge werden nur am Rande erwähnt, Altengrabow erscheint in seinen Aufzeichnung als eine Zwischenetappe: „Im Frühjahr wurde mein Bataillon nach Altengrabow zur Lagerbewachung verlegt. Dieses Mal [hatte] auch meine Kompanie ihr Quartier im Lager. Der Dienst war eintönig. Das Erleben des Frühlings in den nahen Wäldern, die Nachrichten vom siegreichen Feldzug in Holland, Belgien und Frankreich und das Zusammensein des ganzen Offizierskorps belebten unsere Gemüter."[176]

Es ist festzuhalten, dass in Jacobshagens Aufzeichungen der aus seiner Perspektive gut gelingende Arbeitseinsatz der Belgier (Wallonen) betont wird. Auch die Entlassung der Franzosen nach Compiègne erscheint in seiner Wahrnehmung als problemloses logistisches Unterfangen. Die Analyse des Schriftgutes der „inneren Verwaltung" hat aufzeigen können, dass diese Perspektive wenig

---

1942, sind über 3 tausend sowjetische Kriegsgefangene in Altengrabow und Groß-Lübars an Hunger gestorben." Die Übersetzung stammt aus einem Ermittlungsverfahren der Staatsanwaltschaft Hannover wegen sogenannter Aussonderungen im Stalag XI A (Az. 2 Js 48/67), welches gegen ehemalige Wachmannschaften durchgeführt wurde. Vgl. HStaatsA. Hannover, Nds. 721 Hannover, Acc. 90/99, Nr. 145, Bd. 2, Bl. 223.

175 Vgl. Aufzeichnungen Paul Jacobshagen (Dok-Stelle Celle), S. 99–105, hier S. 104.

176 Ebd., S. 102.

mit den Realitäten zahlreicher „Bedarfsträger" im Umland gemein hatte. Über die Ausstattung und Größe des Lagers ließen sich aus Jacobshagens Text keine Informationen gewinnen. Berücksichtigt man aber seine positiven Schilderungen des Arbeitseinsatzes im Sommer 1940, so scheint seine Perspektive auf die Umsetzung lediglich auf das Lager selbst begrenzt zu sein. Aus quellenkritischer Perspektive weitaus ergiebiger erscheint ein von ihm überliefertes und kommentiertes Album mit 90 Fotografien, in welchem u. a. Teile der Stalags XI A und XI C, Appelle und das Freizeitverhalten der Offiziere dokumentiert sind. Ein Gruppenbild des Lagerstabes und der Offiziere der vier Landesschützenbataillone gibt Kenntnis von der personellen Zusammenstellung (vgl. Abb. 1, S. 411). Es konnte nicht erschlossen werden, zu welchem Zeitpunkt das Bild aufgenommen wurde. Während der Personenrecherchen ist der Verfasser auf die Kommandanturangehörigen Erich Handt[177] und Willi Köhnke[178] hingewiesen worden. Sie werden weder im Untersuchungsbericht von 1947, noch in Donczyks Darstellung benannt.

2.4 Zusammenfassung

Für eine hohe Anzahl der in die Stammlager gelangenden Kriegsgefangenen war das im Juli 1929 verabschiedete Genfer Kriegsgefangenenabkommen von hoher Bedeutung. Regelte es doch

---

177 Geb. 04.06.1901 in Menz, Angehöriger der Kommandantur des Stalags XI A Altengrabow, gegen ihn ermittelte 1972 die Staatsanwaltschaft Hannover wegen Beihilfe zum Mord (NS-Gewaltverbrechen), dem MfS war die frühere Tätigkeit von Handt bis dahin nicht bekannt. Quelle: BStU, MfS HA IX/11 RHE-West Nr. 514, Bl. 19, 46 ff.

178 Geb. am 23.04.1906 in Angern, seit 1942, Angehöriger der Kommandantur des Stalags XI A Altengrabow, gegen ihn ermittelte ab 1972 die Staatsanwaltschaft Hannover wegen Beihilfe zum Mord (NS-Gewaltverbrechen). Dem MfS war die frühere Tätigkeit von Köhnke bis dahin nicht bekannt. Quelle: BStU, MfS HA IX/11 RHE-West Nr. 514, Bl. 19, 42 f., 146–151. (Freundlicher Hinweis von A. Sperk.)

den Umgang mit ihnen und setzte Standards in der Versorgung, Behandlung und medizinischen Betreuung. Die Verpflichtung zur Einhaltung des Regelwerks hatte den Besuch des Internationalen Komitees vom Roten Kreuz (IKRK) zur Folge und erlaubte neutralen Dritten den Zugang zu den Stammlagern, um die Einhaltung des GKA vor Ort und in ausgesuchten Außenlagern zu überprüfen. Dieses System zeigte trotz der kriegerischen Konflikte innerhalb Europas ein verhältnismäßig verlässliches Bild vom Kriegsgefangenenwesen und erlaubte zudem die Kommunikation zwischen kriegführenden Staaten und Schutzmächten. In diesem Zusammenhang geben die Berichterstattungen Einblicke in die regionale Leistungsfähigkeit des Kriegsgefangenwesens und die Einhaltung oder Missachtung des Völkerrechts.

Mitte der 1930er Jahre setzte man sich im OKW mit grundlegenden Überlegungen zum deutschen Kriegsgefangenenwesen auseinander, um im eventuellen Kriegsfall mit den europäischen Nachbarn entsprechend des GKA völkerrechtlich handlungsfähig zu sein. Diesbezüglich lässt sich festhalten, dass auf Weisung des OKW nach Kriegsbeginn unter Führung des Allgemeinen Wehrmachtamtes und des Befehlshabers des Ersatzheeres und Chefs der Heeresrüstung in allen 17 Wehrkreiskommandos ein „Kommandeur der Kriegsgefangenen" als vorgesetzte Dienststelle für die einzurichtenden Kriegsgefangenenlager geschaffen wurde. Ab 1942 lautete die Bezeichnung der Amtsgruppe „Chef des Kriegsgefangenenwesens". 1943 ordnete Hitler dem Chef des OKW einen „Generalinspekteur für das Kriegsgefangenenwesen der Wehrmacht" unter. Die Ernennung des Reichsführers SS Himmler zum Befehlshaber des Ersatzheeres und Chef der Heeresrüstung nach dem 20. Juli 1944 ging mit der Aufsicht und der Kontrolle des Kriegsgefangenenwesens einher. Die Kommandeure der Kriegsgefangenen (OKW) wurden den Höheren SS- und Polizeiführern unterstellt und damit der Befehlsgewalt des OKW entzogen.[179] Die von Hitler erhofften Auswirkungen die-

179 Vgl. die einleitenden Bemerkungen zur Bestandsgeschichte RH 49 Kriegsge-

ser grundsätzlichen Veränderung im deutschen Kriegsgefangenenwesen konnten sich bis Mai 1945 jedoch nicht mehr entfalten. Die
Kriegsgefangenschaft war grundsätzlich von *Bildern* der jeweiligen
Kriegsgegner und ihrer Soldaten im Einzelnen geprägt. Die Propagandaapparate trugen dazu bei, Bilder vom Gegner neu zu konst-
ruieren bzw. auf alte Bilder aus dem Ersten Weltkrieg zurückzugrei-
fen. Es ist die These formuliert worden, dass die mit dem Begriff
„Kriegsgefangener" verbundenen Stigmatisierungen Änderungen
unterworfen waren. Der Begriff erfuhr hierdurch Zuschreibungen,
Umdeutungen und Dekonstruktionen, welche sich weitreichend
auf die Wahrnehmung der Fremden *als Kriegsgefangene* auswirken
konnten. Es spiegeln sich in ihm die Fremden als kriegsgefangene
Personen mit assoziierten Eigenschaften wider. Aus dem Ersten
Weltkrieg überlieferte *Bilder* und Einstellungen gegenüber Fremden
und bezüglich des Kriegsgefangeneneinsatzes haben in der deutschen Bevölkerung eine nicht zu unterschätzende Rolle gespielt.[180]
Der Verfasser untersucht die Annahme, ob und in welchem Maße
sich Einstellungen gegenüber den Fremden im Verlauf ihres Einsatzes im Untersuchungsbezirk veränderten. Angesichts der zahlreichen VUK-Fälle ist es wenig hilfreich, eine den Krieg überdau-
ernde monokausale Stigmatisierung anzunehmen. Dafür waren die
vor Ort geschaffenen Bedingungen für die polnischen und westlichen Kriegsgefangenen vielfach zu komplex.

---

fangeneneinrichtungen/Kriegsgefangenenwesen im Bundesarchiv, Abt. Militärarchiv Freiburg (2003).

180 Vgl. Renner, Andreas: Rez. zu Nagornaja, Oksana: Drugoj voennyj opyt. Rossijskie voennoplennye Pervoj mirovoj vojny v Germanii (1914–1922) (Eine
andere Kriegserfahrung. Russländische Kriegsgefangene im Ersten Weltkrieg
in Deutschland [1914–1922]), Moskau 2010, online: http://www.recensio.
net/rezensionen/zeitschriften/jahrbucher-fur-geschichte-osteuropas/jgo.e-
reviews-2011/2/drugoj-voennyj-opyt/@@generate-pdf-recension?language=de
(12.11.2012).

3 Kriegsgefangenen-Arbeitseinsatz

„Ungleichheit und Ausgrenzung, verbunden mit ideologisch begründeter Gewaltanwendung: Dieses unmittelbare Ergebnis der Formierung der deutschen Kriegsgesellschaft brachte der millionenfache Einsatz von Zwangsarbeitern mit sich, die der deutschen Kriegswirtschaft als Arbeitskräfte zugeführt wurden. [...] Die Zwangsarbeiter, Kriegsgefangenen und KZ-Häftlinge im ‚Reichseinsatz‘, die nie Teil der Volksgemeinschaft waren, mußten diese unterstützen und mit ihrer Arbeitsleistung erhalten – unter schwersten körperlichen und seelischen Bedingungen. Ihre Existenz war Voraussetzung für die Kohäsion der Volksgemeinschaft, die damit nicht nur ein gemeinsames Feindbild besaß, sondern ihren Mitgliedern das Gefühl der Überlegenheit und Zugehörigkeit vermittelte."[181]

Die mit Kapitel 3 verbundene Zielstellung ist es, das Verwaltungshandeln der auf unterer Ebene an der Kriegsgefangenenbetreuung beteiligten Dienststellen auf Zielstellungen, Verläufe und Besonderheiten hin zu untersuchen. Sie sind als Bestandteil der Voraussetzungen zu bezeichnen, die zur Kohäsion der „Volksgemeinschaft" wesentlich beitragen konnten. Die für das Untersuchungsgebiet relevanten Quellenbestände in Stadt-, Kreis-, Regional-, Landes- und Bundesarchiven richten den Fokus der Analyse des Verwaltungshandelns überwiegend auf die polnischen, westlichen (Belgier, Franzosen, Niederländer) und sowjetischen Gefangenen. Sie bildeten in unterschiedlicher Zahlenrelation zueinander die Hauptkontingente der im Stalag XI A gefangen gehaltenen Personen. Daher ist ihre Rolle u. a. im Verwaltungsschriftgut der Kommunalverwaltungen, des Oberpräsidiums und Regierungsprä-

---

181 Thamer, Hans Ulrich: „Es wird alles ganz verwandelt sein." Die deutsche Gesellschaft und der Krieg. Eine Schlußbetrachtung, in: Das Deutsche Reich und der Zweite Weltkrieg, Bd. 9/2, München 2005, S. 984.

sidenten, einzelner Firmen und Arbeitsämter sehr aussagekräftig. Ergänzt wird die Untersuchung durch die Einflechtung weiterer Quellengattungen (Ego-Dokumente, Lagerbesuchsberichte), die eine möglichst umfassende Perspektive auf die Gefangenschaftsverläufe erlauben. Es handelt sich hierbei um Berichterstattungen des IKRK, Meldungen der Gesundheitsämter, Stellungnahmen an das Wehrwirtschafts- und Rüstungsamt im OKW sowie Lageberichte des Rüstungskommandos Magdeburg in der Rüstungsinspektion XI.

3.1 Die Bedeutung des Arbeitseinsatzes

In Kapitel 2.2 erfolgte bereits der Verweis auf das Vorhaben des Deutschen Reiches, Kriegsgefangene nach ihrer Registrierung im Stammlager schnellstmöglich in den Arbeitseinsatz zu entsenden. Im Rahmen dieses Vorhabens bildeten die Stalags eine logistische Schaltzentrale, die letztlich für die reibungslose Versorgung der Landwirtschaft verantwortlich war. Das Verständnis des Arbeitseinsatzes und dessen Anpassung an die zunehmende „Kriegsmobilisierung" ist ein in der Forschung zur NS-Geschichte intensiv bearbeitetes Themenfeld.[182] Es vermittelt u. a. Aufschlüsse über die

---

182 Verwiesen sei auf die Diskussion zum Begriff „Mobilisierung" und dessen Erscheinungsformen in der neueren Literatur. Tooze spricht in seinem Werk „Ökonomie der Zerstörung" von einer umfassenden „Mobilisierung" aller zur Verfügung stehenden Ressourcen. Unterschiedlichste Begriffsverwendungen bergen die Gefahr, dass Mobilisierung als begrifflich-analytisches Konzept inflationär verwendet wird und somit an Erklärungskraft verliert. Das Thema ist im Zusammenhang mit der vorliegenden Studie aus folgendem Grund von Interesse: Die Mobilisierungstendenzen innerhalb des Untersuchungsgebietes sind stark vom Einsatz u. a. der Kriegsgefangenen und Zivilarbeiter abhängig. Ihre Arbeitskraft trug mit dazu bei, Arbeitsprozesse in metallverarbeitenden Betrieben und der Landwirtschaft aufrechterhalten zu können. Eine wirtschaftshistorische Untersuchung des Industrieraumes kann dazu beitragen, diesen Aspekt der „Mobilisierung" weiterhin auszuleuchten. Zu Begriff und

Sachzwänge der (Konsum-)Güterproduktion in den einzelnen Provinzen des Deutschen Reiches, die Aufrechterhaltung des Produktionsniveaus und die „Kriegsmobilisierung."
Auf die für den thematischen Zusammenhang unabkömmlichen Forschungstendenzen wird in den Folgekapiteln genau dann Bezug genommen, wenn die zeitgenössische Entwicklung des regionalen Arbeitseinsatzverfahrens eine Zusammenschau mit dem theoretischen Unterbau notwendig macht.[183] Mit Blick auf die neuere Lite-

---

Idee sei auf das Thesenpapier von Jürgen John, mit dem er in den Workshop „Mobilisierung im Nationalsozialismus" einführte, verwiesen. Online: http://www1.uni-jena.de/ns-gaue/materialien/John Einführung.pdf (28.10.2012); ebenso auf den Tagungsbericht von Möckl, Julia: Tagungsbericht Mobilisierung im Nationalsozialismus. 10.03.2010–11.03.2010, Jena, in: H-Soz-u-Kult, 29.05.2010, online: www.hsozkult.de/conferencereport/id/tagungsberichte-3127 (17.07.2015). Einen Überblick über die Tendenzen der Forschung zur „Mobilisierung" vermittelt Werner, Oliver (Hg.): Mobilisierung im Nationalsozialismus. Institutionen und Regionen in der Kriegswirtschaft und der Verwaltung des „Dritten Reiches" 1936 bis 1945 (Nationalsozialistische „Volksgemeinschaft", 3), Paderborn 2012.

183 Die in der Literatur sehr unterschiedliche Deutung des Zusammenhangs zwischen Kriegsgefangeneneinsatz und NS-Generalpolitik wird nach Möglichkeit im Fußnotenbereich zusammengefasst. Für die vorliegende Regionalstudie maßgeblich prägend war Christian Streits Dissertation aus dem Jahre 1977 über den Einsatz der sowjetischen Kriegsgefangenen und der darin aufgeworfene Zusammenhang mit der „Blitzkriegstrategie" bei gleichzeitig aufrechtzuerhaltender Wirtschaftsleistung. Dieser Spagat konnte nur unter der Bedingung gelingen, dass genügend Arbeitskräfte in die Produktionsprozesse eingewoben werden. Das Scheitern der (Blitz-)Kriegsstrategie vor Moskau hat gezeigt, dass die Einsicht in kriegswirtschaftliche Notwendigkeiten über ideologische Grundsätze gestellt worden ist. Bis zu diesem Zeitpunkt war aber ein Großteil der sowjetischen Gefangenen bereits verstorben oder schwerstkrank. In diesen Zeitraum fällt der Paradigmenwechsel hinsichtlich der Behandlung sowjetischer Gefangener, und es wird erkennbar, dass die Gefangenen als Arbeitskräftereservoir ausgenutzt wurden. Vgl. Streit, Keine Kameraden, S. 154–162. Diese Beobachtung ist als Grundlage des vorliegenden Kapitels aufzufassen. Die Frage, warum der Arbeitskräftebedarf nicht gedeckt werden konnte, ist ebenso aus wirtschaftshistorischer Perspektive zu beantworten. Zum Verständnis ist es notwendig, die Kriegsverläufe und die nachfolgenden wirtschaftlichen Kontrollmaßnahmen in den okkupierten Staaten und in Reichsgebiet mitzudenken.

ratur ist erkennbar, dass regionale Aspekte des Arbeitseinsatzes eine bedeutende Rolle in der Forschung einnehmen, gerade weil sie die Aushandlungsprozesse von regionalen Funktionsträgern auf Stadt- und Kommunalebene offenlegen.[184] Derlei Aspekte zeigen auf, wie sich Arbeitsverhältnisse entwickelten und sich gegebenenfalls an verändernde Gesamtsituationen anpassten.[185] Ziel der Regionalforschungen war es u. a. nicht nur, struktur- und wirtschaftsgeschichtliche Aussagen zum Arbeitseinsatz zu treffen, sondern vielmehr sozialgeschichtliche Zusammenhänge des erzwungenen *Miteinanders* einer quellenkritischen Analyse zugänglich zu machen.[186]

Nimmt man die Belegstärken des Lagers zur Kenntnis, so wird offensichtlich, dass hier mehrheitlich Franzosen registriert waren. Gefolgt von Polen, Rotarmisten und Belgiern stellten sie den Großteil der am Arbeitseinsatz Beteiligten und werden in diesem Kapitel auch schwerpunktmäßig betrachtet. Dies gründet auf der Tatsache,

---

Die Sicherstellung der Konsumgüterproduktion und die Breitenrüstung für die Wehrmacht waren durchzuführen. Im vorliegenden Kapitel wird ein Minimalausschnitt (untere Verwaltungsebene) betrachtet und der Versuch unternommen, die hierbei auftretenden Organisationsprobleme im Untersuchungsgebiet anhand des überlieferten Quellenmaterials herauszuarbeiten.

184 Vgl. eine Zusammenfassung des Forschungsstandes in Heusler, Andreas/Spoerer, Mark/Trischler, Helmuth (Hg.): Rüstung, Kriegswirtschaft und Zwangsarbeit im „Dritten Reich" (Perspektiven, 3), München 2010.

185 Verwiesen sei an dieser Stelle auf die Diskussion der Begriffe „Mobilisierung", „Selbstmobilisierung" und „Selbstermächtigung" zum Verständnis ökonomischer, politischer und institutioneller Fragestellungen. Vgl. Möckl, Julia: Mobilisierung im Nationalsozialismus. Jena: DFG-Projekt „Die NS-Gaue als Mobilisierungsstrukturen für den Krieg", Universität Jena; in Kooperation mit dem Zentrum für Zeithistorische Forschung Potsdam, 10.03.2010–11.03.2010.

186 Mit diesem Gegenstand haben sich bisher nur wenige Forschungsarbeiten beschäftigt. Mit der Berücksichtigung der sogenannten Volksgemeinschaftsdebatte können Perspektiven auf das Verhältnis zwischen den Fremden und den Eigenen sehr ergiebig sein. Im Falle der zum Arbeitseinsatz eingesetzten Kriegsgefangenen besteht kein reines einseitiges Nutzengefälle, sondern vielmehr eine ausbalancierte Abhängigkeit. Vgl. den theoretischen Zugang in Schneider, Verbotener Umgang, S. 9–12.

dass mit ihrer hohen Anzahl ein ebenso gestiegener Verwaltungsaufwand einherging und dadurch zahlreiches Aktenmaterial entstand (u.a. zu Transport, Versorgung, Bezahlung, Umsetzung und
Entlassung). Grundsätzlich eng verbunden mit der Analyse des Themas „Arbeit, Zwangsarbeit und Arbeitskräfteregulierung" während
des „Dritten Reiches" sind die Standardwerke von Ulrich Herbert[187],
Adam Tooze[188] und Mark Spoerer[189]. Herberts Studie von 1985
zum „Ausländereinsatz" im Deutschen Reich beruhte auf innovati-
ven Forschungsansätzen, welche die vielschichtige Ausländerpoli-
tik erstmals begrifflich umfassend auszuleuchten vermochten. Die
Entwicklungslinien und inhärenten Widersprüche sind von Herbert analysiert worden und geben Aufschluss über die mannigfachen Arbeitsbedingungen für die „Fremdarbeiter"[190] und auch den
stets (nach)regulierenden deutschen Verwaltungsapparat. Es sind
hierbei ausdrücklich der *Zivilarbeiter-* und *Kriegsgefangeneneinsatz* voneinander zu unterscheiden. Die Planungen für den Einsatz der Kriegsgefangenen lassen sich auf das Jahr 1937 zurückführen und Strategien zum Zivilarbeitereinsatz auf die Zeit kurz vor

---

187 Herbert, Ulrich: Fremdarbeiter. Politik und Praxis des „Ausländer-Einsatzes" in
der Kriegswirtschaft des Dritten Reiches, Neuaufl., Bonn 1999. Die Dissertation
von 1985 erschien im gleichen Jahr erstmals bei Dietz (Bonn/Berlin).
188 Tooze, J. Adam: Ökonomie der Zerstörung. Die Geschichte der Wirtschaft im
Nationalsozialismus, München 2008.
189 Spoerer, Mark: Zwangsarbeit unter dem Hakenkreuz. Ausländische Zivilarbeiter, Kriegsgefangene und Häftlinge im Deutschen Reich und im besetzten
Europa 1939–1945, Stuttgart 2001.
190 Zur Geschichte und Verwendung des umstrittenen Begriffs „Fremdarbeiter":
„Das ist ein traditioneller deutscher Begriff für ausländische Arbeiter und schon
seit der Wende zum zwanzigsten Jahrhundert in Gebrauch. In anderen deutschsprachigen Ländern, vor allem in der Schweiz, ist er das bis heute. In der Bundesrepublik war er noch in den fünfziger Jahren üblich für Ausländer – in
bedenkenloser Aufnahme des Sprachgebrauchs der Zeit vor 1945." Interview
mit Herbert, Ulrich: Wer sprach vom „Fremdarbeiter"?, in: FAZ, 04.07.2005.
Online: http://www.faz.net/aktuell/feuilleton/debatten/interview-wer-sprach-
vom-fremdarbeiter-1255581.html (09.07.2010). – In der vorliegenden Studie
wird der Begriff weiterhin in Anführungszeichen gesetzt.

Kriegsbeginn 1939.[191] Im Zusammenhang mit dem Kriegsgefange-
nenarbeitseinsatz griff man in den mit der Arbeitskräfteregulierung
beauftragten Dienststellen auf die nunmehr *archivierten* Erfahrungen zurück, die man während des Ersten Weltkrieges gesammelt
hatte, und „reaktivierte" grundlegende Einsatzstrukturen.

3.1.1 Forschungsperspektiven

Die Rolle der europäischen Bevölkerungsgruppen für den Arbeitseinsatz, ihre Stellung im nationalsozialistischen Weltbild politischer
Entscheidungs- und Funktionsträger, die Entwicklung der deutschen Rüstungswirtschaft hat Spoerer analysiert und zur Diskussion
gestellt. Die wirtschafts- und sozialgeschichtlichen Ansätze haben
insgesamt dazu beitragen können, die ökonomischen Grundlagen
des sogenannten Fremdarbeitereinsatzes, Nutzenabwägungen und
alle mit der Arbeitskräfteregulierung verbundenen Strategien besser zu verstehen. Keineswegs ist von einem Gesamtplan auszugehen, der von den beteiligten Dienststellen systematisch bearbeitet worden ist. Spoerer und Tooze haben auf die Reibungsverluste
in den Reichsministerien, das *Entgegenarbeiten* herausgehobener
Dienststellen in Zusammenhang mit dem Kriegsgeschehen und der
Einsatzpraxis hingewiesen.

Die wirtschaftsgeschichtliche Perspektive von Tooze dient hingegen dazu, die ökonomische Situation des Deutschen Reiches während der 1930er und 40er Jahre zu berücksichtigen. Der Schwerpunkt seiner Studie liegt grundsätzlich *nicht* auf dem Arbeitseinsatz
der Kriegsgefangenen an sich, sondern vielmehr auf einer schar-
fen Analyse der situativen Leistungsfähigkeit des Deutschen Reiches unter zunehmend schlechten Gesamtbedingungen bis 1939.
Die Notwendigkeit des „Fremdarbeitereinsatzes" wird aus dieser
Perspektive nur umso verständlicher, je mehr man sich die militärische Lage und die gesteigerte Rüstungsproduktion bis zum Angriff
auf die Sowjetunion vor Augen führt. Die Studien haben weiter-

---

191 Vgl. Herbert, Fremdarbeiter, S. 43.

hin nachweisen können, wie die Abhängigkeit des Deutschen Reiches vom „Fremdarbeitereinsatz" im Zusammenhang mit den Autarkiebestrebungen zu bewerten ist. Keineswegs wird der Einsatz der „Fremdarbeiter" in neueren regionalhistorischen Studien als gesamtwirtschaftlicher Erfolg auf ganzer Linie bezeichnet, denn vielerorts (Junkers-Werke Stendal, Rautal-Werk Wernigerode und Krupp-Gruson Magdeburg) war er mit einem erheblichen logistischen Mehraufwand verbunden.[192]

Eine Nützlichkeitsbewertung des „Fremdarbeitereinsatzes" für tragende Rüstungsunternehmen im Deutschen Reich ist hier selbstverständlich nicht zu leisten, doch sei daruaf hingewiesen, dass die Nebeneffekte (VUK-Fälle, Sabotage, Spionage, Fluchten) nicht zu unterschätzen sind. Der Grund hierfür ist u. a. darin zu sehen, dass die Logistik des kostengünstigen Arbeitseinsatzes reichsweit mit einem erheblichen Personalaufwand verbunden war. Wendet man den Blick auf die zu zehntausenden im Reich eingerichteten Kriegsgefangenen-Außenlager, so offenbart sich die mit dem Einsatz festgestellte Bindung von Kräften und Ressourcen (Einarbeitung, Unterbringung, Bewachung). Berücksichtigt man die Ergebnisse von Tooze, so ist der Entsendebereich des Stalags XI A als Bestandteil der Versorgungspolitik auf regionaler Ebene zu analysieren. Auch wenn natürlich der Kriegsgefangenen-Arbeitseinsatz nur einen Bestandteil des „Ausländereinsatzes" darstellt, so ist zu

---

192 Eine ökonomisch orientierte Deckung des Mehrkostenaufwandes für den Kriegsgefangeneneinsatz im Zusammenhang mit der wirtschaftlichen Gesamtbilanz des betreffenden Werkes könnte Aufschluss über die wirtschatliche Effektivität des Einsatzes vermitteln. Vgl. u. a. die Unterlagen des Lohnbüros der Polte oHG, Patronen-, Munitionsmaschinen- und Armaturenfabrik, Magdeburg (LHASA, MD, I 33, Nr. 1026); Lohnlisten für Kriegsgefangene bei Fahlberg-List AG, Chemische Fabriken Magdeburg zum Arbeitskommando 544/26 (LHASA MD, I 53 Fahlberg-List AG, Chemische Fabriken Magdeburg, Nr. 744, Bl. 79.) Die Umsetzung der Gefangenen stellte in den Magdeburger Großbetrieben nachweislich ein großes Problem dar, das die Betriebsführer regionaler Unternehmungen hinzuzunehmen hatten. Vgl. LHASA, MD, I 33, Nr. 10, Bl. 12–14.

hinterfragen, inwieweit sich der Einsatz stabilisierend auswirkte.[193] Neben den umfassenden Überblicksdarstellungen von Herbert, Spoerer und Tooze sind in den letzten zehn Jahren deutschlandweit belastbare Regionalstudien zum „Fremdarbeiter"- und Kriegsgefangeneneinsatz veröffentlicht worden. Diese Studien richteten ihren Fokus vornehmlich auf die Umsetzung des Arbeitskräfteeinsatzes in von Landwirtschaft und/oder Industrie geprägten Großräumen. Die mit den Fragestellungen einhergehende Vor-Ort-Perspektive konzentrierte sich dabei auf die Besonderheiten, Bedingungen und den Umfang des „Fremdarbeitereinsatzes".[194] Eine Einordnung in das von zunehmend mehr Interessen geleiteten Arbeitseinsatzes ist damit gegeben und es lassen sich in der Zusammenschau der Forschungsergebnisse nicht nur systemrelevante, sondern auch regionalbedingte Besonderheiten und Gemeinsamkeiten ausmachen. Die unterschiedliche Behandlung der Kriegsgefangenen hatte zur Folge, dass der Begriff „Zwangsarbeit" als analytische Kategorie des deutschen Kriegsgefangenenwesens grundsätzlich mitzuden-

---

193 Vgl. u. a. Speer, Florian: Ausländer im „Arbeitseinsatz" in Wuppertal. Zivile Arbeitskräfte, Zwangsarbeiter und Kriegsgefangene im Zweiten Weltkrieg, Wuppertal 2003; Rehren, Eike: Gedemütigt und ausgebeutet. Kriegsgefangene und Zwangsarbeiter in Stadt und Landkreis Springe 1939–1945, Springe 2009; Gander, Michael: Zwangsarbeiter und Kriegsgefangene in der Grafschaft Bentheim. Mit Beiträgen sowie einem Quellen- und Bereichsteil über den Zweiten Weltkrieg und das Kriegsende in der Grenzregion Grafschaft Bentheim, Bentheim 2005; Bauer, Gudrun: Unfreiwillig in Brandenburg. Kriegsgefangene und Zwangsarbeiter in der Stadt Brandenburg in zwei Weltkriegen, Berlin 2004; Benad, Matthias: Zwangsverpflichtet. Kriegsgefangene und zivile Zwangsarbeiter(-innen) in Bethel und Lobetal 1939–1945, Bielefeld 2002; Hoch, Gerhard: Im Schatten des Vernichtungskrieges. Sowjetische Kriegsgefangene und Zwangsarbeiter in Schleswig-Holstein, in: Täter und Opfer unter dem Hakenkreuz. Eine Landespolizei stellt sich der Geschichte, Kiel 2001, S. 35–42; Pohl, Jürgen: Zwangsarbeiter und Kriegsgefangene in Recklinghausen im Zweiten Weltkrieg, Recklinghausen 2001.

194 Vgl. Amenda, Lars: Fremdarbeiter, Ostarbeiter, Gastarbeiter. Semantiken der Ungleichheit und ihre Praxis im „Ausländereinsatz", in: Kramer, Nicole/Nolzen, Armin: Ungleichheiten im „Dritten Reich" (Beiträge zur Geschichte des Nationalsozialismus, 28), Göttingen 2012, S. 90–117.

ken ist. In Abhängigkeit der Nation achtete man seitens des Wach-
personals, der Betriebsgemeinschaften und Hilfspolizisten streng
auf die zielorientierte Verrichtung des auferlegten Arbeitspensums
und wich vor harten Bestrafungsmaßnahmen innerhalb der Lager
keineswegs zurück.[195]

Mit diesen Anmerkungen sei darauf verwiesen, dass „Arbeit" und
„Zwangsarbeit" in zahlreichen Arbeitskommandos miteinander
verschränkt waren und sich dieser für Kriegsgefangene so emi-
nente Sachverhalt auch für das Stalag XIA und seine Außenlager
nachweisen lässt. Die Auseinandersetzung mit begrifflichen Fragen wird aus folgendem Grunde eingewoben: Die Lebenswirklichkeit der Kriegsgefangenen ist maßgeblich durch Arbeit bestimmt
worden. Einerseits ist sie für einen Großteil der Kriegsgefangenen
durch völkerrechtliche Abkommen genauestens geregelt, andererseits aber von tagespolitischen Entscheidungen abhängig gewesen.
In der Zusammenschau haben die Forschungen zum Arbeitseinsatz der Kriegsgefangenen im Deutschen Reich den Nachweis führen können, dass Willkür und die pragmatische Anpassung an wirtschaftliche Ziele vielerorts Verhältnisse schufen, die sich negativ
auf den Alltag der Gefangenen vor Ort auswirkten. Gründe hierfür sind die komplexe Kriegsgefangenenpolitik des Deutschen
Reiches, latenter oder offener Rassismus innerhalb der deutschen
Bevölkerung und das hohe Maß körperlich harter Arbeit.

3.1.2 Eingrenzung des Themas

Zum gegenwärtigen Zeitpunkt ist davon auszugehen, dass die
grundlegenden Mechanismen, Verordnungen und Befehle des
Arbeitseinsatzes der Kriegsgefangenen grundsätzlich erschlossen und weitere regionalhistorische Detailstudien zum Thema zu
erwarten sind. Themenrelevante Untersuchungen setzten sich ab

---

195 Vgl. Borgsen, Werner/Volland, Klaus: Stalag X B Sandbostel. Zur Geschichte
    eines Kriegsgefangenen- und KZ-Auffanglagers in Norddeutschland 1939–
    1945, 4. Aufl., Bremen 2010.

Mitte der 1990er Jahre vermehrt mit der Verantwortung von Großunternehmen auseinander, die während des „Dritten Reiches" maßgeblich vom „Fremdarbeiter"-, „Zwangsarbeiter"- bzw. Kriegsgefangeneneinsatz profitierten.[196] Im Zuge der nach 1990 geführten Entschädigungsdebatten entstanden vergleichende Studien, die auch die Rolle von mittleren und kleinen Unternehmen in den Fokus nahmen.[197] Die während der totalen „Kriegsmobilisierung" systemstabilisierende, ökonomisch aber fragwürdige Wirkung des Ausländereinsatzes wird in den letzten Jahren zunehmend diskutiert.

Die damit einhergehende erweiterte Perspektive auf die Schnittpunkte der deutschen Bevölkerung mit den *Fremden* ist besonders während der Diskussionen um den sogenannten Volksgemeinschafts-Begriff berücksichtigt worden.[198] Die Erforschung von Netzwerken, Freizeit- und Denunziationsverhalten der heterogenen Betriebs-, Stadt-, und Dorfgemeinschaften ist dabei hervorzuheben. Es werden dadurch situative Einblicke in soziale Milieus, zwischenmenschliche Bindungen (Familienstrukturen) und situative Handlungsoptionen im Berufsfeld erkennbar. Eben jener Themenkomplex ist in geringem Umfang Gegenstand dieser Studie, die sich vornehmlich auf den regionalen Einsatz der Kriegsgefangenen konzentriert und insgesamt drei Hauptstandorte näher untersucht.

---

196 Vgl. die Anmerkungen von Kavcic, Silvija: Rezension zu: Grünfelder, Anna Maria: Arbeitseinsatz für die Neuordnung Europas. Zivil- und ZwangsarbeiterInnen aus Jugoslawien in der „Ostmark" 1938/41–1945, Wien 2010, in: H-Soz-u-Kult, 31.05.2011, online: www.hsozkult.de/publicationreview/id/rezbuecher-15413 (26.06.2015); ebenso die Studie von Seidel, Hans-Christoph: Der Ruhrbergbau im Zweiten Weltkrieg. Zechen – Bergarbeiter – Zwangsarbeiter (Veröffentlichungen des Instituts für soziale Bewegungen, Reihe C: Arbeitseinsatz und Zwangsarbeit im Bergbau während des Ersten und Zweiten Weltkrieges, 7), Essen 2010.

197 Vgl. Sander, Ulrich: Von Arisierung bis Zwangsarbeit. Verbrechen der Wirtschaft an Rhein und Ruhr 1933 bis 1945, Köln 2012; Lillteicher, Jürgen: Profiteure des NS-Systems? Deutsche Unternehmen und das „Dritte Reich", Berlin 2006.

198 Vgl. Schneider, Verbotener Umgang, S. 15–17.

Es wird zur Erfüllung dieses Vorhabens nicht ausgiebig für eine semantische Loslösung der Kriegsgefangenen aus dem Fremdarbeiterbegriff argumentiert. Die Grenzen konnten in Abhängigkeit der Kriegsgefangenenpolitik fließend sein. Verrichteten die Kriegsgefangenen die Arbeit nicht wie gefordert, konnte unter Missachtung des GKA massiver Druck und damit auch Zwang zur Arbeit ausgeübt werden. Entscheidender war aber, dass sie als Arbeitnehmer einen Kontrakt nicht ohne weiteres aufkündigen konnten und damit Zwangsarbeit im eigentlichen Sinne vorliegt.[199] Dass sich das Deutsche Reich den mannigfaltigen Bedingungen für den im GKA geregelten Arbeitseinsatz innerhalb des Kriegsgefangenenwesens widersetzte und damit auch wiederum ein rechtswidriger Aspekt des Arbeitseinsatzes zur Diskussion steht, ist bereits in Kapitel 2.1 erörtert worden. Es ist also nicht nur zu klären, wo und in welchem Umfang Kriegsgefangene im Untersuchungsgebiet zum Einsatz kamen, sondern auch, unter welchen Bedingungen dies geschah. Der alleinige Nachweis zigtausender Ortschaften, in denen sich Außenlager des Stalags XI A befunden haben, hat letztlich wenig Aussagekraft bezüglich der Verhältnisse und Handlungsspielräume vor Ort. Mit solch einer Zahl lassen sich keine umfassenden qualitativen Aussagen über den Einsatz bzw. seine Bedeutung für die regionale Wirtschaft und den eventuell vorliegenden Zwang zur Arbeit machen. Es ist ebenfalls nicht möglich, die Orte des Einsatzes im Untersuchungsgebiet lückenlos festzustellen. Quellenarmut und auch Vernichtung relevanter Unterlagen durch die involvierten Arbeitsämter bzw. Kommunalverwaltungen erschweren das Vorhaben, eine absolute Zahl zu benennen. Es sind weitere Archivstudien zu realisieren, um die Organisation des Einsatzes auf der Subebene in ihrer Ganzheit quantitativ zu erfassen und damit ein Gegengewicht zu den Angaben in den IKRK-Berichten zu schaffen. Die sehr unterschiedlich gehandhabte Umsetzung des Arbeits-

---

199 Vgl. Spoerer, Die soziale Differenzierung, S. 486.

einsatzes in der Provinz Sachsen war – wie in anderen politischen Räumen auch – einerseits von den zur Verfügung stehenden Kriegsgefangenen, andererseits von der außenpolitischen bzw. militärischen Gesamtlage abhängig. Das Interesse der zahlreich in den Arbeitseinsatz involvierten Institutionen kann als Beleg für die polykratischen Strukturen verstanden werden, die insbesondere nach der totalen Kriegsmobilisierung an der Ausschöpfung aller zur Verfügung stehenden (Human-)Ressourcen interessiert waren.[200] Inwieweit die Effektivität der beteiligten Dienststellen, Interessengemeinschaften und Institutionen gegeben war, soll eine an drei konkreten Beispielen durchgeführte Untersuchung zeigen. Zum Verständnis der gesetzlichen und militärischen Rahmenbedingungen erfolgt in einem ersten Schritt die Auseinandersetzung mit wesentlichen Bestimmungen und Erlassen aus der mittleren Entscheidungsebene. Im Anschluss sind die regionalen Organisationsmechanismen des Arbeitseinsatzes und der mit ihm beteiligten Ämter quellennah zu benennen. Die hierbei beschriebene Zusammenarbeit zwischen den zivilen und militärischen Dienststellen kurz vor Beginn des Krieges wird anhand von Rundbriefen und Stellungnahmen des Oberpräsidenten der Provinz Sachsen, des Regierungspräsidenten des Bezirkes Magdeburg, des Landesarbeitsamtes Mitteldeutschland und des Stabes Stalag XI A analysiert. Ziel ist es, die Größenordnung der Bedarfssituation zu schildern, von der in den ersten Monaten des Krieges vor Ort ausgegangen wurde.[201] Die zwischen den Ämtern erfolgten Absprachen spiegeln

---

200 Auf diesen Umstand ist bereits in der Studie von Bütow und Bindernagel zum Einsatz von KZ-Häftlingen in der BRABAG in Magdeburg hingewiesen worden.

201 Zum Vergleich wurden die mit freundlicher Unterstützung der Dokumentationsstelle Celle bereitgestellten zeitgenössischen Statistiken herangezogen und die dabei aufgestellten Bilanzierungen hinsichtlich Einsatzgebiet, Tätigkeit und Deckung des Arbeitskräftebedarfs gesichtet. Problematisch erscheint hierbei die fehlende Auflistung der Einsatzzahlen nach kleineren politischen Einheiten (Räumen). In den detaillierten Berichterstattungen ist von Mitteldeutschland

den Versuch wider, den zahlreichen Bedarfsmeldungen schnellstmöglich gerecht zu werden und damit das generelle Arbeitskräfteproblem zu lösen. Dass es hierbei Abstimmungsprobleme und Reibungsverluste zwischen den Ämtern gab, ist als logische Folge des hohen Aufkommens von Kriegsgefangenenkontingenten zu verstehen. Erfahrungen im Umgang mit der Arbeitseinsatzpraxis führten jedoch schnell zu einer routinierten Durchführung und einer reibungslosen Kommunikation.[202] Der Einsatz der polnischen Kriegsgefangenen diente im übertragenen Sinne als Phase des *Beobachtens, Anpassens und Optimierens* der seit Herbst 1937 getätigten Vorbereitungen.

Im folgenden Abschnitt werden daher in einer Synopse wichtige Kommunikationsverläufe zum Kriegsgefangeneneinsatz auf Kreis- und Kommunalebene erörtert, um die *Reichweiten* und *Grenzen* der Einsatzpraxis aufzudecken. Wendet man den Blick auf die reichsweite Arbeitskräfteregulierung der Kriegsgefangenen, so sind mehrere Phasen auszumachen. Die Grobverläufe werden in den nachfolgenden Unterkapiteln abgebildet und miteinander in Beziehung gesetzt. Dieses Vorgehen lässt die Kriegsgefangenen zwar vorerst als Verfügungsgut erscheinen, welches im übertragenen Sinne im Untersuchungsgebiet verschoben worden ist. Die Bedeutung der regionalen Verwaltungsperspektive(n) ist jedoch nicht zu unterschätzen, denn sie schuf u. a. die Bedingungen für den Arbeitseinsatz und ist damit wesentlicher Bestandteil ihrer Lebenswirklichkeit.

---

die Rede und ein Rückverfolgen hin zu Regierungsbezirken und Kommunen nicht möglich. Zur genaueren Erfassung wurden die fragmentarisch überlieferten Meldungen an das Landesarbeitsamt Mitteldeutschland herangezogen und mit den summarisch aufgelisteten Bedarfsanmeldungen einzelner Regionen anhand herausgehobener Beispiele analysiert. Daraus ließ sich ein grober Überblick über die Einsatzzahlen im Regierungsbezirk Magdeburg in die Analyse einbeziehen.

202 Vgl. Herbert, Fremdarbeiter, S. 110.

3.2 Formale Grundlagen des Kriegsgefangenen- Arbeitseinsatzes

Aus formaler Sicht sind diejenigen Organisationspapiere der am Kriegsgefangeneneinsatz beteiligten Reichsministerien (RMA, RMI, RMEL) einzubinden, die in direktem Zusammenhang mit dem geografischen Bereich des Stalags XI A stehen *oder* direkte Auswirkungen auf das regionalwirtschaftliche Handeln und damit Rückschlüsse auf die Lebensverhältnisse der Kriegsgefangenen erlauben. Von Belang sind demnach die mit dem Kriegsgefangenen-Arbeitseinsatz verbundenen regionalen/lokalen Bedingungen und Nützlichkeitsüberlegungen eingesetzter Funktionsträger auf der verwaltenden Subebene, die die „Mobilisierung" der Kriegsgefangenen organisierten. Hier ist eine zunehmende Wertzuschreibung durch die deutschen Akteure zu unterstellen.

Die Lebenswirklichkeit der polnischen Kriegsgefangenen ist beispielsweise vornehmlich nicht durch das Stammlager in Altengrabow, sondern vielmehr durch die Außenkommandos konstituiert worden. Weiterhin wird analysiert, wie die Planungen des Kriegsgefangenen-Arbeitseinsatzes innerhalb von nur anderthalb Monaten nach Kriegsbeginn an die vor Ort herrschenden Bedingungen angepasst wurden. Protagonisten waren in diesem speziellen Zusammenhang der Präsident des Landesarbeitsamtes Mitteldeutschland in Erfurt, der Kommandant des Stalags XI A und eines der federführenden Arbeitsämter auf der Subebene in Burg. Damit die Kriegsgefangenen aber überhaupt an ihre Bestimmungsorte gelangen konnten, war die einvernehmliche Zusammenarbeit mit den Ortsbauernschaften, den Landräten und Bürgermeistern dringend notwendig. Diese hatten letztlich die Aufgabe, die gestellten Bedarfsanmeldungen an die Arbeitsämter zu kommunizieren und die Verteilung der Kriegsgefangenen vor Ort zu kanalisieren. Zu berücksichtigen ist, dass die Akteure im landwirtschaftlichen Sektor auf ihre Erfahrungen mit ausländischen (polnischen) Wanderarbeitern zurückgreifen konnten. An den Umgang mit Fremden gewöhnt, existierten teilweise langjährige Arbeitsbeziehungen mit sogenannten Schnittern, die alljährlich zur Ernte und Aussaat in die Provinz kamen. Es ist davon auszugehen, dass Landwirte auf diese Erfahrungen und die Organisation von Unterkünften während des Kriegsgefangeneneinsatzes zurückgriffen. In einem Schreiben an die Präsidenten der Landesarbeitsämter im Reich vom 6. September 1939 gab der Reichsarbeitsminister grundlegende Modalitäten für den Einsatz der Kriegsgefangenen bekannt. Bis zum Eintreffen der ersten polnischen Kriegsgefangenen war nur wenig Zeit, und es ist daher erhöhter Organisationsdruck feststellbar. Insbesondere die Bereitstellung ausreichender Unterkünfte (Baracken, Säle) war durch eine zielführende Zusammenarbeit der Landräte mit den Betriebsführern zu realisieren. Der Reichsarbeitsminister teilte in dem Schreiben weiterhin mit: „AÄ [Arbeitsämter], die zu einem Wehrkreis gehören, in dessen Bezirk ein Kriegsgefangenenmannschaftsstammlager liegt – also zunächst die AÄ im Bezirk des Wehrkreises XI (Hannover) – geben ihre Anforderung unmittelbar an das für das Stammlager federführende AA (für Altengrabow: AA Burg) weiter."[203]

Bis zu diesem Zeitpunkt haben die Kriegsgefangenen – unter ihnen vorerst auch zahlreiche Zivilpersonen[204] – die formale Eingliederung in das deutsche Kriegsgefangenenwesen innerhalb des OKH-Bereiches erfahren. Die in den OKW-Bereich weitergeleiteten polnischen Gefangenen hatten zum Teil erhebliche Strapazen hinter sich und sahen sich mit einem anfangs an den Grenzen des Machbaren operierenden Kriegsgefangenenwesens konfrontiert. Die Ernährungs- und Unterbringungslage in den zur Verfügung stehenden Stammlagern entsprach oftmals nicht den Vorgaben des GKA. Der hohe Bedarf an Arbeitskräften ließ den Gefangenen zumeist keinerlei Zeit zur Rekonvaleszenz und forderte zudem schnellstens ihren Einsatz in Mitteldeutschlands Landwirtschaft.

---

203 Stadtarchiv Stendal, 043-17, Bl. 2.
204 Vgl. Overmans, Kriegsgefangenenpolitik, S. 744.

Die aus den zur Verfügung stehenden Quellen ableitbaren Kommunikationsverläufe der regionalen Entscheidungs- und Funktionsträger verdeutlichen, wie hoch der Arbeitskräftebedarf im Untersuchungsgebiet tatsächlich war. Dem Landesarbeitsamt Mitteldeutschland lagen für die Provinz Sachsen Bedarfsanmeldungen vor, die innerhalb weniger Wochen von 18.000 auf 39.000 Kriegsgefangene anstiegen. Als Beispiel sei der Versuch des Oberpräsidenten der Provinz Sachsen vom 20. September 1939 aufgeführt, bei dem stellvertretenden Kommandierenden General und Befehlshaber des Wehrkreises XI auf die Zuteilung von polnischen Kriegsgefangenen zu drängen.[205] Die symptomatische Forderung des Oberpräsidenten unterstreicht die dringend notwendige Lösung eines bereits in den Jahren 1938/39[206]vernehmbaren Versorgungsproblems.[207] Die Steigerung der Binnennachfrage nach Getreide wirkte sich proportional auf die Organisation der landwirtschaftlichen Produktion und den jährlichen Arbeitskräftebedarf aus. Konkret bedeute dies für den Arbeitskräftebedarf im Erntejahr 1939: „Diese Arbeitsspitze kann in der Provinz ohne fremde Hilfe nicht bewältigt werden. Schon in Frieden fehlten allein in den Regie-

---

205 LHASA, MD, C 20 I, Ib Nr. 886 Bd. 2. Bl. 17 f. Die Planungen für den Einsatz der Kriegsgefangenen lassen sich auf das Jahr 1937 zurückführen und Strategien zum Zivilarbeitereinsatz auf die Zeit kurz vor Kriegsbeginn 1939. Vgl. Herbert, Fremdarbeiter, S. 43.
206 Herangezogen wurden die Getreidebestände in Deutschland bei Jahresbeginn. Vgl. Tooze, Adam: Ökonomie der Zerstörung, S. 919.
207 Die Ernten der Jahre 1934/35 und 1936/37 waren im Vergleich zu 1933/34 äußerst schlecht ausgefallen. Ein Rückgang von durchschnittlich 3,5 Millionen Tonnen Getreide innerhalb der zwei Erntejahre – ohne einen Ausgleich durch Importe – wirkte sich spürbar auf die Produktion aus. Der gesteigerte Binnenverbrauch sorgte in diesem Zeitraum für erheblichen Handlungsdruck. Die Steigerung der Ernten in den Folgejahren setzte einen personellen Mehraufwand voraus, der jedoch durch die Rüstungsproduktion und ihre Sogwirkung auf dem deutschen Arbeitsmakt gedämpft wurde. Die Befriedigung des Binnenmarktes zu Kriegszeiten war also nur möglich, wenn Kriegsgefangene massenhaft in der Landwirtschaft eingesetzt wurden. Vgl. die Zusammenstellung statistischer Daten in ebd., S. 918.

rungsbezirken Magdeburg und Merseburg ca. 15.000 Wanderarbeiter. [...] Wenn diese Lücke von 60.000 Arbeitskräften nicht
schnellstens durch polnische Kriegsgefangene geschlossen wird,
dann stehen wir in unserer Provinz vor einer Katastrophe, die um
so größer werden wird, je schlechter sich das Wetter gestaltet. Wir
müssen das Einfrieren der Rüben, also den Verlust unersetzlichen
Volksgutes und das Niederlegen eines Teiles der Herbstbestellung
und damit einen Ausfall in der Ernte 1940 unbedingt vermeiden.
Ich bitte deshalb in allerdringlichster Form unter Hinweis auf die
geschilderten besonderen landwirtschaftl. Verhältnisse der Provinz
Sachsen beim Oberkommando der Wehrmacht für eine bevorzugte
Belegung des Lagers Alten-Grabow mit polnischen Kriegsgefangenen vorstellig zu werden."[208]

Ob der Kommandierende General im Wehrkreis XI beim OKW
erfolgreich für eine bevorzugte Versorgung warb, war nicht ermittelbar. Aber die im Stalag XI A ankommende Masse an Kriegsgefangenen spricht dafür, dass das Stalag XI A, als eines der ersten Kriegsgefangenenlager im Deutschen Reich überhaupt, eine
Schlüsselfunktion in der Weiterleitung der kriegsgefangenen Polen
im mitteldeutschen Raum einnahm. Der Arbeitskräftemangel ist
zurückzuführen auf die bereits beschriebene Entwicklung des
deutschen Arbeitsmarktes während der 1930er Jahre. Anzumerken
ist, dass die Weiterverarbeitung der in der Landwirtschaft produ-
zierten Güter nach der Rekordernte 1933 zunehmend ins Stocken
geriet. Das Bestreben, Autarkie in allen Produktionsbereichen zu
schaffen, wurde spätestens 1936 durch die Erhöhung des Lebens-
standards in Deutschland verfehlt.[209] Die Agrarstrukturen (Rationa-
lisierungs- und Mechanisierungsprogramm des Reichsnährstandes)
und die bis 1939 einsetzende Landarbeiterflucht hatten zur Folge,
dass nach Beginn des Krieges der Arbeitskräftemangel in Mitteldeutschland Ernte und Aussaat gefährdete. Auslöser des landwirt-

---

208 LHASA, MD, C 20 I, Ib Nr. 886 Bd. 2, Bl. 3.
209 Vgl. Tooze, Ökonomie der Zerstörung, S. 236.

schaftlichen Produktionsproblems zwischen 1936 und 1939 war die Arbeitskräftepolitik, so Herbert. Rüstungskonjunktur, der einhergehende Wandel vom Arbeitskräfteüberschuss hin zum Mangel[210] und die teilweise auch einander widersprechenden Lösungsversuche der NS-Verwaltungsbehörden übten erheblichen Druck auf die Agronomen aus. Diesen Problemaufriss gilt es nachfolgend mit Hilfe eines Phasenmodells zu strukturieren. Die Chronologie richtet sich nach den Kriegsverläufen gegen Polen, Belgien, die Niederlande, Frankreich und die Sowjetunion. Mit den Angriffen auf diese Staaten gerieten jene Bevölkerungsgruppen in deutsches Gewahrsam, die den Hauptteil der in Altengrabow registrierten Kriegsgefangenen ausmachten.[211]

3.2.1 Parameter des zu Grunde gelegten Phasenmodells

Das Phasenmodell beruht auf der Annahme, dass die verwalterische Effizienz der mit der Arbeitsorganisation betrauten Dienststellen mehrere Entwicklungsstufen durchlief, wenn in Altengrabow neue Kriegsgefangenenkontingente eintrafen.[212] Diese Annahme korreliert nicht mit der Aussage, dass mit einer gesteigerten Leistungsfähigkeit auch eine erhöhte Qualität der Kriegsgefangenenversorgung zusammenfällt. Darunter werden Handlungen verstanden, die entweder im Verlauf des Kriegsgefangeneneinsatzes professionalisiert oder zurückentwickelt worden sind. Der vorgegebene Handlungsrahmen des OKW[213] und auf unterer Ebene des Kdr.Kgf. im Wehrkreiskommando XI (Makroebene) gibt letztlich

---

210 Vgl. Herbert, Fremdarbeiter, S. 45 ff.

211 Das Schicksal der Italiener kann auf Grund des Quellenmangels zu ihrem Arbeitseinsatz nicht genauer untersucht werden, findet aber thematisch Berücksichtigung.

212 Der Kriegsgefangenenpolitik des Deutschen Reiches lag eine Abstufung der ins Reich verbrachten Bevölkerungsgruppen zu Grunde, die sich auch in deren Unterbringung, Arbeitsgebiet und Versorgung widerspiegelte. Von einer einheitlichen Behandlung kann demnach nicht gesprochen werden.

213 Im weiteren Verlauf der Studie wird hierunter die NS-Generalpolitik verstanden, die den Kriegsgefangeneneinsatz und die Ausschöpfung der Arbeitskraft betrifft.

wenig Auskünfte über die tatsächliche Umsetzung der Planungen. Die ausgearbeitete Bereitstellung neuer Arbeitskommandos hatte die Entstehung eines Mikrokosmos zur Folge, der vergleichsweise ergiebig in den Verwaltungsakten der Landräte, Arbeitsämter und Bürgermeister dokumentiert ist (Mesoebene).[214] Die vom Deutschen Reich getroffenen Versorgungsmaßnahmen[215] reichten für den Großteil der im Untersuchungsgebiet untergebrachten Kriegsgefangenen nicht aus, um deren Arbeitskraft auf Dauer sicherzustellen. Die in den Quellen nachweisbaren Gründe für eine Effizienzsteigerung bzw. -minderung sind zu analysieren und damit die Qualität der Kriegsgefangenenversorgung aus Perspektive der regionalen Verwaltungsinstanzen darzulegen. Ein hieraus resultierendes Phasenmodell ist daher nicht allein auf die Analyse des zur Verfügung stehenden schwer überprüfbaren statistischen Datenmaterials ausgerichtet, sondern vielmehr auf die Betrachtung der Problemlösungsstrategien, die zur Ausschöpfung der Arbeitskraft von Kriegsgefangenen beitragen sollten. Darüber hinaus trägt ein Phasenmodell zur inhaltlichen und zeitlichen Strukturierung der

---

214 Die regionalen Zusammenhänge zwischen Bedarfsanmeldung und Ausführung konnten über die Verteiler und Antwortschreiben erschlossen werden. Hierbei ist auf Grund des Aktenverlustes auf zahlreiche leere Stellen in der Überlieferung des Industriesektors hinzuweisen, jedoch ließen sich Entscheidungsfindungen, Verlaufsberichte, Statistiken und Aushandlungsprozesse ermitteln. Vgl. LHASA MD, C 30 Osterburg A, Nr. 1348; LHASA, MD, C 30 Osterburg A Nr. 1312; LHASA, MD, I 33, Nr. 10; LHASA, MD, I 33, Nr. 1043; LHASA, MD, I 33, Nr. 1046; LHASA, MD, I 33, Nr. 1026; LHASA, MD, I 33, Nr. 1057; LHASA, MD, I 36 Polte oHG, Patronen-, Munitionsmaschinen- und Armaturenfabrik, Magdeburg, Nr. 1026; LHASA, MD, I 28 Fried. Krupp Grusonwerk AG, Magdeburg, Nr. 651.

215 Aufschlussreich ist in diesem Zusammenhang die Heeresdienstvorschrift 38/2, die zum Verständnis der organisatorischen Aspekte des Kriegsgefangenenwesens heranzuziehen ist. Mit ihr sind die Verhältnisse maßgeblich konstituiert worden, da sie den Stalag-Kommandanten in XI A zur „Konstruktion" ihres Lagers diente. Vgl. HDv. 38/12 „Dienstanweisung über Raumbedarf, Bau und Einrichtung eines Kriegsgefangenenlagers" BArch, MA, RHD 4, 138/12. Zitiert nach Keller, Sowjetische Kriegsgefangene, S. 47. Zu Entstehung und Inhalt der (Heeres-)Dienstvorschrift 38/2 sei verwiesen auf die Zusammenfassung von Kilian, Mühlberg 1939–1948, S. 24–28.

vom Kriegsverlauf entscheidend beeinflussten Vorgaben aus Berlin bei. Am Beispiel der Kriegsgefangenenorganisation innerhalb des Regierungsbezirkes Magdeburg ist zu ergründen, ob die katastrophale Unterbringung und Behandlung der sowjetischen Kriegsgefangenen auf Verwaltungsebene durch eine insgesamt mangelhafte Umsetzung des Kriegsgefangenenwesens vorbereitet wurde. Die Umsetzung der ideologisch motivierten Behandlung setzte nach Einschätzung des Verfassers eine Verwaltung voraus, die sich sukzessive an den Völkerrechtsbruch herantastete.

Das vorhandene Quellenmaterial zum Stalag XI A ist insbesondere für diejenigen Standorte erkenntniserweiternd, die während des gesamten Kriegsverlaufes mit Gefangenen versorgt waren und wo somit Behandlungstendenzen erkennbar sind. Das Phasenmodell ist keineswegs repräsentativ für den gesamten Bereich im Wehrkreis XI. Hier sind noch weitere Forschungen zu leisten. Aus heutiger Perspektive lassen sich zum Stalag XI A mehrere Verläufe der Kriegsgefangenenbehandlung und -versorgung erschließen.[216] Folgende Grundannahmen liegen dem Phasenmodell zu Grunde:

1. In der neueren Forschung zum Kriegsgefangeneneinsatz und zu den Einsatzparadigmen der 1930er Jahre wird klar zwischen der propagandistisch-militärischen und einer mehr oder weniger realpolitischen Ebene differenziert. Das Vorhaben, die für die Wehrmacht ausgehobenen männlichen Arbeitskräfte durch ausländische Arbeiter zu ersetzen, musste strategisches Ziel der politischen Führung und betreffender Reichsministerien sein. Die Arbeitsmarkt-

---

216 Diesem Ansatz liegt die Annahme zu Grunde, dass in Ermangelung von Ego-Dokumenten das alltägliche Leben der Kriegsgefangenen nur sehr schwer verständlich ist. Zeichnet man aber den Rahmen ihres Alltags nach, so sind die Bedingungen und Erfahrungshorizonte während ihres Lebens in deutschem Gewahrsam aufzeigbar. Die wenigen gehobenen Ego-Dokumente und der mit ihnen ineinanderfallende Handlungsrahmen werden ergänzend verwoben, um individuelle Eindrücke von der Kriegsgefangenschaft zu vermitteln. Die Erinnerungen des niederländischen Kgf. Halbe Tjepkema, des sowjetischen Kgf. Viktor Tschernowalow werden neben den Aufzeichnung des polnischen Kgf. F. Donczyk eingebunden.

lage im Deutschen Reich war seit 1936 äußerst angespannt und bedurfte spätestens Ende 1939 einer kostengünstigen, massenhaften Arbeitskräfteversorgung.[217] Der Einsatz von Kriegsgefangenen hatte maßgeblich zur Stabilisierung der regionalen Wirtschaftsunternehmen beizutragen.

2. Die hierfür reichsweit angelegten Stammlager dienten als Arbeitskräftereservoir und bildeten die Schnittstelle zwischen zivilen (wirtschaftlichen) und militärischen Aktionsräumen. Sie waren dezentral gelegen und entwickelten ein Verwaltungsgrenzen überdeckendes Lagersystem innerhalb des Wehrkreises XI, das bis zum Ende des Krieges spinnennetzartig einen Großteil des mittel- und norddeutschen Raumes überdeckte.

3. Die Planer u.a. im AWA und Verwalter im Wehrkreiskommando XI hatten von Kriegsbeginn an zu bedenken, dass eine Missachtung völkerrechtlicher Handlungsregeln gegenüber *den Fremden* die Produktivität der wirtschaftlich notwendigen Sektoren aufweichen oder stark einschränken würde.

Aus heutiger Perspektive sind zwei Entwicklungen gut dokumentiert und diskutiert. Erstens hat das Deutsche Reich zu keinem Zeitpunkt eine ausreichende Versorgung mit kriegsgefangenen Arbeitskräften sicherstellen können. Das Anwachsen des in Arbeitsthese 2 genannten Außenlagersystems zog auf Grund von Ressourcenmangel erhebliche Versorgungsmängel nach sich, die bereits vor dem Eintreffen der sowjetischen Kriegsgefangenen vom IKRK offenbar wurden.[218] Die IKRK-Delegierten äußerten sich in ihrem Bericht zum Stammlager in Altengrabow vom 18. Mai 1941 dahingehend, dass es lediglich gut geführt würde. Im Gegenzug ist aber die Rede davon, dass die Stimmung der Gefangenen auf Grund zahlreicher – nicht genau benannter – Unzulänglichkeiten schlecht wäre. Es bleibt offen, um welche Gefangenengruppe es sich handelte und wie die Differenz zwischen guter Führung und Stimmung zu erklären ist. Harte Arbeit

---

217 Vgl. Tooze, Die Ökonomie der Zerstörung, S. 506.
218 Vgl. PA AA, R 40987.

und nicht ausreichende Ernährung sind zumindest seitens der Vertrauensleute in einem der vorangegangenen Berichte benannt worden.[219] In den wenigen vorhandenen IKRK-Berichten ist zu dieser Zeit des Krieges keine scharfe Kritik an der deutschen Kriegsgefangenenbehandlung auszumachen. Delegierte wiesen mit Blick auf die Situation in den Außenlagern darauf hin, dass zwischen der Behandlung im Stalag und den Außenkommandos erhebliche Unterschiede bestünden. Ob sich diese Diskrepanz zu Gunsten der Kriegsgefangenen auflösen sollte, ist im folgenden Abschnitt zu diskutieren.

Je größer die Arbeitskommandos im industriellen Sektor waren, desto weniger gesichert war die Kriegsgefangenenversorgung und -unterbringung.[220] Ein Teil des Stammlagers entwickelte sich während des Jahreswechsels 1941/42 zu einer Quarantänezone, nachdem die sowjetischen Gefangenen eingetroffen waren und in der Folgezeit in hoher Zahl an Erschöpfung, Mangelernährung und Krankheit verstarben.[221] Zeitgenössisches Dokumentationsmaterial über diese Gesamtverläufe vermittelt Kenntnis darüber, wie die Behörden auf unterster Ebene diesen eingetretenen Entwicklungen gegenüberstanden und welche Strategien zur Vermeidung beitrugen oder sie gar verschärften. In *Phase I*[222] hatten alle (hier: „innere Verwaltung") mit dem Arbeitseinsatz beauftragten Dienststellen Erfahrungen in der Organisation der polnischen Kriegsgefangenen zu sammeln. Die zivilen Verwaltungsstellen (AÄ) im Stalag-XI-A-Bereich hatten umgehend auf den Kriegsgefangeneneinsatz zu reagieren und die Versorgung in Zusammenarbeit mit den militärischen Behörden zu Gunsten der Landwirtschaft zu gewährleisten. Im Rahmen der Entlassung/Überführung polnischer Kriegsgefangener war ein wesentliches Instrument des deutschen Ausländereinsatzes ins

---

219 Vgl. PA AA, R 40769.
220 IKRK-Besuchsbericht vom 12.03.1941 über Arb.Kdo. 544/17 (Kristall-Palast) in Magdeburg; Unterbringung von 1.128 französischen Kriegsgefangenen. Vgl. PA AA, R 40706b.
221 Vgl. Keller, Sowjetische Kriegsgefangene, S. 278–280.
222 September 1939 bis Juni 1940.

Leben gerufen worden. Auch hierbei sind auf Meso- und Makroebene Organisation und Effizienz für das Untersuchungsgebiet auszuleuchten. *Phase II*[223] beschreibt die Anpassung lokaler Behörden (Meso- und Mikroebene) an den Einsatz und die Entlassung der westlichen Kriegsgefangenen. Die in Phase I gesammelten Erfahrungen wurden an den Einsatz der Belgier[224], Franzosen[225] und Polen[226] im Sinne der Kriegsgefangenenpolitik angepasst. Ob man die Versorgungsmängel bei den westlichen Kriegsgefangenen dadurch eindämmen konnte, ist mit der Untersuchung einzelner Arbeitskommandos und der Situation im Lager verbunden. In der vorliegenden Studie werden in diesem Abschnitt vorrangig Unterschiede und Gemeinsamkeiten analysiert. Hauptanliegen ist es, die Veränderung der Belegstärken innerhalb des Lagers mit den Bedarfsanmeldungen innerhalb des Untersuchungsgebietes in Beziehung zu setzen. Als *Phase III* werden der extrem hohe Arbeitskräftebedarf und der ursprünglich nicht geplante Einsatz sowjetischer Kriegsgefangener bezeichnet. Der Einsatz und ihre Versorgung schufen angesichts des sogenannten Vernichtungsfeldzuges gegen die Sowjetunion eine neue Handlungsdimension.[227] Die sowjetischen Kriegsgefangenen kamen aus den anfänglichen Kesselschlachten im Osten unterversorgt und in zahlreichen Fällen erkrankt in das deutsche Reichsgebiet.[228] Leis-

---

223 Juli 1940 bis November 1941.
224 Ab 10. September 1940 für XI A in IKRK-Meldung belegt. Vgl. Archiwum Centralnego Muzeum Jencow Wojenich w Lambinowicach-Opulu Materialy i Dokumenty, Statystyka genewska, sygn. 16, Bl. 5.
225 Vgl. ebd., Bl. 5 ff.
226 Ab 1. Juni 1943 für XI A in IKRK-Meldung belegt. Vgl. Archiwum Centralnego Muzeum Jencow Wojenich w Lambinowicach-Opulu, Materialy i Dokumenty, Statystyka genewska, sygn. 6, Bl. 47.
227 Vgl. hierzu: Streim, Die Behandlung sowjetischer Kriegsgefangener; Streim, Keine Kameraden; Otto, Reinhard: Wehrmacht, Gestapo und sowjetische Kriegsgefangene im deutschen Reichsgebiet 1941/42 (Schriftenreihe der Vierteljahrshefte für Zeitgeschichte, 77), Oldenburg 1998; Keller, Sowjetische Kriegsgefangene.
228 Zu den ökonomischen Auswirkungen auf die Kriegswirtschaft ab 1943 vgl. Tooze, Ökonomie der Zerstörung, S. 687 ff.

tungs- und Produktivitätssteigerungen waren nur mit ausreichend versorgten Arbeitern herbeizuführen.[229] Die quellennahe Auseinandersetzung und Analyse der vom Deutschen Reich geschaffenen Verhältnisse im Untersuchungsgebiet soll also darlegen, wie in den ermittelten *Verwaltungsphasen* des Arbeitseinsatzes Probleme einerseits gelöst und andererseits auf Grund von Fehlplanungen geschaffen worden sind. Es ist dabei die Frage zu erörtern, ob das Handeln der sogenannten inneren Verwaltung[230] auf mittlerer Ebene bedingt durch den stetig steigenden Arbeitskräftebedarf als Ausdruck der Überforderung durch die Kriegsgefangenenpolitik zu verstehen ist. Der Widerstreit zwischen pragmatischer Wirtschafts- und ideologischer Kriegsgefangenenpolitik ist anhand der Verwaltung des Kriegsgefangeneneinsatzes in der Region nachzuweisen. Für den nachfolgenden Zeitraum von Mitte 1943 bis Ende 1944 sind nur sehr wenige Quellen überliefert, die eine Analyse der Arbeitseinsatzpraxis ermöglichen. Aus diesem Grund ist es nicht möglich, die zivile Organisation und Verwaltung der Kriegsgefangenen zu beschreiben. Damit die letzten 16 Kriegsmonate nicht vernachlässigt werden, sind die wenigen Berichte des IKRK herangezogen worden, um die für die Kriegsgefangenen geschaffenen Zustände herauszuarbeiten (vgl. Kap. 4).

3.2.2 Zusammenarbeit militärischer und ziviler Dienststellen

Mit dem zu Grunde gelegten Phasenmodell ergänzen sich mehrere Beobachtungen: Kenntnisse über Integration, Verteilung und Versor-

---

229 In einem Rundschreiben des Kommandeurs der Kriegsgefangenen im Wehrkreis XI vom 30. Dezember 1943 heißt es: „Alle Kräfte müssen stärker als je für den Krieg eingesetzt werden. Der Arbeitseinsatz der Kr.Gef. (und Ital. Mil[itär]. Intern[ierten].) gewinnt größere Bedeutung. Die Arbeitsleistung der Kr.Gef. zu steigern, muß das Ziel sein. Welche Maßnahmen sind möglich?" LHASA, MD, C 20 I, Ib Nr. 886 Bd. 3, Bl. 182.

230 Idee und Ansatz für die Frage entwickelt aus Vgl. Rüdiger Hachtmann: „Neue Staatlichkeit" – Überlegungen zu einer systematischen Theorie des NS-Herrschaftssystems und ihrer Anwendung auf die mittlere Ebene der Gaue, in: John, Jürgen/Möller, Horst/Schaarschmidt, Thomas (Hg.): Die NS-Gaue. Regionale Mittelinstanzen im zentralistischen „Führerstaat", München 2007, S. 56–79.

gung der Kriegsgefangenen innerhalb des Arbeitsprozesses sind mit Hilfe ausgewählter Großbetriebe erschlossen worden. Abgelöst von der Generalpolitik des „Dritten Reiches" bleiben die auf Mikro- und Mesoebene gewonnenen Erkenntnisse aber isoliert und können ihre inhaltliche Reichweite nicht entfalten. Es ist notwendig, sie in die Überlegungen zum sogenannten Ausländereinsatz einzuordnen und Synthesen zu bilden. Zum Zweck eben jener Verknüpfung erfolgt der Blick auf mehrere Entscheidungsebenen, die von der Generalpolitik des Kriegsgefangenen-Arbeitereinsatzes maßgeblich beeinflusst waren.[231] Spoerer hat in seiner Studie „Zwangsarbeit unterm Hakenkreuz" erläutert, dass „die Beschäftigung ausländischer Arbeitskräfte [...] sich in modernen Gesellschaften immer in einem Kräftedreieck [abspielt]. Erstens haben die inländischen Beschäftigten als Anbieter von Arbeit wenig Interesse an zusätzlicher Konkurrenz, die die Löhne drückt. Zweitens sind die inländischen Unternehmen an einem möglichst breiten Angebot der Ware interessiert. Diese Angebots- und Nachfragekräfte auf dem Arbeitsmarkt werden drittens von einer ideologisch-psychologischen Komponente überlagert, die man vorsichtig als Angst vor dem Fremden bezeichnen kann."[232] Dieses Kräftedreieck war seit Einsatz der Kriegsgefangenen stetig an die steigende Bedarfslage anzupassen und verschob sich zwangsweise zu Gunsten eines utilitaristisch ausgerichteten Arbeitsprinzips.[233] Ohne

---

231 Vgl. Naasner, Neue Machtzentren in der deutschen Kriegswirtschaft, S. 57–95.
232 Spoerer, Zwangsarbeit, S. 25.
233 Auch hier lassen sich entsprechend des Kriegsverlaufes mehrere Phasen bei „Kriegsgefangenen" und „Fremdarbeitern" ermitteln. Die Modi der Entlassung und das zunehmend differenzierte Belohnungssystem sollten dafür Sorge tragen, den Arbeitern Anreize zur Mehrarbeit zu verschaffen und somit eine Leistungssteigerung zu erzielen. Ein Protokoll eines Gesprächs mehrerer Firmenvertreter aus der Magdeburger Schwerindustrie verdeutlicht, dass man eine ausreichende Ernährung als Anreiz verstand: „Außerdem sagten noch die übrigen Herren, dass auch eine Leistungssteigerung erzielt werde durch zusätzliches Essen. Das Essen könne ruhig einfach, müsse aber dick zusammengekocht sein. Besondere Klagen kamen von den Firmenvertretern über die Ostarbeiter nicht." LHASA, MD, I 33, Nr. 1050, Bl. 12–14. Der Landesbauern-

die Arbeitskraft der Fremden ließen sich zahlreiche Produktionsprozesse auf Mikro-, Meso- und Makrobene nicht realisieren. Einhergehend war die Unterbringung und Versorgung von Zivilarbeitern/
Kriegsgefangenen mit dem Ziel verbunden, Ausfälle zu vermeiden.
Auch wenn die Kriegsgefangenenpolitik ausschlaggebend für das
abwertende Verhalten gegenüber den Fremden war, so deutete sich
frühzeitig die Abhängigkeit von ihrer Arbeitskraft ab. Dieser Zwie-
spalt rief vielerorts ambivalentes Verhalten seitens der deutschen
Bevölkerung hervor, die den Kriegsgefangenen vereinzelt mehr
Raum ließ, als von offizieller Stelle zugestanden. Der Einsatz der polnischen Kriegsgefangenen in der Hackfruchternte Ende 1939 ist hier
als ein überzeugendes Beispiel für den dringenden Bedarf an Arbeitskräften zu benennen. „Der Konflikt zwischen rassistischer, fremden-
feindlicher Ideologie und pragmatischer Wirtschaftspolitik sollte die
Arbeitsbeziehungen das ganze Dritte Reich hindurch prägen."[234]

3.3 Arbeitseinsatzpraxis (Phase I): Polnische Kriegsgefangene

Am 5. September 1939 wandte sich Reichsinnenminister Frick in
einem Schnellbrief an die Innenminister in Sachsen und Mecklen-

---

führer der Landesbauernschaft Sachsen-Anhalt/Halle (Saale) gab am 18. März
1944 in einem zusammengefassten Rundschreiben des GBA Sauckel bekannt,
wie mit sogenannten fremdvölkischen Kindern zu verfahren sei. Es sind in der
Kriegsgefangenenforschung zahlreiche Fälle überliefert, in denen Kriegsgefangene und Fremdarbeiterinnen Kinder zeugten und sich fortan die Frage der
Betreuung stellte: „Es wird sich empfehlen, in jedem Dorfe ein sogen. Fremd-
völkisches Kindernest einzurichten. Es darf auf keinen Fall der Fehler begangen werden, hier einen deutschen Maßstab anzulegen und dem Ganzen mit
Sentimentalität zu begegnen. Solange deutschen Müttern durch Luftkriegsein-
wirkungen zugemutet wird, sich von ihren Kindern zu trennen, kann man dieses Verlangen den fremdvölkischen Müttern aus dem Osten erst recht zumu-
ten." LHASA, MD, C 102, Nr. 246, Bl. 66f.
234 Spoerer, Zwangsarbeit, S. 25.

burg, die Regierungspräsidenten u.a. in Stettin, Köslin, Schneide-
mühl, Potsdam, Frankfurt/O. und Magdeburg. Den Schwerpunkt
legte er in seinem Schreiben auf den alsbald zu organisieren-
den Arbeitskräfteeinsatz der kriegsgefangenen Polen, die in den
Stammlagern für den Arbeitseinsatz zur Verfügung ständen. Er gab
in dem Rundschreiben bekannt: „OKW hat im WK XI in Altengrabow ein Kriegsgefangenenlager eingerichtet. Die KGF sollen,
insofern sie arbeitsfähig sind, möglichst umgehend von der Wehrmacht für Arbeiten zur Verfügung gestellt werden. Hilfsdienstleis-
tungen in der Landwirtschaft. Die Arbeitsämter sind vom Reichsarbeitsminister dahin unterrichtet, Anträge auf Zurverfügungstellung
von Kriegsgefangenen für Zwecke der Landwirtschaft im Benehm-
men der Kreisbauernführer und den zuständigen Landräten zu
prüfen. Aufgabe des Landrats ist es hierbei, für eine ordnungsgemäße, gesicherte Unterbringung der Kriegsgefangenen Vorbereitungen zu treffen."[235] Von Anbeginn gingen alle Dienststellen
davon aus, dass die in das Lager verbrachten arbeitsfähigen Gefangenen auch tatsächlich zur Verfügung standen. Die Kriegsgefangenenpolitik und der Umgang mit „Volksdeutschen" sollten sich hier
als bisher unberücksichtigter Faktor herausstellen. Hervorzuheben
ist die hohe Verantwortung des Landrates, mit dessen Organisati-
onsfähigkeit das Wohl der Kriegsgefangenen maßgeblich verbunden war. Mit der Wahl und Vorbereitung der Unterkünfte war sein
Einfluss bezüglich der Wahrung grundlegender GKA-Bestimmun-
gen erheblich. Die Forderung, die Kriegsgefangenen nach Möglichkeit in Kolonnen zum Einsatz zu bringen, ist im weiteren Verlauf stark vernachlässigt worden. Es konnte nachgewiesen werden,
dass vor dem Einsatz der Kriegsgefangenen aufwendige bauliche
Vorarbeiten[236] in den Sammelunterkünften zu leisten waren. Hier-

---

235 LHASA, MD, C 30 Osterburg A, Nr. 1311, Bl. 2.
236 Detaillierte Planungsarbeit zur Einrichtung eines Außenlagers u.a. in Stadtarchiv Wernigerode, WR, II 5611, unpag.; ebenso LHASA, MD, I 45 Maschi-
   nen- und Armaturenfabrik vormals C. Louis Strube AG, Magdeburg-Buckau.
   Nr. 478/22, Bl. 45 ff.

durch konnte sich der Einsatz am Zielort nochmals verzögern. In diesen Fällen stellte sich die Frage, wer bei dem Bau von Gemeinschaftslagern die Kosten zu tragen hatte. In einem Rundschreiben des Reichsarbeitsministers heißt es dazu, „dass Gemeinden, Gemeindeverbände, Ortsbauernschaften usw. Kriegsgefangene anfordern können, die dann von einer gemeinsamen Unterkunft aus an die einzelnen Betriebe, die einzeln nicht die vorgeschriebene Mindestzahl von Kriegsgefangenen abnehmen können, tagsüber einzeln abgegeben werden oder bei den einzelnen Betrieben nacheinander in der Form der fliegenden Kolonnen zum Einsatz gelangen".[237]

Daraus ist zu schließen, dass es zahlreiche Bedarfsanmelder gab, die nur wenige Kriegsgefangene auf dem Hof benötigten. Da die Einzelunterbringung grundsätzlich möglich, aber nicht gewünscht war, sind Gemeinschaftslager eingerichtet worden, in denen Kriegsgefangene aus verschiedenen Ortschaften zusammengelegt worden sind. Sehr wahrscheinlich ist es zwischen den Gemeinden zu Konflikten gekommen, denn die Kosten für die Einrichtung des Gemeinschaftslagers mussten umverteilt werden.[238] Eine Einigung

---

237 LHASA, MD, C 30 Osterburg A Nr. 1312, Bl. 46.

238 In einem aufschlussreichen Schreiben des Reichsministers des Innern vom 24. Oktober 1942 an die Bürgermeiser der Gemeinden heißt es zum Einsatz von Kriegsgefangenen in der Landwirtschaft. „Für die Unterbringung von Kriegsgefangenen, die in ländlichen Kleinbetrieben tätig werden sollen, hat sich in Ausnahmefällen die Notwendigkeit ergeben, die erforderlichen Unterkunftsräume durch die Gemeinde erstellen zu lassen. In diesen Ausnahmefällen muß grundsätzlich davon ausgegangen werden, daß die Aufwendungen für diese Unterkünfte in vollem Umfange von den Betriebsinhabern, die die Kriegsgefangenen beschäftigen, zu decken sind; denn es wäre offenbar unbillig, mit diesen Kosten bei einer Heranziehung allgemeiner Gemeindemittel auch diejenigen Betriebe zu belasten, die Kriegsgefangene selbst unterbringen oder überhaupt nicht benötigen. Wie mir der Herr Reichsminister für Ernährung und Landwirtschaft mitgeteilt hat, legen manche Gemeinden bei der Verteilung der Kosten für die Unterbringung von Kriegsgefangenen in gemeindeeigenen Unterkünften auf die Betriebsinhaber ihre Aufwendungen bei einer Benutzungsdauer der Unterkunft von 1 Jahr zugrunde. Die nach diesem Maßstab errechneten Kosten

über die Kosten innerhalb einer Gemeinde oder eines Landkreises kam nicht immer zu Stande und bildete fortan ein immer wiederkehrendes Problem. Der Reichsarbeitsminister gab in seinem Schreiben bekannt, dass es keine Vorschriften darüber gibt, wie die Kosten für die Gemeinschaftslager aufzubringen sind. Er forderte, dass die Gemeinden derlei Gemeinschaftslager selbstverantwortlich erschließen und im Interesse der heimischen Wirtschaft unterhielten. Diese an die Selbstverantwortung gerichtete Forderung hatte nachweislich nicht den erhofften Erfolg und musste durch das Instrument der sogenannten Ausgleichszahlungen umgehend präzisiert werden.[239] „Nähere Vorschriften darüber, wie die Kosten derartiger Gemeinschaftslager aufzubringen sind, sind nicht gegeben. Da jedoch anscheinend die Gemeinden im Wege des Unkos-

---

sind bei der Neuerrichtung von Unterkunftsräumen in vielen Fällen so hoch, daß sie insbesondere von kapitalschwachen kleineren bäuerlichen Betrieben nicht getragen werden können. Im Einvernehmen mit dem Herrn Reichsminister für Ernährung und Landwirtschaft ersuche ich deshalb, in derartigen Fällen wie folgt zu verfahren: Die für die Unterkünfte aufgewendeten Kosten einschl. des etwaigen Schuldendienstes sind auf eine Benutzungsdauer von 3 Jahren zu verteilen. Nach diesem Maßstab ist der Monatsbetrag für jeden Kriegsgefangenen zu berechnen und alsdann von den Benutzerbetrieben an die Gemeinde zu entrichten. Wird das Lager vor Ablauf von 3 Jahren geschlossen oder eingeschränkt, so zahlen die Benutzerbetriebe den bisherigen Monatsbetrag bis zum Ablauf des 3. Jahres weiter. Der Monatsbetrag ist alsdann jedoch anteilig um den Betrag zu kürzen, der der Gemeinde aus der Verwertung der Unterkünfte zufliesst. Wird statt einer Schließung das Lager in der Folgezeit schwächer belegt, so erhöht sich für die Betriebe, die weiterhin Kriegsgefangene beschäftigen, der Monatsbetrag entsprechend. Entsteht für die Betriebe aus diesem Verfahren eine nicht zumutbare Belastung, so können die Betriebe, die früher Kriegsgefangene mindestens 1 Jahr beschäftigten, für jeden früher beschäftigten Kriegsgefangenen zur Abdeckung des Restes der für die Unterkünfte aufgewendeten Kosten bis zur Hälfte des Betrages herangezogen werden, der für jeden Kriegsgefangenen von den Betrieben erhoben wird, die weiterhin Kriegsgefangene beschäftigen." Kreisarchiv Schönebeck, B.5.4., Bl. 11.

239 Der Landrat in Osterburg nahm das Problem später auf und teilte die Einführung von Ausgleichszahlungen für Kriegsgefangene mit, gefolgt von einem längeren Schriftverkehr zur Einführung von Ausgleichszahlungen im Landkreis. Vgl. LHASA, MD, C 30 Osterburg A Nr. 1312, Bl. 15–24.

tenbeitrages je Kopf des Gefangenen den allergrößten Teil ihrer Unkosten wieder hereinbekommen, habe ich keine Bedenken dagegen, dass die Gemeinden gemäss selbstverantwortlicher Entschliessung derartige Einrichtungen im Interesse der Förderung der heimischen Wirtschaft unterhalten. Bei der vorliegenden Sachlage sehe ich zunächst auch noch kein Bedürfnis dafür, in besondere Verhandlungen darüber einzutreten, wie etwaige Differenzbeträge aufgebracht werden, die die Gemeinden über die aufkommenden Beträge hinaus aus eigenen Mitteln schliessen müssten."[240]

Zu diesem Zeitpunkt ging man in der deutschen – zivilen wie militärischen – Verwaltung davon aus, dass die Kriegsgefangenen schnellstmöglich in der Landwirtschaft zum Einsatz kommen würden. Die nachfolgenden zwei Wochen belegen aber, dass die Arbeitseinsatzplanungen sowohl an die vorherrschenden Bedingungen der Provinz Sachsen zur „Brechung" von Arbeitsspitzen, als auch an militärisch-logistische Sondersituationen anzupassen waren. Die mit dem Stalag XI A verbundene Kriegsgefangenen-Logistik und Dislozierung waren verantwortlich für eine Gemengelage, deren Folgen für die Landwirtschaft und den herrschenden Arbeitermangel recht bedeutend sein sollten. In einem Schreiben des Reichsarbeitsministers an das Oberkommando der Wehrmacht vom 5. Oktober 1939 ist auf die insgesamt schleppend verlaufende Registrierung, Entlausung und Entsendung der eintreffenden Kriegsgefangenen hingewiesen worden.[241] Dieser Verzug sei auf Personal- und Ressourcenmangel der für die Registrierung zuständigen (d.h. fertiggestellten) Stalags zurückzuführen. Die Sachlage hatte zur Folge, dass zahlreiche polnische Kriegsgefangene nicht planungsgemäß zum Einsatz in der anstehenden Hackfruchternte eingesetzt werden konnten und erheblicher Handlungsbedarf bestand. Zur Veran-

---

240 Ebd., Bl. 46.
241 Vgl. Schreiben des Reichsarbeitsministers an das Oberkommando der Wehrmacht, 05.10.1939. BArch, R 3601/1988, Bl. 7. Das Dokument wurde freundlicherweise von R. Keller (Dok.Stelle Celle) zur Verfügung gestellt.

schaulichung des Gesamtproblems ist der Bericht des Reichsarbeitsministeriums über die Zustände im Stalag XIA zu berücksichtigen.
Anfang Oktober waren von der Gesamtbelegschaft von 15.000 Mann
laut Berichterstattung 5.500 in der umliegenden Landwirtschaft eingesetzt. 4.000 Mann konnten als sogenannte Insurgenten nicht in
den Einsatz abkommandiert werden und blieben vorerst im Stalag.
Unter den restlichen 5.500 befanden sich wiederum 3.000 Volksdeutsche, deren Arbeitseinsatz ebenso nicht vorgesehen war.[242] Zur
Verfügung standen demnach nur 1.800 Kriegsgefangene, die umgehend in den Einsatz gelangen konnten. Das Stalag XIA war also zu
diesem frühen Zeitpunkt auf Grund der Zusammensetzung überhaupt nicht in der Lage, die geforderten Bedarfszahlen von 30.000
kriegsgefangenen Arbeitskräften zu erreichen.[243] Erschwert wurde
die Abführung der einsatzfähigen Gefangenen noch dadurch, dass
die vor Ort eingesetzte Entlausungsanstalt für einen Dauereinsatz
nicht ausgelegt war und „offenbar wegen Überlastung bereits zweimal in Brand geraten ist. Auch die Aussonderung der Volksdeutschen hat den Arbeitseinsatz im Lager Altengrabow aufgehalten, da
die Feststellung der Volkstumszugehörigkeit bisher von Angehörigen des Rassenpolitischen Amts der NSDAP durchgeführt wurde
und die Beauftragten dieser Stelle nicht ständig dem Lager zur Verfügung standen [...]."[244]
Die Bedarfszahlen überstiegen die Anzahl der tatsächlich zur Verfügung stehenden Gefangenen um den Faktor 16. Hinzu kommt,
dass die Entlausungsanstalt in der Tag- und Nachtschicht lediglich
1.000 der insgesamt 15.000 Kriegsgefangenen aufnehmen konnte
und erst danach die Überprüfung und Registrierung der Kriegsgefangenen geplant war. Im Stammlager selbst arbeitete die Kom-

---

242 Bezüglich der Anzahl der Zivilisten gibt es unterschiedliche Angaben. In einer
   Meldung werden auch 4.000 polnische Zivilisten genannt. Vgl. BArch, MA,
   RW/19/2141, unpag.
243 Vgl. Schreiben des Reichsarbeitsministers an das Oberkommando der Wehrmacht, 05.10.1939. BArch, R 3601/1988, Bl. 8.
244 Ebd.

mandantur unentwegt an der Abhilfe, doch vermochte sie es nicht, die Bestimmungen der deutschen Kriegsgefangenpolitik[245] und deren Auswirkungen auf den Arbeitseinsatz auszugleichen. Die Rückführung und die Sicherheitsüberprüfung waren mit erheblichem Zeitaufwand verbunden und banden bis November zahlreiche Kräfte der Stalag-Kommandantur und der Wachmannschaften. Die Bilanz des seit ca. einem Monat durchgeführten Kriegsgefangenen-Arbeitseinsatzes fiel demgemäß zu Ungunsten der deutschen Landwirtschaft aus, und das erwähnte Schreiben des Reichsarbeitsministers verwies nur allzu deutlich auf die aufgetretenen Schwierigkeiten vor Ort. Die Kriegsgefangenen in der Frühphase mit ausreichend Personal und erhöhtem Druck durch die in den regionalen Bedarfsräumen zu wenig vorhandenen Stammlager zu schleusen, entpuppte sich als schwerwiegendes Problem.

Die für den Arbeitseinsatz zuständigen Institutionen (Landesarbeitsamt Mitteldeutschland, Wehrkreiskommando XI und Kommandantur des Stalags XI A) hatten in Absprache mit umliegenden Wehrkreisen demzufolge die logistische (Um-)Verteilung der polnischen Kriegsgefangenen auf neue Arbeitsräume vorzunehmen. Das Ziel waren der Ausgleich der Defizite von ca. 10.000 Mann und die damit einhergehende Verschickung von Kriegsgefangenen. Hierbei waren grundsätzlich Fragen der Unterkunft, Bezahlung und Bewachung zu klären. Die im Stalag XI A nur kurzzeitig untergebrachten Kriegsgefangenen mussten auf Grund der unzuverlässig arbeitenden Entlausungsanstalten im Stammlager selbst zügig an die Bedarfsmelder weitergeleitet werden, um eventuelle Ansteckungen im Stammlager zu verhindern.[246] Obwohl Altengrabow zum Zeit-

---

245 Der Regierungspräsident äußerte im weiteren Verlauf den Wunsch, „daß auch die in Altengrabow zurückgehaltenen volksdeutschen Kriegsgefangenen sofort in den landwirtschaftlichen Betrieben mit eingesetzt werden". Ein Vorgang, der laut GKA undenkbar war, das es sich nicht um kriegsgefangene Soldaten der polnischen Streitmacht handelte, sondern vielmehr um festgesetzte Zivilpersonen. LHASA, MD, C 20 I, Ib Nr. 886 Bd. 2, Bl. 17.
246 Uwe Mai gibt in seiner Studie zum Stalag III A Luckenwalde eine Sollstärke

punkt seiner Inbetriebnahme bezüglich seiner Flächenausdehung eines der größten Stammlager war, geriet es dennoch an seine Grenzen. Die Kommunikationsverläufe, die aus dieser Sachlage erwuchsen, werden in diesem Kapitel erörtert. Lösungsansätze für das Problem und die Anpassung des regionalen Kriegsgefangenen-Arbeitseinsatzes an die Bedürfnisse vor Ort sind für die nachfolgende Interpretation vornehmlich von Interesse.

Folgende Strategien sind zur Beseitigung des Arbeitskräftemangels angewandt worden: Der Präsident des Landesarbeitsamtes in Erfurt übermittelte in einem Rundschreiben vom 23. September 1939 die mit dem Kommandanten des Lagers, General von Werder, getroffenen Absprachen an die Arbeitsämter. Aus dieser Unterredung lässt sich ableiten, dass es bis Mitte September 1939 zahlreiche Änderungen in der Belegschaft des Stalags gegeben hat. Die ursprünglich avisierte Maximalbelegung eines Stalags im Deutschen Reich ist in Altengrabow weit übertroffen worden. Dieser Umstand übte daher einen nicht zu unterschätzenden Handlungsdruck auf den Stab des Stalags und die am Arbeitseinsatz beteiligten Arbeitsämter aus.[247] Die Maximalbelegung betrug nach Angaben des OKW an den Wehrwirtschaftsstab mehr als 20.000 Gefangene, die in Altengrabow untergebracht werden sollten.[248] In den ersten Wochen verließen regelmäßig Kriegsgefangenenkontingente das Stalag XI A. Entgegen den Bestimmungen wurde vom Präsidenten des Landesarbeitsamtes in Betracht gezogen, die kriegsgefangenen Polen nicht nur in der Landwirtschaft, sondern auch für gewerbliche Arbeiten im Arbeitsamtbezirk einzusetzen, um so eine umgehende Entlas-

---

von 22.000 Gefangenen an, die zu Beginn des Krieges in Altengrabow untergebracht werden konnten. Vgl. Mai, Kriegsgefangen in Brandenburg, S. 23.

247 Vgl LHASA, MD, C 30 Osterburg A, Nr. 1311, Bl. 8.

248 Vgl. Mai, Kriegsgefangen in Brandenburg, S. 23. „Der Herr stellv. Kommandierende General des XI. A.K., Befehlshaber im Wehrkreis XI hat am 5. Oktober dem Herrn Oberpräsidenten mitgeteilt, daß im Stammlager in Altengrabow am 4. Oktober 1939 noch 10000 Kriegsgefangene, in der Masse Neueingelieferte vorhanden sind [...]." Stadtarchiv Stendal, 043-17, Bl. 10.

tung der Belegstärke zu gewährleisten. Dieser Vorgang war grundsätzlich nicht geplant und besonders auf sicherheitstechnische Bedenken zurückzuführen. Unter allen Umständen sollten unangemessene Kontakte zwischen der deutschen Bevölkerung und den eintreffenden polnischen Kriegsgefangenen vermieden werden. In zweiter Linie galt es, den Kriegsgefangenen keinerlei Möglichkeiten für Spionage als auch Sabotage zu bieten.[249] Der Präsident des Landesarbeitsamtes ordnete zur Beschleunigung des Verfahrens demgemäß an: „Die karteimässige Erfassung der Kriegsgefangenen im Lager selbst kann bei dem beschleunigten Durchgang durch das Stalag nicht mehr vor der Weiterleitung durchgeführt werden, an ihre Stelle tritt nachstehendes Verfahren: Bedarfsanmeldungen der Arbeitsämter sind, soweit es sich um landwirtschaftliche Kräfte handelt, unmittelbar zu richten an den Beauftragten für Arbeitseinsatz des Landesarbeitsamts Mitteldeutschland, Herrn Poser, bei der Kommandantur des Stalag Altengrabow."[250]

Wie groß die Anzahl der an das Landesarbeitsamt in Erfurt eingegangenen Bedarfsanmeldungen im September 1939 im Durchschnitt war, lässt sich in Ermangelung aussagekräftiger Quellen nicht errechnen. Die an das Arbeitsamt Burg zu richtenden Bedarfsanmeldungen hatten die genaue Zahl der von den einzelnen Arbeitslagern aus zum Einsatz gelangenden Kriegsgefangenen, die Bezeichnung der Gemeinde und die Aufnahmefähigkeit des Lagers zu enthalten. Die hierfür notwendigen Vorbereitungen bedurften zahlreicher Vorabsprachen zwischen den Arbeitgebern, Gemeinden und zuständigen Militärs. Ziel war es, dass das Stalag Verträge grundsätzlich mit nur einer Gemeinde schloss und nicht mit den zahlreichen Arbeitgebern. Die Bearbeitung von Einzelverträgen hätte im Stalag zu viele Ressourcen gebunden, und aus

---

249 Vgl. LHASA, MD, I 33, Nr. 1043, Bl. 44–46; ebenso LHASA, MD, C 134, Nr. 154, Bl. 72.
250 LHASA, MD, C 30 Osterburg A, Nr. 1311, Bl. 8.

diesem Grunde erfolgte die Vereinfachung des Kontraktwesens.[251] Der Präsident des Landesarbeitsamtes versuchte mit Nachdruck sicherzustellen, dass die aufnahmewilligen Gemeinden Kriegsgefangene beschäftigen, auch wenn nicht 50 Gefangene untergebracht werden konnten. Man zeigte sich in diesen Fällen kompromissbereit und setzte die Anzahl der Gefangenen pro Kommando auf 15 herab,[252] was den realen Bedürfnissen der landwirtschaftlichen Betriebe sehr entgegenkam. Aus dem weiteren Verlauf des Schreibens wird zudem ersichtlich, wie die Übergabe der Kriegsgefangenen in den einzelnen Gemeinden realisiert werden sollte. Waren Kriegsgefangenenkontingente im Stalag XI A abgabebereit, so erging ca. drei Tage vor Abfahrt eine Meldung an das federführende Arbeitsamt des Kreises.

Es war besonders wichtig, dass die Anweisungen an die zuständigen Gemeinden genauestens befolgt wurden, denn waren die Kriegsgefangenen erst einmal mit der Reichsbahn zum Zielort unterwegs, konnten Wartezeiten und Planungsfehler Schwierigkeiten in der Bewachung und Nachversorgung auslösen. Die Ortsbauernführer, Landräte und Arbeitsämter bekamen deshalb präzise Anweisungen zum Ablauf des Verfahrens und standen in der Verantwortung, sich über Fahrplanänderungen bei der Reichsbahn zu informieren.[253] Jede mögliche Fehlerquelle, die die Umsetzung der Erlasse gefährden konnte, war den Durchführenden damit bekannt gemacht worden und setzte eigenverantwortliches Handeln voraus.

„Sollte ausnahmsweise Einzelunterbringung von Kriegsgefangenen bei Bauern in Frage kommen, so müssen auch diese zur Abholung der Kriegsgefangenen rechtzeitig an der Bahn sein. Der Transportführer hat eine <u>Transportliste</u>, welche Name, Geburtstag, Geburtsort und Stammnummer der Kriegsgefangenen enthält.

---

251 Vgl. ebd., Bl. 3.
252 Vgl. ebd., Bl. 8.
253 Vgl. ebd.

Die Stammnummer ist das wichtigste Erkennungsmerkmal für den Kriegsgefangenen. Jeder Kriegsgefangene enthält vom Stalag einen Personalausweis, der seine Stammnummer enthält. Diesen Ausweis hat er ständig mit sich zu führen. Da die Fremdartigkeit und teilweise Gleichartigkeit der Namen die Unterscheidung sehr erschweren würde, muss auf die genaue Bezeichnung der Stammnummer allergrößter Wert gelegt werden."[254]

Dass sich die Bauern/Betriebsführer um die Abholung der Gefangenengruppen zu kümmern hatten, setzte voraus, dass diese entweder mit der Hilfspolizei oder ausreichender Bewaffnung den sicheren Abtransport garantieren konnten. Die Sensibilisierung für die potenziell auftretenden Schwierigkeiten im Umgang mit den Vorgaben des Kriegsgefangenenwesens ist an dieser Schnittstelle nicht zu unterschätzen. Denn die zum Teil fehlerhaften Schreibweisen der polnischen Personennamen im Stalag wichen z. B. stark von ihren Geburtsnamen ab. Es kam auch vor, dass Kriegsgefangene nicht ihren korrekten Namen bei der Gefangennahme angaben und unter Verwendung eines Pseudonyms die Gefangenschaft verbrachten. Die nur einmal vergebenen Erkennungsnummern bildeten somit die einzige und eindeutige Möglichkeit, den Gefangenen zu identifizieren.[255] Nach dem Eintreffen des Transportes hatte sich der Transportführer bei dem Beauftragten des Arbeitsamtes auf dem Bahnhof zu melden und dieser organisierte deren Verteilung auf die Außenlager. Zur Erfassung der tatsächlich in den Arbeitsprozess eingesetzten Kriegsgefangenen erstellte das zuständige Arbeitsamt eine Einsatzliste, die den Bezirk, die Gemeinde, Name, Geburtsort, Berufszugehörigkeit, Stammnummer und die Art des Arbeitseinsatzes enthielt.[256] Die Betriebsführer, die die Kriegsgefangenen am Zielort abholten, erhielten die wichtigsten

---

254 Ebd.

255 Zur eindeutigen Identifizierung der sowjetischen Kriegsgefangenen sollten zusätzliche Maßnahmen ergriffen werden. Die Umsetzung scheiterte, und man beließ es bei den Stammnummern.

256 Vgl. LHASA, MD, 30 Osterburg A, Nr. 1311, Bl. 9.

Bestimmungen über den Einsatz der Kriegsgefangenen und der Genfer Konvention. Die Behandlungsgrundsätze bildeten demnach den Handlungsrahmen, der aber zumeist nur unzureichend umgesetzt worden ist.

Es ist anhand der Unterkünfte die These aufzustellen, dass die „Betriebsführer" im industriellen Sektor flächendeckend an einer Maximierung des Gewinns auf Kosten der Arbeitskräfte interessiert waren. Obwohl sie nur 60 Prozent des tarifüblichen Lohnes abzutreten hatten, war die finanzielle Investition in eine ordnungsgemäße Unterbringung erheblich: „Durch diese Minderentlohnung wird der Betriebsführer für gewisse beim Einsatz von Kriegsgefangenen unvermeidliche Minderleistung schadlos gehalten. Von diesem Betrage von 60 v.H. des Tariflohnes führt der Betriebsführer 33 1/3 v.H. an die Gemeinde unmittelbar ab, die das Arbeitslager unterhält. Die übrigen 66 2/3 v.H. von den 60 v.H. des Tariflohnes werden vom Betriebsführer unmittelbar an das Stalag Altengrabow abgeführt."[257]

Die Art und Weise der Bezahlung, die Abführung von Geldern an die Gemeinde und die Höhe des Kriegsgefangenen-Verdienstes sollte in den Folgejahren (1941/42) noch zu einem gesonderten Problem führen. Verantwortlich hierfür ist die zum Teil gravierende Uneinheitlichkeit in der Festlegung des Arbeitslohnes und der Unterbringungskosten. Von ihnen waren alle anderen Transferleistungen abhängig, und dadurch entstand ein komplexes Lohnsystem für Normal-, Schwer- und Schwerstarbeiter. Der Präsident des Landesarbeitsamtes gab zwar zu diesem Zeitpunkt ein praxisorientiertes Entlohnungsverfahren bekannt. Jedoch stellte sich heraus, dass die Entlohnung letztlich an die jeweiligen Tariflöhne für deutsche Arbeiter gebunden war und sich die avisierte Einheitlichkeit von vornherein nicht flächendeckend realisieren ließ.[258] Auf-

---

257 Ebd.
258 Beispielsweise unterschieden sich die „Löhne" der Kriegsgefangenen im Vorharz deutlich von denen, die in der Altmark oder in Magdeburg gutgeschrie-

fällig ist, dass die Anzahl der in einem Kommando organisierten Gefangenen stetig schrumpfte und sogar Einzeleinsatz möglich war. Aus dieser Sachlage heraus sollten sich bis Oktober/November 1939 massive organisatorische Problemlagen entwickeln, die insbesondere die Bewachung und Unterbringung betrafen. Dem unerwünschten Kontakt zur Bevölkerung ist dadurch ebenso Vorschub geleistet worden. Zwar unternahm die Wehrmacht den Versuch, schnellstmöglich Hilfspolizeikräfte zu organisieren, jedoch sollte die Bereitstellung Wachmannschaften noch einige Wochen in Anspruch nehmen.[259] Die Organisation des OKW erfolgte in Absprache mit den Landräten, die zuverlässige und mit Schusswaffen ausgerüstete Hilfskräfte zu organisieren hatten.[260]

Die Frage des Kriegsgefangenen-Einzeleinsatzes klärte sich bis Anfang Oktober 1939 nicht. Beide Einsatzmodelle waren nach derzeitiger Quellenkenntnis zwar im Gespräch, jedoch vielerorts im Regierungsbezirk Magdeburg logistisch (noch) nicht umsetzbar. Zusätzlich hemmend wirkte sich die Abgabe von Kriegsgefangenen in umliegende Wehrkreise aus.[261] Diese gewährleistete zwar kurzzeitig eine schnelle Abgabe von Kriegsgefangenen aus dem Stalag XI A, führte aber langfristig zum Nachteil der Arbeitseinsatzplanung im Wehrkreis XI. Auch wenn Hilfspolizisten zur Bewachung eingesetzt werden konnten, so kamen diese in der Praxis nur unmittelbar im Großraum ihrer Gemeinde zum Einsatz. Hierdurch sind insgesamt personelle Ressourcen gebunden und damit einhergehend logistische Abläufe gehemmt worden.

Davon betroffen war die Besoldung der Führer des Arbeitskommandos (Fü.Arb.Kdo.), die in den Wehrkreisen des Deutschen Reiches nicht einheitlich gehandhabt wurde: „Zur Vereinfachung des

---

ben wurden. Zur Lohnfrage in der Industrie mit Stand vom 1. November 1943: LHASA, MD, I 33, Nr. 10, Bl. 1 und 217f.

259 Vgl. LHASA, MD, C 30 Landratsamt und Kreiskommunalverwaltung Quedlinburg I, Nr. 243, Bl. 33f.

260 Vgl. LHASA, MD, C 30 Osterburg A, Nr. 1311, Bl. 2.

261 Vgl. Stadtarchiv Stendal, 043-17, Bl. 10ff.

‚Geschäftsverkehrs' dient es gewiß nicht", monierte dies etwa der Chef des Generalstabes im Wehrkreiskommando XI.[262] Die sich mehrfach überlagernden Verwaltungs- und Organisationskompetenzen unterschiedlicher Wehrkreise und Arbeitsämter in der Betreuung der Kriegsgefangenen sollten sich alsbald zu Gunsten *eines* für die Verwaltung zuständigen Wehrkreises auflösen. Grundlegend konnten Kriegsgefangene weiterhin in andere Arbeitsamtbezirke entsandt werden, jedoch mit ihnen keine Wachmannschaften/Hilfspolizeikräfte ihres Wehrkreises. Die Zuständigkeit für die Bewachung gewährleisteten die im betreffenden Wehrkreis eingesetzten Landesschützenbataillone oder auch die Hilfspolizei.[263] Dieser Verwaltungsakt des Wehrkreiskommandos XI vereinfachte die Organisation der rein formal zum Stalag XI A registrierten, aber in anderen Wehrkreisen eingesetzten Gefangenen frühestens ab Anfang Dezember 1939 sehr. Die Anmerkungen verdeutlichen, dass die sich für die Sicherheit und Organisation zuständigen Dienststellen mit nicht zu unterschätzenden Anlaufschwierigkeiten konfrontiert sahen, die sich im Laufe der Zeit durch Erfahrungswissen und Pragmatismus „glätten" ließen. Bis zum restlos reibungslosen Einsatz der kriegsgefangenen Polen vergingen im Untersuchungsgebiet im Schnitt ca. zwei bis drei Monate.[264] Maßgeblich verantwortlich für die schnelle Abgabe der Arbeitskräfte an die sogenannten Bedarfsmelder waren erstens die Verringerung der Kommandostärke in den Außenlagern und zweitens die Verteilung auf umliegende Wehrkreise/Arbeitsamtbezirke. Hätte man die avi-

---

262 Schreiben des Wehrkreiskommandos XI in Hannover, Abt Ib G Az. 9b (I Gef.), an das Oberkommando der Wehrmacht Abt. Kriegsgefangenenwesen in Berlin (betr. „Fremde" Arbeitskommandos) vom 15. November 1939. Vgl. LHASA, MD, C 20 I, Ib Nr. 886 Bd. 2, Bl. 93.

263 Vgl. ebd., Bl. 93–95.

264 Dieser Zeitwert ergibt sich aus der Zusammenschau des verhältnismäßig gut überlieferten Verwaltungsschriftgutes in den Stadtarchiven Wernigerode, Stendal, den Kreisarchiven Schönebeck, Halberstadt und dem Landeshauptarchiv Magdeburg.

sierten Stärken konsequent beibehalten, so wären überaus lange Arbeitswege und damit einhergehend ein unwirtschaftlicher Zeitverlust die Folge gewesen. Regierungspräsident von Jagow wies in einem Rundschreiben vom 30. September 1939 daher alle Landräte und Oberbürgermeister des Regierungsbezirkes an: „Vorerst werden Landwirtschaft und Zuckerfabriken, anschließend sonstige gewerbliche Betriebe KGF erhalten. Einsatz muss mit größter Beschleunigung durchgeführt werden, auch weil die Stalag dringend Raum für angekündigte weitere Gefangenentransporte benötigen. Unterbringung erfolgt in Gruppen mit wenigstens 15 Mann, in der Regel aber wesentlich mehr bis zu 100 Mann. Wenn Unterbringung in den Arbeitsstätten nicht möglich, dann [muss sie] in sonstigen angemieteten Räumen, Gasthaussälen erfolgen. Insbesondere bei Einzeleinsatz in bäuerlichen Betrieben. Dieser Einsatz bringt gewisse Schwierigkeiten mit sich, zu deren Beseitigung die Mithilfe der Gemeinden notwendig ist. Zunächst ist unter diesen Umständen die Bewachung erschwert. Kommandant des Stalag Altengrabow hat beantragt, den Wachmannschaften weitere Kräfte aus den Gemeinden[,] die mit der Waffe umzugehen verstehen, beizugeben."[265] Aus dem Schreiben des Regierungspräsidenten ist ersichtlich, welch hoher Handlungsdruck auf den beteiligten Dienststellen nach bereits einem Monat Kriegsgefangeneneinsatz lastete. Die Vorbereitung von Räumlichkeiten war vielerorts noch nicht realisiert worden, zum Teil auch logistisch überhaupt nicht möglich. Die Unterbringung in Gasthaussälen, Tanzstuben, Schulen[266] und Behelfslagern aller Art war letztlich nicht zweckdienlich

---

265 LHASA, MD, C 30 Osterburg A, Nr. 1311, Bl. 3.

266 In einem Schreiben des Regierungspräsidenten in Magdeburg vom 12. Januar 1940 wird ansatzweise auf die hiermit verbundenen Probleme hingewiesen. „Verschiedene unliebsame Vorkommnisse geben mir Veranlassung, darauf hinzuweisen, daß die Unterbringung von <u>Kriegsgefangenen</u> in Schulräumen aller Art (einschl. Lehrerdienstwohnungen, Turnhallen und dergl.) aus schulischen und pädagogischen Gründen mannigfacher Art höchst unerwünscht ist und nur in dringendsten Ausnahmefällen, und auch dann nur vorübergehend, zuge-

und widersprach zudem den Behandlungsgrundsätzen des GKA.[267] Insbesondere die als Notbehelf anberaumte Unterbringung von Kriegsgefangenen in Schulen ist vom Oberpräsidenten der Provinz Sachsen kritisch aufgenommen worden. Vordergründig galt es, alltägliche Berührungspunkte im öffentlichen Raum zu vermeiden. Bei der Unterbringung in Gasthäusern und Tanzsälen wurden wirtschaftliche Einbußen für die Betreiber erwartet. Die natürliche Abnutzung der Räume provozierte womöglich Schadenersatzforderungen seitens der Eigentümer und die Annahme, es könnte „unberechtigter Kriegsgewinn"[268] erzielt werden.

---

lassen werden kann. In jedem Falle bedarf die Überlassung von Schulräumen für schulfremde Zwecke der vorherigen Genehmigung der Schulaufsichtsbehörde, d.h. des Schulrats." Kreisarchiv Wanzleben, Nr. 1, Bl. 144.

267 Die polnischen Kriegsgefangenen sind bezüglich der Unterbringung und Ernährung nur ansatzweise nach den GKA-Grundsätzen behandelt worden. Auf Grund fehlender Unterkünfte entließ das OKW zahlreiche Kriegsgefangene vorzeitig. Vgl. Overmans, Kriegsgefangenenpolitik, S. 744.

268 LHASA, MD, C 30 Osterburg A Nr. 1312, Bl. 10. Im zitierten Schreiben des Wehrkreiskommandos XI heißt es weiter: „Der Gastwirt stellt fast durchweg lediglich den leeren Saal zur Verfügung; er hat also einen Verdienst, den er nicht einmal in Friedenszeiten haben würde. Besonders zu berücksichtigen ist aber die Tatsache, daß die Säle im Kriege überhaupt nicht für Tanzlustbarkeiten benutzt werden können. Der Gastwirt, der bereits durch die Ermietung seines Saales Kriegsgefangenen-Unterkunft, u.U. vor anderen Saalbesitzern des gleichen Ortes einen Vorteil hat, erzielt also einen unberechtigten Kriegsgewinn, wenn er z.B. bei einer Belegung mit 40 Mann im Winter monatlich RM 480,--, d.h. in einem Jahr einen Betrag von RM 5.760,-- mühelos verdient. Es ist auch noch zu erwarten, daß die Gastwirte nach Beendigung der Belegung sicher Schadenersatzforderungen für außergewöhnliche Abnutzung bei ihrer Gemeinde stellen werden. Um diese unberechtigten Vorteile auszuschließen, hat das OKW mit Verfügung vom 3.5.1940 der Auffassung der W.V. XI zugestimmt, daß es für die Unterbringung der Kriegsgefangenen keinen festen Entschädigungssatz gibt. Das Reich zahlt weder einen Mietzins, da es nicht Vertragsgegner ist, noch nimmt es Einfluß auf die Höhe der Miete. Vielmehr haben die Bürgermeister der Einsatzorte die Unterkunft zu ermieten. Sie vereinbaren dann mit den Saalbesitzern als Mietzins einen monatlichen Pauschbetrag, der sich nach dem tatsächlichen Wert der Unterkunft und nicht nach der Anzahl der Kriegsgefangenen im Einzelfall richtet."

Deutlich zeichnete sich ab, dass die Land- und Stadtkreise gemeinsam mit den Landwirtschaften und gewerblichen Kleinbetrieben zwar Bedarfsanmeldungen stellten, jedoch vielerorts nicht die strengen Bedingungen für Unterkünfte, Bewachung und Versorgung gewährleisten konnten. Es ist unter Berücksichtigung der wenigen Quellen davon auszugehen, dass die Schwierigkeiten des Arbeitskräfteeinsatzes in den Orten, die keine Kriegsgefangenen erhalten haben, in der überwiegenden Mehrheit der Fälle auf nicht bereitgestellte Unterkünfte und Wachmannschaften (Hilfspolizei) zurückzuführen sind.[269] In den Monaten Oktober und November

269 Ab Januar 1940 sind Kriegsgefangene von den Arbeitskommandos in die Stalags zurückgezogen worden: „Zurückziehung der Arb.Kdos. in die Stalag II. Die Bezugsverfügung des Stellv. Gen.Kdos.XI.A.K. vom 20.1.40 wird daher aufgehoben. Es wird nunmehr befohlen: 1. Registrierungen, ärztliche Untersuchungen und Impfungen der Kriegsgefangenen sowie ihre Ausstattung mit neuer Bekleidung haben in den einzelnen Arbeitslagern zu erfolgen. 2. Notwendige Entlausungen sind in bezw. beim Arbeitslager durchzuführen. Wo dies nicht möglich ist, sind die Kr.Gef. in das Stalag zurückzuziehen; jedoch soll möglichst am Vortage und möglichst in derselben Stärke des Abtransportes zur Ablösung eines neuen Arbeitskommandos eingetroffen sein. (Befehlsmäßige Unterbringung bis zur Desinfizierung des Arbeitslagers). 3. Ein Wechsel der Arbeitsplätze bleibt zwar unerwünscht. Der Wechsel ist daher abhängig zu machen davon, daß der Arbeitsgang weder unterbrochen noch verzögert wird. Ein Wechsel ist nur vorzunehmen mit Zustimmung der für die Gesamtwirtschaft verantwortlichen Behörden, deren örtlicher Vertreter der Landrat ist. III. Zusatz zu Ziffer 1 und 2: Über die ärztliche Versorgung befiehlt stellv. Korpsarzt XI.A.K. a) Die Impfung wird am Orte des Arbeitskommandos von San.Offz. durchgeführt, die von den Kommandeuren der San.-Abt. Hannover, Magdeburg und Braunschweig dazu abkommandiert werden. Die Impfung wird vorher für eine Reihe benachbarter Orte angesagt. Die Führer Arb.Kdos. haben die Kr.Gef. für die angesagte Zeit in der Ortsunterkunft zurückzuziehen. b) Bei der Impfung hat der Sanitätsoffizier die Kriegsgefangenen auf Verlausung zu untersuchen. Kann er keine Kleiderläuse oder Nissen feststellen, gibt er dem Führer Arb.Kdo. eine schriftliche Bescheinigung darüber, daß z.Zt. die Kr.Gef. frei von Läusen sind. Bei festgestellter Verlausung stellt der Impfarzt selber fest, ob in dem betreffenden Orte eine behelfsmäßige Entlausung durchführbar ist, und macht dem Wehrkreisarzt XI entsprechende Mitteilung. Die Prüfung, ob die Entlausung unter den örtlich gegebenen Umständen möglich ist, nimmt der Wehrkreisarzt vor. Er wird bis zum zweiten Impftermin den Impfarzt

sind Jagows Planungen beschleunigt umgesetzt und fortan Arbeitsverträge mit den Gemeinden geschlossen worden. Ein Umstand,
der die Verwaltung und Abrechnungsmodalitäten der massenhaft
beschäftigten Kriegsgefangenen sehr erleichtern sollte. Zur Nor-
malisierung der Kriegsgefangenenarbeit trug bei, dass die tägliche
Arbeitszeit der Kriegsgefangenen nicht die der deutschen Bevölkerung überschreiten durfte.

Vertretbare An- und Abmarschwege mussten eingeplant werden.
Auch ein Ruhetag war einzuhalten, der nach Möglichkeit 24 Stunden am Stück umfassen sollte. Bei Zeitlohnarbeit konnten sich
die Kriegsgefangenen Zulagen erwirtschaften. Sollten Kriegsgefangene hinter den „Erwartungen" der Betriebsführer zurückblei-
ben, so waren ein Austausch oder „sonst geeignete Massnahmen"[270]
durch den Stalag-Kommandanten zu veranlassen. Hinter dieser
Phrase verbargen sich die Verlängerung der Arbeitszeit, physi-
scher Zwang oder die Verminderung der Lebensmittelrationen. Ein
im Untersuchungsgebiet häufig praktiziertes Geschäftsmodell zur
Optimierung des Arbeitseinsatzes basierte auf folgender Regelung:
Erhielten die Kriegsgefangenen „für Rechnung des Unternehmers
Verpflegung und Unterkunft oder eines von beiden, so müssen die
gewährten Leistungen gut und ausreichend sein. Für die Verpfle-
gungs- und Unterkunftsgewährung erhält der Unternehmer eine
Entschädigung in Höhe der von der Wehrmacht festgelegten Sätze."[271] Kontrolloffiziere des Stalags XI A überprüften, ob die Unternehmen ihren Verpflichtungen ausreichend nachkamen. Hierzu
gehörte auch, dass die Arbeitskräfte über den Arbeitgeber gegen
Unfälle zu versichern und damit auch die gesetzlichen Beträge zu

---

mit Anweisung versehen, wie und wo die Entlausung durchgeführt werden
soll oder ob das betr. Arb.Kdo. in die Entlausungsanstalt des Stalags zurückge-
führt werden muß." Kreisarchiv Landkreis Harz, Gemeinde Pabstorf, Nr. II/18,
Bl. 22.

270 LHASA, MD, C 30 Osterburg A, Nr. 1311, Bl. 4.
271 Ebd., Bl. 5.

entrichten waren.[272] Abschließend wird im Mustervertrag betont, dass „die Kriegsgefangenen mit Menschlichkeit zu behandeln" sind. Dies bedeutet, sie waren „gegen Gewalttätigkeit, Beleidigungen und öffentliche Neugierde"[273] zu schützen.

Diese Zusammenfassung eines Vertrages macht deutlich, dass den Vertragspartnern Freiräume blieben, um flexibel auf etwaige Veränderungen innerhalb der Arbeitseinsatzplanungen regionaler Arbeitsämter und des Stalags reagieren zu können. Dies war im Hinblick auf die größtenteils ausgeführten Saisonarbeiten in der Landwirtschaft auch nötig. Die anfangs zitierte Forderung des Oberpräsidenten der Provinz Sachsen Jagow vom 20. September 1939 veranschaulicht das Bedürfnis nach arbeitsfähigen Kriegsgefangenen für die anstehende Hackfruchternte nur allzu deutlich. Landwirtschaftliche Betriebe konnten die polnischen Kriegsgefangenen aus finanziellen Gründen aber nicht auf unbestimmte Zeit vertraglich an sich binden. In Abhängigkeit der dringend zu verrichtenden Arbeiten versahen sie quasi als „Spitzenbrecher" in der von der Landwirtschaft geprägten Provinz Sachsen ihren Einsatz. Diese flexible Arbeitseinsatzgestaltung sollte sich in den folgenden Jahren grundlegend ändern und an die Bedürfnisse der Industriebetriebe anpassen. Die am Anfang des Kriegsgefangeneneinsatzes vernehmbaren Unsicherheiten[274] (September/Oktober 1939) über den Einsatz in der Wirtschaft[275] verschoben sich spätestens nach

---

272 Vgl. ebd.

273 Ebd.

274 „Wie mir das Reichsarbeitsministerium soeben fernmündlich mitteilt, ergeht über den Arbeitseinsatz der Kriegsgefangenen in der gewerblichen Wirtschaft noch besonderer Erlass. Die Ausführungen dieses Rund-Schreibens beziehen sich zunächst also nur auf den Arbeitseinsatz in der Landwirtschaft." So der Präsident des Landesarbeitsamtes in Erfurt am 23. September 1939. Ebd., Bl. 7.

275 In einer Verfügung des Regierungspräsidenten in Magdeburg vom 30. September 1939 wurde der Einsatz in der Wirtschaft in Erwägung gezogen. Problematisch erschien den Arbeitseinsatzplanern im Arbeitsamt Stendal aber die Sicherung der Kriegsgefangenen, insbesondere im Zusammenhang mit dem bereits

dem Eintreffen der westlichen Kriegsgefangenen (Belgier, Franzosen, Niederländer) sehr deutlich zu Gunsten eines übergreifenden Einsatzes. Es ist aber grundlegend festzuhalten, dass die polnischen Kriegsgefangenen auch nach dem Eintreffen der westlichen Gefangenen mehrheitlich im landwirtschaftlichen Sektor verblieben.[276] Die Verschiebung von kriegsgefangenen Arbeitskräften in saisonabhängige Tätigkeitsfelder in der Landwirtschaft oder auch zu Rüstungszulieferern ist zu diesem frühen Zeitpunkt der Arbeitseinsatzplanung noch nicht erprobt worden. Der „Wert" polnischer Kriegsgefangener innerhalb des von massiven Rüstungsmaßnahmen geprägten Deutschen Reiches ist von deutscher Seite nicht besonders hoch eingeschätzt worden. Die im März 1940 herausgegebenen „Polen-Erlasse" für polnische Zwangsarbeiter spiegeln dieses Denken besonders deutlich wider. Nur niedere Arbeiten sind den Angehörigen eines offiziell nicht mehr existierenden Staates zugewiesen worden. Die hiermit – auch außerhalb des Kriegsgefangenenwesens – in die Realität umgesetzte Hierarchisierung der Völker Europas durch das Deutsche Reich zeigt sich an diesem Vorgang in besonderer Weise, ist aber vereinzelt von den Betriebsführern auf Subebene ansatzweise durchbrochen worden. In geringem Umfang kamen dann Mitte 1940 neben französischen auch polnische Kriegsgefangene in Wirtschaftsbetrieben zum Einsatz und verrichteten, je nach Grad der zivilen Ausbildung, Facharbeiten. Das komplexe Gefüge aus NS-Handlungsnormen und individuell ausgehandelten Spielräumen gegenüber der NS-Hierarchisierung sollte während des Krieges im Untersuchungsgebiet zwischen Ablehnung, Toleranz und Wohlwollen changieren.

Die Einsicht in den notwendigen und nationenübergreifenden Arbeitseinsatz der Kriegsgefangenen erscheint im Hinblick auf die

---

während des Kolonneneinsatzes ermittelten Personenmangel. Vgl. Stadtarchiv Stendal 043-17, Bl. 7.

[276] Vgl. LHASA, MD, C 30 Osterburg A, Nr. 185, Bl. 297. Auch im Oktober 1941 verblieben von den 278 im Kreis Osterburg eingesetzten polnischen Kriegsgefangenen 21 in der gewerblichen Wirtschaft.

Arbeitsmarktzahlen nur eine Frage der Zeit gewesen zu sein. Pragmatische Einsatzentscheidungen spielten eine bedeutendere Rolle, um den kurzfristigen Bedürfnissen in Landwirtschaft und Industrie entgegenzukommen. Mit Blick auf die reichsweite Entwicklung kann festgehalten werden, dass sich die Verwaltungsstrukturen für Unterbringung und Versorgung im Untersuchungsgebiet an die Bedürfnisse anpassten. Der Bereich des Stalags XI A weist aus diesem Grund keine Besonderheiten im Vergleich zu anderen von der Landwirtschaft geprägten Räumen auf. Inwieweit sich frühzeitige Anpassungen an den deutschen Arbeitskräftemarkt für die metallverarbeitende Industrie Magdeburgs ausmachen lassen, ist in Ermangelung belastbaren Quellenmaterials nicht zu ermessen. Die weitere Entwicklung innerhalb des Regierungsbezirkes Magdeburg zeigt aber auf, dass der Bedarf an männlichen Arbeitskräften durch die zunehmende Produktionssteigerung ebenfalls anwachsen musste. In landwirtschaftlichen Kleinbetrieben achteten Betriebsführer aber zunehmend darauf, die von ihnen angelernten Kriegsgefangenen auf Dauer in ihrem Betrieb zu behalten, um nicht erneute Anlern- und Einarbeitungsprozesse durchführen zu müssen. Ein Problem, mit dem sich reichsweit zahlreiche kleinere und mittlere Unternehmen während des Krieges zunehmend konfrontiert sahen.[277] Zu diesem frühen Zeitpunkt des Kriegsgefangeneneinsatzes sollten sich die Arbeitgeber gegenüber den Kriegsgefangenen aber sehr distanziert verhalten und ausdrücklich Abstand wahren. Der Landrat in Quedlinburg informierte die Landräte mit folgendem Hinweis: „Der Leiter des Arb.Amts wies u.a. auf die Behandlung der kriegsgefangenen Polen durch die Bevöl-

---

277 Vgl. Bierod, Ralf: Das Anlernen von Kriegsgefangenen und zivilen Zwangsarbeitern in deutschen Betrieben während des Zweiten Weltkriegs. Unternehmerische Initiative oder planwirtschaftliches Programm? Analyse eines Instruments der Kriegswirtschaft, Stuttgart 2009. In Ansätzen ist dieses Problem des Arbeitskräfteabzuges auch für kleinere und mittlere Landwirtschaftsbetriebe in der Provinz Sachsen nachweisbar. Vgl. LHASA, MD, C 102 Landesbauernschaft Sachsen-Anhalt, Halle (Saale), Nr. 246, Bl. 30 ff.

kerung. Äußerste Zurückhaltung gegenüber polnischen Kriegsgefangenen, auf jeden Fall hat ein Lob der Arbeitsleistungen der hier sonst beschäftigten ausländischen Landarbeiter, insbesondere der Italiener zu unterbleiben. Von den Kreisbauernführern wurde vorgeschlagen, die Polen nur auf grösseren Gütern geschlossen einzusetzen und den kleinen Landwirten die hier beschäftigten Slowaken zur Arbeitsleistung zuzuweisen."[278]

Diese Meldung vom 23. September 1939 legt offen, wie mit den polnischen Kriegsgefangenen anfangs im Gesamtgefüge der Arbeitskräfteausschöpfung zu verfahren war.[279] Inwieweit diese Vorgaben tatsächlich auf Kreisebene handlungsanleitend gewesen sind, war auf Grund des Quellenmangels nicht zu ergründen. Hervorzuheben ist, dass in den Arbeitsverträgen zwischen dem Stalag und der Gemeinde auf grundlegende Inhalte des GKA hingewiesen wurde. Die Behandlungsgrundsätze sind durch die Verträge also *nochmals* auf der verwaltenden Subebene zur Kenntnis gebracht worden. Die Betriebsführer und auch die für den Arbeitseinsatz vor Ort Verantwortlichen erhielten zusätzliche Verordnungen, die über den vom Deutschen Reich avisierten Umgang mit Kriegsgefangenen aufklärten. In diesen Zusammenhang reiht sich auch das vom Landrat angeführte Zitat des Landesarbeitsamtpräsidenten ein. Es ist kein Verstoß gegen das GKA gefordert, jedoch eine eindeutige und unverkennbare Haltung gegenüber den *Fremden*. Derlei Bekanntmachungen durch zivile und militärische Dienststellen lassen sich vermehrt erst ab Mitte 1940 für den Kriegsgefangenen-Arbeitseinsatz in der Großindustrie Magdeburg nachweisen.[280] Regelmäßig sind die Betriebsmitglieder – spätestens nach dem Einsatz der Franzosen – auf die besonderen Gefahren im Umgang mit Kriegsgefangenen hingewiesen worden (Abwehr von Spionage/

---

278 LHASA, MD, C 30 Osterburg A, Nr. 243, Bl. 10.
279 Weiterführend zur Umsetzung der Einsatzverfahren die verhältnismäßig dichte Überlieferung Kreisarchiv Schönebeck, Glöthe 70; Kreisarchiv Schönebeck B.10.179.
280 Vgl. LHASA, MD, I 28, Nr. 669, Bl. 141.

Sabotage). Wendet man den Blick nach der nunmehr dreimonatigen Arbeitseinsatzpraxis polnischer Kriegsgefangener innerhalb des Regierungsbezirkes Magdeburg, so spiegelte sich in den Verwaltungsabläufen deutlich die Eigeninitiative der Funktionsträger vor Ort wider.[281] Als konkretes Beispiel seien die quellenmäßig überlieferten Problemlösungen des Arbeitsamtes Stendal zum Einsatz der polnischen Kriegsgefangenen in den ersten Septemberwochen genauer betrachtet. Am 23. September 1939 gab der Präsident des Landesarbeitsamtes in Erfurt bekannt, dass zwischen dem Stalag XI A und dem Landesarbeitsamt nach ausführlicher Unterredung eine Vereinbarung getroffen worden ist. Das nun zu erörternde Schreiben ging am 30. September 1939 vom federführenden Arbeitsamt in Stendal an die in Osterburg, Gardelegen, Salzwedel und Tangermünde gelegenen Arbeitsamtnebenstellen zur Beachtung. Es beinhaltete im direkten Vergleich zum Schreiben des Landesarbeitsamtpräsidenten eine Anpassung, die die Belange des Kreises zu berücksichtigen suchte: „Der Zeitpunkt der Ankunft sowie die Bestimmungsorte der einzelnen Gruppen wird den Nebenstellen und Kreisbauernschaften von mir rechtzeitig bekanntgegeben. Die Arbeitgeber haben für tägliche Abholung und Rückführung der Gefangenen von und zum Lager Sorge zu tragen. […] Ein Rücktransport einzelner Gefangener zum Lager Altengrabow ist nicht möglich. Die Vertragsdauer ist unbeschränkt. Die Verträge müssen jedoch bis mindestens 15.12.1939 abgeschlossen werden."[282]

Geringfügige Angleichungen lassen erkennen, welche Vorbereitungen im Zusammenhang mit den Vorgaben des Landesarbeitsamtes getroffen wurden. Entscheidend für den Arbeitsamtbezirk Stendal war also, dass *Einzelunterbringungen* für das kommende Vierteljahr vorerst nicht gestattet waren. Die Planung der Hin- und Rückführung der Gefangenen zum Lager weist ebenfalls daraufhin, dass

281 Regierungspräsident 1934–1944: Hans Georg von Jagow.
282 LHASA, MD, C 30 Osterburg A, Nr. 1311, Bl. 6.

anfangs vermehrt Sammellager als Kriegsgefangenen-Unterkünfte dienten, deren Bewachung sich aus logistischen Gründen effizienter gestalten ließ. Der auf höherer Leitungsebene vertretenen Ansicht, es ließen sich kurz- bis mittelfristig Einzelunterbringungen realisieren, widersprach man damit auf unterer Ebene. Der Regierungspräsident gab in seinem Schreiben vom 5. September 1939 an die Landräte und Oberbürgermeister des Bezirks grundsätzlich bekannt, dass die „Frage der Gestellung von Hilfspolizeikräften [...] unter Wahrung der von der Wehrmacht geforderten Sicherungsgesichtspunkte so einfach wie möglich zu gestalten" ist."[283] Dies bedeutete, dass keine leistungsfähigen deutschen Arbeitskräfte zu unproduktiven Bewachungszwecken eingesetzt werden durften. Die seitens des Regierungspräsidenten geforderte Flexibilität sollte sich aber nicht negativ auf Fragen der Bewachung auswirken. Standen keine offiziell zuständigen Kräfte (Wehrmachtssoldaten und Polizeiangehörige) für die Bewachung der Gefangenen bereit, so sollten männliche „Betriebsführer oder Gefolgschaftsmitglieder als Hilfspolizeibeamte bestellt werden und den Bewachungsdienst neben ihrer landwirtschaftlichen Beschäftigung"[284] ausüben können. An gesonderter Stelle sind die in diesem Zusammenhang auftretenden Entlohnungsverfahren für die Bewacher zu betrachten, die entweder haupt- oder nebenamtlich ihren Dienst verrichteten.

Zusätzlich erschwert war die Lage dadurch, dass zum Teil Bewachungsmannschaften aus anderen Wehrkreisen zum Einsatz kamen und daraus ein unübersichtliches Besoldungs-/Entlohnungssystem resultierte.[285] Parallel zur Bekanntgabe der grundlegenden Verwaltungsaspekte an alle Betriebsführer durch das zuständige Arbeitsamt erfolgte unmittelbar die organisatorische Mitteilung

---

283 Stadtarchiv Stendal 043-17, Bl. 8.
284 Ebd.
285 Vgl. Ausführliche Lohnlisten für polnische Kriegsgefangene und Nachweise der Arbeitgeber in Biere mit Aufführung der Vertragsmodalitäten. (Kreisarchiv Schönebeck, B.6.145.I.)

zum Kriegsgefangeneneinsatz des zuständigen Stalags XI A. Dessen Kommandant – zu diesem Zeitpunkt Generalmajor z.V. von Werder[286] – gab in einem Merkblatt an alle in den Arbeitseinsatz involvierten Dienststellen bekannt, welche Rechte und Pflichten sie gegenüber den Kriegsgefangenen hätten. Es richtete sich an: „a) Arbeitgeber, die Kriegsgefangene (Kr.Gef.) aus dem Kriegsgefangenen-Stammlager (Stalag) Altengrabow beschäftigen b) Zivilbehörden, denen die Sorge für Unterkunft, Verpflegung, Bewachung und den Gesundheitszustand der Kriegsgefangenen (Kr.Gef.) obliegt. c) Hilfspolizeikräfte, welche von den Zivilbehörden zur Bewachung der Kr.Gef. eingesetzt worden sind.“[287] Es ist erkennbar, dass ein unkontrollierter Kontakt mit einheimischen/deutschen Arbeitern vollkommen ausgeschlossen werden sollte. Die Kriegsgefangenen blieben in der Regel vornehmlich unter sich und hatten lediglich Kontakt mit den für sie beauftragten zivilen und militärischen Dienststellen. Die Wachmannschaften achteten streng auf die Befolgung der Vorgaben und unterbanden die Möglichkeit zur Kommunikation. Das Merkblatt umfasste insgesamt 17 Punkte, die sich größtenteils an den Vorgaben des GKA orientierten und in wichtigen Punkten an die Verhältnisse in den Betrieben angepasst waren. Im folgenden Abschnitt sind die Kernpunkte des Merkblattes aufgeführt.

„1. Die auf Grund eines Arbeitsvertrages mit dem Kommandanten des Kriegsgefangenen-Stammlagers (Stalag) Altengrabow Beschäftigten (Kr.Gef.) unterstehen auch während ihrer Beschäftigung außerhalb des Lagers nach wie vor dem Lagerkommandanten.“ Mit diesem Hinweis ist sichergestellt worden, dass bei allen Fragen zur Kriegsgefangenschaft militärische Dienststellen weisungsbefugt waren. Keineswegs sollte bei den Betriebsführern der Ein-

---

286 Wolfgang von Werder, geb. 09.01.1876; Kdt. des Stalags XI A von der Inbetriebsetzung bis 28.02.1940. Die Daten sind übertragen aus der vorläufigen Findkartei im BArch, MA.

287 LHASA, MD, C 30 Osterburg A, Nr. 1311, Bl. 13.

druck entstehen, die Kriegsgefangenen seien Teil der betrieblichen Verfügungsmasse und außerhalb jedweder rechtlichen Sicherheit. Auch dieser Hinweis sollte dazu beitragen, neue Verhaltensmuster gegenüber den Kriegsgefangenen zu kultivieren bzw. an vergangene Einstellungen anzuknüpfen. Im Stammlager selbst ist der Hinweis des Kommandanten im weiteren Kriegsverlauf nicht übergreifend berücksichtigt worden, und es gibt Anlass zu dem Rückschluss, dass Kriegsgefangene auf Grund ihrer Herkunft, ihres Verhaltens oder ihrer Arbeitsleistung misshandelt worden sind.[288]

Trotz „würdiger Behandlung müssen die Kr.Gef. als Feinde betrachtet werden, soweit es sich nicht gemäß Angabe des Stalag um erwiesenermaßen volksdeutsche Personen handelt."[289] Kommandant von Werder wies ebenso darauf hin, dass Vergeltungsmaßnahmen an Kriegsgefangenen – die grundsätzlich durch das GKA verboten waren – von höherer Stelle angeordnet werden können. Der Kommandant agierte damit in einem vom Deutschen Reich geschaffenen sehr komplexen Rechtsrahmen, der auf dem Reziprozitätsprinzip beruhte.[290]

Es ist ebenso darauf hinzuweisen, dass Werder zum Zeitpunkt der Herausgabe des Merkblattes noch die Einzelunterbringung von Kriegsgefangenen als Handlungsoption im Blick hatte, obwohl sich abzeichnete, dass die Bewachungskräfte im Bereich des Stalags XI A nicht ausreichten. Im Regierungsbezirk Magdeburg war in Ermangelung an kriegsgefangenen Arbeitskräften alsbald eine Entschei-

---

288 Vgl. PA AA, R 40769.

289 LHASA, MD, C 30 Osterburg A, Nr. 1311, Bl. 14.

290 Sollten deutsche Kriegsgefangene im Ausland Repressalien ausgesetzt sein, so behielt sich das Deutsche Reich ebenso Handlungsspielräume für Gegenmaßnahmen offen. Im ausgewerteten Quellenmaterial zum Stalag XI A sind angeordnete Vergeltungsmaßnahmen an nicht sowjetischen Kriegsgefangenen, die von höheren Dienststellen angeordnet wurden, nicht nachgewiesen. Derlei Vorgänge sind grundsätzlich nicht mit Bestrafungsmaßnahmen zu verwechseln, die Kriegsgefangene auf Grund mangelnder oder angeblich fehlender Manneszucht zu erdulden hatten. Das Bestrafungsrecht bei Zuwiderhandlung oblag dem Kommandanten und kam im Stalag XI A auch zur Anwendung.

dung herbeizuführen, um die dringend einzufahrende Ernte des Jahres 1939 zu sichern und die Aussaat für 1940 zu bewerkstelligen. Der Regierungspräsident in Magdeburg wandte sich am 5. Oktober 1939 in einem Schreiben an den Reichsminister für Ernährung und Landwirtschaft (RMEL): „Entgegen den Zeitungsnachrichten, wonach die Landwirtschaft mit Gefangenen gut versorgt sein soll und nun auch schon der Industrie Gefangene zugewiesen werden könnten, sind von den für meinen Bezirk vorgesehenen 18000 Gefangenen erst etwa 3500 der Landwirtschaft überwiesen worden. Die Verteilung der Gefangenen geht äußerst schleppend vor sich und anscheinend nach keinem geregelten Plan. Der Grund für die mangelhafte Zuweisung von Gefangenen an die Landwirtschaft ist einmal darin zu suchen, dass das Gefangenenlager in Altengrabow als Sammelstelle für ein zu großes Versorgungsgebiet, nämlich für den ganzen Bereich des XI. Armeekorps bestimmt worden ist, dann aber auch in der Tatsache, dass unter den in Altengrabow eingetroffenen Kriegsgefangenen sich ein verhältnismässig großer Prozentsatz von Volksdeutschen befindet, deren Einsatz in der Landwirtschaft nach den bisherigen Bestimmungen nicht erfolgen würde. Ich halte es für meine Pflicht, auf diese große Gefahr für die Sicherung der Volksernährung hinzuweisen und zu bitten, daß die zuständigen Stellen schleunigst dafür sorgen, daß auch die in Altengrabow zurückgehaltenen volksdeutschen Kriegsgefangenen sofort in den landwirtschaftlichen Betrieben mit eingesetzt werden."[291]

Es ist bereits auf den Umstand hingewiesen worden, dass sich unter den polnischen Kriegsgefangenen zahlreiche Zivilisten befanden. Diese sind von der Wehrmacht aus dem Bereich des OKH direkt in das Kriegsgefangenenwesen des OKW überführt worden. Die hohe Anzahl wirkte sich im weiteren Verlauf besonders auf das Entlassungsprocedere aus, weil die Anzahl der tatsächlich im Arbeitseinsatz verwendbaren Kriegsgefangenen spürbar sank.

---

291 LHASA, MD, C 20 I, Ib Nr. 886 Bd. 2, Bl. 17.

3.3.1 Organisationsdefizite und erhöhter Handlungsdruck

Es zeichnet sich anhand des zur Verfügung stehenden Quellenmaterials für den Bereich des Stalags XI A und das Wehrkreiskommando XI ab, dass die militärischen und zivilen Dienststellen mit der logistischen Umsetzung des Arbeitseinsatzverfahrens
innerhalb der ersten drei Monate äußerst ausgelastet waren. Sie
verfolgten kein einheitliches – d.h. flächendeckendes – Konzept.
Eine strategisch ausgereifte und langfristige Planung ließ sich auf
Grund des Mangels weiterer Stammlager *nicht* zielführend umsetzen. Bereits vor der Ankunft der polnischen Kriegsgefangenen entstand ein enormer Handlungsdruck auf die regionalen Akteure,
den massenhaften Bedarfsanmeldungen im mitteldeutschen Raum
nachzukommen. Das Stalag XI A fungierte zu diesem frühen Zeitpunkt seines Bestehens also als Verteiler der eintreffenden Kriegsgefangenen. Diese Eigenschaft wird insbesondere daran erkennt-
lich, dass die Kriegsgefangenen von Altengrabow aus nicht nur in
den östlichen Teil des Wehrkreises XI – in größtenteils geografi-
scher Übereinstimmung mit den Arbeitsamtbezirken – verteilt worden sind, sondern auch in andere Wehrkreise und Arbeitsamtbezirke. Es war notwendig, die registrierten Kriegsgefangenen aus
den Stalags XI A Altengrabow und u.a. III A Luckenwalde in die
Umgebung abzuführen, um Raum für weitere Gefangenenkontingente aus dem OKH-Bereich zu schaffen.

In diesem Zusammenhang ist auch die Meldung des stellvertretenden Kommandierenden Generals des XI. Armeekorps und Befehlshabers im Wehrkreis XI vom 5. Oktober 1939 einzuordnen. Seine
Äußerung ist für den weiteren Verlauf besonders aufschlussreich,
gibt sie doch seine Erfahrungen aus dem laufenden Arbeitseinsatzprozess an den Reichsverteidigungskommissar, Gauleiter Rudolf
Jordan, im Wehrkreis XI wieder: „Aus schriftlichen und mündlichen Berichten ersehe ich zu meinem Bedauern, daß Klagen und
Unstimmigkeiten hinsichtlich der Überführung von Kriegsgefangenen in den Arbeitsprozeß umlaufen. Ich darf hierzu meinerseits folgendes zur Kenntnis bringen: 1.) Im Stalag Altengrabow sind am

4.10.39 10 Kriegsgefangene, in der Masse Neueingelieferte, welche registriert, entlaust und geimpft werden müssen, sodann aber beschleunigt der Arbeit zugeführt werden. Am 4.10. waren insgesamt vom Stalag Altengrabow 6000 Kriegsgefangene den Landesarbeitsämtern Niedersachsen und Mitteldeutschland zur Verfügung in die Landwirtschaft übergeben."[292] Dass sich der Einsatz der polnischen Gefangenen durch Materialmangel innerhalb eines federführenden Stalags verzögerte, legt offen, in welchem desolaten Zustand sich die Stalags bei Eintreffen der Kriegsgefangenen befanden. Das ist nicht auf den Ausfall der für die Entlausung notwendigen Geräte zurückzuführen, sondern vielmehr auf eine ungenügende Vorbereitung. Die Handhabung der strengen Bewachungsvorgaben ist in den unterschiedlichen Verwaltungseinheiten auf Grund der dafür abgestellten personellen Ressourcen im Gesamtvergleich sehr unterschiedlich gelöst worden. Einerseits war Einzelunterbringung statthaft und sogar gewünscht, andererseits eine Minimalbelegung eines Außenlagers mit 15 polnischen Kriegsgefangenen vorgesehen. Einen zweiten Faktor bildeten die Entfernungen zu den tatsächlichen Arbeitseinsatzorten. Vorgesehenermaßen richteten die militärischen Dienststellen in Absprache mit Landräten und Arbeitsämtern Sammellager in der Nähe des Einsatzortes für die Kolonnenarbeit ein. Den Bedarfsanmeldungen abseits gelegener Landwirtschaftsbetriebe konnte dadurch oftmals nicht nachgekommen werden, weil sich die Arbeitswege von den ersten eingerichteten Sammellagern zu weit vom Arbeitseinsatzort befanden.

Bereits Anfang Oktober 1939 ist über dieses Gesamtproblem im Wehrkreiskommando XI ausführlich kommuniziert worden. Die oben angeführte Meldung des stellvertretenden Kommandierenden Generals des XI. Armeekorps und Befehlshabers im Wehrkreis XI vom 5. Oktober bringt zum Ausdruck, dass die Organisation des massenhaften Einsatzes durch den angeordneten Verbleib

---

292 Ebd., Bl. 15.

der kriegsgefangenen Polen in ihrem Heimatland behindert wurde. Der Verweis auf die Entscheidung Hitlers, Kriegsgefangene in ihrer Heimat zu belassen, zeugt weiterhin von seinem Einfluss auf das Kriegsgefangenenwesen und die mit ihm verbundenen regionalen Auswirkungen auf die Arbeitseinsatzplanung.[293] Die Gesamtheit der mangelhaften Vorbereitung des regionalen Kriegsgefangenenwesens spiegelt sich auch in einer Meldung vom 15. November 1939 wider, die das Wehrkreiskommando XI an das Oberkommando der Wehrmacht Abt. Kriegsgefangenenwesen richtete und in der es das Problem klar umschrieb: „Betr. ‚Fremde' Arbeitskommandos 1. Durch [...] war verfügt worden, daß vom Stalag XI A Altengrabow Arbeitskommandos von polnischen Kriegsgefangenen in den Bereich des Wehrkreises IV (Landkreis Altenburg) und des Wehrkreises IX (Land Thüringen) abgestellt wurden. Das ist auch geschehen. Wa[ch]m[annschaften] sind vom Stalag XI A abgestellt; die Abrechnung und überhaupt die Betreuung dieser Arb.Kdos. erfolgt vom Stalag XI A aus. 2. Durch Überschneidung der Grenzen der Landesarbeitsbezirke und durch die dringende Notwendigkeit, Arb.Kdos. zunächst von da sich geben zu lassen, wo welche verfügbar waren, ist es gekommen, daß innerhalb des Bezirkes des L.A.A. Niedersachsen (in Hannover) Arb.Kdos. sowohl vom Stalag XI A wie auch vom Stalag XI B eingesetzt sind. Und zwar zum Teil innerhalb derselben Landkreise sogar derselben Ortschaften."[294] Das hierdurch entstandene „Durcheinander" hatte eine komplizierte Sachlage zur Folge, die sich auf die Bezahlung der Wachmannschaften und ihrer Organisation in den Gemeinden auswirkte. Das Problem ist frühzeitig erkannt und im weiteren Verlauf allmählich aufgelöst worden. Eine Entsendung der Wachmannschaften in weit entlegene Wehrkreise konnte schließlich nicht im Interesse der Wehrkreiskommandantur sein. Das Problem der Überschneidung von Verwaltungsgrenzen unterschiedlicher Bezirke und der Zwang, zur

---

293 Vgl. Overmans, Kriegsgefangenenpolitik, S. 745.
294 LHASA, MD, C 20 I, Ib Nr. 886 Bd. 2, Bl. 93.

Verfügung stehende kriegsgefangene Arbeitskräfte aus entlegenen Gebieten zu holen, sind hier erstmals auf Mesoebene aufgetreten. Diesen hinderlichen Sachverhalt in der Kriegsgefangenenbetreuung war nur zu begegnen, wenn die zuständigen Stammlager die errechneten Deckungsquoten *in praxis* einzuhalten vermochten. Das aufschlussreiche Schreiben legt sowohl die logistische Schieflage als auch die nicht zielführende Praxis der Kriegsgefangenen-Verteilung unverhohlen offen. Der von den Bedarfsmeldern aufgebaute Handlungsdruck von unten und die Ertragsforderungen der zuständigen Reichsministerien von oben trafen auf regionaler Verwaltungsebene (Wehrkreis, Bezirk und Landesarbeitsamtbereich) aufeinander. Die Umsetzung der Verteilungsvorgaben wirkten sich nun dergestalt aus, dass der hohe Arbeitskräftebedarf im Regierungsbezirk Magdeburg nicht in dem Maße zu decken war, wie *vor* Kriegsbeginn bilanziert wurde.

Die Bedarfsanmeldungen umfassten in der Summe einen Arbeitskräftebedarf in der Provinz von 38.987 Mann. Diesem Mangel konnte das Stalag XI A nicht einmal ansatzweise abarbeiten, und so war es nötig, dass umliegende Stalags Kriegsgefangene in die Börde, den Harz und die Altmark entsandten. Der Präsident des Landesarbeitsamtes Mitteldeutschland reagierte am 25. Oktober 1939 auf eine Anfrage des Oberpräsidenten, der sich nach dem Verteilungsfortgang auf die einzelnen Kreise der Provinz Sachsen erkundigt hatte, und übermittete ihm eine tabellarische Aufstellung (siehe Tab. 2, S. 453).[295] Der Bereich des federführenden Arbeitsamtes Burg ist mit Abstand und im Vergleich der Soll-Ist-Verhältnisse am besten mit Arbeitskräften (2.735) versorgt worden; die räumliche Nähe zum Stalag XI A ist dafür als ausschlaggebender Faktor auszumachen. Nach dem Schreiben des Reichsarbeitsministeriums vom 5. Oktober 1939 haben sich in Zusammenhang mit der Arbeitskräfteversorgung der oben aufgeführten Arbeitsamtbezirke keine kurzfristigen Besserungen ergeben. Auch die Bereitstellung

---

295 Ebd., Bl. 79.

von „fremden" Kriegsgefangenen aus umliegenden Wehrkreisen brachte keinen durchschlagenden Erfolg. Hinsichtlich des verspäteten Kriegsgefangenen-Arbeitseinsatzes ist übereinstimmend mit Overmans zu betonen, dass die „Dislozierung"[296] der im Reichsgebiet angelegten Kriegsgefangenenlager und die zeitlich aufwendige Registrierung verantwortlich zu machen sind. Dass sich die unzureichende Fertigstellung von Stammlagern im östlichen Teil des Reichsgebietes auf die untersten Verwaltungsebenen auswirkte, ist in diesem Kapitel am konkreten Beispiel erörtert worden. Weiteres Arbeitsziel ist die Beantwortung der Fragen, inwieweit die Planungen zum Einsatz in Teilen der Provinz Sachsen, des Stalag-XI-A-Bereiches, dem Gebiet der zuständigen Arbeitsämter und des Wehrkreises XI Umsetzung fanden, und wie sich die Überschneidung der Verwaltungsräume auf die Kriegsgefangenenverteilung auswirkte. Es kann also streng genommen nicht von einer zielführenden Planung und Umsetzung ausgegangen werden, weil die Kommunikation zu Bedarf und Bewachung zwischen den verschiedenen Stellen erhebliche organisatorische Defizite aufwies. Dass erst ein Fünftel von knapp 18.000 Kriegsgefangenen in Teilen der Provinz Sachsen zum Einsatz kam, ist angesichts der ins Reichsgebiet strömenden Masse von Kriegsgefangenen auf uneffektive Planung seitens des OKW zurückzuführen. Hinzu kommt, wie in einem Falle des Arbeitsamtbezirkes Nordhausen/Harz belegt, dass die Versorgung der polnischen Kriegsgefangenen mit arbeitsgerechter Bekleidung nicht gewährleistet war. Der Reichsarbeitsminister teilte den betreffenden Landräten in einem Rundschreiben Ende Oktober 1939 mit, dass die „in den Kriegsgefangenen-Mannschafts-Stammlagern eingelieferten polnischen Kriegsgefangenen in verschiedenen Fällen noch nicht im Besitz der erforderlichen Kleidungsstücke, insbesondere von Waffenröcken und Stiefeln" sind.[297] Die Dienstanweisung für den Kommandan-

---

296 Overmans, Kriegsgefangenenpolitik, S. 745.
297 RGVA, Fond 1525, Findbuch 1, Nr. 146, Bl. 14.

ten eines Stalags sah aber vor, dass die erforderliche Kleidung aus den Beständen der Kriegsbekleidungsämter zu decken war. Daher konnten und durften die Arbeitsämter nicht in die Versorgung eingreifen. Das Ansteigen der Gefangenenzahlen zog es nach sich, dass die Bekleidung aber nicht schnell genug bereitstand und Verzögerungen zu verzeichnen waren. „Das Hauptamt der Volkswohlfahrt hat sich daher gegenüber dem OKW bereit erklärt, in derartigen Fällen ausnahmsweise aus seinen Beständen Arbeitskleidung für Kriegsgefangene gegen spätere Erstattung des Gegenwertes zur Verfügung zu stellen. Anforderungen sind von den Stammlagern an die zuständigen Dienststellen der NSV zu richten."[298]

Ob man die Anfragen an die zuständigen Stellen der NSV erfolgreich bearbeitete, konnte nicht mehr ermittelt werden. Die IKRK-Berichte machen deutlich, dass die Gefangenen oftmals in ihren Uniformen arbeiteten und untereinander die Kleidung tauschen mussten. Laut dem Merkblatt für Arbeitgeber, Zivilbehörden und Hilfspolizeikräfte vom 20. September 1939 war allgemein bekannt, dass die „Sorge um die Bekleidung der Kr.Gef."[299] zwar dem Stalag oblag,[300] jedoch vorläufig ein Aushelfen durch die Arbeitgeber nicht ausgeschlossen war.[301] In keiner der untersuchten Gemeindeakten konnte ein Nachweis gefunden werden, dass der NSV Kleidung für polnische Kriegsgefangene bereitstellte.

3.3.2 Problemanalyse, Anpassung und Optimierung

Den auf mittlerer Ebene angesiedelten Dienststellen ist im geschilderten Gesamtzusammenhang kein grundsätzliches Verwaltungsversagen zuzuschreiben. Vielmehr unternahmen diese nachgeordneten Institutionen auf Wehrkreis-, Landes- und Kreisebene den Versuch, die unzureichenden logistischen Bedingungen mit einer

---

298 Ebd.
299 LHASA, MD, C 30 Osterburg A, Nr. 1311, Bl. 13.
300 Vgl. Art. 12 im GKA (RGBL, 1934, Teil 2, S. 236.)
301 Vgl. LHASA, MD, C 30 Osterburg A, Nr. 1311, Bl. 13.

zielgerichteten Problemanalyse zu entgegnen. Es ist anhand der Aktenüberlieferung (insbesondere für Stendal[302], Osterburg[303], Schönebeck[304], Halberstadt[305] und Magdeburg[306]) erkennbar, dass die Behörden bereits innerhalb der ersten drei Wochen des in zeitlichen Abständen erfolgten Kriegsgefangenen-Arbeitseinsatzes Änderungen als notwendig erachteten. Das „Durcheinander verschiedener Arbeitskommandos"[307] war nur zu verhindern, wenn erstens die bereits im Arbeitseinsatz stehenden Kriegsgefangenen in dasjenige Stalag versetzt würden, in dessen Wehrkreis sie arbeiteten, und man zweitens auf deutscher Seite eine Fehleranalyse betriebe. Auf Grund des Stalag-Mangels in der Frühphase konnte man diesem Ansatz im mitteldeutschen Raum jedoch nicht nachkommen und hatte sich bis Dezember 1939 mit logistischen Neuplanungsprozessen auseinanderzusetzen.

An dieser Stelle sei vorweggenommen, dass die Arbeitseinsatzorganisation westlicher und sowjetischer Kriegsgefangener in der Magdeburger Schwerindustrie nach den Anfangserfahrungen weitaus reibungsloser verlief, als die Anpassungsphase im ersten Vierteljahr des Krieges. Die Erfahrungen im Umgang mit den polnischen Kriegsgefangenen hatten zur Folge, dass bei den Dienststellen eine professionalisierte Routine eintrat und die geschaffenen Kommunikationsnetzwerke belastbar waren. Aus der rückwärtigen Zusam-

---

302 Vgl. insb. Stadtarchiv Stendal, 043-17.
303 Vgl. LHASA, MD, C 30 Landratsamt und Kreiskommunalverwaltung Osterburg A, Nr. 129; LHASA, MD, C 30 Osterburg A, Nr. 185; LHASA, MD, C 30 Osterburg A, Nr. 1347; LHASA, MD, C 30 Osterburg A, Nr. 1348.
304 Vgl. Kreisarchiv Schönebeck, B.01.35.; B.02.264 und B.5.4.
305 Vgl. Stadtarchiv Halberstadt, Emersleben Nr. 112; Mahndorf II, 2.
306 Vgl. für den Arbeitseinsatz im Industriesektor insbesondere LHASA, MD, I 33, Nr. 10; LHASA, MD, I 33, Nr. 1043; LHASA, MD, I 33, Nr. 1046; LHASA, MD, I 33, Nr. 614; LHASA, MD, I 33, Nr. 174; LHASA, MD, I 33, Nr. 1026; LHASA, MD, I 33, Nr. 626; LHASA, MD, I 33, Nr. 9; LHASA, MD, I 28, Nr. 651; LHASA, MD, I 28, Nr. 669; LHASA, MD, I 28, Nr. 1458; LHASA, MD, Rep. I 33, Nr. 1026; LHASA, MD, I 45, Nr. 478/22; LHASA MD, I 53, Nr. 744.
307 LHASA, MD, C 20 I, Ib Nr. 886 Bd. 2, Bl. 93.

menschau der fragmentarischen Aktenüberlieferung zwischen der Kommandantur des Stalags XI A und dem Oberpräsidium der Provinz Sachsen bis Anfang November 1939 lässt sich ableiten, dass es seitens des Oberpräsidenten Überlegungen gab, die Informationen über den Stand des Kriegsgefangeneneinsatzes zu zentralisieren. Die bisherigen Unzulänglichkeiten eines schnell verfügbaren Zahlenmaterials und die dadurch fehlende Entscheidungsgrundlage zur rationalen Beurteilung der Gesamtsituation in der Provinz ist also als eines der Hauptprobleme herausgefiltert worden. Am 31. Oktober 1939 waren im Stalag XI A nach derzeitiger Quellenkenntnis insgesamt 29.189 polnische Kriegsgefangene registriert, worunter 2.873 Zivilisten waren. 21.817 standen bereits im Arbeitseinsatz und sind in verschiedene Tätigkeitsbereiche verteilt worden.[308] Die im Dokumentationszentrum Oppeln archivierten Belegzahlen basieren auf Meldungen, die von der Lagerkommandantur an die WASt[309] weitergeleitet worden sind.[310]

Eine gerechtfertigte Beurteilung der Arbeitseinsatzlage konnte nur vorgenommen werden, wenn die Einschätzungen der beteiligten Dienststellen auf einer gemeinsamen, aktuellen Zahlengrundlage basierten, die allen Beteiligten zum gleichen Zeitpunkt zur Verfügung stand. Der Oberpräsident erkannte folgerichtig, dass eine solide Grundlage nur von Seiten des mit der Registrierung und Ent-

---

308 Vgl. Archiwum Centralnego Muzeum Jencow Wojenich w Lambinowicach-Opulu, Materialy i Dokumenty, Statystyka genewska, sygn. 15, Bl. 10.

309 Die WASt war während des Krieges u.a. auch zuständig für die Registrierung der Kriegsgefangenen der Wehrmacht (Referat 8). Die Gefangenenlager sandten Zweit-Personalkarten, Zu- und Abgangslisten, Veränderungsmeldungen, Lazarettbücher, Sterbefallmeldungen jeweils an die WASt als zentrale „Meldebehörde". Diese wiederum unterrichtete dann das IKRK bzw. die Angehörigen. Von dieser Praxis ausgenommen waren die sowjetischen Gefangenen. – Die heutige Deutsche Dienststelle, die Rechtsnachfolgerin der Wehrmachtauskunftstelle, in Berlin ordnet die Unterlagen über verstorbene Kriegsgefangene nach Nationen und Namen alphabetisch – nicht nach Lagern oder Orten.

310 Auf S. 461 (Tab. 8) befindet sich ein Überblick über die zusammengestellten Gefangenschaftszahlen pro Kriegsmonat.

sendung in den Arbeitseinsatz beauftragten Stalags herausgegeben werden konnte. Der Oberpräsident unterbreitete dem Stalag-Kommandanten daher den Vorschlag, einen täglichen Abgleich der im Arbeitseinsatz befindlichen Kriegsgefangenen anzufertigen und an alle Dienststellen zu versenden. Am 26. Oktober 1939 teilte der Kommandant des Stalags XI A in einem Antwortschreiben an den Oberpräsidenten mit, dass von „hier aus [...] eine derartige tägliche Benachrichtigung über den jeweiligen Stand des Kriegsgefangeneneinsatzes in den einzelnen Kreisen der dortigen Provinz mit Rücksicht auf das für eine derartige Arbeit vollkommen unzulängliche Personal nicht möglich" sei.[311] Bei genauerer Analyse dieses Ansatzes gilt es zu bedenken, dass auch das zur Verfügung stehende Bedarfsmeldesystem[312] von Grund auf hätte überarbeitet werden müssen. Die Bedarfsanmeldung zum Einsatz kriegsgefangener Arbeitskräfte in der Landwirtschaft wäre dann direkt beim zuständigen Stalag einzureichen gewesen und nicht mehr bei den zuständigen Arbeitsämtern. Es ist quellenmäßig derzeit nicht nachweisbar, auf welcher formalen Annahme der Gedanke des Oberpräsidenten basierte. Die Aktenüberlieferung bricht nach der Absage des Kommandanten ab und der Gegenstand wurde in der weiteren Entwicklung nicht erneut aufgegriffen. Im Schreiben selbst ist eine handschriftliche Notiz eines Mitarbeiters aus dem Oberpräsidium fassbar, die den damals aktuellen Kenntnisstand zur Arbeitseinsatz-

---

311 LHASA, MD, C 20 I, Ib Nr. 886 Bd. 2, Bl. 80.

312 In einem Schreiben des RMI vom 4. November 1939 wird den mit dem Arbeitseinsatz beauftragten Dienststellen nochmals ausführlich dargelegt, wie der Arbeitseinsatz von Kriegsgefangenen zu organisieren ist: „Die Anforderung von Kriegsgefangenen zum Arbeitseinsatz ist an die Arbeitsämter zu richten. Diese Behörden leiten die Anforderung an die Wehrmacht. Sie sind vom Reichsarbeitsminister angewiesen, Anträge zur Verfügungstellung von Kriegsgefangenen für Zwecke der Landwirtschaft im Benehmen mit Kreisbauernführer und Landrat zu prüfen. Aufgabe des Landrats ist es hierbei, für eine ordnungsmäßige gesicherte Unterbringung der Kriegsgefangenen Vorbereitungen zu treffen und gegebenenfalls [...] für die Gestellung von Hilfspolizeibeamten Sorge zu tragen." Stadtarchiv Stendal, 043-17, Bl. 15.

lage im Oberpräsidium der Provinz Sachsen widerspiegelt: „Es sind gestellt: 13357, also erst ca. 1/3 [?] Gesamtbedarf: 38987 Restbedarf: 25430 Döring [...] 29.10.[1939]".[313] Es handelt sich hierbei zwar nicht um ein offizielles Schreiben des Oberpräsidiums, jedoch zeigt die im internen Bereich genutzte Bilanz auf, dass für die kommenden Wochen erhöhter Handlungsbedarf bestand. Zudem fällt auf, dass eine nicht geringfügige zahlenmäßige Differenz zwischen der WASt-Meldung und der handschriftlichen Notiz aus dem Oberpräsidium zu erkennen ist. Die im Oberpräsidium avisierten Bedarfszahlen sind bis zum Ende des Jahres trotz mannigfacher Bemühungen nicht mehr erreicht worden.[314]

Genaue Kenntnisse über den Bestand der im Stalag XI A registrierten Kriegsgefangenen lassen sich aus einer Zusammenschau der zur Verfügung stehenden Mitteilungen an die WASt ermitteln (vgl. Tab. 8). Diese Zahlen gelten gemeinhin als sehr verlässliche Angaben. Es ist nicht geklärt worden, auf welcher Zahlengrundlage und für welche Gebiete im Oberpräsidium operiert worden ist. Die Dislozierung der Stammlager XI A und XI B und die mit damit einhergehende Vergabepraxis zog Ende November eine Veränderung nach sich, die das Stalag XI B betreffen sollte. Arbeitskommandos, die aus umliegenden Wehrkreisen (= Stalags) stammten, sind übernommen worden, und damit erfolgte auch formal die Versetzung der Kriegsgefangenen.[315] Dieser Verwaltungsaspekt

---

313 LHASA, MD, C 20 I, Ib Nr. 886 Bd. 2, Bl. 80.

314 Erst mit dem Einsatz der kriegsgefangenen Franzosen konnten die personellen Defizite im Arbeitseinsatz annähernd ausgeglichen werden.

315 „Stellv. Generalkommando XI. A. K. Hannover, den 28.11.1939 (Wehrkreiskommando XI) Abt Ib G Az. 9b (I Gef.) Betr.: ,Fremde' Arbeitskommandos Bezug: a) Wehrkreiskommando XI [...] b) O.K.W. Abt. Kriegsgef. [...] 1.) Gemäß Bezugsverfügung B) ist das W.Kdo. XI bereit, die aus Wehrkreis VI und X in seinen Bereich entsandten Arb.Kdos. zu übernehmen. Die Versetzung der Kr.Gef. hat an das Stalag XI B in Fallingbostel zu erfolgen. W.Kdo. VI und X werden gebeten, ihre hier in Betracht kommenden Stalag anzuweisen, die listen – und karteimäßige Überweisung der Kr.Gef. an Stalag XI B vorzunehmen. 2.) Stalag XI B übernimmt auch die betr. Arb.Kdos. und sorgt für Ablösung der aus Wehrkreis

verdeutlicht, dass eine zielführende Reorganisation der Zuständigkeiten und daraus folgend auch eine neu gestaltete Betreuung durch das im jeweiligen Bereich liegende Arbeitsamt eine wesentliche Professionalisierung des Arbeitseinsatzes im Wehrkreiskommando XI bedeuten sollte, anfangs aber quantitative Hochrechnungen erschwerte. Bis zum Ende des Jahres 1939 normalisierte sich die Versorgung mit Kriegsgefangenen, und es war, beispielsweise im Verwaltungsschriftgut der Gemeinde Nordhausen,[316] von einer „Freiwerdung" von Arbeitskräften die Rede. Nach Beendigung der seit Oktober durchgeführten Hackfruchternte sollten Landwirtschaftsbetriebe Kriegsgefangene an „Bedarfsträger" in der gewerblichen Wirtschaft abtreten, damit deren Produktion nicht zum Erliegen kam.[317] Die von der Wehrmacht vorgenommenen Aushebungen zeigten zunehmend Wirkung und verlagerten das Problem der Arbeitseinsatzorganisation in einen anderen Produktionssektor. Der Präsident des Landesarbeitsamtes Mitteldeutschland teilte allen mit dem Kriegsgefangeneneinsatz beauftragten Arbeitsämtern in einem Rundschreiben vom 3. November 1940 mit, wie die Umverteilung der bisher in der Landwirtschaft eingesetzten Kriegsgefangenen zu organisieren sei. Nachdem also die dringendsten Arbeiten erledigt waren, sollte der Arbeitseinsatz in seine zweite

---

VI und X gestellten Führer Arb.Kdo. und Wam W.Kdo. VI und X werden gebeten, dem Stalag XI B entsprechende Liste der von ihnen bisher gestellten Führer Arb.Kdo. und Wam zu übersenden. 3.) Landesarbeitsamt Hannover wird gebeten, für die aus Wehrkreis VI stammenden, im Bezirk Hildesheim (800), Burgdorf (999), Ülzen I und II (1.500) eingesetzten und desgleichen auch für die aus Wehrkreis X stammenden, hier hinsichtlich Zahl und Einsatzgebiet nicht näher bekannten Arb.Kdos. eine genaue, nicht nur zahlenmäßige, sondern auch namentliche Liste, die zugleich den genau bezeichneten Einsatzort enthält, durch die in Frage kommenden Arbeitsämter dem Stalag XI B übermitteln zu lassen. 4.) Stalag XI B regelt die Einzelheiten mit den jeweiligen auswärtigen Stalags unmittelbar und meldet Vollzug an W.Kdo. XI Abt. Ib G." LHASA, MD, C 20 I, Ib Nr. 886 Bd. 2, Bl. 99.

316 RGVA, Fond 1525, Findbuch 1, Nr. 146, Bl. 38.

317 Vgl. „Merkblatt über Behandlung der Kriegsgefangenen durch Bedarfsträger im Arbeitseinsatz" auf S. 433 (Dok. 5).

Phase treten. Zu diesem Zeitpunkt ging man im Landesarbeitsamt Mitteldeutschland nicht mehr von neuen Kriegsgefangenenkontingenten aus.

Es galt nun, „die in Mitteldeutschland vorhandenen Kriegsgefangenen so zweckmässig wie möglich einzusetzen. Bei den z.Zt. in Industrie und Gewerbe eingesetzten Kriegsgefangenen wird im Allgemeinen in der nächsten Zeit ein Austausch kaum stattfinden. Dagegen werden die in der Landwirtschaft und Zuckerindustrie beschäftigten Kriegsgefangenen zu einem Teile während des Winters frei werden. Wie hoch dieser Anteil sein wird, ist im Augenblick noch nicht zu übersehen. Er hängt von Beschäftigungsmöglichkeiten in den einzelnen Betrieben, Witterung und anderen Umständen ab."[318] Die im Untersuchungsgebiet eingesetzten Kriegsgefangenen stellten nach Einschätzung des Landesarbeitsamtpräsidenten im Wirtschaftsbetrieb einen sehr wesentlichen Faktor dar, „dessen Arbeitsleistung im Interesse der Reichsverteidigung und der Leistungskraft der Wirtschaft möglichst zweckmässig ausgewertet werden muss".[319] Es galt unbedingt zu verhindern, dass Kriegsgefangene nicht freigegeben wurden, wenn für sie keine Beschäftigungsmöglichkeit bestand. Auch eine Rückführung in das Mannschafts-Stammlager war ausgeschlossen, denn dieses bot zum gegebenen Zeitpunkt keinen Raum. Zur Umsetzung dieser Planungen beauftragte man die Leiter der Arbeitsämter, die landwirtschaftlichen Betriebe dahingehend zu überwachen, ob Kriegsgefangene voll ausgelastet sind. Die Arbeitsämter sollten nun prüfen, „ob und wann 1. ein Verzicht auf Weiterbeschäftigung und 2. eine vorübergehende Freigabe von Kriegsgefangenen in Frage kommt".[320] Der Präsident des LAA unterschied das Arbeitseinsatzgebiet der Kriegsgefangenen zu diesem Zweck in sogenannte ausgeglichene Bezirke, Überschussbezirke und Bedarfsbezirke. Der

---

318 RGVA, Fond 1525, Findbuch 1, Nr. 146, Bl. 38.
319 Ebd.
320 Ebd., Bl. 39.

Unterteilung ist zu entnehmen, dass die vorangegangenen Probleme einer rationalen Analyse unterzogen worden waren. Die regionalen Belange und Besonderheiten der wirtschaftlichen Sektoren konnten zukünftig eine bessere Berücksichtigung erfahren. Ein Grund hierfür war auch, dass sich der Austausch annähernd innerhalb der Grenzen des Stalag-XI-A-Bereiches gestalten ließ und nicht wie bisher über die Wehrkreis- und Landesgrenzen etc. hinweg. „Nach Möglichkeit sollen frei werdende Kriegsgefangene zunächst im eigenen Bezirk wieder eingesetzt werden. Bezirke von überwiegend landwirtschaftlichem Charakter werden jedoch wahrscheinlich für die während der Wintermonate frei werdenden Kriegsgefangenen wenig Ansetzungsmöglichkeiten haben. Andererseits werden in Bezirken mit überwiegend gewerblicher Struktur – ein nicht allzu strenger Winter vorausgesetzt – die in Industrie und Gewerbe bereits eingesetzten Kriegsgefangenen nicht nur nicht frei werden, sondern es wird auch vielfach ein zusätzlicher Bedarf eintreten. [...]

Weiter ist erforderlich, dass die Dienststellen der inneren Verwaltung und der Partei über den Einsatz der Kriegsgefangenen rechtzeitig unterrichtet werden. Ich wiederhole daher mein in früheren Verfügungen zum Ausdruck gebrachtes Ersuchen, in engster Zusammenarbeit mit den Dienststellen der inneren Verwaltung (Landrat, Oberbürgermeister, Ortspolizeibehörde), der Partei und dem Reichsnährstand zu bleiben und sie über alle Fragen des Arbeitseinsatzes der Kriegsgefangenen, insbesondere auch über Umbesetzungen von Arbeitskommandos, auf dem Laufenden zu halten."[321]

Der direkte Hinweis auf die Zusammenarbeit lässt die Frage aufkommen, inwieweit das notwendige Ineinandergreifen der Dienststellen überhaupt gegeben war. Die Arbeitseinsatzzahlen ließen erkennen, dass die Einbindung der Arbeitskräfte unregelmäßig und ungleichmäßig vonstatten ging. Dieses Defizit war in der zweiten

---

321 Ebd.

Phase des regionalen Arbeitseinsatzes abzustellen und eine verlässliche Versorgung mit Kriegsgefangenen zu gewährleisten. Zielstellung dieses Unterkapitels war es, einen quellennahen Einblick in die Lösungsstrategien des Landesarbeitsamtes Mitteldeutschland, des Wehrkreiskommandos XI, des Kommandanten und der mit der Durchführung des Arbeitseinsatzes beauftragten Landräte bis zu den ersten Entlassungen polnischer Kriegsgefangener aufzuzeigen. Dabei waren die Anordnungen auf höherer Ministerialebene und des Regierungspräsidiums zu berücksichtigen, um eine Zusammenschau der Abwärtsstrukturen bis zur Subebene zu gewährleisten. In Ermangelung weiterer Quellen zu den militärischen und zivilen Verwaltungsapparaten auf Regierungs-, Bezirks- und Gemeindeebene waren die Reichweiten und Grenzen der Entwicklung des Arbeitseinsatzes nicht flächendeckend, sondern nur an ausgewählten Beispielen zu untersuchen.

An dargestellten Zusammenhängen und anhand der gegenseitigen Bezugnahmen der einzelnen Dienststellenleiter und ihrer Behörden konnte jedoch ansatzweise gezeigt werden, wie im Stalag-XI-A-Bereich die logistischen Probleme bis Anfang 1940 einer Lösung zugeführt werden sollten. Nach dem ersten Vierteljahr des Kriegsgefangeneneinsatzes begann eine zweite Phase, die aus Perspektive der Bedarfsanmelder weitaus effektiver verlief.[322] Nach vier Wochen des Arbeitseinsatzes waren knapp *85 Prozent* des Kriegsgefangenenbedarfs im Gebiet des Arbeitsamtes Burg gedeckt, wobei die Abdeckung in der Provinz Sachsen Anfang 1940 im Durchschnitt bei durchschnittlich ca. *25 bis 30 Prozent* lag. Je weiter die Außenkommandos vom Stalag entfernt lagen, desto länger dauerte die verlässliche Versorgung mit kriegsgefangenen Arbeitskräften. Genaue Angaben zur Versorgungslage der polnischen Kriegsgefangenen konnten für das erste Vierteljahr nicht

---

322 Im reichsweiten Arbeitseinsatz befanden sich Ende 1939 ca. 300.000 Polen, von denen 270.000 in der Landwirtschaft eingesetzt waren. Vgl. Overmans, Kriegsgefangenenpolitik, S. 745.

ermittelt werden. Es ist mit Blick auf die reichsweit eingetretenen Todesfälle im ersten Kriegswinter 1939/40 davon auszugehen, dass die Ernährungslage und auch die medizinische Versorgung in den Stalags unzureichend waren. Erst im weiteren Verlauf des Krieges sollten sich Änderungen in der Behandlung ergeben, die eine annähernd völkerrechtskonforme Behandlung erkennen ließen.

3.3.3 Einsatz polnischer Kriegsgefangener bis Mai/Juni 1940

Der reichsweite Arbeitseinsatz hatte zur Folge, dass die Lagerbelegungen spürbar zurückgingen und eine politisch motivierte Phase der Entlassungen[323] polnischer Kriegsgefangener eintrat. Das Deutsche Reich behielt sich mit diesem Schritt vor, „alle ethnischen Nicht-Polen zu repatriieren und von den Polen nur solche im ‚Reich‘ zurückzubehalten, die als rassisch wie ideologisch unbedenklich angesehen wurden und daher voraussichtlich problemlos als Arbeitskräfte eingesetzt werden konnten".[324] Ein bestimmender Gedanke hinter der „Entlassung" war es, die unter dem Schutzmantel des GKA befindlichen kriegsgefangenen Polen in ein Arbeitsverhältnis zu überführen, um so deutlich mehr Arbeits*zwang* ausüben zu können.[325] Berichte über Sabotage und den Rückgang der

---

323 Siehe dazu die Folgen für die 60.000 entlassenen jüdischen polnischen Kriegsgefangenen. Bis „auf wenige Hundert" sind diese durch Zwangsarbeit, Verhungern, Kälte und Mord umgekommen. Vgl. Spoerer, Die soziale Differenzierung, S. 748 ff.

324 Overmans, Kriegsgefangenenpolitik, S. 745 f.

325 Donczyk wies auf die rege Mitwirkung des Kommandanten Mertens hin: „Sein Verdienst war unter anderem, daß fast 30 tausend [der] polnischen Kriegsgefangenen das Stalag XI A in den Jahren 1939 bis 1941 als Zivilarbeiter ins Reich rübergegangen sind." HStaatsA. Hannover, Nds. 721 Hannover, Acc. 90/99, Nr. 145, Bd. 2, Bl. 223. Die Entlassung aus der Kriegsgefangenschaft bedeutete nicht, dass die ehemaligen Kriegsgefangenen in ihre Heimat zurückkehrten bzw. zurückkehren konnten. In Anbetracht der militärischen Gesamtlage war dies zum Teil auch schon deshalb ausgeschlossen. Die Modi der Entlassung beruhten zusätzlich auf der Kriegsgefangenenpolitik des Deutschen Reiches, wobei man im Falle der Polen und eines Teils der Franzosen an einem Verbleib in Deutschland interessiert war. Die Gefangenschaft der Niederländer

Arbeitsleistung[326] bei den polnischen Kriegsgefangenen beförderten bei den deutschen Behörden den Handlungswillen. Die Genfer Konvention bot den Polen grundsätzlich Schutz vor Repressalien, und dieser sollte auf ein Minimum reduziert werden.[327] Die Frage, die sich nun für die Behörden stellte, war, in welchem Maße derlei „Gesinnungsüberprüfungen" und Auswahlverfahren Wirkung zeigten. Zu entlassen waren vorerst Zivilisten, Volksdeutsche, Juden (wenn sie aus Deutschland stammten) und polnische Kriegsgefangene aus Gebieten, die dem Deutschen Reich angegliedert wurden.[328] Der wieder zunehmende Arbeitskräftebedarf im Frühjahr des Jahres 1940 sorgte im Untersuchungsgebiet für ein Umdenken und eine kurzfristige Verlangsamung des Entlassungsprozesses.[329] Overmans verzeichnete zur Entlassungswelle, dass diese von deutschen Behörden mit Skepsis wahrgenommen worden ist. Befanden sich die ehemaligen Kriegsgefangenen im Zivilarbeiterstatus, so hatten sie vielfach das Recht auf Heimaturlaub und eine bessere Bezahlung.[330] Aus sicherheitstechnischer Überlegung deut-

---

beruhte vorerst auf anderen Interessen. Erst 1943 wurden vermehrt ehemalige Kriegsgefangene registriert und, soweit sie nicht unabkömmlich waren, zum Arbeitseinsatz nach Deutschland in die Kriegsgefangenschaft überführt. Vgl. Overmans, Kriegsgefangenenpolitik, S. 774. Eine einheitliche Handhabung der Entlassung existierte also nicht; diese war von politisch-militärischen Entwicklungen abhängig. War ein Kriegsgefangener in deutschem Gewahrsam schwer erkrankt und erhielt auf Grund eines Attests von einem Lagerarzt einen Repatriierungsgrund, so stand seiner Rückführung vorerst nichts im Wege.

326 In einem Rundschreiben des RMI u.a. an die Oberpräsidenten und Landräte wurde auf folgende Beobachtung hingewiesen: „Es ist mir weiter zur Kenntnis gelangt, daß namentlich bei polnischen Arbeitskräften vielfach eine gewisse Arbeitsflucht und damit ein Drängen nach Krankenhausbehandlung besteht, wodurch schon mehrfach Klagen über eine Bettknappheit an Krankenhausbetten für deutsche Volksgenossen und Überbelegung der Krankenhäuser ausgelöst wurden [...]." LHASA, MD, C 30 Landratsamt und Kreiskommunalverwaltung Oschersleben A, Nr. 232, Bl. 131.

327 Vgl. Spoerer, Zwangsarbeit, S. 45.

328 Vgl. Overmans, Kriegsgefangenenpolitik, S. 746.

329 Vgl. LHASA, MD, C 20 I, Ib Nr. 886 Bd. 2, Bl. 211.

330 Vgl. Overmans, Kriegsgefangenenpolitik, S. 746.

scher Behörden waren dies Zugeständnisse, die eine Flucht in das Heimatgebiet sehr erleichtern konnten und daher zu verhindern waren. Overmans legt in seiner Beschreibung der Entlassungsmodi weiterhin dar, dass eine Einteilung der Kriegsgefangenen entsprechend der Dichotomie *unbedenklich* und *unzuverlässig* zu organisieren war. Diejenigen, die als unbedenklich eingestuft wurden, konnten in das Zivilarbeiterverhältnis wechseln, wobei „unzuverlässige Elemente"[331] weiterhin unter Kontrolle verblieben.

Theoretisch konnten die polnischen Kriegsgefangenen nicht zu einem Wechsel in das Zivilarbeiterverhältnis gezwungen werden, sondern mussten dies freiwillig zu tun. Faktisch ist aber erheblicher Druck auf die Kriegsgefangenen ausgeübt worden, und auch der Rückgang der polnischen Kriegsgefangenen im Stalag XI A bis Oktober 1941 belegt dies. Für viele Kriegsgefangene sollte die Entlassung eine wesentliche Veränderung mit sich bringen, waren sie doch vorerst nicht mehr den schlechten Verhältnissen in den Stammlagern und Außenkommandos ausgesetzt. Die wenigen zur Verfügung stehenden IKRK-Berichte zeichnen ein schlechtes Bild von der Gefangenenversorgung in den Außenlagern; dass das Zivilarbeiterverhältnis eine Besserung der Versorgungslage herbeiführen konnte, spielte für Antragsteller eine nicht zu unterschätzende Rolle.[332] Sie konnten sich freizügiger bewegen und erhielten für die zu verrichtende Arbeit auch eine höhere Entlohnung. Der völkerrechtlich bedeutsame Statuswechsel war bereits während der Einführung juristisch nicht unumstritten. Normalerweise waren Kriegsgefangene nach der Freilassung *heimzuschaffen* und konnten nicht ohne weiteres im Gewahrsamsstaat verbleiben. Eine Praxis, die bereits während des Ersten Weltkrieges zu Problemen geführt hatte, weil sich Kriegsgefangene gegen eine Rückführung in ihre Heimatländer wehrten oder diese zum Zeitpunkt des Kriegsgeschehens nicht möglich war.

---

331 LHASA, MD, C 20 I, Ib Nr. 886 Bd. 2, Bl. 211.
332 Vgl. PA AA, R 40977.

Im folgenden Abschnitt wird der Blick auf die zweite Entlassungswelle im Untersuchungsgebiet gerichtet.[333] Die Überprüfung der für das Zivilarbeiterverhältnis in Frage kommenden Gefangenen war allein durch die Abwehr des Stalags nicht zu leisten. Zivile Behörden und Dienststellen hatten die Überprüfung der Kriegsgefangenen zu begleiten und die Geeigneten von den Ungeeigneten zu trennen. Nicht nur im RMI ging man davon aus, dass die Bewegungsfreiheit und das höher entlohnte Arbeitsverhältnis Probleme wie *Kriminalität, Aufsässigkeit* und *Spionage* nach sich ziehen könnten. Um dem vorzubeugen, einigte man sich nach den Vorgaben Hitlers relativ zügig auf ein Auswahlverfahren. Doch welche Dienststelle sollte über die Modi der Entlassung vor Ort befinden? Für das Untersuchungsgebiet konnte festgestellt werden, dass die vorzunehmende Entlassungswelle, so wie sie ursprünglich geplant war, bei dem Regierungspräsidenten auf Bedenken traf. Der Abwehroffizier des Stalags, zu diesem Zeitpunkt Oberstleutnant Henstorf, teilte in einem Informationsschreiben an den Regierungspräsidenten Anfang April 1940 mit: „Von den polnischen Kriegsgefangenen können entlassen werden diejenigen, 1. die Volksdeutsche sind 2. deren Entlassung im deutschen Reichsinteresse liegt. Der Nachweis zu 1) kann nur durch eine mit Dienstsiegel versehene Bescheinigung eines Oberbürgermeisters, Landrats, Amtsvorstehers oder Kreisleiters der NSDAP. erbracht werden, dahingehend, daß der betreffende Kriegsgefangene Volksdeutscher ist. Der Nachweis zu 2) kann nur durch eine mit Dienstsiegel verse-

---

333 Über den Verlauf der ersten Entlassungswelle sind keine aktenkundigen Vorgänge überliefert. Es ist davon auszugehen, dass die Entlassungen im Untersuchungsgebiet bis Dezember 1939 relativ schleppend verlaufen sind, da die Deckung des Arbeitskräftebedarfs im allgemeinen Schriftverkehr zwischen Stalag und Oberpräsidium und im Regierungspräsidium Priorität besaß. Vgl. die zum Kriegsgefangeneneinsatz aussagekräftigen Bestände: LHASA, MD, C 20 I, Ib Nr.1825; LHASA, MD, C 20 I, Ib Nr. 886 Bd. 3; LHASA, MD, C 20 I, Ib Nr. 3269; LHASA, MD, C 20 I, Ib Nr. 1842; LHASA, MD, C 20 I, Ib Nr. 3293 und LHASA, MD, C 20 I, Ib Nr. 3279.

hene Bescheinigung des Reichsstatthalters; Gouverneurs oder Gauleiters der NSDAP. erbracht werden. In jedem Falle muß die genaue
Anschrift (Gefangenenlager, Gefangenen-Nummer, Lazarett) mitgeteilt werden."[334]

Die Auskunft des Abwehroffiziers nötigte den zuständigen Mitarbeiter im Regierungspräsidium Magdeburg zur Rückversicherung
im Reichsinnenministerium. Derlei wichtige Fragen wären von
höherer Stelle zu klären und nicht der verwaltenden Subebene
zu überlassen. Aus deutscher Perspektive erachtete man die Entlassung aus der Kriegsgefangenschaft schließlich als Vorteil, und
diesen sollten nur Polen erhalten, die im nationalsozialistischen
Sinne als „unbedenklich" galten. Der Regierungspräsident führte
aus: „Ich halte es für sehr bedenklich, daß neben den Kreispoli-
zeibehörden und Kreisleitern der NSDAP auch die Amtsvorsteher
berechtigt sind, die Zugehörigkeit zum Deutschtum zu bescheinigen. Bekanntlich befinden sich unter den Polen viele Elemente, die
die deutsche Sprache beherrschen, dem Deutschtum aber feind-
selig gegenüber stehen. Ihnen wird es bei der oben angeführten
Regelung eher gelingen, von einer der Stellen eine Bescheinigung
über die Zugehörigkeit zum deutschen Volkstum zu erhalten, als
wenn nur eine Stelle zu entscheiden hat [...]."[335]

Als Lösungsvorschlag brachte er hervor, die „Zugehörigkeit zum
Deutschtum" auf unterer Ebene höchstens von den Kreispolizei-
behörden bescheinigen zu lassen. Diese wären zur Aufdeckung
feindseligen (Täuschungs-)Verhaltens besser geeignet, als die Amtsvorsteher. Im weiteren Verlauf schaltete sich abschließend der Oberpräsident ein, der an der korrekten Informationsweiterleitung des
Abwehroffiziers im Stalag XI A zweifelte. Womöglich seien die geltenden Bestimmungen nicht adäquat ausgelegt worden, denn die
Entscheidungsbefugnis durfte nach Einschätzung des Oberpräsidenten erstens nicht auf eine zu hohe Anzahl von Dienststellen und

---

334 LHASA, MD, C 20 I, Ib Nr. 886 Bd. 2, Bl. 212.
335 Ebd.

zweitens „zu weit nach unten gelagert werden":[336] „Die Versorgung und Betreuung der Kriegsgefangenen ist eine Angelegenheit des Reiches; die Entscheidung über ihre Entlassung muß daher auch den Dienststellen des Reiches überlassen sein. [...] Mit Rücksicht darauf, daß sich unter den polnischen Kriegsgefangenen unzuverlässige Elemente in großer Zahl befinden, scheint mir eine zentralisierte Bearbeitung der Entlassungsanträge besonders angebracht zu sein."[337] Die Skepsis des Regierungspräsidenten und des Oberpräsidenten gegenüber der Ausführung der Vorgaben gründete auf der Annahme, dass die Frage der Entlassungen grundsätzlich nicht dezentral zu entscheiden war. Es galt sowohl den Arbeitseinsatz als auch die angespannte Sicherheitslage im Reichsgebiet nicht zu gefährden, zumal sich abzeichnete, dass der Arbeitskräftebedarf im Deutschen Reich in den kommenden Monaten wieder erheblich zunehmen würde. Bis Anfang Mai 1940 ist die Phase der Entlassungen und die geplante Überführung in das Zivilarbeiterverhältnis durchgeführt worden.[338] Aktenkundige Belege, die über den weiteren Organisationsablauf zwischen Stalag XI A und Arbeitsämtern im Untersuchungsgebiet Auskunft geben, sind nach derzeitiger Kenntnis nicht überliefert. Jedoch sind zahlreiche Kommunikationsverläufe innerhalb der Kreise im Untersuchungsgebiet belegt, in denen die Entlassungen bis Ende Juni 1940 vorgenommen worden sind.[339] Mitte Mai 1940 zeichnete sich vorerst ein Ende der Ent-

---

336 Ebd.
337 Ebd.
338 Für den Kontrollbezirk Stendal ist eine Liste betreff der Entlassung polnischer Kr.Gef. Stendal vom 29.6.1940 (Kontrolloffizier Ebert) überliefert. Vgl. LHASA MD, C 30 Osterburg A, Nr.1347, Bl. 109.
339 Auswahl der Entlassungsorte polnischer Kriegsgefangener innerhalb der Provinz Sachsen für den Zeitraum vom 20. bis 28. Juni 1940. Angegeben sind stets die Kreis und die Lager, die als Außenposten des Stammlagers XI A in Altengrabow fungierten. Die Kreise richten sich nach den Bereichen der Arbeitsämter, nicht der Kontrollbezirke (vgl. LHASA MD, C 30 Quedlinburg I, Nr. 243, Bl. 282f.):
- Kreis Zerbst/Arbeitsamt Wittenberg (Coswig, Buro, Klieken),
- Kreis Zerbst/Arbeitsamt Dessau (Badewitz, Bias, Bone, Bonitz, Bornum,

lassungs- bzw. Überführungsmaßnahmen ab.[340] Das OKW teilte in einem Rundschreiben u. a. an alle Lager und in einer Pressenotiz mit, dass die ansteigende Flut von „Entlassungsanträgen einzudämmen [ist] und die vorhandenen Kräfte für andere Aufgaben freizumachen" sind.[341] Es lässt sich wegen der fragmentarischen Quellenlage nicht der Nachweis führen, ob die geschilderte Sachlage auf den Bereich des Stalags zutrifft. Dass die Zahl der Anträge zunahm, lässt sich vielerorts auf den Druck zurückführen, den staatliche

Buhlendorf, Deetz, Dobritz, Eichholz, Garitz, Leps, Lindau, Lietzo, Luso, Mühlsdorf, Natho, Niederlepte, Nutha, Polensko, Schora, Steckby, Steutz, Treetz, Zernitz, Thiessen, Jeber-Bergfrieden),
- Kreis Jerichow (Flötz, Gehrden, Güterglück, Lübs, Moritz, Walternienburg),
- Kreis Dessau/Arbeitsamt Bitterfeld (Retzau, Jessnitz-Bobbau),
- Kreis Dessau/Arbeitsamt Dessau (Zuckerraffinerie, Strontianwerk, Kohl und Co., Rodleben, Wörlitz, Hinsdorf, Meilendorf, Horstdorf, Libehna, Mildensee, Rehsen, Würflau),
- Kreis Bitterfeld (Schierau),
- Kreis Köthen/Arbeitsamt Bernburg (Arensdorf, Baasdorf, Cösitz, Dohndorf, Edderitz, Fernsdorf, Görzig, Gröbzig, Gr. Badegast, Kl. Badegast, Klepzig, Kl. Paschleben, Köthen, Preußlitz, Prosigk, Radegast, Trebbichau, Weissandt-Gölzau, Wulfen),
- Kreis Calbe/Saale; Arbeitsamt Bernburg (Atzendorf, Barthelshof, Brumby, Calbe, Förderstedt, Glöthe, Gottesgnaden, Löbnitz, Lust, Michelin, Naugattersleben, Obselau, Sachsendorf, Zens, Staßfurt),
- Kreis Bernburg/Arbeitsamt Bernburg (Aderstedt, Altenburg, Amesdorf, Dröbel, Roschwitz, Gerbitz, Grimschleben, Gr. Mühlingen, Gr. Wirschleben, Güsten, Hecklingen, Hohenerxleben, Ilberstedt, Kl. Mühlingen, Latdorf, Neundorf, Nienburg, Oberpeißen, Osmarsleben, Plötzkau, Rathmannsdorf, Wedlitz, Wispitz),
- Stadtkreis Ascherleben (Aschersleben),
- Kreis Bernburg (Drohndorf, Freckleben, Kl. Schierstedt, Mehringen, Salmutshof, Sandersleben, Schackenthal, Schnackstedt, Warmsdorf, Giersleben),
- Kreis Ballenstedt (Reinstedt, Frose),
- Kreis Quedlinburg (Westdorf),
- Kreis Ballenstedt/Arbeitsamt Aschersleben (Ballenstedt, Badeborn, Gernrode, Neudorf, Radisleben, Rider, Siptenfelde, Viktorshöhe).
340 Vgl. Meldung Oberkommando der Wehrmacht; Berlin, den 17. Mai 1940; Az. 2f 24.18e Kr.Gef. If.
341 LHASA, MD, C 20 I, Ib Nr. 886 Bd. 3, Bl. 8.

Stellen auf die polnischen Kriegsgefangenen ausübten. Die Umsetzung des zweistufigen Entlassungsverfahrens hatte zur Folge, dass die berufliche Qualifizierung der Kriegsgefangenen für den weiteren Arbeitseinsatz eine Rolle spielte. In der beigefügten Abschrift heißt es weiter, dass die „Aktion Freilassung der Volksdeutschen unter den polnischen Kr.Gef. in grossen und ganzen als beendet anzusehen [ist], da seit ihrem Beginn über ein halbes Jahr verflossen ist und demnach jedem Kr.Gef. genügend Zeit gelassen wurde, sich als Volksdeutscher zu erkennen zu geben."[342]

Das Schreiben des OKW veranschaulicht die Vermengung militärischer und politischer Interessen kurz vor Beginn des Zustroms französischer Kriegsgefangener. Auch wenn der Arbeitseinsatz im Frühjahr 1940 reichsweit einen hohen Zulauf an kriegsgefangenen Arbeitskräften forderte, so dachte man nach der zwischenzeitlichen Deckung des Arbeitsmarktes in politischen und weitaus weniger in pragmatischen Kategorien im Vergleich zum September/Oktober 1939.

Die Gestapo registrierte während des Einzugs westlicher Kriegsgefangener vermehrt sogenannte „Verbotene Umgänge" mit Kriegsgefangenen, die sie durch energische Verfolgung zu verhindern suchte. In einem Rundschreiben des Leiters der Staatspolizeileitstelle Magdeburg,[343] Dr. Albert Leiterer[344], vom 13. Juni 1940 wurde bekannt gegeben: „Infolge Mangels an Arbeitskräften sind neben polnischen nunmehr auch französische, englische und belgische

---

342 Ebd.

343 Am 8. Januar 1937 wurde die Staatspolizeistelle Magdeburg zur Staatspolizeileitstelle. Vgl. LHASA, MD, C 20 I, Ib Nr. 1825, Bl. 15 ff.

344 Ab 16.03.36 als Leiter der Geheimen Staatspolizeistelle Magdeburg eingesetzt. Stellvertreter ist ab 01.02.1939 Korndörfer. Vgl. ebd., Bl. 15. Bei Korndörfer handelt es sich um SS-Hauptsturmführer Rudolf Korndörfer, der später die Geheime Staatspolizeileistelle Kassel leitete. Vgl. Richter, Gunnar: Die Geheime Staatspolizeistelle Kassel 1933–1945, in: Zeitschrift des Vereins für hessische Geschichte und Landeskunde 106 (2001), S. 229–270; ders: Das Arbeitserziehungslager Breitenau (1940–1945). Ein Beitrag zum nationalsozialistischen Lagersystem. Straflager, Haftstätte und KZ-Durchgangslager der Gestapostelle Kassel für Gefangene aus Hessen und Thüringen, Kassel 2009, S. 33 f.

Kriegsgefangene in erheblichem Umfange zum Arbeitseinsatz gelangt. Die Kriegsgefangenen sind ohne Rücksicht auf ihre Nationalität streng, aber korrekt zu behandeln. Im Hinblick auf die brutale Behandlung, die die deutschen Soldaten in der Gefangenschaft erduldet haben, ist keine Sentimentalität und auch kein falsches Mitleid am Platze. [...] Ich bitte, bei den Ermittlungen mit aller Härte vorzugehen, um endlich eine Verringerung der strafbaren Handlungen bezeichneter Art zu bewirken."[345]
Die im Deutschen Reich verbliebenen polnischen Kriegsgefangenen sollten vermehrt nach beruflicher Eignung ein- oder auch umgesetzt werden.[346] „Bis auf ca. 37.000 wurden dann 1940/41 alle polnischen Kriegsgefangenen zu Zivilarbeitern ‚umgewandelt', wie es im Jargon der NS-Bürokratie hieß."[347] Die Unterkünfte der polnischen Kriegsgefangenen waren nach Meldung vom 13. Juni 1940 der Kreisbauernschaft Wanzleben für die zu erwartenden französischen Kriegsgefangenen freizugeben: „Betr.: Einsatz von Kriegsgefangenen aus dem Westen [...] In obiger Angelegenheit melde ich Ihnen, daß im hiesigen Kreisgebiet für den zusätzlichen Arbeitseinsatz in der Landwirtschaft noch ca. 820 Gefangene benötigt werden. Die Unterbringung der Gefangenen soll zum großen Teil in den bisherigen Sammelunterkünften der zur Entlassung kommenden polnischen Kriegsgefangenen erfolgen, wo dies nicht möglich, werden geeignete Räume zum Teil in landwirtschaftlichen Großbetrieben zur Verfügung gestellt werden. Heil Hitler! I.A. Walko"[348] Derlei Meldungen sind im Untersuchungsgebiet für zahlreiche

---

345 LHASA, MD, C 20 I, Ib Nr. 1825, Bl. 51.

346 „Ihre Entlassung kann daher nur noch verantwortet werden, wenn sie an anderen Stellen besser zu verwenden sind und an ihre Stelle eine andere Arbeitskraft als Ersatz gestellt wird. Sonst sind Verschiebungen unerwünscht und belasten die Behörden mit unnötiger Arbeit." LHASA, MD, C 20 I, Ib Nr. 886 Bd. 3, Bl. 8.

347 Spoerer, Zwangsarbeit, S. 45.

348 LHASA, MD, C 30 Landratsamt und Kreiskommunalverwaltung Wanzleben A, Nr. 111, Bl. 49.

Kreise der Provinz Sachsen nachweisbar und waren mit dem Ziel verbunden, die Bereitstellung neuer Unterkünfte für die Gefangenen auf einem geringen quantitativen Niveau zu halten. Die Überführung in das Zivilarbeiterverhältnis war noch bedeutender, um die vorhandene Arbeitskraft besser ausschöpfen zu können. Waren die Kriegsgefangenen aus der Kriegsgefangenschaft entlassen, so hatten sie nach einem Rundschreiben des Stalag-Kommandanten Mertens vom 4. Juli 1940 im Bereich des Lagers noch acht bis zehn Wochen an ihren Einsatzorten zu verbleiben. Zum Zeitpunkt des Schreibens waren jedoch bereits zahlreiche Kriegsgefangene entlassen. Die Verwaltung der vormals beschäftigenden Gemeinden hatte trotzdem dafür Sorge zu tragen, dass Kontoauszüge und Geldüberweisungen an die Bürgermeister der neuen Arbeitseinsatzorte – genauer der neuen Wohnsitze – weiterzuleiten waren.[349] Für die Gemeinden bedeutete dies einen erheblichen Verwaltungsaufwand, doch achtete man seitens des Stalags auf die ordnungsgemäße Weiterleitung des Kriegsgefangenenlohnes. Ob die betreffenden Kriegsgefangenen das von ihnen während der Kriegsgefangenschaft erwirtschafte Geld tatsächlich erhalten haben, konnte nicht ermittelt werden.

Der Entlassene verpflichtete sich, innerhalb von acht Wochen Zivilkleidung zu beschaffen und die vom Deutschen Reich gestellten Uniformstücke gegen eine Erstattung von zehn Reichsmark abzugeben.[350] Der Verpflichtungsschein war vom Entlassenen stets mit sich zu führen und bei etwaigen Kontrollen vorzuzeigen. Die geringe Zahl der im Stalag XI A verbliebenen Kriegsgefangenen weist darauf hin, dass ein Großteil bis Mitte 1940 in das Zivilarbeiterverhältnis überführt worden ist. Das weitere Schicksal der polnischen Arbeiter bildet in der historischen Forschung zur Provinz Sachsen ein Desiderat. Insbesondere sind die Arbeitsverhält-

---

349 Vgl. Kreisarchiv Landkreis Harz, II/18, Bl. 49.
350 Vgl. Centralne Muzeum Jeńców Wojennych w Łambinowicach-Opolu, MiD, XI OKW, sygn. 16.

nisse und der Druck der deutschen Sicherheitsbehörden auf die ehemaligen Kriegsgefangenen zu untersuchen. Es ist nach derzeitiger Quellenkenntnis und Hochrechnung davon auszugehen, dass ca. 20.000 Kriegsgefangene in das Zivilarbeiterverhältnis wechselten.[351] Die Zahl der im Stalag XI A registrierten Kriegsgefangenen ging bis Ende 1941 sukzessive zurück. Hervorzuheben ist, dass die Zahl der Gefangenen zwischen Oktober und November 1941 von 2.100 auf 795 sank.[352] Dieser Sachverhalt gründet auf dem Eintreffen der ersten sowjetischen Kriegsgefangenen im Stalag XI A Anfang Oktober 1941 aus Bergen-Belsen und im November 1941 direkt aus dem Osten. Der für ihre Unterbringung notwendige Raum war ohne Verzug freizumachen, um kurzfristige Überbelegungen zu vermeiden.

Abschließend sei auf eine vom Reichsverteidigungskommissar für den Wehrkreis XI, Reichsstatthalter und Gauleiter Rudolf Jordan, weitergeleitete Meldung an alle mit dem Kriegsgefangeneneinsatz beschäftigten Dienststellen vom 7. Juli 1940 verwiesen. Diese enthielt einen Bericht des Wehrkreiskommandos XI vom 20. Juni 1940 und setzte sich mit der notwendigen Unterbringung von Kriegsgefangenen auseinander. Der Chef des Generalstabes gab in diesem Schreiben bekannt, über welche Maßnahmen in allen Stadt- und Landkreisen des Wehrkreises zur Unterbringung der westlichen Kriegsgefangenen befunden wurde. Die Zusammenstellung der Arbeitsergebnisse ergab, dass bei „gleichzeitiger weitgehender Verwendungsmöglichkeit – Unterbringungsmöglichkeit besteht [...] *für* rund 40000 Kr.Gef. Es erhebt sich dabei allerdings das große Problem der Bewachung, zumal wenn die Entlassung der polnischen Kr.Gef. nicht so glatt erfolgt, wie zu erwarten stand, da diese sich in zunehmendem Maße weigern, die Verpflichtungs-

---

351 Die Annäherung beruht auf den Belegzahlen zum Stalag XI A vom Oktober 1939 (Materialy i Dokumenty, Statystyka genewska, sygn. 15) und September 1940 (BArch, MA, RW 6/450).

352 Vgl. BArch, MA, RW 6/450.

erklärungen abzugeben, und wenn demgemäß auch die Bewachung der poln. Kr.Gef. noch erhebliche Bestände an Landesschützen gebraucht werden."[353] Die Bilanzierungen beziehen sich zwar auf den gesamten Wehrkreis XI, doch stellt das Schreiben ein hervorragendes Beispiel für die Übergangsphase vom Arbeitseinsatz der polnischen zu den westlichen Kriegsgefangenen dar. Man sah sich im Wehrkreis XI nunmehr mit ähnlichen Problemen konfrontiert, wie bei dem Einsatz der kriegsgefangenen Polen Mitte September 1939. Die Unterbringungsmöglichkeiten für die eintreffenden Belgier und Franzosen waren vorerst eng begrenzt. Auch für den Bereich des Stalags ist es nachweisbar, dass die Entlassungen der polnischen Kriegsgefangenen bis zum Ende der Entlassungen keineswegs reibungslos verliefen. Speziell betroffen war insbesondere die Bewachung der zu entlassenden polnischen Gefangenen.

3.3.4 Organisatorische Rückwirkungen

Spoerer bezeichnete den Arbeitseinsatz der polnischen Kriegsgefangenen als wirtschaftlich „ineffektiv" und führte dies u.a. auf deren mangelnde Motivation, Bezahlung und die aus deutscher Perspektive bremsende Wirkung des GKA zurück.[354] Mit Blick auf die Forschungsliteratur zum Wehrkreis XI ist erkennbar, dass die Bewertung der Versorgungslage weit auseinanderfällt und daher keine einheitliche Haltung zum Kriegsgefangeneneinsatz festzumachen ist. Overmans gab zu bedenken, dass die Berücksichtigung des GKA keinen hohen Stellenwert im Denken deutscher Dienststellen aufwies und sich dadurch auch die Mangelversorgung im strengen Winter 1939/40 erklären lasse. Unter Berücksichtigung des ausgewerteten Quellenmaterials zum Stalag XI A kann Overmans nur Zustimmung zuteilwerden, denn sowohl die dokumentierte mangelnde Fertigstellung des Lagers als auch Ego-Dokumente polnischer Gefangener belegen, dass das GKA im Regie-

---

353 LHASA, MD, C 20 I, Ib Nr. 886 Bd. 2, Bl. 284.
354 Vgl. Spoerer, Zwangsarbeit, S. 45.

rungsbezirk Magdeburg nur ansatzweise beachtet worden ist. Es wäre zum Verständnis der jeweiligen Einschätzungen grundsätzlich hilfreich, wenn Overmans in seinen Ausführungen eine Differenzierung zwischen Stammlager und Außenlager vorgenommen hätte. Die Situation in den eingerichteten Außenlagern zur Versorgung des landwirtschaftlichen Sektors war im Hinblick auf Ernährung und Versorgung ausgewogener.

Diese Beobachtungen zum Verlauf des Arbeitseinsatzes und seinen Bedingungen lassen folgende Behauptungen zu: Die massenhaft erfolgte Bereitstellung von Unterkünften erfolgte unter hohem Zeitdruck. Zwar konnten in zahlreichen Ortschaften des Regierungsbezirkes Magdeburg Außenkommandos in Betrieb genommen werden, jedoch ist keine Außenperspektive über deren tatsächlichen Zustand überliefert. Die Besuche des IKRK setzten erst 1940 ein. Es ist in der Anfangszeit zwischen der Unterbringung in Außenkommandos und den Stammlagern zu unterscheiden. In der Forschungsliteratur wird darauf hingewiesen, dass die Außenkommandos zumeist einen provisorischen Charakter aufwiesen und das Verhalten der Bevölkerung durch Abneigung gekennzeichnet war. Die Entfaltung grundlegender Strukturen innerhalb des Regierungsbezirkes Magdeburg konnten anhand der Arbeitseinsatzregulierung durch die Behörden dargelegt werden. Regionale Funktionsträger hatten nach der ersten Einsatzphase Erfahrungen mit dem Kriegsgefangeneneinsatz sammeln können, die sie im weiteren Verlauf und unter Vorgabe der Behandlungsrichtlinien vor Ort umsetzen sollten. Inwiefern sich die regionalen Verwaltungsstrukturen[355] in der Durchführung und Organisation an die verschiedenen Nationalitäten des westlichen Kriegsschauplatzes anpassten, wird im folgenden Kapitel untersucht. Von Interesse ist hierbei, worauf sich die Verbesserung der Lage zurückführen lässt, denn

---

355 LHASA, MD, C 30 Landratsamt und Kreiskommunalverwaltung Jerichow I (Burg) A, Nr. 181; LHASA, MD, C 30 Osterburg A, Nr. 1311; LHASA, MD, C 30 Landratsamt und Kreiskommunalverwaltung Oschersleben A, Nr. 99.

diese korrespondiert mit einer höheren Wertschätzung der Kriegsgefangenen. In der Forschung gilt es als allgemein akzeptiert, dass
die westlichen Nationen (mit Ausnahme der Nordafrikaner, Wallonen, Franzosen polnischer oder tschechischer Herkunft) im Vergleich zu den polnischen Kriegsgefangenen in der ersten Phase der
Kriegsgefangenschaft eine humanere – weniger von rassistischen
Motiven geleitete – Behandlung erfuhren. Es sind nach Auswertung
der belastbaren Quellen zwei Sachverhalte grundlegend voneinander zu unterscheiden. Erstens die Qualität der vom Deutschen
Reich zugestandenen materiellen Versorgung (Nahrung, medizinische Betreuung und Unterkunft). Diese konnte sich innerhalb
des Deutschen Reiches stark voneinander unterscheiden.[356] Zweitens die gruppenspezifische Umsetzung der nationengebundenen
Behandlungsgrundsätze – der von der NS-Generalpolitik beigemes-
sene Wert der kriegsgefangenen „Rasse" und deren *Stigmatisierung* durch die Propaganda im öffentlichen Raum. In Zusammenhang mit dem Arbeitseinsatz waren das räumliche Ausgreifen des
Kriegsgefangenenwesens in Form der Außenlager und die Übertragung wesentlicher Aufgaben auf die deutsche Bevölkerung verbunden. Es handelte sich bei den Außenlagern daher nicht um abgeschlossene Räume. Handel, das „Organisieren" von zusätzlichen
Lebensmitteln, war außerhalb des Stammlagers zumindest potenziell möglich.

---

356 Die Ernährungssätze für Kriegsgefangene variierten innerhalb des Deutschen
Reiches, und sind bis Kriegsende nicht vereinheitlicht worden. So lassen sich
in Abhängigkeit der auszuführenden Arbeiten sehr unterschiedliche Kalori-
ensätze ermitteln, die den Kriegsgefangenen bereitzustellen waren. Kompliziert wird die Einschätzung der Sätze zusätzlich, weil nicht zu überprüfen ist,
wie viel Nahrung tatsächlich bei den Gefangenen ankam. Kriegsgefangenen
gelang es bisweilen, die sehr eng bemessenen Verpflegungssätze durch Handel, Tausch und Diebstahl aufzubessern. Die in den IKRK-Berichten protokollierten Vertrauensgespräche mit den Kriegsgefangenen verdeutlichen die
zumeist unzureichende Versorgung mit Lebensmitteln auf den Arbeitskommandos. Vgl. PA AA, R 40991; ebenso die Anmerkungen Mai, Kriegsgefangen
in Brandenburg, S. 85–88.

Im weiteren Verlauf ist zu klären, auf welchen Entscheidungs-
grundlagen eine vermeintlich bessere Behandlung westlicher
Kriegsgefangener beruhte. Aus militärhistorischer Sicht war dieser
Umstand nicht allein der NS-Hierarchisierung der europäischen
Völker, sondern in entscheidendem Maße dem zu diesem Zeitpunkt noch unbekannten Kriegsverlauf im Westen und der Einstellung gegenüber den Fremden geschuldet. Die Fragen, die sich
aus regionalhistorischer Perspektive anschließen, sind daher folgende: Kam es in den ersten Monaten der Gefangenschaft westlicher Soldaten, trotz Berücksichtigung des GKA, tatsächlich zu
einer Behandlung im Sinne des GKA oder ist diese von der allgemein begrenzten Versorgungslage behindert worden? Inwieweit
lassen sich qualitative Verbesserungen in Außenkommandos nachweisen? Die vermehrte Einbindung der Bevölkerung in die Bewa-
chungs- und Versorgungspraxis in den Außenlagern hatte zur
Folge, dass rein militärische Handlungsräume zu Gunsten einer
gerichteten und halböffentlichen Zusammenarbeit aufgeweicht
worden sind. Auf Grund des Quellenmangels war der Fokus
nur vereinzelt auf die Situation im Stammlager selbst zu richten.
Folglich sind für das Jahr 1940 nur geringfügige Erkenntnisse
zu benennen, und diese stammen zumeist aus den IKRK- und
YMCA-Berichten. Daher werden vermehrt die Lebensverhältnisse
in den Außenlagern anhand einer Zusammenschau aller geho-
nen Quellen ausgeleuchtet. Im vorangegangenen Kapitel konnte
als Beispiel für den Bereich des Stalags auf diese Weise nachgewiesen werden, dass die Organisation und Logistik des Kriegsgefangeneneinsatzes in den ersten Monaten des Krieges vermehrt
an ihre Grenzen stießen.[357] Auch wenn das Kriegsgefangenenwesen, speziell beim Wehrkreiskommando XI und allen nachgeordneten Instanzen, eine bessere Versorgung der Gefangenen hätte

---

357 Vgl. Anmerkungen zur Umsetzungs- und Versorgungspraxis von Kriegsgefangenen u.a. LHASA, MD, C 20 I, Ib Nr. 886 Bd. 2, Bl. 147; ebenso LHASA, MD,
I 33, Nr. 1050, Bl. 12.

leisten wollen, so standen dem Vorhaben massive Unterkunfts-
und Bewachungsprobleme entgegen.

3.3.5 Zusammenfassung

Die Verzahnung ziviler und militärischer Strukturen nahm mehrere
Monate in Anspruch und erreichte im Untersuchungsgebiet erst
nach der zweiten Entlassungsphase der polnischen Gefangenen
Anfang 1940 ein gewisses Maß an Routine.[358] Dies bedeutet nicht,
dass der Einsatz der Kriegsgefangenen bis zu diesem Zeitpunkt
chaotische Züge trug. Trotz der qualitativ hochwertigen Vorbereitung des deutschen Kriegsgefangenenwesens im Jahre 1938 geriet
diese zum einen in Konflikt mit der Kriegsgefangenenpolitik zahlreicher Reichsministerien und zum anderen mit den Einstellungen
der Bevölkerung gegenüber den Fremden. Die Wahrung des Reziprozitätsprinzips und des GKA hatte im Zusammenhang mit den
westlichen Kriegsgefangenen eine verlässliche Logistik zur Voraussetzung. Die alleinige Bereitstellung von Provisorien – beispielsweise von Zeltunterkünften – konnte in dieser Phase des Krieges
keinesfalls zur Einhaltung des GKA beitragen. Die Vor-Ort-Perspektive trägt dazu bei, die zeitgenössische Wahrnehmung der Fremden, die gegenseitige Abhängigkeit und die Herrschaft als situative
Praxis[359], der mit der Verwaltung beauftragten NS-Dienststellen,
auszuleuchten.[360]

---

358 Anmerkungen zur Logistik und Umsetzung der Entlassungen: Vgl. Overmans,
    Kriegsgefangenenpolitik, S. 745–750.
359 Vgl. Lüdtke, Alf: Herrschaft als soziale Praxis. Historische und sozial-anthropo-
    logische Studien, Göttingen 1991, S. 9–63.
360 Herbert weist in seiner Studie „Fremdarbeiter" auf die den Arbeitseinsatz prä-
    gende Einstellung zur Arbeit hin, die sich aus deutscher Perspektive in Bezug
    auf die Völker Europas sehr voneinander zu unterscheiden vermochte. Auf
    Basis von SD-Berichten über die Qualität der Arbeit von ausländischen zivi-
    len Arbeitskräften kommt Herbert zu dem Schluss, dass die abstrakt anmu-
    tende Einteilung in germanische und nicht germanische Völker, samt ihrer Ein-
    stellung zum Wesen der Arbeit, letztlich keinen Anklang bei der Bevölkerung
    fand. Im Unterschied zu Kriegsgefangenen war festzustellen, dass deren Ein-

3.4 Arbeitseinsatzpraxis (Phase II):
Der Einsatz „westlicher" Kriegsgefangener

3.4.1 Kriegsgefangenenpolitik und -verwaltung im Konflikt

Die umfangreiche und zum Teil komplizierte Verlaufsgeschichte der Gefangenschaft niederländischer, belgischer und französischer Soldaten ab Mai 1940 ist von Overmans bereits ausführlich erörtert worden.[361] Auffällig ist, dass das Deutsche Reich im Falle der westlichen Kriegsgefangenen im Vergleich zu den Polen erhebliche Zugeständnisse machte. Die Bedürfnisse der „Bedarfsträger" trafen auf eine uneinheitliche Einsatzpraxis. Von den Franzosen ist ein Großteil, von den Niederländern und Belgiern hingegen nur ein geringer Anteil über einen längeren Zeitraum in deutsches Gewahrsam verbracht worden. Bei den Belgiern ist die Bevorzugung der Flamen vor den Wallonen stets problematisch gewesen, denn die deutschen Arbeitseinsatzstrategen in den betreffenden Reichsministerien konnten schon bald nicht mehr auf Arbeitskräfte in der Landwirtschaft und Industrie verzichten.[362] Die einhergehende Verschiebung von Gefangenenkontingenten war zwar beabsichtigt, aber für die Antragsteller von Nachteil. Daten, aus denen sich ein erheblicher Mehraufwand ableiten lässt, sind nicht vorhanden. Bekannt ist dieses Problem besonders aus dem industriellen Sektor, wo die Einarbeitung der Gefangenen nicht zu unterschätzende Ressourcen band.

Den Ausführungen ist voranzustellen, dass im Vergleich zum Einsatz polnischer Kriegsgefangener für das Untersuchungsgebiet quantitativ weniger Dokumente überliefert sind.[363] Weiterhin ist zu berück-

---

stellung zu Arbeit und Leistung weitaus höher bewertet worden ist. Vgl. Herbert, Fremdarbeiter, S. 119f.

361 Vgl. Overmans, Kriegsgefangenenpolitik, S. 758–779.

362 Vgl. LHASA, MD, C 102, Nr. 246, Bl. 30; LHASA, MD, C 20 I, Ib Nr. 886 Bd. 3, Bl. 41.

363 Über die Verteilung, Regulierung und Bewachung polnischer Kriegsgefangener ist auf Landrats- und Kreisebene quantitativ mehr Schriftgut überliefert. Dies

sichtigen, dass die militärischen und zivilen Dienststellen zu einer verstärkten Wahrung des GKA angehalten waren und sich dieses Verhalten auf die Behandlung vor Ort spürbar auszuwirken vermochte.[364] Unter Berücksichtigung des gehobenen Quellenmaterials ist die Frage zu beantworten, in welchem Maße einerseits die Kommandantur des Stalags und andererseits die in die Verteilung eingebundenen zivilen Dienststellen aus den anfänglichen Organisationsdefiziten in Phase I Verbesserungen ableiteten. Hierunter sind vordergründig die Verkürzung von Kommunikationswegen, gerichtete Absprachen zur Bereitstellung geeigneter Wachmannschaften und die ausreichende Versorgung der Kriegsgefangenen zu verstehen. Ebenfalls sind Kriegsgefangene erstmals in großer Anzahl in der Magdeburger Industrie zum Einsatz gekommen. Damit sollte der Arbeitskräftemangel vorerst ausgeglichen werden.

Der Präsident des Landesarbeitsamtes Mitteldeutschland gab in einem Bericht für den Monat Juni 1940 bekannt, dass u. a. im Wehrkreis XI mit Verzögerungen des Einsatzes französischer Gefangener zu rechnen sei. In der Begründung heißt es, dass den übrigen Bezirken Kriegsgefangene aus dem Westen noch nicht in größerem Umfange zugewiesen werden konnten, zum einen, weil die „entsprechende Anzahl von Gefangenen seitens der militärischen Dienststellen bisher noch nicht freigegeben war, zum anderen, weil ein grosser Teil der Unterkünfte erst freigemacht werden muss".[365]

---

betrifft Versorgung und die Sicherstellung von Unterkünften. Vgl. LHASA, MD, C 20 I, Ib Nr. 886 Bd. 2; LHASA, MD, C 20 I, Ib, Nr. 3292.

364 Ausnahmen sind für Außenlager im industriellen Sektor belegt. Vgl. PA AA, R 40977; PA AA, R 40991; PA AA, R 40973; PA AA, R 40974; PA AA, R 40706b und PA AA, R 40992. Im Stammlager selbst stabilisierte sich die materielle Versorgungslage, und es war mit Hilfe von IKRK und YMCA möglich, künstlerische und handwerkliche Aktivitäten durchzuführen. Vgl zum Thema Kunst im Lager: Burger, Waltraud/Gorsler, Bernadette: STALAG IX A Ziegenhain. Eine Dokumentation künstlerischen und handwerklichen Schaffens von sowjetischen und französischen Kriegsgefangenen während ihrer Kriegsgefangenschaft, hg. von der Gedenkstätte und Museum Trutzhain, Schwalmstadt 2010.

365 LHASA, MD, C 20 I, Ib Nr. 886 Bd. 2, Bl. 287.

Diese Unterkünfte waren bisher mit polnischen Kriegsgefangenen besetzt, und nach Einschätzung der Sachlage stand eine Räumung dieser Lager daher in engem Zusammenhang mit der Überführung der polnischen Kriegsgefangenen in das zivile Arbeitsverhältnis.[366] Im Wehrkreis XI stieß diese Maßnahme laut Meldung des Landesarbeitsamtpräsidenten hauptsächlich deswegen auf Schwierigkeiten, weil die Räume auf Anordnung des Reichsverteidigungskommissars nicht freigemacht werden konnten. Dieser Befund ist darauf zurückzuführen, dass sich die kriegsgefangenen Polen weigerten, in das zivile Arbeitsverhältnis zu wechseln. Nach Befragungen stellte sich heraus, dass sie von der Annahme überzeugt waren, als zivile Arbeiter auf unbegrenzte Zeit in Deutschland verbleiben zu müssen. Dies war nicht unbegründet. Die Nachrichten über die Schicksale der ins zivile Arbeitsverhältnis „Überführten" verbreiteten sich unter den Gefangenen und zogen die Hoffnung nach sich, zumindestens als Kriegsgefangene eine Aussicht auf Entlassung in die Heimat zu haben, ein Vorgang, der formal durch das GKA geregelt war und auf den sich die kriegsgefangenen Polen beriefen. Für das Deutsche Reich war der polnische Staat aber kein Völkerrechtssubjekt mehr. Mit Blick auf die weitere Entwicklung ist festzuhalten, dass sie quasi als „Spitzenbrecher" im regionalen Arbeitsmarkt fungierten.[367] Der verschärfte rechtliche Rahmen und die von den Betriebsführern vertretene Meinung, die Polen im Gefangenverhältnis zu belassen, weil dadurch weniger Möglichkeiten zum Verlassen der Arbeitsstelle bestünden, unterstreichen ihre Funktion als Verfügungsmasse. Der Schritt, die Polen von ihren Kommandos abzuziehen und in Sammelunterkünfte zu verbringen, war aus Perspektive des Deutschen Reiches die einzig rationale Lösung des wiederkehrenden Raumproblems. Die westlichen Gefangenengruppen mussten aus dem Stammlager abtransportiert werden und damit verlagerte sich der Mangel an Unterkünften erneut auf die polnischen

---

366 Vgl. ebd., Bl. 189 ff.
367 Vgl. für die Stadt Magdeburg ebd., Bl. 282.

Gefangenen.[368] Von der Überführung in das zivile Arbeitsverhältnis profitierte die preußische Provinz Sachsen ungemein, denn die massenhaft im zivilen Sektor eingerichteten Arbeitslager waren der Kontrolle der internationalen Beobachter entzogen.

Es gilt bei dieser Umsetzung generell zu bedenken, dass in kürzester Zeit neue Sammelunterkünfte bereitzustellen waren, die in zahlreichen Fällen als „Fremdarbeiterlager" für Zivilarbeiter weitergenutzt wurden. Die klare Umschreibung eines zu diesem Zeitpunkt ungelösten Verwaltungsproblems ist besonders auffällig. Die vermeintlich aus ideologischen Gründen durchgeführte Trennung der Gefangenengruppen lässt sich ansatzweise mit Artikel 9 des GKA begründen, der eine gesonderte Unterbringung nach Nationen forderte.[369] Für die Landräte der betroffenen Gemeinden war dies aber nicht in unbegrenztem Maße durchführbar. Der Raum war begrenzt und die Neuschaffung eines umfriedeten Geländes mit hohen Kosten verbunden. Die mit der Entlassung verbundene Freimachung von Unterkunftsräumen ließ sich nicht mit dem Vorhaben der Hereinnahme westlicher Kriegsgefangener synchronisieren. Dass die polnischen Kriegsgefangenen treffliche Gründe für einen Verbleib in der Kriegsgefangenschaft hatten, war wie gezeigt mit der unsicheren Situation verbunden, die sie nach der Entlassung erwartete. Tanzsäle, Schulen und Gasthäuser sind daher in der Folge kurzzeitig zu Sammelpunkten umfunktioniert worden. Derlei Auffangstellen waren letztlich für beide Seiten keineswegs tragbar. Die Wehrkreisverwaltung konnte die eingeplante „Überführung" der polnischen Kriegsgefangenen größtenteils nicht fristgemäß einleiten und lief damit ein zweites Mal Gefahr, Verzögerungen im Arbeitseinsatz zu verursachen.[370]

---

368 Vgl. ebd., Bl. 287.

369 RGBL 1939/Teil II, S. 235.

370 Es sei auf eine ähnliche Problemlage knapp 14 Monate später verwiesen. Die Beschäftigung der sowjetischen Kriegsgefangenen hatte eine Umsetzung der Franzosen zur Folge. Insbesondere Zulieferer für die Luftwaffe profitierten von der Zuweisung, jedoch gelang vielerorts die Kompensation mit sowjetischen

3.4.2 Ideologische Grundlagen der Kriegsgefangenen-
   bewachung

Die zeitlichen Verzüge sollten nicht die einzige Schwierigkeit sein, mit der sich die Kommandantur und nachfolgende Dienststellen (Arbeitsämter) konfrontiert sahen. Stalag-XI-A-Kommandant Mer-

---

Gefangenen nicht im geplanten Maße. Im September 1941 hieß es in einem Rundschreiben des Landesarbeitsamtpräsidenten: „Soeben teilt mir der Herr Reichsarbeitsminister telegrafisch mit, daß der Herr Reichsmarschall die sofortige Zuweisung der <u>französischen</u> Kriegsgefangenen an die in <u>beifolgender</u> Einsatzliste aufgeführten Luftwaffenbetriebe verlangt. Die Durchführung der Kation [richtig: Aktion] müsse selbst dann erfolgen, wenn nicht genügend oder keine sowjetischen Kriegsgefangenen zum Austausch vorhanden seien. Ich bitte, sofort die Umsetzung der französischen Kriegsgefangenen unter Beachtung der Bestimmungen vom 26.8. […] und vom 4.9.41 […] vorzunehmen, wonach u.a. insbesondere grundsätzlich die Rüstungswirtschaft und der Bergbau im engeren Sinne von dem Abzug der französischen Kriegsgefangenen für die Luftwaffenindustrie ausgenommen bleiben müssen. Die für den Abzug in Frage kommenden Betriebe haben die französischen Kriegsgefangenen auf Abruf sofort abzugeben. Den betreffenden Betrieben ist klar zu machen, daß im Interesse des Fortgangs der kriegerischen Operationen umgehend gehandelt werden muß, selbst wenn dadurch andere Produktionsstockungen eintreten. Ich bitte die Vorsitzenden der Arbeitsämter, sich persönlich in die Aktion einzuschalten und sicherzustellen, daß die nach der Liste zu stellende Zahl französischer Kriegsgefangener bis zum 1. Oktober 1941 möglichst restlos eingesetzt wird. Aus der beiliegenden Einsatzliste geht der Bedarf in Ihrem Bezirk hervor. Diesen haben Sie aus den in Ihrer Austauschliste gemeldeten französischen Kriegsgefangenen zu decken. Einen verbleibenden Überschuß an französischen Kriegsgefangenen haben Sie gemäß Anlage zu verteilen. Der hiernach bei Ihnen bestehende Fehlbedarf wird durch Zuweisung französischer Kriegsgefangener gemäß Anlage gedeckt. Sie setzen sich sofort dieserhalb mit den betreffenden Arbeitsämtern in Verbindung. Die in der Einsatzliste aufgeführten Luftwaffenbetriebe haben sich zu verpflichten, die französischen Kriegsgefangenen bis 1. Oktober 1941 aufzunehmen. Hierbei verweise ich auf Ziffer 2 des Erlasses vom 4.9.41, wonach es Aufgabe der Luftwaffenbetriebe ist, die Unterkünfte für die Wachmannschaften und Kriegsgefangenen sowie die von den Abwehrstellen verlangten Voraussetzungen für die Beschäftigung der Kriegsgefangenen sofort zu schaffen. Bei etwa auftretenden Schwierigkeiten bei der Beschaffung der Unterkünfte bitte ich Sie, unverzüglich mit dem zuständigen Rüstungskommando und dem Landwirtschaftsamt in Verbindung zu treten." LHASA, MD, C 20 I, Ib Nr. 886 Bd. 3, Bl. 41.

tens[371] gab am 10. Juni 1940 bekannt, mit welchen *ideologischen Prämissen* der Einsatz und die Behandlung der Kriegsgefangenen grundsätzlich verbunden waren. Von den eingetroffenen westlichen Kriegsgefangenen sind laut Meldung im Bereich des Stalags nur Franzosen und Belgier zum Einsatz gekommen, von „letzteren wieder nur die Wallonen. Z. Zt. befinden sich im Lager Altengrabow nur erst Belgier."[372] Das Verhalten der Wachmannschaften gegenüber den westlichen Gefangenen sollte sich nach den gleichen Grundsätzen regeln, wie bei den polnischen Kriegsgefangenen. Kommandant Mertens gab in seinem Rundschreiben unmissverständlich zum Ausdruck, dass es erhebliche Unterschiede in der Kriegsgefangenenbehandlung bezüglich der Polen und der Franzosen zu geben habe. Diese gründen einerseits auf der historischen Erfahrung mit dem Feind und andererseits auf dem gegenwärtigen Konflikt: „Wenn dem Franzosen gegenüber das Rachegefühl für ermordete Volksdeutsche nicht in gleichem Maße wie dem Polen gegenüber zum Ausdruck kommt, so darf doch niemals vergessen werden, in wie brutaler und rücksichtsloser Weise der Franzose an Rhein und Ruhr auftrat, wie gemein sich seine Niggerhorden benahmen und welche Kulturschande die französische Regierung beging und begeht, daß sie diese tierischen Schwarzen gegen uns losläßt [...]."[373]

Die offene Anspielung auf die Besetzung des Rheinlandes nach dem Ersten Weltkrieg und die damit verbundene Demütigung sollten bei den altgedienten Soldaten ihre Wirkung nicht verfehlen.[374] Die differenziert formulierte Abstufung der beiden Nationen

---

371 Kdt. des Stalags XI A 01.03.1940–08.04.1941; geb. am 10.9.76. Vgl. interne handschriftliche Findkartei BArch, MA; mit freundlicher Genehmigung am 08.02.2012 zur Verfügung gestellt von Fr. Chr. Botzet (BArch, MA).

372 LHASA, MD, C 30 Wanzleben A, Nr. 111, Bl. 49.

373 Ebd.

374 Vgl. ebenso das „Merkblatt zur Haltung gegenüber Kriegsgefangenen" an alle Arbeitgeber Kriegsgefangener im Bereich des Stalags XI A vom September 1943 auf S. 446 (Dok. 8).

kommt in dieser Passage besonders zum Ausdruck. Das von Mertens benannte „Rachegefühl" gegenüber dem Erbfeind sollte verstärkt und damit die Unehrbarkeit des französischen „Mischheeres" im Allgemeinen bezeugt werden.[375] Der Einsatz der aus Nordafrika stammenden Soldaten wurde erneut als Akt der Provokation gedeutet und besonders missbilligt. „Es muß daher bis zum Schützen herunter jedem deutschen Soldaten klar gemacht werden, daß er weit über dem Franzosen steht und daß er sich nicht dazu hergeben darf, mit einem von dieser Nation kameradschaftlich zu verkehren."[376] Die deutsche Zivilbevölkerung wurde vor dem Eintreffen der französischen Kriegsgefangenen ebenso über die geltenden Umgangsformen belehrt. Zu vermeiden waren Kontakte mit der deutschen Bevölkerung und die Lockerung der Bewachung.

Abschließend verlieh Mertens seiner Einschätzung Ausdruck, dass Franzosen und Belgier „im allgemeinen intelligenter sind als die Polen"[377] und dadurch eine verschärfte Bewachung nur allzu gerechtfertigt wäre. Die in dem Rundschreiben unverhohlen zum Ausdruck gebrachte rassistische Einstellung gegenüber den Gefangenen verdeutlicht, wie man indirekt die polnischen Kriegsgefangenen aus Perspektive des Lagerstabes aburteilte. Die Bevölkerung war ebenso dazu angehalten, sich gegenüber den Franzosen genauso zu verhalten, wie es in den Bestimmungen zu den polnischen Gefangenen gefordert wurde. Nachsicht, Anbiederung und die Aufnahme von Kontakten waren grundsätzlich, auch gewaltsam, zu unterbinden. Im Bereich des Stalags sind vorerst die bel-

---

375 Vgl. zur Entwicklung von Propagandabildern Koller, Christian: Von Wilden aller Rassen niedergemetzelt. Die Diskussion um die Verwendung von Kolonialtruppen in Europa zwischen Rassismus, Kolonial- und Militärpolitik (1914–1930), Stuttgart 2001; Michels, Eckard Rez. zu. Koller, Christian: „Von Wilden aller Rassen niedergemetzelt", die Diskussion um die Verwendung von Kolonialtruppen in Europa zwischen Rassismus, Kolonial- und Militärpolitik (1914–1930), in: Francia, Bd. 31/3 (2004), S. 251–254.

376 LHASA, MD, C 30 Wanzleben A, Nr. 111, Bl. 49.

377 Ebd.

gischen Kriegsgefangenen in die Gemeinden entsandt worden. Auf Veranlassung der Kommandantur waren sie entweder für den Kolonneneinsatz oder in Gruppen von 10 bis 15 Mann unterzubringen. Die Arbeitseinsatzlage machte es unmöglich, Polen und Belgier in den Betrieben getrennt voneinander arbeiten zu lassen. Kommandant Mertens forderte aus diesem Grunde eine stärkere Bewachung und im Gemeinschaftslager eine erhöhte Ausbruchssicherheit. Die geringfügigen Änderungen, auf die Mertens im Rundschreiben verweist, belegen, dass der Einsatz der westlichen Gefangenen nicht mit einer materiellen Verbesserung einherging. Die unzureichenden Unterkünfte blieben weiter in Verwendung, nur die Bewachung wurde zusätzlich verstärkt. Für die westlichen Kriegsgefangenen hatte dies zur Folge, dass sie sich in einem sehr engen Aktionsradius bewegten und keinerlei Abwechslung genossen.[378]

3.4.3 Arbeitseinsatz „westlicher" Kriegsgefangener

Am 5. Juli 1940 erging vom Kommandeur der Kriegsgefangenen im WK XI an die Lagerstäbe im WK XI die Meldung, dass nach Mitteilung des OKW Abt. Kr.Gef. (Major von Rosenberg) von den „insges. 500[000]–600000 französischen Kr.Gef., die in das Reichsgebiet überwiesen werden, insgesamt 40000 (nämlich zunächst 25000, dann 15000) in den Wehrkreis XI überwiesen"[379] würden. Es wurde dem OKW weiterhin gemeldet, dass die Abtransporte (beginnend in 10 bis 14 Tagen) so erfolgen würden, dass für Stalag XI A alle drei Tage 2.000 Kriegsgefangene zur Verfügung stünden. Eine Zahl, die den nicht abreißenden Bedarf an Arbeitskräften allmählich zu decken vermochte. Der Einsatz der Kriegsgefangenen war schnellstmöglich vorzubereiten.[380] Die Gesamtzahl der westlichen Gefangenen stieg bis September 1940 auf 28.412

---

378 Vgl. PA AA, R 40705.
379 LHASA, MD, C 20 I, Ib Nr. 886 Bd. 2, Bl. 286.
380 Vgl. ebd.

an. Laut Belegstärke waren in diesem Zeitraum bereits 12.899 Belgier und 16.513 Franzosen im Stalag XIA registriert. Im Vergleich zu den 6.061 polnischen Kriegsgefangenen stellten die westlichen den Hauptteil der in Altengrabow registrierten Personen. Die Kapazitäten im Stammlager selbst waren vollständig ausgereizt und eine schnellstmögliche Verteilung auf umliegende Lagerstandorte geboten.[381] Im IKRK-Bericht vom 15. Oktober 1940 heißt es, dass die insgesamt 25.000 französischen Gefangenen bereits auf 1.300 Außenkommandos verteilt worden sind.

Zu bedenken ist, dass es sich hierbei auch um Außenkommandos außerhalb des Stalag-Bereiches, also in anderen Wehrkreisen, handeln kann. Im Stammlager selbst hielten sich im Herbst 1940 insgesamt 5.100 Kriegsgefangene aller Nationen auf. Von ihnen waren wiederum 2.500 französischer Herkunft.[382] Die Entwicklung übertraf die Angaben des Kommandeurs der Kriegsgefangenen weitaus und arbeitete damit der Deckung des regionalen Arbeitskräftebedarfs entgegen. Die Erkenntnis, alle mit Kriegsgefangenenfragen beschäftigten Dienststellen miteinander zu verzahnen und dadurch unternehmerische Planungssicherheit zu gewährleisten, sollte sich positiv für lokal ansässige Unternehmen auswirken.

In Magdeburg hat dieses Modell bis Januar 1945 erstaunlich gut funktioniert. Regionale Firmen tauschten Gefangenenkontingente und schufen innerhalb kürzester Zeit brauchbare Unterkünfte. Die Etablierung dieses Modells nahm (auch) im Untersuchungsgebiet nach derzeitiger Quellenkenntnis sehr viel Zeit in Anspruch. Das Stalag XIA hatte zu diesem Zeitpunkt also zahlreiche Kriegsgefangene zu entsenden und konnte den regionalen Bedarf lediglich theoretisch decken. Der Prozess, nämlich die Gefangenen in die

---

381 „Während die Landwirtschaft in den Arbeitsamtbezirken der Wehrkreise IV und XI mit etwa 70 bis 75 v.H. mit westlichen Kriegsgefangenen versorgt ist, liegt die Verteilungsquote im Wehrkreis IX z.Zt. bei etwa 60 v.H." Ebd., Bl. 304. Im Zuge der Entlassung belgischer Kriegsgefangener minimierte sich deren Anteil bis Ende Februar 1941 auf 5.947. Vgl. BArch, MA, RW 6/450.
382 Vgl. PA AA, R 40977.

Außenlager umzusetzen, überforderte die dafür vorgesehene Infrastruktur im Sommer 1940 nachweislich. Der Magdeburger Regierungspräsident nahm am 13. Juli 1940 in einem Schreiben an den Oberpräsidenten der Provinz Sachsen nochmals Bezug auf eine Benachrichtigung, in der er sich zuversichtlich zur Versorgung Magdeburgs mit Kriegsgefangenen äußerte.[383] Es konnte nicht ermittelt werden, in welchem Ausmaß die regionalen Funktionsträger in Militär- und Zivilbehörden dieses Defizit tatsächlich analysierten und abzustellen versuchten. Diesem Vakuum traten Magdeburger Industrie- und Kleinunternehmen entgegen und organisierten die vorhandenen Kriegsgefangenen eigenständig. Im folgenden Abschnitt wird der grundlegende Verlauf geschildert und dessen Effizienz auf lokaler Ebene untersucht.

3.4.4. Zusammenarbeit regional ansässiger Industriegroßbetriebe

Im Nachgang zu seinem Bericht vom 29. Juni 1940 gab der Regierungspräsident den interessierten Magdeburger Firmen und Betrieben, dem Rüstungskommando, dem Arbeitsamt, der Industrie- und Handelskammer Magdeburg und dem Stalag Altengrabow bekannt, dass „ein geschlossenes Bataillon westlicher Kriegsgefangener (rund 3000 Mann) in allernächster Zeit nach Magdeburg abkommandiert wird".[384] Im Unterschied zum Arbeitseinsatz der Polen gründeten sich nun ortsansässige Interessengruppen, die die Versorgung von Gemeinschaftslagern organisierten. Der Einsatz im industriellen Sektor erforderte ein zielführendes Zusammenarbeiten zuliefernder Betriebe. Das hohe Aktionspotenzial bzw. die Selbstmobilisierung der Unternehmer waren sehr eng mit dem Standort Magdeburgs als Teil der Rüstungsindustrie verbunden.

---

383 Betr. Versorgung mit Arbeitskräften; Erlass vom 1. und 11.6.1940 OP.5095 C.-. Vgl. LHASA, MD, C 20 I, Ib Nr. 886 Bd. 2, Bl. 282.

384 Für die Unterbringung waren vorgesehen: Kristallpalast Leipziger Straße, eine Maschinenhalle der Maschinenfabrik Buckau, Feldstraße 13, und ein Schuppen auf dem Gelände der Hafen A.G. Ebd.

Vergleichbar ist diese Zusammenarbeit mit den Vergemeinschaftungsprozessen im ländlichen Raum. Auch hier mussten Kreise und Gemeinden Unterbringunsmöglichkeiten für die Gefangenen schaffen. Mit dem Zustrom der westlichen Gefangenen nahm der Einsatz im Raum Magdeburg jedoch eine neue Dimension an, denn der industrielle Sektor benötigte zunehmend mehr (Fach-)Arbeitskräfte. Die Bereitstellung von kriegsgefangenen Fachkräften gab der Rüstungswirtschaft also insgesamt einen Schub. Der Bedarf der gewerblichen Betriebe und der Industrie sollte durch den vorgesehenen Einsatz der 3.000 westlichen Kriegsgefangenen ebenfalls gedeckt werden.

Über die zahlenmäßige Entwicklung des Kriegsgefangeneneinsatzes innerhalb des Industrieraums Magdeburg lassen sich bis zum Eintreffen der sowjetischen Kriegsgefangenen keine genauen Angaben ermitteln, die Rückschlüsse auf die Effektivität der AMK zuließen. Der angegebene Gesamtbedarf im Arbeitsamtbezirk Magdeburg lag Ende Oktober bei 5.825 Kriegsgefangenen, wobei hiervon nur 2.511 gestellt waren (Deckung: 43 Prozent). Die defizitäre Versorgung zog sich bis in das erste Drittel des Jahres 1940 hin. Die im Landesarbeitsamt Mitteldeutschland eingegangenen Einsatzzahlen widerspiegeln, dass der von der Landwirtschaft geprägte Arbeitsraum Börde/Fläming einen Großteil des zur Verfügung stehenden Kontingentes (ein)forderte und die Magdeburger Großindustrie vorerst zweitrangig behandelt wurde.[385] Die Deckung im Arbeitsamtbezirk Burg war mit 96 Prozent extrem hoch. Für den räumlich weiter vom Stalag entfernten Arbeitsamtbezirk Stendal lässt sich ein Deckungsverhältnis von 18 Prozent errechnen. Es kann mit der Meldung des Regierungspräsidenten in Magdeburg nachgewiesen werden, dass die anberaumte Versorgungsmaßnahme mit westlichen Gefangenen während der Phase II erneut zu Belastungen führte. Zudem wurde am 23. August 1940 offenkundig, dass die metallverarbeitende Industrie in Magdeburg nicht die geforder-

---

385 Vgl. ebd., Bl. 290.

ten Kriegsgefangenenkontingente erhielt, die sie zur reibungslosen Aufrechterhaltung der Produktion benötigte. Aus einem Rapport an den Oberpräsidenten der Provinz Sachsen ist ersichtlich, dass im Regierungsbezirk Magdeburg insgesamt 11.500 westliche Kriegsgefangene eingesetzt worden sind. In Magdeburg selbst waren am 23. August 1940 aber insgesamt nur 1.435 westliche Kriegsgefangene beschäftigt. Nach knapp zwei Monaten ist der angekündigte Zustrom in Bataillonsstärke für die Stadt Magdeburg also gerade einmal zu knapp 50 Prozent gedeckt worden.[386]

Die Deckung mit Kriegsgefangenen im Industriegroßraum Magdeburg legt den Schluss nahe, dass die eintreffenden Kontingente nicht zur Auffüllung, sondern vielmehr der Erhaltung des rückständigen Versorgungsniveaus dienten. Aus diesem Befund sollte sich bis Anfang 1942 ein in der gegenwärtigen historischen Forschung wenig untersuchtes Konfliktfeld zeitgenössischer Akteure entwickeln: der Abzug von eingearbeiteten Kriegsgefangenen aus der Landwirtschaft in die Industrie und deren Weiterleitung an die Rüstungsindustrie. Großbetriebe hatten zum Teil berechtigte Zweifel, ob die oftmals zeitintensive Einarbeitung der Kriegsgefangenen durch deren kurze Verweildauer ökonomisch sinnvoll wäre.[387] Die-

---

386 Das Wehrkreiskommando XI gab am 28. August 1940 in einem Rundschreiben bekannt, dass von einer Neuzuteilung von Kriegsgefangenen für das Stammlager XI B auszugehen sei. „Dies ist auf Wunsch des Reichsarbeitsministers geändert. Die 14000 franz. Kr.Gef. sollen vielmehr halb zu halb, also 7000 und 7000 nach Stalag XI B und nach Stalag XI A Altengrabow zugeteilt werden." Der Arbeitskräftemangel im Stalag-XI-A-Bereich veranlasste das Reichsarbeitsministerium, bis zum 15. September 1940 jeweils 7.000 westliche Kriegsgefangene in die Stammlager zu entsenden. Es konnte nicht ermittelt werden, wer für diese Intervention verantwortlich war. Ebd., Bl. 360. Weiterhin konnte nicht nachvollzogen werden, ob die versprochenen Kontingente tatsächlich im Stammlager eintrafen. Staatssekretär Backe unterhielt sehr wahrscheinlich enge Kontakte mit Gauleiter Rudolf Jordan. Dieser bemühte sich im November 1941 darum, weitere Kriegsgefangene aus dem Entsendungsbereich des Stalags XI B nach Altengrabow zu überführen. Ebd., Bl. 373.

387 An die Wehrkreisbeauftragten, die Rüstungsinspektion, die Gebietsbeauftragten für die chemische Erzeugung und die Landesforstverwaltungen erging am

ser „elastische"[388] Einsatz der französischen Kriegsgefangenen war besonders zum Nachteil, weil sie entweder mit langen Anmarschwegen oder schlechten Unterkünften konfrontiert worden sind. Ausdrücklich gab der Präsident des LAA bekannt, dass bei einzurichtenden Behelfslagern „von der sonst vorgeschriebenen Einrichtung Abstand genommen werden"[389] könne. Hiermit ist einer Mangelversorgung Vorschub geleistet worden, die sich nachhaltig auf die „Einsatzfreude", so ein zeitgenössischer IKRK-Terminus, auswirkte. Wendet man den Blick auf die Ebene der Stadtverwaltung und Industrie, so ist hier auf das ergebnisorientierte Wirken der „Arbeitsgemeinschaft Magdeburger Kriegsgefangenenlager" zu verweisen. Durch ihre Vermittlungstätigkeit sollten 600 Mann für den Arbeitseinsatz im Großraum Magdeburg bereitgestellt werden.[390] Mit der Arbeitsgemeinschaft verband sich die Zielstellung, nach Möglichkeit große Kontingente aus dem Stalag XI A in Industrieräume abzuführen und in Sammelunterkünften unterzubringen. Diese waren im Fall der Magdeburger Großbetriebe sehr nah am Arbeitseinsatzort gelegen. Ein wesentlicher Vorteil dieses Zusammenschlusses bestand darin, größere Kontingente innerhalb der Stadt Magdeburg nach Fliegerangriffen durch alliierte Bomberverbände verschieben zu können. Benötigte eines der Unternehmen beispielsweise zusätzliche Unterkünfte, so konnten im industriellen Sektor in kürzester Zeit Freiräume geschaffen werden.

In Magdeburg sollte sich die Zusammenarbeit unterschiedlicher Firmen als vorteilhaft erweisen, weil die Kosten gering gehalten

---

17. April 1942 die Meldung vom Präsidenten des Landesarbeitsamtes Mitteldeutschland, dass Einsprüche von Betrieben gegen den beabsichtigt befristeten Abzug von Kriegsgefangenen zu Gunsten der landwirtschaftlichen Betriebe abzulehnen sind. Die anschließende Überführung der Kriegsgefangenen war von der Kreisbauernschaft und der „Betreuerorganisation der gewerblichen Wirtschaft" vorzunehmen. Vgl. LHASA, MD, C 102, Nr. 246, Bl. 30.

388 Ebd.
389 Ebd.
390 Vgl. LHASA, MD, C 20 I, Ib Nr. 886 Bd. 2, Bl. 291.

und die Bewachungsmodalitäten zentralisiert worden sind. Auch aus diesem Grund sollte die AMK zunehmende Bedeutung für die metallverarbeitende Industrie im Raum Magdeburg erlangen. Sie bildete ein Netzwerk aus Politik, Wirtschaft und Militär, welches sich letztlich stabilisierend auf Teile der Magdeburger Schwerindustrie auswirkte. Kriegsgefangene Arbeitskräfte leisteten unter ihrer organisatorischen Leitung Zu- und Hilfsarbeiten für Rüstungsbetriebe und stellten damit sicher, dass der Verlust deutscher Arbeiter umgehend ausgeglichen werden konnte.[391] Ohne langwierigen Verwaltungsaufwand waren mit der AMK Unterkünfte für zahlenmäßig große Kriegsgefangenenkontingente bereitzustellen.[392] Auf der anderen Seite ist zu betrachten, ob diese zahlenmäßig hohen Kontingente auch tatsächlich in Magdeburg eintrafen. Die Analyse des Arbeitseinsatzes der polnischen Gefangenen hat bereits erge-

---

391 Für den landwirtschaftlichen Sektor konnte der Nachweis erbracht werden, dass Gauleiter Jordan nach Unterredung mit Staatssekretär Backe in Berlin eine Verschiebung von 1.500 Kriegsgefangenen zu Gunsten der mitteldeutschen Zuckerfabriken veranlassen konnte. In einem Schreiben an den Regierungspräsidenten vom 5. November 1940 wies er darauf hin, dass damit auf den Arbeitskräftemangel im verarbeitenden Gewerbe des Regierungsbezirkes reagiert worden sei. Dies zeigt auf, dass sich erstens Parteistellen in die Organisationsabläufe einmischten und zweitens erfolgreich den Abzug von Kontingenten veranlassen konnten. LHASA, MD, C 20 I, Ib Nr. 886 Bd. 2, Bl. 373.

392 Ein ähnliches Verwaltungskonstrukt im Wehrkreis XI ist für Hannover nachgewiesen worden. Die „Lagergemeinschaft Hannover" war zur Schaffung von Unterkunftsmöglichkeiten für „ortsfremde Arbeiter und Kriegsgefangene" gegründet worden. Jede Firma, Behörde oder Organisation konnte Mitglied werden, vorausgesetzt, sie war in die Rüstungswirtschaft in Hannover eingeschaltet. Weiterhin war der Nachweis zu führen, dass sie einen vom Arbeitsamt und der betreuenden Dienststelle (Kommando des Rüstungsbereichs Hannover oder Gauwirtschaftskammer Hannover-Braunschweig) anerkannten Sofortbedarf an Arbeitskräften hatte, der eine Unterbringung von Kriegsgefangenen in Lagern erforderlich machte. Vgl. Anschütz, Janet/Heike, Irmtraud: Feinde im eigenen Land. Zwangsarbeit in Hannover im Zweiten Weltkrieg, 2. Aufl., Bielefeld 2000; Schumacher, Jürgen: Zwangsarbeiterlager Bornumer Holz, Badenstedt 2007, S. 5, online: www.kulturtreff-plantage.de/Projekte/Zwangsarbeit.pdf (17.12.2012).

ben, dass die innere Verwaltung massiv von der Leistungsfähigkeit des Stalags abhängig gewesen ist und langwierige Verzögerungen auftraten. Wie verhielt es sich bei den französischen Kriegsgefangenen? Im bereits benannten Schreiben des Regierungspräsidenten in Magdeburg wird auch der Magdeburger Oberbürgermeister zur Tätigkeit der AMK zitiert: „Die Vereinbarung zwischen der Arbeitsgemeinschaft Magdeburger Kriegsgefangenen-Lager (AMK), die als Trägerin der Gemeinschaftsaktion für Kriegsgefangenen-Angelegenheiten errichtet worden ist, und dem Stammlager Altengrabow auf Zuweisung von 3000 Mann konnte von diesem bisher nicht eingehalten werden."[393] Es ist daraus abzuleiten, dass die AMK ab Mitte 1940 eine tragende Rolle im Stadtgebiet einnahm und durch ihre enge Vernetzung mit Magdeburger Unternehmen zu kennzeichnen ist.[394] Die Aktenlage zeigt aber, dass ihre Wirkmächtigkeit bei der Zuweisung von Kriegsgefangenen zu Beginn des Einsatzes französischer Kriegsgefangener insgesamt begrenzt war. Die Bedarfsanmeldungen waren ursprünglich an das federführende Arbeitsamt zu richten und eine beschleunigte Verteilung durch Nebenabsprachen unergiebig. In diesem Sinne ist auch die Meldung des Oberbürgermeisters aufzufassen, dass der „Arbeitsgemeinschaft bisher tatsächlich nur 600 französische Kriegsgefangene abgestellt worden [sind]; es soll jedoch damit zu rechnen sein, dass in absehbarer Zeit weitere Gefangene nach Magdeburg kommen".[395]

Die Versorgungslage in Magdeburg war also trotz der Hereinnahme westlicher Kriegsgefangener Ende August 1940 noch keineswegs gesichert. Mit der als Gemeinschaftsaktionen bezeichneten Arbeitskräfteregulierung konnte die benötigte Gesamtzahl bis zum Entlas-

---

393 LHASA, MD, C 20 I, Ib Nr. 886 Bd. 2, Bl. 291.

394 Für das Konzentrationslagersystem in Magdeburg gab es ähnliche Vergemeinschaftungen, die an der rigorosen Ausbeutung der Arbeitskraft interessiert waren. Zu nennen ist hier die Mitwirkung des sogenannten Freundeskreises Himmler. Vgl. Bindernagel/Bütow, Ein KZ in der Nachbarschaft, S. 52f.

395 LHASA, MD, C 20 I, Ib Nr. 886 Bd. 2, Bl. 292.

sungsprozess französischer Gefangener nicht organisiert werden. Die Gründe hierfür sind vielfältig und der zum Teil dem Reichseinsatz widersprechenden Interessenlage des Deutschen Reiches zuzuschreiben. Die Eigenschaften der dreimonatigen Phase II lassen sich wie folgt umschreiben: Das OKW und das Reichsarbeitsministerium erkannten die Notwendigkeit der Arbeitskräfteversorgung im Wehrkreis XI umgehend. Der schleppend verlaufende Einsatz polnischer Gefangener offenbarte erneut die Gefahr, Ernte und Aussaat dieser von Landwirtschaft und Industrie geprägten Region Mitteldeutschlands bei gleichzeitigen Aushebungen durch die Wehrmacht zu gefährden. Die Bereitstellung der geforderten Sammelunterkünfte für einzeln untergebrachte Kriegsgefangene ließ sich im Untersuchungsgebiet nicht umsetzen. Einzelunterbringungen sind toleriert worden, wenn damit die Bereitstellung von Sammelunterkünften zu umgehen war.

3.4.5 „Entlassungen" zwischen Januar und Juni 1941

Am 2. Januar 1941 informierte der Kommandant die Kontrolloffiziere, dass weißruthenische (= weißrussische) und ukrainische Kriegsgefangene beschleunigt in das zivile Arbeitsverhältnis zu entlassen sind.[396] Sie gelangten ursprünglich nach der Niederschlagung der polnischen Armee in die Kriegsgefangenschaft und waren staatsrechtlich Polen weißrussischer resp. ukrainischer Herkunft.[397] Ihre Gesamtzahl in der polnischen Armee

---

396 LHASA, MD, C 30 Wanzleben A, Nr. 111, Bl. 1–91.

397 In einem Schreiben des Präsidenten des Landesarbeitsamtes Mitteldeutschland vom 28. September 1940 kam die Frage nach der Rückführung von weißrussischen Kriegsgefangenen auf. Betreffende Arbeitsämter gaben zur Antwort, dass weißrussische Kriegsgefangene nicht von Russland aufgenommen würden und eine Rückführung unmöglich sei. Die Betreffenden seien in das zivile Arbeitsverhältnis zu überführen und damit im Deutschen Reich zu belassen. Vgl. LHASA, MD, C 20 I, Ib Nr. 886 Bd. 2, Bl. 332.

betrug ca. 75.000–80.000 Mann.[398] Ihr Anteil im Stalag XI A war im Vergleich zu anderen Gefangenengruppen äußerst gering, und es gibt derzeit keine Hinweise über ihre statistische Verteilung in den eingerichteten Arbeitskommandos. Sie konnten nach der Entlassung den von ihnen erwirtschafteten Lohn beim Bürgermeister der betreffenden Gemeinde gutschreiben und innerhalb von sechs Wochen auszahlen lassen. Man beließ ihnen ebenso die Kleidung, die sie seit Beginn der Kriegsgefangenschaft trugen, ohne eine sonst übliche Nutzungspauschale zu erheben. Ihre Entlassung spiegelt sich ansatzweise im Rückgang der polnischen Belegstärke wider: Zwischen dem 25. Oktober 1940 und dem 31. März 1941 verringerte sich der Bestand polnischer Kriegsgefangener im Stalag XI A von 5.993 auf 3.403 Personen.[399] Hierunter befanden sich auch weißrussische Kriegsgefangene; auf Grund des Quellenmangels ist keine genaue Anzahl ermittelbar. Auf den Arbeitseinsatz wirkte sich entscheidend die Entlassung westlicher (belgischer und französischer) Kriegsgefangener aus. Hitlers – propagandistisch nicht zu unterschätzendes – Zugeständnis an die Regierung in Vichy war die Entlassung von französischen Kriegsgefangenen, die vor dem 1. Januar 1899 geboren worden waren. Im OKW schätzte man ihre Zahl auf insgesamt 35.000–65.000 Personen, die schnellstmöglich in die Heimat zu überführen wären. Um Verzögerungen im Entlassungsprozess entgegenzuwirken, hob man in den offiziellen Schreiben an die Landesarbeitsämter nachdrücklich hervor: „Es ist der ausdrückliche Wunsch des Führers, daß die Entlassung der kr.gef. franz. Weltkriegsteilnehmer zur Erreichung des politischen Zwecks mit größter Beschleunigung durchgeführt wird."[400] Für die

---

398 Vgl. Gribovskij, Vladimir: Weißrussen unter den polnischen Kriegsgefangenen in Deutschland in den Jahren des Zweiten Weltkriegs, in: Selemenev, Vjačeslav: Sovetskie i nemeckie voennoplennye v gody Vtoroj Mirovoj Vojny, Dresden 2004, S. 229.
399 Vgl. Archiwum Centralnego Muzeum Jencow Wojenich w Lambinowicach-Opulu, Materialy i Dokumenty, Statystyka genewska, sygn. 16, Bl. 5.
400 LHASA, MD, C 30 Wanzleben A, Nr. 111, Bl. 33.

Betriebe, die die Kriegsgefangenen entweder angelernt oder eingearbeitet hatten, musste umgehend qualifizierter Ersatz geschaffen werden. Der Vorschlag des Reichsarbeitsministers hatte zum Inhalt, die fehlenden Arbeitskräfte durch serbische Gefangene zu ersetzen. Im Stalag XI A wurden zwischen dem 1. Juli und dem 1. August 1941 insgesamt 7.326 Serben (sogenannte „Südost"-Gefangene) registriert. Ihr Einsatz erfolgte vornehmlich in der Landwirtschaft, denn zu diesem Zeitpunkt wurden im Untersuchungsgebiet dringend Erntehelfer gebraucht.

Daraus lässt sich ableiten, dass metallverarbeitende Großbetriebe vorrangig keine qualifizierten Kriegsgefangenen als Ausgleich erhielten und nochmals ein Einarbeitungsprozess seitens der Betriebe durchzuführen war. Ein Teil der Serben diente in der Provinz Sachsen als Ersatz für die zur Entlassung in Frage kommenden Franzosen. Dass sich dieses auf eine propagandistische Wirkung abzielende Vorhaben vor Ort zum Nachteil auswirkte, war dem Reichsarbeitsminister sehr wohl bewusst. Er führte aus, dass „Lücken, die bei wichtigen Arbeitskommandos durch die Entlassung der franz. KGef. entstehen, damit geschlossen werden [müssen], daß von weniger wichtigen Arbeitsvorhaben im Sinne meines Erlasses vom 26. April 1941 […] Arbeitskommandos ganz oder zum Teil abgezogen und die hier beschäftigten KGef. als Ersatz für zur Entlassung kommende franz. Weltkriegsteilnehmer umgesetzt werden."[401] Wie bereits gezeigt wurde, war im Zusammenhang der Arbeitseinsatzplanungen deutscher Dienststellen Mitte 1940 noch von einem Mangel an Kriegsgefangenen für 1941 auszugehen. Dieser erfuhr mit dem Einsatz der serbischen Gefangenen aber nur einen begrenzten Ausgleich. Der Bedarf an kriegsgefangenen Fach- und Landarbeitern stieg im Untersuchungsgebiet weiter an und zog den durch das GKA verbotenen Einsatz von Unteroffizieren nach sich, die zumeist eine höhere Ausbildung vorweisen konnten als Mannschaftsdienstgrade. Die Rüstungs-Ins-

---

401 Ebd.

pektion im Wehrkreis XI hielt im Kriegstagebuch vom 1. April bis 30. Juni 1941 fest, dass sich die Entlassung französischer Kriegsgefangener in die Heimat insgesamt ungünstig auf die Arbeitseinsatzlage auswirkte.[402] Der Subtext dieser Umschreibung lässt bereits die Entwicklung erkennen, dass die Umsetzungen und Entlassungen auf Produktionsebene ein nicht zu verhinderndes Problem darstellen sollten. Die schriftlich getroffenen Aussagen der IKRK- und YMCA-Delegierten zum Lager sind im Zeitraum zwischen April und September 1940 widersprüchlich. Es scheint, als war zumindest die *materielle* Versorgung der im Lager befindlichen Gefangenen gesichert. Nach Auswertung der für diesen Zeitraum vorhandenen IKRK-Berichte wird deutlich, dass sich die Lage im Stalag bis zum Eintreffen der sowjetischen Kriegsgefangenen im November 1941 sukzessive zu Ungunsten der Franzosen verschlechterte (verlängerte Arbeitszeiten, geringere Rationen).[403]

Aus quellenkritischer Perspektive ist anzumerken, dass die Delegierten zumeist nur das Stammlager, die umliegenden Lazarette und zwei bis drei ausgewählte von zu diesem Zeitpunkt insgesamt 1.100[404] Arbeitskommandos besichtigen konnten.[405] Ein nachhaltiger Eindruck vom komplexen Gesamtgefüge des regionalen Kriegsgefangeneneinsatzes konnte auf diesem Wege also nicht gewonnen werden. Im März 1941 schien die Gesamtversorgungslage im Stalag XIA zwischenzeitlich den Vorgaben des GKA und somit der IKRK-Delegierten entsprochen zu haben. Es ist nicht über Infektionskrankheiten, „angeschlagene"[406] Hilfsdienstleistun-

---

402 BArch, MA, RW/20/11, Nr. 10, Bl. 44.

403 Vgl. PA AA, R 40705, PA AA, R 40987 und PA AA, R 40706b.

404 Vgl. PA AA, R. R 40706b.

405 Eine hervorzuhebende Ausnahme stellt ein Besuchsbericht vom 28. und 29. Januar 1942 dar. Es sind von den Delegierten die Vertrauensmänner von mindesten 34 Kommandos gehört und besonders gravierende Fälle im Bericht beschrieben worden. Vgl. PA AA, R 40992.

406 Terminus für von der Wehrmacht verwendete, geöffnete oder verbrauchte Hilfsgüter.

gen und zu streng gehaltener Manneszucht berichtet worden. Auch das Stalag XI B (Fallingbostel) im Westen des Wehrkreises wird im Zeitraum März bis Juli 1941 als gut organisiertes Lager bezeichnet. Die Delegierten trafen deprimierte Kriegsgefangene speziell im Umkreis großer Industrieanlagen an, weil sie sich dort nicht ausreichend um ihre Körperpflege kümmern konnten, Ungeziefer die allgemeine Reinhaltung erschwerte und damit der Ausbreitung von Krankheiten Vorschub geleistet wurde. Grund sind hierfür die zumeist provisorischen Lebensbedingungen in einer nicht für die Unterbringung geeigneten Räumlichkeit. Auf die Stimmung unter den betreffenden Gefangenen wirkte sich besonders negativ aus, dass auch Unteroffiziere zur Arbeit gezwungen wurden. Ein Vorgang, der laut GKA nur auf Freiwilligkeit beruhen sollte.[407] Diese Berichterstattungen wurden in der Rechtsabteilung des Auswärtigen Amtes registriert und schufen, nicht nur im Falle des Stalags XI A, Handlungsdruck. Keinesfalls sollte das Vorgehen des Kommandanten Anlass für eine negative Berichterstattung im Ausland sein. Es ist festzuhalten, dass die „Kommunikationsabteilung" im Auswärtigen Amt um den Nachweis bemüht war, Defizite auszugleichen und sich den Forderungen des IKRK/GKA anzupassen. Schriftlich richtete man sich an das IKRK und gab u.a. Kunde von der baulichen Anpassung des Außenlagers. In nachfolgenden Berichten ist von dem kritisierten Arbeitskommando 544/17 keine Rede mehr, und die Mängel sind sehr wahrscheinlich beseitigt worden.

Anhand dieses Vorfalls lassen sich zwei Rückschlüsse ziehen: Erstens entsandte die Kommandantur Kriegsgefangene in Außenkommandos, ohne sich unter Zuhilfenahme des Kontrolloffiziers[408] von

---

407 „Die kriegsgefangenen Unteroffiziere können nur zum Aufsichtsdienst herangezogen werden, es sei denn, sie verlangten ausdrücklich eine entgeltliche Beschäftigung." RGBl. 1934/Teil II, S. 239.

408 Zu diesem Zeitpunkt ist Leutnant Römmer in Magdeburg für Bezirk des Arbeitsamtes Magdeburg (ausgenommen Nebenstelle Haldensleben) fassbar. Vgl. LHASA, MD, C 30 Osterburg A, Nr. 1311, Bl. 240. Ab 01.12.1941 ist Hauptmann

der notwendigen Güte der Unterkunftsräume unterrichten zu lassen.[409] Zweitens zeigt sich anhand des konkreten Beispiels eine Strategie, ohne hohen personellen und ökonomischen Aufwand maximale Erträge zu erzielen. Hierbei erwies es sich als problematisch, wenn Unternehmer Unterkünfte bereitzustellen hatten und diese dann durch die Kriegsgefangenen fertiggestellt worden sind. Nach Auswertung verfügbarer Quellen ist die relative Sterblichkeitsrate der französischen Kriegsgefangenen nicht erhöht. Die IKRK-Berichte verweisen in den betreffenden Zeiträumen nicht auf krankheitsbedingte Todesfälle. Verantwortlich sind hier die gute medizinische Versorgung, Medikamente aus Frankreich und vorhandenes französischsprachiges Sanitätspersonal.[410] Folgende Bilanzaufstellung (WASt-Angaben) gibt Auskunft über die Entwicklung der Belegstärken des Stalags für Phase II (1941): Der Anteil französischer Kriegsgefangener blieb laut Meldung an die WASt auf quantitativ hohem Niveau. Franzosen bildeten den Hauptteil der im Stalag XI A kriegsgefangenen Soldaten. Im Stalag XI A war der Anteil der vor dem 1. Januar 1899 geborenen Soldaten sehr wahrscheinlich gering und wirkte sich nicht nachhaltig aus. Zwischen dem 25. Oktober 1940 und dem 1. Mai 1941 wuchs die Anzahl

---

Lange für den Bezirk des Arbeitsamtes Magdeburg zuständig. Vgl. LHASA, MD, C 30 Wanzleben A, Nr. 111, Bl. 80.

409 In einem Rundschreiben des Lagerkommandanten vom 21. Juni 1940 heißt es: „Das Arbeitskommando ist ein Bestandteil des Kriegsgefangenen-Stammlagers und damit ein militärisches Kommando. Es untersteht allein dem Kommandanten des Stalag. Stellvertreter des Kommandanten ist der für einen größeren Bezirk eingesetzte Kontrolloffizier des Stalag." LHASA, MD, C 30 Wanzleben A, Nr. 111, Bl. 51.

410 Overmans gibt eine ermittelte Sterblichkeitsrate über fünf Jahre von 2,8 Prozent an. Zu Grunde gelegt werden hierbei die französischen Angaben, die insgesamt 50.000 Verstorbene umfassen. Laut deutschen Angaben sind in Gefangenschaft 15.000 Gefangene umgekommen. Die Differenz kommt zustande durch Fälle, bei denen ungeklärt ist, wann genau der Betreffende gestorben ist bzw. zu welchem Zeitpunkt er die tödliche Verletzung erhalten hat. Vgl. Overmans, Kriegsgefangenenpolitik, S. 758.

französischer Kriegsgefangener von 18.380 auf 32.878 an.[411] Im selben Zeitraum verringerte sich der Bestand belgischer Kriegsgefangener von anfangs 12.112 auf 5.739 Mann. Diese Vorgänge banden im entsprechenden Zeitraum zahlreiche personelle Ressourcen des Stalags und der inneren Verwaltung im zivilen Sektor. Mit den Entlassungen war die Suche nach neuen Unterkünften, die Überweisung erwirtschafteter Gelder und letztlich die Weiterleitung an Arbeitgeber verbunden. Die Neuzugänge und deren Überführung in die Außenkommandos forderten die schnelle Einrichtung von Gemeinschaftsunterkünften, die annähernd den Vorgaben des GKA zu entsprechen hatten. Die (Um-)Bauphasen nahmen trotz des provisorischen Charakters zahlreicher Unterkünfte ökonomisch wertvolle Zeit in Anspruch.

Beobachtet man die Gesamtentwicklung des Kriegsgefangenenbestandes im Stalag XI A, so ist der Anstieg der Belegstärke als auffällig zu bezeichnen. Von ca. 36.000 Kriegsgefangenen Ende Oktober 1940 stieg die Zahl Ende Januar 1941 auf 45.000 Mann an und fiel bis Mai wieder auf 42.000. Die im Untersuchungsgebiet in Phase I und II durchgeführten regulären Entlassungsprozesse gingen mit einer hohen Fluktuationsrate unter den Kriegsgefangenen einher, deren zum Teil negative Auswirkungen auf die Kriegsgefangenen durch die IKRK-Berichte belegt worden sind.[412] Ego-Dokumente spiegeln die Wahrnehmung der Unterversorgung und die Monotonie des Arbeitsalltages wider.[413] Der Arbeitskräftebedarf in mittelständischen Industriebetrieben und landwirtschaftlichen Unter-

411 In einem YMCA-Bericht vom 14. März 1941 wird die hohe Anzahl von 38.000 kriegsgefangenen Franzosen genannt. Vgl. PA AA, R 40706a.
412 Die aus Entlassung und Versetzung resultierende Abwesenheit der Vertrauensmänner hatte zur Folge, dass sich den in Regelmäßigkeit im Lager erscheinenden IKRK-Vertretern kein einheitliches Bild über die humanitären Entwicklungen im Lagerkosmos erschloss. Vgl. PA AA, R 40991. „Durch einen grösseren Abgang von KrGef ist das ganze Erziehungsprogramm umgestossen worden und muss neu wiederaufgebaut werden." PA AA R 40706a.
413 Vgl. „Ruyten-Bericht", S. 3 ff.

nehmen stieg mit zunehmender Kriegsmobilisierung weiter an und war gleichzeitig von Aushebungen der Wehrmacht begleitet. Personeller Ersatz war unter Hereinnahme immer wieder neuer Kriegsgefangenenkontingente zu schaffen. Eine weitere Möglichkeit bestand darin, Kriegsgefangene aus der Kriegsgefangenschaft zu entlassen und nach Möglichkeit im Reichseinsatz zu behalten. Dieser Prozess der „Zwangsintegration" in das zivile Arbeitsverhältnis bildet aus sozialhistorischer Perspektive eine Leerstelle in der mitteldeutschen Regionalgeschichtsforschung. Die Betrachtung der Opfergruppen erfolgt zumeist nur in den Grenzen ihrer begrifflichen Zuschreibung. Dies bedeutet, es wird das Schicksal von „Ostarbeitern", „Kriegsgefangenen" und „Zwangsarbeitern" untersucht, ohne dabei die Übergänge von einem Status zum anderen genauer zu analysieren. Derlei Schnittstellen sind präzise im zweiten Halbband „Ausbeutung, Deutung, Ausgrenzung" des Kompendiums „Die deutsche Kriegsgesellschaft 1939 bis 1945" in den Beiträgen von Spoerer[414], Hornung, Langthaler, Schweitzer[415] und Rathkolb[416] beschrieben worden. Die Syntheseleistung der Beiträge ist darin zu sehen, dass über die begrifflichen Grenzen hinweg Argumente für eine ganzheitliche Zusammenschau der jeweiligen Gruppen aufgebaut werden. Im Umkehrschluss wird dadurch erkennbar, welche Komplexität das deutsche Zwangsarbeiter- und Kriegsgefangenensystem besaß.

Je weiter sich die Grenzen des Deutschen Reiches in Europa zu diesem Zeitpunkt ausdehnten, desto höher wurde auch der Anteil ausländischer Arbeitskräfte im Stalag-XI-A-Bereich. Bis zu elf vertretene Nationen waren kurz- oder langfristig im Lager registriert. Nach ca. 18 Monaten zeichnete sich ab, dass die polnischen, westlichen und serbischen Kriegsgefangenen nicht ausreichen wür-

---

414 Vgl. Spoerer, Die soziale Differenzierung, S. 485–576.
415 Vgl. Hornung, Ela/Langthaler, Ernst/Schweitzer, Sabine: Zwangsarbeit in der Landwirtschaft, in: Das Deutsche Reich und der Zweite Weltkrieg, Bd. 9/2, München 2005, S. 577–666.
416 Vgl. Rathkolb, Oliver: Zwangsarbeit in der Industrie, in: ebd., S. 667–728.

den, den immensen Arbeitskräftebedarf in der Provinz Sachsen zu decken. Die Fluktuation der Kriegsgefangenen innerhalb eines Wehrkreises bzw. eines Produktionsraumes wie „Mitteldeutschland" war aus militärischer Perspektive gewollt. Anbiederungen, Gewöhnung und Monotonie an die Arbeitsabläufe waren grundsätzlich zu vermeiden, um Fluchten und Sabotageversuchen vorzubeugen.[417] Für die zivilen Betriebsführer erwies sich die Verschiebung von Gefangenen nachweislich als ökonomischer Nachteil, sobald die Kriegsgefangenen qualifizierte Arbeiten durchzuführen hatten. Die Zusammenschau sowohl des zivilen/militärischen Verwaltungsschriftgutes als auch der IKRK-Berichte hat deutlich werden lassen, dass die Kriegsgefangenenbetreuung im Stalag XI A und in den Arbeitskommandos bis Oktober 1941 die Anforderungen des GKA nur in Teilbereichen erfüllte. Problematisch war die Lage vor allem in den Außenlagern, die dem industriellen Sektor angehörten. Je größer die Anzahl der dort beschäftigten Gefangenen war, desto schlechter waren ihre Lebensgrundlagen. *Kein* Industriebetrieb im Großraum Magdeburg konnte für eine ordnungsgemäße Unterbringung von mehr als 500 Mann Sorge tragen. Hierfür reichten die Kapazitäten auf dem jeweiligen Betriebsgelände nicht aus und erforderten demzufolge Ausweichquartiere, die über die Stadt verteilt waren. Probleme innerhalb des Stammlagers resultierten vielfach aus Sachzwängen, die sich auf die Struktur des Kriegsgefangenenwesens zurückführen lassen. Beispielsweise sind die Stalag-Lazarette mit deutschem Sanitätspersonal unterbesetzt gewesen, was die Hereinnahme von kriegsgefangenen Medizinern erforderte. Grundsätzlich war dieses Prinzip von Vorteil, denn auf diesem Wege wurde die Mehrsprachigkeit und Verbesserung von Diagnosen gewährleistet. Kam es aber zu Verschiebungen größerer Kriegsgefangenenkontingente, wechselten auch ausländische Ärzte ihren Einsatzort und fehlten dann im Lazarett. Zudem konnten

---

417 Vgl. Kriegsgefangene. Auf Grund der Kriegsakten bearbeitet beim Oberkommando der Wehrmacht, Berlin 1939, S. 15–19.

auch andere Ursachen für ihre Abwesenheit sorgen. Für drei französische Hilfsärzte wirkte sich beispielsweise nachteilig aus, dass sie mehrere Kriegsgefangene als für eine Heimschaffung in Frage kommend bezeichnet hatten. Nach Meldung der IKRK-Delegierten Dr. Exchaquet und Dr. Marti an das Auswärtige Amt sind diese Ärzte daraufhin in einen fünftägigen Arrest gelangt, der auf die persönliche Anweisung des Lagerkommandanten Mertens zurückzuführen war.[418]

Ein Verzicht auf rekonvaleszente Gefangene war grundsätzlich nicht möglich. Die mangelnde Vorbereitung der Außenlager und die mit dem massenhaften Einsatz der Kriegsgefangenen einhergehenden Kompromisslösungen sind auf die Arbeit des Lagerstabes und des jeweiligen Kontrolloffiziers zurückzuführen. Dieser Befund korrespondiert mit der Einschätzung Kellers, dass nach dem Westfeldzug die „bestehenden Lager erweitert [wurden], um die französischen Gefangenen unterbringen und versorgen zu können, die sehr viel zahlreicher waren als die Männer, die bereits in den Lagern und Arbeitskommandos waren".[419]

3.4.6 Zusammenfassung

Der Verlauf zeigt, dass der Arbeitskräftebedarf im Untersuchungsgebiet in Phase II mit westlichen Kriegsgefangenen trotz ihrer hohen Anzahl nicht ausgeglichen werden konnte. Erschwerend kam hinzu, dass die Entwicklung der Kriegsgefangenen-Infrastruktur im Stalag-XI-A-Bereich, gemessen an den Planungen, zu ineffektiv organisiert war. Die Kommunikationswege auf Mesoebene genügten nicht, die Leistungsanforderungen der Makroebene (RMEL, RAM) zu erfüllen. Die Unterbringung in ungeeigneten Gebäuden (Schuppen[420]) und die Bewachung durch schlecht ausgebildete Hilfswachmannschaften belegen, dass das Stalag XI A

---

418 Vgl. PA AA, R 40705.
419 Keller, Sowjetische Kriegsgefangene, S. 48.
420 Vgl. PA AA, R 40987.

im Vergleich zu anderen Stammlagern des mitteldeutschen Raumes *keine* Ausnahme darstellt. Die ermittelten Zusammenhänge, Sachzwänge und Konflikte mit der Kriegsgefangenenpolitik stellten für die innere Verwaltung der Region ein systembedingtes Problem dar. Führungskompetenz und Ausgleich von strukturellen Fehlplanungen setzten im Lagerstab in dieser Phase ein hohes Maß an Pragmatismus voraus. Das strenge Regime unter Führung des Lagerkommandanten Mertens war in diesem Falle kontraproduktiv. Man akzeptierte zu diesem Zeitpunkt vielerorts die mangelhafte Unterbringung der dringend benötigten Arbeitskräfte, anstatt mit langfristigen und regional wirksamen Konzepten zu arbeiten. Bis Mai 1941 war genügend Zeit vergangen, aus Provisorien GKA-konforme Unterkünfte bereitzustellen. Es zeigte sich, dass der organisatorische Druck auf den Kommandanten seit Einsatz von Oberst Mertens und ihm nachfolgend von Oberst Ludwiger[421] beträchtlich gestiegen ist. Sowohl die Anforderungen der regionalen Kriegsindustrie als auch die zu schaffenden Arbeitskommandos in der Landwirtschaft forderten eine effektivere Zusammenarbeit zwischen Lagerkommandantur, Arbeitsämtern und Arbeitgebern.

Die Führung des Lagers unter dem für nur zwei Monate eingesetzten Oberst von Ludwiger erwies sich trotz widriger Umstände als Fortschritt. Diese Einschätzung basiert auf einem YMCA-Bericht vom 8. Juli 1941 und zeigt, welchen Einfluss der Lagerstab innerhalb kurzer Zeit geltend machen und dass dessen Gestaltungswille damit erheblichen Einfluss auf das Lagerleben haben konnte. Nach der äußerst streng gehaltenen Manneszucht unter Major Mertens änderte sich der Umgang mit den Kriegsgefangenen innerhalb des Stalags dahingehend, dass mehr Freiheiten für die kulturelle und sportliche Beschäftigung gewährt wurden. Während der Kommandantur Ludwigers wuchs der Bibliotheksbestand, wurde u. a. ein

---

421 Kurt von Ludwiger; Lebensdaten unbekannt; Kdt. Stalag XI A 07.05.1941–27.07.1941. Vgl. interne handschriftliche Findkartei im BArch, MA.

Sonderatelier für den polnischen Maler Juliusz Macewisc[422] geschaffen und die Manneszucht bereits unter der Interimsführung des Hauptmanns Ernst Breithaupt an die Anforderungen des GKA angepasst. Aus zwei vorliegenden Berichten, die vor und während der Kommandantur Ludwigers angefertigt worden sind, wird ersichtlich, dass sich die Normierung des Lageralltags auf das Lagerleben der westlichen Gefangenen psychologisch positiv auswirkte. Über die Versorgungslage des Stammlagers sind in einem vorliegenden IKRK-Bericht vom 18. Mai 1941 keine Aussagen getroffen worden. Es ist darin vermerkt, dass den französischen Gefangenen auch zu diesem späten Zeitpunkt in der Gefangenschaft keine Übersetzung der GKA in ihrer Muttersprache zugänglich war. Diese Maßnahme widersprach dem Völkerrecht und diente der Lagerkommandantur letztlich dazu, lediglich die Pflichten der Gefangenen geltend zu machen und sie folglich in Unkenntnis ihrer Rechte zu belassen. Der Versuch, die Einsatzsteuerung gemeinsam mit dem Landesarbeitsamt, seinen Nebenstellen und den auf Kreisebene angesiedelten Dienststellen zu optimieren, ist durch die in Phase I und II vorgenommenen Entlassungsprozesse negativ beeinflusst worden. Als zweite Beobachtung ist zu nennen, dass die Lagerverwaltung trotz eingeleiteter Optimierungsprozesse in Zusammenarbeit mit den Landräten und Bürgermeistern nicht den notwendigen, völkerrechtlich vorgesehenen Raum für die geforderten Kriegsgefangenenkontingente schaffen konnte. Laut Meldung des Gauleiters Rudolf Jordan befanden sich am 1. November 1941 allein im Bezirk Magdeburg insgesamt 34.013 Kriegsgefangene in den eingerichteten Arbeitskommandos. Diese Zahl musste mit der bald einsetzenden Entlassung der Franzosen durch den Einsatz sowjetischer Kriegsgefangener im Untersuchungsgebiet gehalten werden. Mit dem Arbeitseinsatz der sowjetischen Gefangenen erreichte die geschaffene Logistik eine neue Größenordnung.

Die disparate Quellenlage erlaubt keine ausführliche Erörterung

---

422 Seine Erkennungsnummer lautete: 1387. Vgl. PA AA, R 40973.

der von regionalen Akteuren durchgeführten Arbeitseinsatzpraxis. Die Quellenlage zu diesem Themenkomplex ist in den Landesarchiven, Kreis- und Stadtarchiven äußerst fragmentarisch. Vielmehr sind Aussagen zur Behandlung, Versorgung und Unterbringung erschlossen worden, die in den folgenden Kapiteln eine ausführliche Analyse erfahren sollen. Vorerst sollten die sowjetischen Kriegsgefangenen aus Sicherheitsgründen nur in der Landwirtschaft arbeiten, jedoch ließ sich diese Einschränkung in der preußischen Provinz Sachsen spätestens im ersten Quartal 1942 nicht mehr aufrechterhalten.

3.5 Arbeitseinsatzpraxis (Phase III): Sowjetische Kriegsgefangene

Dem Arbeitseinsatz der sowjetischen Kriegsgefangenen war die kriegswirtschaftliche Einsicht vorausgegangen, dass das vorhandene Kräftepotenzial umfassend auszuschöpfen war. Körperlich schwere Arbeiten sollten vorerst von den sowjetischen Gefangenen geleistet und damit französische Arbeitskräfte für die Industriebetriebe freigemacht werden.[423] Nur wenige Quellen zum Stalag XI A

---

423 In einem Rundschreiben des OKW vom 25.08.1941 heißt es mit dem Betreff: „Größte Beschleunigung der Ablösung Kr.Gef. anderer Nationalitäten durch sowj.Kr.Gef. Die Einsatzaktion aller nicht sowjetischer Kriegsgefangener in der Rüstungsindustrie kann sich nur dann voll auswirken, wenn alle beteiligten Stellen sich für eine schnelle Durchführung des Austauschs dieser Kr.Gef. gegen sowj. Kr.Gef. voll einsetzen. Jeder auf diesem Gebiet Arbeitende muß sich klar sein, dass die schnelle Freimachung der nicht sowj. Kr.Gef. für die Rüstungsindustrie von ausschlaggebender, kriegsentscheidender Bedeutung ist. Der Herr Reichsmarschall hat heute das Oberkommando der Wehrmacht noch einmal wissen lassen, daß er mit Bestimmtheit erwartet, daß die Eingliederung der nicht sowj. Kr.Gef. in die Rüstungsindustrie (soweit sie nicht in der Landwirtschaft eingesetzt sind) bis zum 1.10. durchgeführt ist. Das Oberkommando der Wehrmacht muß daher fordern, daß der Einsatz der sowj. Kr.Gef., zum Zwecke der Ablösung anderer Kr.Gef. bei Wehrmachtsvorhaben und im zivilen Sektor (nach den Vorschlägen der Landesarbeitsämter) mit allen Mit-

geben konkret Auskunft über die zumeist menschenunwürdigen Verhältnisse, deren Organisation durch deutsche zivile und militärische Dienststellen und die Zusammenarbeit zwischen OKW und SS. Mit dem Eintreffen der sowjetischen Kriegsgefangenen nahm in zahlreichen Stalags die Anzahl der verbrecherischen Handlungen zu, und zweitens hatte dies eine Neuausrichtung des Kriegsgefangenensystems zur Folge. Mit dem Einsatz der sowjetischen Kriegsgefangenen lässt sich ab April 1942 erneut eine massenhafte Verlegung französischer Gefangener feststellen. Dies ist auf die schlechte Versorgungslage, völkerrechtswidrige Behandlung und das Massensterben unter den Rotarmisten zurückzuführen. Zum Ausgleich des Defizits wurden französische Kriegsgefangene „im elsatischen Einsatz" zwischen Industrie- und Landwirtschaftsbetrieben wie eine Verfügungsmasse hin und her verschoben.[424]

---

teln gefördert wird. Die Wehrkreiskommandos melden umgehend fernmündlich an OKW/Abt. Kriegsgef.: 1. Bestehen noch Ablösungsmöglichkeiten und in welchem Umfange über das zugewiesene Sowjet-Kr.Gef.Kontingent hinaus? 2. Überschreitet das zugeteilte Kontingent an sowj. Kr.Gef. die Zahl der durch Ablösung freizumachenden Kr.Gef. anderer Nationalitäten und um wieviel? Verteiler: W.Kdo. I-XIII [...] Der Chef des Oberkommandos der Wehrmacht [...]." BArch, MA, RW/19, Nr. 2152, Bl. 2.

424 In einem Schreiben des Präsidenten des Landesarbeitsamtes Mitteldeutschland an die Leiter der Arbeitsämter vom 17. April 1942 heißt es: „Der bestehende Kräftemangel in der Landwirtschaft gefährdet die rechtzeitige Durchführung der Frühjahrsbestellungen, die unter allen Umständen gesichert werden müssen. Die Landwirtschaft kann nicht warten, bis neue Kräfte aus dem Osten eintreffen. Es ist vielmehr erforderlich, der Landwirtschaft im Wege des Einzeleinsatzes auch französische Kriegsgefangene aus der gewerblichen Wirtschaft zur Verfügung zu stellen, wobei es sich vornehmlich um die dort noch berufsfremd beschäftigten Landarbeiter handeln wird. Der Einsatz soll mit Rücksicht darauf, daß die Kräfte sämtlich bei kriegswichtigen Maßnahmen angesetzt sind, so kurz wie möglich gehalten werden. Die Kriegsgefangenen sollen in erster Linie als sogenannte ‚Spitzenbrecher' in Erscheinung treten. Aus dem Schwerpunktprogramm Reichsbahn, Mineralöl, Pak [Panzerabwehrkanonen], Pulver und Sprengstoff und Waffen (Heer) [sollen] keine Kräfte abgezogen werden. Dieser Einsatz ist im Benehmen mit der Kreisbauernschaft und der Betreuerorganisation der gewerblichen Wirtschaft vorzubereiten. Ich lege Wert darauf, daß die Durchführung des befristeten landwirtschaftlichen Einsatzes der fran-

3.5.1 Grundzüge des Gefangenschaftverlaufes 1941/42

Die Forschungen von u.a.[425] Streit, Streim[426], Overmans, Otto[427] und Keller zur Entwicklung des deutschen Kriegsgefangenenwesens unter besonderer Berücksichtigung des Einsatzes sowjetischer Kriegsgefangener haben dazu beitragen können, den genauen Verlauf der Entscheidungs- und Umsetzungsprozesse auf höherer und

---

zösischen Kriegsgefangenen so elastisch wie möglich erfolgt. Sofern diese am Abend nicht in ihre bisherige Unterkunft zurückkehren vermögen – etwa bei zu langen Anmarschwegen – können in den Ortsbauernschaften Behelfslager bezogen werden. Bei Errichtung von Behelfslagern kann von der sonst vorgeschriebenen Einrichtung Abstand genommen werden. Die elastische Regelung des landwirtschaftlichen Noteinsatzes schließt auch in sich, daß die Kriegsgefangenen bei ungünstiger Witterung nicht untätig im landwirtschaftlichen Lager verbleiben, sondern sofort wieder dem alten Bedarfsträger zur Verfügung gestellt werden. Nach dem Erlaß des Oberkommandos der Wehrmacht vom 1.4.42 – mitgeteilt mit Verfügung vom 14.4.42 – 5/5135/R328 – ist auch der Einsatz <u>russischer Kriegsgefangener</u> in der Landwirtschaft in kleineren Teilgruppen, notfalls auch einzeln, unter bestimmten Voraussetzungen gestattet. Soweit Arbeitskommandos russischer Kriegsgefangener für die Landwirtschaft herangezogen werden, ist der Einsatz nur dann möglich, wenn die Rückkehr der russischen Kriegsgefangenen täglich zum bisherigen Unterkunftslager durchführbar ist. Eine Belegung von Behelfslagern mit russischen Kriegsgefangenen ist ausgeschlossen. Die Wehrkreisbeauftragten, die Rüstungsinspektion, die Gebietsbeauftragten für die chemische Erzeugung und die Landesforstverwaltungen sind von mir unterrichtet mit der Bitte, ihren nachgeordneten Stellen entsprechende Weisungen zu erteilen. Einsprüche von Betrieben gegen den beabsichtigten befristeten Abzug von Kriegsgefangenen zugunsten der Landwirtschaft sind daher abzulehnen. Bis zum 10.05.1942 bitte ich mir zu berichten, wie viel Kriegsgefangene befristet der Landwirtschaft zur Verfügung gestellt worden sind, getrennt nach französischen und russischen Kriegsgefangenen. In Vertretung gez. Kühne" LHASA, MD, C 102, Nr. 246, Bl. 30.

425 Vgl. den Sammelband Müller, Klaus-Dieter (Hg.): Die Tragödie der Gefangenschaft in Deutschland und der Sowjetunion 1941–1956 (Schriften des Hannah-Arendt-Institutes für Totalitarismusforschung, 5), Köln u.a. 1998.

426 Streim, Die Behandlung sowjetischer Kriegsgefangener.

427 Vgl. die Zusammenfassung des neuesten Forschungsstandes in Otto, Reinhard: Sowjetische Kriegsgefangene in deutschem Gewahrsam – aktuelle Forschungsergebnisse, in: Kriegsgefangenenlager 1939–1950. Kriegsgefangenschaft als Thema der Gedenkarbeit (Gedenkarbeit in Rheinland-Pfalz, 9), hg. von der Landeszentrale für Politische Bildung Rheinland Pfalz, Mainz 2012, S. 22–37.

mittlerer Ebene für ihren Einsatz im Reichsgebiet nachzuweisen. Ausgehend von diesen Befunden ist das vorliegende Unterkapitel mit der Zielstellung verbunden, grundlegende Determinanten der Kriegsgefangenschaft in deutschem Gewahrsam zu benennen und daraufhin mit den gewonnenen Erkenntnissen über das Untersuchungsgebiet zu verweben. In einer Synopse werden überblicksartig Gefangennahme, das Eintreffen im Stalag,[428] Erlasse für Unter-

---

428 In einer Meldung des OKW vom 14. Oktober 1941 heißt es zur Feststellung der sogenannten Volkstumszugehörigkeit und den sowjetischen Kriegsgefangenen: „I. Allgemeines. Jeder im Kriegsgefangenenlager eintreffende Gefangenentransport ist sofort nach folgenden Volkstumszugehörigkeiten durchzuprüfen und die betreffenden Volkstumszugehörigkeiten sind umgehend von den anderen Kriegsgefangenen auszusondern: Volksdeutsche, Ukrainer, Weissruthenen, Polen, Litauer, Letten, Esten, Rumänen, Finnen, Georgier. Für die sogenannten ‚Asiaten‘ verbleibt es bei der bisherigen Regelung, wonach diese vom Abtransport ins Reich auszunehmen sind, soweit nicht in Einzelfällen aus Abwehroder sonstigen politischen Gründen einzelne Asiaten ausgesondert und auf Befehl OKW in Sonderlager überführt werden. Der Begriff ‚Asiaten‘ wird voraussichtlich im Zuge der weiteren Operationen eine weitgehende Unterteilung erfahren. […] Zur Entlassung kommen zunächst nur: Volksdeutsche, Ukrainer, Weissruthenen, Litauer, Letten, Esten. Ihre Entlassung ist mit allen Mitteln zu beschleunigen, um sie einerseits für den Arbeitseinsatz in den besetzten Ostgebieten verwenden zu können, andererseits um bei dem zu erwartenden weiteren Massenanfall sowjet. Kriegsgef. die Lager für Neuaufnahmen freizumachen. Die zu Entlassenden sind im Einvernehmen mit den Einsatzkommandos des SD durch die Abwehr eingehend auf ihre politische Zuverlässigkeit zu überprüfen. […] Deutschfeindliche Elemente, Juden usw. sind von der Entlassung auszuschliessen. Bei Berufssoldaten (Offiziere, Unteroffiziere und Mannschaften) sowie Reserveoffizieren ist im allgemeinen von einer Entlassung abzusehen, da Angehörige der Minderheiten im allgemeinen nur dann aktive Soldaten oder Reserve-Offiziere wurden, wenn sie vom bolschewistischen Standpunkt aus als politisch zuverlässig galten. Eine Entlassung dieser Gruppen kann nur dann verantwortet werden, wenn sie abwehrmässig oder politisch als im deutschen Interesse liegend angesehen wird. Kranke und Seuchenverdächtige sind von der Entlassung so lange auszunehmen, bis auf Grund ärztlicher Untersuchung feststeht, dass die Entlassung seuchenpolizeilich unbedenklich ist. Jeder Kr.Gef. ist vor der Entlassung zu entlausen. Die Entlassung von Kr.Gef. weissruthenischer Nationalität ist besonders sorgfältig durchzuführen. Da ein großer Prozentsatz von Juden und Polen im Gebiet Weissruthenien wohnt, ist bei der Prüfung der Volkstumszugehörigkeit strengstens Masstab anzulegen. Die Ent-

bringung und die Versorgung vor Ort zusammengefasst. Rolf Keller umschrieb das Wesen und die politische Zielsetzung des Vernichtungskrieges gegen die Sowjetunion in einem Kommentar zu den Erinnerungen des u. a. im Wehrkreis XI in Kriegsgefangenschaft untergebrachten Tamurbek Dawletschin wie folgt: „Die gefangenen Soldaten der Roten Armee wurden wie die sowjetische Zivilbevölkerung zu Opfern eines erklärten Weltanschauungs- und Vernichtungskrieges gegen einen Staat und eine Gesellschaft, die nach der nationalsozialistischen Weltanschauung als Hort des ‚bolschewistischen Judentums' und ‚Todfeind' des nationalsozialistischen Deutschlands galt."[429] Die Reichweite der hier zitierten und in nationalsozialistischen Begründungsmustern immer wiederkehrenden Sentenz ist als Ausgangslage aller weiteren Maßnahmen gegen die Gefangenen zu betrachten. Das ihnen zugeschriebene „Untermenschentum" zeigte sich an medizinischen Experimenten, willkürlichen Erschießungen, willentlicher Unterversorgung und Gewaltexzessen mannigfacher Erscheinungsformen.[430]

Mit Kriegsbeginn gegen die Sowjetunion war es vorerst nicht geplant, einen breit angelegten Einsatz der sowjetischen Kriegsgefangenen im Deutschen Reich zu organisieren.[431] Erst im Jahr 1942 trugen der allgemeine Arbeitskräftebedarf und die Umsetzung der

---

lassung darf grundsätzlich nur dann erfolgen, wenn die Befehlshaber des rückwärtigen Heeresgebiets Mitte die Entlassung von Weissruthenen in die ihnen unterstellten Gebiete ausdrücklich freigegeben haben." RGVA, Fond 500, Findbuch 1, Nr. 749, Bl. 11–13.

429 Keller, Rolf zum historischen Kontext in: Dawletschin, Tamurbek: Von Kasan nach Bergen-Belsen. Erinnerungen eines sowjetischen Kriegsgefangenen, Göttingen 2005, S. 212.

430 Die Bilder von der Exhumierung der auf einem Friedhof in Altengrabow vergrabenen Kriegsgefangenen belegen, dass bei einigen Leichen massive Gewalteinwirkungen zu Lebzeiten am Schädel festgestellt wurden. Vgl. GARF, Bestand 7021, Findbuch 128, Nr. 238. Ebenso weist der Bericht der Untersuchungskommission auf diese Befunde hin. Vgl. GARF, Fond 7021, Findbuch 115, Nr. 5, S. 9.

431 Vgl. Streit, Keine Kameraden, S. 192–210.

westlichen Gefangenen in Industriebetriebe dazu bei, ein eigenständiges „Russenlager"-System aufzubauen. Isoliert und außerhalb jeder Verbindung zu anderen Gefangenengruppen sollten sowjetische Kriegsgefangene in eigens für sie eingerichteten Lagern untergebracht werden. Die Realisierung dieses Vorhabens erfolgte u. a. in Wietzendorf, Oerbke und Bergen-Belsen. Die zivilisatorische Grenzüberschreitung, die sich in Kriegsplanung und -verlauf gegen die Sowjetunion aufzeigte, spiegelt sich ebenso in diesem System wider. Mit Verlauf des am 22. Juni 1941 begonnen Feldzuges gegen die Sowjetunion gelangten bereits in den ersten Monaten hunderttausende Kriegsgefangene in deutsche Hände und wurden in sogenannte Durchgangslager verbracht, sofern sie nicht zum Arbeitseinsatz hinter der Frontlinie verblieben. Der grundsätzlich als Vernichtungskrieg[432] geführte Kampfeinsatz („Fall Barbarossa"[433]) sah es nicht vor, Kriegsgefangene als völkerrechtlich geschützte Personen zu behandeln. Die verbrecherische Befehlslage[434] hatte eine Brutalisierung und Radikalisierung auf den Schlachtfeldern

---

432 Grundlegend Müller, Rolf-Dieter/Ueberschär, Gerd Rolf: Hitlers Krieg im Osten 1941–1945. Ein Forschungsbericht, Darmstadt 2000. – Das Forschungsfeld „Vernichtungskrieg" hat nach dem 70. Jahrestag (2011) des Angriffs auf die Sowjetunion eine international unüberschaubare Anzahl von Veröffentlichungen zur Folge gehabt. Einen Überblick über den Forschungsstand vor 2011 bieten Hartmann, Christian: Der deutsche Krieg im Osten. 1941–1944. Facetten einer Grenzüberschreitung, München 2009; Kaiser, Wolf: Täter im Vernichtungskrieg. Der Überfall auf die Sowjetunion und der Völkermord an den Juden, Berlin 2002; aus literarischer Perspektive ist hervorzuheben: Stepanova, Elena: Den Krieg beschreiben. Der Vernichtungskrieg im Osten in deutscher und russischer Gegenwartsprosa, Bielefeld 2009; Arnold, Klaus Jochen: Die Wehrmacht und die Besatzungspolitik in den besetzten Gebieten der Sowjetunion. Kriegführung und Radikalisierung im „Unternehmen Barbarossa", Berlin 2005.
433 Verwiesen sei auf die Spezialstudie von Benz, Wigbert: Der Hungerplan im „Unternehmen Barbarossa" 1941, Berlin 2011.
434 Vgl. Römer, Felix: „Im alten Deutschland wäre solcher Befehl nicht möglich gewesen". Rezeption, Adaption und Umsetzung des Kriegsgerichtsbarkeiterlasses im Ostheer 1941/42, in: Vierteljahrshefte für Zeitgeschichte, Bd. 56 (2008), 1, S. 53–99; ders.: Der Kommissarbefehl. Wehrmacht und NS-Verbrechen an der Ostfront 1941/42, Paderborn 2008.

zur Folge, die sich auch auf die Gefangennahme im OKH-Gebiet auswirken sollte. Sowjetische Soldaten, die während dieser Auseinandersetzung nicht verstarben, leitete das OKH in die sogenannte AGSST und Durchgangslager (Dulags) ab, um von dort vorerst in das „Generalgouvernement für die besetzten polnischen Gebiete" abgeschoben zu werden.[435] In Lagern unterschiedlichster Ausprägung lebten Gefangene unter freiem Himmel, in Erdlöchern, oder einfachsten Baracken.[436] Die Lebensmittelversorgung war bereits zu diesem Zeitpunkt völlig unzureichend, und fehlende Abortanlagen führten zur Verbreitung von Infektionskrankheiten.[437]

Die damit einkalkulierte Erschöpfung der sowjetischen Gefangenen sollte sich verheerend auf ihren Arbeitseinsatz im Generalgouvernement und anschließend den Transport in das Reichsgebiet im Spätsommer 1941 auswirken. Unzureichende Versorgungsketten, Fußmärsche, Bahnfahrten in offenen Waggons und Wassermangel führten bereits vor dem Eintreffen im Deutschen Reich zu massiven Krankheits- und Erschöpfungserscheinungen. Die Unterversorgung im OKH- und nachmals im OKW-Bereich hatte zur Folge, dass die Kriegsgefangenen eben jenen Eindruck bei der deutschen Bevölkerung auslösten, den die Propagandamaschinerie seit Jahren vom „slawischen Untermenschen" zu kultivieren suchte. In zerlumpter Kleidung und durch physische Auszehrung gezeichnet, entsprachen die Menschenmassen aus dem Osten dem von der NS-Propaganda konstruierten Image. Das Vorhaben, sowjetische Kriegsgefangene nicht in die Arbeitseinsatzprozesse im Reichsgebiet zu integrieren, wurde Ende Oktober 1941 auf höchster Führungsebene durchbrochen.[438] Die Einsicht in die kriegswirtschaftli-

---

435 Vgl. Streit, Keine Kameraden, S. 73.
436 Vgl. Dawletschin, Von Kasan nach Bergen-Belsen, S. 164.
437 Vgl. Streit, Keine Kameraden, S. 128–134.
438 Streit führt u.a. als Begründung Keitels Anmerkungen in einer Denkschrift Reineckes an, dass die Verschickung ins Reichsgebiet eine Vorsorge gegen Massenausbrüche im Operationsgebiet (OKH) darstellte. Keinesfalls sollten Partisanenbewegungen Zuwachs erhalten. Vgl. ebd., S. 376.

che Notwendigkeit einer „Hereinnahme" sowjetischer Gefangener beruhte auf dem Arbeitskräftemangel u.a. im Kohleabbau.[439] Als „Untermenschen" bezeichnet, standen die Gefangenen in der Regel außerhalb eines humanistisch/christlich geprägten Weltbildes und fristeten ihr Dasein in den Lagern damit als Verfügungsmasse.[440] Die Arbeitsergebnisse Kellers dienen als Ausgangslage für die in diesem Kapitel geschilderten Anknüpfungspunkte. Auf eine detaillierte Literaturanalyse zur deutschen Generalpolitik gegenüber den sowjetischen Kriegsgefangenen wird zu Gunsten einer Synthese des Forschungsstandes mit den Arbeitsergebnissen verzichtet. Zwischen der Veröffentlichung von Kellers Studie und der Abfassung der vorliegenden Untersuchung sind keine wesentlichen Forschungsbeiträge veröffentlicht worden. Eine Ausnahme bildet die Dokumentensammlung „Rotarmisten in deutscher Hand". Die von Keller erbrachte Analyse des Forschungsstandes zum Einsatz sowjetischer Kriegsgefangener im Deutschen Reich hat ihre Aktualität und Forschungsrelevanz keinesfalls eingebüßt und es sei deshalb auf Kellers ausführlichen Literaturbericht verwiesen.[441] Es ist festzuhalten, dass der Verfasser keine bisher unbekannten Quellenbestände, die eine konkrete Planung und Durchführung der sogenannten Aussonderungen durch die Gestapoleitstelle erkennen lassen, ermittelt hat.[442] Daher hat sich der von Reinhard Otto erarbeitete Kenntnisstand aus dem Jahr 1998 zum Stalag XI A nicht

---

439 Vgl. ebd., S. 201.
440 Der Erinnerungsbericht des ehemaligen Kriegsgefangenen Tamurbek Tawletschin gibt Aufschluss über die beschwerliche Fahrt in das Deutsche Reich und die Reaktion der deutschen Bevölkerung auf die größtenteils völlig erschöpften Kriegsgefangenen. Vgl. Dawletschin, Von Kasan nach Bergen-Belsen, S. 146f.
441 Vgl. Keller, Sowjetische Kriegsgefangene, S. 15–32.
442 Unterstützt durch ein Stipendium des Deutschen Historischen Institutes Moskau konnten Quellenrecherchen im RGVA und GARF in Moskau dazu beitragen, die Perspektiven auf den Arbeitseinsatz sowjetischer Gefangener im Untersuchungsgebiet zu erweitern, jedoch sind dabei keine in der Forschung unbekannten Lagerverwaltungsakten zum Stalag XI A erschlossen worden.

erweitern lassen.[443] Auch die quantitativen Dimensionen des Massensterbens innerhalb des Lagerkosmos XI A (Stamm- und Außenlager) waren nicht durch bisher unbeachtete Quellenbestände konkretisierbar.[444] Weniger problematisch ist die Benennung einer Mindestanzahl der im Stammlager XI A verstorbenen sowjetischen Kriegsgefangenen.[445] Der sowjetische Kommissionsbericht 1948 stellt aber keine bisher unbekannte Quelle dar. Große Schwierigkeiten bereitet derzeit vielmehr die lückenlose Ermittlung der Todesfälle in den Außenkommandos, auf Transportwegen und Arbeitsplätzen.[446] Grundsätzlich sind alle Sterbefälle in den Perso-

---

443 Vgl. Otto, Wehrmacht, S. 139f.

444 Sehr wohl ist eine Mindestzahl der im Stalag XI A verstorbenen sowjetischen Kriegsgefangenen bekannt. Diese Angabe entstammt einem Bericht, der – im Kontext der Erforschung der „Untaten im Stalag XI A" – bezüglich einer Exhumierung der vor Ort vergrabenen Toten 1947 angefertigt worden ist. Diese umfasste 3.229 Verstorbene, die auf zwei zum Stalag XI A zugehörigen Friedhöfen begraben worden sind.

445 Die Exhumierung ist fotografisch, wie folgt festgehalten worden: Kaserne/Wohnblock, Friedhof; Friedhof mit Grabschildern; SU-Offz. an Grabreihen; Grabtafeln; Bagger legt Einzelgräber frei; Arbeitskräfte legen Einzelgräber frei (2); Bergung der Gebeine (Einzelgräber) (2); Skelette im Grab; Gebeine am Grabrand; Mitglied der Kommission zeigt Löcher in Schädeln; Freilegung von Massengräbern; bei den Leichen gefundene Gegenstände; Grabdetail; Gebeine werden in Sarg gelegt (2); Särge aufgereiht. Vgl. GARF, Fond 7021, Findbuch 128, Nr. 238.

446 Diese Thematik stellte das Forschungsvorhaben auch bei anderen Nationengruppen vor erhebliche Probleme, weil die Lagerakten, samt statistischer Aufstellungen, nur lückenhaft überliefert sind. Im Falle der sowjetischen Kriegsgefangenen müssen alle Friedhöfe in der Umgebung von Arbeitskommandos nach Grablagen ehemaliger Kriegsgefangener erforscht werden. Vielerorts sind Grabstätten geschleift worden und materielle Verweise auf die letzte Ruhestätte nicht mehr existent. In einem Schnellbrief u.a. an die Kreiskommunalverwaltung Jerichow I heißt es am 4. November 1941 seitens des Reichsministers des Innern über Bestattungsmaßnahmen, diese seien eventuell auch an Bahntrassen vorzunehmen. Vgl. LHASA, MD, C 30 Jerichow I (Burg) A, Nr. 181, Bl. 292. In einem Schnellbrief des Reichsministers des Innern „an die Herren Reichsstatthalter der Gaue, Ober- und Regierungspräsidenten, Polizeipräsidenten in Berlin und Oberbürgermeister der Stadt Berlin" vom 27. Oktober 1941 heißt es weiterhin zur Durchführung der Bestattung sowjetischer Kriegsgefangener: „Gemeinden ist freigestellt, ob auf bereits bestehenden Friedhöfen

nalkarten[447] der Kriegsgefangenen vermerkt worden. Ungefähr 3,3 der ursprünglich ca. 5,7[448] Millionen sowjetischen Kriegsgefangenen kamen in deutschem Gewahrsam ums Leben.

Reinhard Otto verwies in seiner Studie auf den mangelhaften Zustand der Stalags im Reichsgebiet[449] und analysierte deren Zusammenarbeit mit den NS-Sicherheitsbehörden (Gestapo, SS), die die sogenannte Aussonderung von Gefangenen aus den Stalags in Zusammenarbeit mit der Wehrmacht umsetzten. Rolf Keller untersuchte anhand einer sehr umfassenden Quellengrundlage insbesondere die Abläufe in den Wehrkreisen XI und X, die zum Massensterben der sowjetischen Kriegsgefangenen im Schlüsseljahr 1941/42 führten.[450] Im monatlichen Lagebericht der Rüstungsinspektion vom 13. Dezember 1941 heißt es: „Als die letzte mög-

---

oder sonst geeigneten Plätzen. Letzteres hat mit Absprache des Gesundheitsamtes zu geschehen. Sarg ist nicht zu fordern. Leiche ist in Papier (möglichst Öl, Teer- oder Asphaltpapier) einzuhüllen. Gemeinschaftsgräber sind gestattet. Gefährte und Leichenlagerstellen (Bahnhofsschuppen und Leichenhallen) sind zu desinfizieren. Kosten sind niedrig zu halten. Sie sind von der Gemeinde vierteljährlich bei derjenigen Kreisverwaltung anzufordern, in deren Bezirk die Gemeinde liegt." LHASA, MD, C 30 Jerichow I (Burg) A, Nr. 181, Bl. 293.

447 Vgl. Anm. 638.

448 Zur Gesamtzahl, Berechnungsgrundlage und Interpretation erschlossener Daten vgl. die Kontroverse ausgehend vom Aufsatz von Otto, Reinhard/Keller, Rolf/Nagel, Jens: Sowjetische Kriegsgefangene in deutschem Gewahrsam 1941–1945. Zahlen und Dimensionen, in: Vierteljahrshefte für Zeitgeschichte, Bd. 56 (2008), H. 4, S. 557–602. Es folgte die Entgegnung von Haritonow, Alexander/Müller, Klaus-Dieter: Die Gesamtzahl sowjetischer Kriegsgefangener. Eine weiterhin ungelöste Frage, in: Vierteljahrshefte für Zeitgeschichte, Bd. 58 (2010), S. 393–401. Abschließend folgte die Rückantwort von Otto, Reinhard/Keller, Rolf: Zur Individuellen Erfassung von sowjetischen Kriegsgefangenen durch die Wehrmacht, in: Vierteljahrshefte für Zeitgeschichte, Bd. 59 (2011), H. 4, S. 563–578.

449 Vgl. Otto, Wehrmacht, S. 31.

450 Vgl. Überblick von Linne, Karsten: Rez. zu: Keller, Rolf: Sowjetische Kriegsgefangene im Deutschen Reich 1941/42. Behandlung und Arbeitseinsatz zwischen Vernichtungspolitik und kriegswirtschaftlichen Erfordernissen. Göttingen 2011, in: H-Soz-u-Kult, 09.02.2012, online: www.hsozkult.de/publi cationreview/id/rezbuecher-17056 (17.07.2015).

liche Quelle zur Erleichterung der Bedarfsdeckung verbleibt nach dem heutigen Stande nur die Zuführung sowjetischer Kriegsgefangener. Durch den in den Gefangenenlagern des Wehrkreises ausgebrochenen Flecktyphus ist die Zuführung sowjetischer Kriegsgefangener zurzeit unterbunden. Es bleibt abzuwarten, wann die Seuche erloschen ist, voraussichtlich nicht vor Frühjahr 1942."[451] Die Planung[452] im OKW, die radikalisierte Befehlslage[453] und die materiellen Voraussetzungen unmittelbar nach der Festsetzung in Gefangenschaft bestimmten das Schicksal der sowjetischen Gefangenen.[454] Die Mangelversorgung im Reichsgebiet beschleunigte das Massensterben.

3.5.2 „Russenlager": Planung und Umsetzung

Rolf Keller hat den Nachweis führen können, dass im Wehrkreis XI ein weiteres „Russenlager" in Altengrabow geplant war: „Bemerkenswerter Weise war das Stalag XI C Bergen-Belsen nicht im Osten des WK XI lokalisiert, sondern im Westteil. Der Grund für diese ‚Deplatzierung' dürfte darauf zurückgehen, dass in der

---

451 BArch, MA, RW/20/11, Nr. 12, Bl. 136.
452 In der Darstellung seiner Forschungsergebnisse schreibt Keller: „Hinter dem System der ‚Russenlager' steckte eine bereits Monate vor dem Überfall auf die Sowjetunion entwickelte Planung, deren einzelne Bestandteile allerdings nur zum Teil verwirklicht bzw. wegen der sich daraus ergebenden Schwierigkeiten schnell korrigiert wurden." Vgl. Keller, Sowjetische Kriegsgefangene, S. 439.
453 Die von Rüdiger Overmans, Andreas Hilger und Pavel Polian herausgegebene Dokumentensammlung über die Gefangenschaft, Repatriierung und Rehabilitierung sowjetischer Soldaten gibt einen trefflichen Überblick über die verbrecherischen Befehle der Wehrmacht. Vgl. Overmans/Hilger/Polian, Rotarmisten in deutscher Hand, S. 318–392.
454 Im Untersuchungsgebiet gelten der kriegswirtschaftliche Einsatz sowjetischer Gefangener und ihre Unterbringung in Außenlagern als Forschungsdesiderat. Für den Bereich des Landesarbeitsamtes Niedersachsen haben Rolf Keller und Silke Petry eine Dokumentensammlung herausgegeben, die den Arbeitseinsatz und die Einsatzorte u. a. im Wehrkreis XI darlegt. Vgl. Keller, Rolf/Petry, Silke (Hg.): Sowjetische Kriegsgefangene im Arbeitseinsatz 1941–1945. Dokumente zu den Lebens- und Arbeitsbedingungen in Norddeutschland (Schriftenreihe der Stiftung niedersächsische Gedenkstätten, 2), Göttingen 2013.

ursprünglichen Planung des OKW noch ein weiteres ‚Russenlager'
in Altengrabow vorgesehen war (Stalag 341), das jedoch nicht realisiert wurde, so dass stattdessen eines der beiden Lager im Westteil des Wehrkreises den Bereich des LAA Mitteldeutschland abzu-
decken hatte."[455]

Dieser Bereich umfasste den Regierungsbezirk Magdeburg und
Teile des Regierungsbezirkes Merseburg der preußischen Provinz
Sachsen, das Land Anhalt und Teile des Landes Braunschweig.
„Von der Ebene der Arbeitsverwaltung und der kriegswirtschaftlichen Planung liegen Unterlagen vor, die dies bestätigen. Den frü-
hesten Beleg liefert eine Notiz im Protokoll der Sitzung der Prü-
fungskommission der Rüstungsinspektion für den Wehrkreis XI
(RüIn XI) vom 26. September 1941, an der üblicherweise auch Vertreter der betroffenen LAÄ teilnahmen. In der Sitzung wurde u. a.
die laufende Umsetzung französischer Kriegsgefangener in die
Luftwaffenfertigung und ihre Ablösung durch sowjetische Kriegsgefangene in der Land- und Forstwirtschaft thematisiert. In diesem
Zusammenhang bemerkte Oberregierungsrat Jacob vom LAA Mitteldeutschland: ‚Vom Lager Bergen-Belsen sollen 5000 Russen für
das Gebiet Altengrabow kommen, die bis heute noch nicht eingetroffen sind.' Hier wird das Stalag XI C also eindeutig als Rekrutie-
rungsort von Arbeitskräften für das ‚Gebiet Altengrabow' des LAA
Mitteldeutschland benannt."[456]

Sowjetische Kriegsgefangene sind letztlich in die formalen Lager-
strukturen des Stalags integriert worden, waren aber abgeschot-
tet von den anderen Gefangenengruppen untergebracht. Im Untersuchungsbericht heißt es, dass die Gefangenen auf insgesamt 12
gemauerten Baracken (ehemalige Pferdeställe) verteilt waren.

---

455 Keller, Sowjetische Kriegsgefangene, S. 182.
456 Ebd. Das Zitat entnahm Keller dem „Protokoll über die 15. Sitzung der Prü-
 fungskommission am 26. September 1941", Hannover, 27.9.1941: BArch, MA,
 RW 20-11/14. Unter „Gebiet Altengrabow" ist hier der von September 1939 bis
 August 1941 vom Stalag XI A Altengrabow allein mit Arbeitskräften versorgte
 östliche Teil des WK XI zu verstehen (Bereich LAA Mitteldeutschland).

Berechnungen aus der zur Verfügung stehenden Fläche von ca. 6.700 Quadratmetern ergaben, dass jedem sowjetischen Kriegsgefangenen im Durchschnitt 0,5 Quadratmeter zur Verfügung standen.[457] Die von Bergen-Belsen kommenden sowjetischen Kriegsgefangenen sind vorerst in Arbeitskommandos verbracht worden, die in der Bezeichnung klar von denen des Stalags XI A unterschieden werden konnten. Eine systematische Analyse der ermittelten Arbeitskommandos[458] konnte zur Aufklärung des bisher ungelösten Problems beitragen, wie die Nummernvergabe für die Kommandos des Stalags XI A organisiert worden ist. Für die einzelnen Orte sind offenbar bereits im Vorhinein Nummern vergeben worden. Gab es in einem Ort Kommandos, so wurde das durch die zusätzliche Nummerierung hinter dem Schrägstrich kenntlich gemacht. Als Beispiel sei genannt: Das Arbeitskommando *XI C/1* war ab 1. Dezember 1941 das Kommando *R 582/2 Neugattersleben*. Die „Russenkommandos" wurden außerdem noch mit einem vorangestellten „R" gekennzeichnet. Das Stalag XI D (321) hat die gleiche Systematik verwendet wie Stalag XI A, während XI B und XI C die Nummern fortlaufend nach dem Zeitpunkt der Einrichtung vergaben.[459]

3.5.3 Massensterben sowjetischer Kriegsgefangener

„Unter den Russen ist eine grössere Anzahl Todesfälle aufgetreten. Eine ärztliche Diagnose liegt nicht vor, man hat Entkräftung angenommen. Allerdings sagte mir heute einer der von mir im Lazarett

---

457 Vgl. GARF, Fond 7021, Findbuch 115, Nr. 5, S. 5.
458 1942 ist seitens des IKRK von 1.400 Kommandos berichtet worden. Vgl. PA AA, R 40992.
459 Gedankt sei an dieser Stelle R. Keller (Dok.Stelle Celle), mit dessen Anmerkungen das Problem abschließend am 22. Januar 2013 geklärt worden ist. Vorausgegangenen war die Anfrage eines POW-Familienangehörigen, die von Herrn Keller an den Verfasser weitergeleitet worden ist. Anhand des konkreten Beispiels Kommando 608/ und 608/2 (Nienburg) konnten die Thesen des Verfassers mit positivem Ergebnis überprüft werden.

besuchten Wachtleute, der schon wieder vernehmungsfähig ist, die Russen seien an ‚Hungertyphus' gestorben. Woher die Diagnose stammt, ist mir nicht bekannt geworden."[460]

Dieses Zitat stammt aus einem Bericht des Medizinalrates Dr. Jancke (Gesundheitsamt Oschersleben) und gilt als Beispiel für die in den Stalag vorgenommene Praxis, Todesfälle unter sowjetischen Kriegsgefangenen unter der Ursache (*Hunger-*)*Typhus* zusammenzufassen. Die Gründe für das Massensterben sind auf die katastrophalen Lebensbedingungen in den zahlreichen Lagern zurückzuführen, durch die die Gefangenen bis zum Arbeitseinsatzort geschleust worden sind. Mangelnde Hygiene und unzureichende medizinische Betreuung beschleunigten dabei die tödlich verlaufenden Krankheitsfälle im betreffenden Zeitraum erheblich. Dieser Verlauf ist aus den „Russenlagern" in Wietzendorf, Bergen-Belsen, Fallingbostel/Oerbke, Neuhammer, Lamsdorf und Zeithain in der Forschung/Erinnerungskultur bekannt und stellte keine Seltenheit dar. Keller hebt hervor, dass das Fleckfieber keineswegs in dem Maße auftrat, wie es bis in die Gegenwart in der öffentlichen Wahrnehmung kolportiert wurde. Das Forschungsprojekt über die Personaldokumente der Gefangenen, lagernd im CAMO[461], hat ergeben, dass Fleckfieber nicht als Haupttodesursache für die sowjetischen Kriegsgefangenen bezeichnet werden kann und daher eine untergeordnete Rolle für das Massensterben darstellt. Vielmehr hat diese Einschätzung zur Legendenbildung beigetragen und war damit die Basis für Entlastungsargumente.[462] Der ehemalige Gefangene Nurejew Iskander Garifowitsch hielt in seinem Erinnerungsbericht u. a. zu XI A fest: „In diesem Lager waren sehr viele Häftlinge, alle abgemagert und halb tot. Zu essen gab es – wie üblich in Sammellagern – zweimal pro Tag: morgens Tee (eine

---

460 LHASA, MD, C 30 Oschersleben A, Nr. 232, Bl. 161.
461 Zentralarchiv des Verteidigungsministeriums der Russischen Föderation, Podolsk (Central'nyji Archiv Ministerstva Oboronyj Rossijskoj Federacii-CAMO) Beständeübersicht. Vgl. Keller: Sowjetische Kriegsgefangene, S. 455.
462 Vgl. ebd., S. 435.

dunkle, heiße Flüssigkeit, die aus, ich weiß nicht was, zubereitet wurde) und ein Stückchen Brot, abends Suppe, die aus heißem Wasser mit klein gehackten Zuckerrübenblättern bestand."[463] Die Ergebnisse der Exhumierung 1947 ließen erkennen, dass Kriegsgefangene durch Waffengewalt (Schuss und Hieb) zu Tode gekommen sind. Einige der ursprünglich in Massengräbern beerdigten Gefangenen hatten hinter dem Rücken verbundene Hände und wiesen Schussverletzungen auf. Dies deutet ebenso auf Exekutionen hin, die im Lager oder in Lagernähe von den Wachmannschaften durchgeführt wurden.[464] Die Qualität parallel einhergehender gewalttätiger Übergriffe auf sowjetische Kriegsgefangene in sogenannten Russenlagern wird in der älteren und neueren Literatur noch nicht in dem Maße untersucht, wie es in der Konzentrationslagerforschung der Fall ist.[465]

3.5.4 Zur Gewaltpraxis im Stalag

Die neuere Täterforschung konnte vereinzelt individuelle Dispositionen[466] herausarbeiten, die u.a. zur Mitwirkung in verbrecheri-

---

463 Das Ego-Dokument von Nurejew, Iskander Garifowitsch wurde mit freundlicher Unterstützung von R. Keller (Dok.Stelle Celle) bereitgestellt am 29. November 2011.

464 Vgl. GARF, Fond 7021, Findbuch 128, Nr. 238.

465 Vgl. Buggeln, Marc: Arbeit und Gewalt. Das Außenlagersystem des KZ Neuengamme, Göttingen 2009. Ebenfalls sei hingewiesen auf: Kirstein, Wolfgang: Das Konzentrationslager als Institution des totalen Terrors, Pfaffenweiler 1992; Sofsky, Wolfgang: Die Ordnung des Terrors. Das Konzentrationslager, Frankfurt am Main 1993; Mailänder, Elissa: Gewalt im Dienstalltag. Die SS-Aufseherinnen des Konzentrations- und Vernichtungslagers Majdanek 1942–1944, Hamburg 2009. Vgl. Mailänder, Elissa: Rezension zu: Buggeln, Marc: Arbeit & Gewalt. Das Außenlagersystem des KZ Neuengamme. Göttingen 2009, in: H-Soz-u-Kult, 09.02.2011, online: www.hsozkult.de/publicationreview/id/rezbuecher-13521 (17.07.2015).

466 Vgl. Paul, Gerhard: Die Täter der Shoah. Fanatische Nationalsozialisten oder ganz normale Deutsche?, 2. Aufl., Göttingen 2003; hervorzuheben ist besonders die Studie von Herbert, Ulrich: Best. Biographische Studien über Radikalismus, Weltanschauung und Vernunft, 3. Aufl., Bonn 2001.

schen Organisationen und militärischen Formationen[467] beitrugen. Die Studien haben damit das Verständnis über die Wirkmächtigkeit des Nationalsozialismus auf die sogenannte Generation des Unbedingten in wesentlichen Punkten erweitert.[468] Eine Ausweitung des historischen Forschungsinteresses auf die Täter der Shoah und ihre Biografien bzw. Biografiebrüche trug wesentlich zum Verständnis milieuübergreifender, kumulativer Radikalisierung während des Vernichtungskrieges bei. Mit Blick auf neuere Forschungstendenzen sind nur sehr wenige Studien zu verzeichnen, die die Rolle der Lagerkommandanten und ihres Stabes in den Blickpunkt nehmen.[469] Vornehmlich handelt es sich um Untersuchungen, die die militärische Tätigkeit und Selbstdeutung leitender Generale oder Befehlshaber im OKH-Gebiet zum Gegenstand haben.[470] Mit Blick auf das Jahr 1941/42 bedarf diese Forschungslücke einer systematischen Aufarbeitung, denn das von den Kommandanten der sogenannten Russenlager befehligte System ist verantwortlich für den Tod zehntausender Kriegsgefangener im Wehrkreis XI innerhalb eines sehr engen Zeitfensters. Keineswegs als Angehörige der „Generation des Unbedingten" zu bezeichnen, handelte es sich bei den im Lager Dienstversehenden oftmals um Reservisten oder Versehrte, die für einen Einsatz an der Front untauglich waren. Die

---

467 Vgl. Lieb, Peter: Täter aus Überzeugung? Oberst Carl von Andrian und die Judenmorde der 707. Infanteriedivision 1941/42. Das Tagebuch eines Regimentskommandeurs – ein neuer Zugang zu einer berüchtigten Wehrmachtsdivision, in: Vierteljahrshefte für Zeitgeschichte, Bd. 50 (2002), S. 523–557.

468 Vgl. Wildt, Michael: Generation des Unbedingten. Das Führungskorps des Reichssicherheitshauptamtes, Hamburg 2002.

469 Hervorzuheben ist die Untersuchung von Hartmann, Christian: Massensterben oder Massenvernichtung? Sowjetische Kriegsgefangene im „Unternehmen Barbarossa". Aus dem Tagebuch eines deutschen Lagerkommandanten, in: Vierteljahrshefte für Zeitgeschichte, Bd. 49 (2001), H. 1, S. 97–158.

470 Vgl. Hirschfeld, Gerhard/Jersak, Tobias (Hg.): Karrieren im Nationalsozialismus. Funktionseliten zwischen Mitwirkung und Distanz, Frankfurt am Main 2004; Seidl, Tobias: Führerpersönlichkeiten. Deutungen und Interpretationen deutscher Wehrmachtgeneräle in britischer Kriegsgefangenschaft, Paderborn 2012.

von Wachmannschaften in den „Russenlagern" ausgeübte Gewalt war Bestandteil eines komplexen, gruppendynamischen Verhaltens, welches zur Jahreswende 1941/42 mit dem sogenannten Vernichtungskrieg gegen die Sowjetunion zusammengedacht werden muss.

Genaue Kenntnisse über die Gewaltpraxis gegen die sowjetischen Gefangenen im Stalag XI A erhalten wir derzeit aus genau zwei Quellengattungen. Zum Ersten aus den Nachkriegsaufzeichnungen ehemaliger Kriegsgefangener[471] und zum Zweiten aus dem Bericht über die „Untaten im Stalag XI A" von einer sowjetischen Untersuchungskommission. Dieser Bericht hat dem Autor der Stalag-XI-A-Geschichte aus dem Jahr 1959, Franciszek Donczyk, als Quelle nicht vorgelegen. Zu sehr unterscheiden sich die beiden Darstellungen inhaltlich in ihren Aussagen über die Wachmannschaften. Lediglich eine Übereinstimmung ist festgestellt worden: Der Verweis auf die unter den Gefangenen bekannte Person „Pörschke", die laut Donczyk für ihre Übergriffe im Lager gefürchtet wurde.[472] In der Übersetzung des Untersuchungsberichtes wird ein gewisser „Perschke" genannt. Es ist davon auszugehen, dass es sich um ein und dieselbe Person handelt. Donczyk beschreibt anhand seiner Person, mit welcher Willkür Erkrankte erschossen bzw. willkürlich verletzt worden sind. „Da hat man auch oft eine wilde Schießerei im Hauptlager gehört, die aus dem Vorlager und Westlager kam. Die meisten sowjetischen Kriegsgefangenen hatte damals der Feldwebel Pörschke auf seinem Gewissen."[473] Im Kommissionsbericht sind folgende Offiziere für die katastrophalen Verhältnisse im Lagerteil für sowjetische Gefangene verantwortlich gemacht worden: u.a. Mertens, Haent(z)sch, Ochernal und Rehren. Die in der Forschungsliteratur geschilderte Gewaltpraxis gegenüber sowjeti-

---

471 Vgl. Ego-Dokument Nurejew, Iskander Garifowitsch (Dok.Stelle Celle). Er erlebte das Stalag XI A während des Winters 1941/42.
472 Vgl. HstaatsA. Hannover, Nds. 721 Hannover, Acc. 90/99, Nr. 145, Bd. 2, Bl. 226.
473 Ebd., Bl. 227.

schen Gefangenen lässt unschwer den Rückschluss zu, dass die Praktiken (Erschießungen, Einzelhaft im Freien und physische und psychische Erniedrigung) in Altengrabow zum Alltag der sowjetischen Gefangenen gehörten.[474] Weiterführende Zusammenhänge konnten lediglich zu den im „Russenlager" tätigen deutschen Wachmannschaften ermittelt werden[475]. Im Bericht werden aufgeführt: H. Steckel, H. Nickel, G. Schetschock, O. Zwar, P. Scholz, A. Simon, Perschke (Pörschke) und H. Strubing (Strübing?). Im russischsprachigen Kommissionsbericht über die „Untaten im Stalag XI A" wird festgehalten, dass besonders schwer Erkrankte durch Misshandlungen oder das Einsperren in einen mit Stacheldraht ausgebauten „Pferch" umkamen.[476] Auch Donczyk hat später auf die Einrichtung eines Arrestraumes hingewiesen, in welchem die Gefangenen lediglich gebückt stehen oder gekrümmt liegen konnten.[477] Der Wachsoldat A. Simon gab der sowjetischen Kommission zu Protokoll, dass sowjetische Gefangene manchmal bis zu vierzehn Tage in einen „Karzer" gesperrt worden sind und nur alle drei Tage die übliche Lebensmittelration erhielten.[478] „In diesem Karzer wurden durch Hunger, Prügel, Kälte und anderer unmenschlicher Methoden KG in den Wahnsinn oder in den Tod getrieben."[479]

Donczyk erwähnte 1959 den sogenannten Sonderpferch für sowjetische Gefangene, der maßgeblich auf das Wirken des Majors Neue und eines Soldaten namens Flack eingerichtet worden sei.

---

474 Vgl. ebd., Bl. 225–234.
475 Es liegt eine Übersetzung der Zusammenfassung des Berichtes aus dem Jahr 2005 von H. Herlemann vor. Diese ist samt des Berichtes mit freundlicher Unterstützung von Frau Dr. B. Herlemann aus ihrer Dokumentensammlung 2010 dem Verfasser übergeben worden. Da es sich nicht um eine offizielle Übersetzung handelt, wird für Übersetzungs- und Schreibfehler keine Gewähr übernommen.
476 Vgl. GARF, Fond 7021, Findbuch 115, Nr. 5, S. 2.
477 Vgl. HstaatsA. Hannover, Nds. 721 Hannover, Acc. 90/99, Nr. 145, Bd. 2, Bl. 232f.
478 Vgl. GARF, Fond 7021, Findbuch 115, Nr. 5, S. 12.
479 Ebd., S. 11.

Ob „Karzer" und „Sonderpferch" denselben Bestrafungsraum meinen, ist quellenmäßig nicht abschießend nachweisbar. Bei dem von Donczyk genannten Folterinstrument handelte es sich um eine abgebrannte Pferdebaracke, in der vor der Zerstörung Gefangene untergebracht waren; die Abteile sind mit Stacheldraht umgeben worden, und auf diesem Wege entstanden 36 Zellen, in denen die Gefangenen nicht stehen konnten.[480] Der Verfasser vertritt die These, dass auf Grund der in beiden Quellen benannten Größe des Bestrafungsraumes die Kommission (1948) und Donczyk (1959) Bezug auf denselben Gegenstand genommen haben.[481] Für die sowjetischen Gefangenen ist ab 1943 ein Lazarett in Groß Lübars eingerichtet worden, welches sich grundsätzlich nicht von der sogenannten Krankenbehandlung im Stammlager unterschied.[482] Ob den schwer erkrankten Gefangenen im Lazarett wie behauptet tatsächlich giftige Substanzen verabreicht worden sind, konnte nicht abschießend geklärt werden.[483] Im Exhumierungsbericht ist nicht benannt worden, ob man die sterblichen Überreste der Verstorbenen einer genauen pathologischen/toxikologischen Analyse zugeführt hat.

Der Kommissions- und der Exhumierungsbericht stellen aus heutiger Perspektive die erste Untersuchung über die Verhältnisse im

480 Vgl. HstaatsA. Hannover, Nds. 721 Hannover, Acc. 90/99, Nr. 145, Bd. 2, Bl. 233.
481 In der Übersetzung der Stalag-XI-A-Darstellung von Donczyk sind keine Quellenverweise aufgeführt. Vgl. ebd., Bl. 217–235. Die derzeitige Quellenkenntnis legt nahe, dass Donczyk wahrscheinlich Kontakt mit dem polnischen Mediziner Dr. Romanowski hatte, der im Zeitraum 1941/42 in das Lazarett für sowjetische Gefangene abkommandiert war. Es ist nicht auszuschließen, dass Dr. Romanowski durch seine Tätigkeit im Lagerteil für sowjetische Gefangene Kenntnis über die dortige Bestrafungspraxis hatte und deswegen als Donczyks Gewährsmann zu bezeichnen ist. In einem YMCA-Bericht aus dem Jahr 1941 wird der polnische Gefangene F. Donczyk als Übersetzer im Lager bezeichnet. Vgl. PA AA, R 40973.
482 Vgl. GARF, Fond 7021, Findbuch 115, Nr. 5, S. 2.
483 Im Bericht heißt es u.a., dass auf Befehl des Oberleutnants Keil Kranke durch Marmelade mit Phosphor getötet worden sind. Vgl. ebd., S. 11.

Lagerteil für sowjetische Gefangene dar. Die Rote Armee vernahm zur Bereitstellung der Informationen ehemalige Wachmannschaften, die die Vorgehensweise gegen die sowjetischen Gefangenen schildern sollten. Ehemalige Wachmänner sind Ende der 1940er Jahre wegen „Verbrechen gegen die Menschlichkeit" in Speziallagern des NKWD inhaftiert worden.[484]

3.5.5 Exkurs: Der Zugriff von NS-Sicherheitsbehörden im Stalag XIA

Maßgebliche Forschungsarbeit zu den Routineüberprüfungen im Stalag XIA hat Reinhard Otto in seiner 1998 erschienenen Dissertation geleistet. Der von ihm dargelegte Kenntnisstand über die Tätigkeit von Sonderkommandos im Stalag XIA konnte nicht erweitert werden. Sowohl die Recherchen im RGVA als auch im GARF in Moskau zeigten, dass bisher gänzlich unbekanntes „Beuteschriftgut" nicht in den Beständen dieser Archive lagert. Auf Grund der hohen Themenrelevanz sollen die Forschungsergebnisse eine Einbettung in die vorliegende Studie erfahren und damit den gegenwärtigen Kenntnisstand zum Stalag XIA repräsentieren.[485] Otto untersuchte die Tätigkeit, Einbindung und Wirksamkeit der Sonderkommandos im Jahr 1941/42 aller Kriegsgefangenenlager im Deutschen Reich. Im Zusammenhang mit den Einsatzbefehlen[486] Nr. 8, 9 und 14 des Chefs der Sicherheitspolizei und des Sicherheitsdienstes waren alle sowjetischen Kriegsgefangenen einer Überprüfung zu unterziehen. Im RSHA ging man davon aus, dass nicht alle als „gefährliche Elemente" bezeichneten Rotarmisten vor dem Eintreffen im Deutschen Reich „ausgesondert" worden sind und daher ihre vermeintlich pro-

---

484 BStU, MfS HA IX/11 RHE-West Nr. 514, Bl. 19, 46 ff., 58 f.; BStU, MfS HA IX/11 RHE-West Nr. 514, Bl. 19, 42 f., 146–151, und der Bestand „DO 1 SMT-Kartei" im Bundesarchiv.

485 Dem Verfasser liegen die Kopien aus dem Ermittlungsverfahren der Staatsanwaltschaft Hannover betr. Aussonderungen im Stalag XIA (Az. 11/2 Js 48/67 vor (Dok.Stelle Celle).

486 Vgl. Otto, Wehrmacht, S. 46–59.

pagandistische Tätigkeit in den Stammlagern fortsetzen könnten. Kenntnisse sowohl über die Tätigkeit von Einsatzkommandos als auch die Zusammenarbeit von OKW und SS sind vornehmlich aus einem Ermittlungsverfahren[487] gegen ehemalige Wachmannschaften überliefert. Die hier getätigten Aussagen können ansatzweise dazu beitragen, die Zusammenarbeit von OKW und SS im Stalag XI A zu verdeutlichen und bezeugen die „Aussonderung". Am 1. Dezember sind im Stalag XI A mehr als 9.000 sowjetische Gefangene registriert gewesen, welche wegen des Arbeitskräftebedarfs aber zum Teil bereits auf die Außenkommandos verteilt waren. Für die „Aussonderungen" im Stalag XI A war die Stapoleitstelle[488] Magdeburg zuständig und stellte nach dem Eintreffen der ersten Gefangenenkontingente ein Sonderkommando zusammen. Die Einsatzbefehle Nr. 8 und 9 sahen eine systematische Überprüfung der Kriegsgefangenen, teilweise unter Zuhilfenahme von V-Leuten, vor. Diese konnte im Stalag XI A nicht vorgenommen werden, weil die Kriegsgefangenen bereits in den Einsatz entsandt worden waren und damit eine intensive Überprüfung undurchführbar war. „Grundlage der Aussonderungen war anfangs deshalb einmal mehr der ,bloße Augenschein'."[489]Im betreffenden Lagerabschnitt des Stalags XI A ist unmittelbar nach dem Eintreffen der ersten sowjetischen Häftlinge Fleckfieber diagnostiziert worden. Laut Aussage eines Wachmannes seien die Aussonderungen daraufhin eingestellt worden. Otto wertet diese Aussage zu Recht als unwahrscheinlich bzw. als unhaltbar. Mit Blick auf die Aussonderungspraxis in Lagern ist es sehr wahrscheinlich, dass das Verfahren nach Aufhebung der Quarantäne und dem Eintreffen neuer Kontingente reaktiviert worden ist. Als Argument führt Otto eine 1966 im Ermittlungsverfahren bezeugte Aussage des ehemaligen stellvertretenden Kommandanten Jacobshagen

---

487 Staatsanwaltschaft Hannover betr. Aussonderungen im Stalag XI A Altengrabow. HstaatsA. Hannover, Nds. 721 Hannover, Acc. 90/99, Nr. 145.
488 Angaben zu ehemaligen Mitarbeitern Vgl. LHASA, MD, C 20 I, Ib Nr. 1825.
489 Otto, Wehrmacht, S. 139.

ins Feld. Etwa zweimal pro Monat sei ein SS-Offizier im Lager erschienen, der erklärte, er habe die Aufgabe, u. a. sowjetische Kriegsgefangene „auszusondern". Betreffende Kriegsgefangene gelangten daraufhin in einen „Sonderpferch" innerhalb des „Russenlagers" und seien im Anschluss mit einem Sonderzug abtransportiert worden. Die Anzahl der betreffenden Gefangenen schätzte man auf einige Hundert.[490] Die Aussage eines Wachmannes deckte auf, dass mehrere SS-Offiziere regelmäßig Kontakt mit dem Kommandanten und dem Abwehroffizier gehabt haben. Zur Klärung des Zielortes ermittelte Otto abschließend die Aussage eines in der Schreibstube des Stalags tätigen Unteroffiziers. Dieser bekundete, „er habe unter anderem Marschbefehle für sowjetische Kriegsgefangene nach dem KZ Mauthausen ausgestellt; er wisse aber weder, ob es sich bei den Betreffenden um Ausgesonderte gehandelt habe, noch, ob sie zur Exekution bestimmt gewesen seien".[491]

Für die Exekution der im Wehrkreis XI „ausgesonderten" Kriegsgefangenen war „das Konzentrationslager Sachsenhausen, in seltenen Fällen Neuengamme zuständig. Eine Überstellung nach Mauthausen war eher ungewöhnlich, mag aber gerade deswegen in Erinnerung haftengeblieben sein."[492] Es ist festzuhalten, dass „Aussonderungen" zum Zwecke der Exekution im Stalag XI A vorgenommen worden sind. Zur Komplettierung der wenigen Erkenntnisse über die konkreten Abläufe sei zum Abschluss Kellers 2011 getätigte Aussage angeführt: „Offenbar setzte die Tätigkeit der Gestapo im Stalag XI A erst ein, nachdem dort am 11. November Gefangene direkt aus einem Lager im Osten eingetroffen waren. Die vorher nach Altengrabow transportierten Gefangenen waren aus dem Stalag XI C Bergen-Belsen gekommen und bereits dort überprüft worden."[493]

---

490 Vgl. ebd., S. 140.
491 Ebd.
492 Ebd., S. 139.
493 Keller, Sowjetische Kriegsgefangene, S. 127.

3.5.6 Das Außenkommando XI C/73 Wegeleben

Tod durch Nichtbehandlung schwerer Krankheitsverläufe (u.a. Durchfallerkrankungen, Fieber, Versagen innerer Organsysteme) unterschiedlichster Art oder aber das Versterben durch Mord bzw. Unfall[494] stellen die Hauptgründe für die hohe Sterblichkeit unter sowjetischen Kriegsgefangenen in deutschem Gewahrsam dar. Verdachtsmomente auf TBC, Ruhr und Typhus sollten im Interesse deutscher Zivilbehörden zwar möglichst schnell behandelt werden, damit ein Ausgreifen der Krankheit auf die Bevölkerung und eine Epidemie unterbunden wurde.[495] Jedoch zog dies eine Isolation und Minimierung des Außenkontaktes für die Kriegsgefangenen im Lazarett nach sich. Laut Zeugenaussage von Wachmann Albert S.[496] im Untersuchungsbericht von 1948 sind schwer erkrankte Gefangene nicht medizinisch behandelt worden.[497] In Kapitel 5.5.3 wird auf die sich häufig in den Quellen abzeichnende Praxis ver-

---

494 Suizidfälle unter den einzelnen Gefangenengruppen sind in der Stalag-Forschung bisher keiner systematischen Analyse unterzogen worden. Mit Blick auf tödliche Arbeitsunfälle in den Außenkommandos könnten das systematische Studium der Unfallberichte und die darin enthaltene Schilderung des Hergangs Anhaltspunkte liefern. Angeführt sei hier ein Unfallbericht vom 26. Januar 1945, bei dem der niederländische Kriegsgefangene des Stalags XI A, Siegwart S. (Erk.-Nr. 107058), von einem Zug erfasst und dessen Oberkörper und Schädel nachmals zertrümmert aufgefunden wurde. Vgl. Staatsarchiv Merseburg; Bestand RBD Halle, Bu Torgau; Registratur A552, S. 125. (Das Dokument wurde mit freundlicher Unterstützung von U. Podbielski am 04.10.2011 zur Verfügung gestellt.) Die Erforschung von Selbstmordversuchen in Kriegsgefangenenlagern des Zweiten Weltkrieges ist bisher nicht geleistet worden.

495 Vgl. LHASA, MD, C 30 Oschersleben A, Nr. 232, Bl. 156–158; ebenso LHASA, MD, C 28 Ig Regierung Magdeburg. Medizinalregistratur, Nr. 262, Bl. 158–162.

496 Grundlage der in der Studie aufbereiteten Informationen bildet die von Frau Dr. B. Herlemann bereitgestellte Übersetzung von H. Herlemann aus dem Jahr 2005. Ergänzende Übersetzungen/Gegenrecherchen sind mit der Unterstützung der Studentin Elisabeth Blum erarbeitet worden. In den Zitaten wird zukünftig auf das Originaldokument (Bericht der Kommission zur Untersuchung der Verbrechen im Stalag XI A vom Oktober 1947; GARF, Fond 7021, Findbuch 115, Nr. 5) verwiesen.

497 Vgl. GARF, Fond 7021, Findbuch 115, Nr. 5, S. 9.

wiesen werden, den Grund für das Versterben in der *Entkräftung* der Gefangenen zu suchen. Dass Wachmannschaften gemeinsam mit den schwer erkrankten Gefangenen in einem Raum nächtigten und so der Ansteckung ausgesetzt waren, erscheint zwar in der Zusammenschau des Quellenmaterials als Ausnahme. Jedoch ist diese Form der Unterbringung als Ausdruck der zum Teil begrenzten Möglichkeiten vor Ort zu verstehen. Einer Übertragung von Krankheitserregern in den zivilen Sektor wurde damit Vorschub geleistet und gilt als Nachweis für die mangelnde Organisation. Im Untersuchungsgebiet ist ein Fall überliefert, der alle vor dem „Russeneinsatz" getätigten Sicherheitsüberlegungen *ad absurdum* führen sollte und Einblick in eine vor Ort übliche Praxis gewährt. Sehr aufschlussreich dabei ist, dass dieser Fall vom betreffenden Gesundheitsamt registriert und kritisiert worden ist. Strategien zur Vermeidung von Ansteckungen, Krankheitsvorbeugung und die Missbilligung der Lagerorganisation lassen erkennen, dass man die Tragweite des Schicksals sowjetischer Kriegsgefangener[498] erkannte, aber in erster Linie zum Schutz der deutschen Zivilbevölkerung anzugehen versuchte.[499] Auch wenn eine bessere medizinische Behandlung der Gefangenen zur Vermeidung von Epidemien als Mittel zum Zweck erscheint, so wäre eine menschenwürdigere Behandlung im betreffenden Arbeitskommando die Folge gewesen. Reaktionen des Lagerstabes sind im betreffenden Quellenbestand nicht überliefert, und daher können keine weiteren Aussagen über den Kommunikationsverlauf getrof-

---

498 Als Nachweis für die Zuordnung des Außenkommandos siehe die tabellarische Auflistung bei Keller, Sowjetische Kriegsgefangene, S. 494.

499 Bezug wird hier auf die Berichterstattung über die seuchenhygienische Überwachung der Lager für ausländische Arbeitskräfte des Regierungs- und Medizinalrats Dr. Barth vom 22. August 1942 genommen. Barth schreibt u. a., dass die Lager „durch einen Amtsarzt des Gesundheitsamtes, in den folgenden 4 Wochen mindestens einmal wöchentlich durch Gesundheitsaufseher im Auftrage des Amtsarztes daraufhin zu beseitigen sind, ob sich unter den Insassen Infektionskranke oder -verdächtige befinden." LHASA, MD, C 28 Ig, Nr. 262, Bl. 205.

fen werden. Es gilt festzuhalten, dass ausgehend von der unzureichenden Stalag-Betreuung, maßgeblich des Kontrolloffiziers, viele
Arbeitskommandos in dieser Art und Weise vorgingen und nicht
einsatzfähige Kriegsgefangene in das Außenlagersystem bzw. in
die Sterbe-Lazarette abschoben. Die Schwerkranken starben demnach im Stalag und nicht an den Einsatzorten selber.

Wie bereits im Kapitel 3.5.3 analysiert, kam es bei der Behandlung, Unterbringung und Ernährung der sowjetischen Kriegsgefangenen zu menschenverachtenden Zuständen, die durch Routinen,
Verhalten wider besseren Wissen oder Desinteresse verursacht
worden sind.[500] Gesundheitsämter unternahmen den Versuch,
u. a. im Fall des Außenkommandos für die Zuckerfabrik in Wegeleben, eine Ausbreitung von Epidemien zu vermeiden, konnten
dabei aber nicht grundsätzlich auf die Unterstützung der Lagerkommandantur bauen. Die Konflikte zwischen der betreffenden
Gesundheitsbehörde und dem Militär lassen erkennen, dass die
Befolgung der Erlasse und Befehle im Umgang mit den Kriegsgefangenen auf den mangelnden Einsatz der im Stammlager eingesetzten Ärzte zurückzuführen ist. Der für die damaligen Verhältnisse kritische Bericht des Medizinalrates Dr. Jancke belegt, dass
sich die Gefahr einer Ausbreitung von Krankheiten abzeichnete.
Das überlieferte Schreiben des Medizinalrates zeigt zudem detailliert auf, dass sich die Gesundheitsämter frühzeitig mit Erkrankungen sowjetischer Kriegsgefangener auseinanderzusetzen hatten
und dass schwer erkrankte Kriegsgefangene in die Kommandos
entsandt worden sind. Dr. Jancke hob die Notwendigkeit der Entlausung und Behandlung der Kriegsgefangenen hervor und erör-
terte notwendigerweise zu ergreifende Gegenmaßnahmen. Seine
Aufgabe bestand grundsätzlich darin, die Wahrscheinlichkeit für
die Ausbreitung von Seuchen auf ein Minimum zu reduzieren.[501]

---

500 Vgl. LHASA, MD, C 30 Oschersleben A, Nr. 232, Bl. 161–167.

501 Die Sorge, dass die Ausbreitung von Seuchen die Produktion – weniger die Ver-
     schlechterung des Zustandes der noch nicht Erkrankten – gefährden könnte,

Das Beispiel „Wegeleben"[502] und der dort zum Arbeitseinsatz bestimmten Gefangenen aus Bergen-Belsen vermag aufzuzeigen, wie mit den sowjetischen Kriegsgefangenen im Stammlager, beim Abtransport und im Arbeitskommando während des Schlüsseljahrs 1941/42 verfahren worden ist. Zum Verständnis der Kriegsgefangenenpolitik gegenüber den sowjetischen Kriegsgefangenen sei der Schlussteil des Berichts von Dr. Jancke als Vollzitat dargeboten und kommentiert.

„Von Fehlern, die künftig vermieden werden müssen, ist zu erwähnen: 1. Das Fehlen einer planmässigen ärztlichen Untersuchung der Gefangenenlager. Ich persönlich würde mich nicht imstande erachten, bei einmaliger Untersuchung das Freisein eines Lagers von gefährlichen Seuchen festzustellen. Es hat ja auch im Lazarett[503] eine Reihe von Tagen gedauert, bis die Fleckfieberfälle sicher erkannt waren! [...] Dazu müssen aber die Ärzte von der (sic) Stalag gestellt werden, denn die in der Heimat tätigen Ärzte sind so schon überlastet!"[504]

Die Rückschlüsse des Medizinalrates auf die Verhältnisse im Stammlager legen offen, wie die medizinische Betreuung im Entsendungsbereich unter Federführung der Lagerkommandantur[505]

---

ist bereits für Januar 1942 in der Maschinenfabrik Buckau R. Wolf nachweisbar. LHASA, MD, I 33, Nr. 10, Bl. 4f.

502 Im Bericht des Medizinalrates als „Sowjet-Russenlager Wegeleben bezeichnet". LHASA, MD, C 30 Oschersleben A, Nr. 232, Bl. 158.

503 „Am 15. August 1941 gab das OKW erstmals Richtlinien für deren ärztliche Versorgung heraus. Danach waren Gefangene, die in den Arbeitskommandos erkrankten und einer Lazarettbehandlung bedurften, „grundsätzlich in das nächstgelegene Sowjet-Kriegsgefangenen-Lazarett einzuweisen". Falls sich dies ausnahmsweise nicht realisieren ließ, waren die Kranken „in besonderen Sowjet-Kriegsgefangenen-Abteilungen der Kriegsgefangenen-Lazarette unterzubringen". Dabei seien strikte Absonderung und scharfe Bewachung sicherzustellen. Sobald der Gesundheitszustand einen sitzenden Transport zuließ, sollte die Überlieferung in ein „Sowjet-Lager-Lazarett" erfolgen." Keller, Sowjetische Kriegsgefangene, S. 103.

504 LHASA, MD, C 30 Oschersleben A, Nr. 232, Bl. 164.

505 Es handelt sich um ein Außenlager des Stalags XI D Bergen-Belsen.

organisiert worden ist. Eine an den Einsatzplänen ausgerichtete medizinische Untersuchung setzte voraus, regelmäßigen Kontakt zu den Gefangenen und mehr als eine Blickdiagnose walten zu lassen. Der ursprünglich zur Überprüfung der Lager herangezogene Oberstabsarzt Dr. Isenberg ist dieser Aufgabe im betreffenden Lager also nur unzureichend nachgekommen. Die aus dem Text entnehmbare und bewusst herbeigeführte Verwahrlosung im Lager Wegeleben deckt sich grundsätzlich mit den Forschungsergebnissen zu anderen Stalags und Außenkommandos.[506]

„2. Jeder Todesfall bei Gefangenen muss wissenschaftlich geklärt werden. Wenn in einem Lager dutzende Russen an ‚Entkräftung‘ sterben, so stimmt etwas nicht. Teilselektionen, evtl. Einsendung von Haut- und Gewebestückchen zum Nachweis der Periarteriitis nodosa[507], die für Fleckfieber typisch ist, oder zur Erkennung typhöser Darmgeschwüre pp. müsste grundsätzlich verlangt werden.“[508] Die geforderte Sektion der Verstorbenen war angesichts ihrer Vielzahl in den ersten Monaten schlichtweg nicht zu leisten und auch nicht im Interesse zuständiger Dienststellen. Dass der Verweis auf die Todesursache „Entkräftung“ eine inflationäre Verwendung in der PK I erfuhr, korreliert mit der Annahme, dass die medizinisch-physiologisch notwendige Überprüfung des Todes sehr wahrscheinlich auf einer Blickdiagnose beruhte. Unter dem Begriff „Entkräftung“ sind demnach zahlreiche Krankheitsverläufe und Todesursachen subsumiert worden.

„3. Die hierher gesandten Russen waren unzureichend entlaust; desgleichen die nachträglich eingesandten Kleidungsstücke. Es geht nicht an, die Entlausungsfahrten im Winter – bei Kälte im offenen Lastwagen, zumal bei so schlechtem Kräftezustand der Menschen – all zu oft zu machen. Es sterben dabei immer eine

---

506 Vgl. Keller, Sowjetische Kriegsgefangene, S. 201–208.
507 Im deutschen Sprachraum auch als Polyarthritis nodosa/Kussmaul-Meier-Krankheit bekannt. Vgl. Herold, Gerd (Hg.): Innere Medizin, Köln 2010, S. 629.
508 LHASA, MD, C 30 Oschersleben A, Nr. 232, Bl. 164.

Anzahl der körperlich widerstandslosen Menschen an den Folgen der Unterkühlung!"[509]

Sowjetische Kriegsgefangene hatten für die Desinfektionen (ob im Stalag oder im Außenkommando) alle Kleidungsstücke abzulegen und hielten sich während des Prozesses unbekleidet im Umfeld der Anlage auf.[510] Die Durchführung der Entlausung stellte bereits bei den polnischen Gefangenen ein wesentliches Problem dar. Hier waren es die Maschinen, die der anfallenden Menschenmasse trotz des Schichtbetriebes nicht gewachsen waren. Dr. Jancke wies in seinem Schreiben bereits vor der Zusammenfassung darauf hin, dass es beschleunigend wirken könnte, eine Entlausungsanstalt für Kriegsgefangene in Oschersleben einzurichten, was der zuständige Landrat auch veranlasste. Ziel war es, die Wege zur Entlausungsstation bei der hohen Anzahl Entlausungsbedürftiger kurz zu halten.

„4. Ich sah Gefangene, deren Arme dünn wie Stöcke waren. Mir wurde gesagt, dass zahlreiche Gefangene bei der Kost in unseren dörflichen Lagern fortdauernd an Durchfällen litten, die wie Erbsensuppe aussähen. Zahlreiche Fälle von Hungerödem sah ich, von denen irgendeine Arbeitsleistung nicht zu erwarten war. Einer hatte einen Drüsenbubo[511], bei dem ein walnussgrosses Loch im Bereiche der erweitert gewesenen Schenkeldrüse bestand. Er war ohne vorherige ärztliche Untersuchung entsandt worden. Zahlreiche Gefangene sah ich, denen noch das Grauen im Gesicht stand nach allen Strapazen, die die Einkesselung, Hunger, Kämpfe, Gefangennahme, beschwerlicher Transport in die Sammellager usw. mit sich gebracht hatte; Menschen, die wie verängstigte Tiere in einer Ecke hockten, Stuhl und Urin wahllos im Zimmer oder im Bett absetzten. Solche Menschen sollte man nicht in Arbeit vermitteln."[512]

Die Schilderung des Zustands erlaubt drei Rückschlüsse: Erstens

---

509 Ebd.
510 Vgl. Bildmaterial in Keller, Sowjetische Kriegsgefangene, S. 447.
511 Eine beulenartige Entzündung der Leistendrüsen.
512 LHASA, MD, C 30 Oschersleben A, Nr. 232, Bl. 166.

sind Kriegsgefangene wahllos, entgegen dem ursprünglichen Vorhaben, entsendet worden. Formal betrachtet, entschied sich das entsendende Stalag gegen die Vorschriften der Gesundheitsämter. Die bisher in Auffang- und Durchgangslagern verbrachte Gefangenschaft wirkte sich wesentlich auf die körperliche und psychologische Widerstandskraft der Gefangenen aus und machte den Arbeitseinsatz damit eigentlich unmöglich. Hier wird besonders deutlich, dass die sowjetischen Gefangenen lediglich als Verfügungsmasse wahrgenommen worden sind. Zweitens ist der Hinweis auf den psychologischen Zustand aus quellenkritischer Perspektive besonders interessant. Dass Jancke auf das „Grauen im Gesicht nach allen Strapazen" verweist, erscheint gerade zu als Besonderheit.

„5. Bei der Vermittlung der Arbeitskräfte ergab sich mehrfach die Schwierigkeit der <u>Unterbringung</u> der Gefangenen und der Wachtmänner. [...] Auch das Wachtmannschaften gesonderte Räume erhalten und dass <u>hygienisch einwandfreie</u> Klosetts fertig dastehen, wenn die Belegung eintrifft, scheint mir selbstverständlich. Die Erfahrung im hiesigen Kreise hat mir gezeigt, dass diese Forderungen nicht überall erfüllt waren! Zudem ist es in keiner Ortschaft von Schaden, wenn einige solche Räume für Massenunterbringungen greifbar bereitstehen."[513] Auch in diesem Abschnitt zeigt sich ein bisher wiederkehrendes Muster im Zusammenhang mit der Kriegsgefangenenverwaltung vor Ort: Die Bereitstellung von Lagern ist erneut nicht ausreichend vorbereitet worden. Besonders problematisch war die Unterbringung von schwer erkrankten Gefangenen gemeinsam mit deren Bewachern. Dr. Jancke wies zu Beginn seines Schreibens eindringlich auf die Übertragung von Läusen hin, die gemeinhin als Träger der Ansteckungskrankheiten angesehen wurden. Eine gemeinsame Unterbringung von Bewachern und Gefangenen konnte nicht im Sinne des Gesundheitsamtes, des OKW und der Arbeitgeber sein. Wachmannschaften konn-

---

513 Ebd., Bl. 167.

ten ansteckende Krankheiten über ihre Familienangehörigen in die Zivilbevölkerung tragen und Epidemien auslösen. Derlei Befunde geben tiefe Einblicke in die Diskrepanz zwischen Soll- und Ist-Zuständen im regionalen Kriegsgefangenenwesen. Fehlende Feuerstellen im Außenkommando komplettieren den unhaltbaren Zustand für die Gefangenen, die ihre Uniformen zur Entfernung der Läuse nicht auskochen konnten. Dass Jancke aus Überzeugung von „Zufällen"[514] spricht, die im Wegelebener Lager zur Ausbreitung von Krankheiten führten, darf angesichts seiner Tätigkeit als Medizinalrat des staatlichen Gesundheitsamtes angezweifelt werden. Während dieses Zeitraumes kam es auch in anderen Lagern zu erheblichen Krankheitsfällen, die die Sterblichkeitsrate unter den sowjetischen Gefangenen innerhalb kürzester Zeit erhöhte. Die insgesamt sechs Punkte umfassende Analyse des damaligen Zustands in den Lagern und Außenlagern zeigt, wie mit den Gefangenen verfahren worden ist. Die Beschreibung einer nicht planmäßigen Untersuchung der Gefangenen und deren Versendung in die Außenlager verdeutlicht die Verantwortung der vor Ort tätigen deutschen Ärzteschaft. Es wird mit Blick auf die gegenwärtige Forschungsliteratur die These vertreten, dass die vom Medizinalrat Dr. Jancke gemachten Beobachtungen mit der Situation in anderen Stalags übereinstimmen. Das Außenkommando in Wegeleben nimmt somit eine Stellvertreterfunktion im östlichen Teil des Wehrkreises XI ein. Auch wenn sich die Lebensbedingungen der Gefangenen im Wehrkreis XI von Ort zu Ort unterschieden haben mögen, so lag doch der Betreuung eben jenes Behandlungsmuster zu Grunde, dass der Mediziner des Gesundheitsamtes Oschersleben schilderte. Keller geht davon aus, dass im Wehrkreis XI bis März 1942 sehr wahrscheinlich 5.000 Kriegsgefangene in den Außenkommandos umgekommen sind.[515]

---

514 Ebd.
515 Vgl. Keller, Sowjetische Kriegsgefangene, S. 280.

3.5.7 Ergebnisse der Exhumierung von Leichen sowjetischer Kriegsgefangener 1947

Grundlage der folgenden Ausführungen ist die Übersetzung eines sowjetischen Kommissionsberichts von 1947, der Auskunft über die Verbrechen gegen die sowjetischen Kriegsgefangenen im Stalag XI A geben sollte.[516] Im Abschlussbericht der Untersuchung ist vermerkt, dass mindestens 3.229 sowjetische Gefangene im Stalag XI A umgekommen sind. Die Kommission ging davon aus, dass ca. 50.000–70.000 sowjetische Gefangene das Lager passierten und errechnete eine durchschnittliche Sterblichkeit von 5 bis 6 Prozent. Dieser Wert entsprach im Durchschnitt 3 bis 4 Menschen pro Tag während des Spätherbstes 1941 und der Auflösung des Lagers im Mai 1945.[517] Laut Kellers Studie ergaben sich bis März 1942 folgende Verhältnisse: Bis Oktober 1941 sind auf dem Standortfriedhof drei Gefangene begraben worden. Zwischen Oktober 1941 und März 1942 sind 1.327 sowjetische Gefangene auf dem Friedhof Gloinetal beerdigt worden.[518] Die Grabstätte 1 befand sich laut Kommission 400 Meter von der südöstlichen Grenze Altengrabows und wies eine Gesamtfläche von 6.000 Quadratmetern auf. Die zweite Grabstätte lag zwei Kilometer nordöstlich von Groß Lübars und zwei Kilometer südwestlich von Altengrabow.[519] Die genaue Position der beiden Friedhöfe ist bisher nicht geklärt. Recherchen im vorhandenen Bild- und Aktenmaterial haben lediglich Areale erkennen lassen, in denen die verstorbenen Gefangenen sehr wahrscheinlich begraben worden sind. Weitere Forschungen sind diesbezüglich noch zu leisten. Die Untersuchung der Leichen im Jahr 1947 hat ergeben, dass die Männer zwischen 18 und 30 Jahre alt waren und dass manche der Leichen Schussverletzungen am Schädel aufwiesen.

---

516 Vgl. GARF, Fond 7021, Findbuch 115, Nr. 5 [insgesamt 78 Blatt].
517 Vgl. ebd., S. 4.
518 Vgl. Keller, Sowjetische Kriegsgefangene, S. 278–280.
519 Vgl. GARF, Fond 7021, Findbuch 115, Nr. 5, S. 33–37.

3.5.8 Zusammenfassung

Das Stalag diente grundsätzlich nicht als ständiger Aufenthaltsort für die Kriegsgefangenen. Im Lager verblieben nur diejenigen, die entweder nicht arbeitsfähig waren oder womöglich einer Heimschaffung entgegensahen. Die nach Anfragen des zuständigen Landesarbeitsamtes zu organisierende Entsendung der gesunden Kriegsgefangenen entsprach dem Anliegen, die Arbeitskraft der Gefangenen unmittelbar der regionalen Wirtschaft zuzuführen. Dies setzte in den umliegenden Dörfern die Bereitschaft voraus, die zum Arbeitseinsatz herangezogenen Gefangenen unterzubringen und zu versorgen. Je nach Betrieb und Größe des Arbeitskommandos wurden die vor Ort ausschöpfbaren Möglichkeiten gemeinsam mit dem Stammlager erschlossen und ausgenutzt. Nach dem Angriff auf die Sowjetunion am 22. Juni 1941 sollte sich die Funktion des Stalags grundlegend erweitern. Die Kommandantur des Lagers, welche sich bis zu diesem Zeitpunkt vorwiegend an die Bedingungen des GKA gehalten hatte, machte eine für die Stalags typische Entwicklung durch. Altengrabow wurde zur Jahreswende 1941/42 zu einem Ort mit signifikant erhöhter Sterblichkeitsrate unter den im Lager eingetroffenen sowjetischen Kriegsgefangenen. Die Entsendung der Geschwächten auf neu geschaffene Arbeitskommandos wurde durch ihren körperlich und psychisch schlechten Allgemeinzustand größtenteils unmöglich und erforderte längere Gesundungsprozesse innerhalb des Stalags. Mindestens 3.229 Rotarmisten haben ihr Leben im Stalag XI A verloren und sind auf zwei Friedhöfen in der Nähe des Stammlagers begraben worden. Auch für das Stalag XI A gilt die einvernehmliche Zusammenarbeit zwischen OKW und SS als belegt. „Aussonderungen" sind bis zum Ausbruch einer Epidemie Ende 1941 durchgeführt worden. Die Überlebenswahrscheinlichkeit für die sowjetischen Gefangenen stieg also an, sobald sie – bei guter Verfassung – aus dem Stalag XI A in Außenkommandos in die Landwirtschaft versetzt wurden. Grundlegende medizinische Betreuung und ausreichende Lebensmittelversorgung durch die Arbeitgeber trugen zur Gesundung erkrankter Gefangener bei.[520]

Bei dem Stalag XI A handelte es sich um ein Arbeitskräftereservoir, das eng verbunden mit der regionalen Wirtschaft Engpässe auf dem mitteldeutschen Arbeitskräftemarkt kompensieren musste. Nur ein geringfügiger Anteil der Kriegsgefangenen verblieb für längere Zeit im Stammlager, um die dort anfallenden Arbeiten zu erledigen. Das Stalag XI A gehörte folglich für einen Großteil der Kriegsgefangenen nicht zum Erfahrungshorizont, sondern vielmehr die Arbeitskommandos, in denen sie ihre Arbeit verrichteten. In einer tabellarischen Auflistung vom 5. Januar 1943 (LAA Mitteldeutschland) ist festgehalten, wie viele Kriegsgefangene im Entsendungsbereich des Stalags zum Einsatz kamen (siehe Tab. 3, S. 454). Anfang Januar 1943 versahen ca. 41.000 Kriegsgefangene auf 1.372 Arbeitskommandos ihren Einsatz in den Bereichen der Kontrolloffiziere des Stalags.[521] Die disparate Quellenlage zeigt

---

520 Vgl. Ego-Dokument Nurejew, Iskander Garifowitsch (Dok.Stelle Celle). Nurejew beschreibt den Kontakt zu einer Bauernfamilie, die ihn menschenwürdig behandelte. Für sie leistete er Arbeiten auf dem Hof und ist nach der Minderversorgung im Stalag XI C wieder zu Kräften gekommen. Zu einem Außenkommando im XI-A-Bereich hielt er fest: „Wir wurden zu einem Lager, das in der Nähe von Calbe mitten auf einem Feld lag, gefahren und in Holzbaracken mit zweistöckigen Pritschen untergebracht. Auch hier wurden wir gezwungen, Erdarbeiten zu verrichten – Gruben ausheben, Flächen einebnen. Jeden Morgen gingen wir in Zweierreihen mit einer großen Blechkanne in die Kantine, um Kaffee und Brot für unser Frühstück zu holen. Die Kantine befand sich seitlich von unseren Baracken in einem zweigeschossigen Gebäude. Dort tischte die Köchin, eine gute Frau, Butterbrote auf und servierte uns gekochte Kartoffeln und rohe Möhren."

521 Das Gebiet des Arbeitsamtbezirkes Stendal ist frühzeitig auf zwei Kontrolloffiziere aufgegliedert worden. Folgende Kontrollbereiche sind ab 15. September 1940 nachweisbar: Kontrollbezirk I Stendal; Kontrollbezirk II Burg; Kontrollbezirk III Haldensleben; Kontrollbezirk IV Magdeburg; Kontrollbezirk V Bernburg und Kontrollbezirk VI Halberstadt. Der Kontrollbezirk VIII Dessau ist ab 20. November 1940 belegt. Die Auflistung veranschaulicht ebenso die enge organisatorische Verflechtung zwischen Stalag XI A und den regionalen

auf, dass belastbares Material über den Arbeitseinsatz nicht flächendeckend vorhanden ist. Anhand mehrerer Regionen (Altmark, Börde und Harz) ist im folgenden Kapitel der Arbeitseinsatz in den Städten Stendal, Magdeburg und Halberstadt zu untersuchen. Die genannten Orte unterscheiden sich grundsätzlich in Art, Umfang und Organisation des Arbeitseinsatzes. Es soll herausgearbeitet werden, wie die Kriegsgefangenen in den Städten organisiert worden sind und welchen Beitrag sie zur Aufrechterhaltung der Produktion zu leisten hatten. Als Begründung für die Auswahl der Ortschaften ist anzumerken, dass die gehobenen VUK-Fälle mit der Nord-Süd-Achse korrespondieren. Dies bedeutet, dass einige derjenigen Unternehmen, die im folgenden Kapitel analysiert werden, den Ursprung des „Verbotenen Umgangs" darstellen. Somit kann das Großkapitel auf Grundlage der bisher erhobenen Daten und dargestellten Zusammenhänge eingeordnet werden.

3.6 Arbeitseinsatz in der Industrie im Regierungsbezirk Magdeburg

3.6.1 Stadtkreise Stendal und Wernigerode

Im Oktober 1939 erging vom Regierungspräsidium in Magdeburg die Anfrage, ob ein Kriegsgefangeneneinsatz im Bereich der Arbeitsämter geplant sei.[522] Für den Stadtkreis *Stendal* wäre vorerst eine Absage vom Arbeitsamt erteilt worden, weil die Zucker-

---

Arbeitsämtern, denn deren Gebiete waren geografisch nahezu deckungsgleich. Vgl. LHASA, MD, C 20 I, Ib Nr. 886 Bd. 2, Bl. 319 und 349.

522 Dieser Vorgang ist belegt im Schreiben an das Arbeitsamt Stendal vom 30. September 1939: „Der Bedarf ist mir durch die Kreisbauernschaften anzumelden. Anträge, die bei den Dienststellen des Arbeitsamtes Stendal unmittelbar eingehen, sind der Kreisbauernschaft weiterzuleiten. Die Kreisbauernschaften haben im Benehmen mit den zuständigen Landräten die Verantwortung über das Vorhandensein der vorgeschriebenen Unterbringungsmöglichkeiten übernommen." LHASA, MD, C 30 Osterburg A, Nr. 1311, Bl. 6.

fabrik ihre Bedarfsmeldung zurückgezogen hat.[523] Diese ist jedoch im Oktober 1939 rückgängig gemacht worden, und es wurden vom Stalag XI A 40 Kriegsgefangene abkommandiert. Wie üblich waren Unterbringung und Versorgung durch den Bedarfsmelder sicherzustellen. Die Bewachung der Gefangenen erfolgte vorerst durch Mitglieder der Freiwilligen Feuerwehr Stendal.[524] Im Dezember 1939 erfolgte eine Berichterstattung über den Einsatzverlauf des Gefangenenkontingents, das mittlerweile aus 70 Personen bestand. Im Antwortschreiben heißt es, dass 40 Kriegsgefangene in der Zuckerfabrik und 30 Gefangene aus dem Stalag Mühlberg im Obdachlosenraum Stendals untergebracht seien. Die Verpflegung der Gefangenen aus dem Stalag XI A erfolgte durch die Fabrik, und die Versorgung der im Obdachlosenraum untergebrachten Gefangenen stellte die Stadtverwaltung sicher. Dieser prototypische Organisationsablauf ist kurz nach Beginn des Krieges flächendeckend nachweisbar und stellt vorerst keine Besonderheit dar. In einer Besprechung zwischen Oberbürgermeister, Kontrolloffizier, Kreisbauernschaften, Landräten und dem Arbeitsamt ist im Juni 1940 der weitere Arbeitseinsatz im Stadtkreis Stendal erörtert worden. Die Wehrmacht benötigte insgesamt 200 Mann für ein Bauprojekt (Heeresverpflegungsanlage), ein Steinmetzmeister forderte 20 Gefangene für seinen Betrieb an, und die Reichsbahn benötigte 100 Kriegsgefangene. Im Zuge der Entlassung polnischer Gefangener sollte ein Ersatz durch Franzosen und Belgier organisiert werden. Über den Verlauf der Entlassung sind aktenmäßig keine Aussagen überliefert. Die 30 Gefangenen aus Mühlberg waren laut Aussage des OB polnische Juden, deren Entlassung vorerst nicht in Frage kam.[525] Im Oktober 1940 waren insgesamt 337 Kriegsgefangene in Stendal eingesetzt. Eine Wendung in der Zusammenarbeit des Kontrolloffiziers mit der

---

523 Vgl. Stadtarchiv Stendal, 043-17, Bl. 13.
524 Vgl. ebd., Bl. 15.
525 Vgl. ebd., Bl. 57.

Stadtverwaltung sollte sich Ende 1942 abzeichnen. Kontrolloffizier Ebert teilte der Stadtverwaltung mit, dass seine Tätigkeit im Stadtkreis alsbald enden werde und die Führer der Wachkompanien seine Funktion übernehmen würden. Die Stadtverwaltung Stendal setzte daraufhin ein Schreiben an die Kommandantur des Stalags XI A (Major Neue) auf und schilderte ihr „lebhaftes Interesse [...] an der Zusammenarbeit mit der beaufsichtigenden Dienststelle".[526] Die bisherige Zusammenarbeit habe sich in der Praxis bewährt und eine Neuerung der Organisation hätte sich insgesamt zum Nachteil für alle Beteiligten auswirken können.[527] Das Schreiben macht deutlich, dass das Wirken des Kontrolloffiziers sehr geschätzt worden ist und die Übernahme durch den Führer einer „militärischen Formation [...] mehr oder weniger neue Anschauungen, gegebenenfalls auch neue Anforderungen"[528] bringen würde. Sehr deutlich wird in dem Schreiben für eine Beibehaltung der Verhältnisse argumentiert und das Interesse an einer reibungslosen Verwaltung betont.

Es sei darauf verwiesen, dass bereits 1939 im Arbeitsamtbezirk Stendal Bedarfsanmeldungen für ca. 6.700 Kriegsgefangene vorlagen.[529] Ende Oktober waren lediglich 1.200 Kriegsgefangene im Einsatz.[530] Aus dem Schreiben der Stadtverwaltung geht hervor, dass die den Einsatz überblickende Instanz des Kontrolloffiziers als Garant einer zuverlässigen Zusammenarbeit galt. Vor dem 15. September 1940 ist der Arbeitsamtbereich Stendal in zwei Kontrollbezirke aufgeteilt worden, um eine zielgerichtete und zeitnahe Organisation der zahlreichen Kriegsgefangenen zu gewährleis-

---

526 Ebd., Bl. 117.
527 Vgl. ebd.
528 Ebd.
529 Vgl. LHASA, MD, C 20 I, Ib Nr. 886 Bd. 2, Bl. 79.
530 Die Tendenz war steigend. Am 5. Dezember 1939 waren bereits 4.321 Kriegsgefangene vom Arbeitsamt Stendal für den Arbeitseinsatz registriert. Hiervon kamen, wie bereits im Kapitel 4 aufgezeigt, nicht alle Gefangenen aus dem Stalag-XI-A-Bereich.

ten. Kontrolloffizier Ebert betreute die Kreise Osterburg und Stendal, Kontrolloffizier Kampe verwaltete die Kreise Salzwedel und Gardelegen. Es konnte aktenmäßig nicht nachgewiesen werden, welche Auswirkungen das Schreiben vom 16. Dezember 1942 auf Wehrkreisebene tatsächlich hatte. Anhand des überlieferten Datenmaterials des LAA Mitteldeutschland ist ersichtlich, dass das Tätigkeitsfeld der Kontrolloffiziere im ersten Quartal 1943 eine organisatorische Überarbeitung erfahren hat.[531] Bis zu diesem Zeitpunkt waren im Arbeitsamtbereich Stendal (Osterburg, Stendal, Salzwedel und Gardelegen) insgesamt 12.300 Kriegsgefangene im Einsatz. In der Summe sind 267 Arbeitskommandos eingerichtet worden, wovon 125 mit ca. 5.000 Kriegsgefangenen im Kreis Stendal im landwirtschaftlichen Sektor gelegen waren.[532] Anhaltspunkte zur kritischen Auseinandersetzung mit der Stellung des Kontrolloffiziers bietet die ältere Sekundärliteratur. Donczyk betonte die Korruptionsanfälligkeit, die unter den Kontrolloffizieren weit verbreitet gewesen sein soll: „Weil später die Kontrolloffiziere zahlreiche ‚Übersehungen', ‚Unachtsamkeit' und ‚Mängel an Bewachung' der ihnen Unterstehenden zuließen und nicht, wie es die betreffenden Befehle vorschrieben, Veruntreuung zu Ungunsten der Kriegsgefangenen im Zusammenhang mit der chaotischen Raubwirtschaft mit Rotkreuzspenden verfolgten, wurden die Bezirkskontrollen liquidiert und die Aufsicht über die Gefangenen des Stalag XI A fünf Bataillonen der Landesschützen Nr. 405, 718, 720, 740, und 741

---

531 Vgl. Rundschreiben des WK-Kommandos XI vom 1. März 1943, in dem u.a. die Abschaffung der Kontrolloffiziere laut OKW-Befehl zum 15. April 1943 bekanntgemacht wird. (Niedersächsisches Landesarchiv – Staatsarchiv Wolfenbüttel, 91 N, Nr. 284.) Dieser Vorgang wird sehr wahrscheinlich keine Folge von Korruption, Kompetenzgerangel o.Ä. gewesen sein, sondern ist als Maßnahme zur generellen Verschlankung der Arbeitseinsatzorganisation angesichts der Personalprobleme der Wehrmacht zu verstehen. Die Aufgaben der Kontrolloffiziere entfielen nicht, sondern sollten künftig von den Landesschützenbataillonen übernommen werden.
532 LHASA, MD, C 20 I, Ib Nr. 886 Bd. 3, Bl. 164.

übertragen."[533] Der Stadtkreis Stendal gilt in der Quellenüberlieferung als einzige Stadt innerhalb des Regierungsbezirkes, die gegen die Reorganisation argumentierte. Das Beispiel gilt als Basis der Überlegung, dass die Kontrolloffiziere weitreichende Gestaltungsräume in der Regelung des Arbeitseinsatzes besaßen. Die hohe Anzahl von 5.000 Kriegsgefangenen stellte für einen Kontrolloffizier ein weitreichendes Betätigungsfeld dar. Von seiner Tätigkeit waren die Gefangenen in allen Belangen abhängig. Dass die Institution des Kontrolloffiziers tatsächlich eine Neuregelung erfahren hat, lässt grundlegende Zweifel berechtigt erscheinen. Über die Organisationspraxis[534] der eingesetzten Offiziere sind in der Korrespondenz mit den Gemeinden keine Details überliefert. Ob der Kontrollbezirk Stendal als hervorgehobenes Beispiel vom Einsatz des Kontrolloffiziers Ebert über die Maßen profitierte, konnte also nicht untersucht werden. Für Donczyks Hinweis auf Amtsmissbrauch spricht zumindest seine Erfahrung als kriegsgefangener Vertrauensmann für die Polen. In dieser Position war er Anlauf-

---

533 HstaatsA. Hannover, Nds. 721 Hannover, Acc. 90/99, Nr. 145, Bd. 2, Bl. 220f. In einer Meldung der örtlichen Gendarmerie an den Landrat in Osterburg über die Erschießung des französischen Kriegsgefangenen R. Klaude vom 24. Juli 1942 wird als Ermittler Kontrolloffizier Ebert (Stendal) genannt. Dieses Datum gilt damit in Anbetracht der Quellenlage als terminus post quem für die Reorganisation. In einer überlieferten Meldung des LAA Mitteldeutschland vom 9. Januar 1943 wird die Einschaltung der Landesschützenbataillone genannt und somit gilt das Datum als terminus ante quem.

534 Der Kontrolloffizier von Halberstadt fasste in einem Schreiben an den Landrat in Quedlinburg seine Tätigkeit wie folgt zusammen: „Ich bin der unmittelbare Vorgesetzte aller Wachkommandos und Kriegsgefangener. Als Kontrolloffizier ist mir die selbständige Erledigung sämtlicher dienstlichen Angelegenheiten betreffend der Kriegsgefangenenlager in gemeinsamer Arbeit mit den zuständigen Behörden und Organisationen übertragen worden." LHASA MD, C 30 Quedlinburg I, Nr. 243, Bl. 104. Dieses umfassende Aufgabenspektrum hat bei einigen Kontrolloffizieren möglicherweise die Überschreitung des Kompetenzbereiches zur Folge gehabt. Aktenmäßige Belege konnten zu dieser Thematik nicht gehoben werden.

punkt für zahlreiche Personen und das IKRK, welches über ihn als Gewährsmann Informationen zusammentrug, die die Organisation der Außenkommandos betrafen.

Im Erlass des WK-Kdos. XI vom 9. Januar 1943 ist die Abgrenzung der Aufgaben und Pflichten zwischen den Kontrolloffizieren und den Landesschützen-Einheiten zu diesem Zeitpunkt lediglich neu justiert worden.[535] Die Behauptung, dass die Bezirkskontrollen liquidiert worden sind, ist demnach nicht haltbar. Fraglich erscheint weiterhin, welcher Kontrollbezirk für die Reorganisation verantwortlich war. Die Erstversorgung des Stadtkreises Stendal mit Kriegsgefangenen konnte für die „Bedarfsträger" nach anfänglichen Schwierigkeiten zufriedenstellend organisiert werden. Dieser Umstand ist auf die enge Zusammenarbeit des Kontrolloffiziers und des Oberbürgermeisters zurückzuführen. Während des Krieges mussten die Sammellager nicht verlegt und damit keine neuen Räume geschaffen werden. Der Arbeitskräfteeinsatz in Stendal ließ sich mit den vom Stalag XI A bereitgestellten Gefangenen gut organisieren. Besonders hervorstechende Ereignisse, die dem Kriegsgefangeneneinsatz in Stendal im Vergleich mit anderen Städten (u. a. Wernigerode, Oschersleben) ein Alleinstellungsmerkmal zuschreiben, sind aktenmäßig nicht überliefert. Ob irreguläre Absprachen zwischen dem Kontrolloffizier und dem Oberbürgermeister getroffen worden sind, war nicht mehr zu ermitteln. Bis zum Kriegsende sind in Stendal mindestens vierzehn Arbeitskommandos eingerichtet worden. Ob Hilfslieferungen des IKRK die Empfänger nicht erreichten und dafür zugelassene „Übersehungen" des Kontrolloffiziers verantwortlich waren, konnte ebenso nicht ermittelt werden.

Im Harz meldete am 13. Juli 1940 die Stadt *Wernigerode* an, umgehend Kriegsgefangene zur Verrichtung von Arbeiten im Stadtgebiet zu erhalten. „Interessenten an diesem Arbeitslager (sic!) sind folgende Firmen: 1. Rautal-Werk. 100 Gefangene 2. Staatl. Forst-

---

535 Vgl. LHASA, MD, C 20 I, Ib Nr. 886 Bd. 3, Bl. 160 ff.

verwaltung 20 3. Nordhausen-Wernigeroder-Eisenbahn 10 4. Firma Brüning 10 5. Stadtverwaltung einschl. Stadtforst 40 6. Standort-kommando Halberstadt[536] 30".[537]

Man brachte die Gefangenen im ehemaligen Fürstlichen Marstall-gebäude unter. Der Vertrag wurde wie üblich zwischen der Stadt-gemeinde und dem Stalag XI A abgeschlossen. Die 210 Mann waren von der Gemeinde mit allen notwenigen Materialien auszustatten.[538] Auf Vorschlag der Fürst zu Stolberg-Wernigerodschen Kammer Ilsenburg erfolgte die Unterbringung der Bewachungsmannschaf-ten im Vorraum und in der Kutscherstube kostenlos. Gemeinde und Kammer hielten die Kosten für die Bereitstellung des Lagers damit in für sie erträglichem Maße. Im August erfolgte der Ein-satz der Kriegsgefangenen in folgenden Betrieben: „100 für Baulei-tung der Rautalwerke [...] 30 für Standortkommando Halberstadt 20 für Bürgermeister – Bauverwaltung der Stadt."[539] Der Bedarf an kriegsgefangenen Arbeitskräften nahm in Wernigerode stetig zu und erforderte die Einrichtung weiterer drei Lager. So heißt es in einer Meldung vom 30. Dezember 1941, dass im Lager Marstall bereits 274 westliche, im Lager „Silberner Mann" 29 sowjetische, im Lager des Heeres-Bekleidungsamtes Hannover (Zweigstelle Werni-gerode) 20 polnische Kriegsgefangene lägen. Das zweite Lager für sowjetische Gefangene „Armeleutberg" war zu diesem Zeitpunkt unbesetzt.[540] Auch später stieg der Bedarf nach Arbeitskräften im Stadtkreis Wernigerode weiter an und machte den Ausbau bis-

---

536 Für Halberstadt sind folgende Lager für Zwangsarbeiter und Kriegsgefan-gene überliefert: Gut Stern-Siechenhof; Hindenburgstraße 28 I; Hindenburg-straße 28 II; Heine und Co.; Harmonie Lazarett; Hinter dem Personenbahnhof; Lager Bismarck-Kaserne I; Lager Bismarck-Kaserne II. Vgl. Stadtarchiv Hal-berstadt; 485, unpag.

537 Stadtarchiv Wernigerode, WR II/5606, unpag.

538 „Aufgabe der Stadt ist es daher die vollständige Einrichtung und Ausrüstung des Lagers, wie Betten, Decken, Eßgeschirr, Waschbecken, Trinkbecher, Eß[be] stecke, Handtücher und Küchen- und Wascheinrichtungen zu beschaffen." Ebd.

539 Stadtarchiv Wernigerode, WR II/5610, unpag.

540 Stadtarchiv Wernigerode, WR II/5605, unpag.

her ungenutzter Räume notwendig. Im Juli 1942 kamen nochmals 15 sowjetische Kriegsgefangene, die als Be- und Entladekolonne eingesetzt waren. Einen halben Monat sind sie provisorisch in den Gebäuden der Schweinemästerei untergekommen. Die Umbaukosten für dieses Behelfslager betrugen 2.600 RM und sind vom Deutschen Reich übernommen worden. Die Verpflegung stellte eine Zivilistin sicher und bekam pro Tag zwei RM für die Zubereitung der Rationen.[541] Der geschilderte Ablauf in Wernigerode kann als Prototyp für den gesamten Kriegsgefangeneneinsatz in der Region betrachtet werden: Der Landrat meldete den Arbeitskräftebedarf beim Arbeitsamt, und die Stadtverwaltung übernahm nach Zusage die Bereitstellung der Unterkünfte und organisierte den erforderlichen Umbau vor Ort.[542] Die geringe Anzahl von kriegsgefangenen Arbeitskräften ging mit wenig Baukosten einher. Die Unterbringung scheint im Vergleich zu anderen Arbeitseinsatzorten problemlos organisiert worden zu sein.

Der folgende Abschnitt setzt sich mit dem Einsatz westlicher und sowjetischer Kriegsgefangener in der Großindustrie im Magdeburger Raum auseinander und bildet damit einen Gegenpol zur gerade efolgten Betrachtung mittelgroßer Einsatzräume. Planung, Unterbringung und Behandlung großer Kriegsgefangenenkontingente stellten für die Stadt Magdeburg ein weitaus größeres Problem dar, denn der für sie notwendige Raum musste in- und außerhalb der Fabriken ebenso erst geschaffen werden. Es besteht die Frage, wie die Stadt Unterkünfte für mehrere tausend Kriegsgefangene errichtete und wie sich der weitere Kriegsverlauf auf ihre Versorgung und Behandlung auswirkte.[543]

---

541 Vgl. Stadtarchiv Wernigerode, WR II/5616, unpag.

542 Überliefert sind Zugangs- und Abgangslisten französischer Kriegsgefangener. Vgl. Stadtarchiv Wernigerode, WR/II 5622, unpag.

543 Der Oberbürgermeister und Leiter der Sofortmaßnahmen gab am 26. Februar 1945 bekannt: „Die Magdeburger Wohnstätten G.m.b.H. hat beanstandet, daß die ihr zugeteilten Kriegsgefangenen bei jedem Alarm die Baustellen auf längere Zeit dadurch verlassen, daß sie öffentliche Luftschutzräume aufsuchen.

3.6.2 Kriegsgefangene in Magdeburger Industriebetrieben

Für das vorliegende Kapitel sind die Überlieferungen folgender Betriebe ausgewertet worden: Maschinenfabrik Buckau R. Wolf[544], Fried. Krupp Grusonwerk AG[545], Polte oHG, Patronen-, Munitions-maschinen- und Armaturenfabrik[546] und Fahlberg-List AG, Chemische Fabriken Magdeburg.[547] Das disparate Quellenmaterial gibt in der Zusammenschau Auskünfte über die Dimension des Arbeits-einsatzes in der Stadt Magdeburg und die Organisation der Unter-künfte unter zunehmend schlechten Gesamtbedingungen. Es ist darauf hinzuweisen, dass die Überlieferung zum Kriegsgefangene-neinsatz für die Maschinenfabrik Buckau R. Wolf im Vergleich zu den anderen Betrieben am dichtesten ist. Zeitgenössische Statis-tiken spiegeln den Arbeitskräftebedarf im mitteldeutschen Raum wider, der durch Landwirtschaft und die ansässige Schwerindus-trie geprägt war. Das gehobene Quellenmaterial macht deutlich, welchen Sachlagen die Unternehmen nach den Bombenangriffen auf Magdeburger Industriezentren gegenüberstanden und wie die Betriebsleitungen auf die Probleme reagierten. Auf die rege Tätig-keit der Arbeitsgemeinschaft Magdeburger Kriegsgefangenenlager (AMK) ist bereits verwiesen worden. Ihre Aufgabe bestand vor-nehmlich in der Arbeitskräftebeschaffung und deren Austausch im Falle einer defizitären Versorgungslage. Magdeburger Großunter-nehmen versuchten auf diesem Wege, den zunehmenden Arbeits-kräftebedarf in der Stadt schnellstmöglich zu decken. Die AMK ist

---

Sie macht daher den Vorschlag, die Kriegsgefangenen in den LS-Kellern der Wohnhäuser mit unterzubringen, insbesondere da in diesen Grundstücken genügend Platz in gut ausgebauten LS.-Kellern zur Verfügung steht. Ich stelle anheim, die Angelegenheit an Ort und Stelle zu prüfen und den Wachleuten gegebenenfalls eine entsprechende Anweisung zu geben." Stadtarchiv Magde-burg, Rep. 44, Nr. 60, Bl. 20.

544 Vgl. LHASA, MD, I 33 Maschinenfabrik Buckau R. Wolf AG, Magdeburg.
545 Vgl. LHASA, MD, I 28 Fried. Krupp Grusonwerk AG, Magdeburg.
546 Vgl. LHASA, MD, I 36 Polte oHG, Patronen-, Munitionsmaschinen- und Armatu-renfabrik, Magdeburg.
547 Vgl. LHASA MD, I 53 Fahlberg-List AG, Chemische Fabriken Magdeburg.

als „Trägerin der Gemeinschaftsaktion für Kriegsgefangenen-Angelegenheiten errichtet worden"[548] und hatte damit die Aufgabe, Unterkünfte und Bewachungsmannschaften zu organisieren. Als Aufenthaltsorte für die ersten westlichen Kriegsgefangenen in Magdeburg waren laut Meldung des Regierungspräsidenten der Kristallpalast Leipziger Straße, eine Maschinenhalle der Maschinenfabrik Buckau (Feldstraße 13) und ein Schuppen auf dem Gelände der Hafen A.G. vorgesehen.[549] In Zusammenarbeit mit der AMK sind 3.000 Arbeiter erwartet worden, die den Bedarf der gewerblichen Betriebe im Juli 1940 decken sollten.[550] Laut Meldung des Regierungspräsidenten lagen bis Juli 1940 noch keine Bedarfszahlen der regionalen Rüstungsindustrie vor.[551] Von den Aushebungen der Wehrmacht war dieser Sektor im Juli 1940 also noch nicht betroffen und demnach vorrangig deutsches Stammpersonal tätig. Für den Arbeitseinsatz im Jahr 1940 ist vergleichsweise wenig belastbares Quellenmaterial überliefert. Lediglich Abrechnungen, Beschäftigungsnachweise[552] und Verpflegungsbescheinigungen für die Kriegsgefangenen lassen sich nachweisen.[553] Von den für den Arbeitseinsatz zugesicherten 3.000 Kriegsgefangenen sind zunächst 600 in Magdeburg eingetroffen und auf die Industrieunternehmen verteilt worden. Im April 1941 trat die Maschinenfabrik Buckau offiziell der oben genannten AMK bei, was folgendes Schreiben belegt: „An die Arbeitsgemeinschaft Magdeburger Kriegsgefangenenlager; Industrie und Handelskammer zu Magdeburg [...] 3.4.1941 [...] Zurückkommend auf Ihre Schreiben vom 22.3. und 3.4. d.J. teilen wir Ihnen mit, das wir Mitglied der Arbeitsgemeinschaft Magdeburger Kriegsgefangenenlager zu den von Ihnen in

---

548 LHASA, MD, C 20 I, Ib Nr. 886 Bd. 2, Bl. 291.
549 Vgl. LHASA MD, C 30 Osterburg A, Nr. 1347, Bl. 282.
550 Polnische Gefangene sind nach Kriegsbeginn zunächst im landwirtschaftlichen Sektor des Stadtgebietes eingesetzt worden.
551 Vgl. LHASA MD, C 30 Osterburg A, Nr. 1347, Bl. 282 ff.
552 Vgl. LHASA, MD, I 33, Nr. 614, unpag.
553 Vgl. LHASA, MD, I 33, Nr. 1043, Bl. 1–39 und Bl. 63.

Ihrem Schreiben vom 22. März des Jahres erwähnten Bedingungen werden wollen. Wir reichen Ihnen daher anliegend die Beitrittserklärung, mit Unterschrift versehen, wieder zurück. Ihren weiteren Nachrichten in dieser Angelegenheit sehen wir entgegen. gez. Capitaine"[554] Erkennbar wird die enge Vernetzung zwischen lokaler Industrie, Kriegsgefangenenwesen und der Industrie und Handelskammer (Magdeburg) zur Sicherstellung des Arbeitskräftebedarfs. Dieser Zusammenschluss konnte dazu beitragen, umfassend und schnell auf Veränderungen im Arbeitsmarkt zu reagieren. Die auf Stadtebene für den Arbeitseinsatz wichtigen Institutionen optimierten damit die Organisation örtlicher Bedarfsmeldungen in entscheidendem Maße. Für diese Dienstleistung mussten Magdeburger Firmen einen Beitrag entrichten, der an der zur Verfügung gestellten Menge an Kriegsgefangenen ausgerichtet war. Für die im Juli 1940 eingetroffenen 600 Kriegsgefangenen lag der Beitragssatz für die Maschinenfabrik Buckau bei 100 RM monatlich.[555]

Die Arbeitsgemeinschaft Magdeburger Kriegsgefangenenlager übernahm zunehmend die Aufgabe, über Fehlverhalten gegenüber den Kriegsgefangenen zu informieren. Hierfür sind Rundmeldungen, vermutlich an alle Großbetriebe im Stadtkreis, ausgesandt worden, die die Belegschaft über Vorfälle aufklären und fortwährend die drohenden Bestrafungsmaßnahmen betonen sollten. An die Belegschaft der Friedrich Krupp Gruson AG erging die Meldung: „Bei einer Überprüfung des Kriegsgefangenengepäcks wurde festgestellt, daß diese z. T. ganze Packungen deutscher Zigaretten bei sich führten. Im Auftrage des Kontrolloffiziers müssen wir sie erneut darauf hinweisen, daß es verboten ist, den Kriegsgefangenen deutsche Tabakwaren zur Verfügung zu stellen."[556] Gesetzlich hätte dieser „Verbotene Umgang" mit Kriegsgefangenen zu Gefängnis- oder Zuchthausstrafen führen müssen. Die aus-

---

554 LHASA, MD, I 33, Nr. 1045, Bl. 92.
555 Vgl. ebd., Bl. 93.
556 LHASA, MD, I 28, Nr. 669, B. 141.

gewerteten Sondergerichtsakten enthalten aber nur sehr wenige Fälle, in denen Sondergerichte wegen des Zusteckens von Lebensmitteln/Zigaretten eingeschaltet worden sind.[557] „Bei der Revision der Kriegsgefangenen wurde weiterhin festgestellt, daß diese sich im Besitz deutscher Landkarten, deutscher Zeitschriften und Werkzeuge befanden. Auch wurden deutsche Geldsorten gefunden. Wir möchten Sie bitten, die zur Überwachung angesetzten deutschen Betriebsangehörigen erneut darauf hinzuweisen, daß unbedingt eine sorgfältige und strenge Überwachung der eingesetzten Kriegsgefangenen erfolgen muß."[558]

Oberpräsident, Arbeitgeber und Sicherheitsbehörden in der Provinz Sachsen sahen sich zunehmend mit Sabotagefällen im landwirtschaftlichen Arbeitssektor konfrontiert.[559] Dass sich Kriegsgefangene mit Hilfe der deutschen Bevölkerung auf Fluchten vorbereiten konnten, sollte unter allen Umständen vermieden werden. Über die in den Magdeburger Außenkommandos geschaffenen Verhältnisse sind für 1941 keine aussagekräftigen Quellen überliefert. Dies sollte sich grundlegend nach dem Einsatz der sowjetischen Gefangenen im metallverarbeitenden Gewerbe ändern. Im Falle einer Besichtigung der Unterkünfte für französische und sowjetische Gefangene am 11. Februar 1942 erschien der Kommandant des Stalags XI A in Magdeburg. Major Neue äußerte keine Kritik am sogenannten Russenlager, hob jedoch die Dringlichkeit funktionierender Brausebadanlagen hervor. Die Verlausung

---

557 Vgl. LHASA, MD, C 144, B 01, Nr. 77.
558 LHASA, MD, I 28, Nr. 669, Bl. 141.
559 In einem Schreiben des Oberpräsidenten vom 30. Juni 1940 wird auf die Sabotage von Maschinen durch polnische Kriegsgefangene verwiesen: „So ist mir berichtet worden, daß Polen bei landwirtschaftlichen Arbeiten Eisenteile in Maschinen einbrachten, um sie hierdurch für die Bestellung unbrauchbar zu machen. Weiterhin haben beim Kartoffellegen beschäftigte Polen von dem Saatgute die Keime entfernt. Schließlich ist mir bekannt geworden, daß polnische Kriegsgefangene Kabel, die bei einem Umspannwerk lagerten, beschädigt und dadurch ihre Verwendung unmöglich gemacht haben." LHASA, MD, C 20 I, Ib Nr. 1842, Bl. 160.

der Kriegsgefangenen und Ausbreitung des Fleckfiebers gelte es unbedingt zu verhindern: „Bei Verlausung nur eines Russen müssen sämtl. Gefangenen des Lagers in jedem Falle entlaust werden. Das bedeutet Arbeitsausfall für den ganzen Tag, weil die städt. Desinfektionsanstalten in Anspruch genommen werden müssen. Die Kosten (ca. RM 2,– pro Kopf) müssen von der Firma getragen werden. Da immer wieder damit gerechnet werden muß, daß die Russen verlausen, wird es sich rentieren, wenn in Verbindung mit der Brausebadanlage eine Entlausungsmöglichkeit – ausreichend für 20–30 Mann – geschaffen werden würde."[560] Ob für das betreffende Lager tatsächlich eine Entlausungsanlage geschaffen worden ist, konnte nicht ermittelt werden. Es ist wahrscheinlich, dass zu diesem Zweck die städtische Entlausungsanstalt von den Betrieben genutzt worden ist, um die Investitionskosten zu sparen. Das Lager der Franzosen entsprach zum Zeitpunkt der Besichtigung nicht mehr den geforderten Bedingungen und bedurfte nach Einschätzung des Stalag-Kommandanten der Vergrößerung. Die Maschinenfabrik rechnete mit weiteren 70 Kriegsgefangenen und hatte für ihre Unterbringung also schnellstmöglich Raum zu schaffen.[561] Mit einer steigenden Anzahl an kriegsgefangenen Arbeitern erhöhte sich die Wahrscheinlichkeit der Kontaktaufnahmen im Betrieb. Die Zubereitung des Essens und die Mengen reichten in der Maschinenfabrik Buckau für die sowjetischen Gefangenen bis April 1944 nicht aus. Ihr Gesundheitszustand war laut Meldung vom 30. April 1944 immer noch schlecht. Es „häufen sich in letzter Zeit die Tuberkulose-Erkrankungen. Hier kann nur durch eine bessere Ernährung Abhilfe geschaffen werden".[562] An diesem Zustand sollte sich also von 1942 bis 1944 im Wesentlichen nichts ändern.

Für Oktober 1942 ist ein Schreiben des Hauptbetriebsobmannes der Maschinenfabrik nachgewiesen, in welchem mit Blick auf die

560 LHASA, MD, I 33, Nr. 10, Bl. 4.
561 Ebd., Bl. 5.
562 LHASA, MD, I 33, Nr. 9, Bl. 95.

sowjetischen Kriegsgefangenen das „Zustecken von Brot bzw. Mittagessen an seitens unserer Gefolgschaftsmitglieder"[563] gerügt worden ist. Deutsche Arbeiter gaben den Gefangenen Frühstücksbrote
und Essensreste, was wiederholt von Mitarbeitern beobachtet worden ist. Die Bekanntmachung verwies abschließend darauf, dass
die betreffenden deutschen Arbeiter ihrer Bestrafung durch die
Gestapo entgegensehen würden.[564] Abschreckung und Denunziation konnten Arbeiter in der Fabrik aber trotzdem nicht davon
abhalten, Nahrungsmittel an Gefangene weiterzureichen.

Eine besonders aufschlussreiche Quelle über den Arbeitseinsatz
in Magdeburg stellt ein nicht näher bezeichnetes Gesprächsprotokoll vom 22. Dezember 1942 dar. Sehr wahrscheinlich trafen sich
die Betriebsdirektoren und die unmittelbar mit dem „Ausländereinsatz" beauftragten Mitarbeiter zum Austausch über den Kriegsgefangeneneinsatz im Raum Magdeburg. Die Quelle vermittelt her-
vorragende Einblicke in die Lösungsstrategien der Organisatoren
und Profiteure des „Ausländereinsatzes", weil die Betriebsdirektoren und Firmenvertreter über die verschiedenartigen Erfahrungen und Behandlungsgrundsätze diskutierten.[565] Der Direktor der
Maschinenfabrik Buckau-Wolf äußerte sich zum „Ostarbeiterein-
satz", der streng genommen nur Kriegsgefangene umfasste, über
die Methoden der Auswahl[566] und Anlernung. Bis 1942 sammel-

---

563 LHASA, MD, I 33, Nr. 1050, Bl. 9.

564 Ebd., Bl. 10.

565 Vgl. ebd., Bl. 12–14.

566 Über die Strategie sind „Besuchsberichte betr. Einsatz sowjetischer Kriegsgefangener in der Industrie" überliefert: „Im Auftrage des Wehrkreisbeauftragten XI des Reichsministers für Bewaffnung und Munition besuchte ich [?] am
3. u. 4. April 1942 mit Herrn Kunstler vom Arbeitsamt Stendal die nachstehend angeführten Kriegsgefangenenlager der Bezirke Salzwedel und Gardelegen, um die Berufe der Kriegsgefangenen zu überprüfen und die für die Industrie infrage kommenden Arbeiter festzustellen." LHASA, MD, I 33, Nr. 1046,
Bl. 77–94. – Dieses Verfahren ist bereits während des umfangreichen Einsatzes westlicher Kriegsgefangener im Wehrkreis angewandt worden. In einem
monatlichen Lagebericht des Rüstungskommandos Magdeburg in der Rüs-

ten die Firmen Erfahrungen, um die zahlreichen kriegsgefangenen Arbeiter ergebnisorientiert in die betrieblichen Produktionslinien zu integrieren. Man teilte die Arbeiter in drei Gruppen (Facharbeiter, anlernungsfähige und völlig ungelernte Arbeiter) ein.[567] Um eine derartige Einteilung vornehmen zu können, ging man in der Maschinenfabrik Buckau wie folgt vor: Ein Dolmetscher erfragte die Berufe der Gefangenen, und danach erfolgte eine grobe Zuteilung in Abteilungen.[568] Sodann verteilte man die Gruppen an verschiedene Arbeitsplätze und Bänke, um ihre tatsächlichen Fähigkeiten festzustellen. Erst daraufhin wies man die sowjetischen Gefangenen auf ihren endgültigen Arbeitsplatz und regulierte nötigenfalls mit Verschiebungen nach.[569] Direktor Pierburg betonte, dass mit diesem Verfahren die durchschnittliche Arbeitsleistung bei 50–60 Prozent eines deutschen Arbeiters lag. Die Angaben der Fir-

tungsinspektion XI vom 15. Januar 1941 heißt es: „1. Zu einem nennenswerten Einsatz von Kriegsgefangenen ist es im Berichtsmonate nicht gekommen. Die Umschichtung der noch berufsfremd eingesetzten Gefangenen-Mitarbeiter stand auch während des Monats Dezember noch im Vordergrunde. 2. Zum letzten Male steht für die Rü-Betriebe im kommenden Monate die Möglichkeit, westliche Kriegsgefangene in erheblichem Umfange zum Einsatz zu bringen. Dem Durchgangslager Altengrabow sollen 9000, dem Durchgangslager Fallingbostel 16500, insgesamt 25500 Gefangene zugeführt werden. Im Bereich des Landesarbeitsamtes „Mitteldeutschland" gehen hiervon rund 4000 Gefangene für den Flamenaustausch ab, so dass im Bezirk „Mitteldeutschland" bis zu 5000 Kriegsgefangene zum Einsatz in den Rü-Betrieben verbleiben. [...] Der Einsatz der Kriegsgefangenen erfolgt in der Weise, dass zunächst im Wege beruflicher Ausgliederung die Fachkräfte der Metallindustrie ausgesondert werden. Ihre Verwendung geschieht, so weit möglich, durch unmittelbaren Einsatz, sonst mittelbar im Austausch gegen deutsche Kräfte. Das gleiche gilt von den ungelernten Fachkräften." Barch RW/20/11, Nr. 8.

567 Vgl. LHASA, MD, I 33, Nr. 1050, Bl. 12.

568 Für März 1942 ist bezüglich des Einsatzes sowjetischer Gefangener nachgewiesen: „Im Auftrag des Wehrkreisbeauftragten XI des Reichsministers für Bewaffnung und Munition besuchte ich am 31. März 42 mit Herrn Boelter vom Arbeitsamt Magdeburg nachstehend angeführte Kriegsgefangenenlager, um die Berufe der Kriegsgefangenen zu überprüfen und die für die Industrie infrage kommenden Arbeitskräfte festzustellen." LHASA, MD, I 33, Nr. 1046, Bl. 82f.

569 Vgl. LHASA, MD, I 33, Nr. 1050, Bl. 12.

menvertreter zur Arbeitsleistung waren sehr unterschiedlich: Bei Krupp lagen sie unter 50–60 Prozent und in anderen Firmen bei knapp 100 Prozent. In den Silva-Werken seien einige sowjetische „Fachkräfte in der Lage, Leistungen bis zu 100 Prozent zu erzielen".[570] Arbeitsmotivierend wirkte sich nach Meinung des Direktors Pierburg die zusätzliche Ausgabe von Zigaretten und Nahrung aus. Wie bereits betont worden ist, wurde die Versetzung von Kriegsgefangenen sehr kritisch betrachtet. Der Aufwand der Anlernung konnte sich in der Kürze ihres Einsatzes nicht bezahlt machen. Das Protokoll macht sehr deutlich, dass über den Einsatz der „Ostarbeiter"[571] keine weiteren Klagen geführt wurden. Die Anzahl der Fluchten muss sich zu diesem Zeitpunkt noch in Grenzen gehalten haben. Die Auffassungen bezüglich des Krankenstandes fielen nicht so weit auseinander: „Bei Polte ist der Krankheitsstand mit 10 % besonders hoch. Im Übrigen liegt der Krankheitsstand zwischen 3 und 5 %."[572]

Die Betriebsdirektion des Grusonwerkes in Magdeburg stellte im September 1943 fest, dass sich der „Einfluss des Krieges und der werksfremden Gefolgschaftsmitglieder auf die Arbeitsleistung und Haltung der Gefolgschaft"[573] negativ auswirke. In dem internen Papier wurde zusätzlich betont, dass der Versuch der Erhöhung der Strafmittel fehlgeschlagen sei.[574] Die Umsetzung wesentlicher Bestimmungen des GKA scheint also auch während des „totalen Krieges" und des Einsatzes aller Kräfte im Werk nicht vollends aufgegeben worden zu sein. Angesichts des Quellenmangels für die

---

570 Ebd.
571 Formal hätten die sowjetischen Kriegsgefangenen gar nicht als Ostarbeiter geführt werden dürfen, da sie dazu erst aus dem Status „Kriegsgefangener" hätten entlassen werden müssen. Zum formalen Begriff „Ostarbeiter" vgl. Abschnitt 1 der „Verordnung über die Einsatzbedingungen der Ostarbeiter" vom 30. Juni 1942 in: RGBl. 1942/Teil I, S. 419.
572 LHASA, MD, I 33, Nr. 1050, Bl. 14.
573 LHASA, MD, I 28, Nr. 654, Bl. 6.
574 Vgl. ebd.

Magdeburger Betriebe lassen sich keine weiteren Aussagen über den wirtschaftlichen Erfolg des Einsatzes treffen. Es war auch nicht zu ermitteln, was genau die Betriebsführung unter dem Begriff „Haltung der Gefolgschaft" verstand. Entweder ist der Rückgang der Arbeitsleistung insgesamt beanstandet worden oder aber auch die Haltung gegenüber den „werksfremden Gefolgschaftsmitgliedern" gemeint. Sollten unter Werksfremden nicht nur eiligst in den Dienst berufene Zivilisten, sondern auch alle anderen Fremden gemeint sein, dann korrespondiert die zweite Annahme mit der Anzahl der sondergerichtlich verurteilten „VUK"-Fälle. Im Vergleich erreichten diese im Sondergericht Magdeburg und der Staatsanwaltschaft Stendal 1943/44 ihren Höhepunkt.

Die Versorgungsqualität für die Kriegsgefangenen im Stadtgebiet sank ab September 1943 rapide. Wie bereits gezeigt worden ist, haben die IKRK-Meldungen über Magdeburger Betriebe diesen Verlauf, zeitlich ein wenig verzögert, bestätigt. Die überlieferten Aktensplitter vermitteln den Eindruck, dass spätestens ab Mitte 1943 die Verwaltung von Provisorien Einzug hielt. Die Aktenlage zeigt auf, dass die einzelnen Großbetriebe pragmatische Entscheidungen zu treffen bereit waren, um die Produktion in den nicht schwer betroffenen Sektoren aufrechtzuerhalten. Neben der AMK wurde zum Zwecke der Arbeitsorganisation und Neuschaffung von Unterkünften am 7. November 1944 die sogenannte Industrie-Arbeitsgemeinschaft gegründet (IAG): Es ist die Niederschrift über die erste Sitzung des Beirates der IAG vom 4. Dezember 1944 überliefert, die detaillierte Einblicke in ihre Tätigkeitsbereiche und die beteiligten Akteure vermittelt. Personelle Überschneidungen mit der AMK konnten nachgewiesen werden. Dieses Dokument stellt im Vergleich zum oben genannten Protokoll einer Betriebsführerzusammenkunft aus dem Jahr 1942 einen Gegenpol dar. Ersichtlich wird die Organisation einer anzustrebenden dezentralisierten Kriegsgefangenenunterbringung.

Die IAG diente nicht nur zur Organisation dringend benötigter Außenlager für Kriegsgefangene. Ihr oblag ebenso die Verantwortung für die „Ost- und Zivilarbeiter", deren Unterkünfte durch alliierte Bombenangriffe auf die Industriezentren betroffen waren. Im folgenden Abschnitt werden die Arbeitsergebnisse der IAG seit ihrer Gründung zusammengefasst und analysiert. Hiermit lässt sich für einen sehr engen Zeitraum nachvollziehen, welches Aktionspotenzial die Funktionsträger der Magdeburger Industrielandschaft aufwiesen und wie sie den Zusammenbruch der Produktionslinien zu verschieben dachten.

Am 4. Dezember 1944 waren im Kriegsgemeinschaftshaus anwesend: Vorsitzer Hans Nathusius, Geschäftsführer Rechtsanwalt Kobelt und die Beiratsmitglieder Gauobmann Pg. Bednarzik, Rüstungskommandeur Kapitän zur See Tuchel, OT-Einsatzleiter i.V. Dipl.Ing. Ulrich, Grune, Deutsche Akademie für Bauforschung ORRat Dr. Triebel, Gauwirtschaftskammer Geschäftsführer Schmucker, Dr. Kleinherne, Dir. Plech, Dir. Scheinig, Dir. Düsterhoft, Obering. Knoche, Walter Jacobs und Helmut Fischer.[575] „Anlaß für die Gründung der Industrie-Arbeitsgemeinschaft war, daß durch Fliegerangriffe ein starker Mangel an Unterkunftsplätzen für ortsfremde Arbeitskräfte in Magdeburg entstanden war. Die Lösung der Unterkunftsfrage drängte auf Verwertung der Bombentrümmer und zwar sollen aus den aufbereiteten Trümmern Hohlblockbetonsteine hergestellt werden, die zur Verwendung bei Massivbarackenbauten vorgesehen sind. Bevor Steinfabrikation und Massivbau beginnen, mussten mit einfachsten Mitteln Zwischenlösungen gefunden werden. Die Zwischenlösungen erfolgen so, daß sie ohne weiteres in die Endlösungen, nämlich in die Schaffung massiver Läger übernommen werden können."[576]

Die Bombenangriffe auf die Industriezentren der Stadt erforderten eine schnellstmögliche Verlegung der Sammellager. Betroffen waren die Unterkünfte der sowjetischen Kriegsgefangenen und der italienischen Militärinternierten. Es wird ersichtlich, wie man die wenig

575 Vgl. LHASA, MD, I 45, Nr. 478/22, Bl. 44.
576 Ebd.

vorhandenen Unterkünfte der Gefangenengruppen untereinander tauschte. Die Wetterverhältnisse trugen dazu bei, dass die sowjetischen Kriegsgefangenen in unzumutbaren Außenlagern hausten: „Auf Komet liegen 200 Sowjets in einer Zelt- und Pferdestallbaracke. Zustand bei der eingebrochenen Winterwitterung unhaltbar. In Lemsdorfer Festsälen mit Raum für 240 Mann lagen nur 71 Imis. Industrie-Arbeitsgemeinschaft veranlasst entsprechende Einrichtung und entsprechenden Umbau der Läger, so daß die Sowjets in die Lemsdorfer Festsäle, die Imis in die Pferdestallbaracke auf dem Sportplatz Komet ziehen können."[577] Die Industriebetriebe erreichten damit eine optimale Ausnutzung der vorhandenen Räume. Nach Einschätzung der Planer ließen sich auf diesem Wege und der Beschaffung zusätzlicher RAD-Baracken Platz für die „ausgebombten" Kriegsgefangenen schaffen. Ein Teil der Kontingente war zu Aufräumarbeiten und der Herstellung der oben genannten Hohlziegel abkommandiert worden. Nathusius schätzte, dass durch die Verwertung der Schuttreste und die Herstellung der Ziegel innerhalb kürzester Zeit Platz für 600 weitere sowjetische Gefangene geschaffen werden könne. Über den tatsächlichen Erfolg dieser Baumaßnahmen sind keine Hinweise überliefert. Mit Blick auf die Gesamtlage ist aber davon auszugehen, dass die Zunahme der Bombenangriffe weitere Lücken in die Lagerlandschaft des Industrieraumes Magdeburg riss. Die Aufrechterhaltung des Betriebes war nur zu leisten, wenn genügend Kriegsgefangene zum Einsatz kamen. Ein Großteil ist aber sehr wahrscheinlich zu Baumaßnahmen abkommandiert worden und stand damit den regulären Vorhaben nicht zur Verfügung. Das Gesprächsprotokoll lässt erkennen, mit welch hoher Agilität die Magdeburger Betriebsführer versuchten, dem aus logistischen Gründen nicht mehr aufrechtzuerhaltenden Produktionsprozess zu begegnen. Auch wenn neue Unterkünfte geschaffen wurden,[578] so sind sie sehr wahrscheinlich an

---

577 Altes Lager Sportplatz Komet, Magdeburg-Lemsdorf, Bodestraße. Vgl. ebd.
578 <u>Zwischenwerk 3b Groß Ottersleben</u> Auf dieser Schanze hat die Firma Polte ein

anderer Stelle durch materielle Engpässe oder Angriffe wieder aufgelöst worden. Eine genaue Anzahl aller zur Unterbringung herangezogenen Außenlager ist nicht zu ermitteln. Quellenmäßig belegt sind bis zum Kriegsende mindestens 50 eingerichtete Arbeitskommandos für mehr als 4.500 Kriegsgefangene. Mit der Dezentralisierung der Unterkünfte ab 1944 ging sehr wahrscheinlich auch eine Verkleinerung der Sammellager einher, so dass viele kleine Außenlager oder aber Zusammenlegungen von Kriegsgefangenen aus unterschiedlichen Firmen eingerichtet worden sind. Zum Nachweis dieser Praxis ist folgende Mitteilung der Maschinenfabrik Buckau heranzuziehen: „Mitteilung von Werk Salbke, den 30.8.1944 an Herrn Capitaine betr. Unterbringung von russischen Kriegsgefangenen, die bei anderen Firmen beschäftigt sind, in unserem Russenlager. Trotz unseres Einspruchs, dass unser sowj. russ. Kgf-Lager überbelegt ist, wurde vom Rüstungskommando verfügt, dass wir weitere 13 sowj. russ. Kgf. für die Firma Günther 19 [...] für die Firma C.L. Strube und 18 [...] für die Firma Estler zu übernehmen haben. [...]"[579] Die IAG verschob die im Gebiet Magdeburg eingesetzten Kriegsgefangenen, Zivil- und „Ostarbeiter" und organisierte zunehmend Provisorien. Diese waren aber in Abstimmung mit der Kommandantur des Stalags XI A einzurichten.

Der letzte für die Stadt Magdeburg überlieferte Besuchsbericht

---

kleines Lager für französische Kriegsgefangene eingerichtet. IAG plant zusätzlichen Unterkunftsraum für 400–500 Mann. Baracken können gut unter Bäumen getarnt werden." Ebd., Bl. 45. „Lager Askania der AMK für Serben Durch Fliegerschaden wurden hier 120 serbische Kriegsgefangene obdachlos, die einstweilen im Lager West untergebracht sind. Gauobmann beanstandete das wiederholt, weil Kriegsgefangene in das Zivilarbeiterlager West trotz Abtrennung nicht hineingehören und diese Unterbringung Platz für Zivilarbeiter blockiert. Wiederaufbau des Lagers Askania wird als Gutmachung von Fliegerschaden von IAG aufgegriffen und gemeinsam mit AMK durchgeführt. Abbruchsmaterial wird wieder verwendet. Zusätzliche Kontingente gering. Vorfinanzierung durch die IAG. Erfolg: 120 Plätze für serbische Kriegsgefangene Anfang 1945 und damit 120 freie Plätze im Zivilarbeiterlager West." Ebd., Bl. 45.

579 LHASA, MD, I 33, Nr. 1052, Bl. 121.

über ein Arbeitskommando sowjetischer Gefangener (R 544/40) vom 16. März 1945 lässt erkennen, wie der beauftragte deutsche Leutnant trotz aller Umstände um die Schaffung ausreichender Verhältnisse bemüht war. Es betrifft die Unterbringung im Lager Salbke der Maschinenfabrik Buckau R. Wolf. Das Schreiben ist als Rechtfertigung der Maschinenfabrik auf Vorwürfe einer unzureichenden Unterbringung zu verstehen. Weiterhin sind übliche Kommunikationsformen missachtet worden, was zu einem Konflikt zwischen der Direktion und der aufsichtsführenden Wehrmachtdienststelle führte. „Bisher wurden alle Verbesserungswünsche usw. zwischen dem Stalag und der Werksleitung unmittelbar besprochen und, soweit irgend möglich, auch im beiderseitigen Einverständnis geregelt. Es ist bedauerlich, dass Leutnant Spindler von diesem zweckmässigen Verfahren abgewichen ist und einen Bericht abgegeben hat, dessen einzelne Punkte teils durch Rücksprache mit der Werksleitung sofort hätten erledigt werden können, teils aber auf unrichtigen Voraussetzungen beruhen."[580] Die Kommunikation über das Lager vermittelt darüber hinaus Kenntnisse über die Lage im Betrieb. Die Anforderungen auf Erhöhung der Produktion und die damit einhergehende „Erhöhung der Zahl der Arbeitskräfte, insbesondere der russischen Kriegsgefangenen, bedingte die vorhandene Unterkunft soweit wie möglich auszunutzen und die Belegungszahl zu erhöhen".[581] Der Bau der vorgesehenen Baracken (IAG) konnte auf Grund von Material- und Arbeitermangels nicht geleistet werden. Es wird ersichtlich, dass die Maschinenfabrik zu diesem Zeitpunkt nicht mehr in der Lage war, die Kriegsgefangenen und die Zivilarbeiter ausreichend unterzubringen. Erschwert wurde der Neubau nach Einschätzung des für den Bericht zuständigen Mitarbeiters dadurch, dass die Fertigstellung der im Bau befindlichen Objekte nachhaltig durch Abän-

580 LHASA, MD, I 33, Nr. 9, Bl. 53.
581 Ebd., Bl. 54.

derungswünsche verzögert worden sei.[582] Die Kriegsgefangenen hatten bis zum Zeitpunkt des Lagerbesuchs keine Möglichkeit, sich und ihre Kleidung in heißem Wasser zu reinigen. Angesichts der Verlausungsgefahr stellte dies einen wesentlichen Kritikpunkt dar. Es ist davon auszugehen, dass Verbesserungen in der Ernährungslage nur punktuell auftraten. Gauobmann Bednarzik vermochte Gemüselieferungen an das Lager zu leiten, jedoch dies nicht in konstanter Weise.[583] „Die Maschinenfabrik Buckau R. Wolf hat laufend versucht, durch Beschaffung von zusätzlichen Lebensmitteln, Gemüse und Kartoffeln, den Ernährungszustand der Kriegsgefangenen auf einer Höhe zu erhalten, die der verlangten Arbeitsleistung entspricht. Es ist sicher, dass bei der jetzigen allgemeinen Verpflegungslage dieser Zustand nicht erhalten werden kann. Wenn die deutsche Zivilbevölkerung schärfste Einschränkungen hinnehmen muss, muss sich das in viel grösserem Masse auch auf die Verpflegung der Kriegsgefangenen auswirken."[584] Diese Mitteilung weist deutlich darauf hin, dass die Aufrechterhaltung der Versorgung zu einer Belastung für die Magdeburger Firmen wurde. Offen gab die Betriebsführung der Maschinenfabrik Kunde von der defizitären Lage und den Konsequenzen, die sich daraus für die Kriegsgefangenen ergaben. Gegen den Raummangel vermochten AMK und IAG bis Anfang 1945 organisatorisch vorzugehen. Ob die getroffenen Maßnahmen zur Neuschaffung von Großunterkünften erfolgreich waren, muss angesichts des allgemeinen Materialmangels in der Stadt Magdeburg angezweifelt werden. Im Kriegstagebuch der Rüstungsinspektion XI b Magdeburg heißt es am 1. April 1943 sogar: „Kriegsgefangenen-Einsatz bei Krupp-Grusonwerk ist gefährdet, weil Stacheldraht fehlt und zuständiges Stammlager keine ausreichende Vorräte hat. Kommando veranlaßt die Bereitstellung einer größeren Menge von Stacheldraht aus dem vorhan-

---

582 Vgl. ebd., Bl. 55.
583 Vgl. ebd., Bl. 56.
584 Ebd., Bl. 56 f.

denen Lagerbestand der F[irma]. Walter Jacobs."[585]Diese Meldung ist zwar nicht repräsentativ, jedoch erschließt sich, mit welchen Versorgungsproblemen selbst ein kriegswichtiger Rüstungsbetrieb in Magdeburg konfrontiert war. Die Gefährdung eines Arbeitseinsatzes ist in den Akten bis zu diesem Zeitpunkt nur durch krankheitsbedingten Ausfall der Arbeitskräfte belegt, aber nicht durch systemische Defizite. Der allgemeine Quellenmangel erlaubt keine verhältnismäßigen Betrachtungen über die tatsächlich erfolgte Umstrukturierung und Dezentralisierung des Außenlagersystems. Es konnte nachgewiesen werden, dass die Betriebsführungen unter Federführung der IAG und AMK eine Durchmischung der ausländischen Arbeiter in Sammellagern vermieden oder aber nur vorübergehend duldeten. NSDAP, militärische und zivile Dienststellen handelten sehr wahrscheinlich bis zum Kriegsende nach der offziellen strikten Kriegsgefangenen- und „Fremdarbeiter"-Politik.[586] Die ausgewerteten Akten lassen den Schluss zu, dass die Versorgungslage in der Magdeburger Industrie wenig ausreichend und die Arbeitsbelastung besonders hoch war. Im Vergleich zu den Arbeitskommandos in der Landwirtschaft ist die Kriegsgefangenenbehandlung im industriellen Sektor als völkerrechtswidrig zu bezeichnen.

---

585 BArch, MA, RW/21/43, Nr. 4, Bl. 12.
586 Gauobmann Bednarzik beanstandete die Zusammenlegung kriegsgefagener Serben mit Zivilarbeitern im Lager West Askania. Die Serben waren wegen eines Bombenangriffs obdachlos und mussten schnellstmöglich verteilt werden. Vgl. LHASA, MD, I 33, Nr. 1052, Bl. 42.

4 Stalag XI A unter Fremdbeobachtung

4.1 Die Entwicklung der Kriegsgefangenenfürsorge

Die Auswertung der während des Ersten Weltkrieges gesammelten Erfahrungen im Umgang mit Kriegsgefangenen offenbarten allen kriegführenden Staaten,[587] dass eine zielgerichtete ökonomische, psychologische und medizinische Nachbetreuung für die zum Teil Schwerstverletzten nicht gegeben war. Die massenhafte Präsenz psychisch schwer traumatisierter und körperlich entstellter Kriegsveteranen im öffentlichen Raum der 1920er Jahre[588] galt auch als Beleg für das Fehlen und die Einhaltung internationaler Kriegsgefangenenrechte. Die Kriegstraumata der Veteranen,[589] die auf Grund der fehlenden Genesungsmöglichkeiten auf den Schlachtfeldern Europas und in den Lagern keine ausreichende medizinische Betreuung erfuhren, spielten bei den Überlegungen zur Reformierung des Völker- und Kriegsgefangenenrechts während nunmehr hochmechanisierter Kriege eine nicht zu unterschätzende Rolle.

Zur Überprüfung der im GKA erhobenen Zielstellungen erhielt das Internationale Komitee vom Roten Kreuz[590] (IKRK) Zugang zu den

---

587 Vgl. Oltmer, Jochen (Hg.): Kriegsgefangene im Europa des Ersten Weltkriegs (Krieg in der Geschichte, 24), Paderborn 2006.

588 Vgl. Kienitz, Sabine: Beschädigte Helden. Kriegsinvalidität und Körperbilder 1914–1923 (Krieg in der Geschichte, 41), Paderborn 2008, S. 190 ff. Vgl. auch den zeitgenössssischen Bildband Friedrich, Ernst: Krieg dem Kriege, Berlin 1925 (Neuauflage Berlin 2015).

589 Material zur Reform des Kriegsgefangenenrechts, hg. vom Ausschuß für Kriegsgefangenenrecht der Reichsvereinigung ehemaliger Kriegsgefangener, Berlin 1928/29; ebenso: BArch R 8095/1-3

590 Verwiesen sei auf den als Manuskript veröffentlichten „Rapport du Comité de la Croix-Rouge sur non activité pendant la seconde guerre mondiale (1.9.1939– 30.6.1947), 3 Volumes, ed.: Comité international de la croix-Rouge, Geneve

Kriegsgefangenenlagern des deutschen Militärapparates, half bei der Suche nach Vermissten, überprüfte die Verpflegungssätze und konnte bei Nichteinhaltung des GKA minimalen diplomatischen Druck auf den Gewahrsamsstaat ausüben.[591] Ein weiteres Kontrollinstrument bildeten die während der Lagerbesuche protokollierten Gespräche mit Vertrauensmännern der Kriegsgefangenen. Diese teilten den IKRK-Mitarbeitern in einer vertraulichen Unterredung Missstände und Verfehlungen innerhalb der Kriegsgefangenenbetreuung mit. Jede im Lager befindliche kriegsgefangene Nation (außer den sowjetischen Kriegsgefangenen) wählte einen Vertrauensmann, der die Kommunikation mit der zivilen Außenwelt übernahm. Zur Einhaltung des Genfer Abkommens über die Behandlung der Kriegsgefangenen war jedoch grundsätzlich die Unterzeichnung und Ratifizierung des Abkommens vom 27. Juli 1929 notwendig. Das komplexe Regelwerk besagte, dass ein Unterzeichner des Genfer Abkommens die Kriegsgefangenen einer

---

Mai 1948." Overmans, Rüdiger: Ein Silberstreif am Forschungshorizont? Veröffentlichungen zur Geschichte der Kriegsgefangenschaft. Ein bibliographischer Essay, in: ders. (Hg.): In der Hand des Feindes. Kriegsgefangenschaft von der Antike bis zum Zweiten Weltkrieg, Köln u.a. 1999, S. 489.

591 Ein in der Geschichtswissenschaft sehr quellennah erforschter Gegenstand ist in diesem Zusammenhang die sogenannte Fesselungsaffäre. Dieser Konflikt ereignete sich ab 1940 zwischen Großbritannien und dem Deutschen Reich. Obwohl die Genfer Konvention eine Fesselung von Kriegsgefangenen untersagte, hielten sich beide Staaten nicht an das Abkommen. Die auf beiden Seiten betroffenen Soldaten wurden zu Opfern eines Machtspiels zwischen Großbritannien und dem Deutschen Reich, wobei die Schutzmacht Schweiz nach dem Kriegseintritt der USA 1941 für Deutschland und Großbritannien zuständig war. Anhand dieses Konflikts kann die Einflussnahme der Einrichtung Schutzmacht außerordentlich gut nachvollzogen werden. Deeskalationsstrategien, Pragmatismus, Geduld und diplomatisches Geschick trugen letztlich zu einer Lösung des Problems bei. Vgl. Frey, Dominique: Kleine Schritte, langer Atem. Handlungsspielräume und Strategien der Schutzmachttätigkeit im Zweiten Weltkrieg am Beispiel der „Fesselungsaffäre", in: Politorbis, H. 1 (2006), Nr. 40, S. 33–43. Ebenso: PA AA, R 40655, Memorandum über die Tätigkeit des Internationalen Komitees vom Roten Kreuz betreffend Verletzungen des Völkerrechts.

Feindmacht entsprechend des Abkommens behandelt („Sie müssen jederzeit mit Menschlichkeit behandelt [...] werden"[592], Art. 2). Diesem Passus sollte während des Zweiten Weltkrieges eine besondere Bedeutung zukommen. Die Sowjetunion[593] trat vor und nach dem 21. Juni 1941 nicht als Unterzeichner des Genfer Abkommens über die Behandlung der Kriegsgefangenen auf, und somit sahen sich die Deutschen militärischen Stellen auch *formal* nicht in der Pflicht, die kriegsgefangenen sowjetischen Soldaten nach den humanitären Maßgaben des modernen Kriegsvölkerrechts zu behandeln, obwohl die Ratifizierung des Abkommens durch einen Feindstaat nicht explizit als Bedingung dafür genannt wurde. Die Sowjetunion wiederum berief sich während des Krieges auf die Haager Landkriegsordnung von 1907. Dieses Regelwerk richtete sich jedoch an die Kriegführung der Kombattanten, weniger an die Nichtkombattanten. Die hierunter zu verstehenden Personengruppen umfassen *Zivilisten* und *Kriegsgefangene*, weil sie nicht aktiv an der Kriegsführung teilnahmen. Die Probleme in der humanitären Berücksichtigung der Kriegsgefangenen wurden nach den Erfahrungen der ersten Kesselschlachten in Russland von beiden Seiten nicht über-

---

592 RGBl. 1934/Teil II, S. 233.

593 Vgl. Maurach, Reinhart: Das Kriegsrecht vom Blickfeld der Sowjetunion, in: Jahrbuch für internationales Recht, Bd. 2 (1949), S. 736–753. – Im weiteren Kriegsverlauf ratifizierte auch Japan das Genfer Kriegsgefangenenabkommen nicht: "After the start of the Pacific War when Japan started taking POWs, Japan received inquiries from the warring nations including the United States and Britain as to whether Japan intended to apply the Geneva Convention Relative to the Treatment of Prisoners of War. In response to this, Japan replied that it was prepared to 'apply mutatis mutandis' in January 29, 1942. According to the affidavit presented at the Tokyo Tribunal after the war by Tojo, the then Prime Minister and Minister of War, the meaning of the word 'apply mutatis mutandis' was that the Imperial government intended 'to apply accordingly' the treaty by adding the necessary amendments to what was already stipulated in the Geneva Convention to conform to the domestic laws of Japan and the conditions of current situation". Tachikawa, Kyoichi: The Treatment of Prisoners of War by the Imperial Japanese Army and Navy Focusing on the Pacific War, in: NIDS Security Reports, no. 9 (2008), S. 72.

wunden. Eine Situation, die sich im Verlauf des Krieges und darüber hinaus existenziell auf die Angehörigen der Roten Armee und die kriegsgefangenen deutschen Soldaten in Russland auswirken sollte. Auf die verbrecherische Befehlslage im Umgang mit sowjetischen Kriegsgefangenen ist bereits verwiesen worden. Die „ideologische Aufladung des „Ostfeldzuges" zog eine radikalisierte Kriegführung nach sich, die laut Gerlach (1998) in den Gefangenenlagern fortgesetzt wurde. Die westlichen Kriegsgefangenen waren von einer derart schlechten Versorgung und Behandlung ausgenommen. Anhand der Besuchsberichte des IKRK lässt sich ableiten, dass die Grundversorgung der Kriegsgefangenen mit Lebensmitteln („Liebesgaben") aus der Heimat und Rot-Kreuz-Paketen wesentlich aufgebessert werden konnte. Eine strikte Ausnahme und in dem Quellenkorpus nur ansatzweise erkennbar ist das Schicksal der italienischen Kriegsgefangenen. Nach dem Zusammenbruch der „Achse Rom-Berlin" und der letztlich misslungenen Reinstallation Benito Mussolinis in Salò von 1943/44 (Repubblica Sociale Italiana) erfuhren die Soldaten des vormals Verbündeten eine besonders schlechte Behandlung in den deutschen Stammlagern. Verunglimpft als „Badoglios"[594] hatten die italienischen Kriegsgefangenen (Italienische Militärinternierte[595]) im Vergleich zu den westlichen Gefangenen unter den nicht ausrei-

---

594 Dieser Ausdruck bezog sich auf Marschall Pietro Badoglio, der Waffenstillstandsverhandlungen mit den Alliierten geführt und im Oktober 1943 Deutschland den Krieg erklärt hatte.

595 Sonderstatus für in deutsche Kriegsgefangenschaft geratene italienische Soldaten. „Bei den Italienischen Militärinternierten (IMI) handelt es ich um eine Gruppe von etwa 600.000 italienischen Soldaten, die nach der Waffenstillstandserklärung Italiens im September 1943 von der Deutschen Wehrmacht entwaffnet und großenteils nach Deutschland gebracht wurde. Verteilt über das gesamte damalige Deutsche Reich wurden sie zur Zwangsarbeit eingesetzt und in der zweiten Jahreshälfte 1944 zum allergrößten Teil in den Status ausländischer Zivilarbeiter überführt." Archivführer der deutschsprachigen Quellen zur Geschichte der Italienischen Militärinternierten (IMI) 1943–1945. Im Auftrag der Deutsch-Italienischen Historikerkommission, bearbeitet von René Del Fabbro (2012), S. 3, online: http://www.villavigoni.it/contents/files/Archivfuehrer.pdf (30.06.2015).

chenden Platzbedingungen im Stalag zu leiden.[596] Die negative Einstellung gegenüber den „IMI" resultierte keineswegs nur aus dem
gegenwärtigen Kriegsverlauf. Vielmehr wurden mit dem Rückzug
Italiens als Verbündeter *Bilder* reaktiviert, die bereits im Ersten Weltkrieg eine negative Einstellung zur italienischen Armee zur Folge
hatten. „Dem nationalkonservativen Verständnis nach galten die Italiener als ‚Verräter' des Ersten Weltkriegs und standen in der Gefan-
genenhierarchie weit unten."[597]
Mit der Kriegsgefangenenbehandlung ist zum Abschluss die Rolle
der Schutzmächte für die eroberten Nationen Europas hervorzuheben. „In der Literatur zur Schutzmachttätigkeit wird als deter-
minierendes Merkmal immer wieder die klar eingegrenzte Hand-
lungsfähigkeit betont. Die Schutzmacht handelt demnach nicht
aus eigenem Antrieb, sondern führt als Stellvertreterin der Mandatsmacht deren Aufträge aus. In Kriegsgefangenenfragen hatte
die Schutzmacht mit dem GKA aber vergleichsweise weit rei-
chende Kompetenzen."[598] Frey betont insbesondere, dass der Artikel 86 des GKA die Schutzmacht dazu berechtigte, alle Aufenthaltsorte der in Deutschland kriegsgefangenen Soldaten zu besuchen.
„Damit wurde die Schutzmacht zur Kontrollinstanz, die bei jedem
Verstoß gegen das GKA aktiv werden konnte."[599] Hieraus leiteten
die Schutzmachtakteure ein Interventionsrecht ab, welches sie bei
einer erkannten Missachtung des GKA auch ohne entsprechenden
Auftrag der Mandatsmacht wahrnahmen.[600]
Nicht zu Unrecht betont Frey, dass sich durch die juristisch kom-

---

596 Der Anstieg der Belegzahlen lässt darauf schließen, dass innerhalb kürzester
    Zeit zahlreiche italienische Kriegsgefangene untergebracht werden mussten.
    Vgl. Materialy i Dokumenty, Statystyka genewska, sygn. 6, Bl. 86. Ein Anstieg
    von 3.045 Kriegsgefangenen (01.10.43) auf 14.485 (01.12.43) stellte ein erheb-
    liches Problem für die Versorgung und medizinischen Betreuung dar.
597 Overmans, Kriegsgefangenenpolitik, S. 732.
598 Frey, Kleine Schritte, langer Atem, S. 34f.
599 Ebd., S. 35.
600 Vgl. ebd., S. 35f.

plexe Gesamtlage Handlungsspielräume ergaben, die grundsätzlich im Interesse der kriegsgefangenen Soldaten in deutschen Lagern lagen. Von einer *reinen* Stellvertreterfunktion kann somit keine Rede sein. Dieser Ansatz stützt die These, dass die IKRK-Berichte nicht nur als Kommunikationsmedium, sondern darüber hinaus als politisches Druckmittel auf den Gewahrsamsstaat aufgefasst werden können. Aus den einleitenden Anmerkungen lässt sich ableiten, dass die Kommunikationsräume zwischen dem IKRK, den Schutzmächten und dem Auswärtigen Amt maßgeblich von den Interessen Hitlers und dem OKW vorgegeben wurden.

Die Behandlung der sowjetischen und italienischen Kriegsgefangenen kann als Ausdruck eines pervertierten Referenzrahmens verstanden werden. Dass die galvanisierten Lebensraum- und Rassetheorien von Hitler ihre Wirkmächtigkeit außerhalb der östlichen Schlachtfelder nicht verloren, sondern sie sich auch auf die Kriegsgefangenenlager auswirkten, kann als logische Folge des nazistischen Vormachtstrebens interpretiert werden. Dieser in Hitlers politischen Reden stets zum Ausdruck gebrachte Gedanke war der Ausgangspunkt dafür, dass das international gebräuchliche Kriegsrecht vom Deutschen Reich phasenweise mehr oder weniger ausgeblendet wurde und keine Kontrolle durch neutrale Institutionen ermöglichte. Das Auswärtige Amt war jedoch bemüht, im Falle der westlichen Kriegsgefangenen ein informelles Entgegenkommen zu signalisieren. Den Schutzmächten der eroberten europäischen Nationen maß die deutsche Regierung eine nicht zu unterschätzende Bedeutung bei, wollte man doch zumindest international das geltende Völkerrecht auf europäischem Boden wahren. Die Untersuchung konzentriert sich dabei in einem ersten Arbeitsschritt auf die Darstellung des Schicksals der *nicht sowjetischen* Kriegsgefangenen, welches in den Berichten des IKRK abgebildet ist.[601] Eine Ein-

---

601 In den Berichten des IKRK werden folgende Nationen genannt, deren Soldaten als Kriegsgefangene in Altengrabow untergebracht waren: Polen, Belgier, Niederländer, Franzosen, Briten, Amerikaner, Jugoslawen (Serben).

schränkung auf wenige Nationen ist aus folgenden Gründen unabdingbar: Erstens würde die detaillierte Berücksichtigung aller im Stalag XI A kriegsgefangen Nationen den Rahmen der vorliegenden Untersuchung sprengen. Zweitens wird die Auswahl durch das Quellenmaterial diktiert, denn in den Besuchsberichten des IKRK werden intensiv die Angelegenheiten belgischer, französischer, niederländischer und polnischer Kriegsgefangener beschrieben. Erst nachfolgend ist in den Berichten das Schicksal jugoslawischer (serbischer[602]), britischer und amerikanischer Kriegsgefangener fassbar. Mit diesem hieraus abgeleiteten *Gegenbild* zur völkerrechtswidrigen Kriegsgefangenschaft der Rotarmisten wird der Erfahrungsraum Altengrabow in einem zweiten Arbeitsschritt neu vermessen. Das Stalag XI A ist in der Folge als ambivalenter Ort charakterisierbar und fügt sich damit in das Bild einer ab Oktober 1944 polykratisch organisierten, von zahlreichen regionalen Sonderinteressen beeinflussten Kriegsgesellschaft ein.[603] Ausbeutung, Gewalt und Unterversorgung existierten demnach im Stammlager neben einer annähernd völkerrechtskonformen Behandlung nicht sowjetischer

---

602 Die Kriegsgefangenenpolitik des Deutschen Reiches unterschied zwischen den unterschiedlichen Bevölkerungsgruppen des Staates. Dies wirkte sich insbesondere auf die Einstufung der Gruppen aus. Vgl. Overmans, Rüdiger: Die Kriegsgefangenenpolitik des Deutschen Reiches 1939 bis 1945, in: Das Deutsche Reich und der Zweite Weltkrieg, Bd. 9: Die Deutsche Kriegsgesellschaft 1939 bis 1945, 2. Hbd.: Ausbeutung, Deutungen, Ausgrenzung, München 2005, S. 729–875, hier S. 779–795.

603 „Da die für Inländer bestehenden Sicherheitsnetze der ‚Dorfgemeinschaft' im Kleinen und der Volksgemeinschaft im Großen für Ausländer kaum tragfähig waren, gewannen die Beziehungen zwischen den am Hof arbeitenden und lebenden Menschen an Gewicht. Das erklärt die bemerkenswerte Bandbreite zwischen ‚guter' und ‚schlechter' Behandlung. Diese keineswegs beliebige, strukturelle Vielfalt der Arbeits- und Lebensverhältnisse ist ein besonderes Merkmal der Zwangs-Landarbeit. In der Regel leitete eher arbeitsökonomische Pragmatik als rassenideologische Dogmatik die Deutungs- und Handlungsweisen der Dienstgeber." Spoerer, Mark: Einleitung in den Zweiten Teil, in: Das Deutsche Reich und der Zweite Weltkrieg, Bd. 9: Die Deutsche Kriegsgesellschaft 1939 bis 1945, 2. Hbd.: Ausbeutung, Deutungen, Ausgrenzung, München 2005, S. 477–484, hier S. 480.

Kriegsgefangener. Entscheidend für die deutsche Wirtschaft war ab 1943 schlichtweg die Arbeitsfähigkeit der kriegsgefangenen Soldaten und zivilen „Fremdarbeiter".[604] Dass das negative Bild von den sowjetischen Kriegsgefangenen zu einer Mangelernährung führte und letztlich für sie in zahlreichen Arbeitskommandos lebensbedrohliche Problemlagen schuf, stellte einen Gegenstand zur der Erforschung der Frage „Vernichten oder Ausnutzen?"[605] dar. Eine grundsätzliche Frage, die bei der Behandlung der westlichen Kriegsgefangenen im OKW nicht aufkam und somit ein insgesamt weniger ambivalentes Bild von ihrer Kriegsgefangenschaft zeichnet. Das Ende des deutschen Vormarsches 1942 führte zu einer erweiterten Ausbeutung zur Verfügung stehender Ressourcen innerhalb der für das Deutsche Reich zugänglichen geografischen Räume.[606] Alten-

---

604 Vgl. Naasner, Neue Machtzentren in der deutschen Kriegswirtschaft, S. 30.

605 Vgl. zu Begriff und Dimension Otto, Reinhard: „Vernichten oder Ausnutzen". „Aussonderungen" und Arbeitseinsatz sowjetischer Kriegsgefangener im Reichsgebiet in den Jahren 1941/42, Diss. HS Lemgo 1995.

606 Die Institution des Generalbevollmächtigten für den Arbeitseinsatz (GBA) ist besonders hervorzuheben. Die Koordinierung der europaweit angeworbenen und verschleppten Menschen, die zur Zwangsarbeit u.a. in Rüstungsbetrieben herangezogen wurden, oblag Fritz Sauckel (vorm. Gauleiter in Thüringen). Im Programm des GBA vom 20. April 1942, wird deutlich, mit welcher Behandlung die dringend benötigten Arbeitskräfte (hier ein Auszug aus dem Unterkapitel „Kriegsgefangene und fremdländische Arbeiter") rechnen mussten: „Die restlose Beschäftigung aller Kriegsgefangenen sowie die Hereinnahme einer Riesenzahl neuer ausländischer Zivilarbeiter und Zivilarbeiterinnen ist zur undiskutierbaren Notwendigkeit für die Lösung der Aufgaben des Arbeitseinsatzes in diesem Kriege geworden. Alle diese Menschen müssen so ernährt, untergebracht und behandelt werden, daß sie bei denkbar sparsamstem Einsatz die größtmögliche Leistung hervorbringen. [...] Solange die deutsche Rüstungswirtschaft es nicht unbedingt erforderlich machte, war unter allen Umständen auf die Hereinnahme sowohl von sowjetischen Kriegsgefangenen, als auch von Zivilarbeitern und -arbeiterinnen aus den Sowjetgebieten zu verzichten. Allein, dies ist jetzt nicht mehr möglich. Die Arbeitskraft dieser Leute muß in größtem Maße ausgenutzt werden. Ich habe daher als meine ersten Maßnahmen die Ernährung, Unterbringung und Behandlung dieser eingesetzten fremden Menschen mit den zuständigen Obersten Reichsbehörden und im Einverständnis mit dem Führer und dem Herrn Reichsmarschall des Großdeutschen Reiches

grabow zeichnete sich, wie alle anderen Stalags des Deutschen Reiches auch, sowohl als Akteur innerhalb des deutschen Kriegsgefangenenwesens als auch als Garant der regionalen Arbeitskräfteversorgung aus. Die Lagerkommandantur des Stalags musste entsprechend der GKA-Vorgaben einerseits und der OKW-Befehle andererseits vermitteln. Die hiermit einhergehende Auseinandersetzung war im Falle der nicht sowjetischen Kriegsgefangenen eng an das Verhalten der Schutzmächte, des IKRK und des Auswärtigen Amtes gebunden. Folglich handelt es sich hier um eine grundsätzlich von Sonderinteressen geleitete Kriegsgefangenenbehandlung, die weder im rechtsfreien Raum situiert noch durch staatliche Willkür konstituiert war. Die oftmals komplizierte Ausbalancierung der Interessen während des Krieges wirkte sich dabei besonders auf die Lebensverhältnisse der Gefangenen aus. Welche Rolle nahmen die Berichterstattungen zur Verschiebung kriegsgefangenpolitischer Interessen der Feindmächte im Falle Altengrabows ein?

4.2 Quellenbasis und -kritik

Informationen über das Kriegsgefangenlager ließen sich aus zum Teil sehr unterschiedlichen Quellen und Perspektiven ermitteln. Die IKRK-Berichte bieten neben den Verwaltungsakten und Ego-Dokumenten einen besonders trefflichen Zugang zur Geschichte

---

so geregelt, daß auch von ihnen eine optimale Arbeitsleistung verlangt werden kann und auch herausgeholt werden wird. Ich bitte, dabei zu bedenken, daß auch eine Maschine nur das zu leisten vermag, was ich ihr an Treibstoff, Schmieröl und Pflege zur Verfügung stelle. Wieviel Voraussetzungen mehr aber muß ich beim Menschen, auch wenn er primitiver Art und Rasse ist, gegenüber einer Maschine berücksichtigen. Ich könnte es gegenüber dem deutschen Volke nicht verantworten nach Deutschland eine ungeheure Anzahl solcher Menschen hereinzubringen, wenn diese anstatt einer sehr notwendigen und nützlichen Leistung eines Tages wegen Fehlern in der Ernährung, Unterbringung und Behandlung das deutsche Volk auf das schwerste belasten oder gar gesundheitlich gefährden würden." LHASA, MD, C 20 I, Ib Nr. 3292, Bl. 65.

des Stalags, weil eine Regelmäßigkeit der Berichterstattungen, die inhaltliche Bezugnahme und eine enge Verbindung mit militärischen/zivilen Stellen gegeben sind.[607]

---

607 Die thematisch vielseitigen IKRK-Berichte ermöglichen durch ihre strukturelle Anlage sozial-, kultur- und alltagsgeschichtliche Untersuchungen, die den Blick auf den Lagerkosmos und das mit ihm verbundene Arbeitseinsatzsystem schärfen. Aus quellenkritischer Perspektive muss in diesem Zusammenhang das inhaltliche Profil der Berichte hervorgehoben und diskutiert werden. Die schwierigen Verhältnisse zwischen der Schutzmacht und dem Deutschen Reich – dem IKRK als humanitäres Organ der neutralen Schweiz unter Berücksichtigung der deutschen Interessen in Europa – erforderten ein hohes Maß an Diplomatie und begrifflicher Klarheit. Die sprachlich-stilistische Ausrichtung der Berichte und die daraus folgenden Innenansichten über die Stalags mussten von allen beteiligten Akteuren des informationsaustauschenden Dreiecks Auswärtiges Amt/Berlin – IKRK/Genf – Schutzmacht pragmatisch ausgehandelt werden. Der Schriftverkehr, die Besuchsberichte und ihre Nachwirkung geben Auskunft über die vielseitigen Interessen und Einflussnahmen des Auswärtigen Amts. Das IKRK arbeitete im Stalag XI A, zum Teil unter widrigen Umständen, effektiv und zielorientiert. Denn nur regelmäßige Berichterstattungen gaben tatsächlich Auskunft über die Umsetzung des Genfer Kriegsgefangenenabkommens. Nur durch dieses Vorgehen konnten die Interessen der Kriegsgefangenen, des Deutschen Reiches und der Schutzmacht Berücksichtigung erfahren (PA AA, R 40981). Die propagandistische Betreuung der Kriegsgefangenen spielte in dem Vorhaben des Deutschen Reiches also eine ebenso wichtige Rolle wie die positiven Berichte des IKRK aus der Kriegsgefangenschaft in die Heimatländer (RGVA, Fond 500, Findbuch 5, Nr. 62, Bl. 5f.). Die Berichte des IKRK über die Verfassung der Kriegsgefangenen wurden sehr wahrscheinlich vom sogenannten Kriegsgefangenendienst zur Kenntnis genommen und beeinflussten seine strategische Ausrichtung. Die strategische Rolle des Dienstes kann in der vorliegenden Untersuchung aus Quellenmangel nicht eingehend behandelt werden (PA AA, R100710, Nr. 1804 und 1805). Die veränderte militärische und außenpolitische Gesamtlage wirkte sich zunehmend auch auf die Kriegsgefangenenbetreuung vor Ort aus. Das IKRK hatte 1944 einen Rückgang der Besuche in Altengrabow zu verzeichnen. Die zeitlich eng aufeinander folgenden Berichte von 1941 bis Anfang 1943 vermittelten den beteiligten Stellen im In- und Ausland ein genaues Bild von der sinkenden Leistungsfähigkeit der Lagerverwaltung in Altengrabow. Organisatorische Probleme in der Nahrungs- und Brennmittelbeschaffung konnten auch ohne internationale Beobachter nicht mehr verborgen werden. Die Besuchsberichte sind im Spannungsfeld eines kriegerischen Konflikts, politischer Sonderinteressen sowohl des OKW als auch des Auswärtigen Amtes, der Wahrung diplomatischer Bezie-

Abläufe innerhalb des Stammlagers in Altengrabow lassen sich in zweiter Ebene aus den überlieferten Berichten des deutschen Militärapparates,[608] zahlreichen mit der Verwaltung beschäftigten zivi-

---

hungen zwischen den Schutzmächten, dem Deutschen Reiche und dem IKRK entstanden. In diesem komplizierten Kommunikationsraum hatten die Berichte mehreren Lesarten zu entsprechen. Diesen Umständen mussten die IKRK-Delegierten gerecht werden, ihre Reporte sind daher nicht als Spiegel des Lagerkosmos Stalag XI A interpretierbar. In mehreren Fällen divergieren die Beschreibungen der Lagerzustände im Vergleich der YMCA- und IKRK-Berichte, obwohl sie in den gleichen Zeitraum fielen. Weiterhin soll die Analyse vom Allgemeinen hin zum Besonderen die These des zwischen zwei Polen *changierenden Berichtscharakters* stützen und damit die komplexe propagandistische Nutzbarmachung der Kriegsgefangenenbetreuung auf beiden Seiten offenlegen. In den folgenden Abschnitten werden die Besuchsberichte zum Stalag XI A unter besonderer Berücksichtigung folgender Aspekte diskutiert: Belegung des Lagers, Probleme innerhalb der Kriegsgefangenenversorgung und der Einflussnahme der Kommandantur. Es erweist sich als zielorientiert, die Berichte entsprechend der im Lager befindlichen Nationen und des chronologischen Kriegsverlaufes aufzugliedern, um Entwicklungstendenzen sichtbar zu machen. Es wird die Annahme vertreten, dass die Berichte mehrere Eigenschaften aufweisen, die nicht nur auf die Überprüfung des Genfer Kriegsgefangenenabkommens abzielen. Hierunter wird die eigenmächtige argumentative Stärkung der IKRK-Positionen durch die Arbeit der Berichterstatter verstanden. Persistenz, Pragmatismus und diplomatisches Geschick trugen vielfach zur Aufrechterhaltung der im GKA vorgeschriebenen Rahmenbedingungen bei. Darunter fallen interne Abläufe innerhalb des Stammlagers, die ärztliche Versorgung und die Einflussnahme auf Probleme am Arbeitseinsatzort. Der mit den Besuchen einhergehende Vorteil für den Gewahrsamsstaat und das IKRK liegt nach der Ersterfassung des Berichtscharakters auf der Hand: Die beteiligten deutschen Dienststellen konnten den Nachweis führen, die unter dem Schutz des GKA stehenden Kriegsgefangenen korrekt behandelt zu haben bzw. den Forderungen des IKRK nachgekommen zu sein. Damit schuf man die Voraussetzung für eine positive Behandlung deutscher Kriegsgefangener in den Feindstaaten. Den deutschen Militärbefehlshabern war durchaus bewusst, dass sich Unstimmigkeiten auf das Wohlergehen im Ausland kriegsgefangener Deutscher auswirken konnten. Nach den Erfahrungen mit der sogenannten Fesselungsaffäre galt es Auseinandersetzungen auch aus propagandistischer Perspektive zu vermeiden. Vgl. Frey, Kleine Schritte, langer Atem, S. 36 ff.

608 Nachweisbar sind beispielsweise Besuche, an denen auch der Kommandant des Stammlagers Altengrabow beteiligt war, um sich u. a. vom Zustand der Kriegsgefangenenunterkünfte und des Arbeitseinsatzes bei dem Industriebe-

len Dienststellen im Wehrkreis XI und von ehemaligen Kriegsgefangenen ableiten.[609] Hieraus lässt sich ansatzweise erkennen, dass die IKRK-Berichte eine Außenperspektive und die Verwaltungsakten von deutscher Seite eine systemische Innenperspektive auf die Historie des Stalags darstellen.[610] Diese einander ergänzenden Perspektiven werden in die Analyse eingebunden, um auf Entwicklungen und Tendenzen der Kriegsgefangenenbehandlung außerhalb der IKRK-Berichte hinzuweisen. Erkennbar wird an diesem Vorgehen, welche vom IKRK angemahnten Belange wiederum von deutscher Seite *intern* Berücksichtigung fanden und welche Kom-

---

trieb Buckau R. Wolf in Magdeburg zu überzeugen. LHASA, MD, I 33 Maschinenfabrik Buckau R. Wolf AG, Magdeburg, Nr. 10, Bl. 4f.; LHASA, MD, I 33, Nr. 1046, Bl. 76–98.

609 „Nach dem Ersten Weltkrieg und während der Zeit des Nationalsozialismus vermehrten sich insbesondere die hoheitlichen und polizeilichen Funktionen des Oberpräsidenten. Die Behörde entwickelte sich zur Mittelinstanz der preußischen Staatsregierung (ab 1932) und schließlich der Reichsregierung (ab 1935). Die Selbstverwaltung der Provinz wurde bereits 1933 faktisch aufgehoben, ihre Aufgaben und Zuständigkeiten dem Oberpräsidenten übertragen. Im Frühjahr 1944 wurde die Provinz Sachsen aufgelöst; an ihre Stelle traten die Provinzen Magdeburg und Halle-Merseburg mit den Gauleitern der NSDAP als Oberpräsidenten […].“ Bestandsgeschichte C 20 I Oberpräsident. Allgemeine Abteilung, online: recherche.lha.sachsen-anhalt.de/Query/Dateien-/2/D12732.pdf (23.01.13).

610 Für das Stammlager in Altengrabow konnte zusätzlich ein Besuch des sogenannten Diplomatischen Kriegsgefangenendienstes des Auswärtigen Amtes in Berlin vom 11. September 1941 nachgewiesen werden. Ziel dieses Dienstes war vorrangig die propagandistische Betreuung der kriegsgefangenen Offiziere. Im Auswärtigen Amt zeigte man sich unter Reichsaußenminister Ribbentrop an einer Auswertung ihrer Äußerungen über die Kriegsgefangenschaft in Deutschland interessiert und entsandte wissenschaftliche Mitarbeiter in die betreffenden Oflags und ggf. auch Stalags im Deutschen Reich. Über die Größenordnung und Effektivität des Dienstes gibt es bisher noch kein wissenschaftlich ausgewertetes Quellenmaterial. Die Entstehungsgeschichte und Arbeitsweise dieses Dienstes bildet demnach bisher noch ein Forschungsdesiderat in der Zeitgeschichtsforschung. Dokumente im Politischen Archiv des Auswärtigen Amtes Berlin weisen zwar auf grundlegende Aspekte seiner Gründung hin, geben jedoch keinen allgemeinen Einblick in dessen Struktur. Vgl. PA AA, R 100710 Fichenr. 1804 und 1805.

munikationsstrategien dabei zum Einsatz kamen.[611] Fragen, die hierbei Beachtung fanden, waren demnach: Welche Dringlichkeit maß die deutsche Seite den IKRK-Berichten bei? Gründete diese auf aus dem Ersten Weltkrieg tradierten Bildern? Inwieweit sind tradierte *und* rassistische *Fremdwahrnehmungen*[612] für die Gefangenenbehandlung nachweisbar? Das Interesse der deutschen Militärs an den Kriegsgefangenen beruhte nicht nur auf deren sicherer Verwahrung. Die Versorgungsmechanismen werden anhand der Besuchsberichte nur oberflächlich erkennbar und aus diesem Grunde finden Verwaltungsakten des Oberpräsidenten, der Landesbauernschaften[613] und beteiligten Arbeitsämter[614] Berücksichtigung. Das Lager war sehr eng mit den lokalen Sicherheitsbehörden verbunden und die Stellungnahmen der Kontrolloffiziere[615]

---

611 Vgl. PA AA, R 40973.

612 Vgl. Die Besuchsberichte zum Stalag XI A enthalten grundsätzlich keine Hinweise zum Schicksal der sowjetischen Kriegsgefangenen, weil den IKRK-Mitarbeitern reichsweit kein Zugang zu den betreffenden Lagerabschnitten gewährt wurde. In der Folge kann mit Hilfe der Berichte lediglich eine Perspektive auf nicht sowjetische Kriegsgefangene erarbeitet werden.

613 Korrespondenzen zum Arbeitseinsatz in der Landwirtschaft LHASA, MD C 102 Landesbauernschaft Sachsen-Anhalt, Halle (Saale), Nr. 245; LHASA, MD, C 102, Nr. 246; LHASA, MD, C 102, Nr. 247 und LHASA, MD, C 20 I, Ib Nr. 886 Bd. 3 im Zeitraum zwischen 1939 und 1944.

614 Vgl. Überlieferungen zum Schriftverkehr zwischen dem Landesarbeitsamt Mitteldeutschland und den Arbeitsämtern der für die Untersuchung relevanten Bezirke. LHASA, MD, C 20 I, Ib Nr. 886 Bd. 2.

615 Als Kontrolloffiziere sind für die Arbeitskommandos des Stalags XI A (Stand: 08.11.1940) nachweisbar: Lt. Ebert in Stendal, für Bezirk des Arbeitsamtes Stendal; Lt. Hausmann in Burg für Bezirk des Arbeitsamtes Burg; Lt. Hillemann in Haldensleben für Bezirk Arbeitsamtes Magdeburg, Nebenstelle Haldensleben; Lt. Römmer in Magdeburg für Bezirk des Arbeitsamtes Magdeburg (ausgenommen Nebenstelle Haldensleben); Lt. Seiler in Bernburg, für Bezirk der Arbeitsämter Aschersleben, Bernburg und Dessau; Lt. Engel in Halberstadt, für Bezirk des Arbeitsamtes Halberstadt (mit Blankenburg). Vgl. LHASA, MD, C 30 Osterburg A, Nr. 1311, Nr. 1311, Bl. 240. Mit Stand vom 1. Mai 1942 ist erkennbar, dass zwei Kontrollbezirke neu eingerichtet wurden und sich damit der Entsendungsbereich des Stalags XI A vergrößerte. Kontrollbezirke des Stalags XI A Altengrabow (in röm Ziff.): I Hptm. Ebert: Stendal; II Burg: Hptm. Bode;

belegen, inwieweit sicherheitstechnische relevante *logistische* Probleme in Zusammenarbeit mit Firmen, Gemeinschaften[616] und Betrieben zielführend gelöst werden sollten.[617] In Ermangelung deutscher Arbeitskräfte und der zunehmenden Mangelwirtschaft im Deutschen Reich ab Mitte 1943 sind auf unterer regionaler Entscheidungsebene kurzweilig wirkende Problemlösungen nachweisbar, die zu Kriegsbeginn formal nicht denkbar waren. Dies betrifft Zugeständnisse in der Bewachung nicht sowjetischer Kriegsgefangener und ebenso die zum wirtschaftlichen Nachteil der Betriebe vorgenommenen Wechsel der Arbeitgeber.[618] Insge-

---

III Haldensleben: Hptm. Cramm; IV Magdeburg: Hptm. Dr. Lange; V Bernburg: Hptm. Keese; VI Halberstadt: Hptm. Engel; VII Klötze: Rittm. Bormann; VIII Dessau: Hptm. Schmidt. Anhand der geografischen Zuordnungsbereiche und der Beteiligung der Arbeitsämter kann sehr genau nachvollzogen werden, in welchem Bereich des östlichen Wehrkreises XI Arbeitskommandos eingerichtet wurden. Die Erweiterung des netzartigen Außenlagersystems von sechs auf acht Bezirke erfolgte 1942 und hatte bis Kriegsende Bestand (vgl. LHASA, MD, C 20 I, Ib Nr. 886 Bd. 3, Bl. 122.).

616 Bedeutend ist in diesem Fall die für Magdeburg nachgewiesene Tätigkeit der Arbeitsgemeinschaft Magdeburger Kriegsgefangenenlager (AMK). Mit Hilfe des ausgewerteten Quellenmaterials können Zielstellungen, Arbeitsweisen, personelle Strukturen und die Effektivität der Vereinigung nachvollzogen werden. Die Berichterstattungen der AMK geben u. a. Auskunft über die Arbeitseinsätze der Kriegsgefangenen, Organisation neuer Lager und die Beteiligung der Industrie und Handelskammer Magdeburg am wirtschaftlichen Optimierungsprozess. Vgl. LHASA, MD, I 33, Nr. 1045, Bl. 92f.

617 In den vorliegenden Berichten zu den Jahren 1941 und 1942 wird erkennbar, dass die Versorgung mit Lebensmitteln, Post und die Beheizung Anlass zu zahlreichen Klagen aus den sogenannten Arbeitskommandos gaben. Vgl. insb. PA AA, 40992, Bericht vom 28./29.01.1942.

618 Hingewiesen sei auf die Studie von Bierod, der sich anhand ausgewählter Betriebe mit den wirtschaftlichen Folgen der Arbeitskräftefluktuation in der Industrie beschäftigt hat. Mitunter klagten Betriebe über die ständige Abführung „ihrer" angelernten kriegsgefangenen Hilfsarbeiter, die für anderweitige kriegswichtige Projekte abgezogen wurden. Vgl. Bierod, Ralf: Das Anlernen von Kriegsgefangenen und zivilen Zwangsarbeitern in deutschen Betrieben während des Zweiten Weltkriegs. Unternehmerische Initiative oder planwirtschaftliches Programm? Analyse eines Instruments der Kriegswirtschaft, Stuttgart 2009.

samt umfasst der im Politischen Archiv des Auswärtigen Amtes Berlin lagernde Bestand zum Stalag XI A 30 Berichte, von denen 33 Prozent in französischer und 67 Prozent in deutscher Sprache überliefert sind. Ihr struktureller Aufbau ist standardisiert und hat sich während der Kriegsjahre nur minimal verändert. Die Berichterstattungen über das Stammlager, die Lazarette und ausgewählte Arbeitskommandos erstrecken sich von 1940 bis 1944. Die Mehrzahl der Berichte stammt aus dem Jahr 1941 (70 Prozent). Folglich können keine detaillierten Aussagen über die Anfänge der Kriegsgefangenenversorgung und auch der letzten Kriegsmonate getroffen werden. Diese blinden Stellen in der Berichterstattung lassen sich wie folgt begründen: Erstens musste der logistische Apparat und die Zusammenarbeit nach Kriegsbeginn organisiert werden. Mit Bekanntgabe der Einrichtung etwaiger Kriegsgefangenenlager erfuhren die Schutzmächte und in der Folge auch das IKRK von der Existenz der Lager, und es resultierte aus der Konzeption des GKA eine Zusammenarbeit zwischen Genf und dem Deutschen Reich. Diese Phase – von Kriegsbeginn bis zum ersten Lagerbesuch in Altengrabow – nahm ca. drei Monate in Anspruch. Für die Schlussphase des Krieges sind keine IKRK-Besuche in Altengrabow belegt. Dies gründet letztlich auf der vorangeschrittenen Kriegssituation und dem Zusammenbruch der infrastrukturellen Logistik durch die Bombardierung Mitteldeutschlands. Ob in diesem Zeitraum regelmäßig Nahrungsmittellieferungen das Lager erreichten, kann quellenmäßig nicht belegt werden.

Einen informativen Einblick in die Situation der Kriegsgefangenen vor Ort geben die Gespräche der IKRK-Mitarbeiter mit den jeweiligen Vertrauensmännern. Sie vermitteln eine direkte Lageeinschätzung der Situationen vor Ort und beeinflussten die Gesamteinschätzung des IKRK-Berichterstatters maßgeblich. Daher stellen sie eine wertvolle Quelle über das Lagerleben der Kriegsgefangenen dar, auf die in der vorliegenden Untersuchung verstärkt zurückgegriffen wird. Als Begründung für dieses Vorgehen wird geltend gemacht, dass die Vertrauensgespräche als Ersatz sogenannter Ego-Dokumente verstanden werden. Die protokollierten Gespräche der Kriegsgefangenen mit den IKRK-Mitarbeitern fungieren als Zusammenschau zahlreicher Einzelerlebnisse. Abschließend ist anzumerken, dass die klare Struktur der Berichte den autorisierten Lesern im Auswärtigen Amt einen schnellen Überblick über die Gesamtsituation eines Lagers erlaubte. Sehr ausführliche Beschreibungen sind nur in zwei Fällen für das Stalag XI A belegt.[619] Im Durchschnitt haben die ausgewerteten IKRK-Berichte zum Stalag XI A eine Länge von fünf Seiten; Ausnahmen von bis zu neun Seiten enthalten eine Kombination aus Stammlager- und Lazarettbericht (u. a. Groß Lübars, Tangerhütte und Magdeburg).

4.3 Aufbau der Berichte

Im ersten Teil dieser Berichte[620] erfolgt die Nennung der räumlichen und zeitlichen Eingrenzung des Besuches, gefolgt von der Aufzählung aller an der Begehung teilnehmenden Personen. Neben den Militärs des Stabes und den IKRK-Vertretern sind stets auch die Vertrauensmänner[621] der im Stalag befindlichen Kriegsgefangenen

---

619 Vgl. PA AA, R 40981 und PA AA, R 40977.
620 Nur in wenigen Fällen sind die Berichts- oder Erlassnummern überliefert. Deshalb werden die Besuchsdaten in die Belege eingesetzt, um eine zielorientierte Zitation zu gewährleisten.
621 Die separat im Stalag untergebrachten kriegsgefangenen Nationen wählten Männer, die sie zur Vertretung ihrer Interessen für besonders geeignet hielten. Ihnen schilderte man die Probleme und Missstände im Stammlager und auch den Arbeitskommandos, um Abhilfe herbeizuführen. Die Berichte über das Stalag XI A belegen, dass die gewählten Vertrauensmänner ihre Aufgabe nicht über einen längeren Zeitraum ausführen konnten. Es ist eine hohe personelle Fluktuation zu konstatieren, die eine Beständigkeit in der Ausführung unterminierten und aufwendige Einarbeitungsphasen förderten. Dies gründete stets auf der Versetzung der mit der Funktion beauftragten Kriegsgefan-

aufgeführt. Im zweiten Abschnitt werden detaillierte Angaben zum Lagerleben (Versorgung, Unterbringung, Hygiene, Freizeitbeschäftigung) getroffen und abschließend durch eine Gesamteinschätzung/Konklusion seitens des IKRK-Mitarbeiters abgeschlossen. Die zumeist aus dem Französischen als Übersetzung vorliegenden Berichte weisen zum Teil erhebliche inhaltliche Unterschiede auf. Sieben Berichte sind in einem protokollähnlichen Stil verfasst, während die übrigen 23 Berichte als sehr ausführliche Darlegungen zu bezeichnen sind. Die laut GKA wichtigen, in kursiver Schrift hervorgehobenen Eckpunkte des Lagerbesuches umfassten folgende Aspekte:[622]

Belegung: Das IKRK notierte stets die Anzahl der im Stalag kriegsgefangenen Soldaten. Die Zahlen stammen vom Stab des Lagers und konnten im Rahmen der Kurzbesuche keineswegs überprüft werden. Dem IKRK entging bei den Besuchen jedoch nicht, dass die ihnen zugänglichen Baracken nicht sowjetischer Kreisgefangener zum Teil überbelegt waren. Mitarbeiter notierten die absolute Anzahl der Kriegsgefangenen in Abhängigkeit ihrer Nation. So konnten Entwicklungen in der Belegung nachvollzogen und etwaige Überbelegungen des Stammlagers/Außenlagers moniert werden. Zumeist sind Angaben zu den kriegsgefangenen Franzosen, Polen, Belgiern, Niederländern und Jugoslawen vorzufinden.

Lage und Unterkunft: Die Unterbringung der Kriegsgefangenen

---

genen. Die Arbeitseinsatzplanung beteiligter Dienststellen erlaubte es nicht, genesene – d.h. arbeitseinsatzfähige – Kriegsgefangene aus dem Arbeitsprozess fernzuhalten. Für die Kriegsgefangenen konnte sich dies als Nachteil und für den Stab des Stalags als strategischer Vorteil erweisen. Vgl. PA AA, Bern, Bd. 4721.

622 Die hier in ihren Grundsätzen dargestellten Bereiche wurden nach einer Zusammenschau aller zur Verfügung stehenden Berichte überblicksartig zusammengefasst. Auf besonders auffällige Abweichungen und Besonderheiten erfolgt ein Hinweis im Fließtext oder eine quellenkritische Anmerkung im Fußnotenbereich. Besonders hervorstechende Schilderungen werden im Folgekapitel erneut aufgenommen und in einen Gesamtzusammenhang gestellt.

erfolgte in Baracken oder einfachen Bauten. Zur Erhaltung der Gesundheit mussten diese Bauten beheizbar, trocken und in einem hygienisch vertretbaren Zustand sein. Insbesondere achtete das IKRK auf den Zustand der Lazarette. Um einer Ausbreitung von Krankheiten (Magen-Darm-Erkrankungen; TBC) Vorbeuge zu leisten, sind Missstände (fehlende Decken, Brennmaterial, medizinisches Gerät und Medikamente) beanstandet worden.

Verpflegung: Gesundheitliche Anfälligkeit, mangelnde psychische und physische Belastbarkeit waren bei den Kriegsgefangenen infolge einer ungenügenden Bereitstellung ausgewogener Nahrung zu verzeichnen und letztlich nicht im Interesse der „Bedarfsträger". Das IKRK achtete streng auf die ins Lager gesandten Nahrungslieferungen und ob diese von der Wehrmacht angeschlagen wurden.

Liebesgabenzusendung: Aus den Heimatländern erhielten Kriegsgefangene nach Möglichkeit Pakete (GKA, Art. 37). Diese enthielten zumeist Lebensmittel und ergänzten die Ernährungsgrundlagen der Kriegsgefangenen. Es sind Fälle belegt, in denen die Wehrmacht derlei Pakete vorenthielt und die Inhalte zum Eigengebrauch verwendete. Diebstahl und Verschiebung der begehrten Pakete entdeckten Mitarbeiter des IKRK ebenso wie die unerlaubte Öffnung verplombter Waggonladungen, in denen die aus den Heimatländern massenhaft versandten Pakete den Transport bis zum Empfänger überdauerten.

Hygiene und sanitäre Einrichtungen: Eine hohe Bedeutung maß man der Verhinderung und/oder Ausbreitung von Epidemien innerhalb des nicht sowjetischen Lagerabschnittes bei. Ruhr, Flecktyphus, TBC und anderweitig schnell übertragbare Ansteckungskrankheiten konnten sich innerhalb der Stammlager schnell zu einer Epidemie entwickeln und eine Quarantäne des Lagers zur Folge haben. Gegenstand dieses Aspekts waren nicht nur die Wasch- und Abortanlagen des Lagers, sondern auch die Desinfektionsanlagen. Die Reinigung der Kleidung war zwar mit erheblichen Kosten verbunden, jedoch gänzlich im Interesse der Lagerkommandantur. Augenmerk wurde insbesondere auf die Latrinen, Aborte und die Kanalisation gelegt.[623]

Ärztlicher Dienst: Grundsätzlich ist die Versorgung der Kriegsgefangenen von ärztlich geschultem Personal ihrer Nation unter formaler Aufsicht eines deutschen Arztes gewährleistet worden. Zeitweise kamen auch Medizinstudenten zum Einsatz, die unter Anleitung eines Arztes Behandlungen durchführten.[624] Schwer(st)-kranke wurden zur Vorbeugung gegen die Ausbreitung von Seuchen außerhalb des Lagers behandelt, minderschwere Fälle erfuhren eine Behandlung im Lazarett[625] des Stammlagers. Überprüft wurde, wie viele Ärzte und Schwestern zur Behandlung der Kranken vorhanden waren und inwieweit die notwendigen Medikamente vom Apotheker freigegeben wurden.[626]

Korrespondenz: Die Abwehr des Lagers untersuchte ein- und ausgehende Postsachen akribisch nach verbotenen Inhalten. Daraus konnten langwierige Unterbrechungen in der Postzustellung resultieren, unter Umständen die Zustellung gänzlich unterbunden werden. Zielstellung des IKRK war es, die Postverteilung zu untersuchen und in regelmäßigen Abständen auf das im GKA fixierte Recht auf Korrespondenz mit den Angehörigen (Art. 36) hinzuweisen. Angesichts der massenhaft eintreffenden Post im Stammlager können Verzögerungen nachgewiesen werden, die die Zustellung von Karten *in* das Lager betrafen. Die abwehrmäßige Überprüfung der Post zu den Außenlagern gelangte im letzten Kriegshalbjahr in

---

623 Vgl. PA AA, R 40987.

624 PA AA, R. 40992.

625 Am Abend des 29. März 1945 ist ein amerikanischer Kriegsgefangener nach dem unerlaubten Verlassen der Baracke erschossen worden. Die Totenschau führte der zu diesem Zeitpunkt im Kriegsgefangenen-Lazarett eingesetzte Stabsarzt Dr. Opitz durch. Das Vernehmungsprotokoll der Zeugen ist am 5. Oktober 2011 von Ulf Podbielski zur Verfügung gestellt worden.

626 Vgl. Meldung des IKRK-Delegierten Perrin, dass der Apotheker für das Lagerlazarett in Altengrabow Medikamente für die Tuberkulosekranken zurückhält. PA AA, R 40981.

der Regel weitaus schneller zu den Adressaten als die Postsendungen in das Stammlager.[627]

Freizeit/geistige und geistliche Betreuung: Die Möglichkeit zur Ausübung sportlicher Aktivitäten und auch die seelsorgerische Betreuung durch kriegsgefangene Geistliche (Feldpfarrer) trugen zum psychischen Wohl der Kriegsgefangen bei. Das im GKA fixierte Recht auf Religionsausübung (Art. 16) setzte Räumlichkeiten im Stammlager voraus, die als geeignet erschienen. Zumeist wurden unter freiem Himmel Messen und Gebete abgehalten, insofern keine Baracke zur Ausübung von Gottesdiensten freigemacht werden konnte. Das IKRK bemängelte Ende 1944 im Stalag XI A, dass die hierfür eingerichteten Baracken fortan als Unterkunft genutzt würde und nicht nur eine Überbelegung des Lagers festzustellen sei, sondern auch eine Behinderung in der Ausführung des Glaubens.[628]

Arbeit: Es sind zum Stalag insgesamt 17 Kurzberichte überliefert, die im Zusammenhang mit der Besichtigung des Stammlagers *und* seiner Außenkommandos durchgeführt wurden. Die in den Außenlagern vorgefundenen Verhältnisse erfuhren grundsätzlich eine ähnlich formal durchgeführte Beschreibung, wie die des Stammlagers und der zugehörigen Lazarette.[629] Im Umfang jedoch weitaus geringer bemessen, erfassten die Berichte die Ernährungslage, die medizinische Betreuung, die Arbeitssituation und letztlich die Stimmungslage der Gefangenen vor Ort. Der Wert dieses Abschnittes ist aus quellenkritischer Perspektive besonders hervorzuheben, denn er ist als eine Zusammenschau über die Abläufe innerhalb eines Arbeitskommandos zu verstehen. Es werden neben der Ernährungslage und Betreuung auch die Einstellungen deutscher Zivilis-

---

627 Vgl. ebd.

628 Vgl. ebd.

629 Es sei hingewiesen auf den zusammenfassenden Sammelbericht über das Stammlager in Altengrabow, die Arbeitskommandos 170/10 in Dessau, 544/23 in Magdeburg Buckau und 544/4 in Magdeburg für den Besuchszeitraum 7. November bis 25. November 1941 (PA AA, R 40991).

ten gegenüber den Kriegsgefangenen am Arbeitsplatz beschrieben. Derlei Berichterstattungen geben folglich nicht nur Auskünfte über interne Abläufe, sondern auch die Einbindung der Gefangenen in den zivilen Arbeitsprozess.[630]

Bekleidung: Im Vordergrund des Interesses stand die Frage, ob die zur Verfügung stehende Kleidung der jahreszeitabhängigen Witterung entsprach. In einigen Berichten wird erwähnt, dass es sich um Beutekleidung handelt, die als Ersatz für verschlissene und/oder ungeeignete Kleidung bereitgestellt wurde. Ergänzungen des Bestandes fanden durch die jeweilige Regierung des Herkunftslandes statt.[631] Der Vergleich der Berichte zeigt auf, dass die Kleidung der Gefangenen in den Arbeitskommandos als unzureichend beschrieben wurde. Das IKRK versuchte ferner festzustellen, ob die Wehrmacht Kleidungsbestände hortete resp. nicht ihrem zugewiesenen Zweck zuführte.[632]

Ergebnisse der Unterredungen mit den Vertrauensmännern und den deutschen Lagerbehörden: In diesem abschließenden Kapitel fällen die Berichterstatter ihr Urteil über die Kriegsgefangenenbehandlung im Stammlager und dessen Außenkommandos. Aus diesem Grund sind die getroffenen Formulierungen, die zwar im Interesse der Kriegsgefangenen kritisch, aber nicht kompromittierend gehalten sein sollten, entscheidend. Das OKW und das AA nahmen die Zusammenfassung in den quellenmäßig zur Verfügung stehenden Stellungnahmen auf und leiteten anhand des Materials Gegenmaßnahmen ein. Eine Verbesserung – oder zumin-

---

630 Es finden sich in der Akte PA AA, 40992 Formulierungen wie „Zivilisten, mit denen die Gefangenen arbeiten müssen, behandeln sie hart" oder „werden von den Werkstattmeistern rauh behandelt".

631 Vgl. PA AA, R 40987.

632 In einem Memorandum wird gemahnt, dass britische Kriegsgefangene Uniformteile tragen, die nicht ihrer Armee angehören. Dieser Missstand trat durch Tausch unter den Kriegsgefangenen auf, der aber bei zielführender Ausgabe von Ersatzkleidung im Stammlager hätte vermieden werden müssen. Vgl. PA AA, R 40973, S. 3.

dest eine Sicherung der im GKA fixierten Grundstandards – lag letztlich auch im Interesse der zivilen Arbeitgeber, die die Kriegsgefangenen beschäftigten. Ausfälle durch Krankheiten, die durch ungenügende Unterkünfte und Ernährung verursacht wurden, wirkten sich nachhaltig auf die Arbeitsfähigkeit und -moral der Kriegsgefangenen aus. Den kriegsgefangenen Soldaten war insbesondere die Sicherung der im GKA vorgeschriebenen Grundstandards wichtig (Post, Nahrung, Freizeit). Die IKRK-Mitarbeiter und Vertrauensmänner wirkten als eine tragende Schnittstelle zwischen den kriegsgefangenen Soldaten, den Lagerbehörden und dem Auswärtigen Amt in Berlin. Die gesammelten Wortmeldungen gelangten unzensiert an höhere Dienststellen und trugen wesentlich dazu bei, die Situation in den Lagern bekannt zu machen. Die in den folgenden Abschnitten vorgenommene überblicksartige und chronologisch gehaltene Zusammenschau des Ist-Zustandes im Stammlager und seinen Außenkommandos hat zum Ziel, den Alltag und die mit ihm verbundenen Problemstellungen quellennah aus der Perspektive des IKRK aufzuzeigen. Aus den zur Verfügung stehenden 30 Berichten wurden schwerpunktmäßig die *Vertrauensgespräche* und Gesamteinschätzungen der Delegierten[633] ausgewertet. Hiermit lassen sich in einem ersten Schritt organisatorische Engpässe, grobe Fahrlässigkeiten und das Verhalten beteiligter OKW-Stellen herausschälen. In zweiter Linie wird die Frage beantwortet, wie das IKRK gegen Missachtungen des GKA vorging und Defizite kommunizierte.

Abschließend ist anzumerken, dass die in den IKRK-Berichten aufgeführten quantitativen Größenordnungen nicht immer deckungsgleich mit den Meldungen an die WASt sind. Es ist beispielsweise auf die hohe Anzahl allein französischer Kriegsgefan-

---

633 Die IKRK-Besuche sind zumeist von den Delegierten Thudichum, Marti, Exchaquet, Colson und Junod geleistet worden. Die YMCA-Besuche im Falle des Stalags XI A unternahm Gunnar Celander.

gener im Januar 1942 hinzuweisen. Laut Meldungen an die WASt waren zu diesem Zeitpunkt ca. 32.000 Franzosen im Lager registriert. Im Bericht der Begehung vom 28. und 29. Januar 1942 ist eine Belegung mit 45.000 Franzosen angegeben, die insgesamt auf 1.400 Außenkommandos im Stalag-XI-A- Bereich verteilt waren.[634] Diese Größenordnung ist als sehr auffällig zu bezeichnen. Die IKRK-Delegierten bekamen die Zahlen von der Lagerkommandantur. Die gesichteten Zahlen an die WASt basieren aber ebenso auf den Zahlen des Stabes. Der Widerspruch ließ sich mit dem gehobenen Quellenmaterial nicht stichhaltig auflösen. Auch in den nachfolgenden Abschnitten ist der Fokus auf die Versorgung der polnischen, westlichen und sowjetischen Kriegsgefangenen zu richten. Die Gegenüberstellung und das Ineinanderfügen der aus ihnen zu entnehmenden Informationen erlauben eine kritische Einschätzung des Soll- und des Ist-Zustandes im Lagerkosmos Stalag XI A.

4.3.1 Lebensmittelversorgung

Die Bearbeitung dieses Gegenstandes stellt einen wesentlichen Zugang für einen Soll-Ist-Vergleich dar. Die Versorgung der Kriegsgefangenen in den Außenkommandos ist quellenmäßig in Meldungen Magdeburger Großbetriebe überliefert.[635] Grundsätzlich ist in Frage zu stellen, ob die ausgegebenen Mengen tatsächlich ihrem bestimmten Zweck zugeführt wurden. Stichprobenartige Überprüfungen werden mit Hilfe von zwei Erinnerungsberichten niederländischer Kriegsgefangener aus dem Jahr 1943 geleistet. In der Forschungsliteratur wird darauf verwiesen, dass Lebensmittelrationen bzw. -lieferungen aus dem Ausland von der Wehrmacht „angeschlagen" worden sind.[636]

---

634 Vgl. PA AA, R 40992.
635 Vgl. LHASA, MD, I 33, Nr. 1043, Bl. 1–39; LHASA, MD, I 33, Nr. 1046, Bl. 69.
636 Für das Stalag XI A ließ sich diese Praxis im Zeitraum Oktober/November 1944

Overmans kommt in seinem überblicksartig angelegten Sammelbandbeitrag nach der Auseinandersetzung mit der durchschnitt-
lichen Sterberate unter den französischen Kriegsgefangenen von
ca. 2,8 Prozent zu dem Ergebnis, dass das Schicksal „hart war, die
Behandlung jedoch nicht generell kriegsvölkerrechtswidrig gewesen sein kann".[637] Die Formulierung macht deutlich, dass bei der
hohen Anzahl an Stalags im Deutschen Reich und angesichts
der zum Teil sehr unterschiedlichen Verhältnisse in den Lagern
keine abschließende Einschätzung zu einer Nationengruppe möglich ist, sich jedoch Versorgungstendenzen abzeichnen. Im Falle
des Stalags XI A soll die quellenmäßig bedingte Erklärungslücke
durch Fallbeispiele und Momentaufnahmen ausgefüllt werden.
Dieses Vorgehen vermag die regional umgesetzte Kriegsgefangenenpolitik gegenüber einer betreffenden Nationengruppe aufzudecken.[638]

---

nachweisen. Vgl. PA AA, R 40981. Im Bericht vom 14. November 1944 wird kritisiert, dass nicht alle gelieferten Lebensmittel in der Küche für die Gefangenen angekommen sind und daher von einer Verschiebung nach der Anliefe-
rung und vor der Zubereitung im Stalag XI A auszugehen ist.

637 Overmans, Kriegsgefangenenpolitik, S. 772. Zur Interpretation der Sterberaten ist generell zu berücksichtigen, in welchem gesundheitlichen Zustand
Gefangene in das Lager kamen. Soldaten, die durch Kampfhandlungen bereits
schwerstverletzt eintrafen oder einer Entzündung erlagen, sind hier ebenso
aufgeführt. Aus diesem Grund gehen deutsche und französische Statistiken oftmals auseinander.

638 Empirische Detailforschungen zu den westlichen Nationengruppen und deren
Vergleich untereinander würden eine Annäherung an das Themenfeld erlauben. Die Erforschung des Schicksals sowjetischer Kriegsgefangener zeigte, wie
ertragreich die methodische Auswertung überlieferter Personalkarten I und II
für die Stalags im Reichsgebiet war. Diese deutsche Kriegsgefangenendoku-
mentation unter den Gesichtspunkten der individuellen Gefangenschaftsverläufe, die ärztliche Betreuung und die Arbeitseinsatzorte gemeinsam mit überlieferten Erinnerungsberichten der Kriegsgefangenen auszuwerten, kann die
Erforschung des Alltags inmitten der deutschen Kriegsgesellschaft bereichern.
Eine systematisch und umfassend angelegte Auswertung der Personalkarten
konnte im Falle der vorliegenden Studie allein aus Zeitgründen nicht geleistet
werden. Im Zusammenhang mit den sowjetischen Kriegsgefangenen im Wehr-

Es ließen sich auf diesem Wege zu den polnischen, niederländischen, belgischen und französischen Gefangenen Erkenntnisse gewinnen, die darüber hinaus Einblicke in das Zusammenleben der Männer geben. Besonders interessant erscheint hier die Wahrnehmung der Gefangenengruppen untereinander. Im „Tjepkema-Bericht"[639] ist beispielsweise der Hinweis vermerkt, dass die französischen Gefangenen im Sommer 1943 Anlaufpunkt niederländischer Gefangener waren, um von ihnen Lebensmittel zu bekommen. Die Aussage ist dem ersten Anschein nach wenig informativ, jedoch spiegelt sie das Nahrungsmittelgefälle innerhalb eines bestimmten Zeitraumes wider. Weiterhin sind die interkulturellen Handlungen auszumachen, die die individuelle Versorgung auf deutscher und kriegsgefangener Seite verbessern sollten.[640] Die Methodenmatrix der Untersuchung sieht vor, mit der Erörterung der Versorgung eine

---

kreis XI sind von den Mitarbeitern der Stiftung Niedersächsische Gedenkstätten in den vergangenen zehn Jahren bereits sehr ergiebige Vorarbeiten geleistet worden. In Anlehnung an die dort verwandte Methodenmatrix stellt die Analyse für einen Wehrkreis ein eigenständiges Thema dar.

639 Erk.Nr.: XI A 105713: Tjepkemas Erinnerungsbericht an die Kriegsgefangenschaft u. a. in Altengrabow stammt aus der Sammlung U. Geißlers (Loburg) und ist dem Verfasser im November 2010 zur Verfügung gestellt worden. Die Übersetzung des auf Niederländisch verfassten Berichtes ist mit freundlicher Unterstützung von H. Till am 20. Mai 2011 realisiert worden. Die Kenntlichmachung in der Studie erfolgt durch Verweis auf den „Tjepkema-Bericht".

640 Mit großem Aufwand wurden Betriebsgemeinschaften und Arbeitgeber in der Landwirtschaft darauf hingewiesen, dass Kontakt, Zustecken von Lebensmitteln usw. strengstens verboten sind. Zuwiderhandlungen wurden an die NS-Sicherheitsbehörden gemeldet und die Folgen am Schwarzen Brett im Betrieb kenntlich gemacht. Im „Paitel-Bericht", S. 7, ist darauf verwiesen, dass Frauen während der Arbeit auf dem Lande geschlossen zum Arbeitskommando der Franzosen und Belgier gingen und mit ihnen das Vesperbrot teilten. Eine Geste der weiblichen Dorfbevölkerung, die hohen Respekt bei den betreffenden Kriegsgefangenen auslöste. – Paitels Erinnerungsbericht an die Kriegsgefangenschaft 1943 in Altengrabow ist von R. Keller (Dok.Stelle Celle) zur Verfügung gestellt worden. Ursprünglich stammt das Quellenmaterial aus der Gedenkstätte für die Opfer des KZ Langenstein-Zwieberge. Die Kenntlichmachung in der Studie erfolgt durch Verweis auf den „Paitel-Bericht".

der wesentlichen Bedingungen des interkulturellen Austausches und einhergehend der sogenannten „Verbotenen Umgänge" außerhalb des Stammlagers aufzuzeigen. Der Austausch einerseits unter den Gefangenen und andererseits der Kriegsgefangenen mit Teilen der deutschen Bevölkerung ist in zahlreichen Begegnungsfällen als die erste Kontaktform für weiterführende Beziehungen zum *Fremden* anzusehen. Der „Verbotene Umgang" mit Kriegsgefangenen zum Zwecke des Warenaustausches spiegelt sich in Strafverfahren sogenannter Sondergerichte wider, die in 60 Prozent der Fälle durch Denunziationen veranlasst worden sind. Die in Rot-Kreuz-Paketen gelieferten Nahrungsmittel für die westlichen Kriegsgefangenen trugen zum Handel mit deutschen Arbeitern bzw. Arbeiterinnen bei, um Zigaretten oder auch andere Genussmittel gegen Fischkonserven und Schokolade „einzutauschen". Dieser Austausch setzte eine zielgerichtete und streng verbotene Kommunikation voraus, über deren Bestrafung NS-Sicherheitsbehörden bereits 1939 regelmäßig informierten. Eine Gesamtanalyse der Lebensmittelversorgung ist wegen des fragmentarischen Quellenmaterials nicht zu leisten und würde für die inhaltlich-methodische Ausrichtung der Studie keinen wesentlichen Beitrag leisten. Mit Blick auf die soziale Differenzierung der Gefangenen durch die deutsche Bevölkerung und auch die Kriegsgefangenenpolitik des Deutschen Reiches ist die Frage nach Problemlösestrategien auf beiden Seiten ein sehr ergiebiges und junges Forschungsfeld.[641] Mit der zunehmenden Lebensmittelknappheit ergaben sich zwangsweise Schnittpunkte, die ein Beziehungsgeflecht erschaffen konnten, das die Wirksamkeit der regionalen NS-Herrschaft zu durchbrechen vermochte. Es wird nicht für die Auffassung argumentiert, dass sich in dem quellenmäßig ermittelten Verhalten von Teilen der deutschen Bevölkerung Nonkonformismus oder gar Widerstand ausmachen lassen. Von Interesse ist das Verhalten beider – als klare Gegensätze konstruierte – Gruppierungen innerhalb einer gesellschaft-

---

641 Vgl. die Gender-Perspektive in: Kundrus, Verbotener Umgang, S. 149–170.

lichen und individuellen Ausnahmesituation. Nicht ohne Grund wird die Lebensmittelbeschaffung auf beiden Seiten als Ausgangspunkt komplexer Verhaltensweisen und Arrangements verstanden. Die Erforschung des gegen- und vielseitigen „Arrangements" auf beiden Seiten beförderte die neuere „Volksgemeinschafts"-Debatte in Detailfragen ungemein.[642] Die Wirksamkeit des NS-Konzepts lässt sich anhand der Kontaktaufnahmen zwischen Deutschen und „fremdländischen" Arbeitskräften mikrohistorisch untersuchen.[643] In Sachsen-Anhalt ist dieses Forschungsdesiderat bereits in mehreren regionalhistorischen Studien untersucht worden.[644]

Verminderungen der Rationen durften mit Blick auf geltendes Völkerrecht nicht vorgenommen werden. Diese Vorgabe ist in zeitlichen Abständen seitens der Lagerkommandanten sukzessive unterlaufen worden. Das Verhalten von Gauobmännern und Betriebsführern lässt eine Logik erkennen, die in den letzten beiden Kriegsjahren eine Minderung der reglementierten Lebensmittel (Kartoffeln, Kohl, Fleisch und Fette) für Kriegsgefangene zum Wohle der arbeitenden deutschen Bevölkerung vorsah. Mangelversorgung, -produktion und Bombenangriffe der Alliierten hatten spätestens 1944 zur Folge, dass die für die Kriegsgefangenenernährung notwendige Infrastruktur sukzessive zusammenbrach

---

642 Vgl. Steinbacher, Sybille: Differenz der Geschlechter? Chancen und Schranken für die Volksgenossinnen, in: Bajohr, Frank/Wildt, Michael (Hg.): Volksgemeinschaft. Neue Forschungen zur Geschichte des Nationalsozialismus (Die Zeit des Nationalsozialismus, 18354), Frankfurt am Main, S. 94–104.

643 Vgl. Czarnowski, Gabriele: Zwischen Germanisierung und Vernichtung. Verbotene polnisch-deutsche Liebesbeziehungen und die Re-Konstruktion des Volkskörpers im Zweiten Weltkrieg, in: Kramer, Helgard (Hg.): Die Gegenwart der NS-Vergangenheit, Berlin/Wien 2000, S. 295–303; Scharf, Eginhard: Die Verfolgung pfälzischer Frauen wegen „verbotenen Umgangs" mit Ausländern, in: Meyer, Hans-Georg/Berkessel, Hans (Hg.): Die Zeit des Nationalsozialismus in Rheinland-Pfalz, Bd. 3, Mainz 2001, S. 79–88.

644 Vgl. „Verbotener Umgang mit Kriegsgefangenen". Verfahren am Landgericht Halberstadt (1940–1945), hg. von der Heinrich-Böll-Stiftung Sachsen-Anhalt/Stiftung Gedenkstätten Sachsen-Anhalt/Gedenkstätte Roter Ochse Halle (Saale), Halle 2012.

und eine Verschlechterung verursachte. Dies allein erklärt aber nicht die Wirkung von Nahrung als Druckmittel zur Steigerung der Arbeitsleistung bis zum Jahr 1944. Im Merkblatt vom 20. September 1939 für die Arbeitgeber der Kriegsgefangenen heißt es: „Die Verpflegung der Kr.Gef. hat in Menge und Güte derjenigen [von] Ersatztruppen gleichwertig zu sein."[645] Keineswegs reichte diese vielfach unterschiedlich bemessene Menge aus, um die westlichen Kriegsgefangenen zu versorgen.

Dieses Vorgehen seitens der Lagerkommandantur lässt sich bereits für die polnischen Gefangenen nachweisen. Ihre Stellung innerhalb der Kriegsgefangenenpolitik des Deutschen Reiches war weitaus geringer und begünstigte zur Anfangszeit die „unerträgliche Behandlungspraxis"[646]in Gefangenenlagern. Bereits für die Zeit vor November 1942 lässt sich für die Versorgung im Lager nachweisen, dass die gefangenen Polen, Franzosen, Belgier und Niederländer über eine schlechte Lebensmittelqualität Klage führten. Nicht nur, dass es mengenmäßig zu wenige Kalorien waren, sondern es wurden zudem des Öfteren verschimmelte Lebensmittel in Umlauf gebracht. Als mikrohistorischer Einblick dienen zwei Erinnerungsberichte niederländischer Gefangener, die Rückschlüsse auf die Versorgungslage im Jahr 1943 ermöglichen und gleichzeitig eine aufschlussreiche Ergänzung zu den IKRK-Berichten darstellen. Im weiteren Verlauf werden die schriftlich fixierten Erinnerungen von H. Tjepkema und H.A. Ruyten[647] mehrmals eingewoben, um gerade die individuelle Wahrnehmung der Kriegsgefangenenversorgung durch die Lagerkommandantur herauszuarbeiten.

Die Hierarchisierung der Kriegsgefangenen entsprechend ihrer Herkunft nahm eine wesentliche Rolle in deren Versorgung ein.

---

645 LHASA, MD, C 30 Osterburg A, Nr. 1311, Bl. 14.
646 Overmans, Kriegsgefangenenpolitik, S. 755.
647 Erk.Nr.: XI A 105260: Der „Ruyten-Bericht" wurde im Oktober 2010 freundlicherweise aus der Sammlung von Herrn R. Bewersdorf (Dörnitz) zur Verfügung gestellt. Die Kenntlichmachung in der Studie erfolgt durch Verweis auf den „Ruyten-Bericht".

Bei den westlichen Kriegsgefangenen konnte das OKW nicht in der Weise vorgehen, wie es bei den Polen seit Anbeginn des Krieges operierte. Schutzmachttätigkeit, sogenannte Liebesgabensendungen und politische Interessen Hitlers stellten eine Erweiterung ihres Handlungsraumes dar. Hier lässt sich angesichts der deutschen Kriegsgefangenen in französischem oder niederländischem Gewahrsam ein Wechselspiel von „Aktion" und „Reaktion" ausmachen.[648] Die Wahrung gegenseitiger Interessen ist im Zusammenhang mit der Kriegsgefangenenpolitik zeitweise zu Ungunsten westlicher und deutscher Kriegsgefangener ausgehandelt worden. Verantwortlich hierfür sind Hitlers indifferent erscheinende Bewertungsgrundlagen und Erfahrungen aus dem Ersten Weltkrieg. Die Auseinandersetzung über die gegenseitige Kontrolle, die Gewährung von Besuchen durch das IKRK und auch die Interpretation der Schutzmachttätigkeit durch das IKRK war in unregelmäßigen Abständen Gegenstand diplomatischer Korrespondenzen.[649] Heim-

---

648 Französische, niederländische und belgische Gefangene kamen in sogenannte fremdvölkische Verbände und kämpften an der Seite deutscher Soldaten oder meldeten sich freiwillig für das zivile Arbeitsverhältnis. Die zur Verfügung stehenden Berichte Tjepkemas und Ruytens lassen ansatzweise verstehen, wie spannungsgeladen das Verhältnis der Niederländer in diesen Fragen untereinander war. Auch wenn sich Unteroffiziere freiwillig zum Arbeitseinsatz meldeten, um der Monotonie des Lageralltags zu entkommen, konnte dies erhebliche gruppendynamische Effekte unter den Gefangenen auslösen, die mitunter in Verrats- und Anbiederungsvorwürfen mündeten. Die Uneinigkeit in der Einstellung zur deutschen Politik machten sich Lagerverwaltung und auch Propagandaapparate des Auswärtigen Amtes zu Nutze, um die Aufstellung europäischer Kampfverbände zu forcieren.

649 Vgl. PA AA, Bern, Bd. 4721 und PA AA, R 40655. Die in der Akte R 40655 überlieferte Korrespondez zwischen IKRK und AA verweist deutlich auf die diplomatischen Spannungen, die durch die Verletzung des Reziprozitäts-Prinzip seitens französischer Stellen ausgelöst worden sind. Den Anlass des Schreibens an Dr. Junod bildete die Meldung, dass deutsche Kriegsgefangene Kälte leiden und zu wenig Nahrungsmittel bekommen würden. Sollte sich die Situation nicht bessern, so äußerte man sich Ende des Jahres 1939 wie folgt: „Wir würden es im Interesse der französischen Kriegsgefangenen sehr bedauern, wenn durch anhaltende und zu schroffe Gegensätze in der Betreuung

schaffungen, Entlassungen und der Versuch, unter den Belgiern und Franzosen geeignete „Europäer" für den Kampfeinsatz im Osten zu gewinnen, wechselten einander ab. Dies schuf einen vielgestaltigen Handlungsrahmen und unterminierte damit eine einheitliche Politik für eine kriegsgefangene Nationengruppe zum strategischen Vorteil der Lagerkommandantur.[650] Bisher wenig erforscht sind die Gruppenkonflikte innerhalb der Gefangenennationen. Die persönliche Einstellung zum Deutschen Reich und daraus resultierende Handlungen zogen erhebliche Spannungen nach sich und beeinflussten die Gruppendynamik eines Kommandos. Meldeten sich Gefangene freiwillig zum Wechsel in das Zivilarbeiterverhältnis, so setzten Kriegsgefangene dies unter Umständen mit uneingeschränktem Kollaborationswillen und Opportunismus gleich. Die Lebensmittel waren insgesamt knapp bemessen und folglich trugen die Liebesgabensendungen aus der Heimat zum Ausgleich des fortwährenden Kalorienmangels bei. Tjepkema und Ruyten hielten in ihren Erinnerungen fest, dass sie nach Möglichkeit unnötig anstrengende Tätigkeiten (Sport, Gymnastik auf dem Exerzierplatz) vermieden und viel Zeit in der Baracke verbrachten. Hier spielten sie Karten oder nahmen an lagerinternen Fortbildungskursen teil. Bildungsangebote waren bis ins dritte Kriegsjahr nur im Stammlager wahrnehmbar. Das IKRK beklagte diesen Zustand und ließ verlautbaren, dass neben der Lebensmittelfrage die intellek-

---

der Kriegsgefangenen unserer Tätigkeit enge Grenzen gesetzt werden müssen [...]."

650 Betroffen waren davon u.a. folgende Themenfelder: Regulierung der Bewachung, Freizeitverhalten im Lager und die propagandistische Betreuung der Kriegsgefangenen im Lager. Die „Europa-Idee" und die Einbindung französischer Arbeiter werden besonders im „Erfahrungsbericht des Frankreich-Komitees 1940/43 und Mindestprogramm für die Zukunft" erkennbar. Hermann Freiherr von dem Bongart, Mitarbeiter der von Otto Abetz geleiteten Deutsch-Französischen Gesellschaft, äußerte sich 1943 in einer schriftlichen Mitteilung optimistisch an den Reichsaußenminister zum Franzoseneinsatz in Deutschland. Vgl. RGVA, Fond 500, Findbuch 5, Nr. 62, Bl. 2–16.

tuelle Betreuung der Gefangenen von deutscher Seite keinesfalls unterschätzt werden dürfe.

Das deutsch-französische Verhältnis in Kriegsgefangenenfragen war durch erhebliche Spannungen geprägt.[651] Vorwürfe der Kriegsgefangenenmisshandlung und willentliche Unterversorgung sind von beiden Seiten angemahnt worden. Die Versorgung der Franzosen in den Außenkommandos war tatsächlich weit weniger gesichert[652] als im Stammlager, und das „Besorgen" von Lebensmitteln gehörte damit zu ihrem Alltag. Der Überblick über die in den Berichten gehaltenen Beschwerden lässt im Umkehrschluss die Vermutung zu, dass die Lebensmittelversorgung im Stammlager bis 1943 konstant, aber die Nahrung von schlechter Qualität gewesen ist. Die Lebensmittelversorgung in den Außenkommandos hingegen war unstet, dafür konnten die Gefangenen ihre erworbenen höherwertigen Lebensmittel als Ergänzung aufbrauchen. Eine zusätzliche Aufbesserung der Rationen konnte durch den legalen Zukauf von Lebensmitteln im Lager erreicht werden (Süßwaren, zeitweise Bier etc.).[653]

Der Befehlshaber im Wehrkreis XI hatte Kenntnis davon, dass in Arbeitskommandos die nicht dem OKW unterstanden, signifikant mehr Krankheitsfälle auftraten. Die mangelhafte Ernährung in privaten Betrieben und deren Nichtkontrolle ist hier als Auslöser erfasst worden und war zu beheben. Zukünftig sollte intensiv auf die schmackhafte Zubereitung und die ausreichende Menge geachtet werden. In unregelmäßigen Abständen sollte die Güte der verabreichten Lebensmittel durch Unteroffiziere überprüft werden. Tjepkema weist in seinem Erinnerungsbericht daraufhin, dass sowjetische Gefangene zu Hilfsarbeiten im Rahmen der Essenausgabe eingesetzt wurden. Die wenigen „Sowjets", mit denen er in Kontakt

---

651 Zu den Spezifika des deutsch-französischen Verhältnisses Vgl. Overmans, Kriegsgefangenenpolitik, S. 770–772.

652 Vgl. PA AA, R 40992. Die Meldungen fassen die desolate Lage aus der Perspektive der Vertrauensmänner zusammen.

653 Über die Nutzung der Lagerverkaufsstelle seitens der Kriegsgefangenen konnten keine Quellen gehoben werden.

kam, machten einen „gut genährten" Eindruck auf ihn. Eine Erinnerung, die besonders haften geblieben sein muss. Ob es sich tatsächlich um sowjetische Kriegsgefangene handelte, muss aus heutiger Perspektive bezweifelt werden. Sehr wahrscheinlich waren die zu Hilfsarbeiten herangezogen Gefangenen ukrainischer Herkunft und hatten allein dadurch mehr Bewegungsfreiheit im Lager. Sowjetische Gefangene waren durch ein auffälliges „SU"-Schriftzeichen auf der Lagerkleidung gekennzeichnet und größtenteils abseits der westlichen Gefangenen untergebracht.

Nicht zu unterschätzen ist die Bedeutung des Lebensmittelhandels unter den Kriegsgefangenen innerhalb des Stammlagers. Zur Veranschaulichung des im Lager streng verbotenen Handels sei an dieser Stelle der Hergang eines tödlichen Schusswaffengebrauchs während einer Frühjahrsnacht 1945 dargelegt. Mehrere amerikanische Gefangene hatten versucht in das „Russenlager" zu gelangen, um von dort von den Wachmannschaften unerkannt das Arbeitskommando der Franzosen zu erreichen. Hierfür musste Stacheldraht durchtrennt und die nächtliche Lagerwache überlistet werden.[654] Für einen der Amerikaner endete der Versuch tödlich. Die Vernehmungsprotokolle aller Beteiligten lassen erkennen, dass der vereitelte Versuch keineswegs einmalig war, sondern bereits mehrere Begegnungen zwischen Amerikanern, Rotarmisten und Franzosen im Lager stattgefunden hatten. Es ist davon auszugehen, dass die Amerikaner Lebensmittel und Kleidungsgegenstände mit den Franzosen tauschten. Sie galten neben den Briten als die bestversorgten Gefangenen im deutschen Gewahrsam und verfügten

---

654 Der Bericht über den Waffengebrauch des Wachmannes Paul B. mit tödlicher Folge ist mit freundlicher Unterstützung von U. Podbielski zur Verfügung gestellt worden. Der amerikanische Kriegsgefangene Lawrence B. starb an den Folgen eines Bauchschusses im Lagerlazarett. Lawrence B. hatte sich aus der Baracke entfernt und versuchte laut Bericht Handel mit sowjetischen Gefangenen zu betreiben. Einer der Zeugen gab zu Protokoll, dass er sich mit weiteren Landsmännern im „Russenlager" aufhielt. Online: http://www.fold3.com/image/#233804737 &terms =lawrence+Block (28.10.2012).

durch die Sendungen aus der Heimat im Monat über ca. 20 bis 30 Kilogramm Zusatzverpflegung.[655]

Außerhalb des Völkerrechts stehend, hatten die sowjetischen Kriegsgefangenen hingegen laut Untersuchungsbericht von 1947 täglich eine Kalorienmenge zur Verfügung, die über einen eng bemessenen Zeitraum zum Hungertod führen musste.[656] Der Energiegrundbedarf eines menschlichen Körpers war mit dünner Wassersuppe, Kaffee und minderwertigem Brotersatz nicht zu decken. Körperliche Arbeit beschleunigte den physischen Verfall und trug wesentlich zu lethal verlaufenden Erkrankungen bei. „Auch wenn die Todesraten nie wieder das Niveau des Winters 1941/42 erreichten, blieben sie dennoch hoch. [...] Wesentlicher Grund für die im Laufe des Krieges trotz der verheerenden Gesamtpolitik etwas verbesserte Behandlung der sowjetischen Kriegsgefangenen war der immer dringlicher werdende Arbeitskräftebedarf des Deutschen Reiches."[657] Ihre Tagesration bestand laut Untersuchungsbericht von 1947 aus einem Kaffee/Kaffeeersatz am Morgen und einem Liter dünner Suppe aus Kohl, Steckrüben am Mittag. Ergänzend bekamen die Gefangenen 200 bis 300 Gramm Brot pro Tag, dass sie sich einzuteilen hatten. Die Angaben stammen von den 1947 als Zeugen vernommenen ehemaligen Wachmannschaften, u.a. P. Scholz, A. Simon[658] und G. Stöckel.[659] Die angegebenen Rationen gleichen in etwa denen, die in anderen Stalags und Außenkommandos innerhalb des Wehrkreises XI verteilt wurden.

Stellvertretend für die Versorgungslage westlicher Gefangener im

---

655 Vgl. Overmans, Kriegsgefangenenpolitik, S. 847.
656 Vgl. GARF, Fond 7021, Findbuch 115, Nr. 5, S. 7f. Den im Bericht angegebenen Lebensmitteln entsprach nach Aussage der sowjetischen Ärzte ein Brennwert von 600 bis 700 Kcal.
657 Overmans/Hilger/Polian, Rotarmisten in deutscher Hand, S. 23.
658 Geb. am 27. Mai 1896 in Burg bei Magdeburg. Karteikarte stammt aus Bestand „DO 1 SMT-Kartei" im Bundesarchiv. (Freundlicher Hinweis von A. Sperk.)
659 Vgl. GARF, Fond 7021, Findbuch 115, Nr. 5, S. 6.

Stalag 1941/42 soll ein IKRK-Bericht herangezogen werden, dessen Grundlage eine am 28. und 29. Januar 1942 durchgeführte Lagerbegehung war. Zur Verpflegung ist Folgendes vermerkt: Sie „wird von allen Gefangenen als unbefriedigend erachtet, was die Menge betrifft. An 5 Tagen der Woche erhalten je 5 Mann gemeinsam einen Laib Kommißbrot, ferner erhalten sie Zwieback aus den Sammelsendungen des Roten Kreuzes. Die Delegierten haben von den Deutschen diesbezüglich Aufklärungen verlangt: diese Maßnahme war von der Kommandantur auf Anordnung vorgesetzter Stellen ergriffen worden, die eine Herabsetzung der Brotration vorgeschrieben hat. Der Lagerkommandant[660] hat folgende Lösungen vorgeschlagen: 1. Aufrechterhaltung des status quo 2. Einstellung der Zwiebackausgabe, als Ausgleich jedoch Verabfolgung eines siebenten Brotlaibes pro Tag."[661]

Die Vorschläge des Lagerkommandanten lassen sich auf eine willentlich uneinheitliche Handhabung der Versorgung zurückführen. Die Kritik an der Lebensmittelversorgung mit der Aufrechterhaltung des Status quo zu beantworten, lässt den Handlungsspielraum offenbar werden. Zum Vergleich sei auf folgendes Beispiel hingewiesen: In einem IKRK-Bericht (21. und 22. Dezember 1939) über ein französisches Kriegsgefangenenlager ist folgender Speiseplan für deutsche Kriegsgefangene überliefert. 21. Dezember 1939: „Frühstück: Kaffee, Casse-Croûte[662] Mittagessen: Ochsenleber mit Weinsauce, Erbsenbrei, ¼ Ltr. Wein Abendessen: ‚Pot au feu'[663], gekochtes Ochsenfleisch mit Kartoffelbrei und Mohrrüben, 1/4 Ltr. Wein 22. Dezember 1939 Frühstück: Kaffee, Casse-Croûte Mittagessen: Hors d'oeuvres variés, Ochsenfleisch mit Tomatensauce, indischer Reis; 1/4 Ltr. Wein Abendessen: Suppe von Ochsenfleisch, Beefsteak mit Kartoffelbrei, 1/4 Ltr. Wein."[664]

---

660 Zu diesem Zeitpunkt Major Neue.
661 PA AA, R 40992.
662 Ein Imbiss zwischen den Hauptmahlzeiten.
663 Ein französisches Eintopfgericht.
664 PA AA, R 60655.

Dieser Vergleich der Ernährungspraxis ist keinesfalls zu verallgemeinern. Aber die kalorische Reichhaltigkeit des Essens belegt, wie unterschiedlich die beiden Kriegsparteien das GKA *auslegten.* Nahezu zynisch mutet die Meldung im oben zitierten IKRK-Bericht an, dass sich die deutschen Gefangenen bei ihrem Vertrauensmann über zu viel Fleisch und zu wenig Gemüse beschwert hätten.[665] Derartige Wortmeldungen sind für die Gefangenschaft der Franzosen in Altengrabow nicht überliefert. Im Erinnerungsbericht des niederländischen Gefangenen H. Tjepkema zum Zeitraum zwischen dem 1. Juni und 29. Juli 1943 wird darauf verwiesen, dass die monotone Speisefolge sowie Vitamin- und Wassermangel während des Sommers die Leistungsfähigkeit der im Lager befindlichen Gefangenen stark einschränkte. Die regelmäßigen Brotrationen sind mit der Ausgabe von Kartoffelsuppe, Stockfisch, Fett und Bohnen ergänzt worden. Es ist belegt, dass diese Ration ca. 4 Zentimeter eines quergeschnittenen Brotlaibes umfasste und zum Teil ungenießbare Bestandteile enthielt. Während des Sommers 1943 nahm die täglich bereitgestellte Nahrung im Umfang sukzessive ab, so dass eine geringe Menge Kohl, $^1/18$ l Trinkwasser und Rüben zum Alltag der Kriegsgefangenen gehörten. Dehydrierung und allgemeine Körperschwäche während der Hitzeperiode waren ein Nebeneffekt der Wasserrationierung. Im „Ruyten-Bericht" ist vermerkt, dass den niederländischen Unteroffiziersanwärtern auch verdorbene bzw. von Madenbefall betroffene Lebensmittel ausgegeben worden sind.[666] Auf Grund des fortdauernden Hungers, so Ruyten, sind diese ungeeigneten Lebensmittel dennoch verzehrt worden. Er betonte die Bedeutung der Rot-Kreuz-Lieferungen und der Liebesgabensendungen (u. a. Fischkonserven, Schokolade), denn diese bewahrten einen Großteil der westlichen Kriegsgefangenen vor der Unterernährung.[667] Westliche Kriegsgefangene

---

665 Vgl. ebd.
666 Vgl. „Ruyten-Bericht", S. 2.
667 Vgl. ebd., S. 1.

unternahmen den Versuch, ausgeteilte Lebensmittel in ihrer Baracke aufzubewahren. Tjepkema beispielsweise rationierte die täglich ausgegebene Suppe im Sommer 1943, um am Abend noch zusätzliche Kalorien aufnehmen zu können. Umfang und Qualität der Ernährung außerhalb des Lagers (Arbeitskommandos) waren im Wesentlichen von folgenden Bedingungen abhängig: Handelte es sich bei dem Außenkommando um einen dem OKW unterstellten Rüstungsbetrieb? Waren die Gefangenen bei einem industriellen Großbetrieb oder in der Landwirtschaft bei Zivilisten untergebracht? Das gehobene Quellenmaterial lässt die sich in der Forschung abzeichnende Tendenz erkennen, dass Unterbringung und Lebensmittelqualität in landwirtschaftlichen/bäuerlichen Betrieben sich positiv auf den Gesamtzustand der dort eigesetzten Kriegsgefangenen auswirkten.

Abstriche hatten die Gefangenen in Industriebetrieben und OKW-Unternehmungen hinzunehmen. Hier bestanden wenige Möglichkeiten, die kargen Rationen aufzubessern. Dieser Befund ist insofern einzuschränken, als die Haltung deutscher Zivilisten gegenüber den Fremden stark von ihrer „weltanschaulichen Einstellung" abhängig war. Prügelnde und mit Nahrungsentzug arbeitende Bauern/Landgemeinschaften sind in den Quellen ebenso überliefert. Meldete der Kriegsgefangene tätliche Übergriffe, so konnte dem Antragsteller der Gefangene entzogen werden, und dies galt es aus seiner Perspektive zu vermeiden. Die Beziehungsbeschreibungen in den ausgewerteten Sondergerichtsakten untermauerten die These, dass Arbeitgeber aus der Landwirtschaft an der Erhaltung der Arbeitskraft des Kriegsgefangenen interessiert waren und ihn schon aus diesem Grund ausreichend versorgten. Folglich lassen sich Fälle ausmachen, in denen langjährig eingesetzte Gefangene (Polen und Belgier) in die familiären Strukturen integriert wurden. Erfüllten sie die Arbeit zufriedenstellend oder auch über die Maßen, galten sie als nahezu vollwertige Arbeitskraft auf dem Hof. Die Aushebung deutscher Arbeitskräfte zur Wehrmacht hatte vielerorts zur Folge, dass der Kriegsgefangene wesentliche Aufgaben auf Hof und Feld übernahm und damit zur Existenzsicherung der Familie beitrug.

In den industriellen Großbetrieben der Region (Magdeburg, Dessau, Wernigerode) war die Lage komplizierter, denn das Verhalten der Kriegsgefangenen ist von der Betriebsgemeinschaft, den Wachmannschaften und den zuständigen Betriebsobmännern genauestens beobachtet worden. Die Quellenauswertung der Sondergerichtsurteile hat ergeben, dass die Anzahl der „Verbotenen Umgänge" in Betrieben signifikant erhöht war. Dies ist zum einen auf die umfassende Beobachtung der Kriegsgefangenen im Betrieb und zum anderen auf die niedrige Hemmschwelle zur Denunziation zurückzuführen. Auf dem Land waren dagegen Gelegenheiten zum Austausch (Tauschhandel, Gespräche, Kontaktaufbau) häufiger.[668] Von insgesamt 30 untersuchten „VUK-Fällen" konnten 20 Begegnungen für kleine und mittelständische Betriebe nachgewiesen werden. Fünf „VUK-Fälle" hatten ihren Anfang in Industriegroßbetrieben. Gemein ist ihnen, dass Kriegsgefangene zum Kennenlernen der weiblichen Belegschaft Mangelwaren anboten und hierüber Kontakte zu Arbeiterinnen suchten. Es ist festzuhalten, dass sich in 27 von 30 Fällen der Austausch von Lebensmitteln als erste Form der gegenseitigen Kontaktaufnahme erwies. Die Darbietung von „Luxusgütern" wirkte unter Umständen kommunikationsfördernd und trug schnell zum Abbau der Hemmschwellen bei. Französische und belgische Gefangene nutzten ihren Arbeitsplatz im Werk auch, um Frauen kennenzulernen. Nur sehr wenige Studien setzten sich mit diesem Gegenstand systematisch auseinander, obwohl davon auszugehen ist, dass eine nicht geringe Anzahl sexueller Begegnungen zwischen Fremden und Deutschen anzunehmen ist.[669] Waren westliche Kriegsgefangene bei der Reichsbahn oder Rüstungszulieferern beschäftigt, so war die Qualität der Versorgung höchstens ausreichend.

---

668 Vgl. LHASA, MD, C 134, Nr. 154.
669 Es sei auf die Zusammenstellung in Speckner, In der Gewalt des Feindes, S. 15–155, verwiesen.

Die Zahl der IKRK-Berichte, in denen sich westliche Gefangene über die Nahrungsrationen beschwerten, ist im Vergleich zu anderen Negativmeldungen (Ungeziefer, sanitäre Anlagen, Bestrafungspraxis) erhöht. Im 17 Kilometer von Stalag XI A entfernten Arbeitskommando 513/3 A-Loburg gaben 18 Franzosen ihrem Unmut über die Verpflegung am 29. Januar 1942 mit „lebhafter Kritik"[670] Ausdruck. Im Arbeitskommando 77/3-Burg war die Ernährungslage ähnlich, und es ist anzunehmen, dass es sich bei umliegenden Lagern ebenso verhielt. Laut Befehlslage hätten die Kommandoführer für eine Verbesserung der Rationierung sorgen müssen, doch ist dieser Schritt nur in wenigen Fällen unternommen worden.[671] Hilfslieferungen für Franzosen nordafrikanischer Herkunft wurden in Magdeburg angeschlagen und unter den dortigen Gefangenen verteilt.[672] In einer Verfügung vom 17. April 1942 an die Maschinenfabrik Buckau R. Wolf AG ist festgehalten: „An Lebensmitteln erhalten die sowj. Kriegsgefangenen und Zivilarbeiter aus der Sowjetunion,

Normalverbraucher:

Brot	2.600 (Gramm pro Woche)
Fleisch	250
Fett	130
Kartoffeln	5.200
Nährmittel	150
Zucker	110
Tee-Ersatz	14

Gemüse nach Aufkommen, möglichst Kohlrüben.

Schwerarbeiter:

Brot	3.400 (Gramm pro Woche)
Fleisch	400
Fett	200

Die übrigen Sachen wie bei den Normalverbrauchern.

---

670 PA AA, R 40992.
671 Vgl. PA AA, R R 40978.
672 Vgl. PA AA, R 40992.

Schwerstarbeiter:

Brot   4.200 (Gramm pro Woche)
Fleisch   500
Fett   260"[673]

Verglichen mit den Rationen für die westlichen Gefangenen stellen diese Nahrungsmittelmengen einen Bruchteil dessen dar, was allein für die Art der Arbeit an Energie umzusetzen war. Weiterhin ist nicht zu überprüfen, ob den Gefangenen im Vergleich mit den Zivilarbeitern tatsächlich die genannten Mengen zur Verfügung standen. Freibankfleisch, verfaulte Kartoffeln und von Madenbefall betroffenes Gemüse sind zur Versorgung der sowjetischen Gefangenen im Untersuchungsgebiet aktenmäßig überliefert.[674] Dies bedeutet nicht, dass sich die Gefangenen permanent von Abfällen ernähren mussten, doch sind sie auch in dieser Frage schlechter behandelt worden. Dass deutsche Zivilisten in Großbetrieben und Bauernhöfen Lebensmittel an unterernährte Kriegsgefangene verteilten, stellte einen Verstoß gegen geltende Erlasse und Rechtsnormen dar. Dies hinderte Betriebsmitglieder in der Maschinenfabrik Buckau in Magdeburg nicht daran, sich darüber hinwegzusetzen. In einer Rede an die Belegschaft der Maschinenfabrik heißt es: „Gefolgschaftsmitglieder: Verschiedene Vorkommnisse in der letzten Zeit geben uns

---

673 LHASA, MD, I 33, Nr. 1046, Bl. 69

674 Verwiesen sei auf ein Schreiben des Regierungspräsidenten vom 17. Januar 1942 an die Oberbürgermeister, die Landräte des Bezirks und den Polizeipräsidenten in Magdeburg: „Der Herr Oberpräsident der Provinz Sachsen benötigt für seine Maßnahmen zur Verwertung des Freibankfleisches Unterlagen darüber, wo sich Lager für russische Kriegsgefangene befinden. Ich bitte, dies festzustellen und mir zu berichten. In dem Bericht ist auch die Zahl der in den einzelnen Lagern untergebrachten Gefangenen anzugeben. Ich nehme an, daß Sie von den Kontrolloffizieren die erforderlichen Unterlagen für die Berichterstattung ohne weiteres erhalten können. Fehlanzeige ist nicht erforderlich. gez. von Jagow." LHASA MD, C 30 Osterburg A, Nr. 1348, S. 91. Ebenso ist eine Passage des sowjetischen Untersuchungsberichtes anzuführen: In den seltenen Fällen, in denen es zur Verteilung von Fleich an die Gefangenen kam, ist ihnen madiges Pferdefleisch gereicht worden. Vgl. GARF, Fond 7021, Findbuch 115, Nr. 5, S. 6f.

Veranlassung, die Arbeitskameraden nochmals darauf hinzuweisen, dass das Zustecken von Frühstücksbroten bzw. Mittagessenreste unserer Werksküche, sowie Lebensmittel aller Art an die russischen Kriegsgefangenen, wie dies wiederholt beobachtet wurde, auf das strengste verboten ist. [...] Es wäre sicherlich kameradschaftlicher, wenn die Arbeitskameraden, die Überfluß an Lebensmitteln haben, diese unseren eigenen Arbeitskameraden zuwenden würden. Der Hauptbetriebsobmann gez. Sprenger"[675]

Im Werk sind betreffende Betriebschaftsmitglieder nach entdeckten „Verbotenen Umgängen" öffentlich bekannt gemacht worden. Ergänzt wurden die Meldungen fortwährend mit dem Verweis auf das ergangene Strafmaß und den Ausschluss der Betroffenen aus der „Volksgemeinschaft". Im Jahr 1942 hat sich nach Meldung des OKW die Versorgungslage in den vom IKRK bemängelten Arbeitskommandos in Magdeburg (11. März 1942) und im Stammlager sehr wahrscheinlich verbessert. Die Kritik des IKRK an den Zuständen in Magdeburger Außenlagern war nach Mai 1942 kein Gegenstand innerhalb der Korrespondenzen zwischen IKRK und dem Auswärtigen Amt mehr. Die Lagerkommandantur vermochte es zusehends, den Arbeitseinsatz der Gefangenen im Untersuchungsgebiet nicht zu gefährden. Mit verhältnismäßig wenig personellem und ökonomischem Aufwand ist den Anforderungen nach Aufforderung entsprochen worden. Die vom IKRK benannten Fälle[676] stellen Ausnahmen dar, derer sich das OKW grundsätzlich annahm und im Untersuchungsgebiet auch Abhilfe leistete. Es ist bezüglich dieser Einschätzung zu berücksichtigen, dass die Delegierten des IKRK die gegenwärtigen Zustände nur von einem Bruchteil des Lagerkosmos wahrnehmen konnten. Intensive Gespräche mit Ver-

---

675 LHASA, MD, I 33, Nr. 1050, Bl. 9.
676 IKRK-Bericht (11.3.41) Stalag XI A; IKRK-Bericht Arb.kdo. Nr. 816/1 „Stassfurt" XI A (12.3.41); IKRK-Bericht Arb.kdo. Nr. 544/17 „Krystall Palace" (12.3.41) Vgl. PA AA, R 40706b.

trauensmännern, u. a. zur Versorgungslage, sind lediglich für den 28. und 29. Januar 1942 belegt.[677] Setzt man die Anzahl der Vertrauensgespräche (39[678]) ins Verhältnis mit der Anzahl der Arbeitskommandos (1.400), dann hatten die Delegierten zu diesem Zeitpunkt Kenntnis von lediglich ca. 3 Prozent der XI-A-Lagerwelt. Folgende Übersicht zur Belegschaft im Stalag XI A zeigt, wie die Nationen laut Meldungen an die WASt aufgeschlüsselt waren: Insgesamt waren zum Zeitpunkt des Besuches im Lager 39.700 Kriegsgefangene registriert.[679] Davon befanden sich in Altengrabow 1.200 Franzosen, 450 Belgier, 250 Polen und 500 Serben. Was sich tatsächlich in diesem Zeitraum in der Lebenswelt der restlichen 37.300 Gefangenen abspielte, mit welchen Problemlagen sie konfrontiert waren, stellt weiterhin einen weißen Fleck dar. Die Ergebnisse dieses Kapitels sollen dazu beitragen, zumindest Einblicke in den Alltag der dokumentierten Fälle darzulegen. Im Zeitraum der Gefangenschaft Tjepkemas und Ruytens sind keine IKRK-Berichte überliefert. Aus diesem Grunde stellen ihre Erinnerungen an die Verhältnisse im Lager eine wichtige Innenperspektive dar, die zwar nicht auf alle Nationen übertragen werden kann, aber die situative Praxis widerspiegelt. Es ist in einer Abschrift vom 11. Mai 1943 die Meldung der Wehrkreisverwaltung XI überliefert, dass bestimmte Maßnahmen außerhalb des Stammlagers nur bedingt Berücksichtigung fanden: „Im Nachgang zum Bezugserlaß wird daher angeordnet, daß die Lagerkommandanten die Unternehmer zu veranlassen haben, je nach Umfang des Küchenbetriebes Kgf. selbst in der Küche mit einzusetzen. Diese Kgf. (oder zumindest ein Vertrauensmann aus ihren Reihen) müssen über die zustehenden Mengen an Lebensmitteln laufend unterrichtet und in die Lage versetzt wer-

---

677 Vgl. PA AA, R 40992.

678 Im betreffenden Bericht sind 39 Arbeitskomamndos benannt, mit deren Vertrauensmännern die Delegierten geprochen haben wollen. Eine Gegenprüfung ist auf Grund des Quellenmangels nicht möglich.

679 28.000 Franzosen, 5.300 Belgier, 400 Polen, 6.000 Serben. Vgl. PA AA, R 40706b.

den, sich durch Nachwiegen oder sonstige geeignete Maßnahmen von der Richtigkeit der Mengen zu überzeugen."[680]

Der Schriftverkehr lässt erkennen, dass dieser Forderung zur Aufrechterhaltung des Leistungsvermögens und Gesundheitszustandes der westlichen Kriegsgefangenen im Wehrkreis XI bis Anfang 1944 nicht in ausreichendem Maße entsprochen worden ist. Den deutschen Dienststellen war das Ernährungsproblem in den Außenkommandos bewusst und vermehrt Grund für ausführliche Kommunikation zwischen Schutzmacht, IKRK und Auswärtigem Amt.[681] Ruyten weist in seinem Erinnerungsbericht konkret auf die positiv aufgenommene Nachricht hin, dass er nach Stanislau (Stalag 371) verlegt werden sollte: „Endlich genügend zu essen."[682] Er und 36 andere Offiziersanwärter hätten der Verlegung freudig entgegengesehen, da sie damit der Monotonie und den schlechten Verhält-

---

680 LHASA, MD, I 33, Nr. 9, Bl. 195.

681 Zumeist lassen sich nur Splitter aus der Kommunikation einweben, jedoch vermitteln diese einen Eindruck von den Problemlösungsstrategien der beteiligten Dienststellen. Im Jahr 1943 gab es nach derzeitiger Kenntnis der Berichte über die Lager im Wehrkreis XI des Öfteren Anlass, auf die Rechte der Kriegsgefangenen hinzuweisen: „Auf das Schreiben vom 8. September d.J. Betr.: Zirkularschreibendes IKRK an die kriegführenden Staaten vom 23. August d.J. betr. Wahrung der den Kriegsgefangenen vertragsmässig zustehenden Rechte. Das Internationale Komitee vom Roten Kreuz beschäftigt sich, wie festgestellt werden konnte, bereits seit einiger Zeit mit dieser Frage. Anlass hierzu gab ihm unter anderem der zunehmende Arbeitseinsatz der Kriegsgefangenen. VLR [Gustav] Roediger hat bei seinen Besprechungen mit dem Komitee Gelegenheit gehabt, den Fragenkomplex zu erörtern. Ausgangspunkt bildete die Nachricht über die Schaffung einer besonderen Generalstelle zur Koordinierung des Arbeitseinsatzes der Kriegsgefangenen in Deutschland. Infolge dieser Meldung sind in Zusammenhang mit anderen Nachrichten beim Komitee Besorgnisse darüber aufgetaucht, ob wir etwa die Absicht haben, uns nicht länger an die Bestimmungen des Kriegsgefangenenabkommens zu halten. VLR Roediger hat die ihm vorgetragenen Bedenken zerstreut und ausdrücklich darauf hingewiesen, dass die deutsche Regierung sich nach wie vor an das Kriegsgefangenenabkommen gebunden erachte. Die Delegierten des Komitees würden nach wie vor mit den bisher zuständigen Stellen in Verbindung stehen." PA AA, Bern, Bd. 5774, Bl. 2.

682 „Ruyten-Bericht", S. 3.

nissen im Stalag XI A zu entkommen hofften.[683] Ab Oktober 1944 verschlechterte sich die Lage für alle Kriegsgefangenen in Altengrabow rapide. Ein IKRK-Bericht vom 14. November 1944 fasst die Situation mit folgender Anmerkung zusammen: „Das Lager ist als schlecht zu bezeichnen. Statt den Bestand des Lagers zu vermindern kommen dort nun noch neue Gefangene von den Frontstalags und Polen aus Warschau an. Der grösste Übelstand bildet die Überbelegung seiner Barackenräume."[684] Altengrabow nahm in diesem Zeitraum erneut eine Scharnierfunktion ein. Dieses Mal aber nicht als „Durchgangsstation" wie im Winter 1939, sondern als Aufnahmelager. Die Wanderbewegung der Ostfront gen Westen hatte zur Folge, dass Front-Stammlager evakuiert werden mussten und im Reich gelegene Lager deren Belegschaft zu verteilen hatten. Die Überbelegung hatte erhebliche Auswirkungen auf die Ernährungslage im Stalag XI A und zog eine Mangelernährung der im Zusammenhang mit dem Warschauer Aufstand eingetroffenen Mitglieder der polnischen Heimatarmee nach sich. Im Lazarett sind zahlreiche Personen behandelt worden, die an Unterernährung litten und keine Erholung durch ausreichende Verpflegung erfuhren. IKRK-Berichte wiesen darauf hin, dass die Gefangenen im Stalag XI A zunehmend von Hilfslieferungen aus dem Ausland abhängig wurden.

Die Zusammenschau einzelner Entwicklungstendenzen lässt die These zu, dass die Wehrkreisverwaltung auf die oben angeführte Anordnung des BDE grundsätzlich reagierte und Maßnahmen ergriff, diese aber auf der Subebene – den Außenkommandos – nicht befehlsmäßig umgesetzt worden sind. Dieser Mangel konnte durch die Lagerkommandantur nicht mehr aufgehoben werden. Nach dem Eintreffen der Polen im Oktober 1944 bis zur Evakuierung des Lagers im Mai 1945 nahm die Leistungsfähigkeit der Lagerverwaltung und der Infrastruktur sukzessive ab. Keller hat mit der Analyse der zur Verfügung stehenden Informationen über

---

683 Vgl. ebd.
684 PA AA, R 40981.

Erkrankungen in den Arbeitskommandos im Westen des Wehrkreises für sowjetische Gefangene nachweisen können, welche Krankheiten für den Massentod verantwortlich waren: In den Unterlagen für 1941/42 ist nicht das Fleckfieber, sondern vielmehr „Inanationszustände", Magen-Darm-Katarrh, Gastroenteritis, „Herzlähmung" und „Kreislaufschwäche" vermerkt.[685] Die Haupttodesursache lässt sich dementsprechend nicht auf das Fleckfieber zurückführen, sondern dieses trug wesentlich zur Schwächung bei.

4.3.2 Medizinische Versorgung

Es empfiehlt sich, die medizinische Betreuung der Gefangenen im Stalag XI A nach demselben Prinzip zu betrachten wie die Ernährungsfragen. Zur Strukturierung erfolgt die Bewertung der Lage im Stalag und den Außenkommandos chronologisch und – wenn nötig – mit Blick auf die umliegenden Lager im Wehrkreis XI. Die allgemeine Kriegsgefangenenpolitik des Deutschen Reiches war auch bezüglich der Gesundheit der Kriegsgefangenen ausschlaggebend. Folglich lässt sich ein erhebliches Gefälle in der medizinischen Betreuung der polnischen, niederländischen und französischen Kriegsgefangenen nachweisen.

Grundsätzlich beeinflusst von der Medikamentenversorgung, der Leistungsfähigkeit der medizinischen Abteilungen im Stammlager und den Lazaretten unterschied sich die Krankenbehandlung in Qualität und Umfang während des Krieges erheblich. In einem 1939 herausgegebenen „Merkblatt des stellv. Korpsarztes betreff der sanitären Betreuung der Kriegsgefangenen" heißt es „1. Die sich auf Arbeitskommandos befindlichen kriegsgefangenen Kranken sind durch die Wachmannschaften grundsätzlich den Standortärzten zuzuführen, wenn sich die Arbeitskommandos in einem Standort oder in unmittelbarer Nähe eines solchen befinden."[686]

---

685 Vgl. Keller, Sowjetische Kriegsgefangene, S. 294 f.
686 Als Anhang einer Mitteilung der Landesstelle des DRK an die DRK-Kreisstellen vom 14. Dezember 1939. Vgl. LHASA, MD, C 30 Osterburg A, Nr. 1311, Bl. 192.

Kriegsgefangene hatten damit theoretisch das uneingeschränkte Recht, sich nach Erkrankung in ärztliche Behandlung zu begeben. Im Stammlager und den Lazaretten ist die nach Möglichkeit von kriegsgefangenen Ärzten und Sanitätspersonal unter Aufsicht eines deutschen Arztes organisiert worden.[687] Dies bedeutet, die medizinische Betreuung wurde von Kriegsgefangenen für Kriegsgefangene übernommen.[688] Im Merkblatt heißt es unter Punkt 14 weiter, dass die „gesundheitliche Betreuung der Kr.Gef. in erster Linie den Arbeitgebern und Zivilbehörden [obliegt]. Erkrankte Kr.Gef. sind unverzüglich dem nächsten Zivilarzt vorzuführen. Bei nichttransportfähigen Kranken ist der nächsterreichbare Arzt hinzuzuziehen. Ist Krankenhausbehandlung erforderlich, so sind die erkrankten Kr.Gef. bei Transportfähigkeit in das Kr.Gef.-Lazarett des Stalag zu überweisen."[689] Die Skizze des Lagerlazarettes A auf der folgenden Seite stammt von einem ehemaligen französischen Kriegsgefangenen namens Leopold Colombey. Die Zeichnung gibt Auskunft über die Lage der Baracken und die Unterbringung der isoliert behandelten Gefangenengruppen. Es konnte bisher nicht zweifelsfrei geklärt werden, ob nach der Ankunft der Italiener eine gemeinsame Unterbringung mit den sowjetischen Kriegsgefangenen organisiert worden ist.

Das Kriegsgefangenenlazarett in Altengrabow konnte Anfang März 1941 ca. 700 Personen aufnehmen und verfügte über eine von 15 bis 20 Ärzten betreute chirurgische Abteilung. Die Erkrankten verteilte man auf insgesamt 10 Baracken, so dass bei einer Maximalbelegung 60–70 Mann in einer Baracke lagen. Die Krankenstation stellte bis

---

687 Ebd.

688 In einem Bericht des IKRK vom 11. März 1941 heißt es, dass insgesamt 21 Ärzte (16 Franzosen und 5 Polen) das Lazarett und den Operationssaal betreuen. Vgl. PA AA, R 40706b.

689 LHASA, MD, C 30 Osterburg A, Nr. 1311, Bl. 13. „Bei Transportunfähigkeit hat Aufnahme in ein Reservelazarett zu erfolgen, oder wenn wegen zu weiter Entfernung nicht möglich, ist der Kranke ausnahmsweise in ein Zivilkrankenhaus aufzunehmen." Ebd.

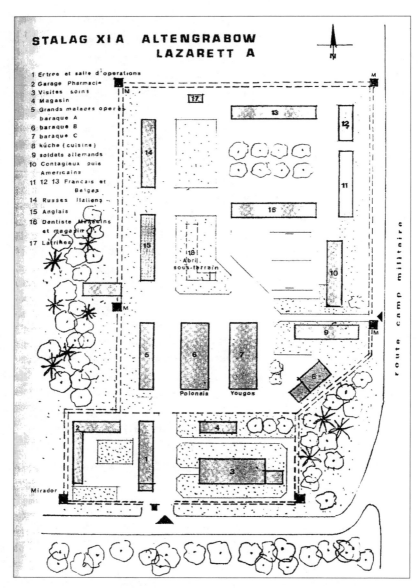

Skizze des Lagerlazaretts von Leopold Colombey (aus Montant, Fabienne: Altengrabow. Stalag XI A, Carcassonne 1999, S. 23)

Mitte 1944 modernes chirurgisches Gerät und verfügte zeitweise auch über ein radiologisches Gerät.[690] Weitere, als Reservelazarette bezeichnete Krankenstationen, befanden sich außerhalb des Lagers. In den Dokumenten des Auswärtigen Amtes finden sich immer wieder Besuchsberichte aus dem Reservelazarett für TBC-Kranke in Tangerhütte, einem Lazarett in Groß Lübars[691] und dem Reservelazarett „Wilhelmspark"[692] in Magdeburg. Jede größere Dependance des Stalags in der Industrie verfügte weiterhin über Krankenreviere/ Krankenstationen[693], die nur minimal ausgestattet und somit nur für kleinere Eingriffe/Behandlungen zuständig waren.[694] Die vorliegenden Berichte der Jahre 1941/42 über Kriegsgefangene vermitteln ein insgesamt GKA-konformes Bild der Krankenversorgung. Dies gründet nach derzeitiger Erkenntnis auf den zahlreichen Bestimmungen, die die Krankenbehandlung auf der Subebene regelten.

Probleme resultierten zumeist aus Personalmangel und/oder weiten Transportwegen. Jeder Krankentransport in das Stammlager oder ein Lazarett in Magdeburg stellte grundsätzlich ein logistisches Problem für das Militär dar. Die Wachmannschaften waren in ihrer Anzahl begrenzt, der finanzielle Rahmen für einen Kran-

690 Vgl. PA AA, R 40706b.

691 In einem Vermerk der Unterlagen des Industriebetriebes Buckau R. Wolf über den Einsatz sowjetischer Kriegsgefangener wird dieses Lazarett auch als „Sanierungslager" bezeichnet. An TBC erkrankte Kriegsgefangene sollten folglich nach einer Erstbehandlung im Lazarett Wilhelmspark in Groß Lübars, in der unmittelbaren Nähe Altengrabows, genesen. Vgl. LHASA, MD, I 33, Nr. 1052, Bl. 121. Vgl. den polnischsprachigen Beitrag zur Versorgung der Kombattanten aus der Warschauer Aufstand von Brelewska, Lucyna: W stalagu XI Altengrabow-lazaret Gross Lubars, in: „Łambinowicki Rocznik Muzealny". T. 8, Łambinowice – Opole 1985, S. 70–80.

692 Zusammenhängendes Aktenmaterial zum Lazarett Wilhelmspark konnte im LHASA, MD, im Stadtarchiv Magdeburg, im BArch, MA und im Politischen Archiv des Auswärtigen Amtes nicht gehoben werden.

693 Die korrekte Bezeichnung in den Berichten ist nicht eindeutig geklärt.

694 Vgl. Bericht zur Krankenstation des Arbeitskommandos 544/17 „Kristallpalast" in Magdeburg. Hier wurden ca. 1.100 Franzosen untergebracht, die im Raum Magdeburg zum Einsatz kamen. PA AA, R 40706b.

kentransport ebenfalls sehr eng bemessen. Für die Kriegsgefangenen waren demnach grundsätzlich ihr Einsatzort und die Initiative des Arbeitgebers/Wachhabenden für eine erfolgreiche medizinische Behandlung nach einem Unfall oder bei einer Erkrankung maßgeblich. Zu einer sachgemäßen Behandlung gehörte ein gut ausgebautes Lazarettsystem innerhalb des Stalag-Abschnittes (Kontrollbezirk), um gefürchtete Ansteckungskrankheiten zu vermeiden. Aus diesem Grund ist in jedem der Stammlagerberichte auch ein Bericht über das Standort-Lazarett enthalten. Das IKRK hatte in Erfahrung zu bringen, ob die Lagerkommandantur aktiv an der schnellen Gesundung Erkrankter mitwirke und damit die Ausbreitung von Epidemien in Teilen des Lagers verhinderte. In engem Zusammenhang mit der Krankenversorgung ist der Arbeitseinsatzort der Kriegsgefangenen zu sehen. Hier zeichnen die Berichte ein insgesamt von hoher Arbeitsbelastung geprägtes Bild und verweisen auf die Erschöpfung durch die zum Teil schwere Arbeit in Industrie und Landwirtschaft bis zum Sommer des Jahres 1941. Die Fluktuation des kriegsgefangenen Sanitätspersonals trug ebenso zu Diskontinuitäten in der Krankenbehandlung bei. Die Verrechnung der entstandenen Behandlungskosten erfolgte über das Stalag. Die im jeweiligen Arbeitsvertrag enthaltenen Bestimmungen über die Unfallversicherung[695] waren streng einzuhalten, um kostspie-

---

695 „Gesetz über die Unfallversicherung der Kriegsgefangenen vom 3. September 1940. – Reichsgesetzblatt. I S. 1201. Die Reichsregierung hat das folgende Gesetz beschlossen, das hiermit verkündet wird: § 1 Auf die Entschädigung der Kriegsgefangenen bei Unfällen finden während der Dauer der Kriegsgefangenschaft die Vorschriften des Dritten Buches der Reichsversicherungsverordnung Anwendung. Bei der Berechnung der Unfallrente sind als Jahresarbeitsverdienst nur die Barbezüge zugrunde zu legen. Die Zuständigkeit der Versicherungsträger richtet sich nach den allgemeinen Vorschriften. § 2 Rechtsverordnungen und Verwaltungsvorschriften zur Durchführung dieses Gesetzes erläßt der Reichsarbeitsminister im Einvernehmen mit dem Chef des Oberkommandos der Wehrmacht. § 3 Das Gesetz tritt mit Wirkung vom 26. August 1939 in Kraft. Führerhauptquartier, den 3. September 1940." LHASA, MD, C 30 Wanzleben A, Nr. 111, Bl. 3.

lige Erkrankungen über das für Kriegsgefangene geltende Versicherungssystem abrechnen zu können.[696] Mit Beginn der intensiven Besuchstätigkeit des IKRK ab März 1941 lässt sich nachweisen, dass die Ausstattung des Stalags XI A von den IKRK-Delegierten positiv hervorgehoben worden ist. Ein Röntgenlaboratorium und die Apparaturen für die Zahnbehandlung waren vorhanden.[697]
Die logistischen Grundlagen zur Behandlung von Kriegsgefangenen im Untersuchungsgebiet waren spätestens bis Mitte 1940 geschaffen und entwickelten sich entsprechend der Außenlagererweiterung systematisch weiter. Insbesondere die Einrichtung der Reserve-Lazarette in Magdeburg war als logistischer Schnittpunkt zwischen Außenlager-System und Altengrabow gedacht. Schutzmächte und das IKRK lieferten während der gesamten Kriegszeit Medikamente für die in deutschem Gewahrsam befindlichen Gefangenen und trugen wesentlich zur Aufrechterhaltung der medizinischen Betreuung im Stalag XI A bei. Zeitweise war die Leistungsfähigkeit des Lagerlazarettes maßgeblich von Medikamentenlieferungen aus dem Ausland abhängig. Eine Fleckfieberepidemie im sogenannten Russenlager hatte zur Folge, dass das Lager unter Quarantäne gestellt wurde. Ob sich Krankheiten auf andere Teile des Stammlagers ausbreiten konnten, war nicht zweifelsfrei nachzuweisen. Für die Behandlung der Kriegsgefangenen in den Außenkommandos galten u.a. folgende Bestimmungen: Im Merkblatt für den Korpsarzt vom 14. Dezember 1939 wurde für einen Unfall oder die Erkrankung eines Kriegsgefangenen Folgendes vorgesehen: „Ist ein Standort nicht in unmittelbarer Nähe so sind die kriegsgefangenen Kranken, wenn ihr Zustand es irgendwie erlaubt, dem nächst erreichbaren Zivilarzt in seiner Sprechstunde vorzuführen. Für nichttransportfähige kriegsgefangene Kranke ist der Arzt während der Sprechstunde um einen Besuch im Laufe des

---

696 Vgl. LHASA, MD, C 30 Osterburg A, Nr. 1311, Bl. 13f.
697 PA AA, R 40769.

Tages zu bitten."[698] Dieses Vorgehen war in Anbetracht der hohen Anzahl von Außenkommandos die beste Methode, einen erkrankten Kriegsgefangenen schnellstmöglich in medizinische Betreuung zu geben. Als Patient zweiter Klasse war er auf das Wohlwollen eines in der Nähe des Einsatzortes tätigen Arztes und des für ihn zuständigen Wachmannes angewiesen. Mitunter konnten Wartezeiten zu erheblichen Verzögerungen in der Krankenbehandlung führen. Es ist überliefert, dass sich Kriegsgefangene in einem Fall über die grobe Behandlung deutscher Zivilärzte beschwerten.[699]

„Nur bei längerer Krankheitsdauer oder Arbeitsunfähigkeit ist der Kranke durch den behandelnden Arzt mit einem Überweisungsschein in das zuständige nächste Kriegsgefangenen-Lazarett des Stalags oder in ein anderes als Kriegsgefangenen-Lazarett bezeichnetes Reserve-Lazarett (z. B. Magdeburg Wilhelmspark) zu überweisen."[700] Für März und Mai 1941 ist für die Krankenabteilung des Stalags XI A überliefert, dass zu diesem Zeitpunkt acht jüdische Ärzte und Aspiranten im Lager ohne Beschäftigung waren. Sie lebten getrennt von den anderen Gefangenen und hatten ebenso keinen Kontakt zu anderen Ärzten innerhalb des Lagers. Ihre Isolierung war streng genommen nicht rechtswidrig und ist auch in anderen Stalag Behandlungspraxis gewesen. Art. 9 GKA sah eine Trennung der Kriegsgefangenen nach „Rassen und Nationalitäten" vor, und diesem Anliegen entsprach die Kommandantur des Stalags XI A auch. Diese Behandlungspraxis in Lagerlazaretten stellte innerhalb des Kriegsgefangenenwesens keine Seltenheit

---

698 LHASA, MD, C 30 Oschersleben A, Nr. 232, Bl. 192.
699 Vgl. PA AA, R 40992.
700 LHASA, MD, C 30 Osterburg A, Nr. 1311, Bl. 192. Als Anhang einer Mitteilung der Landesstelle des DRK an die DRK-Kreisstellen vom 14. Dezember 1939. – Bereits während des Ersten Weltkrieges ist der Standort „Wilhelmspark" als Lazarett genutzt worden. Es befand sich am Editharing 40 in Magdeburg. Vgl. Zur Erinnerung an Magdeburg in der Kriegszeit 1914–1915, hg. vom Magdeburger Verkehrs-Verein, Magdeburg 1915, S. 19. Im Lazarett sind 1944 auch sowjetische Kriegsgefangene behandelt worden. Vgl. LHASA, MD, I 33, Nr. 9, Bl. 132.

dar. Das IKRK gab in einem Memorandum an das Auswärtige Amt vom 25. November 1941 zu bedenken, dass dieses Vorgehen nicht zielführend sei. In einigen Fällen hatte diese Praxis das Versterben Schwerstkranker zur Folge, die womöglich durch die Tätigkeit geeigneten ärztlichen Personals hätten überleben können.[701]

Das Schicksal jüdischer Kriegsgefangener in deutschem Gewahrsam gilt als relativ wenig beforscht.[702] Speckner schätzte die Lage wie folgt ein: „Jüdischen Kriegsgefangenen der westlichen Alliierten wurde vom OKW der Status von Kriegsgefangenen zuerkannt, auch wenn die Parteileitung mit dieser Situation alles andere als zufrieden war. Vom OKW wurde keine Anwendung der Nürnberger Rassengesetze auf jüdische Kriegsgefangene angeordnet, wenngleich es zweifellos zu einigen Übergriffen von Parteiseite auf jüdische Kriegsgefangene kam."[703] Im Stalag XI A ist nach Hinweis eines IKRK-Besuchsberichts vom 15. März 1941 die Jacke eines französischen Kriegsgefangenen jüdischen Glaubens mit „Jud" gekennzeichnet worden.[704] Derlei Übergriffe sind kaum durch Parteistellen angeordnet worden, sondern vielmehr durch deutsche Kommandoführer oder Bewacher im Stalag XI A. Eine Forschungslücke ist dahingegen zum Thema *Antisemitismus unter Kriegsgefangenengruppen in deutschem Gewahrsam* ausgemacht

---

701 Vgl. PA AA, R 40973.

702 Weiterführend zum Thema Juden in Kriegsgefangenschaft: Polian, Pavel: Sowjetische Juden als Kriegsgefangene. Die ersten Opfer des Holocaust?, in: Bischof, Günter/Karner, Stefan/Stelzl-Marx, Barbara: Kriegsgefangene des Zweiten Weltkrieges. Gefangennahme – Lagerleben – Rückkehr, Wien u.a. 2005, S. 488–506. "Outbursts against Jews, while not uncommon in German POW camps, were usually the result of personal or camp initiative and not of orders from above." Gelber, Yoav: Palestinian Jewish POWs in German Captivity, in: Yad Vashem Studies, Bd. 14 (1981), S. 89–137, hier S. 136 f. Erwähnenswert sind die Forschungen zur Befehlslage gegenüber jüdischen Gefangenen in Geck, Stefan: Das Deutsche Kriegsgefangenenwesen 1939–1945, Mag.-Arb. Univ. Mainz 1998, S. 45 f.

703 Speckner, In der Gewalt des Feindes, S. 215.

704 Vgl. PA AA, R 40705.

worden.[705] Nur sehr wenige Studien setzen sich mit der Frage auseinander, welcher Gruppendynamik sich jüdische Gefangene unter ihren Kameraden ausgesetzt sahen. Isolation, Abneigung und offene Feindschaft unter den polnischen Gefangenen sind für das Stalag XI A belegt. Als Quelle ist ein Erinnerungsbericht überliefert, in welchem Yacoov Lensky (ehemaliges Mitglied der Armia Krajowa) im Epilog Auskunft über seine Erfahrungen im Stalag XI A als polnischer Kriegsgefangener jüdischen Glaubens gibt.[706]

Für TBC-Kranke war ein Reserve-Lazarett in Tangerhütte[707] eingerichtet worden. Dieses konnte in zwei Gebäudeteilen[708] bis zu 300 Personen aufnehmen und verrichtete im September 1944 mit sechs Ärzten seinen Dienst. Hierunter waren entsprechend der Belegung vier polnische, ein serbischer und ein jugoslawischer Mediziner. Maßgebliche Konflikte mit dem deutschen Ärzteperso-

---

705 Vgl. Anmerkungen des Heimatforschers und Publizisten Wolf Stegemann in: ders. Über die Behandlung polnischer Soldaten jüdischer Herkunft in deutscher Gefangenschaft. Im Lager an der Schleuse waren auch jüdische Offiziere untergebracht, 28.05.2012, online: http://www.dorsten-unterm-hakenkreuz.de/2012/05/28/ kriegsgefangenschaft-ii-uber-die-behandlung-der-polnischen-soldaten-judi scher-herkunft-in-deutscher-gefangenschaft-%E2%80%93-auch-im-dorstener-lager-befanden-sich-judische-soldaten/ (30.06.2015).

706 Yacoov Lensky versah die Memoiren seines Vaters Mordechai Lensky mit einem Epilog und schilderte darin seine Erfahrungen im Warschauer Ghetto und u.a. seiner Kriegsgefangenschaft als 16-Jähriger in Altengrabow. Er war Sohn eines Arztes und half einem schwer erkrankten Gefangenen bei der Medikamentengabe. Der Tatsache, als jüdischer Kriegsgefangener unter Polen in deutschem Gewahrsam zu sein, widmete er ein Unterkapitel. Er war stets darauf bedacht, seine jüdische Herkunft zu verbergen: "My AK colleagues often spoke about the jews in poland. Sometimes they used the saying: 'In spite of it all, Hitler deserves commemorated by a statue – thanks to him, we got rid of the jews.' My heart raced each time, I heard these phrases, but I had to swallow my disgust in silence." Lensky, Mordechai: A Physician Inside the Warsaw Ghetto, Jerusalem 2009, S. 221.

707 Vgl. PA AA, R 40705. Zusammenfassung über Inspektion des IKRK-Reservelazarettes Tangerhütte 26. März 1941. In Tangerhütte sind Offiziere und Soldaten behandelt worden.

708 Die Hauptabteilung war in einer Schule und die andere Abteilung im Schützenhaus untergebracht. Vgl. PA AA, R 40973.

nal sind nicht überliefert, womit die Anzahl der Beschwerden seitens der Vertrauensmänner gering ausfällt. Das Lazarett ist von den
Delegierten als eine gut geführte Krankenstation bezeichnet worden. Hervorzuheben ist die Tätigkeit der polnischen Ärzte, die trotz
Medikamentenmangel zwischen April und September 1944 lediglich fünf Verstorbene unter den Polen zu verzeichnen hatten.[709]
Die sowjetischen Gefangenen changierten am unteren Ende der
Behandlungsskala, und es zeigt sich am Stalag XI A, mit welch willentlicher Minderversorgung die Kriegsgefangenen ihrem Schicksal
insbesondere 1941/42 überlassen worden sind. Eine wesentliche
Betreuung der sowjetischen Gefangenen bestand nach der Quarantäne darin, für eine regelmäßige Entlausung Sorge zu tragen.
Mit der Verlausung der Gefangenen verbanden deutsche Stellen
die Ausbreitung des Fleckfiebers, an dem nach ihrer Einschätzung
1941/42 zahlreiche sowjetische Gefangene verstarben. Meldungen
an den Präsidenten des Landesarbeitsamtes Mitteldeutschland hatten zur Folge, dass dieser auf die Notwendigkeit einer ergebniso-
rientierten Entlausung mit folgendem Rundschreiben vom 26. Juni
1942 hinweisen ließ: „Die Erfahrungen haben gezeigt, daß die bisherigen Entlausungen der sowjetischen Arbeitskräfte unzureichend
waren. Immer wieder treffen Meldungen ein, daß Transporte, die
unmittelbar aus den Entlausungsanstalten kommen, mit lebenden
Läusen befallen bei den Aufnahmeämtern und auf den Arbeitsplätzen eintreffen. Dementsprechend haben auch die Fälle von Fleckfieber trotz der sommerlichen Jahreszeit bisher nicht ab, sondern
eher zugenommen. Es muß aber fortan alles drangesetzt werden,
daß die Entlausungen wirkungsvoll und zuverlässig durchgeführt
werden."[710] Dieses Dokument wird als Hinweis darauf gedeutet,
dass eine einheitliche und zielführende Vermeidung des Läuse-
befalls in den Unterkünften für sowjetische Gefangene im Untersuchungsgebiet auch viereinhalb Monate nach der Quarantäne

709 Vgl. PA AA, R 40983.
710 Stadtarchiv Wernigerode, WR, II 5618, unpag.

im Stammlager nicht flächendeckend umgesetzt worden ist. Zur Erweiterung des bürokratischen Verwaltungshandelns schlug der Präsident des Landesarbeitsamtes Mitteldeutschland abschließend vor, dass nach „erfolgreich abgeschlossener Entlausung und Untersuchung jede ausländische Arbeitskraft eine Bescheinigung ausgehändigt [erhält]. Die Vordrucke dieser Bescheinigungen gehen Ihnen demnächst zu. Die Betriebsführer sind zu veranlassen, künftig ausländische Arbeitskräfte nur dann einzustellen, wenn sie die Bescheinigung über erfolgte Entlausung und Untersuchung vorweisen können. Im Auftrage gez. Dr. Welzel"[711] Das Beispiel „Wegeleben" nimmt nach Einschätzung des Verfassers eine wesentliche Rolle zum Verständnis der Zusammenarbeit zwischen Stammlager und Außenkommandos ein. Es ist davon auszugehen, das zur Jahreswende 1941/42 die Lage für die sowjetischen Kriegsgefangenen in den Außenkommandos ähnlich der in Wegeleben war. Die in diesem Dokument deutscher Dienststellen (Staatliches Gesundheitsamt) aufgeführte Behandlung der Gefangenen legt detailliert offen, wie mit den Rotarmisten außerhalb des Stammlagers in medizinischer Hinsicht verfahren wurde. Die Einsicht in die kriegswirtschaftliche Notwendigkeit ihres Einsatzes verbesserte ihre Ernährungslage ab Frühjahr 1942 nur marginal.

Die notwendige Einsicht in eine als ausreichend geltende medizinische Betreuung und Unterbringung lässt sich anhand des gehobenen Quellenmaterials nur in wenigen Fällen belegen. Keller hat zu der komplexen Entwicklung herausarbeiten können, dass dieser „Schwenk der Führung vom weitgehenden Einsatzverbot hin zum ‚Großeinsatz' vor dem Hintergrund des Kriegsverlaufs im Osten zu sehen [ist] und spiegelt den Wandel von der absoluten Siegesgewissheit im Juni/Juli 1941 bis hin zur Einsicht zu Beginn des Winters, dass der erhoffte Blitzkrieg sich zu einem lang andauernden und kräfte- wie materialzehrenden Abnutzungskrieg entwi-

---

711 Ebd.

ckelt hatte".[712] Über die tatsächliche Effektivität der medizinischen Betreuung für die sowjetischen Gefangenen im Untersuchungsgebiet bis zur Befreiung liegen keine belastbaren Daten vor. Quellenmäßig belegt ist ein Lazarett in Groß Lübars, in welchem Erkrankte behandelt worden sind. Die oben aufgeführten Beispiele sollen als Verweis darauf dienen, dass auch nach der Einsicht in die kriegswirtschaftliche Notwendigkeit des sogenannten Russeneinsatzes eine Verbesserung ihrer Lage nur schrittweise eintrat. Die hohe Anzahl der separaten Außenkommandos erschwert einen generellen Überblick über die Behandlung vor Ort.

4.3.3 Freizeit(gestaltung), Aktivitäten und Religionsausübung

Den westlichen und polnischen Kriegsgefangenen war es grundsätzlich gestattet, ihre Freizeit im Lager mit den vor Ort bereitgestellten Angeboten auszufüllen.[713] Ihnen stand auch in den Außenlagern laut Arbeitsvertrag eine Ruhezeit von 24 aufeinanderfolgenden Stunden zu, die am jeweiligen Standort zur Ausübung freiwilliger Aktivitäten genutzt werden konnte.[714] Das Freizeit- und Kulturleben ist in Altengrabow maßgeblich von der YMCA[715] beein-

---

712 Keller, Sowjetische Kriegsgefangene, S. 431 f.

713 Gemäß Art. 78 des GKA. „Die nach ihrer Landesgesetzgebung ordnungsgemäß errichteten Hilfsgesellschaften für Kriegsgefangene, die als Vermittler für das Wohlfahrtswerk dienen, und ihre gehörig beglaubigten Beauftragen erhalten von Seiten der Kriegführenden innerhalb der Grenzen der militärischen Notwendigkeiten jede Erleichterung zur wirksamen Erfüllung ihrer humanitären Aufgabe." RGBL, 1934, Teil 2, S. 250.

714 Im Muster eines Arbeitsvertrages ist festgelegt: „Jedem Kriegsgefangenen ist wöchentlich eine Ruhe von mindestens 24 aufeinanderfolgenden Stunden zu gewähren. Falls die betrieblichen Verhältnisse es zulassen, ist die Ruhezeit auf den Sonntag zu verlegen." LHASA, MD, C 30 Osterburg A, Nr. 1311, Bl. 4. Es ist festzuhalten, dass es sich hierbei um eine Verhandlungsgrundlage handelte und sich die arbeitsfreien Zeiträume sehr voneinander unterscheiden konnte.

715 Tracy Strong, Generalsekretär der „World Alliance der Y.M.C.A." PA AA, R. 40705. – Der Tätigkeitsbeginn dee YMCA in deutschen Stalags ist erst ab 1940 nachweisbar. 1941 sind Bedenken deutscher Sicherheitsbehörden gegen den Sohn Tracy Strongs geltend gemacht worden, die eine Ausreise Strongs

flusst worden. Die Vereinigung trug Sorge sowohl für das geistige Wohl der Gefangenen im Deutschen Reich, als auch für deutsche Gefangene im Ausland und war während der Bestehenszeit des Stalags XI A um eine fortdauernde Versorgung mit Büchern, Platten, Kinematografen und Sportgeräten bemüht.[716] Für das Stalag und eines seiner Reserve-Lazarette liegen insgesamt acht Berichte vom 14. März 1941[717], 19. November 1941[718], 8. Juli 1941[719], 9. Juli 1941[720], 19. September 1941[721], 21. Juli 1942[722], 23. Juni 1942[723] und vom 23. Juni 1943[724] vor, die eine qualitative Entwicklung innerhalb eines Halbjahres erkennen lassen. Aus quellenkritischer Per-

---

jun. in die Schweiz unterbanden. Das AA in Berlin suchte in diesem Fall um schnellstmögliche Klärung des Vorfalls, da es gegen die Tätigkeit Strongs jun. keine Einwände vorzuweisen hatte. Welche Gründe zu einem Ausreiseverbot von Strong jun. führten, ist aus dem Schriftverkehr nicht ersichtlich. Vgl. ebd.

716 Einen Überblick über den Bestand bietet Gunnar Celander in einem Bericht aus dem Jahr 1941: „Manchmal wird zweimal wöchentlich Theater gespielt. Das Lager verfügt über viele gute Sänger, Musiker, Maler und Schauspieler. Ein eigener Schmalfilmapparat ist im Lager und man darf Filme von den deutschen Behörden leihen. Radio kann zu bestimmten Zeiten in den Kantinen gehört werden. Dort versammeln sich auch an mehreren Abenden in der Woche kleine Gruppen und haben ihren sog. Heimatabend. Studienkurse wurden im Winter hauptsächlich auf dem sprachlichen Gebiete, in Kunstgewerbe und Schiffsbaukunst abgehalten. Mein Rundgang im Lager endete bei den Künstlern. Hier konnte ich ihre Geschicklichkeit in Holz- und Metallarbeit, sowie in Aquarell- und Ölmalerei bewundern. Bei den Künstlern konnte ich auch Grüsse von unseren Mitarbeitern in Berlin, die ihre Arbeiten gekauft haben, ausrichten. Den Vertrauensmännern der verschiedenen Nationen, sowie den Künstlern übergab ich aus schwedischen Sammlungen mitgebrachtes Material: Wasserfarben, Pinsel, Aquarell- und Zeichenpapier, Notizbücher, Schreibpapier, Tischtennisbälle, Mundharmonikas. Die Franzosen haben Überfluss an Liebesgaben, die Serben und Polen weniger." BArch, MA, MSG 194/55, unpag.

717 Vgl. PA AA, R 40706a.

718 Vgl. PA AA, R 40974.

719 Vgl. PA AA, R 40973.

720 Vgl. ebd.

721 Reservelazarett Magdeburg. Vgl. ebd.

722 Vgl. BArch, MA, MSG 194/56, unpag.

723 Vgl. BArch, MA, MSG 194/55, unpag.

724 Vgl. BArch, MA, MSG 194/64, unpag.

spektive erscheint eine Synopse der Lagerbesuche geeignet, denn in den vorliegenden Schreiben werden Beobachtungen über die im Deutschen Reich befindlichen Stalags verglichen. Der Bericht trägt den Titel „Impressions of Life in some War Prison Camps in Germany, Winter 1940–41"[725] und fasst die Arbeitsergebnisse der ersten vierzehn Kriegsmonate in den Stalags zusammen. Die quellenkritische Analyse des genannten Berichtes lässt erkennen, dass er eine durchweg positive Zusammenfassung der Lagerbesuche darstellt. Es wird kein konkreter Bezug zu einzelnen Stalags hergestellt, sondern vielmehr in Form einer Collage ein Gesamteindruck wiedergegeben. Es zeigt sich hierbei, dass die individuelle Lage der Kriegsgefangenen in jeder Beziehung positiver nachgezeichnet wird, als es in den IKRK-Berichten der Fall ist. Im Vergleich der beiden Außenperspektiven auf das Lagersystem ging das IKRK in seiner Berichterstattung *problemorientiert* vor, wohingegen YMCA-Delegierte[726] ihren Fokus *ergebnisorientiert* auf die Entwicklung der materiellen Ausstattungsmerkmale richteten. Das Stalag XI A wird vom YMCA im Jahr 1941 bis 1942 als ein von den Kriegsgefangenen gut organisiertes Lager bezeichnet. Die Zusammenarbeit der Ärzte und der Kriegsgefangenen ist trotz der sprachlichen Verständigungsschwierigkeiten als positiv hervorgehoben worden. Hierbei wird die aufopferungsvolle Tätigkeit der multinationalen Lazarettärzte betont.[727] Die Mitwirkung der genesenden Gefangenen trage zur Aufrechterhaltung kultureller Aktivitäten bei, die vom monotonen Lageralltag abzulenken vermögen.[728] Tracy

---

725 Vgl. PA AA, R 40705.

726 Celander zeichnet für mindestens drei Berichte verantwortlich. Vgl. BArch, MA, MSG 194/56, unpag.

727 Vgl. PA AA, R 40973.

728 In einem ausführlichen Bericht zum Reservelazarett in Tangerhütte heißt es am 21. Juli 1942 detailliert zur damaligen Lage: „Bücher: Man hat 300 Bücher von Warschau bekommen, von denen 75% Romane und Novellen, 10% Reisebeschreibungen, 10% wissenschaftlichen und 5% religiösen Inhalts sind. Einzeln werden am meisten Sprachen studiert, aber auch Landwirtschaft, Architektur, und Kurzschrift. Ein Krgf. will sich in höherer Handelslehre weiterausbilden,

Strong jr. und Gunnar Celander hoben in besonderer Weise die mit der Größe des Stalags verbundenen personellen Probleme hervor, mit denen sich die Delegierten zu Beginn ihrer Tätigkeit konfrontiert sahen. Auf Grund des Arbeitseinsatzes war ein Großteil der Vertrauensleute nach dem ersten Besuch nicht mehr im Stalag, sondern bereits in Außenlagern. Eine kontinuierliche Betreuung und Kommunikation war unter diesen Umständen nur schwerlich aufrechtzuerhalten.[729]

Eine arbeitsfähige Bibliothek mit einer ausreichenden Anzahl von Büchern musste ab Frühjahr 1941 erst aufgebaut werden. Für Gottesdienste war eine kleine Halle eingerichtet worden, die jeden Sonntag von den Gläubigen genutzt werden konnte. In den Som-

---

er hat aber keine Bücher. Ein paar Studenten befinden sich auch unter den Krgf. Oberlt. Cereniewicz, 1821, ist Bibliothekar. Mehr poln. Bücher werden gewünscht. <u>Religion:</u> Alle Krgf. sind röm.-katholischen Bekenntnisses, ausser 10 bis 15, die griech.-kath. sind. Im Lager befinden sich 2 franz. Abbes. Der eine macht Dienst in den beiden Lazarettgebäuden, der andere in der Arb.Kdo. Der Gottesdienst wird in einem breiten Korridor gehalten. Ein kleiner Altar und Leuchter sind von einem sehr kranken Krgf. angefertigt worden. Sie bestehen aus Holz und Wellpappe. 70% der Krgf. nehmen an den Gottesdiensten teil. Gebetbücher und religiöse Literatur kommen von der YMCA in Warschau. Der grosse Korridor wird auch als Gesellschaftsraum benutzt. <u>Handwerk:</u> Einige tüchtige Laien-Künstler konnte ich mit Papier, Temperafarben, Pinseln, Tusche, Federn usw. versehen. Alle drückte hierüber eine grosse Freude aus. Einer dieser Leute ist ein ausgezeichneter Aquarellist, ein anderer hatte seit dieser Zeit, wo er im Laz. ist, ca. 100 Karikaturen ausgeführt und in einem Album gesammelt. Es wurde mir gesagt, dass der frühere YMCA-Sekretär Laubsägematerial geschickt hat, aber niemand wusste etwas davon. Einen Laubsägesatz für beide Gebäude würde mit Freude angenommen werden. <u>Musik:</u> Man hat hier 1 Klavier, 1 Pianoakkordeon, 2 Geigen, 1 Cello, 1 Gitarre und 1 Mandoline. Man wünscht einen Satz Trommeln, Notenpapier und Noten für Salonorchester. Dirigent ist Ass. Arzt Reiske, Jan, 41, der mir eine Liste über gewünschte Noten übergab. Man hat auch zwei Grammophone und 20 Platten dazu, die aber fast abgespielt sind. Ca. 20 Schlager und Volksweisen werden erwünscht. Sport und Körperübungen können natürlich nicht stattfinden. Kino und Theater hat man nicht. Rundfunk kann aber abends gehört werden." BArch, MA, MSG 194/56, unpag.

729 Vgl. PA AA, R 40706a.

mermonaten des Jahres 1941 fanden Gottesdienste für Protestanten und Katholiken im Freien statt. Zu diesem Zwecke wurde ein kleiner Altar im Lagerbereich der westlichen Gefangenen aufgebaut. Auf zeitgenössischen Fotografien ehemaliger französischer Gefangener sind Orchester[730] bei Festumzügen und Weihnachtsfeiern[731] zu sehen. Der Verfasser eines Berichts hob die Einrichtung des belgischen Orchesters hervor, das von den Gefangenen „ganz besonders geschätzt [wird], da sie in das tägliche Einerlei des Lagerlebens willkommene Abwechslung brachte".[732] Im Juli 1941 existierte im Lager zudem eine Theaterbaracke, die von den belgischen und französischen Gefangenen betreut wurde. Regelmäßige Veranstaltungen (Varieté, Konzerte) wechselten einander ab, so dass neben dem sportlichen Angebot (Freiübungen und Ballsportarten) Bedingungen für die notwendige „geistige Zerstreuung"[733] im Stammlager gegeben waren. Zusammenfassend heißt es hierzu: „In der Mitte des Spielplatzes ist ein vorschriftsmässiger Fussballplatz. Das Lager ist von Wald umgeben. Ich hatte zuerst Gelegenheit, eine Übung mit anzuhören, die die Mitglieder des Lagerorchesters in dem Gemeinschaftsraum, in dem auch Theater gespielt und Gottesdienst abgehalten wird, veranstalteten. Dieser Raum war nicht sehr gross, es wurde aber gesagt, dass ein grösserer neueingerichtet werden sollte, der sog. KDF-Raum des Lagers. Dieser darf später von den Krgf. benutzt werden. Das Orchester besteht aus 40 Mann, meist Franzosen, 6 Belgiern, einigen Serben und Polen. Andere Krgf. waren mit der Herstellung von Theaterkulissen beschäftigt. [...] 50 Serben in 3 Studiengruppen lernen Deutsch. Musik, Sport und Theater werden gemeinsam im

---

730 Das Orchester bestand im Juli 1941 aus 32 Mann (Belgier und Franzosen). Vgl. PA AA, R 40973.

731 Vgl. Pognant, Patrick: Allemagne 1942 – Altengrabau (Altengrabow). Le Stalag XI A, online: http://ppognant.online.fr/cadalten.html (14.02.2013).

732 PA AA, R 40981.

733 PA AA, R 40706a.

Lager ausgeübt. Es wird viel Fuss- und Handball gespielt."[734] Dass die getroffenen Aussagen der YMCA-Delegierten in ihrer Anlage nur sehr wenige kritische Anmerkungen erkennen lassen, ist hervorzuheben. Dies ist dem Umstand geschuldet, dass die Vereinigung im Falle etwaiger Verfehlungen wenig diplomatische Druckmittel gegenüber dem Auswärtigen Amt zur Verfügung hatte. In Anbetracht der Ego-Dokumente ehemaliger Kriegsgefangener ist ebenso davon auszugehen, dass die grundsätzlich nach Voranmeldung durchgeführten Lagerbegehungen nach einer von der Lagerkommandantur konzipierten Choreografie erfolgten.

Die Einschätzung des in Stalag XI A polnischen kriegsgefangenen Franciszek Donczyk deutet darauf hin, dass die Lagerkommandantur den Delegierten beider Hilfsdienste über die realen Umstände zu täuschen versuchte. In der Übersetzung seiner 1959 erschienen Darstellung heißt es dazu: „Dies haben sie [die Lagerkommandantur, P.K.] nur zum Schein gemacht, um im Falle einer Lager-Visitation den Delegierten des Internationalen Roten Kreuzes solche Befehle, Instruktionen und Anordnungen zu zeigen. In der Praxis wurden die Anordnungen […] nicht angewandt."[735]

4.3.4 Fluchten und Fluchtversuche

„Ein Entweichen von Kr.Gef. ist mit allen zulässigen Mitteln zu verhüten, da hierdurch nicht nur die deutsche Wirtschaft geschädigt werden würde, sondern uns auch neue Gegner mit der Waffe entstehen könnten. Die Bewachungsmannschaften sind berechtigt, zur Behinderung von Fluchtversuchen erforderlichenfalls von der Schußwaffe Gebrauch zu machen. Sollte dennoch ein Kr.Gef. entweichen, so ist auf schnellstem Wege dem Stalag Meldung zu machen, […] um zu verhüten, daß der Entwichene einen besonde-

---

734 Ebd.

735 HStaatsA. Hannover, Nds. 721 Hannover, Acc. 90/99, Nr. 145, Bd. 2, Bl. 226. (Die Übersetzung stammt aus einem Ermittlungsverfahren der Staatsanwaltschaft Hannover wegen Aussonderungen im Stalag XI A Az. 2 Js 48/67 gegen ehemalige Wachmannschaften.)

ren Vorsprung gewinnt."[736] Diese Verfügung des Lagerkommandanten Generalmajor von Werder stellte den Handlungsrahmen dar, nach welchem sich Wachmannschaften nach dem Eintreffen der polnischen Gefangenen zu bewegen hatten. Werders Anordnungen lassen sich in ihrer Auswirkung grundsätzlich auf andere Nationenangehörige übertragen, jedoch ist in Nuancen die sich verändernde Kriegsgefangenenpolitik des Deutschen Reiches zu beachten.

Nachfolgend sollen zwei Sachverhalte betrachtet werden, die mit dem zitierten Merkblatt und dem Stalag XI A in Beziehung stehen. Fluchtversuche Kriegsgefangener aus dem Stalag XI A sind nur in verhältnismäßig wenigen Fällen quellenmäßig detailliert überliefert. Die Anzahl der Fluchtversuche wird aber, wie in Fällen umliegender Stalags, hoch gewesen sein.[737] Die Bewachung der Kriegsgefangenen im Stalag konnte grundsätzlich lückenloser geleistet werden als in den Außenlagern. Das OKW hatte also von Anbeginn des Krieges Erfahrungen im Umgang mit Fluchten, deren Bestrafung und der Fluchtprävention zu sammeln. In Abhängigkeit des indifferent angewandten völkerrechtlichen Schutzes gegenüber allen Kriegsgefangenengruppen erfolgte durch das OKW kein nationenübergreifendes, einheitliches Vorgehen.[738] Für das deutsche Kriegsgefangenenwesen sind Bestrafungspraxen für westliche und

---

736 Stalag-XI-A-Kommandant Generalmajor von Werder in einem Merkblatt für Arbeitgeber, Zivilbehörden und Hilfspolizeikräfte am 20. September 1939. LHASA, MD, C 30 Osterburg A, Nr. 1311, Bl. 13.

737 Für den Wehrkreis IX ist eine intensive Zusammenarbeit zwischen den Ortspolizeibehörden und Landrat belegt. Auf Bitte des Landrates sollte mitgeteilt werden, welche Probleme in der Bewachung und der Informationsweiterleitung bei Fluchten auftraten. Vgl. RGVA, Fond 1525, Findbuch 1, Nr. 146, Bl. 239–251.

738 Die Erschießung u.a. amerikanischer und britischer Kriegsgefangener nach der Massenflucht aus Stalag III (Sagan) soll hier als Beispiel für eine äußerst harte Bestrafung auf Befehl Hitlers genannt werden. Vgl. Speckner, In der Gewalt des Feindes, S. 134. Zum Thema Flucht sei auf den Erinnerungsbericht des britischen Piloten James, B.A. Jimmy: Pechschwarze Nacht. Leben für die Flucht, Berlin 2006 verwiesen.

alliierte Gefangene überliefert, die angesichts geltenden Völkerrechts strengstens verboten waren. Hitlers Eingriffe in das Kriegsgefangenenwesen zeigen auch in diesem Punkt, dass seine Kriegsgefangenenpolitik von der Anzahl der Fluchten beeinflusst worden ist. An Kriegsgefangenen Exempel zu statuieren und dies unter Beteiligung des OKW als rechtmäßigen Akt zu bezeichnen, stellte einen Tiefpunkt in der Behandlung westlicher/alliierter Kriegsgefangener dar. Mit Blick auf die aktuelle Forschungsliteratur ist festzuhalten, dass das OKW sehr unterschiedliche „Erstreaktionen" bei „Flucht" und „Fluchtversuch" entwickelte. Bei britischen, amerikanischen, französischen, belgischen und niederländischen Kriegsgefangenen sind befehlsgemäß noch Warnschüsse abgegeben worden. Auf sowjetische Kriegsgefangene wurde zur Verhinderung der Flucht das Feuer ohne Vorwarnung eröffnet. Bestrafungsmaßnahmen reichten von Disziplinarmaßnahmen (u.a. Einzelhaft) bis zur Anwendung von Gewalt, der Überstellung in ein Straflager oder für Rotarmisten in ein KZ (Mauthausen).[739]

Aus den Lagern innerhalb des Deutschen Reiches gelang ca. 250.000 Kriegsgefangenen die Flucht. Ein Großteil von ihnen ist wieder aufgegriffen worden, jedoch stellten Fluchtversuche und gelungene Fluchten den Sicherheitsapparat der Wehrmacht und der NS-Sicherheitsbehörden vor erhebliche Probleme. Fahndungen banden personelle Ressourcen und erforderten die Mitarbeit der

---

739 Vgl. Forschungen zum Thema Flucht von Cristian Kretschmer zur sogenannten Mühlvierteler Hasenjagd. 500 sowjetischen Kriegsgefangenen gelang damals die Flucht aus dem KZ Mauthausen. Von Interesse ist besonders die Zusammenarbeit von Wehrmacht und SS nach 1944. Vgl. Möllers, Heiner: Tagungsbericht Neue Forschungen zum Zweiten Weltkrieg. 10.05.2012–11.05.2012, Potsdam, in: H-Soz-u-Kult, 26.11.2012, online: www.hsozkult.de/conference report/id/tagungsberichte-4484 (17.07.2015). Vgl. ebenso das Dokument 2.10.22 „Fernschreiben der Kriminalpolizei Linz vom 2. März 1945 an das Reichssicherheitshauptamt über die Massenflucht sowjetischer Kriegsgefangener aus dem Konzentrationslager Mauthausen („Mühlvierteler Hasenjagd")" in: Overmans/Hilger/Polian, Rotarmisten in deutscher Hand, S. 654.

Zivilbevölkerung.[740] Der niederländische Kriegsgefangene Ruyten erinnerte sich in seinem Bericht an die Kriegsgefangenschaft in Altengrabow besonders an die unter den westlichen Gefangenen verbreitete Auffassung, dass jeder Fluchtversuch deutsche Soldaten daran hindern würde, an der Front zum Einsatz zu kommen.[741] Eine genaue Anzahl der „auf der Flucht" Verletzten beziehungsweise Erschossenen lässt sich anhand des gehobenen Quellenmaterials nicht ermitteln. Für ein genauerers Erfassen der Verhältnisse für die „westlichen" Kriegsgefangenen in Altengrabow und dessen Außenlagern ist es notwendig, sowohl den überlieferten Schriftverkehr des Kommandeurs der Kriegsgefangenen im WK XI mit den Regierungspräsidenten als auch die Maßnahmen auf Ebene der Kontrolloffiziere zu berücksichtigen. Die Kontrolloffiziere standen in engem Informationsaustausch mit den Führern der Arbeitskommandos, die ihrerseits als Erste auf Fluchtversuche zu reagieren hatten. Für den 9. Juni 1941 ist ein Rundschreiben des Kontrolloffiziers Ebert im Kontrollbezirk I (Stendal) überliefert, in welchem er an die Führer der Arbeitskommandos im Bezirk folgenden Befehl übermittelte: „Um Fluchten von Kgf. vorzubeugen wird hiermit befohlen, daß sämtlichen Kgf. abends vor Abschluß des Lagers sämtliche Schuhe, Holzpantoffeln und Hosen abzunehmen sind. Diese Sachen erhalten die Kgf. erst morgens beim Wecken wieder zurück. Dieser Befehl ist im Wachlokal des Lagers in sichtbarer Stelle aufzuhängen. [...] Bei größeren Arb.Kdos. ist für eine Nummerierung der Schuhe, Holzpantoffeln und Hosen Sorge zu tragen, um eine schnellere Ausgabe dieser Sachen zu gewährleisten. Für strikte Durchführung dieses Befehls ist unbedingt zu sorgen [...]."[742]

Für alle anderen Kontrollbezirke im Untersuchungsgebiet ist ein derartiges Präventionsverfahren nicht überliefert. Es ist davon aus-

---

740 Vgl. Geck, Das deutsche Kriegsgefangenenwesen 1939–1945, S. 65–84.

741 Vgl. „Ruyten-Bericht", S. 2.

742 LHASA MD, C 30 Osterburg A, Nr.1347, Bl. 54.

zugehen, dass diese Methode zur Verminderung der Fluchten beitragen konnte. Ohne unauffällige Kleidung waren Kriegsgefangene
leicht zu identifizieren und ein abruptes Ende der Flucht vorher-
sehbar.[743] Bereits vor dem Eintreffen der sowjetischen Kriegsgefangenen in Altengrabow im Spätherbst 1941 nahm die Anzahl
der Fluchten westlicher Kriegsgefangener trotzdem in erheblichem Maße zu, so dass im Wehrkreis umgehend Maßnahmen zu
ergreifen waren.[744] Der Kommandeur für den Wehrkreis XI gab
in einem Rundscheiben vom 19. Juni 1941 bekannt: „Es mehren
sich leider die Fluchten der Kr.Gef. und zwar vorwiegend aus den
Lagern der Arb.Kdos., zum Teil auch von den Arbeitsplätzen. Ein
nicht unerheblicher Teil der Geflohenen wird zwar bald wieder
aufgegriffen, ein Teil entkommt aber endgültig. Die wehrmachtei-
gene Bewachung ist verschärft. Es ist auch in einigen Fällen von
der Schußwaffe Gebrauch gemacht und sind Kr.Gef. erschossen.
Trotzdem erfordert die Frage der Verhinderung einer erfolgreichen Flucht der Kr.Gef. erhöhte Aufmerksamkeit. Zur Zeit werden
von den franz. Kr.Gef. – enttäuscht, daß sie nicht zu diesen Sor-
ten gehören – umsomehr zu Fluchten neigen. Dies kann auch auf
belgische und auf die noch vorhandenen polnischen Kr.Gef. anste-
ckend wirken."[745] Tatsächlich wirkten sich Nachrichten von Entlassungen französischer Kontingente aus der Kriegsgefangenschaft zu
dieser Zeit auf einen Teil der verbliebenen Franzosen negativ aus.
Frustration, Unverständnis für die Nationenpolitik und die Gefangenschaftsmüdigkeit[746] erleichterten sehr wahrscheinlich die Ent-

---

743 Der französische Kriegsgefangene Paitel unternahm im Hochsommer 1942
    einen Fluchtversuch, der ihn bis nach Kassel führte. Bei einer Ausweiskont-
    rolle am Bahnhof ist das Vorhaben aufgedeckt und Paitel in eine Strafkompa-
    nie verbracht worden. Vgl. „Paitel-Bericht", S. 8f.
744 Diese Entwicklung war nicht allein auf den Wehrkreis XI begrenzt, sondern
    eine flächendeckende Erscheinung. Vgl. RGVA, Fond 1525, Findbuch 1, Nr. 146,
    Bl. 241–249.
745 Kommandeur der Kriegsgefangenen im Wehrkreis XI Hannover, den 19.6.1941.
    LHASA, MD, I 45, Nr. 478/22, Bl. 19.
746 Vgl. PA AA, R 40987.

scheidung zu einem Fluchtversuch. Erhöhte Aufmerksamkeit zum Zwecke der Fluchtvorbeugung ist daher vom Kommandeur gefordert worden: „Auch wird gebeten, die Arbeitgeber, hier die Bauern, zur erhöhten Aufmerksamkeit und Beobachtung der Kr.Gef. auf den Arbeitsplätzen anzuhalten, sie insbesondere an der ‚Beschaffung' von Ausbruchsgeräten, Zivilkleidung und Fahrrädern zu verhindern."[747]

Dass die Abwehrstellen der Stammlager Informanten unter den Gefangenen hatten, gilt als sehr wahrscheinlich. Der Kommandeur der Kriegsgefangenen im Wehrkreis XI gab am 23. März 1942 bekannt, dass alsbald mit einer Flüchtlingswelle zu rechnen sei: „Nach vertraulichen Angaben soll als Stichtag für den Beginn grösserer Fluchtbewegungen der französischen, vermutlich aber auch anderer Kr.Gef. der 5. April 1942 zu erwarten sein. Alsdann soll eine Pause eintreten, um erneute Vorbereitungen treffen zu können (deutsches Geld – Proviant – Zivilzeug – gefälschte Ausweise usw.) und um in einigen Tagen oder Wochen eine neue Fluchtwelle zu versuchen. Abgesehen von den von hier aus, bezw. von der Abwehrstelle XI zu treffenden Sondermassnahmen, bitte ich alle in Frage kommenden Dienststellen um eine baldige entsprechende Anweisung innerhalb ihres Dienstbereichs, wobei zu beachten wäre, dass nicht nur die Reichsbahn benutzt wird […]."[748]

In Kapitel 5 findet ein Fall Berücksichtigung, auf den die getroffenen Sondermaßnahmen des Kommandeurs der Kriegsgefangenen im Wehrkreis XI sehr genau zutreffen. Die umfangreichen Planungen zur geschilderten Flucht sind im Gesamtbestand der Akten des Sondergerichtes Magdeburg einzigartig. Der 47-seitige Untersuchungsbericht über die „Untaten im Stalag XI A" gegenüber sowjetischen Kriegsgefangenen von 1947 weist Zeugenaussagen und Ergebnisse der Pathologie auf, welche die Vermutung stützen, dass der Tod durch Erschießen in einer unbestimmbaren Anzahl seitens

747 LHASA, MD, C 30 Wanzleben A, Nr. 111, Bl. 54.
748 RGVA, Fond 1525, Findbuch 1, Nr. 146, Bl. 208.

der Wachmannschaften herbeigeführt worden ist. In den „Anordnungen für die Behandlung sowjetischer Kr. Gef. in allen Kriegsgefangenenlagern" vom 8. September 1941 heißt es konkret: „Bei den sowjet. Kr. Gef. ist es schon aus disziplinaren Gründen nötig, den Waffengebrauch sehr scharf zu handhaben. Wer zur Durchsetzung eines gegebenen Befehls nicht oder nicht energisch genug von der Waffe Gebrauch macht, macht sich strafbar. Auf flüchtige Kr. Gef. ist sofort ohne vorherigen Haltruf zu schiessen. Schreckschüsse dürfen niemals abgeg[e]ben werden. Die bisher bestehenden Bestimmungen, insbesondere H.Dv.38/11, Seite 13 usw. werden insoweit aufgehoben. Auf der anderen Seite ist jede Willkür untersagt. Der arbeitswillige und gehorsame Kr. Gef. ist korrekt zu behandeln. Vorsicht und Misstrauen dem Kr. Gef. gegenüber ist jedoch niemals ausser Acht zu lassen. Waffengebrauch gegenüber sowjet. Kr. Gef. gilt in der Regel als rechtmässig."[749] Der letzte Satz ist im März 1942 in einer Überarbeitung des Befehls vom OKW gestrichen worden. In Streits Stellungnahme heißt es weiter: „Schon Anfang November 1941, wenige Wochen nach Erlaß des Befehls, sah sich z.B. der Kommandeur der Kriegsgefangenen im Wehrkreis VIII (Breslau) gezwungen, Einschränkungen zu befehlen, da Wachmannschaften in zunehmender Zahl Gefangene wegen unbedeutender Anlässe erschossen hatten."[750]

Auch wenn sich kein *direkter* Zusammenhang zwischen Fluchten und der Erschießung[751] nachweisen ließ, so ist die Nachwirkung

---

749 Quellenausschnitt zitiert aus: „Anordnungen für die Behandlung sowjetischer Kriegsgefangener in allen Kriegsgefangenenlagern. 8. September 1941" Abschrift als Anlage zum Schreiben des Oberkommandos der Wehrmacht vom 8. September 1941 (Tagebuch-Nr. 3058/41 geh.), Original, BArch, MA, RW 6/279; online: http://www.1000dokumente.de/index.html?c=dokument_de&dokument=0090_gef&object=facsimile&l=de (23.06.2015).

750 Streit, Christian: Zusammenfassung „Anordnungen für die Behandlung sowjetischer Kriegsgefangener […]", online: http://www.1000dokumente.de/index.html?c=dokument_de&dokument=0090_gef&object=pdf&st=&l=de (23.06.2015).

751 GARF, Fond 7021, Findbuch 115, Nr. 5, S. 16

des Befehls im Zeitraum 1941/42 nicht zu vernachlässigen. Die Frage, was von den Wachmannschaften als „Fluchtversuch" interpretiert wurde und den Gebrauch der Waffe nach sich zog, ist mit der derzeitigen Quellenlage zum Stalag XI A nicht hinreichend zu beantworten und muss daher Gegenstand weiterer Forschungen bleiben. Donczyk hat in seiner Monografie auf den tödlichen Waffengebrauch eines Wachmannes verwiesen, der ohne Gefahrengrund auf die Gefangenen schoss.[752] Der Name des Wachmannes taucht zwar in dem Bericht von 1947 auf, jedoch ohne nähere Beschreibung der Person. In den IKRK-Berichten über die westlichen Kriegsgefangenen stellten Fluchten kein eigenständiges Thema dar.

4.4 Gefangenschaft im Stalag XI A (1940–1944)

Die den Alltag der Kriegsgefangenen betreffenden Beobachtungen des IKRK waren von folgenden Faktoren abhängig: Erstens von der Nationenzugehörigkeit, zweitens von der Aushändigung der Liebesgabensendungen aus den Heimatländern, drittens von der Gunst der Lagerkommandantur und viertens vom Ort des Arbeitseinsatzes. Die Berichte zeigen, dass vermutlich ebenso große Unterschiede in der Behandlungspraxis der aufeinanderfolgenden Kommandanturen auszumachen sind. Die Gründe für diese Determinanten sind vielfältiger Natur und ließen sich ansatzweise mit Hilfe der IKRK-Berichte und dem Verweis auf die sich verändernde Befehlslage ermitteln. Der umfangreiche Arbeitseinsatz der Kriegsgefangenen konnte in den ersten Monaten des Krieges in vollem Umgang mit den dafür beauftragten Institutionen geregelt werden; die aus den Ortschaften über den Verteiler des Oberpräsidenten eingegangenen Arbeitseinsatzdokumentationen spie-

---

752 Vgl. HStaatsA. Hannover, Nds. 721 Hannover, Acc. 90/99, Nr. 145, Bd. 2, Bl. 223 ff.

geln präzise logistische Überlegungen zur schnellen Entsendung der in Schüben eintreffenden Kriegsgefangenen wider.[753] Besonders bemängelt wurden die eilig eingerichteten Arbeitskommandos für französische Kriegsgefangene in Staßfurt[754] und Magdeburg,[755] die u. a. bis März 1941 keine befriedigenden Unterkünfte stellten und Unteroffiziere beschäftigten.

Die Liste der provisorisch eingerichteten Unterkünfte ließe sich um zahlreiche Beispiele erweitern. Derlei Sachlagen wirkten sich zunehmend negativ auf die Stimmung der Kriegsgefangenen aus, weil grundlegende Gefangenenrechte missachtet wurden und keine Änderung in Sicht war. Kamen dann noch Unzulänglichkeiten in der Ernährung und bei der Postzustellung, dem einzigen Kontakt zu Verwandten in der Heimat, hinzu, waren nachweisbar Renitenz und Arbeitsunlust als Begleiterscheinung die Folge. Die Lagerkommandantur versuchte diesem Verhalten Einzelner mit besonderer Härte zu begegnen und verschärfte in den Folgemonaten April und Mai 1941 die disziplinarischen Maßnahmen der Wachhabenden im Stammlager und den Außenkommandos. Die Stalag-Forschung hat herausarbeiten können, dass die Anwendung psychologischen Drucks durch zahlreiche Spielarten (Isolationshaft) gekennzeichnet war.[756] Das IKRK konnte die sich dahinter verbergende Eigendynamik nicht verhindern, jedoch dokumentierte es die Verstöße und konfrontierte die Lagerleitung 1941 beständig mit dem gesammelten Material.[757] Die Gespräche mit den Vertrauensmännern geben über derlei Konfliktlösungsstrategien der Lagerkommandantur keine Hinweise.

---

753 Vgl. LHASA, MD, C 30 Landratsamt und Kreiskommunalverwaltung Quedlinburg I, Nr. 244., Bl. 3–9. Ebenso LHASA, MD, C 30 Osterburg A, Nr. 1311, Bl. 2f.

754 Vgl. Bericht über Arb.Kdo. 816/1 Stassfurt, PA AA, R 40706b, 12.03.1941

755 Vgl. Anmerkungen zu Arb.Kdo. 544/17 „Kristallpalast" Magdeburg PA AA, R 40706b,12.03.1941.

756 Vgl. die Berichte aus Ego-Dokumenten Borgsen, Werner/Volland, Klaus: Stalag X B Sandbostel, S. 78–82.

757 Stellungnahme des OKW zu den Berichten über XI A. Vgl. PA AA, R 40991.

Bis zur Versetzung zahlreicher westlicher Kriegsgefangener Ende Februar/Anfang März 1941 hatte eine „Lageruniversität" Bestand, die zahlreiche Kurse anbot. Die als Erziehungsprogramm verstandene Beschäftigung wurde von akademisch gebildeten Gefangenen durchgeführt, die Seminare in Rechtskunde, Griechisch, Mathematik, Werkstoffkunde und Buchhaltung veranstalteten. Der YMCA unterstützte sie dabei mit Büchern und Materialien, jedoch konnte das seit Januar 1941 durchgeführte Bildungsprogramm innerhalb des Stammlagers nicht konstant aufrechterhalten werden. Der Abzug zahlreicher leitender Gefangener in weit entfernte Arbeitskommandos verhinderte die von den Kriegsgefangenen positiv wahrgenommene intellektuelle Freizeitbeschäftigung.[758] Von den Versetzungen ebenfalls betroffen waren die kriegsgefangenen Organisatoren des Lager-Theaters, der Konzertvorführungen und Sportveranstaltungen. In den Berichten des IKRK und der YMCA ist mehrmals der Hinweis auf die Einrichtung einer Kunstwerkstatt gegeben. Hier erfuhren französische Kunstmaler ab April 1941 eine bevorzugte Behandlung, indem man ihnen die Möglichkeit gab, ihrem Beruf nachzugehen. Die Produkte aus dieser Werkstatt haben einen gewissen Bekanntheitsgrad entwickelt und gingen als sogenannte Lagerkunst nach dem Ende des Krieges in privaten Besitz über. In einem Bericht ist die Rede von ca. 100 Karikaturen. 38 dieser Werke eines nicht näher beschriebenen französischen Kriegsgefangenen sind heute im Deutschen Historischen Museum in Berlin archiviert.[759] Die Unterbringung der nicht sowjetischen Gefangenen erfolgte in „Holzbaracken üblicher Bauart",[760] und diese boten nach IKRK-Be-

---

758 Vgl. PA AA, R 40706a.
759 Album mit 38 karikierenden Zeichnungen französischer Kriegsgefangener in berufstypischen Posen und einem Titelblatt aus dem Sonderlager für Künstler und Kunsthandwerker in Altengrabow (Magdeburg); Inventarnummer: Gr 2001/1.1-39, online: http://www.dhm.de/datenbank/dhm.php?seite =5&fld_0=20010156 (30.06.2015).
760 PA AA, R 40769 (IKRK-Bericht vom 03.04.1941).

richt vom April 1941 ausreichend Platz. Trotz der Verbreitung von Läusen gab die vom Vertrauensmann geschilderte Stimmung unter den Gefangenen keinen Anlass zur Sorge. „Die Frage der Tuberkulose"[761] sei bisher niemals akut gewesen. Eine Bemerkung, deren Tragweite bezüglich der Abläufe innerhalb des Stammlagers umso erstaunlicher ist, je ausführlicher man sich mit den Berichten über die vier Krankenstation auseinandersetzt. Entweder sind die IKRK-Delegierten von der Lagerleitung desinformiert worden, oder die behandelten TBC-Fälle unter den westlichen Kriegsgefangenen im Lagerlazarett stammen allesamt aus den Außenlagern. In diesem Fall wäre von mangelnder Vorsorge, Hygiene und medizinischer Betreuung in den Außenkommandos auszugehen. Dafür spricht der dortige zum Teil desolate bauliche Zustand, der die Beheizung in den vorangegangenen Wintermonaten erneut erschwert hatte.[762] Krankheiten wurde auf diesem Wege Vorschub geleistet, und es zeigt sich, dass die Unterbringung der nicht sowjetischen Gefangenen in den kleinen Arbeitskommandos oftmals auch noch im zweiten Kriegswinter den Ansprüchen des GKA nicht gerecht wurde. Im Mai des Jahres 1941 trat allmählich eine Besserung des Gesamtzustandes ein, da sich die Lagerleitung unter Hauptmann Breithaupt um die Beseitigung der Unzulänglichkeiten bemühte. Die Stimmung der Kriegsgefangenen sollte sich über die Sommermonate verbessern. Studienprogramme und die gemeinsame Freizeitgestaltung wurden gesondert voneinander betrieben. Hinderlich für die Polen war, dass sie bedingt durch den ständigen Arbeits-

---

761 Ebd.
762 Folgender Bericht eines Arbeitskommandos in Winningen nahe Staßfurt vom 2. Januar 1940 gibt Zeugnis davon: „Dem Landrat Winningen zur Kenntnisnahme und Weiterleitung. Meldung des Unter- und Abteilungsarztes Dr. Hecht über die unzureichenden klimatischen Bedingungen im Kgf.-Lager Winningen. Das Dach sei undicht, der Ofen als Heizung nicht ausreichend, die Schlafstätten zu kalt und die Anzahl der Decken zu gering. Die Zahl der rheumatischen Erkrankungen ist im Vergleich zu umliegenden Lagern weitaus höher." LHASA MD, C 30 Quedlinburg I, Nr. 243, Bl. 145f.

platzwechsel organisatorisch als „sehr beweglich"[763] galten. Eine Ausnahme bildete der polnische Arzt Dr. Leonidas Romanowski[764] (Erk.nr.: 22372). Der IKRK-Delegierte zeigte sich beeindruckt von dessen Aktivitäten: „Er ist selbst Zeichner, Maler, Metallarbeiter und ich habe viele Erzeugnisse seiner Handfertigkeit bewundert. Er ist auch Musiker und Sänger. Er hat aber auch die Leichtkranken dazu verwendet, eine schöne Gärtnerei ausserhalb des Lazarettes zu schaffen, wo jetzt eine für die Kranken nützliche Zusatzernährung an Gemüse wächst. [...] Im Park hat er auch ein Paar wilde Kaninchen gefangen, womit er Kaninchenzucht angefangen hat. Dr. Romanowski ist ein gutes Beispiel, was alles von einem erfinderischen Geist in der müssigen Gefangenschaft geschaffen werden kann."[765]

Der von der Lagerleitung in diesem Falle gewährte Handlungsspielraum ist als Ausnahme zu bezeichnen. Die oben genannten Freiheiten haben sich bisher nur bei westlichen – vorzugsweise französischen – Kriegsgefangenen nachweisen lassen. Die beiden für den Sommer des Jahres 1941 (Juli und September) fassbaren Berichte des sogenannten Diplomatischen Kriegsgefangendienstes offenbaren eine gewisse „Gefangenschaftsmüdigkeit" unter den Franzosen.[766] Zu diesem Zeitpunkt befanden sich im Stammlager 1941 ca. 2.800 französische Kriegsgefangene, von denen zahlreiche nach der Ankunft der Serben erneut mit Flöhen konfrontiert waren, was die Stimmung nachhaltig negativ beeinflusste.[767] Eine zusätzliche

---

763 PA AA, R 40973.

764 Donczyk gibt in seiner Darstellung den Hinweis, dass Romanowski im Dezember 1941 auf Grund seiner Russischkenntnisse in die Krankenstube für die sowjetischen Gefangenen abkommandiert wurde. Jedoch war er wegen des dortigen Medikamentenmangels nicht in der Lage, chirurgische Eingriffe durchzuführen. Vgl. HStaatsA. Hannover, Nds. 721 Hannover, Acc. 90/99, Nr. 145, Bd. 2, Bl. 228.

765 PA AA, R 40973.

766 Vgl. PA AA, R 40987.

767 Aus dieser Beschreibung ist zu folgern, dass die Desinfektion der Gefangenen nach ihrer Ankunft nicht vollständig gewährleistet war. Da die Serben nach

Belastung erfuhr das Verhältnis zwischen Lagerleitung und Franzosen, als sie eine erhebliche Verringerung der Nahrungsrationen monierten. Der Mitarbeiter des Diplomatischen Kriegsgefangenendienstes (AA) vermerkte hierzu: „Es scheint, jedoch ist dies nur eine Hypothese, als ob man auf die Gefangenen, die im Stalag bleiben, einen Druck ausüben wollte, indem man ihre Ration verringert, damit sie das Stalag verlassen und in die Arbeitskommandos zurückkehren."[768] Eine Untersuchung dieser Hypothese nahm der Mitarbeiter des Dienstes nicht vor, obwohl ihm eine Analyse der vorliegenden Bedarfszahlen der Arbeitsamtbezirke gestattet war. Mit diesem Vorgehen hätte geklärt werden können, inwieweit sich Defizite in der Arbeitskräfteversorgung ergeben hatten, die solch pragmatische Lösungsansätze des Lagerstabes veranlasst haben könnten. Ende des Jahres 1941 ist in den Berichten von einer Verschlechterung der Verhältnisse in den Außenlagern für französische Kriegsgefangene die Rede. Betroffen waren Industriebetriebe in Dessau (Junkerswerke) und Magdeburg.[769] Die negativen Berichterstattungen – eine Räumungsempfehlung ist in den Berichten sonst nirgends benannt – erforderten eine Stellungnahme des Kontrolloffiziers. Das OKW reagierte auf die in einer Zusammenstellung eingereichten Berichte des IKRK am 19. Mai 1942, also ein halbes Jahr später, mit der Darlegung vorgenommener Abhilfemaßnahmen. Anhand des beschriebenen Informationsaustausches kann in etwa nachvollzogen werden, wie lang sich die Kommunikation zwischen IKRK/Schutzmacht und OKW hinziehen konnte. Die

---

ihrer Ankunft im Stammlager gemeinsam mit den Franzosen im Arbeitseinsatz u.a. im Arbeitskommando 446 (Kirchmöser) Verwendung fanden, konnten sich Flöhe schnellstens über die Lagerabschnitte hinweg ausbreiten. Bericht des Diplomatischen Kriegsgefangenendienstes vom 11. September 1941 (PA AA, R 40987).

768 PA AA, R 40981.

769 Besuchsbericht zum Arbeitskommando 544/23 (Buckau) vom 8. November 1941. Das Lager mit 126 Franzosen existierte seit Juli 1941 und wies eine ungünstige Lage inmitten eines Rangierbahnhofs auf. Die sanitären Bedingungen waren ebenfalls völlig unzureichend. Vgl. PA AA, R 40991.

in Angriff genommenen Maßnahmen werden detailliert beschrieben und Gründe für die Mängel (Diebstahl der Liebesgabenpakete, Wasser- und Hygienemangel) dargelegt. In YMCA-Berichten gibt Gunnar Celander seinen Eindruck von der materiellen Ausstattung (Buchbestand, Sport und Spiel) des Lagers wieder. Informativ ist lediglich der Besuch des Lagerlazarettes, zu dem er festhielt: „Dort sind 4 poln., 1 belg. und 2 serb. Ärzte mit 10 Sanitätern. Ich ging durch die grossartige Apotheke, einen erstklassigen Operationssaal und durch den Verbandssaal. Die Krankenbaracken sahen von Aussen nicht ansprechend aus, waren aber innen gut ausgerüstet. Die Hauptsache ist gute Pflege und die Krgf. scheinen sie hier zu haben. [...] Der Besuch im Lager und im Lazarett liess mich viele frohe und zufriedene Gesichter sehen, und die allgemeine Stimmung bei den Krgf. war gut."[770]

Für das Jahr 1943 ist lediglich ein Bericht über das Reservelazarett in Tangerhütte überliefert, der die „ausgezeichnete Freinationengruppe von Ärzten" und den besonders guten Allgemeinzustand der Kriegsgefangenen hervorhebt. Diesen führt der Delegierte Celander auf die Lebensmittelsendung des amerikanischen und kanadischen Roten Kreuzes zurück. Dies belegt, dass die Kommandantur in diesem Fall Warensendungen bedarfsgerecht an polnische und serbische Kriegsgefangene weiterleitete.[771] Es zeigte sich jedoch zugleich, dass die Logistik des Stammlagers den steigenden Anforderungen des Kriegsgefangenenwesens nicht mehr gerecht wurde. Zu diesem Zeitpunkt waren im Lager ca. 60.000 Kriegsgefangene registriert, wobei die Zahl der im Stammlager Anwesenden etwa 10.000 Kriegsgefangene umfasste.[772] Die Anzahl der

---

770 BArch, MA, MSG/194/55.
771 BArch, MA, MSG/194/64.
772 Stand: 01.01.1944: Stalag XI A. Franzosen: 21.743; Briten: 2.550; Belgier: 4.488; Polen: 559; Serben: 4.578; Sowjets: 12.531; Italiener:14.599; Holländer: 530; Gesamt: 61.578 (1.638 Offiziere) davon im Arbeitseinsatz: 50.413. Vgl. Archiwum Centralnego Muzeum Jencow Wojenich w Lambinowicach-Opulu. Materialy i Dokumenty, Statystyka genewska, sygn. 7, Bl. 3.

im Lager befindlichen Gefangenen stieg um das Dreifache im Vergleich zum Jahr 1942 an und strapazierte damit die vor Ort gegebenen Möglichkeiten erheblich. Insbesondere die Ankunft und Versorgung der AK-Gefangenen[773] bereitete der Lagerlogistik massive Schwierigkeiten.[774]

Die in diesem Abschnitt dargelegte Zusammenschau der wichtigen Entwicklungslinien zeigt auf, dass das Lager bis Anfang 1941 grundsätzlich den Anforderungen des GKA entsprach. Die Entsendung auf Außenkommandos erfolgte im Interesse der Arbeitgeber zügig und im Sinne der Lagerkommandantur effizient. Ab 1942 lässt sich bei den westlichen Kriegsgefangenen eine Verschlechterung der Lebensverhältnisse im Stammlager und in ausgewählten Außenkommandos wahrnehmen. Die zahlreichen Aufzeichnungen der Delegierten aus den Vertrauensgesprächen decken Defizite in der Versorgung mit Lebensmitteln und geeigneten Unterkünften auf. Es lassen sich auf unterer Ebene (Arbeitskommandos) zunehmend mehr Provisorien und kurzweilig wirkende Lösungsstrategien in der Gefangenenunterbringung nachweisen, die nicht den strengen Vorgaben des GKA und den Selbstverpflichtungen des OKW entsprachen. In der Folge sind Arbeitsausfälle, Renitenz und ein leichter Anstieg von Fluchtversuchen bei den westlichen Kriegsgefangenen feststellbar. Die Qualität der medizinischen Versorgung nahm während dieses Zeitraumes ab, denn die personelle Fluktuation innerhalb der Ärzteschaft sorgte immer wieder für neue Einarbeitungsphasen der hierfür abgestellten kriegsgefangenen Mediziner (inkl. Aspiranten). Die ermittelten *Ist-Zustände* der Schlüsseljahre 1939, 1941/42 und 1944 in den Außenlagern und im Stammlager spiegeln in diesem Zusammenhang die zu den Zeitpunkten gegebene Leistungsfähigkeit der Lagerverwaltung und aller weiteren beteiligten Dienststellen bis zur kommunalen

---

773 Ehemalige Angehörige der „Polnischen Heimatarmee". Sie gerieten nach der Niederschlagung des Warschauer Aufstandes in Kriegsgefangenschaft.
774 Vgl. PA AA, R 40981.

Ebene wider. Das für die Kriegszeit ermittelte sukzessive Vorgehen des IKRK bewirkte, dass zumindest Nahrungsmittellieferungen das Stammlager bis 1944 konstant erreichten und sich die Lebensmittelversorgung unter zunehmend schlechten Gesamtbedingungen aufrechterhalten ließ. Verantwortlich hierfür war die Erhöhung der Anzahl der im Lager befindlichen Kriegsgefangenen. Die Aufzeichnungen im Tagebuch des Kriegsgefangenen Tjepkema[775] lassen erkennen, dass sich die monotonen Speisefolgen (einfachste Rüben- und Kohlsuppen, wenig bis keine tierischen Fette) erheblich auf die psychologische Verfassung und den Energiehaushalt der schwer arbeitenden Gefangenen auswirkten. Im Gegensatz dazu profitierte die geistige und geistliche Betreuung nachhaltig vom Einsatz der IKRK- und YMCA-Delegierten.

---

775 Vgl. „Tjepkema-Bericht" zum Zeitraum 1. Juni 1943 bis 29. Juli 1943.

5 Kontakte zwischen Kriegsgefangenen und der Bevölkerung

5.1 Intime Beziehungen von Kriegsgefangenen mit deutschen Frauen

Im „Großdeutschen Reich" lebten im August 1944 in etwa 7 Millionen Ausländer und Ausländerinnen, darunter 1,9 Millionen Kriegsgefangene. Aus kriegswirtschaftlichen Gründen wurden sie in Industrie und Landwirtschaft eingesetzt und sollten dabei helfen, die Loyalität der durch sie weniger belasteten deutschen Bevölkerung gegenüber der politischen Führung zu sichern.[776] Mit ihrem Einsatz gingen zahlreiche Beziehungsarten ineinander über, von denen eine besondere Erscheinungsform im folgenden Abschnitt genauer untersucht werden soll. Kundrus' begriffliche Auffächerung der Beziehungsfälle gibt Einblick in die Vielseitigkeit jener Bindungen, die sich zwangsweise aus der gemeinsamen Arbeit ergaben. Unterschiedliche intensive Beziehungen entwickelten sich nachweislich reichsweit und überlasteten die Sondergerichte.[777] Derartige Liebesbeziehungen wirkten sich auf die

---

776 Vgl. Kundrus, Verbotener Umgang, S. 148.
777 Vgl. Herbert, Fremdarbeiter, S. 142. – Als Beispiel für die rigide Bestrafungspraxis im Untersuchungsgebiet sei eine vom Vorstand des Landgerichtsgefängnisses Stendal ausgestellte „Bescheinigung" und den Auszug aus einer Strafakte des Christoph T. (Kreis Gardelegen) angeführt: „Auf Grund des Antrages des Bauern Christoph T. […] wird von der Gefängnisverwaltung folgendes bestätigt: Herr Christoph T. aus W[...] Kreis Gardelegen, hat hier im Gefängnis Stendal vom 12. Dezember 1942 bis einschließlich 11. Februar 1943, in Strafhaft eingesessen. […]. Der Grund der Strafhaft, laut Strafakte, drei Monate Gefängnis wegen verbotenen Umgang mit Kriegsgefangenen. Herr Christoph T. hat beim Abschied seiner beiden russischen Kriegsgefangenen bei der Übergabe derselben im Lager Altengrabow die Hand gereicht. Der Aufsichtshabende Obergefreite brachte dies der Lagerverwaltung zur Kenntnis."

Beteiligten letztlich sehr bedrohlich aus, wenn sie zu Schwangerschaften und im „biologisch-völkischen Sinne" zur Geburt unerwünschter „Mischlingskinder" führten.[778] Nationalsozialistische „rassenpolitische" Zielstellungen wurden mit den Liebesverhältnissen ad absurdum geführt und zogen seitens der Sicherheitsbehörden regelrechte Aufklärungskampagnen am Arbeitsplatz nach sich. Solchen Maßnahmen ging auf Ebene nationalsozialistischer Akteure etwa beim Rassenpolitischen Amt die Einsicht voraus, dass „wohl kein Zweifel [besteht], daß aus rassenpolitischen Gesichtspunkten gegen die durch die Massierung fremdvölkischer Arbeiter […] außerordentlich drohende Gefahr der Verseuchung und Verunreinigung der Deutschstämmigkeit mit allen zu Gebote stehenden Mitteln angekämpft werden muß. Wir können und dürfen nicht tatenlos zusehen, daß sich volksfremde Menschen, die noch vor kurzer Zeit unsere erbittertsten Feinde waren und es innerlich noch heute sind, in unser ureigenstes Volksleben hineindrängen, deutschblütige Frauen schwängern und unseren Nachwuchs verderben."[779] Eine Analyse der Urteilsbegründungen hätte den Mitarbeitern im Rassenpolitischen Amt jedoch aufzeigen können, dass ein sexueller Kontakt in den meisten Fällen nicht ohne Zustim-

---

Quelle: Sammlung „Herlemann" (alte Signatur: LA Magdeburg, SED BL Magdeburg V/3/09/142, Bl. 54).

778 Das Forschungsdesiderat „Kriegskinder" rückt zunehmend in den Fokus von Historikern und Sozialwissenschaftlern. Vgl. u.a. Seegers, Lu: Die „Generation der Kriegskinder". Mediale Inszenierung einer „Leidensgemeinschaft"?, in: Schmiechen-Ackermann, Detlef (Hg.) Volksgemeinschaft. Mythos, wirkungsmächtige soziale Verheißung oder soziale Realität im „Dritten Reich"? Zwischenbilanz einer kontroversen Debatte, Paderborn 2012, S. 335–356, und Satjukow, Silke: „Bankerte!" Verschwiegene Kinder des Krieges, in: Kriegskinder. Die späten Folgen des Zweiten Weltkrieges in Deutschland und in Russland, hg. vom Deutschen Historischen Institut Moskau. Moskau 2009, S. 13–36; Knoch, Heike: Die Kinder der Kriegskinder und die späten Folgen des NS-Terrors (Jahrbuch für psychohistorische Forschung, 13), Heidelberg 2012.

779 Aus einem Schreiben des Mitarbeiters Schäringer im Rassenpolitischen Amt (03.08.1940); zit. nach Hansch-Singh, Annegret: Rassismus und Fremdarbeitereinsatz im Zweiten Weltkrieg, Berlin 1991, S. 138.

mung der Frau stattfand und das zeitgenössische Bild des kriminellen „Fremdarbeiters" keineswegs der tatsächlichen Kenntnislage entsprach.[780] Frühzeitig wurden in der Provinz Sachsen auch sogenannte GV-Verbrechen verfolgt und die Bevölkerung über die Vorgänge aufgeklärt. Die Funktion der Abschreckung, der Ehrverlust und die Stigmatisierung sollten sexuellen Beziehungen mit Kriegsgefangenen entgegenwirken.[781]

Birthe Kundrus legte in ihrer Untersuchung dar, dass die Geschlechterpolitik des „Dritten Reiches" – hier der OKW-Führung – diametral zu den biologischen Zielstellungen des Rassenpolitischen Amtes standen: „Außereheliche sexuelle Beziehungen der Ehefrauen würden die Stabilität der Familien und damit die Ruhe sowohl an der Front als auch in der Heimat gefährden. Den deutschen Soldaten wurde hingegen ausdrücklich ein Ausleben ihrer Sexualität zugestanden, diente es doch angeblich der Hebung ihrer Kampfesfreudigkeit."[782] Neuere Untersuchungen zum Forschungsdesiderat *sexuelle Gewalt* und Denunziation zeigen auf, welche weitreichenden körperlichen und psychologischen Folgen dies sowohl für die Truppendisziplinierung als auch für die Beteiligten des Gewalt-

---

780 In mehreren Fällen des ausgewerteten Quellenbestandes diente der Vorwurf der Vergewaltigung als Schutzbehauptung vor dem Sondergericht.

781 In der offiziellen eindimensionalen Reglementierung der weiblichen Sexualität hatte sich diese „rassenpolitischen" und „volksgemeinschaftlichen" Zielen zu unterwerfen. Kriegsgefangenschaft der Ehemänner, Verwitwung und das Auseinanderbrechen von Beziehungen beeinflussten maßgeblich das Sexualleben wie auch die Partnersuche der im Deutschen Reich befindlichen Frauen. Waren „Kriegerfrauen" in den „Verbotenen Umgang" involviert, so fiel das Urteil für sie weitaus härter aus. – Hinsichtlich der juristisch komplexen Sachlage und der detaillierten Ausdifferenzierung in leichte und schwere Fälle sei verwiesen auf Schneider, Verbotener Umgang; Viebig, Michael: September 1939 – Veränderungen in der nationalsozialistischen Strafrechtspflege und der Spruchtätigkeit von Sondergerichten in Mitteldeutschland, unter besonderer Berücksichtigung des Sondergerichtes Halle, in: Erinnern! Aufgabe, Chance, Herausforderung (H. 2), 2009, S. 1–11.

782 Kundrus, Verbotener Umgang, S. 150.

aktes selber hatte.[783] Auf eine hervorstechende Maßnahme zur Wahrung der Truppendisziplin sei auf folgenden Denunziationsversuch verwiesen: Aus „niederen Beweggründen" hatte eine Frau aus Oppurg die Kampfmoral mittels „Untergrabens der Manneszucht der deutschen Wehrmacht – §5 Abs. 1 Nr. 2 Kriegssonderstrafrechts VO"[784] gefährdet, so dass es am 2. Februar 1944 zu einer Verurteilung vor dem Sondergericht Weimar zu zwei Jahren Zuchthaus und zwei Jahren Ehrverlust kam. In der Urteilsbegründung wird ausgeführt: „Die Angeklagte hat in den Jahren 1942 und 1943 in fortgesetzter Handlung anonyme Briefe an Soldaten an die Front geschrieben, in denen sie über deren Frauen in übler Weise herzieht und sie sogar des Geschlechtsverkehrs mit Kriegsgefangenen bezichtigt. Sie hat dadurch die Manneszucht der deutschen Wehrmacht untergraben [...]."[785]

Es hatte sich im Nachgang der staatspolizeilichen Ermittlungen herausgestellt, dass es sich um einen Fall besonders schwerer Denunziation handelte, in welchem die verschärfte Gesetzeslage als Mittel zum Zweck ausgenutzt wurde. Ursache und Wirkung lassen sich insbesondere in solch einer Melange aus persönlichen Interessenlagen und staatsrechtlicher Reglementierung nicht gänzlich klar voneinander trennen. Es ist der Aussage Kundrus' zuzustimmen, dass es keineswegs eindeutig zu entscheiden ist, „ob die Klagen und Beschwerden immer auf realen Vorkommnissen beruhten, oder ob es sich nicht eher seitens der Berichtenden um grell überzeichnete Vermutungen handelte, die von erotischen Phantasien, Sexualneid und Voyeurismen gespeist wurden."[786]

---

783 Vgl. Mühlhäuser, Regina: Eroberungen – Sexuelle Gewalttaten und intime Beziehungen deutscher Soldaten in der Sowjetunion, 1941–1945, Hamburg 2010; Eschebach, Insa/Mühlhäuser, Regina: Krieg und Geschlecht. Sexuelle Gewalt im Krieg und Sex-Zwangsarbeit in NS-Konzentrationslagern, Berlin 2008.

784 LHASA, MD, C 144, B 01. Nr. 172, Bl. 71.

785 Ebd., Bl. 72.

786 Kundrus, Verbotener Umgang, S. 158

Ein die fächerübergreifende Diskussion derzeit stark beeinflussendes Element bildet der stark entwickelte – sexuell konnotierte – Nationalismus. Das Besetzen und Erobern fremder Länder ging mit der sexuellen Eroberung der dortigen weiblichen Bevölkerung einher.[787] Für Frauen, so Kundrus, galt dies nicht. In den Richtlinien des Reichsjustizministeriums wurde den Frauen im Heimatgebiet sexueller Kontakt strengstens untersagt. Geschlechtlicher Kontakt wäre Verrat der Front und gleichzeitig eine Verletzung der Würde der deutschen Frau.[788] Kundrus analysiert diesen ambivalenten Zusammenhang zwischen der Wertung der weiblichen und der männlichen Sexualität unter Berücksichtigung eines sexuell konnotierten – männlichen – Militarismus. Der Mann erobert und die Frau wird erobert, selbst wenn dies durch kriegsgefangene Feinde geschieht. Diese sich in zahlreichen kriegerischen Auseinandersetzungen widerspiegelnde Grundkonstante männlicher Verhaltensdisposition richtet den Blick der nationalsozialistischen Sicherheitsbehörden während des Krieges vorzugsweise auf das Verhalten der weiblichen Bevölkerung an der sogenannten Heimatfront. Die psychologische Wirkmächtigkeit der *Penetration*, hier des weiblichen *zu schützenden Körpers*, wurde und wird als grobe Verletzung der herrschenden Männlichkeitsbilder wahrgenommen. „Die Demütigung der Männer, die in diesem Akt der vermuteten sexuellen Unterwerfung der Frau des eigenen Landes enthalten ist, beruht dabei zu einem gewichtigen Teil auf der Freiwilligkeit der Frauen, anders als etwa bei Vergewaltigungen."[789] Dass aber eben jene von Kundrus erfasste Freiwilligkeit und das Selbstverfügungsrecht über den eigenen Körper zusammenfielen, verweist nur allzu deutlich auf die Umdeutung der

---

787 Vgl. ebd., S. 151. Siehe auch: Wehler, Hans-Ulrich: Deutsche Gesellschaftsgeschichte. Vom Beginn des Ersten Weltkriegs bis zur Gründung der beiden deutschen Staaten 1914–1949 (Schriftenreihe Bundeszentrale für politische Bildung, 776), Bonn 2010, S. 873.
788 Vgl. LHASA, MD, C 30 Osterburg A, Nr. 1311, Bl. 231.
789 Kundrus, Verbotener Umgang, S. 151.

Kriegssituation seitens der NS-Führung. Das von Kundrus postulierte *Bild* der Penetration des weiblichen – rassenbiologisch so bedeutsamen – Volkskörpers durch den „doppelten Feind" (Silke Schneider) lässt sich hervorragend mit den Urteilsbegründungen zu sogenannten GV-Verbrechen interpretieren.[790] Die zum Teil sehr hohen Zuchthausstrafen für die jungen Frauen lassen sich mit diesem Befund in Beziehung setzen, denn an die harte Bestrafung war die Hoffnung der reichsweiten Abschreckung gebunden.[791]

Als Begründung für dieses inhaltlich selektive Vorgehen ist anzugeben, dass die Anzahl der sondergerichtlich belangten Kontaktformen wie das Zustecken von Lebensmitteln und die Versorgung mit Kleidern nur einen geringen Anteil im Quellenbestand darstellen. Dass Kriegsgefangene gelegentlich Lebensmittel und auch materielle Unterstützung erhielten, ist von der Kriegsgefangenenforschung flächendeckend nachgewiesen worden. Mit der Fokussierung auf die sogenannten Geschlechtsverkehrverbrechen (Liebesverhältnisse und Beziehungen) werden zwei Erkenntnisziele verfolgt: Erstens ist es möglich, indirekte Aussagen über den Alltag der männlichen Kriegsgefangenen zu gewinnen. Bis zu diesem Punkt sind sie lediglich als Arbeiter in Erscheinung getreten. Wie sie als Individuen ihre Freizeit verbrachten, Frauen kennenlernten und mitunter intensive Beziehungen zu Teilen der Bevölkerung aufbauten, stellt ein junges Forschungsfeld dar, welches nach Einschätzung des Autors wesentlich zum Verständnis der Beziehungen zwischen Deutschen und „Fremdarbeitern" beitragen kann. Die Gründe für die Beziehungsaufnahme sind vielfältigster Natur und lassen vertrauliche Einblicke in den Kriegsalltag betreffender Frauen zu. Aus diesem Grund erfahren die zwischenmenschlich komplexeren Fälle Berücksichtigung, denn sie sind ein Konglo-

---

790 Vgl. LHASA, MD, C 134, Nr. 154, Bl. 72; LHASA, MD, C 144, B 01, Nr. 194, Bl. 73; LHASA, MD, C 141, Nr. 178, Bl. 23.
791 Vgl. Schneider, Verbotener Umgang, S. 191 f.

merat aus vielen verbotenen Handlungen gegenüber den Fremden. Es lässt sich ansatzweise hinterfragen, welche Wirkmächtigkeit ideologisch-rassistische Komponenten der NS-Weltanschauung auf die betroffenen Frauen hatten und ob sie überhaupt eine Rolle spielten. Die ausgewerteten Quellen zeigen, dass mitunter ein sehr selbstbewusster Umgang mit Sexualität festzustellen ist, der keineswegs mit den Anforderungen des NS-Staates konform ging. In einigen Fällen sind Kinder aus der Beziehung hervorgegangenen oder Abtreibungen unter äußerst widrigen Bedingungen eingeleitet worden. Eine nicht an zeitliche Zäsuren gebundene Untersuchung allein der VUK-Fälle könnte dazu beitragen, das Thema „Kriegskinder" und deren Integration/Stigmatisierung in der Nachkriegszeit zu erforschen.

Die Sondergerichtsakten stellen einen hervorragenden Ausgangspunkt für weitere biografisch angelegte Studien dar.[792] Selbstverständlich ist eine Verallgemeinerung der hier dargelegten Einzelbefunde ausgeschlossen. Die Beschäftigung mit den Sondergerichtsfällen zeigt aber, dass insbesondere die „GV-Verbrechen" überdurchschnittlich oft verhandelt worden sind und keineswegs Einzelfälle darstellten. Sehr ergiebig erscheint die Frage, was sich aus dem Kontakt am Arbeitsplatz, dem Zustecken von Lebensmitteln und der einhergehenden Sympathie für die Fremden für zwischenmenschliche Verhältnisse ergaben und wie diese Verhältnisse aufgedeckt worden sind. Der sexuelle Kontakt mit dem kriegsgefangenen Feind stellt einen Gegenpol zur Ideologie der zeitgenössischen „Volksgemeinschaft" dar, der zum Kriegsende in der Region immer häufiger auftrat. Hauch deutet in ihrer Studie die diffizile und problematische Verwendung der Sondergerichtsakten an, denn die „quellenkritische Analyse der Aussagen von Zeugen und

---

792 Verwiesen sei auf französischsprachige Studien zum Thema von Picaper, Jean-Paul: Le crime d'aimer. Les enfants du STO, Paris 2005 und Virgili, Fabrice: Naître ennemi. Les enfants de couples franco-alemands nés pendant la Seconde Guerre mondiale, Paris 2009.

Zeuginnen, ihre Widersprüchlichkeiten und sichtbar werdenden Intentionen sowie andere Faktoren ermöglichen diese als Denunziationen zu dechiffrieren".[793] Der Quellenwert der Akten besteht darin, dass nicht nur „verschiedene Diskursebenen deutlich werden, sondern auch Handlungsspielräume von Akteurinnen und Akteuren".[794]

5.2 Zur zeitgenössischen Rechtslage und zum methodischen Zugang

Für die vorliegende Studie wurden die Bestände C 140 Generalstaatsanwalt beim Oberlandesgericht Naumburg, C 134 Staatsanwaltschaften bei den Sondergerichten Halberstadt und Magdeburg, C 141 Staatsanwaltschaften im Regierungsbezirk Magdeburg und C 144 Straf- und Gerichtsgefängnisse im Regierungsbezirk aus dem Landeshauptarchiv Sachsen-Anhalt, Abteilung Magdeburg ausgewertet. Für die Quellenrecherche wurden Fälle berücksichtigt, die erstens im geografischen Entsendungsbereich des Stalags lagen (östlicher Teil des Wehrkreises XI) und zweitens konkrete Daten zu Frauen[795] als „Täterinnen" im Sinne der zeitgenössischen Rechtsprechung enthalten. Die Strafakten sind keineswegs vollständig überliefert und zeichnen teilweise nur den Werdegang in das Gefängnis oder Zuchthaus nach. Die für diese Studie berücksichtigte Auswahl von Strafprozessakten kann jedoch als Beleg oben genannter Kontaktaufnahmen und folglich auch zum Straftatbestand „Verbo-

---

793 Hauch, Gabriella: „… Das gesunde Volksempfinden gröblich verletzt". Verbotener Geschlechtsverkehr mit „Anderen" während des Nationalsozialismus, in: Hauch, Gabriella (Hg.): Frauen im Reichsgau Oberdonau. Geschlechtsspezifische Bruchlinien im Nationalsozialismus (Oberösterreich in der Zeit des Nationalsozialismus, 5), Linz 2006, S. 255.
794 Vgl. ebd.
795 Alter, Wohnort, Arbeitsort, Angaben zu Hergang und nach Möglichkeit Verweis auf einen Stalag-XI-A-Kriegsgefangenen.

tener Umgang mit Kriegsgefangenen" dienen. Es ist weiterhin nicht das Ziel der Untersuchung, alle quellenmäßig nachweisbaren Fälle des „Verbotenen Umgangs" zu erfassen, um sie einer umfassenden Auswertung zu unterziehen.

Das selektive Vorgehen basiert vielmehr auf folgenden Überlegungen: Es werden Fälle berücksichtigt, bei denen mit hoher Wahrscheinlichkeit Kriegsgefangene des Stalags beteiligt waren.[796] In den Strafprozessakten ist nicht immer ein deutlicher Hinweis auf konkrete Daten (Erkennungsnummer/Arbeitskommando) des Kriegsgefangenen gegeben. Folglich wurden geografische Räume erschlossen, in denen sich laut Wehrkreis, Zuständigkeitsbereich des Landesarbeitsamtes Mitteldeutschland und örtlichen Arbeitgebern Kriegsgefangene befunden haben.[797] In einigen schweren Fällen[798] ist in den Akten vermerkt worden, aus welchem Stalag der Kriegsgefangene ursprünglich stammte.[799] Folglich sind alle betreffenden Akten der NS-Gerichtsbarkeit für Zivilisten analysiert worden, um vorrangig die beteiligten Frauen zu ermitteln, die am „Verbotenen Umgang" beteiligt waren. In den zahlenmäßig überwiegenden Fällen konnte über diese Methode auch eine Annäherung an die am „Verbotenen Umgang" beteiligten Kriegsgefangenen des Stalags geleistet werden. Die Zuordnung zu den Arbeitskommandos in der Provinz Sachsen, dem Landesarbeitsamt Mitteldeutschland, dem Gau Magdeburg/Anhalt wurde also über den Arbeitsort, der grundsätzlich nicht weit vom „Tatort" gelegen war, abgeleitet. Entscheidend sind bei dieser Vorgehensweise demnach der ermittelte Arbeitsort, das Arbeitskommando des Kriegsgefangenen sowie der Wohn- und

---

796 „Für die Beteiligten westlichen Kriegsgefangenen galt im Falle von intimen Beziehungen mit deutschen Frauen das Militärstrafrecht [...]." Schneider: Verbotener Umgang, S. 183.
797 Verwiesen sei auf die im Anhang aufgeführten Arbeitskommandos des Stalags XI A.
798 Sexuelle Kontakte/Kontaktaufnahmen ohne und mit Geschlechtsverkehr.
799 Vgl. LHASA, MD, C 134, Nr. 205.

Arbeitsort der beteiligten Frau.[800] In den Beständen C 134, C 140, C 141 und C 144 sind insgesamt 48 Fälle aufgeführt, in denen Frauen wegen des Umgangs mit Kriegsgefangenen sondergerichtlich erfasst und bestraft worden sind. Von diesen 48 Fällen stehen wiederum 37 Fälle in einem sehr wahrscheinlichen Zusammenhang mit Stalag-XI-A-Kriegsgefangenen. Hier decken sich die Arbeitskommandos der Kriegsgefangenen des Stalags mit den Betrieben, in denen auch deutsche Arbeiterinnen beschäftigt waren. In den Fällen, in denen sich die Kriegsgefangenen und Frauen nicht am Arbeitsplatz kennenlernten, kam es zu einer Kontaktaufnahme unweit der Unterbringung des Kriegsgefangenen und/oder unweit der Unterbringung/des Wohnorts der Frau.

Ziel der vorliegenden Untersuchung ist es also, die Orte des Kennenlernens und die Entwicklung prägnanter Fälle des weitverbreiteten[801] Phänomens offenzulegen. Neben der Beschreibung des Lagersystems und der Arbeit der Staatspolizeileitstelle (Stapoleitstelle) Magdeburg werden die Schnittpunkte zwischen weiblicher Bevölkerung und Kriegsgefangenen im Rahmen der ideologisch/ „rassenbiologisch" stark aufgeladenen Kontaktformen anhand von 30 aussagekräftigen Exempeln erschlossen. Das Thema „Sexualität" zwischen Deutschen und kriegsgefangenen Arbeitern wird zumeist ausgeblendet, obwohl es sich um eine der intensivsten und für beide Beteiligten oftmals folgenschwersten Begegnungsmöglichkeiten handelte. Die Wirksamkeit der zeitgenössischen Inklusions- und Exklusionsmechanismen lässt sich anhand dieser Begegnungsform sehr detailliert untersuchen.[802]

---

800 Vgl. Trüter, Claudia: „Als Entschuldigung meines Verhaltens kann ich nur angeben, dass das Herz sich nicht befehlen lässt." Verbotener Umgang mit Kriegsgefangenen vor dem Sondergericht, in: Danker, Uwe/Köhler, Nils/Nowottny, Eva/Ruck, Michael (Hg.): Zwangsarbeitende im Kreis Nordfriesland 1939–1945 (IZRG-Schriftenreihe, 12), Bielefeld 2004, S. 201–219.

801 Schätzungen zur Dunkelziffer sind in der älteren und neueren Forschungsliteratur nicht zu vernehmen.

802 Vgl. „Verordnung zur Ergänzung der Strafvorschriften zum Schutz der Wehr-

Der von juristischer Seite gegebene Handlungsrahmen war mit dieser Verordnung sehr eng bemessen. Die bisher aufgezeigten Arbeitssituationen in der Landwirtschaft und der Industrie belegen deutlich, dass eine Beschränkung auf das notwendige Maß sehr schwer einzuhalten war. Allein die Unterbringung in den Sammellagern und die unterschiedlich gehandhabte Kriegsgefangenenbehandlung forcierten nahezu den gegenseitigen Kontakt. In einem Rundschreiben der Gestapo (Staatspolizeileitstelle Magdeburg) wurde am 8. Januar 1940 festgehalten, wie Polizeidienststellen im Kreis mit „Tätern und Täterinnen" im Zusammenhang mit allen VUK-Fällen verfahren sollten. Es heißt darin:

„Hierfür gilt im einzelnen folgendes: 1. Nach einwandfreier Klärung des Sachverhalts durch Verhörung [?] von Zeugen und Beschuldigten ist der Täter in jedem Falle festzunehmen.

2. Der Täter ist darauf dem zuständigen Gericht zwecks Erlasses eines Haftbefehls vorzuführen. In dem Anschreiben an das Gericht ist grundsätzlich um Rücksistierung[803] zu bitten, falls Haftbefehl nicht erlassen wird, in diesen Fällen ist der Täter in Gewahrsam zu nehmen.

3. Der Aktenvorgang ist grundsätzlich schnellstens in zweifacher Ausfertigung nach hier zu übersenden, wobei gleichzeitig zum Ausdruck zu bringen ist, ob Haftbefehl erlassen wurde oder nicht.

4. Ebenso ist in allen Fällen ein Bericht über das Vorleben, insbesondere in politischer Hinsicht beizufügen; der politische Hoheitsträger ist dazu zu hören.

---

kraft des Deutschen Volkes" vom 25. November 1939, RGBl. 1939/Teil 1, Bl. 2319, sowie die „Verordnung über den Umgang mit Kriegsgefangenen" vom 11. Mai 1940, RGBl. 1940/Teil 1, Bl. 769, in der ausgeführt ist: „Sofern nicht ein Umgang mit Kriegsgefangenen durch die Ausübung einer Dienst- oder Berufspflicht oder durch ein Arbeitsverhältnis der Kriegsgefangenen zwangsläufig bedingt ist, ist jedermann jeglicher Umgang mit Kriegsgefangenen und jede Beziehung zu ihnen untersagt."

803 Das heißt erneute Überstellung an die Gestapo.

5. In schweren Fällen, z. B. Geschlechtsverkehr zwischen deutschen Frauen und Kriegsgefangenen, ist mir auf jeden Fall, bevor weitere Untersuchungen eingeleitet werden, umgehend fernmündlich und schriftlich Kenntnis zu geben, soweit der Sachverhalt bekannt ist. Maßnahmen polizeilicher Art sind nur auf meine ausdrückliche Weisung durchzuführen. Soweit die einzelnen Ortspolizeibehörden in diesen Fällen von mir mit der Durchführung der Strafverfolgung beauftragt werden, ist die erkennungsdienstliche Behandlung des Täters bzw. der Täterin sicherzustellen; den mir gemäß Ziffer 3 zu übersendenden Aktenabschriften sind in diesen Fällen 4 dreiteilige Lichtbilder[804] beizufügen."[805]

Gegen eine Sanktionierung durch die „aufgebrachte und missbilligende" Öffentlichkeit hatte der Reichsführer SS und Chef der Deutschen Polizei im Reichsministerium des Innern, Heinrich Himmler, in einem Schreiben an die Regierungspräsidenten vom 16. Februar 1940 keine Einwände: „Betrifft: Umgang mit Kriegsgefangenen (Geheim) I. Deutsche Frauen und Mädchen, die mit Kriegsgefangenen in einer Weise Umgang pflegen, die das gesunde Volksempfinden gröblich verletzt, sind bis auf weiteres in Schutzhaft zu nehmen und für mindestens ein Jahr einem Konzentrationslager zuzuführen. Als gröbliche Verletzung des gesunden Volksempfindens ist jeglicher gesellschaftliche (z. B. bei Festen, Tanz), insbesondere jeder geschlechtliche Verkehr anzusehen. II. Beabsichtigen die Frauen und Mädchen eines Ortes, die betreffende Frau vor ihrer Überführung in ein Konzentrationslager öffentlich anzuprangern oder ihr die Haare abzuschneiden, so ist dies polizeilich nicht zu verhindern."[806]

Die öffentliche Zurschaustellung und die Praxis des Haareabschneidens wurden von Hitler am ab dem 31. Oktober 1941

---

804 Eine Frontalansicht und zwei Profilansichten der Verhafteten.
805 LHASA, MD, C 30 Osterburg A, Nr. 1311, Bl. 231 f.
806 Ebd., Bl. 249.

verboten.[807] Die inhaltliche Aufladung des VUK erfolgte unmittelbar nach Kriegsbeginn und dem nachfolgenden Einsatz polnischer Kriegsgefangener in der Landwirtschaft. Einerseits sollten die drastischen Maßnahmen abschrecken, andererseits auf die „rassische Komponente" der NS-Ideologie verweisen. Die deutliche Mehrheit der in den hiesigen Sondergerichten abgeurteilten Fälle maßregelte das sexuelle Fehlverhalten junger Frauen.[808] Sondergerichtsakten über sexuelle Kontakte deutscher Männer mit „Fremdarbeiterinnen" sind in den ausgewerteten Beständen nicht überliefert. Die Auswahl repräsentiert im Hinblick auf den Gesamtbestand übereinstimmende Merkmale, wie: Ort des Kennenlernens, Alter der Frauen, Arbeitseinsatz in der Landwirtschaft/Industrie, „Kriegerfrau"[809], Beziehungsdauer und Schwangerschaft.

Der Arbeitsalltag der Kriegsgefangenen wurde von OKW streng geregelt und Freiräume zur Ausgestaltung der zugestandenen Ruhezeiten nur abseits der deutschen Bevölkerung zugestanden. Der Kommandeur der Kriegsgefangenen im Wehrkreis XI verfügte in einer der wenigen Überlieferungen am 18. Dezember 1941 zur Auflockerung in der Franzosenüberwachung (vgl. Dok. 4, S. 429): „Spaziergänge werden in gleicher Form wie die Wege zur Arbeitsstelle auf festgelegten Strassenzügen gemacht. In geeignetem Gelände an der Stadtgrenze kann die geschlossene Ordnung gelockert werden, jedoch ist streng darauf zu achten, dass die Kr.Gef. zusammenbleiben, so dass sie vom deutschen Wachmann übersehen werden können. Sport und Spiel kann an geeigneten und dem Verkehr abgelegenen Plätzen stattfinden. […] Durch straffe Ordnung überall da, wo die Kriegsgefangenen sich ausserhalb des Lagers zeigen, muss dafür gesorgt werden, dass die Zivilbevölkerung an der befohlenen Auflockerung keinen Anstoss nehmen kann. Das Betreten von Kir-

---

807 Vgl. Kundrus, „Die Unmoral deutscher Soldatenfrauen", S. 103.
808 Die Namen der betreffenden Frauen sind in den folgenden Fallbeschreibungen anonymisiert worden.
809 Mit einem (Wehrmachts-)Soldaten verheiratete Frau.

chen, Läden, Gaststätten, Theatern, Kinos, Jahrmärkten, und Rummelplätzen ist den Kriegsgefangenen in allen Fällen verboten. Vor Einführung der Auflockerung sind die Kriegsgefangenen gründlich darüber zu belehren, dass ihnen die Erleichterungen sofort wieder entzogen werden, wenn sie sich nicht tadellos führen bezw. die gegebenen Anordnungen in irgendeiner Form missbrauchen."[810] Die nach Möglichkeit auf einen Sonntag zu legende Ruhezeit durfte nur innerhalb der Grenzen des Außenlagers genutzt werden. Die grundsätzlich durch rassistische und/oder utilitaristische Überlegungen geprägte Kriegsgefangenenbehandlung spiegelte sich in den Zugeständnissen wider, die man den Angehörigen einer Nationen zukommen ließ.

Die Minimierung der Wachmannschaften lockerte die Behandlung der französischen Kriegsgefangenen zwar nicht vollends auf, doch entspannte sich die Situation für die westlichen Kriegsgefangenen merklich. Im Arbeitseinsatz besonders bewährte französische und belgische Kriegsgefangene konnten mit einer Beurlaubung rechnen.

Hinsichtlich der Bestimmungen und der offiziellen Wahrnehmung bezüglich des „Verbotenen Umgangs mit Kriegsgefangenen" änderten derartige Auflockerungen allerdings nichts. Die Tragweite des sexuellen Kontaktes zwischen Eigenem und Fremdem erschien den nationalsozialistischen Richtern vielmehr als ein im negativen Sinne hervorstechender Fall und wog daher „vom Standpunkt der Volksgemeinschaft"[811] besonders schwer, wie auch die nachfolgend aufgeführten Beispiele zeigen.

5.2.1 Fallbeispiel 1

Der folgende Fall der Grete H.[812] (*1924) eignet sich in gewisser Weise hervorragend, um erstens die Entdeckung, zweitens die

---

810 LHASA, MD, C 20 I, Ib Nr. 886 Bd. 3, Bl. 81.
811 LHASA, MD, C 134, Nr. 153, Bl. 53.
812 LHASA, MD, C 134, Nr. 169, Bl. 1.

staatspolizeiliche Ermittlungs- und drittens die Bestrafungspraxis der NS-Behörden abzubilden. Am 9. Februar 1944 wurde die des „Verbotenen Umgangs" Beschuldigte festgenommen und der Kriminalpolizeistelle Magdeburg (Außenstelle Stendal) zugeführt. Knapp einen Monat später wurde sie zum Vorgang vernommen und gab zu Protokoll: „Ich bin seit August 1943 beim Ersatzverpflegungsmagazin Magdeburg, Lagerstelle Stendal als Werkerin beschäftigt. Vorher arbeitete ich in der Gemüse- und Obst-Konservenfabrik Stendal, Arneburgerstrasse. Im Februar 1943 wurde ich im Schnellverfahren wegen Arbeitsvertragsbruchs zu 4 Monaten Gefängnis verurteilt. Die Aussage der Liese. G. mich betreffend, ist zum grössten Teil falsch. Richtig ist, dass die G. in meinem Auftrage etwa im September 1943 einen Brief an den Kriegsgefangenen mit der Bezeichnung ‚Monte Carlo' schrieb. Den richtigen Namen dieses Kriegsgefangenen kenne ich nicht. […] Ich gebe zu, dass ich einmal mit diesem Kriegsgefangenen spazieren gegangen bin. Ich arbeite mit diesem Kriegsgefangenen im Speicher I, ausserdem waren dort noch zwei weitere deutsche Frauen beschäftigt. Der Kriegsgefangene konnte leidlich deutsch sprechen. Er fragte mich, ob wir gemeinsam spazieren gehen wollten. Ich habe mir die Sache überlegt, fragte auch meine Kolleginnen, und als diese mir keine Antwort gaben, habe ich zugestimmt. Ich traf mich mit diesem Kriegsgefangenen etwa Mitte September 1943 bei Dunkelheit – etwa gegen 21 Uhr – am Ostbahnhof in Stendal. Ich war an diesem Abend etwa 1 ½ Stunden mit ihm zusammen. […] Wir haben uns lediglich unterhalten. Zugeben muss ich, dass der Kriegsgefangene mehrmals versuchte, mich zu küssen."[813] Der Versuch, den Kontakt und dessen Intensität zu verbergen, stellt keine Seltenheit im Quellenmaterial dar. Dass die Kriminalbeamten insbesondere auf diese Äußerungen achteten und intensiv nachforschten, ist nicht verwunderlich. Das Vorhaben, den Kontakt als harmlos darzustellen, löste besondere Aufmerksamkeit und Wissbegierde/Voyeurismus aus.

---

813 Ebd., Bl. 3.

Grete H. gab weiter zu Protokoll: „Er ist jedoch nicht dazu gekommen, weil ich mich wehrte. Nachdem habe ich mich von dem Kriegsgefangenen verabschiedet. Danach habe ich mich nicht wieder mit ihm getroffen, weil ich Angst hatte, gesehen zu werden. Ich weiss demnach, dass der Umgang mit Kriegsgefangenen strafbar war. Ich beteuere, dass es zwischen uns beiden nicht zum intimen Verkehr kam. Der Kriegsgefangene hatte es auch nicht versucht, mehr von mir zu erreichen. Er wollte mich lediglich küssen und auch das habe ich verhindert. [...] Ich stelle ganz entschieden in Abrede, dass dieser Kriegsgefangene in meiner Wohnung war. Die Möglichkeit gebe ich jedoch zu, dass ich der Liese G. gegenüber äusserte, der Kriegsgefangene sei in meiner Wohnung gewesen. Das hat sich daraus ergeben, weil die Liese G mit ihrem Verkehr mit verschiedenen Kriegsgefangenen protzte. Sie erzählte frei und offen, dass sie sich mit dem Kriegsgefangenen C. getroffen hätte, sie erzählte sogar, dass dieser sie geschlechtlich gebraucht hat. Dann protzte sie wiederum mit ihrem Verkehr mit dem Kriegsgefangenen S. Auch hier erzählte sie, dass sie mehrfach mit diesem ausgegangen sei und dass auch zwischen dem Kriegsgefangenen S. und ihr Geschlechtsverkehr stattgefunden hatte. Sie teilte das nicht mir allein mit, sondern auch anderen Arbeitskolleginnen. Unter anderem erzählte sie auch, dass sie mit der H.A. gemeinsam losgegangen sei. Beide hätten in unmittelbarer Nähe mit ihren Kriegsgefangenen geschlechtlich verkehrt. Ich bin tatsächlich im 4. Monat schwanger. Mein Schwängerer ist jedoch nicht der fragliche Kriegsgefangene, sondern mein Verlobter, der Obergefreite E.G. Die Behauptung der Liese G., der Kriegsgefangene sei mein Schwängerer, entbehrt jeder Grundlage."[814]

Der Detailreichtum der Aussage und die Aufdeckung der mannigfachen Beziehungsebenen förderten zu Tage, dass nicht nur die Angeklagte des „Verbotenen Umgangs" zu bezichtigen war. Der Verlauf des Protokolls belegt zusätzlich, dass die Angeklagte unent-

---

814 Ebd., Bl. 3f.

wegt von sich und ihrer Beziehung zum Kriegsgefangenen ablenkte. Dieses Verhalten erschien den Ermittlern sehr wahrscheinlich auffällig, kannten sie doch mittlerweile die Abwehrstrategien der Angeklagten. Im weiteren Verlauf des Sondergerichtsverfahrens wurde Liese G., die die Untersuchungen bezüglich Grete H. verursacht hatte, nochmals zum Verhör geladen und korrigierte ihre Aussagen aus dem ersten Vernehmungsprotokoll. „Zugeben muss ich, dass ich in meiner Vernehmung vom 9.2.1944 in Bezug auf die Grete H. nicht die Wahrheit gesagt habe. Ich habe in Wirklichkeit nur einen Brief für die Grete H. an den Kriegsgefangenen geschrieben. Auch über den Inhalt dieses Briefes habe ich gelogen. Tatsächlich schrieb ich im Auftrage der Grete H., dass der Kriegsgefangene nicht wieder zu ihr kommen dürfte, wenn das von der Polizei festgestellt würde, käme sie wieder ins Gefängnis. Richtig ist jedoch, dass die Grete H. mir gegenüber äusserte, der fragliche Kriegsgefangene sei auch zu ihr in die Wohnung gekommen. Auch sagte sie mir selbst, sie wäre von diesem Kriegsgefangenen schwanger."[815] Aus dem Verlauf der Ermittlungen ist zu erkennen, dass sich die zu Beginn getätigten Aussagen allmählich aufklärten und ein vielseitiges Beziehungsnetzwerk zwischen den benannten Arbeiterinnen und einzelnen Kriegsgefangenen erkennbar wird. Die zum Zeitpunkt des „Verbotenen Umgangs" 19-jährige Grete H. gab im Nachhinein zu Protokoll, doch von dem Kriegsgefangenen ein Kind zu erwarten. Aus ihrer vermeintlichen Beziehung zu dem Obergefreiten der Wehrmacht konnte auf Grund ihrer vorangeschrittenen Schwangerschaft und dem Ende ihrer sexuellen Beziehung keine Schwangerschaft resultieren.

Die aus den Vernehmungsprotokollen ableitbaren Denunziationsversuche verdeutlichen, dass die beteiligten Frauen an einer weiteren gegenseitigen Deckung vor Gericht sehr wahrscheinlich nicht interessiert waren, sondern vielmehr ihren Vorteil aus der nunmehr für sie komplizierten Situation suchten. Die Gegenüberstel-

---

815 Ebd., Bl. 5.

lung der im Gesamtverfahren protokollierten Aussagen verfehlte bei der schnellen Aufdeckung des umfangreichen „Verbotenen Umgangs" ihre Wirkung nicht. Grete H. korrigierte ebenfalls ihre Falschaussagen und gab zu, von dem genannten Kriegsgefangenen nicht nur Geschenke und Geld empfangen, sondern auch mit ihm „geschlechtlich verkehrt" zu haben.[816] Dass sie aus dieser Beziehung ein Kind erwartete, wog bei der Urteilsbegründung des Sondergerichts Magdeburg besonders schwer. Der Versuch ihres Rechtsanwaltes, ihre Minderjährigkeit, die gute Lebensführung und das „schlechte Beispiel"[817] der Herda K., die den Kontakt letztlich vermittelt hatte, geltend zu machen, schlug vor dem Sondergericht fehl. Der im Sondergerichtsverfahren angehörte Kriegsgefangene gab zu, mit Grete H. ein sexuelles Verhältnis gehabt zu haben. Er habe sich mit ihr im Jahr 1943 vier bis fünf Mal getroffen, wobei seine Abwesenheit im Lager nicht aufgefallen sei.[818] Dies zeigt eine Lücke im Kontrollnetz der Wehrmacht und der an der Bewachung der Kriegsgefangenen beteiligten Stellen, die auch von den anderen im Protokoll genannten Frauen benannt wurde. Der französische Kriegsgefangene gab zu Protokoll, dass er von der Schwangerschaft seiner Bekanntschaft nichts gewusst habe. Die weiteren Ermittlungen innerhalb des Verfahrens brachten zu Tage, dass insgesamt sieben Kriegsgefangene mit neun deutschen Frauen „Verbotenen Umgang" pflegten. Es kam in zahlreichen Fällen zum Austausch von Lebensmitteln, Gesprächen, Liebkosungen und auch Geschlechtsverkehr. Laut Aktenlage ist nicht eindeutig überliefert, ob es sich tatsächlich in jedem der verhandelten Fälle um „GV-Verbrechen" handelte, doch gilt der sexuelle Kontakt in zwei Fällen als aktenkundig. An den Oberstaatsanwalt als „Anklageleiter der Anklagebehörde beim Sondergericht Magdeburg" ging Ende März 1944 die Nachricht des Heeresjustizinspektors vom Gericht der Div

---

816 Ebd., Bl. 6.
817 Ebd., Bl. 13.
818 Vgl. ebd., Bl. 26.

(z.b.V.) Nr. 411 ein, dass gegen die insgesamt sieben französischen Kriegsgefangenen in einer Strafsache wegen Ungehorsams ermittelt würde.[819] Mit dieser Meldung bricht die Überlieferung zum weiteren Verfahren mit den Kriegsgefangenen ab. Grete H. wurde am 22. Juni 1944 von ihrem Kind entbunden. Angaben zum Neugeborenen und dessen weiterer Versorgung sind in dem Aktenbestand nicht überliefert.

Die abschließende Verhandlung vor dem Sondergericht Magdeburg gegen Grete H. fand am 31. August 1944 unter Vorsitz des Richters von Rabbow statt. Zu dieser Verhandlung waren keine Zeugen geladen, denn die Vorermittlungen ergaben ein vermeintlich klares Bild der lang andauernden Beziehung mit dem Kriegsgefangenen. Strafverschärfend wirkten sich der mehrmalige sexuelle Verkehr mit dem französischen Kriegsgefangenen, die Annahme seiner Geschenke und die Schwangerschaft aus. Zwei Jahre Zuchthaus und zwei Jahre Aberkennung der Ehrenrechte wurde für dieses Vergehen vom Vorsitzenden des Sondergerichtes als Strafmaß ausgesprochen. Ein Gnadenersuch des Verteidigers wurde von dem Oberstaatsanwalt am 4. September 1944 abgelehnt.[820] Der für diese Studie sehr ausführlich dokumentierte Verlauf der Untersuchungen im Falle des „Verbotenen Umgangs" kann als Beleg für die Vielseitigkeit des Kennenlernens und Aufrechterhaltens einer verbotenen Beziehung aufgefasst werden. Besonders interessant erscheint in diesem Zusammenhang, dass eine Vielzahl von Personen als Teil des Beziehungsgeflechts nachgewiesen werden konnte. Insgesamt sind von den NS-Sicherheitsbehörden sechzehn Personen (sieben französische Kriegsgefangene und neun Werkerinnen) ermittelt worden, die den Behörden durch Denunziation aktenkundig wurden. Inwieweit sich die Kriegsgefangenen untereinander beschul-

819 Ebd.
820 Am 9. Dezember 1945 wurde das Urteil im Fall Grete H. vom Oberstaatsanwalt durch Amnestieerlass des Oberbefehlshabers der SMA aufgehoben. Vgl. ebd., Bl. 46.

digt haben, kann aus der Aktenüberlieferung nicht sicher ermittelt werden.

Die in der Sondergerichtsakte der Grete H. beschriebene Kontaktaufnahme zum Kriegsgefangenen erfolgte über eine Kollegin am Arbeitsplatz, welche vermeintlich die Aufmerksamkeit der Grete H. auf den betreffenden Kriegsgefangenen richtete. Gleichzeitig geriet Grete H. in ein Abhängigkeitsverhältnis, weil von Anbeginn Dritte als Mitwisser eines potenziell stattfindenden „Verbotenen Umgangs" eingeschaltet waren. Nach einigen Annäherungsversuchen der beiden kam es am Arbeitsplatz wiederholt zum Kontakt. Beide achteten darauf, dass sie sich unauffällig und wenn möglich ungestört unterhalten konnten. Die zum Zeitpunkt der Kontaktaufnahme 19-jährige Grete H. erhielt von dem Kriegsgefangenen Mangelwaren des täglichen Gebrauchs als Geschenke. Ein hervorstechendes Merkmal innerhalb der Aktenüberlieferung bildet die Denunziation der beteiligten Frauen untereinander. Die mit den Anschuldigungsversuchen verbundenen Entlastungsversuche vermittelten den Sicherheitsbehörden erst einen Einblick in das im Reichsbahnausbesserungswerk Stendal entstandene Beziehungsgeflecht zwischen einigen der dort arbeitenden Frauen und den französischen Kriegsgefangenen. Als Grete H. in ihrer zweiten Vernehmung mit den Aussagen der Liese G. konfrontiert wurde, beschuldigte Grete H. wiederum Liese G. des mehrfachen Geschlechtsverkehrs mit unterschiedlichen Kriegsgefangenen. Diese Aussage wurde aber nicht in die laufenden Ermittlungen eingebunden. Auch führten die Anschuldigungen zu keinerlei sondergerichtlichen Konsequenzen für Liese G.[821] Von besonderem Interesse an diesem Fall ist die Aussage, dass Grete H. von einer Arbeitskollegin in das Beziehungsgeflecht eingeführt wurde und mehrere Kolleginnen Vermittlungsfunktionen einnahmen.[822] Auch wenn eine schriftliche Nachricht an

---

821 Im Findbuch des Bestandes C 134 ist kein Fall belegt.

822 Die Vermittlung von Kriegsgefangenen stellt im Quellenbestand keinen Einzelfall dar. Besonders eloquente und auch risikobereite Arbeiterinnen bahnten

den Kriegsgefangenen aus Furcht vor Entdeckung nicht weitergeleitet wurde, so kann doch von mündlichen Absprachen mit Hilfe der Arbeitskolleginnen ausgegangen werden.[823] Entgegen aller propagandistischen Versuche und Erlasse konnte in dem betreffenden Industriebetrieb ein intensiver Austausch zwischen französischen Kriegsgefangenen und Werkerinnen relativ problemlos und unmittelbar vorgenommen werden. Als westliche Kriegsgefangene erfuhren die französischen Kriegsgefangenen eine Behandlung entsprechend dem Genfer Abkommen und waren somit vor staatspolizeilichen Übergriffen geschützt. Für ihre Aburteilung waren Militärgerichte zuständig.

Die für diese Studie herangezogenen Quellen geben über die Gedankengänge und Motivlagen der Grete H. fast keinen Aufschluss. Lediglich die geschaffenen Handlungsräume offenbaren, welche hohe Risiken Grete H. wider besseren Wissens im weiteren Verlauf der Beziehung auf sich nahm.[824] „Die transparenten Lebens- und Arbeitsbedingungen in den Fabriken und auf dem Land zusammen mit der moralischen und rassenideologischen Brisanz des ‚Delikts' [haben] wesentlich dazu beigetragen, daß die verbotenen Beziehungen durch Denunziation und Gerüchte überhaupt erst strafrechtlich verfolgt werden konnten. Festzuhalten ist aber, daß insbesondere Ereignisse, die eine sexuelle Komponente vermuten ließen, besonders häufig Gegenstände informeller Kommunikationsweisen waren."[825] Dieser Befund von Abke lässt sich anhand des zur Verfügung stehenden Quellenmaterials bestätigen. Informelle Kommunikationsweisen, die Verbreitung von innerbetrieblichen Gerüchten trugen wesentlich zur Vergrößerung des

---

Kontakte an oder gingen auf die Kennenlernversuche der Kriegsgefangenen ein. Vgl. LHASA, MD, C 134, Nr. 205/2, unpag.

823 Vgl. LHASA, MD, C 134, Nr. 169, Bl. 3.

824 Die vorschriftsmäßigen Belehrungen des Betriebsführers hat Grete H. im zweiten Verhör bestätigt. Vgl. ebd., Bl. 6.

825 Abke, Stefanie: Sichtbare Zeichen unsichtbarer Kräfte. Denunziationsmuster und Denunziationsverhalten 1933–1949, Tübingen 2003, S. 167.

Mitwisserkreises bei. Selbst wenn konkrete Hinweise fehlten, förderten bereits Verdachtsmomente Denunziationen. Die mögliche Annahme, die Denunziation der am „Verbotenen Umgang" beteiligten Frauen sei auf besonders systemtreue und zuarbeitende Nationalsozialisten[826] zurückzuführen, findet nur in wenigen Fällen ihre Bestätigung.[827] Mehrheitlich spielen zwischenmenschliche Konflikte, sozialer und auch sexueller Neid eine tragende Rolle.[828] Folglich lassen sich Motivationen und Gedankengänge der Denunzianten ermitteln und geben Auskunft über soziale Konflikte und unmittelbar wirksame Lösungsstrategien. Der in dem geschilderten Fall als atypisch zu bezeichnende Kommunikationsverlauf[829] vermag ansatzweise zu verdeutlichen, dass eine Denunziation von außen stattgefunden haben kann. Denkbar ist aber auch, dass aus Missgunst von einer dem Beziehungsgeflecht zugehörigen Werkerin eine Meldung an die Betriebsleitung oder Polizeistelle gemacht

---

826 Vgl. Reuband, Karl-Heinz: Denunziation im Dritten Reich. Die Bedeutung von Systemunterstützung und Gelegenheitsstrukturen, in: Historical Social Research, Vol. 26 (2001), No. 2/3, S. 219–234, hier S. 219f., online: http://nbn-resolving.de/urn:nbn:de:0168-ssoar-31341 (24.06.2015).

827 „Das Bild einer sich ‚selbstüberwachenden' Gesellschaft wird der Gesellschaft der NS-Zeit nur bedingt gerecht. Nicht nur wird der Stellenwert der Denunziation falsch eingeschätzt, es wird auch der Bedeutung anderer Amtsträger des NS-Systems – wie dem Blockwart, der Arbeitsfront, der Kreisleitung der Partei oder dem Sicherheitsdienst der SS – zu wenig Beachtung geschenkt. Auch wenn diese anderen Instanzen in den von der Gestapo bearbeiteten Fällen einen eher geringen Stellenwert hatten, mußten sie nicht unbedeutend sein. Vermutlich haben wir es hier – ähnlich wie sonst auch in der Gegenwartsgesellschaft im Umgang mit ‚verdächtigen' Individuen – mit einem System abgestufter Selektionsprozesse zu tun, bei denen nur ein Teil aller Fälle an die jeweils nächsthöhere Instanz weitergegeben wird." Ebd., S. 232.

828 Vgl. Schneider, Verbotener Umgang, S. 185.

829 Derlei Fälle lassen sich insbesondere dann ermitteln, wenn ein VUK-Verfahren nicht an einem Sondergericht, sondern an einem Landgericht abgehalten wurde. So versuchte beispielsweise in einem Fall der Rechtsanwalt Wiederaufnahme des Verfahrens zu erwirken und unternahm den Versuch der Gegendarstellung unter Bezugnahme auf ein ärztliches Attest. Vgl. LHASA, MD, C 141, Nr. 176.

wurde. Der hier in groben Zügen nachgezeichnete Fall kann als typisches Umgangsdelikt bezeichnet werden. So oder in ähnlicher Weise konnte es reichsweit zwischen Kriegsgefangenen und deutschen Frauen zum „Verbotenen Umgang" kommen. Die in den Sondergerichtsverfahren stets herangezogene Phrase „hat das gesunde Volksempfinden gröblich verletzt" bot dem Vorsitzenden zahlreiche Ansätze zur Urteilsbegründung. Hier lassen sich vornehmlich Gespräche, der Austausch von Lebensmitteln, Hilfestellungen und auch Berührungen als „gröbliche Verletzungen" ausmachen. Derlei Kontaktaufnahmen mussten keineswegs sexuell konnotiert gewesen sein, doch lag die Wahrnehmung der Beziehungen vielfach in den Augen des Betrachters und damit auch des potenziellen Denunzianten. Auch nur der Anschein eines Verhältnisses konnte staatspolizeiliche Ermittlungen nach sich ziehen und in zahlreichen Fällen auch zur Bedrohung werden.[830]

Die Aussagen der von Anbeginn in die Beziehung der Grete H. eingeweihten Mitarbeiterinnen verdeutlichen die Nachwirkung der Denunziation und Bezichtigung in den Vernehmungen nur allzu deutlich. Im folgenden Abschnitt werden aus der Gesamtzahl zwei weitere Fälle detailliert nachgezeichnet, um die Vielfalt der komplexen Interaktionsmuster darzulegen. Zwar handelt es sich bei allen Fällen um sogenannte VUK-Fälle und gleichzeitig auch „GV-Verbrechen", doch unterscheiden sich die Merkmale und Besonderheiten in hohem Maße voneinander.

5.2.2 Fallbeispiel 2

Die Informationsdichte zum Kennenlernprozess des nachfolgend erörterten Verhältnisses ist hervorragend zur Analyse geeignet. Die Strafsache gegen Waltraud M. aus dem Jahr 1943 hatte folgende

---

[830] Die Haftbedingungen im Zuchthaus wirkten sich insbesondere auf die psychische Verfassung aus. Ein überliefertes Gnadengesuch besorgter Eltern lässt erkennen, dass Depressionen, aber auch suizidale Absichten als Haftfolgen auftraten. Vgl. LHASA, MD, C 134, Nr. 81 Bd. 1 und Bd. 2.

Urteilsbegründung zum Gegenstand: „Die Angeklagte hat in der Zeit vom April bis Ende Juli 1943 mit einem Kriegsgefangenen ein Liebesverhältnis mit Geschlechtsverkehr unterhalten. Sie wird deshalb zu einer Zuchthausstrafe von zwei Jahren und sechs Monaten verurteilt. [...]

Im Februar 1943 kam die Angeklagte während der Arbeitszeit zu der im Betrieb beschäftigten Belgierin Burton, um sich von dieser Bier holen zu lassen. Bei der Belgierin befand sich gerade der ebenfalls im Werk beschäftigte französische Kriegsgefangene Julian P. Dieser hatte, bevor er zu Junkers zur Arbeit zugewiesen wurde, in Barleben bei dem Gärtner Götze gearbeitet. Dort hatte die Angeklagte für ihre in Barleben wohnende Mutter Gemüse geholt. Daher kannte P. die Angeklagte. Er liess sie deshalb durch die Burton fragen, ob sie ihn noch kenne."[831]

Der Sachverhalt, dass sich die Angeklagte ein alkoholisches Getränk von einer belgischen „Fremdarbeiterin" holen ließ, erscheint im Zusammenhang mit der Anklage befremdend. Ob das Getränk für die Angeklagte bestimmt war, geht aus den Akten nicht hervor. Der Subtext dieser Aussage deutet aber gleich zu Beginn des Urteils daraufhin, die Angeklagte und ihr Verhältnis zu Genussmitteln im öffentlichen Raum zusammenzudenken. Wendet man sich den Aussagen zum kriegsgefangenen Franzosen zu, so fällt die Kontaktsuche zu einer deutschen Mitarbeiterin über eine ausländische Arbeitskraft auf. Dieses Vorgehen ist im gesamten Aktenbestand einzigartig und nirgends so konkret benannt. Der Versuch des Kriegsgefangenen, der zur Anbahnung eines Kontaktes führen sollte, ist angesichts der Gefahren- und Gesetzeslage als sehr offensiv zu bezeichnen. Der Ablauf ist generell in Frage zu stellen, jedoch knüpft die Urteilsbegründung an Imaginationen an, die eng mit Franzosen verbunden worden sind: Ihre Wirkung auf Frauen und die Wirkung dieses Klischees.[832] „In der Folge-

---

831 LHASA, MD, C 134, Nr. 153, Bl. 52.
832 Schneider deutet im Kapitel „Die erotische Ausstrahlung der französischen

zeit kam es häufiger zu Begegnungen, bei denen aber die Angeklagte den Gruss des Kriegsgefangenen nicht erwiderte. Ende April
besuchte die Angeklagte im Werksheim einen Varietéabend. Nach
der Vorstellung stand draussen P., der auf sie wartete. An diesem
Abend liess sie sich dazu herbei, mit ihm auf das dunkle Werksgelände zu gehen. Beide tauschten miteinander Zärtlichkeiten aus
und schliesslich kam es zum ersten Male zum Geschlechtsverkehr.
Anfang Mai ereignete sich im Anschluss an eine Varietéveranstal-
tung das gleiche."[833] In der Urteilsbegründung wird die Angeklagte
als willensschwach dargestellt, weil sie sich trotz ihrer ablehnden
Haltung zu einer Beziehung habe verführen lassen.

Der Kriegsgefangene erscheint hierdurch als der offensive Part der
Beziehung, was den Imaginationen über die französischen Kriegsgefangenen gerecht wurde.[834] „Von nun an traf sich die Angeklagte
täglich gegen 18 Uhr 30 im Luftschraubenbau mit dem Kriegsgefangenen und verabredete die einzelnen Treffen. In den Wochen,
wo der Kriegsgefangene Tagschicht hatte, trafen sie sich dann mit-
tags, und wo er Nachtschicht hatte, nachts um 22 Uhr wöchentlich 2 bis 3 Mal im Freien in der Nähe der Prüfstände. Dabei kam
es immer zu Zärtlichkeiten, sehr oft auch zum Geschlechtsverkehr.
Seit Ende Mai beteiligte sich an diesen Treffen auch regelmässig
die Arbeiterin Mack mit einem französischen Kriegsgefangenen
namens Louis. Zu den nächtlichen Treffen betraten die Angeklagte
und die Mack das Werksgelände auf Grund ihres Werksausweises, obwohl sie wussten, dass es streng verboten ist. [...] Ja, als die

---

Kriegsgefangenen und Wirksamkeit eines Klischees" (Schneider, Verbotener
Umgang, S. 184) auf Bilder und Imaginationen hin, die sich nach Einschätzung
des Autors verstärkt in den Urteilsbegründungen der Sondergerichte ausmachen lassen. Die Zuschreibung bestimmter Eigenschaften erleichterte die Kultivierung der Stereotype und trug wesentlich zur Stigmatisierung der Beteiligten
bei. Die erschlossene – vermeintliche – Willenschwäche der beteiligten Frau
diente zur Begründung des Ehrverlustes und des Ausschlusses aus der „Volksgemeinschaft".

833 Vgl. LHASA, MD, C 134, Nr. 153, Bl. 52.
834 Ebd.

Mack vorübergehend bei Junkers ausgeschieden war und selbst keinen Werksausweis besass, borgte die Angeklagte ihr den eigenen Ausweis, damit sie auch zum Treffen kommen konnte. Das geschah 2 oder 3 mal."[835] Mit Blick auf den gesamten Quellenbestand stellt die sexuelle Beziehung auf dem Werksgelände ein Novum dar. Die Gefahr entdeckt und denunziert zu werden, wog hier besonders schwer. Der strategische Vorteil der Treffen auf dem Werksgelände mag darin zu suchen sein, dass ein gemeinsames Auftreten im öffentlichen Raum weitaus schneller aufgefallen wäre als im Abseits des Werkgeländes. Hier war es üblich, dass Deutsche und Kriegsgefangene auf engem Raum agierten, und weniger Verdachtsmomente gegeben.

„Die Angeklagte scheute nicht einmal davor zurück, sich dreimal mit dem Kriegsgefangenen abends im Bürozimmer ihres Vorgesetzten zu treffen. Auch dort kam es zweimal zum Geschlechtsverkehr. Ende Juli 1943 hatte die Angeklagte ihren letzten Geschlechtsverkehr mit dem Kriegsgefangenen. Dann erstattete die Zeugin K., die die Angeklagte widerholt gebeten hatte, den Verkehr mit dem Kriegsgefangenen abzubrechen, Anzeige. Die Angeklagte hat den Kriegsgefangenen mehrfach beschenkt. Widerholt gab sie ihm Streichhölzer und Brot. [...] Schließlich schenkte die Angeklagte dem Kriegsgefangenen zum Andenken ein silbernes Armband, als sie mit seiner Verlegung rechnete. Sie selbst erhielt von ihm Zigaretten und Schokolade. Einmal fertigte er in der Werkstatt aus Werksmaterial einen Bilderrahmen mit einem Ständerflugzeug an und schenkte diesen der Angeklagten. Diesen Sachverhalt hat die Angeklagte in der Hauptverhandlung zugegeben."[836] Die steigende Risikobereitschaft des Paares, die Orte ihres Verkehrs und der Austausch über die Beziehung mit einer Kollegin bezeugen die Sicherheit, in der sich die Angeklagte wiegte. Ob sie von ihrer Kollegin unter Druck gesetzt worden ist, geht aus den Akten nicht eindeutig hervor.

835 Ebd., Bl. 53.
836 Ebd.

„Aber nicht nur vom Standpunkt der Volksgemeinschaft aus wiegt die Tat der Angeklagten sehr schwer. Es spricht vielmehr auch von einer grossen Dreistigkeit, das Werksgelände für das schamlose Treiben auszuwählen und sich zum Zwecke des Treffens über die im Interesse der Spionageabwehr getroffenen Anordnungen hinwegzusetzen. Wie schamlos die Angeklagte denkt, ergibt sich insbesondere aber auch daraus, dass sie sogar am Tage auf dem Werksgelände sich dem Kriegsgefangenen hergegeben hat, und dass sie mit ihm auch das Arbeitszimmer ihres Vorgesetzten aufgesucht hat. Die Angeklagte hat sich weder durch die zahlreichen Bitten und Warnungen der Zeugin K. sowie der Zeuginnen S. und V. von ihrem Verhältnis zu P. abbringen lassen, noch hat die von ihr zugegebene Kenntnis der schweren Strafen sie von der Begehung der Tat abgehalten. Auch ihre Pflichten als Mutter, noch ihre Bindungen an ihren Verlobten haben sie dazu gebracht, sich von dem, wie sie wusste, verheirateten Kriegsgefangenen zurückzuziehen. […] Durch ihr ehrloses Verhalten hat sich die Angeklagte selbst aus der Volksgemeinschaft ausgeschlossen […].“[837]

Die umfangreichen Vernehmungsprotokolle zu diesem Fall bringen zum Vorschein, dass das Verhältnis zwischen dem Kriegsgefangenen und der Mitarbeiterin innerhalb ihres Kollegenkreises kommuniziert worden ist. Aber nicht nur der Umgang mit den im Werk beschäftigten Kriegsgefangenen wurde hier ausgiebig besprochen, sondern auch die innerbetrieblichen Verhältnisse zwischen den männlichen und weiblichen deutschen Mitarbeitern. Laut Aussage von Waltraud M. kam es des Öfteren zu abendlichen Treffen der Belegschaft, bei denen reichlich Alkohol getrunken und im Nachgang auch geschlechtlich verkehrt worden ist. Der Angeklagten ist damit ein vermeintlich unsteter Lebenswandel nachgewiesen worden, in den sich der Umgang mit Kriegsgefangenen als Höhepunkt ihres negativen Verhaltens einreihte. Bedeutsam erscheint die Androhung von Gewalt durch Betriebskollegen. Am

---

837 Ebd., Bl. 53 f.

Vorabend der Vernehmungen, so Waltraud M. im letzten Vernehmungsprotokoll, habe sich ihr Kollege Reinhard W. mit folgenden Worten an sie und ihre Bekannte gewandt: „Wenn ihr gesagt hättet, ihr habt was mit den Kgf. gehabt, hättet ihr was in die Schnauze gekriegt.“[838] Zur Angeklagten wandte er sich nochmals mit den Worten: „Und Du hättest ein paar Moppen gekriegt, dass Du Dich mal um Deine eigene Achse gedreht hättest“.[839] Der weitere Verfahrensverlauf zeigt deutlich, dass die Angeklagte zwar vorerst den Versuch einer Nichtaussage unternahm, jedoch durch die Gegenaussagen der Kolleginnen schwer belastet wurde. Eine Leugnung des intensiven „Verbotenen Umgangs“ war nunmehr aussichtslos und so auch die Gewaltandrohung des Kollegen. Die Wirkungsmacht der vernehmenden Stapo-Beamten ist an dieser Stelle nicht zu vernachlässigen, denn sie konnten – dies ist am Duktus der Fragestellungen ableitbar – nach den ersten Vernehmungen Falschaussagen von Absprachen trennen. Auch offenbart dieser Befund, dass die Absprachen der Betroffenen im Vorhinein keineswegs eine tragende Entlastungsstrategie aufwiesen, mit der die Ermittlungen hätten verzögert werden können.

Der oben genannte Mitarbeiter wurde als Erster zur Vernehmung in die Stapoleitstelle einbestellt und gab gegenüber einer Kollegin vor der Vernehmung noch selbstsicher kund: „Habt man keine Angst, ich werde das schon so hinkriegen, ich helfe Euch schon. Ich werde ja zuerst vernommen.“[840] Ob der Mitarbeiter im Nachgang des Verfahrens für seine Vertuschungsversuche belangt wurde, ist quellenmäßig nicht belegt. Die Hauptangeklagte Waltraud M. brach hingegen in der letzten Vernehmung mit allen im Vorhinein getroffenen Absprachen und schilderte ihren „Verbotenen Umgang“ und auch den ihrer Kolleginnen ausführlich. Hierbei wurde die Zusammenarbeit bei der gegenseitigen Deckung ebenso bekannt, wie

---

838 Ebd., Bl. 53.
839 Ebd.
840 LHASA, MD, C 134, Nr. 205/2, unpag.

die Interaktionen der beiden Kriegsgefangenen mit den Werkerinnen. Das Anfertigen von Schmuck, das Zubereiten von Speisen und auch die Bereitstellung von Räumen für gemeinsame Treffen galten als Beleg der in diesem Fall engen Beziehungen zwischen Ausländern und Deutschen in dem Magdeburger Junkerswerk. Dass sich der sexuelle Verkehr nicht nur auf die privaten Rückzugsräume beschränkte, sondern vielfach und monatelang auf dem Werksgelände vollzogen wurde, ist als sehr auffällig zu bezeichnen. Waren doch die Gefahren des gemeinsamen Beisammenseins in den Pausen insbesondere auf dem Betriebsgelände durch den Werkschutz und die Stammbelegschaft sehr hoch. Die Bewachungslücken während der nächtlichen Werksbesuche und auch das Verleihen des Werksausweises an eine nicht mehr im Betrieb tätige Arbeiterin offenbaren einerseits die Sicherheitslücken des Werkschutzes, andererseits die bewusste Nutzbarmachung solcher Defizite durch die Angeklagte. Der Kriegsgefangene ging bei ihrem hohen Maß an Eigeninitiative kein nennenswertes Risiko ein, denn er war erstens am Arbeitsort, zweitens konnte er sich je nach Arbeitssituation relativ frei auf dem Gelände bewegen und drittens war er nicht der Gefahr einer Denunziation ausgesetzt.

Die im aufgeführten Fall zum Vorschein kommende Eigeninitiative und auch die über ein Vierteljahr fortwährende Aufrechterhaltung der Beziehung zeugen von Selbstsicherheit und sozialem Geschick. Dass die Angeklagte letztlich durch verfängliche Äußerungen und Denunziationen ihrer Kolleginnen zum Gegenstand innerbetrieblicher Kommunikation wurde, ist laut Selbstaussage auch auf ihr Sicherheitsgefühl innerhalb ihres Kollegenkreises zurückzuführen. Trotz der Warnungen ihrer Kollegin Eva K., die über das Verhältnis zum Teil in besonders intimer Weise unterrichtet wurde, hielt Waltraud M. die Beziehung bis zur strafrechtlich wirksamen Denunziation aufrecht. Ihr Lebenswandel war laut Staatsanwaltschaft nach der Scheidung unstet und von dem Versuch der Kompensation persönlicher Unzufriedenheit geprägt gewesen. Abendliche Treffen mit den Kolleginnen und Kollegen waren von übermäßigem Alkoholkonsum begleitet, der zum Teil zum totalen Arbeitsausfall führte. Bis zu diesem Zeitpunkt war Waltraud M. noch nicht wegen des „Verbotenen Umgangs" mit Kriegsgefangenen belangt worden. Als sie sich dauerhaft auf ein sexuelles Verhältnis mit dem französischen Kriegsgefangenen einließ und diese Beziehung auch lange Zeit verbergen konnte, entwickelte sich bei ihr der Eindruck, auf dem weitläufigen Werksgelände vor einer Aufdeckung des Verhältnisses geschützt zu sein.

Eine Kontrolle der Informationsweiterleitung war für Waltraud M. von Anbeginn nicht möglich, denn sie hatte keinerlei Gewissheit über die Kommunikationskanäle ihrer mitwissenden Arbeitskollegin. Letztlich wurde Waltraud M. von ihrer Kollegin Eva K. während eines Gespräches mit ihrem Abteilungsleiter denunziert. K. traf sich mit ihrem auf dem Betriebsgelände stationierten Freund und wurde ohne Passierschein nicht wieder vom Gelände gelassen. Routinemäßig kontrollierte der Abteilungsleiter in diesem Fall und stellte Eva K. zur Rede. Erregt über die Akribie des Werkschutzes gab sie in dem betreffenden Gespräch an, dass insbesondere die Kontrolle der Werksmitarbeiterinnen notwendig sei, die sich in der Nacht mit Kriegsgefangenen treffen würden. Ab diesem Zeitpunkt war absehbar, dass das komplexe Beziehungsgeflecht aus Mitwisserschaft, passiver und aktiver Beteiligung staatspolizeiliche Ermittlungen nach sich ziehen würde. Im Gegensatz zum Fallbeispiel 1 wird deutlich, dass in den Junkers-Werken Magdeburg eine kleine Gruppe weiblicher Mitarbeiterinnen „Verbotenen Umgang mit Kriegsgefangenen" pflegte und dieser zwei „GV-Verbrechen" zur Folge hatte. Einer dieser „schweren Fälle" wurde unter den betreffenden Kolleginnen kommuniziert. Zwei Arbeiterinnen versuchten Waltraud M. die mit Gefahren verbundene Gesamtsituation mit dem Ziel der Unterlassung der sexuellen Beziehung zu verdeutlichen, doch reagierte die Angeklagte nicht auf die Einwände. In den Vernehmungsprotokollen gibt es keinen Hinweis darauf, dass sich die Angeklagte als vom Kriegsgefangenen Verführte darstellte, vielmehr stand sie bewusst zu der in beiderseitigem Einverständnis begangenen Liaison mit dem Kriegsgefangenen. Die durch die Zunahme von Konflikten geprägte Interaktion und Kommunikation unter dem Kolleginnenkreis hat wesentlich zur Aufdeckung des „schweren Falles" beigetragen. Zwar konnte die Angeklagte zu Beginn der Beziehung noch für Geheimhaltung sorgen, doch verlor sie zunehmend die Informationskontrolle über ihr Verhältnis.

5.2.3 Fallbeispiel 3

Der folgend dargestellte „Verbotene Umgang" ist in seiner Durchführung und Intensität als sehr komplexes Beziehungsgeflecht deutscher Frauen und französischer Kriegsgefangener zu bezeichnen. Jedoch übertrifft er die bisher geschilderten Kontakte, denn die drei in Genthin beschäftigten Frauen unterstützten den Fluchtversuch französischer Kriegsgefangener. Eines der Urteile stellt im Gesamtbestand die längste Zuchthausstrafe dar, die in allen 30 relevanten Fällen verhängt worden ist. Das Urteil „Im Namen des Deutschen Volkes!" vom 10. Februar 1943 lautet: „Die drei Angeklagten haben mit Kriegsgefangenen unerlaubten Umgang, insbesondere Geschlechtsverkehr, unterhalten und sind außerdem mit Kriegsgefangenen geflüchtet, wobei sie diese durch Geld, Kleidungsstücke und Unterkunft unterstützt haben. Die drei Angeklagten [...] sind bis zu ihrer am 20. Oktober 1942 erfolgten Festnahme bei dem Silva-Werk in Genthin als Arbeiterinnen beschäftigt gewesen. Die Angeklagte U. ist 22 Jahre alt und ledig. Von ihrem sechsten bis vierzehnten Lebensjahre besuchte sie die Volksschule in Rudolstadt [...], sie wurde aus der zweiten Klasse, weil sie einmal sitzen geblieben war, entlassen. Nach ihrer Schulentlassung war sie bis zum Jahre 1938 in verschiedenen Haushalten als Hausangestellte tätig. Seit dem 12. Oktober 1941 war sie bei dem Silva-Werk in Genthin dienstverpflichtet. [...] Im Silva-Werk kamen die drei Angeklagten bei ihrer Arbeit mit dort ebenfalls beschäftigten französischen Kriegsgefangenen in Berührung. Dem Kriegsgefangenen gelang es sich jedes Mal unter einem Vorwande von der Arbeit zu entfernen; er traf

die Angeklagte dann in einem nahegelegenen Walde, wo es jedes Mal zum Austausch von Zärtlichkeiten und schließlich auch zum Geschlechtsverkehr zwischen beiden kam. [...]
Die Angeklagte U. hatte im Sommer [...] 1942 ein Liebesverhältnis mit dem französischen Kriegsgefangenen M.T., mit dem sie dabei Zärtlichkeiten austauschte. Bei einer dieser Gelegenheiten schenkte sie dem Kriegsgefangenen ihr Bild, welches auf der Rückseite die Widmung trug: Zum ewigen Andenken von deiner I. aus Deutschland. Zwischen ihr und T. kam es zuerst zu Umarmungen und Küssen und später schließlich zu einem zweimaligen Geschlechtsverkehr. Als die U. erfahren hatte, daß der Kriegsgefangene bereits verheiratet sei, stellte sie den Kontakt mit ihm ein. Die Angeklagte F. hatte ebenfalls ein Liebesverhältnis mit dem ungefähr 22 Jahre alten Kriegsgefangenen M. Beide trafen sich seit Juni 1942 öfter außerhalb des Werkes in einem Walde, wo es dann wiederholt zu Umarmungen und Küssen und zuletzt auch zum Geschlechtsverkehr kam. Die Angeklagte hat mit M. dreimal geschlechtlich verkehrt. Bei den Zusammenkünften der F. mit ihrem Kriegsgefangenen war auch regelmäßig die gleichfalls im Silva-Werk beschäftigte M.M. zugegen. Diese unterhielt ein Verhältnis mit dem französischen Kriegsgefangenen D., den sie zu den Zusammentreffen mitbrachte. Die M. verkehrte dann auch mehrfach geschlechtlich mit D., von dem sie jetzt auch schwanger ist."[841]
Das zuletzt genannte Paar nutzte die zur Verfügung stehende Freizeit für gemeinsame Treffen in der Umgebung. Abseits der Bevölkerung und des Betriebes konnten sie auf diesem Wege die intime Beziehung vorerst geheim halten. Ein Austausch von materiell höherwertigen Geschenken zur Bewahrung der Erinnerung an die gemeinsame Zeit ist nur in diesem Fall eindeutig nachweisbar.
Die Ergebnisse der Befragungen lassen erkennen, dass die Kriminalbeamten sehr genau wissen wollten, wann und wo und wie oft die Angeklagten dem „Verbotenen Umgang" nachgegangen waren: „Alle

---

841 Ebd.

Angeklagten und auch die M.M. hatten wenig Lust an der Arbeit auf den Silva-Werken. Sie reiften schließlich den Entschluß, die Arbeitsstelle zu verlassen und mit den ihnen bekannten Kriegsgefangenen nach Frankreich zu flüchten. […] Zur Vorbereitung der beabsichtigten Flucht vermittelte die Angeklagte R. durch den Kriegsgefangenen B. Briefe an M. und D.; auch die Angeklagte F. verständigte die Kriegsgefangenen von der beabsichtigten Flucht. Die Angeklagte R. und auch die Angeklagte F. übernahmen es dann, für die Kriegsgefangenen Zivilkleider zu besorgen. […]. Nachdem die F. der Ehefrau K. vorgeschwindelt hatte, sie brauche einen Herrenanzug, weil sie sich für einen ihr bekannten Soldaten in Männerkleidung fotografieren lassen wolle, bekam sie einen blauen aus Hose und Jacke bestehenden Anzug, sowie eine blaue Schirmmütze […]. Die Angeklagten R. und U. dagegen konnten an diesem Tage noch nicht mitfahren, weil sie den Kriegsgefangenen B. erst am nächsten Tage treffen konnten. […]. Die M.M. nahm mit Rücksicht auf ihre hohe Schwangerschaft von der Fahrt Abstand; auch der Kriegsgefangene T. gab die Flucht auf, weil er angeblich krank war. […]
In den Vormittagsstunden des 20. Oktober 1942 fuhren dann die Angeklagten mit den drei Kriegsgefangenen in einem Personenzuge in Richtung Frankfurt/Main. Vor Antritt der Fahrt hatte die Angeklagte F. noch dem Kriegsgefangenen D., welcher rotes Kopfhaar hat, die Haare schwarz gefärbt, um ihn so weniger kenntlich zu machen. Auf der Fahrt nach Frankfurt wurden sämtliche Beteiligte von der Zugkontrolle der Wehrmacht aufgegriffen. Auf dem Rock, welcher der Kriegsgefangene D. anhatte, befand sich nämlich noch das Parteiabzeichen der NSDAP, welches man vergessen hatte, abzumachen. Da D. kein Wort deutsch versteht, fiel er wegen des Parteiabzeichens auf."[842]
Der Versuch der gemeinsamen Flucht nach Frankreich und dem damit erhofften Lebenswandel ist weniger auf Widerstand oder politisch motivierte Grundsatzhaltung zurückzuführen, als viel-

---

842 LHASA, MD, C 134, Nr. 205/1, Bl. 61ff.

mehr auf den in einer Partnerschafft erhofften Neuanfang in einer gänzlich neuen Umgebung. Die Unterschätzung des deutschen Sicherheitsapparates und die mangelnde Planung führten zwar zu einem abrupten Ende der Flucht, doch schufen sich die Paare zuvor einen erheblichen Handlungsspielraum. Ihr Vorhaben behielten die Frauen für sich und minimierten so die Wahrscheinlichkeit einer Denunziation durch Kollegen oder Bekannte.

Die Auflösung des Mietverhältnisses, der Verkauf der Wohnungseinrichtung und das Beschaffen der Zivilkleider für die Kriegsgefangenen lassen erkennen, dass es sich um einen tiefgreifenden Entschluss handelte. Die Arbeiterinnen erhofften mit dieser Entscheidung einen Lebenswandel herbeiführen zu können, der sie aus der Dienstpflicht oder auch dem monotonen Arbeitsablauf im Werk befreien würde. Dass es hier weitaus mehr individuelle Beweggründe gegeben haben kann, wird aus der Urteilsbegründung nicht ersichtlich. Inwieweit private Absichten eine Rolle gespielt haben könnten, war für die Sicherheitsbehörden nicht von Belang und ist quellenmäßig auch nicht belegt. Gruppendynamische Effekte sind bei der Entschlussfassung im dritten Fall sicher nicht zu unterschätzen, doch kann die Überbetonung der Verantwortung der ältesten Beteiligten am Ende des letzten Urteils als monokausal bezeichnet werden. Die zwei jungen Frauen mussten sich ebenso bewusst für Flucht, „Neuanfang" und alle damit auftretenden Problemlagen entscheiden. Jugendlichkeit und Unerfahrenheit mögen eventuell die Bereitschaft zur Flucht erleichtert haben, jedoch dürfen Ursache und Wirkung auch in diesem Fall nicht ineinander verschränkt werden. Die Risikobereitschaft der jungen Frauen stellt ein besonderes Phänomen im ausgewerteten Quellenbestand dar. Darunter wird die grundlegende Bereitwilligkeit verstanden, eigenmächtig Handlungsräume zu schaffen und diese dann auch für sich *und* den Kriegsgefangenen nutzbar zu machen. Mit diesem Verhalten sind zahlreiche zeitgenössische Verbotsübertretungen verbunden, deren alleinige Entdeckung bereits ein Sondergerichtsverfahren zur Folge haben konnte.

Den hier ausführlich dargelegten Fällen ist folglich gemein, dass sie zahlreiche Aspekte des „Verbotenen Umgangs" miteinander vereinen. Die gegenseitig vorgenommene Versorgung mit Lebensmitteln, Geschenken und Waren des täglichen Gebrauchs endete in den untersuchten Fällen in einem aufgedeckten und sondergerichtlich bestraften Liebesverhältnis. Die einhergehende Intensität und emotionale Verbundenheit mit den Kriegsgefangenen offenbart, dass die Frauen erhebliche Risiken auf sich nahmen, um die Verbindung aufrechtzuerhalten. Kombiniert man die richterlichen Urteilsbegründungen mit dem zeitgenössischen Rassebegriff und analysiert sie daraufhin als rassenhierarchische Übertretungen, so changiert die analytische Perspektive auf die „GV-Verbrechen" seitens der neueren Forschung zwischen den Begriffen „Rasse, Geschlecht und Nation"[843]. Dieses Paradigmendreieck fand als Analyseinstrument bereits in der Frauen- und Geschlechterforschung zum Nationalsozialismus Verwendung und weitete in der Forschung die Perspektive auf die VUK-Fälle aus, so Hauch.[844]

Die Urteilsbegründungen der Sonder- und Strafgerichte verwiesen in allen ausgewerteten Fällen stets auf die Missachtung des volksgemeinschaftlichen Konzepts und nutzten es, um die Frauen aus der „Volksgemeinschaft" auszuschließen. Die aus den Liebschaften stammenden Kinder stellten eine Missachtung der rassenpolitischen Ziele der NS-Führung dar, die die betreffenden Frauen, deren Familie und die Kinder selbst über das Kriegsende hinaus stigmatisieren konnten. Die weitere Entwicklung der aus den Liebschaften stammenden Kinder und das Schicksal ihrer Mütter nach dem Kriegsende stellt für den Untersuchungsraum allerdings ein Forschungsdesiderat dar. Das Phänomen des „Verbotenen Umgangs" und die Stigmatisierung(en) in einem zeitlichen Längsschnitt zu untersuchen, wird daher als besonders gewinnbringend eingeschätzt.[845] Hauch hebt

---

843 Hauch, „... Das gesunde Volksempfinden gröblich verletzt", S. 247.
844 Vgl. ebd. Hauch beschrieb das Problem als „Opfer-Täterinnen-Dichotomie".
845 Bianca Roitsch (Oldenburg) untersuchte in ihrem Promotionsvorhaben unter

in ihrem Beitrag hervor, dass die Bedeutung der Konkretisierung des Tatbestandes durch Hitler im Jahre 1942 zu einer begrifflichen Ausweitung führte, deren Ziel die Ahndung der geschlechtlichen Beziehungen zwischen deutschen Frauen und Kriegsgefangenen als Verrat an der Front war.[846] Die sich daraus ergebenden Denunziationen von Missliebigen erreichte insbesondere in den letzten beiden Kriegsjahren ein Höchstmaß. Ein Befund, der mit den Rechercheergebnissen der vorliegenden Studie korreliert.

5.2.4 Orte des Kennenlernens und Gegenmaßnahmen der Sicherheitsbehörden

Als einer der Hauptberührungsorte der an „schweren Fällen" beteiligten Männer und Frauen ist der Arbeitsplatz zu nennen. Die Arbeitskraft der deutschen Frauen fand ab 1941/42, ebenso wie die Mehrheit der in das Deutsche Reich verbrachten Kriegsgefangenen, massiv in der Industrie und Landwirtschaft Verwendung. Der juristische (zeitgenössische) Begriff der „Kontaktaufnahme"[847]

---

anderem den Gegenstand „,Volksgenossen' im Angesicht ‚Gemeinschaftsfremder'? Das Umfeld der NS-Zwangslager am Beispiel von Bergen, Esterwegen und Moringen 1930–1960". Der Längsschnitt erweitert die Perspektive auf die über Epochengrenzen hinwegwirkenden Aushandlungsprozesse innerhalb der deutschen Bevölkerung. Es ist Jane Caplan grundlegend zuzustimmen, dass damit die Untersuchung der „Selbstdeutungsversuche eines Gemeinschaftsbildes" über das Kriegsende hinweg ermöglicht wird. Das zugrundeliegende Konzept Roitschs ließe sich nach Einschätzung des Verfassers auch auf die schweren VUK-Fälle anwenden, denn ihre systematische Erforschung kann zum Verständnis der Inklusions- und Exklusionsmechanismen beitragen. Vgl. Kannmann, Paul: Tagungsbericht ‚Volksgemeinschaft' vor Ort? Neue Forschungen zur sozialen Praxis im Nationalsozialismus. 23.02.2012–25.02.2012, Oldenburg, in: H-Soz-u-Kult, 27.03.2012, online: www.hsozkult.de/conferencereport/id/tagungsberichte-4172 (17.07.2015).

846 Vgl. Hauch, „… Das gesunde Volksempfinden gröblich verletzt", S. 249.

847 Hierunter zählten private Gespräche am Arbeitsplatz, gemeinsames Essen an einem Tisch, Lebensmittelversorgung, Austausch von Zärtlichkeiten, Geschlechtsverkehr wie auch langjährige Liebesbeziehungen. Vgl. LHASA, MD, C 20 I, Ib Nr. 886 Bd. 3, Bl. 44.

ist hier als das wesentliche Werkzeug[848] zum Verständnis der zeitgenössischen Rechtspraxis anzusehen.[849] Die juristische Verwendung des Terminus wurde in der NS-Rechtsprechung mit den nicht trennungsscharfen Begriffen „Würde" und „gesundes Volksempfinden"[850] kombiniert und schloss die Frauen damit aus der „Volksgemeinschaft" aus.

Die Ermittlungsergebnisse der örtlich zur Aufklärung herangezogenen Gestapo konnten entschieden dazu beitragen, die Zuchthausstrafen auf ein Höchstmaß festzusetzen. Der in der Stapoleitstelle Magdeburg für die VUK-Fälle zuständige Stapo-Leiter Dr. Leiterer gab in einem internen Rundschreiben (1/40 3897/39) vom 8. Januar 1940 bekannt, dass „Meldungen verschiedener Art aus dem gesamten Bezirk darauf hin[deuten], daß sich Vergehen deutscher Volksgenossen in Bezug auf den Umgang mit Kriegsgefangenen erheblich häufen. Als Motivierung für ein solches Verhalten wird oft Mitleid mit den Gefangenen oder auch Gewinnsucht angegeben. Ganz abgesehen davon, daß diese Haltung deutscher Volksgenossen jeglichen nationalen Stolz vermissen läßt und daher die schärfste Verurteilung jedes wahrhaften Deutschen finden muß, ist sie nach § 4 der Verordnung zur Ergänzung der Strafvorschriften zum Schutze der Wehrkraft des Deutschen Volkes vom 25. Novem-

---

848 Folgend aufgelistete Regionalstudien stellen besonders detailliert überlieferte Fälle vor: Mechler, Wolf-Dieter: Kriegsalltag und „Heimatfront". Das Sondergericht Hannover im Einsatz gegen „Rundfunkverbrecher", „Schwarzschlachter", „Volksschädlinge" und andere „Straftäter" 1939 bis 1945, Hannover 1997; Bergmann, Klaus: Justiz im Nationalsozialismus. Sondergerichte in der Justiz des Nationalsozialismus. Das Sondergericht Oldenburg. Ein Reader zum Sonderteil der Wanderausstellung „Justiz im Nationalsozialismus – über Verbrechen im Namen des Deutschen Volkes", Hannover 2001.

849 Vgl. Kolmorgen, Eckard/Godau-Schütke, Klaus-Detlev: „Verbotener Umgang mit Kriegsgefangenen". Frauen vor dem Schleswig-Holsteinischen Sondergericht (1940–1945), in: Demokratische Geschichte. Jahrbuch für Schleswig Holstein, Bd. 9 (1995), S. 125–149.

850 Es handelt sich bei dieser Generalklausel nicht um eine nationalsozialistische Erfindung führender NS-Juristen. Vgl. Schneider, Verbotener Umgang, S. 129.

ber 1939, Reichsgesetzblatt I, Seite 2319, unter schärfste strafrechtliche Verfolgung gestellt worden. Wenn es auch an sich eine Selbst-
verständlichkeit für jeden deutschen Volksgenossen sein sollte,
gegenüber Kriegsgefangenen den notwendigen Abstand zu wahren, halte ich es dennoch für ratsam, durch die unterstellten Organe
alle Volksgenossen auf diese Strafbestimmungen hinzuweisen, um
dadurch ein Nachlassen derartiger Verstöße zu erreichen."[851]

In Zusammenhang mit dem seit Jahren in der historischen Forschung kontrovers diskutierten Begriff der „Volksgemeinschaft"[852]
kommt die Frage auf, ob sich die von der Gesetzgebung und Propaganda unter Strafe gestellten Liebesverhältnisse, Affären oder
intensiven Gespräche in die analytische Diskussion des Begriffs
einordnen lassen. Die heute immer wieder anzutreffende Differenzierung von „Betriebsmitgliedern" und „Volksgemeinschaftsmitgliedern" lässt sich anhand des Aktenmaterials nicht ohne Weiteres
auf die zeitgenössische Volksgemeinschafts-Propaganda zurückführen. Folgt man, wie Silke Schneider, der zeitgenössischen Ratge-
berliteratur der 1930er und 1940er Jahre, so gefährdete insbesondere der „Verbotene Umgang" das Wohl der „Volksgemeinschaft".
„In der Logik einer biologistischen Rassentheorie wie der nationalsozialistischen gilt das ‚artgerechte' Verhalten der Einzelnen als
unmittelbare Voraussetzung für das Überleben der gesamten Volksgemeinschaft."[853] Bereits die „Polenerlasse"[854] aus dem Jahr 1940

---

851 LHASA, MD, C 30 Osterburg A, Nr. 1311, Bl. 200.
852 Vgl. zur Diskussion Kershaw, Ian: „Volksgemeinschaft". Potenzial und Grenzen eines neuen Forschungskonzepts, in: Vierteljahrshefte für Zeitgeschichte,
Bd. 59 (2011), S. 1–17, und Wildt, Michael: „Volksgemeinschaft". Eine Antwort
auf Ian Kershaw, in: Zeithistorische Forschungen, Bd. 8 (2011), S. 102–109;
ders.: Volksgemeinschaft. Eine Gewaltkonstruktion des Volkes, in: Bielefeld,
Ulrich: Gesellschaft – Gewalt – Vertrauen, Hamburg 2012 S. 438–457.
853 Schneider, Verbotener Umgang, S. 15.
854 Stefanie Abke verbindet mit dem zeitgenössischen Terminus „Polenerlasse" den
Maßnahmenkatalog, den Ministerpräsident Göring in seiner Funktion als Vor-
sitzender des Ministerrats für Reichsverteidigung und Reichsführer SS Himmler herausgegeben hatten. Den nach Deutschland als Zwangsarbeiter oder

vermitteln eine sehr konkrete Vorstellung vom Rassenwahn führender Nationalsozialisten und ihrem Versuch, möglichen sexuellen Verhältnissen zwischen deutschen Frauen und Polen Einhalt
zu gebieten. Die Ambivalenz des zeitgenössischen Volksgemeinschaftskonstrukts tritt in jedem sondergerichtlich behandelten Fall
offen zu Tage.[855] Sowohl die Wirkmächtigkeit der zeitgenössischen
Propaganda, als auch die nationalsozialistische Einstellung gegenüber den rassisch vermeintlich minderwertigen Fremden ist in den
betreffenden Fällen durchbrochen worden. Als handlungsanlei-
tendes Motiv wird vor allem zwischenmenschliche Neugier und
Abwechslung angegeben, die als Grundlage der vielseitigen Verhaltensmuster geltend gemacht wurden.

Die Heterogenität jener in den Urteilsbegründungen beschwo-
renen „Volksgemeinschaft" wird genau dann offenbar, wenn
man die vielfältigen Begegnungen platonischer oder auch sexueller Natur zwischen Inkludierten und Exkludierten untersucht.
In einer Zeitungsmeldung des Berliner NSDAP-Wochenblattes
„Angriff"[856] vom 17. November 1942 ist Folgendes abgedruckt:
„Im Umgang mit den Kriegsgefangenen stets daran denken, daß
auch der Gefangene unser Gegner ist! Der Mangel an eigenen
Arbeitskräften hat uns gezwungen, in unseren Fabriken und auf

---

„Fremdarbeiter" verschleppten Polen wurde mit diesen Erlassen ihre vermeintliche rassische Minderwertigkeit stets vor Augen geführt und geringste Vergehen auf deren Grundlage auch äußerst hart bestraft. Vgl. Abke, Sichtbare Zeichen unsichtbare Kräfte, S. 155.

855 Zur Bestrafungspraxis „ehewidriger Beziehungen" erscheint im Rahmen eines
Tätigkeitsberichtes des Sondergerichtes Magdeburg vom 20. April 1940 folgender Verweis: „Es hat sich wiederholt gezeigt, daß die überwiegende Schuld bei
Anknüpfung ehewidriger Beziehungen zu einer Kriegerfrau nicht auf Seiten des
Angeklagten liegt, sondern bei der Kriegerfrau selbst. Es hat sich dabei die bedau-
erliche Erscheinung aus der Zeit der Weltkriege manchmal wiederholt, daß die
Kriegerfrauen in frivoler Weise die Tatsache, daß ihr Ehemann sich an der Front
befindet oder sonst zur Wehrmacht eingezogen ist, ausnutzen, Männer anzulo-
cken und selbst Jugendliche zu verführen." LHASA, MD, C 134, Nr. 1, Bl. 14.

856 Gauzeitung der Berliner NSDAP (1927–1945).

unseren Höfen K r i e g s g e f a n g e n e einzusetzen. Millionen von Menschen fremder Sprachen und fremder Sitten kommen infolgedessen in diesen Tagen in Berührung mit der deutschen Zivilbevölkerung, und selbst außerhalb der Arbeit ist die Möglichkeit häufigen Zusammentreffens gegeben. Keinesfalls darf dieser Zustand aber dazu führen, daß wir uns mehr mit diesen Hilfskräften abgeben, als unbedingt nötig ist."[857] Dass sich aus den Zusammentreffen in zahlreichen Fällen Beziehungen ergaben, ist vielfach belegt worden. Wie hoch die Dunkelziffer der verbotenen Kontakte im Untersuchungsgebiet gewesen ist, kann jedoch nicht einmal ansatzweise erschlossen werden.[858] Es ist festzuhalten, dass der Umgang mit Kriegsgefangenen im Reichsgebiet mehr oder weniger zur Normalität geworden und keiner flächendeckenden Kontrolle unterworfen war. Die geschaffenen Handlungsräume der an diesem „Verbotenen Umgang" beteiligten Frauen

---

857 LHASA, MD, I 33, Nr. 1050, Bl. 16.

858 Bohse und Viebig zeichneten in ihrer Studie zu den Sondergerichten auf dem heutigen Boden des Landes Sachsen-Anhalt den „enormen Anstieg der bei den Sondergerichten zur Anklage gebrachten Vergehen nach Kriegsbeginn" nach. Bohse, Daniel/Viebig, Michael: Sondergerichte und deren Tätigkeit auf dem Gebiet des heutigen Landes Sachsen-Anhalt, in: Justiz im Nationalsozialismus. Begleitband zur Wanderausstellung Sachsen-Anhalt, hg. von der Stiftung Gedenkstätten Sachsen-Anhalt, Magdeburg 2008, S. 31. Keinesfalls konnten aber alle „Verbotenen Umgänge" sondergerichtlich belangt werden, denn nicht alle Fälle wurden auch bekannt. Stein verweist in seinem Beitrag u.a. zu den „GV-Verbrechen" insbesondere auf die Widersprüche in der Auslegung des §4 der Verordnung zur Ergänzung der Strafvorschriften der Wehrkraft des Deutschen Volkes vom 25. November 1939: „Was war zu entscheiden, wenn der Kriegsgefangene als Fremdenlegionär deutscher Abstammung war, was wenn die Angeklagte als Belgierin im freiwilligen Einsatz in Deutschland selbst Ausländerin war und zudem noch der belgischen NS-Bewegung angehörte?" Stein, Wolfgang Hans: „Standgerichte der inneren Front". Die Rechtsprechung der NS-Sonderlager, in: Meyer, Hans-Georg/Berkessel, Hans (Hg.): Die Zeit des Nationalsozialismus in Rheinland-Pfalz, Bd. 3, Mainz 2001, S. 136–149, hier S. 145. Solche Fälle sind im Untersuchungsgebiet zwar nicht nachweisbar, doch offenbaren sie die systemimmanenten Widersprüche in der Bestrafung des sexuellen Verkehrs mit Kriegsgefangenen.

offenbaren damit die „Halbdurchlässigkeit"[859] der sogenannten Volksgemeinschaft und sind als Beleg verbotener Vergemeinschaftungsprozesse vor Ort geltend zu machen.

In der neueren Forschungsliteratur werden Dispositionen und handlungsanleitende Motivationen vermehrt analysiert und in Beziehung gesetzt. Kundrus verweist in ihrer Studie auf die hohe Mobilität von Frauen durch Evakuierung und Arbeitsplatzwechsel, die sie aus ihren alten Lebenszusammenhängen in „neue verpflanze".[860] Ihre Analyse von SD-Mitteilungen zum sexuellen Lebenswandel der weiblichen Bevölkerung machte kenntlich, dass Strategen der NS-Sicherheitsbehörden im weiteren Kriegsverlauf die sexuelle Aktivität der Frauen an ihre kriegsbedingte Mobilität koppelten. So wurde ein fragwürdiger Zusammenhang zwischen Partnerwahl und Arbeitseinsatzort hergestellt. In den SD-Berichten wird darauf verwiesen, dass generell eine Lockerung der ehelichen Treue festzustellen sei, gerade weil zahlreiche verheiratete Frauen im Heimatgebiet vereinsamten. Bekannte führten Frauen in Lebensformen ein, die ihnen bis dahin fremd gewesen wären; in Lokalen träfen sie dann Ausländer und Soldaten, die sehr an Frauenbekanntschaften interessiert seien.[861] „Die tägliche Bedrohung in bombardierten Städten bringe es mit sich, daß man an ‚irdischen Freuden' mitzunehmen versuche, was nur irgend möglich sei. Bei manchen Frauen sei der Wunsch ausschlaggebend, begehrte Mangelwaren wie Kaffee, Schokolade u. a. mitgebracht zu bekommen."[862] Dieses Motiv gelte auch für den Umgang mit Ausländern, denn hier komme eine „gewisse Sensationslust auf sexuellem Gebiet"[863] hinzu. Das Hamburger Pflegeamt machte auch das

---

859 Diese Eigenschaft wurde auf einer Tagung zum kontrovers diskutierten „Volksgemeinschafts"-Begriff als erkenntniserweiterndes Analyseinstrumentarium vorgeschlagen. Vgl. Kannmann, Tagungsbericht.
860 Kundrus, Verbotener Umgang, S. 157.
861 Vgl. ebd., S. 156 ff.
862 Ebd., S. 157.
863 Boberach, Heinz (Hg.): Meldungen aus dem Reich. Auswahl aus den gehei-

ungezügelte Sexualleben der Soldaten für die Untreue der Ehefrauen verantwortlich: „Diese Frauen stellen sich mitunter auf den Standpunkt, dass das, was der Mann tut, auch ihnen gestattet sein müsse."[864] Eine Differenzierung zwischen Stadt- und Landbevölkerung wird hingegen nicht vorgenommen. Die damit aufgeworfene Frage, ob zwischen einer vermeintlich *fortschrittlichen Stadtbevölkerung* und einer *konservativen Landbevölkerung* zu unterscheiden ist und die Verfügbarkeit möglicher Sexualpartner in beiden Lebenswelten eine unterschiedlich ausgeprägte Akzeptanz nach sich zog, ist anhand der wenigen Vernehmungsprotokolle nicht zu diskutieren. Dass Denunziationen zur Aufdeckung des schweren „Verbotenen Umgangs" führten, korreliert mit der neueren Forschung. Sexualneid, Missgunst und persönliche Zerwürfnisse gelten hier als die häufigsten Motivlagen, die eine Anzeige bei den NS-Sicherheitsbehörden nach sich ziehen konnten.[865] Die Frauen hatten überwiegend die Volksschule besucht und arbeiteten spätestens ab 1943 in der Produktion eines kriegswichtigen Unternehmens oder auf einem Bauernhof. In der Mehrheit der Fälle waren die jüngeren Frauen ab Jahrgang 1920 zu Arbeit auf Höfen weit entfernt von ihrem Geburtsort verpflichtet worden. Die älteren Frauen ab Jahrgang 1894 bis 1919 waren größtenteils Ehefrauen der zum Kriegsdienst verpflichteten Bauern und für die Aufrechterhaltung des landwirtschaftlichen Betriebes verantwortlich, oder sie sind zu Arbeiten in Industriebetrieben herangezogen worden. Keine der Frauen oder Mädchen bekleidete höhere Positionen in nationalsozialistischen Verbänden, Vereinen oder Parteigliederungen. Aus den 16 zur Verfügung stehenden Lebensläufen lässt sich ableiten, dass die Frauen und Mädchen frühzeitig zur Arbeit auf dem Land oder als Haushaltshilfe herangezogen worden sind und ihre

---

men Lageberichten des Sicherheitsdienstes der SS 1939–1945, München 1968, S. 6481–6488.

864 StaHH, SBI, EF 70.24, Schreiben Petersens vom 17. Februar 1943. Zit. nach Kundrus, Verbotener Umgang, S. 157.

865 Vgl. Abke, Sichtbare Zeichen.

Schulausbildung nach dem Erreichen der 8. Klasse ein Ende fand. Das disparate Quellenmaterial lässt die Frage unbeantwortet, ob der mit dem verstärkten Arbeitseinsatz ab 1941/42 einhergehende Ortswechsel als einziges Beispiel ihrer Mobilität verstanden werden kann. In der Mehrheit der Fälle sind die Frauen entweder nach der Heirat in neue soziale Umfelder geraten oder verließen berufsbedingt ihre angestammte Heimat. Die jüngeren Frauen ab Jahrgang 1925 sind in 80 Prozent der Fälle zur Deckung des Arbeitskräftemangels in kriegswichtigen Betrieben in ihnen unbekannte Umgebungen gelangt. Vorher waren sie eng an den Geburtsort und die familiären Strukturen gebunden. Bis zum Kriegsbeginn weisen 80 Prozent der untersuchten Fälle ein geringes Maß an örtlicher Mobilität auf.

Die altersbedingt insgesamt sehr unterschiedlichen Lebenssituationen, -verhältnisse und -entwürfe eignen sich auf Grund ihrer Heterogenität besonders zur Analyse der Handlungs- und Kommunikationsräume: An dieser Stelle ist den Forschungen von Kundrus zur kriegsbedingten Mobilität der Frauen grundsätzlich zuzustimmen, denn die mit einem dauerhaften Ortswechsel verbundenen Assimilations- und Selbstdeutungsprozesse erweiterten in der Folge auch den Erfahrungshorizont der Frauen in hohem Maße.[866] Neue Rechte und Pflichten, lange Arbeitszeiten, Selbst- und Fremdverantwortung konfrontierten die Frauen mit der reichsweiten Kriegsmobilisierung und -produktion. Der in zwei Fällen dokumentierte kriegsbedingte Verlust des Ehemannes hatte für sie eine enorme Erweiterung des Verantwortungsbereiches zur Folge, um Haus, Hof und den landwirtschaftlichen Betrieb aufrechtzuerhalten. In einem dieser Fälle wirkte sich die Mischung aus materiellen Sorgen, einer Scharlacherkrankung und verpasster Trauerarbeit strafmildernd für eine des „Verbotenen Umgangs" angeklagten Frau aus. Aus dem Arbeitsverhältnis mit einem britischen Kriegsgefangenen entwickelte sich ein Liebesverhältnis, welches die beteiligte

---

866 Vgl. LHASA, MD, C 134, Nr. 205.

Frau durch Selbstanzeige auflöste.[867] Die in Fallbeispiel 1 behandelte Grete H. war eng mit anderen Arbeiterinnen des Werkes vernetzt. Man unterhielt sich nicht nur über das betriebliche Tagesgeschehen, sondern auch über die vor Ort zur Arbeit herangezogenen Kriegsgefangenen. Mit Interesse wurde kommuniziert und was sehr bedeutend war: den Fremden gegenüber Sympathie bekundet. Zu Berührungspunkten am Arbeitsplatz kam es in der Regel dann, wenn sich die Arbeitswege kreuzten oder Arbeitsschritte gemeinsam ausgeführt werden mussten. Aus nahezu allen für diese Arbeit ausgewerteten Vernehmungsprotokollen und Urteilsbegründungen lässt sich ableiten, dass die Frauen über die strikte und gesetzmäßig vorgeschriebene Behandlung von Kriegsgefangenen wiederholt informiert worden sind.[868] Plakate hingen in den Betrieben aus, und Ansprachen wurden gehalten. Mehrfach ist der intensive nonverbale Kontakt als handlungsleitende Triebfeder benannt worden, der sich zwangsweise aus den Verständigungsschwierigkeiten ergab. Dass hierbei gelacht, sich mit Kolleginnen ausgetauscht und auch mit Kriegsgefangenen verabredet wurde, gilt als Folge der strukturierten Arbeitsvorgänge in den Industriebetrieben und auch den Höfen der Landwirtschaft. Ohne die Zusammenlegung der Arbeitsabläufe wäre die Kommunikation nicht als Argument für das gegenseitige Kennenlernen auf legalem Wege ausbaubar gewesen. Die damit geschaffenen Begegnungsfelder vermitteln einen tiefen Einblick in die Betriebsabläufe. Lars Amenda bezeichnete in seiner Studie zur Geschichte der „Rüstungswerke Hermann Göring" in Salzgitter den Arbeitsort als real gewordenen „Unort" der Volks-

---

867 Vgl. LHASA, MD, C 144, B 01, Nr. 4.

868 Zeitungsmeldung aus „Der Angriff" vom 17. Oktober 1942: „Lassen wir deshalb weiter als obersten Grundsatz gelten, Kriegsgefangene stets so zu behandeln, daß ihre volle Leistungsfähigkeit der Industrie und unserer Ernährungswirtschaft zugute kommt, daß wir ihnen stets korrekt gegenüber stehen, daß jedes weitergehende Entgegenkommen aber dem Feind die Spionage und die Sabotage erleichtert und sich damit gegen unser Volk richtet." LHASA, MD, I 33, Nr. 1050, Bl. 16. Vgl. Abschrift im Anhang auf S. 443 (Dok. 7).

gemeinschaft, eine Beobachtung, die bei genauerer Betrachtung auf viele Produktionsstätten innerhalb des Untersuchungsgebietes zutrifft. Der für das Deutsche Reich dringend notwendige Einsatz von Fremd- und Zwangsarbeitern und auch Kriegsgefangenen führte in der Folge zu multikulturellen Zwangsgemeinschaften vor Ort. Für die im Untersuchungsgebiet ansässigen Großbetriebe gilt diese Beobachtung in besonderer Weise. Der in den Magdeburger Großbetrieben Krupp-Gruson AG, Polte oHG, C. Louis Strube AG und Fahlberg-List forcierte Kriegsgefangeneneinsatz erweiterte die deutsche Stammbelegschaft mit u.a. Belgiern, Franzosen, Rotarmisten und Italienern.[869]

Aus der Aktenlage zum Sondergericht Magdeburg wird jedoch kein einziger Fall ersichtlich, der „GV-Verbrechen" in den oben genannten Großbetrieben aburteilte. Diesen Quellenbefund als Argumentum ex silentio für das Nichtvorhandensein intimer, sexueller Kontakte auszubauen greift aber entschieden zu kurz. Sehr wahrscheinlich wurden Liebesbeziehungen zwischen deutschen Frauen und Kriegsgefangenen in den Betrieben vielfach nicht entdeckt, nicht kommuniziert oder denunziert. Weitaus komplizierter verhält es sich mit belastbaren Aussagen zu Beziehungen auf dem Land. Das zum Teil enge Zusammenleben der Kriegsgefangenen mit den Familien auf dem Lande führte zwangsweise zu intensiveren Kontakten, als es in den Arbeitskommandos der industriellen Ballungsräume möglich war. Ein weiterer Befund für die Kontaktaufnahmen ist das zum Teil junge Alter der beteiligten deutschen Frauen. In dem für diese Studie zusammengestellten Quellenkorpus waren die Frauen durchschnittlich 22 Jahre alt und in 70 Prozent der Fälle unverheiratet. Sexuelle Motivation und Disposition spielen innerhalb gruppendynamischer Effekte eine ebenso nicht zu unterschätzende Rolle, denn sie beeinflussten die Entscheidungsfindung zum

---

869 Vgl. LHASA, MD, I 28, Nr. 652; LHASA, MD, I 28, Nr. 651; LHASA, MD, I 28, Nr. 669; LHASA, MD, I 36, Nr. 257/103; LHASA, MD, I 45, Nr. 478/22; LHASA MD, I 53, Nr. 744.

„Verbotenen Umgang" maßgeblich. Risikobereitschaft, zwischenmenschliche Sympathie, und Naivität begünstigten die Kontaktaufnahme in zahlreichen Fällen.[870]

Hieraus ergaben sich in einem ersten Schritt die Begegnungen, die dann in eine intensivere Phase des Kennenlernens mündeten. Die Attraktivität des Partners, der Nimbus des Fremden und die stetig verfügbare und als positiv wahrgenommene Abwechslung innerhalb des alltäglichen Lebens sind als Beweggründe für den „Verbotenen Umgang" aus den Protokollen zu entnehmen. Auch wenn es nicht in jedem Fall zum Geschlechtsverkehr kam, so ist anhand des Quellenmaterials zu erkennen, dass diese Merkmale als wesentliche Triebfedern zur Kontaktaufnahme bezeichnet werden können. Betriebe und Höfe wurden, in Anlehnung an das kulturwissenschaftliche Konzept von Däumer, im Zuge der Arbeitsmigration in das Deutsche Reich zu real gewordenen „Unorten" des nationalsozialistischen Volksgemeinschaftskonstrukts (Amenda). Die gesetzlich streng verbotene Kontaktaufnahme zum Zwecke des persönlichen Austausches ging laut Untersuchungsprotokollen und Sondergerichtsurteilen in fast allen Fällen vom Kriegsgefangenen aus. Dass diese Aussagen mit Vorsicht zu verwenden sind, geht klar aus den Selbstschutzbemühungen der Angeklagten hervor, die in ihrer ersten Vernehmung wiederholt den Versuch unternahmen, die Bedeutung der Kontaktaufnahme herunterzuspielen und insbesondere ihre Rolle zu verschleiern. Nur in zwei von 30 Fällen sind die Aussagen des betreffenden Kriegsgefangenen in der Aktenüberlieferung enthalten, lassen aber offen, wer von beiden den Erstkontakt forcierte. Lediglich in schwerwiegenden Fällen war es für den Vorsitzenden des Sondergerichts von Bedeutung, wenn die Angeklagte in seinen Augen die „deutsche Ehre" schamlos untergraben hatte und ihr nachgewiesen werden sollte, dass die Kontaktaufnahme von ihr ausgegangen war.[871] Letztlich kön-

---

870 Vgl. LHASA, MD, C 134, Nr. 154, Bl. 1–5.
871 LHASA, MD, C 144, B 01, Nr. 144, Bl. 72 f.

nen aber keine belastbaren Aussagen über die ersten Annäherungen gemacht werden, da eine zweifelsfreie Klärung auf Grundlage des Quellenmaterials nicht möglich ist.[872]Auf dem Land ist in allen Fällen des Untersuchungsraumes die Eigeninitiative beider Beteiligter auszumachen. Auch wenn in einem Drittel der Fälle (von neun) die Zudringlichkeit des Kriegsgefangenen in den Sondergerichtsprotokollen festgehalten wurde, so haben sich diese Behauptungen mehrfach als Selbstschutzversuche der Frauen herausgestellt. Dass seitens der Kriegsgefangenen Vergewaltigungsversuche vorgenommen worden sind, ist aus heutiger Perspektive nicht auszuschließen, doch konnten diese in mehreren Fällen vom Sondergericht nicht eindeutig von einvernehmlichen sexuellen Beziehungen getrennt werden.[873]

Der sexuelle Verkehr auf dem Betriebsgelände oder auch in der Nähe fand in beiderseitigem Interesse statt und wurde in den Protokollen auch im Nachhinein nicht als Vergewaltigungsversuch zum Schutz umgedeutet. Lediglich in einem der 30 untersuchten Fälle unternahm die Frau den Versuch, den vielfach stattgefundenen Geschlechtsverkehr vor Gericht als Vergewaltigung darzustellen. Die Aussagen der Frau offenbaren jedoch zahlreiche Widersprüche und überzeugten die Richter nicht. Die in den untersuchten Fällen als „angenehm" beschriebene Atmosphäre, in der sich der Kriegsgefangene und die Frau am Arbeitsplatz in der Industrie kennenlernten, ist im Nachgang auch mit befreundeten Kolleginnen kommuniziert worden.[874] An dieser Stelle sei hervorgehoben, dass die sich daraus ergebenden Treffen, die faktisch bereits als „Verbotener Umgang" strafrechtlich verfolgt werden konnten, nicht grundsätzlich sexuell motiviert waren. Die für diese Untersuchung herangezogenen Fälle legen offen, dass 10 von 30 Frauen mit ihrem näheren Bekanntenkreis über den „Verbote-

---

872 Vgl. LHASA, MD, C 144, B 01, Nr. 144.
873 LHASA, MD, C 144, B 01, Nr. 20.
874 Vgl. LHASA, MD, C 134, Nr. 205.

nen Umgang" sprachen. Aus Furcht, in den Fokus staatspolizeilicher Ermittlungen zu geraten, verschwiegen sie ihre Beziehung oder teilten ihr Wissen nur sehr eng befreundeten Personen mit. Hier überrascht es, dass einige der in den Protokollen des „Verbotenen Umgangs" beschuldigten Frauen ihr Verhältnis keineswegs vor den weiblichen Betriebsmitgliedern zu verbergen suchten, sondern freimütig über ihre Erfahrungen mit den Kriegsgefangenen berichteten. Die Quellenaussagen vermitteln hier ein sehr komplexes Bild von Mitwisserschaft und Duldung im Zusammenhang mit den Kontaktaufnahmen zwischen Arbeiterinnen und Kriegsgefangenen. Im Zuge der Ermittlungen sind vielfach Falschaussagen, gegenseitige Anschuldigungen und Anfeindungen offenkundig geworden, die den jeweiligen Fall als sehr komplex erscheinen lassen. Das Wissen vom „Verbotenen Umgang" mit Kriegsgefangenen wurde in mindestens drei Fällen im Konfliktfall ausgenutzt, um missliebige Kollegen in ihrem Handeln nachhaltig zu beschränken oder auch bei der Betriebsleitung anzuzeigen. Es ist darauf zu verweisen, dass die herangezogenen Quellen methodische Vorbehalte provozieren. Hauch vertritt die Auffassung, dass „diese als Quellenbasis für die Mentalitäten ihrer Verfasser [...] und für die Analyse des herrschenden Diskurses verwendet werden. [...] Sie sind Dokumente der Demütigung."[875]

5.2.5 Die Funktion der Sondergerichte

In engem Zusammenhang mit dem „VUK" standen reichsweit die sogenannten Sondergerichte.[876] Diese Gerichte waren keine Erfindung der NS-Justiz, sondern lassen sich bis in die Zeit der Weimarer Republik zurückverfolgen.[877] Innerhalb der NS-Justiz bildeten

---

875 Hauch, „... Das gesunde Volksempfinden gröblich verletzt", S. 255.
876 Die Reichsregierung verabschiedete am 21. März 1933 die „Verordnung über die Bildung von Sondergerichten". Auf schnellstem Wege sollte jegliche Kritik an den Maßnahmen der neuen Reichsregierung unterbunden werden. Vgl. Viebig, September 1939, S. 4.
877 Vgl. Bohse/Viebig, Sondergerichte, S. 28. Ebenso: Bozyakali, Can: Das Sonder

sie ein dem NS-Staat zuarbeitendes Verfolgungs- und Bestrafungsinstrument. Bohse und Viebig führten in ihrer Untersuchung zur Geschichte des Sondergerichtes Halle aus, dass innerhalb eines Sondergerichtsverfahrens „gerichtliche Voruntersuchungen entfielen, die Ansetzung der Verfahren häufig binnen weniger Tage oder gar 24 Stunden [erfolgte]. Das Gericht entschied, ob und welcher Verteidiger zugelassen wurde; es konnte Beweise und Entlastungszeugen ablehnen. Die Urteile waren sofort vollstreckbar; es gab keine Möglichkeit der Berufung."[878] Neben dem Delikt des „Verbotenen Umgangs" verurteilten die Vorsitzenden eines Sondergerichtes Verstöße gegen das Heimtückegesetz, Rundfunk- und Kriegswirtschaftsverordnungen, weiterhin Fälle von Brandstiftung, Plünderung, Straftaten gegen Eigentum, Angriffe gegen die Familien- und Geschlechtsehre, Gewaltverbrechen und Wehrmittelbeschädigung.[879] Der Zuständigkeitsbereich des Oberlandesgerichtes Naumburg umfasste nach Kriegsbeginn die Landgerichtsbezirke Dessau, Erfurt, Halberstadt, Halle, Magdeburg, Naumburg, Nordhausen, Stendal und Torgau. Weitere Forschungsarbeiten von Viebig zum Sondergericht Halle belegen, inwieweit sich die Rechtsprechung des Sondergerichtes Halle nach Kriegsbeginn an die sich stetig verändernde Kriegssituation anpasste.[880] Insbesondere die umfangreiche und radikalisierte Bestrafungspraxis innerhalb der letzten Kriegsmonate zeugt von nationalsozialistischem Fanatismus und ist als Hinweis für die zunehmende Radikalisierung der NS-Richter zu verstehen. Die inhaltliche Erweiterung der zahlreichen Verordnungen und Erlasse sorgten bereits nach Kriegsbe-

---

gericht am Hanseatischen Oberlandesgericht. Eine Untersuchung der NS-Sondergerichte unter besonderer Berücksichtigung der Anwendung der Verordnung gegen Volksschädlinge, Frankfurt am Main u. a. 2005.

878 Bohse/Viebig, Sondergerichte, S. 28.
879 LHASA, MD C 134, Nr. 1, Bl. 18.
880 Vgl. Bohse/Viebig, Sondergerichte, S. 34. Flächendeckende, komparativ ausgerichtete Untersuchungen zur Spruchpraxis im mitteldeutschen Raum können dazu beitragen, Radikalisierungsprozesse aufzudecken.

ginn reichsweit für eine enorme Klagewelle. Wie anfangs geschildert, sollten Sondergerichte Strafsachen möglichst schnell und im Sinne der NS-Justiz auch zielorientiert abarbeiten. Auf Grund der enormen Auslastung des Sondergerichtes Halle sah sich die zuständige Justizverwaltung gezwungen, den Apparat personell und geografisch weiter auszubauen.[881] In einem Schreiben an den Landgerichtsdirektor Pippig vom 6. Januar 1940 wurde mitgeteilt, dass „durch Erlaß vom 2. Januar 1940 [...] der Herr Reichsminister der Justiz auf Grund des § 18 der Verordnung über Maßnahmen auf dem Gebiete der Gerichtsverfassung und der Rechtspflege vom 1. September 1939 [...] mit Wirkung vom 10. Januar 1940 ab ein Sondergericht beim Landgericht Magdeburg für die Bezirke der Landgerichte Halberstadt, Magdeburg und Stendal errichtet" hat.[882] Im Rahmen der vorliegenden Studie ist es nicht vorgesehen, die umfassende Entstehungsgeschichte des Magdeburger Sondergerichts und die Karriereverläufe seiner exponierten Vertreter darzustellen. Das zur Verfügung stehende Quellenmaterial zum Magdeburger Sondergericht erlaubt keine tiefgreifende Untersuchung.[883] Die ermittelten Befunde sollen die bisherigen Kenntnisse zur Spruchpraxis im nach heutigen geografischen Maßstäben sachsen-anhaltischen Raum erweitern und ansatzweise die Forschungslücke zum Magdeburger Sondergericht füllen. Viebig führte in seiner Studie zu Veränderungen in der nationalsozialistischen Strafrechtspflege den Nachweis, dass das Hallenser Sondergericht „Umgangsdelikte" mit Kriegsgefangenen seit Ende 1939 in

---

881 Vgl. LHASA, MD, C 134, Nr. 1, Bl. 6 ff.

882 LHASA, MD, C 134, Magdeburg, Nr. 1, Bl. 2.

883 Hier sei auf den Forschungsansatz von Christine Schoenmakers verwiesen, die sich in ihrer Dissertation mit dem Thema „NS-Justiz und Volksgemeinschaft" auseinandersetzt. Dabei fokussiert sie auch die Rolle des Bremer Sondergerichts und dessen Vorsitzenden Warneken. Die Einbettung des Themas in einen größeren Gesamtzusammenhang ist besonders hervorzuheben, vermag sie gerade die regionalen Besonderheiten und reichsweit üblichen Aburteilungsmodi der Sondergerichte anhand eines dichten Quellenkorpus herauszuarbeiten. Vgl. Kannmann, Tagungsbericht.

„weit über 500 Fällen"[884] zur Anklage führte. Eine absolute Anzahl aller Erscheinungsformen des „Verbotenen Umgangs" ist für das Magdeburger Sondergericht nicht ermittelt worden, jedoch sind 47 schwere Fälle („GV-Verbrechen") der Umgangsdelikte aktenkundig (siehe Tab. 4, S. 455).

Es zeichnet sich ab, dass eine Zunahme der sondergerichtlichen Bestrafung der GV-Verbrechen festzustellen ist. Dieser Befund stimmt mit den Ergebnissen anderer Untersuchungen überein. Die Erklärungsansätze für diesen Anstieg weisen unterschiedliche Begründungsmuster auf: 1. Eine Zunahme der „Verbotenen Umgänge" lässt sich nicht ableiten. Die Steigerung der Anzahl ist auf die Denunziationsbereitschaft der Bevölkerung und die Arbeit der Polizeibehörden zurückzuführen. 2: Die Zunahme korreliert mit dem Ansteigen des Kriegsgefangeneneinsatzes.

5.3 Diskussion und Forschungstendenzen

Spoerer ist in seiner Behauptung, „die Akten der Sondergerichte lesen sich wie drittklassige Schmuddelromane",[885] grundsätzlich zuzustimmen, wenn man allein den Detailreichtum der Akten zu den sexuell motivierten VUK-Fällen betrachtet. Des Weiteren weist Spoerer indirekt auf den Umstand hin, dass der Großteil der Sondergerichtsakten VUK-Fälle beinhaltet, die als sogenannte GV-Verbrechen abgeurteilt worden sind. Auch wenn sich die Schilderungen wie „Schmuddelromane" lesen, so sind es Quellen, in denen die Täterinnen weitaus mehr mitteilen, als es auf den ersten Blick scheint. Aus heutiger Perspektive vermitteln sie Kenntnis von sozialen Netzwerken, Einstellungen und Handlungsspielräumen. Sie lassen also erkennen, unter welchen Umständen sich Kriegsgefangene und deutsche Frauen kennenlernten. Wendet man sich den

---

884 Viebig, September 1939, S. 4.
885 Spoerer, Die soziale Differenzierung, S. 564.

Schnittpunkten zwischen der Bevölkerung und den Kriegsgefangenen zu, so stellt dieser Quellentypus einen geeigneten Zugang zur Erforschung von Beziehungen zwischen *Fremdem* und *Eigenem* dar. In den vergangenen 20 Jahren nimmt das Thema „Verbotener Umgang mit Kriegsgefangenen" zunehmend mehr Raum in der Regionalgeschichtsforschung ein.[886] Zu verweisen ist auf rechtshistorische Untersuchungen zum Vorgehen der NS-Justiz, der Einrichtung von Sondergerichten[887] und auch der sich verändernden

---

886 Auswahl zur älteren Forschung u.a. Zühl, Antje: Zum Verhältnis der deutschen Landbevölkerung gegenüber Zwangsarbeitern und Kriegsgefangenen, in: Röhr, Werner/Eichholtz, Dietrich/Hass, Gerhart u.a. (Hg.): Faschismus und Rassismus. Kontroversen um Ideologie und Opfer, Berlin 1991, S. 342–352. In der überwiegenden Mehrzahl aller Studien wird das Thema „Verbotener Umgang mit Kriegsgefangenen" in all seinen Facetten anhand belastbaren Quellenmaterials ausgeleuchtet. Die rassenideologischen Grenzen zum „Schutze des deutschen Blutes" (Kontinuitätslinie zu den „Nürnberger Rassegesetzen") sind während des „Verbotenen Umgangs" überschritten worden. Folglich fallen bei diesen Fällen mehrere Intentionen (Unterstützung mit Nahrungsmitteln, Gegenständen usw.) zusammen und bündeln damit die Vielfalt der „Verbotenen Umgänge" (vgl. Herbert, Fremdarbeiter, S. 141–150). Aus einigen Beziehungen gingen Kinder hervor, die sich keineswegs in die Bevölkerungsplanungen mittlerer und führender NS-Funktionäre integrieren ließen. Weiterhin geben die Fälle Aufschluss über die Motivationen, Situationen und Dispositionen der Beteiligten. Die Verbindung des Eigenen mit dem Fremden wurde trotz der reichsweiten Propagandamaßnahmen fortwährend wahrgenommen, entschieden sich in zahlreichen Fällen Mädchen und Frauen gegen eine staatlich-rassistische Reglementierung ihrer Sexualität und verdeutlichen damit ihren Abstand zum rassistischen Weltbild der NS-Zeit. Es spielte vielerorts in der Wahrnehmung ihrer Sexualität keine tragende Rolle. In zahlreichen Fällen geben die Sondergerichtsakten dezidiert Aufschluss über die selbst geschaffenen Handlungsräume und legen damit nahe, dass Lücken in der Überwachung erkannt und auch genutzt worden sind. Als weitere Begründung für die Auswahl dieses „Delikts" ist anzuführen, dass sich die Befunde zielführend mit den neueren Erkenntnissen zur Denunziations- und Volksgemeinschaftsforschung verbinden lassen. Vgl. Schröter, Michael: Der willkommene Verrat. Beiträge zur Denunziationsforschung, Weilerswist 2007. Zur älteren Forschung: Diewald-Kerkmann, Gisela: Politische Denunziation im NS-Regime oder die kleine Macht der Volksgenossen, Bonn 1995.
887 Roland Freislers metaphorische Charakterisierung der Standgerichte als „Pan-

NS-Bestrafungspraxis. Für die Untersuchung sind besonders die Forschungsergebnisse von Kundrus[888], Stein[889], Trüter[890] , Akbe[891], Hauch[892], Schneider[893] und Viebig[894] berücksichtigt worden. Dies ist mit ihrer Aktualität und der theoretischen Durchdringstiefe der Sondergerichtsakten als Quellentypus zu begründen. Sie widmen sich vorrangig den am „Verbotenen Umgang" beteiligten Frauen und der Erforschung von Einzelschicksalen. Insgesamt fokussieren diese Analysen sowohl die Bestrafungspraxis, als auch Handlungs-räume[895] von „Tätern/Täterinnen" *und* NS-Justiz.

Es ist dem Befund von Gabriella Hauch aus dem Jahr 2006 grund-sätzlich zuzustimmen, dass in der gegenwärtig existierenden For-schungsliteratur die Untersuchung der Motive der am „GV-Verbre-chen" beteiligten Frauen und Männer immer noch eine Leerstelle bildet.[896] Die Betroffenen begaben sich in eine Gefahrensituation und hatten allzeit mit Ermittlungen zu rechnen. In neueren Regio-nalforschungen wird jedoch nicht vordergründig, wie von Hauch in lediglich einem Fall konstatiert worden ist, von Beweisen für anti-rassistisches Verhalten oder vom Freiraum gesprochen „der durch

zertruppe der Rechtspflege", in: Deutsche Justiz 1938, S. 1859f. Siehe auch Wüllenweber, Hans: Sondergerichte im Dritten Reich. Vergessene Verbrechen der Justiz, Frankfurt am Main 1990, S. 18.

888 Kundrus, Kriegerfrauen; dies.: „Verbotener Umgang". Liebesbeziehungen zwi-schen Ausländern und Deutschen. 1939–1945, Hamburg 1995.

889 Stein, „Standgerichte der inneren Front".

890 Trüter, „Als Entschuldigung meines Verhaltens …".

891 Abke, Sichtbare Zeichen unsichtbare Kräfte.

892 Hauch, „… Das gesunde Volksempfinden gröblich verletzt", S. 245–270.

893 Vgl. Schneider, Verbotener Umgang, S. 184–193.

894 Vgl. Viebig, September 1939, S. 1–11.

895 Sehr ertragreich zum Verständnis von NS-Moral und Begriff „Handlungsräume" Kundrus, Birthe: „Die Unmoral deutscher Soldatenfrauen". Diskurs, Alltagsver-halten und Ahndungspraxis 1939–1945, in: Heinsohn, Kirsten/Vogel, Barbara/ Weckel, Ulrike (Hg.): Zwischen Karriere und Verfolgung. Handlungsräume von Frauen im Nationalsozialismus (Reihe Geschichte und Geschlechter, 20), Frankfurt am Main 1997, S. 96–110.

896 Vgl. Hauch, „… Das gesunde Volksempfinden gröblich verletzt", S. 251.

nichtanwesende Männer entstanden wäre und Frauen erlaubt hätte, verschiedene Sexualpraktiken auszuprobieren".[897] Hauch stellte heraus, dass sich die verändernden Lebenssituationen auch auf das Sexualleben auswirken *konnten*, ohne dabei eine aus heutiger Perspektive falsch verstandene sexuelle Freiheit zu unterstellen. Die Dispositionen der Kriegsgefangenen lassen sich nur ansatzweise aus den persönlichen Schilderungen ihrer deutschen Partnerinnen erschließen. Ergänzendes Quellenmaterial (Tagebücher, persönliche Briefe und Nachkriegserinnerungen), welches eine kritische Überprüfung der in den Vernehmungen getätigten Aussagen ermöglichen würde, ist zumeist nicht überliefert. Die Bedeutung der Sondergerichtsakten ist trotz der methodischen Vorbehalte allmählich von anderen Forschungszweigen – wie der Soziologie – erkannt worden. Die dichte Zusammenstellung biografischer Daten, individueller Bewegungsmuster und Aussagen über familiäre Strukturen erlauben einen Rückschluss auf den Hergang der mit dem Umgang herbeigeführten Biografiebrüche. Schneiders Forschungsarbeit „Verbotener Umgang. Ausländer und Deutsche im Nationalsozialismus" liegt eine multiperspektivische Herangehensweise zu Grunde. Sie untersucht den „paradigmatischen Charakter der Umgangsdelikte"[898] und knüpft in Ansätzen an die seit Jahren kontrovers geführte „Volksgemeinschafts"-Debatte an. Herberts Studie „Fremdarbeiter" gab im Gesamtzusammenhang erstmals Anlass, das Thema „VUK" und Denunziation[899] detailliert zu erfor-

---

897 Ebd., S. 252.

898 Dietrich, Anette: Rezension zu Schneider, Silke: Verbotener Umgang. Ausländer und Deutsche im Nationalsozialismus. Diskurse um Sexualität, Moral, Wissen und Strafe, Baden-Baden 2011, in: H-Soz-u-Kult, 19.09.2011, online: www.hsozkult.de/publicationreview/id/rezbuecher-15696 (17.07.2015).

899 Vgl. Schröter, Der willkommene Verrat; Dörner, Bernward: NS-Herrschaft und Denunziation. Anmerkungen zu Defiziten in der Denunziationsforschung, in: Marszolek, Inge: Denunziation im 20. Jahrhundert. Zwischen Komparatistik und Interdisziplinarität, Köln 2001, S. 55–69; ebenso: Abke, Sichtbare Zeichen unsichtbare Kräfte. Zu Forschungsergebnissen u.a. zu Strategien der Wiederherstellung des Rufs nach Denunziation vgl. Altenstraßer, Christina: Hand-

schen: „Wenn verboten war, was alle taten, konnte der Umgang mit Kriegsgefangenen zum einfachen Mittel werden, um missliebige Nachbarn oder Kollegen bei den Behörden anzuschwärzen."[900] Schneider hält dazu fest, dass „der verbotene Umgang [...] in der Forschung als eines der Delikte beschrieben worden [ist], das überdurchschnittlich oft durch Denunziation der Polizei oder Partei bekannt wurde".[901] Diese Beobachtung konnte unter Berücksichtigung des ausgewerteten Materials gestützt werden.[902] In den inhaltlich breiter angelegten Studien zu den Stammlagern selbst ist die Untersuchung des Zusammenhangs zwischen weiblicher Bevölkerung und Kriegsgefangenen als stark unterrepräsentiert zu bezeichnen.[903] Forschungsrelevante regionale Studien konzentrieren sich vornehmlich auf die Erörterung der jeweiligen juristischen Aufarbeitung der Umgangsdelikte.[904] Als nahezu unerforscht ist der Umgang der männlichen deutschen Bevölkerung mit weiblichen „Fremdarbeiterinnen" zu bezeichnen. Geschuldet ist dies der widersprüchlichen Rechtsauffassung und Bestrafungspraxis der NS-Justiz. Die Bedeutung schwangerer Fremdarbeiterinnen war für die NS-Rassenideologie nicht so hoch, wie die Schwangerschaft

---

lungsspielraum Denunziation. Alltag, Geschlecht und Denunziation im ländlichen Oberdonau 1938 bis 1945, Diplomarb. Linz 2005.

900 Herbert, Fremdarbeiter, S. 142.

901 Schneider: Verbotener Umgang, S. 184.

902 „Entscheidend für die Einschätzung der Denunziationsbereitschaft in der NS-Zeit ist allein, wieviele Menschen sich aus der Untersuchungspopulation an Denunziationen beteiligten, und nicht, wie hoch deren Anteil an den Anzeigen war. Hohe Anteile wären auch bei einer geringen Zahl von Anzeigen und einer geringen Zahl an Eigenermittlungen durch die Gestapo möglich gewesen." Reuband, Denunziation im Dritten Reich, S. 225.

903 Vgl. Kilian, Mühlberg 1939–1948; Mai, Kriegsgefangen in Brandenburg.

904 Zur sondergerichtlichen Strafgerichtspraxis in Norddeutschland Vgl. Luge, Jens: Die Rechtsstaatlichkeit der Strafrechtspflege im Oldenburger Land 1932–1945, Hannover 1993. Zum Raum Südwestdeutschland vgl. Löffelsender, Michael: Strafjustiz an der Heimatfront. Die strafrechtliche Verfolgung von Frauen und Jugendlichen im Oberlandesgerichtsbezirk Köln 1939–1945 (Beiträge zur Rechtsgeschichte des 20. Jahrhunderts, 70), Tübingen 2012.

deutscher Arbeiterinnen durch Kriegsgefangene. Fremdarbeiterinnen, die ein Kind von einem Deutschen erwarteten, konnten in ihr Herkunftsland zurückgeschickt werden. Galt das Kind als „eindeutschungsfähig", so versuchte man den Verlust „deutschen Blutes an fremde Volkskörper"[905] zu vermeiden.[906] In den Fokus der regionalen Sondergerichte gerieten vornehmlich Frauen. Dieser Befund trifft besonders auf die am Sondergericht Magdeburg verhandelten Fälle zu. Die Reichweiten einer mikrohistorischen Untersuchung der Kontaktaufnahmen und „GV-Verbrechen" liegen auf der Hand: In den Urteilen offenbaren sich die vielseitigen situativen Wahrnehmungen und Bedürfnisse der Frauen und auch Kriegsgefangenen in ihrem Alltag. Es spiegeln sich in den Akten die sozialen Lebenswirklichkeiten der Frauen und Kriegsgefangenen wider, die nicht nur ihren Arbeitseinsatz betrafen, sondern auch das Private: ihre Sexualität. Abseits des Arbeitsplatzes trafen sich die, in juristischem Sinn, ungleichen Paare und lernten einander kennen. Die Sondergerichtsurteile geben gerade über die Orte des „Kennenlernens" und die Intensivierung der verbotenen Beziehungen dezidiert Aufschluss. Versteht man die beteiligten Frauen als Mitglieder der NS-Volksgemeinschaft, so ist zu fragen, wie das Son-

---

905 In einem Schreiben des Reichsbauernführers vom 21. März 1944 heißt es dazu: „An die Landesbauernschaften Betr.: Ausländische landw. Arbeitskräfte; hier: Entbindungsheime und Kinderpflegestätten für Fremdvölkische […]. Um den Verlust deutschen Blutes an fremde Volkskörper zu vermeiden werden die Eltern fremdvölkischer und ausländischer Kinder, die zum Teil deutschen oder stammesgleichen Blutes sind, einer rassischen Überprüfung durch die zuständigen Dienststellen des RFSS unterzogen (Erl. des RFSS, ChdDtPol., S-IV D_ 377/42 (ausl. Arb.) vom 27.7.1943). Je nach Überprüfungsergebnis erfolgt die Einweisung dieser Kinder in deutsche oder fremdvölkische Kinderpflegestätten. Die Erfassung möglichst aller Kinder ganz oder teilweise deutschen oder stammesgleichen Blutes erfordert, daß die Betriebsführer s ä m t l i c h e Schwangerschaften ihrer fremdvölkischen oder ausländischen Arbeitskräfte und zwar so früh als möglich dem zuständigen AA melden; das Weitere veranlasst das AA." LHASA, MD, C 102, Nr. 246, Bl. 84 f.

906 Vgl. Schreiben des Landesbauernführers auf Grundlage der Forderungen des GBA Sauckel. Ebd., Bl. 66.

dergericht, als Institution des „volksgemeinschaftlichen Willens",
auf verbotene Kontakte zu Feinden reagierte. Die Grenzen bei der
Erforschung des „Verbotenen Umgangs" sind ebenfalls quellenim-
manenter Natur: Zeitgenössische, belastbare Aussagen sind lückenhaft überliefert und angesichts ihres Entstehungshintergrundes mit
besonderer quellenkritischer Vorsicht zu verwenden. Die drei ausführlich geschilderten Fälle können in diesem Sinne auch als Stellvertreter für die verbliebenen 27 Fälle betrachtet werden. Ziel der
Untersuchung war es, grundlegende Muster der Verhaltensweisen herauszuarbeiten, die die Vielseitigkeit der VUK-Fälle belegen.
Festgestellt wurde, dass die gegenseitigen Aushandlungsprozesse
nicht von vornherein vom Einsatzort der Kriegsgefangenen und
dem Arbeitsplatz der Frau determiniert waren. Auch an vermeintlich gut bewachten Orten, wo die Wahrscheinlichkeit der Aufdeckung sehr hoch gewesen ist, ließ sich eine Liebschaft über einen
längeren Zeitraum verbergen. Es galt bei allen Begegnungsformen
(Industrie und Landwirtschaft) die Handlungsbedingungen zu analysieren und gemeinsam Freiräume zu schaffen. Dies setzte voraus, dass die Beteiligten die Sensibilität für die Aufdeckung der
Lücken innerhalb des Überwachungsapparates aufbrachten. Das
hierdurch gewonnene Wissen um die potenziell vorhandenen Freiräume wurde in allen drei Fällen angewandt und von Fall zu Fall
weiterentwickelt. Im Untersuchungsgebiet gerieten nur Frauen in
das Visier der NS-Sicherheitsbehörden und waren damit aus der
Perspektive des repressiven Volksgemeinschaftskonstrukts Prima
inter pares.

6 Beginn der Evakuierung: Die Operation „Violet"

6.1 Quellenbasis

Die Quellenlage zur Befreiung des Lagers erlaubt es nicht, vielschichtige Erörterungen über die letzten Wochen des Bestehens vorzunehmen. Diese Quellenlücke stellt in der Stalag-Forschung keinen Einzelfall dar. Zu unübersichtlich und von zahlreichen Sonderinteressen geleitet, verliefen die Erstkontakte zwischen den alliierten Kampftruppen und dem verbliebenen deutschen Lagerpersonal. Eine detaillierte chronologische Dokumentation der Ereignisse aus Perspektive der Kommandantur ist sehr wahrscheinlich nicht angefertigt worden. Die Auflösung des Stalags XI A ist demnach als Prozess zu verstehen, der mit dem 4. Mai 1945 und dem Eintreffen der Roten Armee endete. Das Lager ist von der 69. Armee übernommen worden, und es begann seitens der Roten Armee umgehend die Überprüfung der im Lager verbliebenen sowjetischen Kriegsgefangenen.[907]

Es lässt sich jedoch der Beginn des Auflösungsprozesses festmachen, der mit der Durchführung einer Kommandoaktion alliierter Kräfte (SAARF[908]) verbunden war. Dass die westlichen Gefangenen, die sich im Stalag XI A befanden, relativ problemlos in die

---

907 Es handelte sich bei den am 4. Mai 1945 eintreffenden Truppen um die 274. Schützendivision der 69. Armee. Über die Repatriierung der sowjetischen Gefangenen aus dem Stalag XI A und den weiteren Ablauf vor Ort sind keine gesicherten Kenntnisse gehoben worden. Insgesamt stellt die Organisation und Durchführung der unmittelbar nach Kriegsende erfolgten Rückmärsche ehemaliger Kriegsgefangener des Stalags XI A ein Forschungsdesiderat dar.

908 „Special Allied Airborne Reconnaissance Force", ein Gemeinschaftsprojekt des amerikanischen OSS (Office of Strategic Service) und des britischen SOE (Special Operations Executive). Vgl. http://www.insigne.org/SAARF-I.htm (23.02.2013).

Gebiete alliierter Streitkräfte übersetzen konnten, ist letztlich auf die Durchführung der Operation „Violet" zurückzuführen. Es sind im Wesentlichen zwei Quellengattungen zu verzeichnen, die Auskunft über die Umstände und den Ablauf der Aktion geben. Zum einen handelt es sich um mehrere Zeitungsartikel, die die erfolgreiche Landung der Einheit und spätere Evakuierung des Lagers beschreiben. In den zeitgenössischen Presseberichten wird u. a. auf einen 26-jährigen britischen Offizier verwiesen, Major Philip Worrall, der mit seiner Spezialeinheit im Luftraum über Altengrabow abgesetzt worden ist. Ihre Aufgabe bestand darin, Verhandlungen mit der Lagerkommandantur[909] zu führen, um die Lieferung medizinischer Hilfe und Lebensmittel für die 20.000 im Stalag XI A verbliebenen Kriegsgefangenen einzuleiten. Hauptziel war aber, Übergriffe deutscher Wachmannschaften und die als wahrscheinlich erachtete Ermordung von Kriegsgefangenen in den letzten Kriegstagen durch Verhandlungen mit den Verantwortlichen vor Ort zu verhindern. Auf diese Aktion und deren Bedeutung wird lediglich in einer Internetpräsenz verwiesen. Der Autor Les Hughes hat nach eigenen Angaben ehemalige Mitglieder der „SAARF" ermittelt und sie zu ihren Erlebnissen befragt.[910] Es finden sich auf der Internet-

---

909 Kommandant des Stalags XI A war zu diesem Zeitpunkt Oberst Theodor Ochernal.

910 Les Hughes hielt zur Herkunft seines Materials fest: "Over the years, I have managed to compile a SAARF roster that includes most of the American and many of the non-American personnel. Armed with this roster, I have spent a great deal of time tracking down veterans of SAARF, many of whom were able to contribute to this article. I acquired from Philip Worrall all of his SAARF memorabilia including a 60-page manuscript describing Operation VIOLET. D. Harmon provided me with a copy of his highly literate wartime memoirs in which he discusses his service with SAARF. T. Bullitt, who served with the British Army, the OSS, and SAARF, provided the details of the Frank Lillyman story, of which he had first-hand knowledge, as well as other information. And E. Porada, P. Aussaresses, B. Warfield, F. Hancock, H. Meerman, J. Gramont, J. Gonse, R.C. Thomas, P. McManus-Reber and Mrs. V. Santini, were generous in providing assistance." Hughes, Les: The Special Allied Airborne Reconnaissance Force (SAARF), 1993, online: http://www.insigne.org/SAARF-I.htm (23.02.2013).

seite detaillierte Beschreibungen aus dem Jahr 1993 über die Einheit, deren personelle Zusammensetzung und nachrichtendienstlicher Ausbildung. Darüber hinaus sind Kenntnisse über die Aufgabe des Teams „Eraser" unter Befehl von Major P. Worrall dargelegt.[911] Sein Team war maßgeblich für die Kontaktaufnahme mit der Lagerkommandantur in Altengrabow verantwortlich.

Major P. Worrall hat seine privaten Aufzeichnungen dem Imperial War Museum in London zur Archivierung überlassen.[912] 2007 besuchte er das ehemalige Stalag-Gelände in Altengrabow und übergab in diesem Zusammenhang dem Heimatforscher T. Haderer die Aufzeichnungen über den Beginn des Evakuierungsprozesses.[913] Diese 60 Seiten umfassenden Erinnerungen liegen auch dem vorliegenden Kapitel zu Grunde. Es konnte nicht in Erfahrung gebracht werden, wann Worrall die Aufzeichnungen anfertigte. Als an der Kommandoaktion Beteiligter geben die Aufzeichnungen verstärkt seine Perspektive auf die Abläufe im April/Mai 1945 wieder und lassen die existenzielle Gefahr durchscheinen, in die sich die Soldaten begaben. Die deutsche Befehlslage zum Umgang mit Spionen, die mit Fallschirmen tief in feindliches Gebiet vordrangen, war eindeutig und allen Beteiligten bekannt. Der Quellenwert der Aufzeichnungen ist als sehr hoch einzuschätzen, weil die Beschreibungen des Lagers in Anbetracht der bisherigen Erkenntnisse authentisch erscheinen.[914] Sehr aussagekräftig sind die geschilderten Gespräche mit dem deutschen Kommandanten des Stalags. Major Worrall verhandelte mit Oberst Ochernal über die Versorgung der restlichen Gefangenen und der Überfüh-

---

911 Vgl. ebd.

912 Vgl. Imperial War Museum, Private Papers of Major P A Worrall OBE, Nr. 14846.

913 Gedankt sei der freundlichen Unterstützung von T. Haderer, der dem Verfasser die englischsprachigen Aufzeichnungen für Recherchezwecke zur Verfügung stellte. Die Erinnerungen werden im folgenden Abschnitt als „Worrall-Bericht" zitiert.

914 Zu nennen sind hier die Anzahl der Gefangenen, die Beschreibung des Lagers und die beteiligten deutschen Offiziere.

rung befreiter alliierter Soldaten mit sicherem Geleit. Vor dem Eintreffen der 69. Armee war den im Lager verbliebenen Kräften nicht klar, wie die befehlshabenden Offiziere der Roten Armee auf die bis zu diesem Zeitpunkt eingeleiteten Vorgänge reagieren würden. Das Erstaunen des Kommandanten ob des Erscheinens einer multinationalen Einheit in feindlichem Gebiet wurde zum Gegenstand unmittelbar nach der Befreiung veröffentlichter Presseberichte. Fiktion, Ausschmückung und historisch belastbare Aussagen lassen sich in diesem Zusammenhang nicht voneinander trennen. Worrall hat die Meldungen der Kriegsberichterstatter in seine Memoiren eingefügt.[915]

Die wichtigsten Abläufe, die die Evakuierung des Lagers herbeiführten, werden im folgenden Abschnitt zusammengefasst und anschließend diskutiert. Es handelt sich bei dem zu Grunde liegenden Text von Worrall um den sechsten Teil der Aufzeichnungen mit dem Titel „Countdown To Ve-Day". Dieser umfasste den Zeitraum vom 26. Februar bis zum 8. Mai 1945. In Wentworth/England wurden die Mitglieder auf die Mission intensiv vorbereitet. Das Training umfasste die Vermittlung von Kenntnissen über die Beschaffenheit des Gebietes und über das Stalag XI A selbst. "Our task was to obtain information about the Allied prisoners of war (POWs) in and around Stalag XIA at Altengrabow, in the German-held-nomans land between Magdeburg and Berlin."[916] Worrall verweist auf Überlegungen des Supreme Headquarters (SHAEF)[917], die sich mit Handlungsoptionen Hitlers auseinandersetzten. Es galt grundsätzlich zu verhindern, dass die in den Stalags des Deutschen Reiches verbliebenen alliierten Kriegsgefangenen von der SS auf lange Märsche in Richtung Süden geschickt wurden.

---

915 Eine Auswahl der Texte befindet sich im Anhang dieser Studie.

916 „Worrall-Bericht", S. 12.

917 Supreme Headquarters, Allied Expeditionary Force, das Hauptquartier der alliierten Streitkräfte in Nordwesteuropa (1943 bis Kriegsende). Vgl. Ambrose, Stephen: Citizen soldiers. The U.S. Army from the Normandy beaches to the Bulge to the surrender of Germany, June 7, 1944–May 7, 1945, New York 1998.

Es handelte sich bei den Mitgliedern des britischen Teams „Eraser"
um bereits erfahrene Spezialisten, die auf dem europäischen Kriegsschauplatz mehrere Einsätze durchgeführt hatten. Ihre Ausstattung
umfasste neben Handfeuerwaffen u.a. ein Funkgerät, Kompasse,
eine tödlich wirkende Kapsel und ein Erkennungsschreiben des
SHAEF, welches nur im Notfall zu verwenden war.[918] Insgesamt gab
es drei Absprungzonen für sechs 3-Mann-Teams, die jeweils unterschiedliche Aufgaben zu erfüllen hatten. Für den weiteren Ereig-
nisverlauf ist das Team „Eraser" unter Führung von Major Worrall
entscheidend gewesen. In der Nacht vom 26. zum 27. April 1945
sind die Mitglieder der Einheit von der Royal Air Force über das
Abwurfgebiet geflogen worden und landeten mit ihren Fallschirmen unentdeckt ca. sieben Kilometer südlich vom Stalag XI A. Das
Funkgerät des Teams nahm bei der Landung irreparablen Schaden,
und so war eine Kommunikation mit dem Hauptquartier vorerst
unmöglich. Während der Morgenstunden diente ein Waldstück als
Versteck, in welchem sie am Nachmittag des 26. April von Wachen,
sehr wahrscheinlich von Volkssturmmännern, entdeckt worden
sind. Diese verbrachten Worrall und seine zwei Teammitglieder
samt ihrer Ausrüstung nach Groß Lübars. Gegen 20.00 Uhr sind
sie von dort der Gestapo übergeben und verhört worden. Während des Verhörs erfüllte das Schreiben des SHAEF seine Funktion.
Es war allen Teams auf Deutsch und Englisch als Beweismittel für
deren Tätigkeit ausgehändigt worden.

6.2 Kontaktaufnahme von Angehörigen alliierter Streitkräfte

Worrall und seine beiden Kameraden gelangten am 27. April als
Kriegsgefangene in das Stalag XI A und wurden in Sonderarrestzel-

---

918 Vgl. „Worrall-Bericht", S. 7.

len untergebracht.[919] Nach mehreren Zwischenereignissen und der Befragung durch Oberst Ochernal vermochte Worrall die Kontaktaufnahme zu britischen Gefangenen herzustellen. Das Stalag war zu diesem Zeitpunkt in drei Abteilungen aufgegliedert, die Briten/Amerikaner (2.000), Rotarmisten (10.000) und den Rest der Gefangenen (8.000) voneinander trennten. Ausgiebig äußert Worrall sich über den argumentativen Aufwand, den er betreiben musste, um von den Briten nicht als deutscher Spion abgewiesen zu werden. Diese konnten sich nur schwer vorstellen, dass eine multinationale Spezialeinheit ohne größere Probleme in der Nähe des Lager abgesprungen war und erfolgreich den Kontakt herzustellen vermochte.[920] Am 29. April gründete sich im Lager die „Allied Control Commission" (ACC), welche die Aktivitäten bündeln und gemeinsam von Worrall und einem Rotarmisten namens Parnov koordiniert werden sollte. Der Verlauf des Krieges in Italien, das Zurückweichen der deutschen Truppen und das erwartete Eintreffen der Roten Armee trugen zu einer Verschiebung der Machtverhältnisse im Stalag bei. Die ACC und das verbliebene deutsche Wachpersonal organisierten die Kriegsgefangenenverwaltung und sorgten damit zur Einhaltung der Lagerordnung während der angespannten Lage. Oberst Ochernal handelte mit Major Worrall aus, dass alsbald eine Kontaktaufnahme über Funk mit dem Hauptquartier hergestellt würd. Ochernal hat jedoch am 30. April den Befehl erhalten, die Kontaktaufnahme via Funk mit dem SOE (Special Operations Executive) in Wentsworth zu verbieten.[921] Die Ereignisse überschlugen sich, und die deutschen Wachmannschaften bereiteten einen Teil der amerikanischen und britischen Kriegsgefangenen zum Abmarsch vor. Worrall hielt fest, dass er dieses Vorhaben durch einen Sitzstreik aller Gefangenen zu verhindern suchte, und übermittelte im Lager Informationen über das nahende Kriegsende. Er

---

919 Vgl. ebd., S. 25 f.
920 Vgl. ebd., S. 30 f.
921 Vgl. ebd., S. 33.

weist in diesem Zusammenhang auf keinerlei Übergriffe durch die SS hin, die sich zu diesem Zeitpunkt, neben den OKW-Wachmannschaften, im Lager aufgehalten haben soll.[922] Worrall erhielt von Kommandant Ochernal schließlich die Erlaubnis, Informationen an das Hauptquartier abzusenden

Am 2. Mai 1945 verbreite sich zudem im Stalag die Nachricht, dass Adolf Hitler in Berlin Selbstmord begangen habe und eine Kapitulation des Deutschen Reiches nunmehr unumgänglich sei. In einer zweiten Nachricht an das Hauptquartier in Großbritannien wies Worrall auf die schlechte Versorgungslage hin und gab die Anzahl der im Lager befindlichen Gefangenen wieder: "British 700 American 1.300 French 6.000 Russian 9.000 Belgian 700 Poles 1.000 Dutch 200 Serbs 400 Italians 700."[923] Diese quantitative Aufstellung ist nicht abgesichert, jedoch gilt sie als wahrscheinlich. Am 3. Mai fuhren 70 LKWs mit Medikamenten und Lebensmitteln auf den Exerzierplatz des Lagers vor. Mit diesen LKWs sollten Franzosen, Niederländer, Belgier, Amerikaner und Briten abtransportiert werden. Am 4. Mai traf die Rote Armee im Lager ein, und die Kommunikationsverläufe sollten sich grundsätzlich ändern. Dem Bericht ist nicht eindeutig zu entnehmen, welches Ergebnis die Verhandlungen zwischen SAARF und den Offizieren der Roten Armee faktisch hatte. Im Subtext der Aufzeichnungen wird erkennbar, dass die Rotarmisten den Raum um Altengrabow als ihr Territorium betrachten und aus diesem Grund keine weiteren Aktivitäten britischer und amerikanischer Kommandos duldeten. Das Team ist umgehend aus Altengrabow nach Magdeburg verbracht worden, und damit endete die bis dahin als erfolgreich geschilderte Evakuierung des Stalags.[924] Worrall wies im Bericht darauf hin, dass mindestens fünf Gefangene während der letzten Tage in Kriegsgefangenschaft von deutschen Soldaten erschossen worden sind. Über

---

922 Vgl. ebd., S. 34–37.
923 Ebd., S. 40.
924 Vgl. ebd., S. 50–53.

die Nationenangehörigkeit der Getöteten ist nichts bekannt. Auch konnte nicht ermittelt werden, mit welchem Ergebnis die am 4. Mai noch nicht abgeschlossene Evakuierung der restlichen alliierten Gefangenen endete. In einem Zeitungsartikel[925] des 331. Infanterieregiments der 83. Infanteriedivision namens „The TTF"[926] vom 13. Mai 1945 sind die Abläufe aus Perspektive der Amerikaner geschildert. Der bebilderte Beitrag verweist auf die Tätigkeit von Lieutenant Richard Drury, der als Kriegsgefangener maßgeblich für den Kontaktaufbau hinter amerikanische Linien verantwortlich war. Im Kriegstagebuch des 331. Infanterieregiments vom 2. Juni 1945 heißt es zu den Ereignissen vom 2. Mai 1945: "Lt. DRURY, H Company, reported MIA[927] during the fight for the bridgehead, reported in ZERBST with a German Officer. Plans are being made with the Division through the 329th Infantry for the release of 12.000 allied Prisoners of War who were in the camp in which Lt. DRURY was held captive."[928]

---

925 Lt. Drury Initiates Rapid Release of PWs in Altongrabow, in: The TFF, 13.05.1945, S. 1 und 4, online: http://83rdinfdivdocs.org/documents/newspapers/331st_The_TTF_May_13_1945.pdf (10.03.2013).

926 "The TTF was the 331st Infantry regimental newspaper. These newspapers are the courtesy of Frank DeCarolis, 2nd Platoon, Co. E, 331st Infantry and Tom DePiano and where photographed and not scanned due to fragility." Online: http://83rdinfdivdocs.org/units/331st-ir/ (16.12.2012).

927 Die Abkürzung MIA steht für „Missing in Action", d.h. einem im Kampf vermissten Soldaten.

928 Online: http://83rdinfdivdocs.org/documents/331st/AAR/AAR_331_MAY1945.pdf (11.02.2013). Im Kriegstagebuch des 329. Infanterieregiments der 83. Infanteriedivision wurde für den 2.–4. Mai 1945 festgehalten: „On these 3 days the Regiment was busily occupied with the evacuation of PWs an DPs. The largest group to be handled was a group of 19,000 Alied PWs of assorted nationalities who were located in a camp 30 kms NE of Zerbst." Vgl. http://83rdinfdivdocs.org/documents/329th/AAR/AAR_329_MAY1945.pdf, S. 4 (01.07.2015). Vgl. auch Haderer, Toni: Aktion „Violet": Wie Major Philip Worrall und seine Männer 20000 Kriegsgefangene retten, in: Volksstimme online, 28.01.2014, online: www.volksstimme.de/nachrichten/lokal/burg/1215806_Aktion-Violet-Wie-Major-Philip-Worrall-und-seine-Maenner-20000-Kriegsgefangene-retten.html (17.07.2015).

In der detaillierten Meldung der Regimentszeitung ist zuzüglich festgehalten, mit welchen Ergebnissen die Unterredungen zwischen Oberst Ochernal und Major General Macon[929] endeten: "Finding himself at Altengrabow, only 30 kilometers from Zerbst, Drury contacted the German Colonel Theodore Ochernal and convinced him that it would be wise to give the camp up. He offered to go up to the American lines with the colonel. [...] Drurys first words were 'if you could only see some of your buddies back there. All of us are starved. Terms should be arranged as quickly as possible.' The lieutenant and german colonel were taken to Division headquarters and the necessary arrangements to release the prisoners were made. Col. Ochernal said, 'The American Commanders should explain their men that all personal feelings and outward expressions be curbed to prevent any violence by american and german troops when the column passes through Zerbst. Some of our boys are in bad shape I´ll admit. It will be difficult on anyone watching the column as it comes through to stand there and take it all in. But then a riot wouldn't help any.'"[930] Ochernals Äußerungen konnten keiner Gegenprüfung unterzogen werden. Sehr wohl war ihm kurz vor Kriegsende bewusst, dass es zu Ausschreitungen gegenüber den Gefangenen kommen könnte. Insgesamt ist die Situation, auch aus heutiger Sicht, als sehr bemerkenswert zu bezeichnen, weil Gefangenenkontingente von deutscher Seite an die Alliierten übergeben worden sind. Auf drei Bildern des oben genannten Zeitungsartikels sind Lt. Drury, der Kommandant des Stalags XI A, Oberst Ochernal, und sein Stellvertreter abgelichtet. Begleitet von Fotografien der Abmarschbewegung aus Altengrabow stellen sie, neben den Bildern des Armeefotografen Tony Vaccaro[931], einige der wenigen Momentaufnahmen der Teilevakuierung Anfang Mai 1945 dar. Die Gefangenen wurden zum Zielort eskortiert und es

---

929 Vgl. „Worrall-Bericht", S. 41.
930 Lt. Drury Initiates Rapid Release of PWs in Altongrabow.
931 Vgl. Vaccaro, Tony: Entering Germany. Photographs 1944–1949, Köln 2001.

sind keine Hinweise auf Übergriffe gegeben. Worralls Wahrnehmungen waren von dem Umstand geprägt, dass alliierte Gefangene im Zustand eines politischen Vakuums evakuiert wurden. Die umliegende Bevölkerung und die im Lager befindlichen Soldaten befanden sich zum Zeitpunkt der Evakuierungsaktion in Erwartung der Roten Armee. Operation „Violet" spielte in der amerikanischen (regimentsinternen) Berichterstattung keine Rolle. Hier erscheint Drury als maßgeblicher Gestalter der Kontaktaufnahme zwischen amerikanischen und deutschen Militärs. Die Schilderungen sind für die damalige Kenntnislage durchaus widerspruchsfrei. Drury geriet als Kriegsgefangener nach Altengrabow, nahm Kontakt zum Kommandanten auf und vermittelte ein ergebnisorientiertes Gespräch zwischen den Feindmächten.

Mit der Kenntnis der in Worralls Aufzeichnungen geschilderten Verläufe eröffnet sich jedoch die Perspektive auf die hierfür notwendige Vorarbeit des SAARF. Worralls Kommunikation im Lager und die Aufklärung über die „Operation Violet" schufen erst die Verhältnisse, die Drury zu nutzen wusste. Die intellektuelle Vorarbeit Worralls ist aus heutiger Perspektive entscheidend für das Gelingen der Teilevakuierung gewesen. Er bereitete die Gefangenen und den Stab des Lagers auf die weiteren Verläufe vor und strukturierte damit wesentliche Abläufe der Repatriierung westalliierter Gefangener.

7 Ergebnisse und Ausblick

Die Geschichte des Stalags XI A und dessen Bedeutung für Teile der preußischen Provinz Sachsen ist mit der vorliegenden Studie erstmals umfassend in deutscher Sprache untersucht worden. Quellenrecherchen in russischen, polnischen und deutschen Archiven haben dazu beitragen können, Erkenntnisse über militär-, kultur- und kommunikationsgeschichtliche Aspekte des Lagers zu gewinnen. Im Mittelpunkt der vorliegenden Studie zum Stalag XI A Altengrabow standen Grundlagenforschungen erstens zu den Prozessen innerhalb des Lagers, zweitens der Arbeitseinsatzpraxis in Teilen der preußischen Provinz Sachsen und drittens zum Kriegsgefangenenalltag ausgewählter Nationen (Polen, Belgien Niederlande, Frankreich und Sowjetunion).

Die Ergebnisse verdeutlichen am konkreten Gegenstand Stalag XI A im Zeitbereich von 1939 bis 1945, wie das Deutsche Reich Kriegsgefangene in die Landesarbeitsamtbereiche transportierte, sie registrierte und umfassend zur Arbeit einsetzte. Dieser Vorgang erforderte ein hohes Maß an Arbeitsteilung, Kommunikation und Interaktion verschiedener mit der Kriegsgefangenenbetreuung beauftragter Akteure. Diese Prozesse waren geleitet durch *militärische* (Wehrkreiskommandantur, Stab des Lagers), *(kriegs) wirtschaftliche* (Arbeitgeber, Arbeitsämter), *polizeiliche* (Ortspolizei, Gestapo), *völkerrechtliche* (IKRK), *verwalterische* (Ober- und Regierungspräsidium) und letztlich auch *zwischenmenschliche* Interessen. In einer Zusammenschau sollen in insgesamt sechs Abschnitten wesentliche Arbeitsergebnisse zusammengefasst werden. Der Fokus wird auf die Entwicklung des Kriegsgefangenenwesens im Wehrkreis XI, die Versorgung der Kriegsgefangenen im Lager, die Arbeitskommandos, die Arbeitseinsatzpraxis im östlichen Gebiet des Landesarbeitsamtes Mitteldeutschland und auf eine Sonderform der verbotenen Kontakte gerichtet. Abschließend werden in einem Ausblick zentrale Anknüpfungspunkte und Forschungsfelder aufgeführt, die zur Erweiterung der Kenntnisse über das Stalag XI A und dessen Bedeutung für die Region beitragen. Für die preußische Provinz Sachsen sind folgende Ergebnisse im Allgemeinen und den Regierungsbezirk Magdeburg im Besonderen festzuhalten: Mit Beginn des Angriffes auf Polen und durch die Strategie der Bewegungskriege begünstigt, trafen in zeitlich kurzen Abständen zahlenmäßig große Kriegsgefangenenkontingente im Stalag ein. Der Einsatz der Polen sollte vorerst in der Landwirtschaft stattfinden, denn die Ernte des Sommers 1939 war vor dem Einbruch der Kälteperiode beschleunigt einzufahren. Zu diesem Zwecke waren die Stalags auch für die Entlausung und medizinische Betreuung zuständig. Schnell zeigte sich, dass das Stalag XI A den logistischen Anforderungen nicht gewachsen war. Dieser als Phase 1 bezeichnete Abschnitt diente dem Stalag, den beteiligten Arbeitsämtern, Landräten, Bürgermeistern und Arbeitgebern als Explorationsphase, die im Bereich des Stalags bis Juni 1940 andauerte. Die bis Januar 1940 defizitäre Versorgung der Antragsteller in der Provinz Sachsen lässt sich erstens auf die langwierigen Registrierungsprozesse innerhalb des Stalags zurückzuführen. Die Lagerlogistik konnte die hohe Anzahl eintreffender Kriegsgefangener nicht in dem Maße bereitstellen, wie es zu Beginn des Kriegsgefangeneneinsatzes geplant war. Die Desinfektionsanlagen im Stalag XI A waren überlastet und die Überprüfung der sogenannten Volkstumszugehörigkeit nahm auf Grund des Personalmangels einige Zeit in Anspruch. Weiterhin ist ein beträchtlicher Teil von den ursprünglich als Kriegsgefangene in das Lager gelangten Personen entlassen worden, was die Anzahl der effektiv zur Verfügung stehenden Arbeitskräfte minimieren sollte.[932] Mit dem

---

932 In die Provinz Sachsen gelangten ca. 27.000 Polen, von denen mindestens 10 Prozent wieder aus dem Kriegsgefangenenwesen zu entlassen waren. Dieser Wert entspricht in etwa der Hälfte des Arbeitskräftebedarfs in Magdeburg (Stand Oktober 1939).

Feldzug gegen Polen gerieten zahlreiche Zivilisten in das deutsche Kriegsgefangenwesen, die laut Genfer Konvention umgehend zurückzuführen waren.

Aus dieser Sachlage ergaben sich zwei wesentliche Probleme: Erstens waren die avisierten Gefangenenzahlen für das Stalag XI A wenig aussagekräftig. Zweitens war das Stalag XI A in diesem Zeitraum für einen flächenmäßig sehr großen Arbeitsraum verantwortlich. Arbeitskräftesuchende aus umliegenden Arbeitsamtbereichen stellten Anträge auf Bereitstellung von Kriegsgefangenen, denn Altengrabow agierte zu diesem Zeitpunkt als eines der ersten Mannschaftsstammlager Mitteldeutschlands. Die Zahl der Antragsteller überstieg folglich die Anzahl der in den Arbeitsprozess weiterzuleitenden Kriegsgefangenen. Im Oktober und November 1939 gerieten die militärisch streng gehandhabte Einsatzpraxis (Bewachung, Unterkünfte) und die zivilen wirtschaftlichen Anforderungen zunehmend in Konflikt. Kriegsgefangene mussten vorerst in größeren Gruppen eingesetzt werden, für deren Unterbringung Sammellager zu organisieren waren. Die Einzel- beziehungsweise Kleingruppenunterbringung war aus Mangel an Bewachungsmannschaften nicht möglich. Durchschnittlich standen für die Kreise der Provinz Sachsen bis Anfang November 1939 lediglich *25–30 Prozent* der geplanten Arbeitskräfte zum Einsatz bereit. Zu dieser Sachlage trugen in den ersten Monaten wesentlich die Dislozierung des Stalags XI A innerhalb des Wehrkreises, die hohe Zahl der Bedarfsmeldungen an die Arbeitsämter, die mangelnde Vorbereitung geeigneter Unterkünfte, die nur in geringem Maße zur Verfügung stehenden Wachmannschaften und deren Entsendung in umliegende Wehrkreise bei. Die erste Phase des Kriegsgefangeneneinsatzes war demnach durch Verwaltungsdefizite gekennzeichnet, und dies wirkte sich wiederum negativ auf die Gefangenschaft der Polen aus. Lange Arbeitszeiten, geringe Lebensmittelrationen, eine strenge Bewachung und eine bis Anfang Januar 1940 noch im Aufbau befindliche Arbeitseinsatzorganisation auf der Subebene (Arbeitgeber, Bürgermeister, Ortsbauernführer) waren hierfür verantwortlich. In zweiter Linie entstand also ein erhöhter Handlungsdruck für die Firmen und Betriebe, die mit einer Bereitstellung der bilanzierten Kontingente Arbeitseinsätze im landwirtschaftlichen Sektor geplant hatten. Aus dem überlieferten Schriftverkehr des Regierungspräsidiums lässt sich deutlich die Sorge ableiten, dass die Einfuhr der Hackfruchternte gefährdet wäre, wenn Kriegsgefangene nicht beschleunigt zum Einsatz kommen würden.

Mit dem Eintreffen westlicher Kriegsgefangener aus Belgien und Frankreich im Stalag XI A konnte die bis zu diesem Zeitraum ungleichmäßige Versorgung mit Arbeitskräften relativ schnell ausgeglichen werden. Anfang Oktober 1940 waren bereits knapp 40.000 Belgier und Franzosen im Stalag registriert, entlaust und auf den Arbeitseinsatz vorbereitet. Der Wehrkreiskommandeur, der Stab des Lagers, die Arbeitsämter sowie Ober- und Regierungspräsidium optimierten die Arbeitseinsatzpraxis. Es wurden keine „fremden Arbeitskommandos" aus umliegenden Wehrkreisen zum Einsatz befohlen. Die Schwierigkeiten in Bezahlung, Versorgung und Bewachung konnten damit ausgeschaltet werden. Die Anzahl der im Stalag XI A registrierten Gefangenen stieg mit dem Eintreffen der neuen Kontingente vom westlichen Kriegsschauplatz erheblich an. Problematisch wirkten sich aber die nicht immer aktualisiert zur Verfügung stehenden Gesamtzahlen in den am Arbeitseinsatz beteiligten Dienststellen aus (Oberpräsidium, Landesarbeitsamt und Stab des Lagers). Die Kommunikationsverläufe deuten daraufhin, dass den Organisatoren des Arbeitseinsatzes unterschiedliches Datenmaterial vorlag. Eine Zentralisierung und der vorgeschlagene regelmäßige Datenabgleich waren aus Personalmangel nicht möglich.

In dieser zweiten Einsatzphase tritt neben den organisatorisch bedingten Mängeln erstmals die sehr unterschiedlich gehandhabte Kriegsgefangenenbehandlung zu Tage. Während man den Polen nur einfachste Lebensumstände und Versorgungsmaßnahmen zugestand, mussten der Stab des Lagers, die Führer der Arbeitskommandos und die Kontrolloffiziere vermehrt auf eine dem Genfer Kriegsgefangenenabkommen angemessene Behandlung und Versorgung der Lagerinsassen achten. Die Entlassung polnischer Kriegsgefangener in das sogenannte Zivilarbeiterverhältnis schuf neue Lücken im Arbeitseinsatzprozess, der möglich schnell durch den Einsatz westlicher Kriegsgefangener ausgeglichen werden sollte. Parallel waren geeignete Unterkünfte in den Gemeinden einzurichten, die den Sicherheitsanforderungen des Militärs, aber auch den Vorgaben des Völkerrechts entsprachen. Zwischen beiden Zielvorgaben klaffte im Regierungsbezirk, besonders im industriellen Sektor, eine erhebliche Lücke. Diese konnte, bis auf wenige Gegenbeispiele, bis zum Kriegsende nicht mehr geschlossen werden.

Ab 1940 konnte das IKRK Besuche in Kriegsgefangenenlagern durchführen. Die Kommandantur sollte erst im Herbst des Jahres 1940 Delegierten des IKRK im Lager und ausgewählten Arbeitskommandos Zugang gewähren. Die Anzahl der Kriegsgefangenen in einem Arbeitskommando war auf bis zu zehn Mann vermindert worden, was einen flexiblen Einsatz zur Folge hatte und das Arbeitskräftedefizit auch in bisher unberücksichtigten Kreisen ausgleichen konnte. Mit dem Einsatz der Franzosen erhielten zunehmend mehr Industriebetriebe Facharbeiter, die die zur Wehrmacht ausgehobenen männlichen Betriebsmitglieder zu ersetzen hatten. Die Gesamtzahl der im Stalag XI A registrierten westlichen Gefangenen stieg bis September 1940 auf 28.412 an. Laut Belegstärke waren wenige Wochen später bereits 12.899 Belgier und 16.513 Franzosen im Stalag XI A registriert. Im Vergleich zu den 6.061 polnischen Kriegsgefangenen stellten die westlichen Gefangenen den Hauptteil der in Altengrabow registrierten Personen dar. Der Erinnerungsbericht des Kriegsgefangenen Paitel zeugt von der Hoffnung unter den westlichen Gefangenen, schnellstmöglich in ein in der Landwirtschaft eingerichtetes Arbeitskommando zu gelangen, weil dort mit einer besseren Ernährung gerechnet wurde. In den Erinnerungen der kriegsgefangenen Niederländer Tjepkema und Ruyten heißt es, dass sich die Versorgungssituation im Lager ab Sommer 1942 sehr verschlechterte und man gar auf die Versetzung in ein anderes Lager hoffte. In diesem Zeitbereich fallen die Berichte des IKRK und der Kriegsgefangenen im Vergleich sehr unterschiedlich aus. Es ist davon auszugehen, dass die Situation im Lager angespannt war. Alle verfügbaren Quellen deuten auf eine strenge Bewachung und geminderte Versorgungslage hin. Das von der Lagerkommandantur für das IKRK entworfene Bild entsprach, in Übereinstimmung mit den Erinnerungen des Kriegsgefangenen Donczyk, sehr wahrscheinlich nicht den realen Zuständen. Donczyk deutete an, dass das Lager auf die Besuche der IKRK-Delegierten vorbereitet wurde, um die tatsächlichen Zustände zwischen 1942 und 1943 zu verschleiern. Die Auswertungsergebnisse des Verwaltungsschriftgutes für diesen Zeitraum verdeutlichen, dass die Verzahnung aller mit Kriegsgefangenenfragen beschäftigten Dienststellen personelle Planungssicherheit gewährleisten konnte und sich positiv auf die erforschten Betriebe (Buckau R. Wolf, Fahlberg-List, Krupp-Gruson) auswirkte. Der erhöhte Druck wurde auf die kriegsgefangenen Polen, Belgier, Niederländer und Franzosen weitergeleitet, die, im Vergleich zu deutschen Facharbeitern, im Durchschnitt eine Arbeitsproduktivität von 60 Prozent erreichten. Manche Betriebe gaben sogar an, dass die eingesetzten Kriegsgefangenen bis zu 100 Prozent Arbeitsleistung im Vergleich mit deutschen Arbeitern erbrachten.

Verbotene Kontakte mit der Bevölkerung hielten sich mit Blick auf die in den Sondergerichten verhandelten Fälle im Zeitraum von 1941 bis 1942 noch in engen Grenzen. Lediglich zwei „schwere Fälle" (hier „GV-Verbrechen") wurden verhandelt. Ein wesentliches Problem aus dem Zeitraum von Juni bis Oktober 1940 war noch nicht gelöst worden: eine ausreichende Anzahl an angemessenen Unterkünften. Arbeitgeber aus der Industrie im Raum Magdeburg traten diesem Defizit zumindest auf lokaler Ebene entgegen und gründeten die „Arbeitsgemeinschaft Magdeburger Kriegsgefangenenlager" (AMK). Die AMK stellte einen Zusammenschluss ortsansässiger Betriebe dar, die die Kosten für den Bau der Unterkünfte auf mehrere Träger verteilen wollten. Die Existenz und Arbeitsweise der AMK in Magdeburg war in der Regionalhistorie bisher unbekannt und ist in der Studie erstmals ausführlich diskutiert worden. Mit der Gemeinschaft strebten Industrielle eine Verminderung der Arbeitseinsatzkosten an. Die zentrale Unterbringung in einem Sammellager sollte sich für die Magdeburger Großbetriebe wirtschaftlich auszahlen, denn die Kosten für Unterkunftsräume der Kriegsgefangenen und Bewacher konnten auf alle „Bedarfsträger" umverteilt werden. Dieses System sollte seine Wirkung besonders nach der Zerstörung der Unterkünfte durch Luftangriffe entfalten. Zügig konnte aus einem eingerichteten Fond die Rekonstruktion der Lager finanziert werden. Die notwendigen Arbeiten verrichteten unter Umständen die zum Einsatz befehligten Kriegsgefangenen.

Die Kriegsgefangenschaft der Franzosen, Belgier und Niederländer ist ab 1941 vierteljährlich durch Besuche des IKRK dokumentiert worden. Die ausgewerteten Berichte zeichneten ein insgesamt befriedigendes Bild vom Lager und wenigen ausgewählten Außenkommandos. Freizeitgestaltung, Ernährung und Postzustellung entsprachen größtenteils den Anforderungen des Genfer Kriegsgefangenenabkommens. Ende September 1941 waren insgesamt 42.000 Gefangene im Stalag XI A registriert, von denen 30.000 aus Frankreich stammten. Problematisch war ab 1942 die besonders hohe Anzahl Arbeitsunfähiger, denn diese verblieben bis zur Rückführung in die Heimat drei bis vier Monate in Altengrabow. Die Ergebnisse der Gespräche mit den Vertrauensmännern einzelner Nationengruppen machten hingegen deutlich, dass die Versorgung und Unterbringung ausreichend waren, die Monotonie des Alltags aber vielen Männern zusetzte. Die in der Industrie eingesetzten Franzosen führten Klage über zu wenig energiereiche und abwechslungsreiche Nahrung. Die Unterbringung in Provisorien hatte zur Folge, dass es zumeist kalt war und damit der Ausbreitung von Krankheiten Vorschub geleistet wurde. Die medizinische Betreuung im Stammlager und den Lazaretten außerhalb des Lagers war mit der zunehmenden Anzahl an Krankheitsfällen (TBC) überlastet. Es ist angesichts der IKRK-Berichte davon auszugehen, dass die Versorgungsqualität im Lagerlazarett für die westlichen Kriegsgefangenen den Anforderungen des GKA entsprach, dies aber wesentlich auf die Leistung der kriegsgefangenen Sanitäter und Ärzte zurückzuführen ist.

Für die Freizeitgestaltung im Lager sind Theater, Orchester, eine Bibliothek, ein Kino und ein Ballsportplatz eingerichtet worden. Fotografien französischer Kriegsgefangener belegen, dass die zur Verfügung gestellten Aktivitäten eine rege Nutzung erfuhren und selbst (Fest-)Umzüge durch das Lager organisiert wurden. Im Stammlager sind weiterhin eine „Künstlerwerkstatt" für Franzosen und eine „Lageruniversität" eingerichtet worden. Mit Sachspenden der Young Men's Christian Association (YMCA) ließ sich dieser Betrieb ab 1940 bis sehr wahrscheinlich Anfang 1943 aufrechterhalten. Über die Außenlager liegen hingegen vergleichsweise wenige Informationen vor. Kriegsgefangene Franzosen, Niederländer und Belgier genossen zunehmend mehr Bewegungsfreiraum in ihrer Freizeit. „Verbotene Umgänge" mit der (weiblichen) Bevölkerung und der Handel mit Mangelwaren nahmen quantitativ zu. Die religiöse Betreuung ließ sich wegen des Mangels an Feldgeistlichen und den langen Anfahrtswegen nur in Einzelfällen organisieren. Wanderbibliotheken und die Möglichkeit zur Buchausleihe trugen zur geistigen Zerstreuung der Kriegsgefangenen bei.

Mit der Registrierung und Unterbringung der sowjetischen Kriegsgefangenen entwickelten sich Bereiche des Stalags XI A ab Oktober 1941 zu rechtsfreien Räumen. Das Deutsche Reich wandte das geltende Völkerrecht nicht an, das IKRK hatte keinen Zugang zum Lagerabschnitt. Die für diese Gefangenengruppe bereitgestellte medizinische Betreuung war ungenügend und die Lebensmittelrationen nicht ansatzweise ausreichend. Erschwerend wirkte sich der Gesamtzustand der sowjetischen Kriegsgefangenen aus, die physisch erschöpft und vielfach erkrankt vom Transport aus dem Kampfgebiet (OKH-Bereich) ankamen. Die Befehlslage sah weiterhin eine sehr harte Behandlung der Gefangenen vor, die auch „Aussonderungen" durch Sonderkommandos und Erschießungen im Stalag XI A zur Folge hatte. Die Ausbreitung von Krankheiten und die hohen Sterberaten im Wehrkreis XI 1941/42 waren durch logistische Überforderung, eine völkerrechtswidrige Befehlslage und eine Mangelversorgung verursacht. Der Arbeitseinsatz und die hierfür geschaffenen Bedingungen konnten anhand der kaum zur Verfügung stehenden Quellen für Industrie und Landwirtschaft nur punktuell analysiert und mit den Ergebnissen der Forschung verknüpft werden. Dokumente zur Gewaltanwendung durch Wachmannschaften, zur medizinischen Minderversorgung und zum Paradigmenwechsel in der Arbeitseinsatzpraxis konnten hingegen für den Regierungsbezirk Magdeburg (Altengrabow, Magdeburg, Wernigerode, Wegeleben) ermittelt werden. Die Auswertung des Exhumierungsberichts einer sowjetischen Kommission zu den „Untaten im Stalag XI A" aus dem Jahr 1947 trug maßgeblich dazu bei, das Schicksal der sowjetischen Gefangenen in Altengrabow und das Ausmaß des Völkerrechtsbruchs zu beschreiben. Mindestens 3.229 sowjetische Kriegsgefangene verloren bis zum Ende des Krieges im Stalag XI A ihr Leben.[933] Diese Gefangenengruppe ist zum kriegswichtigen Arbeitseinsatz in das Deutsche Reich transportiert worden, sie erfuhr hier aber eine menschenverachtende, einer Massenvernichtung gleichkommende Behandlung. Die widersprüchlich anmutende Praxis beruhte auf einer mangelhaften Organisation, Rassismus und kriegswirtschaftlichem Utilitarismus. Die Kriegsgefangenen wurden entmenschlicht und ohne Minimalrechte in die deutsche Lagerwelt integriert. Für das Stalag XI A konnten Gewalt- und Arbeitseinsatzpraxen nachgewiesen werden, die diesem Befund entsprechen. Es ist zwar nicht mehr zur Einrichtung eines sogenannten „Russenlagers" gekommen, doch glichen die Verhältnisse vielfach denen, die in den „Russenlagern" des Wehrkreises herrschten.

---

933 Vgl. GARF, Fond 7021, Findbuch 115, Nr. 5, S. 4.

Das Eintreffen der Italiener im September 1943 führte zu einer zwischenzeitigen Überbelegung des Lagers und war erneut von massiven Völkerrechtsbrüchen begleitet. Das Deutsche Reich gewährte ihnen den Status sogenannter Italienischer Militärinternierter (IMI). Eine weitere Verschlechterung der Situation innerhalb des Stalags lässt sich für das Ende des Jahres 1944 nachweisen. Nach der Niederschlagung des durch die Polnische Heimatarmee (Armia Krajowa) geführten Warschauer Aufstandes gerieten 2.700 zum Teil schwerverwundete Männer und Frauen in das Stalag XI A. Die medizinische Versorgung konnte für große Kontingente nicht mehr geleistet werden, weil Medikamentenlieferungen des IKRK nur noch in unregelmäßigen Abständen das Lager erreichten. Ein Anstieg der Sterberaten unter den polnischen Gefangenen war damit zu verzeichnen. Setzt man die drei Hauptphasen in einen Zusammenhang, so ist zu konstatieren, dass die erste Phase von September 1939 bis Juni 1940 der Anpassung diente, die zweite von Juli 1940 bis Anfang 1942 als Optimierungsversuch der gegebenen Verhältnisse zu beschreiben ist und die dritte Phase von März 1942 bis November 1944 maßgeblich durch kriegswirtschaftlichen Utilitarismus gekennzeichnet war.

Die Auswertung des Verwaltungsschriftgutes von zwei Stadtkreisen (Stendal, Wernigerode) und von Magdeburger Großbetrieben hat ergeben, dass sich die Logistik zur Aufrechterhaltung des Kriegsgefangeneneinsatzes mit Beginn der Bombardierungen von Industriezentren nicht mehr in ihrer ursprünglichen Leistungsfähigkeit entfalten konnte. Es wurden zunehmend mehr provisorische Unterkünfte in den Regierungsbezirken geschaffen, die den im GKA formulierten Standards oftmals nicht einmal mehr ansatzweise gerecht wurden. Die Unterkünfte der Kriegsgefangenen wiesen je nach Nationen sehr große Unterschiede auf. Im landwirtschaftlichen Sektor hatten die Kriegsgefangenen immerhin mehr Handlungsspielräume, um sich zusätzliche Lebensmittel zu beschaffen. In allen ausgewerteten Ego-Dokumenten lässt sich nachlesen, dass man in den Arbeitskommandos in der Landwirtschaft mit einer Verbesserung der individuellen Lage rechnete. Dies ist auch auf die Bewachungsmannschaften zurückzuführen, die beispielsweise bei Franzosen und Belgiern durch die Arbeitgeber gestellt worden sind.

Einen lokalhistorischen Beitrag leistet die Studie zum Kriegsgefangeneneinsatz in der Stadt Magdeburg. Im Zuge der Aushebungen durch die Wehrmacht mussten deutsche Facharbeiter zunehmend ersetzt werden. Für den Zeitraum ab 1943 ist festgestellt worden, dass Kriegsgefangene vermehrt „umgesetzt" worden sind, um ihre Arbeitskraft effizienter ausnutzen zu können. Im sogenannten fliegenden Einsatz wechselten beispielsweise Franzosen ihre Arbeitgeber und trugen damit zur Minderung von „Arbeitsspitzen"[934] bei. Weiterhin haben Großbetriebe den Versuch unternommen, die Arbeitskräfte nach ihren Kenntnissen (Zivilberufen) gezielt einzusetzen. Mit der Erhöhung der Lebensmittelrationen und der Ausgabe von Zigaretten unternahmen Betriebsdirektionen den Versuch, die individuelle Arbeitsleistung durch Anreizsysteme zu erhöhen. Das ausgewertete Quellenmaterial lässt die These zu, dass der Kriegsgefangeneneinsatz bis 1943 stabilisierend wirkte, aber die notwendige Bereitstellung geeigneter Unterkünfte stets kompliziert und kostenaufwendig war. Auch wenn die Betriebe verhältnismäßig wenig Lohn für die Kriegsgefangenen zahlten, so war die Aufrechterhaltung der Bewachung und Unterbringung mit erheblichen Investitionen verbunden.

Mit der Auswertung der IKRK-Berichte war eine Analyse der Kommunikation zwischen Wehrmacht, Auswärtigem Amt und der Schutzmacht Schweiz verbunden. In diesem Dreieck wurden Informationen über die Lager ausgetauscht und seitens des IKRK auf die unzureichende Umsetzung in einzelnen Lagern hingewiesen. Auch

---

934 In den zeitgenössischen Meldungen sind mit diesem Begriff Arbeitsabläufe gemeint, die kurzzeitig eine besonders hohe Anzahl von Arbeitskräften benötigten. Hiermit konnte sowohl der landwirtschaftliche als auch der industrielle Sektor gemeint sein.

wenn das IKRK kein einklagbares Interventionsrecht besaß, so hatte das Deutsche Reich – speziell das Auswärtige Amt und das OKW – stets Interesse an einer positiven Berichterstattung über die Gefangenschaft feindlicher Heeresangehöriger in deutschem Gewahrsam, was sich zum Ende des Krieges noch verstärkte. Diese war Grundlage für die GKA-konforme Behandlung deutscher Soldaten in fremdländischem Gewahrsam. Es galt grundsätzlich das Reziprozitätsprinzip und dies hatte zur Folge, dass die Vorgaben des GKA durch die kriegführenden Staaten sehr unterschiedlich interpretiert worden sind. Für das Stalag XI A konnte nachgewiesen werden, dass die Berichte des IKRK über die deutschen Kriegsgefangenenlager beim Auswärtigen Amt auf entschiedenes Interesse gestoßen sind. Der Kommunikationsverlauf zwischen dem Deutschen Reich, der Schutzmacht Schweiz, den Vertretern des IKRK und dem Auswärtigen Amt lässt eine Erhöhung der Einflussnahme von Hilfsorganisationen (IKRK und YMCA) erkennen. Die Lagerkommandantur war auf ihre Unterstützung angewiesen, denn die materielle und medizinische Betreuung konnte sie selbständig nicht mehr auf dem vom GKA geforderten Niveau halten.[935] Die durch die Berichterstattung des IKRK erfolgte Unterstützung des Lagers mit Lebensmitteln und Medikamenten hat das Wohl der westlichen, polnischen und südeuropäischen Kriegsgefangenen maßgeblich beeinflusst.

Die Arbeitgeber wiederum waren aus Eigeninteresse an der Erhaltung der Kriegsgefangenenarbeitskraft interessiert und investierten diesbezüglich auch in die Versorgung der Gefangenen. Die Sonder-

---

935 Ein weiteres Interesse und bisher unerforschtes Feld bestand in der propagandistischen Betreuung der Kriegsgefangenengruppen ab November 1944. Im Auswärtigen Amt entwickelte sich neben der mit Kriegsgefangenenfragen beauftragten Rechtsabteilung der sogenannte Kriegsgefangenendienst heraus. Ein Sitzungsprotokoll vom 21. November 1944 belegt, dass man die außenpolitische Bedeutung positiver Berichterstattungen über deutsche Kriegsgefangenenlager erkannte. Die Arbeit des Kriegsgefangenendienstes spielte für die Geschichte des Stalags XI A zwar keine Rolle mehr, jedoch lässt sich ableiten, dass eine umfangreiche propagandistische Betreuung bestimmter Gefangenengruppen geplant war.

gerichtsakten offenbaren, dass Kriegsgefangene – nationenübergreifend – auf Bauernhöfen in familiäre Strukturen integriert worden sind, weil der Hof ohne ihre Arbeitskraft hätte geschlossen werden müssen.

Zur Untersuchung der Kontakte zwischen Kriegsgefangenen und Bevölkerung ist ein spezieller Zugang gewählt worden. Als häufigste Schnittpunkte sind Verbindungen zwischen Kriegsgefangenen und deutscher Bevölkerung am Arbeitsplatz festzumachen. Der vermehrte Einsatz von Frauen in der Landwirtschaft und der Industrie führte in der Folge auch zu einem Anstieg „Verbotener Umgänge" zwischen ihnen und den Gefangenen. Nicht nur der Austausch von Lebensmitteln ist quellenmäßig belegt, sondern auch sexuelle Kontakte („GV-Verbrechen"), die von Sondergerichten abgeurteilt worden sind. Diese Form des Kontaktes stellte für das Deutsche Reich ein gravierendes Problem dar, denn unnötige Kontakte mit dem Feind waren unter allen Umständen zu vermeiden (Sabotage, Spionage, geschlechtliche Beziehungen). Besonders interessant erscheinen die Bedingungen, unter denen sich Inkludierte und Exkludierte trafen, kennenlernten und einander vertrauten. Die Fälle spiegeln also den Bereich des sozialen Miteinanders wider, der laut NS-Weltanschauung nicht existieren durfte. In den Akten der hiesigen Sondergerichte sind insgesamt 30 Fälle dokumentiert, die als „schwere Fälle" mit dem Stalag XI A in Zusammenhang stehen. Die Auswertung hat ergeben, dass sich die Paare in allen Fällen am Arbeitsplatz kennenlernten, die beteiligten Frauen im Durchschnitt 26 Jahre alt waren und in der überwiegenden Mehrheit mit Bekannten über das Verhältnis kommunizierten. Drei immer wieder hervorstechende Beziehungsverläufe ließen sich ermitteln: 1. im Privaten verborgene, nicht kommunizierte Beziehung (mit Schwangerschaft und Abtreibungsversuch), 2. im Privaten kommuniziertes Verhältnis (mit und ohne Schwangerschaft) und 3. unter Arbeitskollegen bekanntes Verhältnis (mit und ohne Schwangerschaft; Fluchtversuch). Gemein ist insgesamt 27 Beziehungsverläufen, dass sie sehr wahrscheinlich durch

Denunziation bekannt geworden sind. Ein Fall ist überliefert, bei dem die Frau Selbstanzeige erstattete. In mindestens drei Fällen ist das gemeinsame Kind während der Haft zur Welt gebracht worden. Die untersuchten Fälle vermitteln Einblicke in den Kennenlernprozess, die sozialen Netzwerke der Frau, die Strategie der gemeinsamen Geheimhaltung, die Wahrnehmung und die Kommunikation mit den Fremden. Die Fallanalyse führte zu der These, dass das zeitgenössische (inszenierte) „Volksgemeinschaft"-Konstrukt von der tatsächlichen Ausgestaltung der privaten Lebenswelt nahezu entkoppelt worden ist. Die betreffenden Frauen agierten selbstbestimmt, Fremden gegenüber aufgeschlossen und wenig von propagandistischen Einflussnahmen (Inklusion und Exklusion) geleitet. Die von den Sondergerichten ermittelten Gründe für das Zusammentreffen waren sehr vielfältig, ließen sich aber nicht allein auf flüchtiges sexuelles Interesse zurückführen. In den ermittelten Sondergerichtsakten lassen sich kriegsgefangene Franzosen, Niederländer, Belgier und ein Jugoslawe nachweisen. Von den Beteiligten Frauen strebten 60 Prozent eine feste Bindung mit dem Kriegsgefangenen an. Sieben Frauen gaben in den Vernehmungen an, dass sie mit den Kriegsgefangenen über das Kriegsende hinaus planten und drei Frauen unternahmen gar während des Krieges mit ihren Geliebten einen Fluchtversuch nach Frankreich. Zeitgenössische Schätzungen über die Dunkelziffer dieser „schweren Fälle" sind in den Akten des Sondergerichts Magdeburg nicht überliefert. Es zeichnete sich aber ab, dass die „Verbotenen Umgänge" und alle anderen sondergerichtlich zu verhandelnden Vergehen bis Kriegsende massiv zunahmen. Dies zog eine erhebliche Auslastung der Gerichte nach sich. Im Regierungsbezirk Magdeburg ist ein Anstieg der ermittelten „GV-Verbrechen" mit Stalag-XI-A-Gefangenen in den Jahren 1943 und 1944 ermittelt worden.

Mit Blick auf die neuere Forschung ist vor allem die „Transformation" der Kriegsgefangenen zu „doppelten Feinden"[936] diskutiert

---

936 Schneider, Verbotener Umgang, S. 191 ff.

worden. Dass sich deutsche Frauen auf intime Beziehungen mit ihnen einließen, ist von den Sicherheitsbehörden alarmierend aufgenommen worden. Erstens bot sich den *Feinden* damit gegebenenfalls die Möglichkeit zur Spionage/Sabotage, und zweitens unterliefen die Beteiligten rassenpolitische Ziele des NS-Staates. Das Militär zeigte sich besonders besorgt, wenn sogenannte Kriegerfrauen[937] ein Verhältnis mit einem Armeeangehörigen der Feindmächte im Heimatgebiet führten, denn man fürchtete nach Bekanntwerden die Schwächung der Kampfkraft der deutschen Soldaten an der Front. In 19 Fällen spielte die Denunziationsbereitschaft unter Bekannten und Kollegen eine wesentliche Rolle zur Aufdeckung des „Verbotenen Umgangs mit Kriegsgefangenen". Die ausgewerteten Akten ließen erkennen, durch welche Interessen geleitet sich sogenannte Volksgemeinschaftsmitglieder an Denunziationen beteiligten.

Als besonders bedeutend ist der für die Einleitung der Evakuierungsmaßnahmen ausgewertete Bericht des Major P. Worrall hervorzuheben. Mit ihm lassen sich die Planungen der westlichen Alliierten und die Vorbereitung auf Kommandoaktionen in feindlichem Gebiet anhand des Stalags XI A genauestens rekonstruieren. Worralls Tätigkeit trug maßgeblich zu einer friedlichen Evakuierung westlicher Gefangener aus Altengrabow im Kontext eines sich zuspitzenden Machtvakuums bei. Ende April 1945 war die Lage unter den Gefangenen angespannt, weil ihnen eine gewaltsame Auflösung des Lagers durch OKW und SS als mögliche Handlungsoption der Lagerkommandantur erschien. Solch eine Evakuierung und die damit verbundenen Gefangenenmärsche hätten sehr wahrscheinlich in den letzten Kriegstagen eine Erhöhung der Sterberaten unter den Gefangenen zur Folge gehabt. Im Falle des Stalags XI A ist dieser Umstand in den ermittelten Akten aber nicht überliefert. Der Bericht Worralls gilt als Beleg für die strategischen Maßnahmen, die Amerikaner, Briten und Franzosen zur Informationsgewinnung in feindlichem Gebiet ergriffen.

---

937 Vgl. Kundrus, „Die Unmoral deutscher Soldatenfrauen", S. 103 ff.

Alle in den Quellen und der Forschungsliteratur ermittelten Arbeitskommandos des Stalags XI A sind in einer tabellarischen Zusammenstellung im Anhang aufgelistet und damit die flächenmäßige Ausdehnung des Lagerkosmos XI A erkennbar. In diesem Zusammenhang ist weiterhin geklärt worden, wie die Nummernvergabe der Arbeitskommandos durch das Stammlager in Altengrabow realisiert worden ist. Das Stalag vergab die Nummern nach den Anfangsbuchstaben der Einsatzorte. Diese Technik ist im Stalag XI D (Oerbke) ebenso zur Anwendung angekommen, während XI B und XI C die Nummern fortlaufend nach dem Datum vergaben. Folglich stand das Vergabesystem für das Stalag XI A vor Kriegsbeginn fest. Sind in einer Stadt mehrere Kommandos eingerichtet worden, so erfuhren sie eine numerische Zusatzbezeichnung (1/2). Arbeitskommandos sowjetischer Kriegsgefangener ist ein „R" vorangestellt worden. Während des Zweiten Weltkrieges sind im Organisationsbereich des Stalags XI A mindestens 1.600 Arbeitskommandos für alle im Stalag XI A registrierten Nationenangehörigen errichtet worden. Mit dem Eintreffen der sowjetischen Kriegsgefangenen im Wehrkreis XI sind vom Stalag XI C Bergen-Belsen auch Arbeitskommandos im östlichen Teil des Wehrkreises eingerichtet worden. Diese sind ab dem 1. Dezember 1941 in die oben genannte Nummernvergabetechnik des Stalags XI A übernommen worden. Die Einschränkung des Themas, die Fokussierung auf nicht alle Nationengruppen und die Untersuchung lediglich eines herausgehobenen Schnittpunktes zwischen Bevölkerung und Kriegsgefangenen ließen zahlreiche mit der Stalag-XI-A-Geschichte verbundene Fragen unbeantwortet. Hier sind weiterführende Recherchen in niederländischen, britischen, schweizerischen und US-amerikanischen Archiven notwendig.

Das Thema bietet weiterhin Anknüpfungspunkte, von denen im folgenden Abschnitt wichtige Arbeitsfelder dargelegt werden. Die Ermittlung und Auswertung der überlieferten Personalkarten[938]

---

938 Zu unterscheiden sind Personalkarte I und II. PK I enthält folgende Informationen: Lichtbild und/oder Fingerabruck, Angaben zur Person, militärischer Wer-

kann dazu beitragen, organisatorische Abläufe und individuelle Kriegsgefangenenschicksale auszuleuchten. Zahlreiche Personalkarten verstorbener sowjetischer Kriegsgefangener des Stalags XI A liegen digitalisiert vor und bilden damit die Grundlage für nationengebundene Forschungen.[939] Dieser Quellentyp vermittelt neben individuellen Angaben zur Person Krankheitsmeldungen, Lazarettaufenthalte und Arbeitskommandos. Einen weiteren Zugang zu den individuellen Daten stellen Zu- und Abgangslisten des Stalags XI A dar.[940] Eine strukturierte Suche nach den in den Industrie- und Landwirtschaftsbetrieben verstorbenen Kriegsgefangenen kann unter Zuhilfenahme des im Anhang aufbereiteten Verzeichnisses geleistet werden. Auf den Friedhöfen der in der Liste angegebenen Orte sind mit hoher Wahrscheinlichkeit auch verstorbene Kriegsgefangene beerdigt worden. Für die Ermittlung von Kriegsgefangenen sind die Grablisten der Gemeindefriedhöfe zu untersuchen. Mit den ermittelten Namen kann dann eine Suche bei der Deutschen Dienststelle (ehemalige Wehrmachtauskunftsstelle [WASt]) in Auftrag gegeben werden.[941] Das Schicksal der Italienischen Militärinternierten (IMI) fand auf Grund der dezentralisierten Überlieferung in italienischen Archiven in der vorliegenden Studie keine Berücksichtigung. Obwohl im Durchschnitt von Oktober 1943 bis Januar 1945 zwischen 3.000 und 15.000 Italiener im Stalag XI A registriert waren, sind über ihren Einsatz in der Industrie und Landwirtschaft keiner-

---

degang, Eintragungen über Versetzungen, Arbeitseinsatz, Krankheit, Entlasung oder Todesfall. PK II enthält detaillierte Informationen zum Arbeitseinsatz und Arbeitslohn.

939 Vgl. online: http://obd-memorial.ru/html/index.html (21.08.2010). Eine Hilfestellung zur Nutzung bieten Otto, Reinhard/Keller, Rolf: Zur Individuellen Erfassung von sowjetischen Kriegsgefangenen durch die Wehrmacht, in: Vierteljahrshefte für Zeitgeschichte, Bd. 59 (2011), H. 4, S. 563–578, insb. Anm. 4.

940 Vgl. RGVA, Bestand 1367, Findbuch 2, Nr. 29, Bl. 1–14.

941 Dem Verfasser liegen Listen von Gemeindefriedhöfen, u.a. dem Stadtfriedhof Oschersleben, vor. Im Anhang ist als Beispiel der Sterbefallnachweis für Wadim Rodnin abgebildet. Er enthält wesentliche Daten zur Person, Truppenteil, Todesort, Todesursache und Begräbnisort.

lei Details bekannt. Es liegen auch nach der Erforschung des Lagers keine gesicherten Daten zur Berechnung einer Sterberate vor. Die Deutsche Dienststelle in Berlin ordnet die Unterlagen über verstorbene Kriegsgefangene nach Nationen und Namen alphabetisch – nicht nach Lagern oder Orten. Für eine nach Nationenangehörigen angelegte Suche sind demnach die Namen der Kriegsgefangenen ausfindig zu machen.[942] Die Ermittlung einer genauen Gesamtzahl der in Stalag XI A verstorbenen Kriegsgefangenen ist folglich sehr erschwert. Die überwiegende Mehrheit der in Altengrabow beerdigten Personen ist in den Lazaretten des Stalags verstorben. Ist ein Kriegsgefangener aber in einem der Arbeitskommandos verstorben, so wurde er möglicherweise auf dem Gemeindefriedhof des betreffenden Ortes bestattet. Die Suche dieser Gräber ist kompliziert, weil sie oftmals nicht mehr existieren oder Grablisten in den Gemeinden nicht vollständig überliefert sind. In diesem Zusammenhang kommt erschwerend hinzu, dass es keine vollständigen Namenslisten aller Kriegsgefangenen des Stalags XI A gibt, um diese mit den ermittelten Daten der Grablisten abzugleichen. Eine systematische Suche in allen in Frage kommenden Stadt-, Kreis- und Kirchenarchiven kann zur Schließung dieser Forschungslücke beitragen.[943] Erforscht man die Geschichte des Stalags und dessen Wirkung auf die deutsche Bevölkerung über das Kriegsende hinweg, so ist auch das Schicksal der Kriegskinder zu untersuchen, die aus den „Verbotenen Umgängen" hervorgingen. Die überlieferten Akten der in Mitteldeutschland eingesetzten Sondergerichte können zur Ermittlung der Fälle

---

942 Dem Verfasser liegen von der Deutschen Dienststelle Kopien von Personalkarten 22 italienischer Personen vor, die im Stalag XI A registriert wurden und verstorben sind. Als ergebnisorientierte Personensuche hat sich die Archivrecherche in Stadt- und Kreisarchiven herausgestellt. Im Schriftverkehr zwischen Arbeitgebern, Stalag und Bürgermeistern sind in einigen Fällen die Namen von Kriegsgefangenen angegeben, die in Betrieben vor Ort zum Einsatz kamen.

943 Eine Recherche in den Abteilungen Wernigerode und Dessau des Landeshauptarchivs Sachsen-Anhalts kann zur Zusammenstellung einer Auflistung aller relevanten Ortschaften beitragen.

beitragen und als Grundlage einer als Längsschnitt angelegten Studie fungieren.

Die ermittelten Arbeitskommandos geben Hinweise auf die Einsatzorte und bieten daher Zugang zu lokalhistorischen Fallstudien. Eine flächendeckende Untersuchung aller VUK-Fälle trägt dazu bei, die Wirksamkeit der zeitgenössischen Inklusions- und Exklusionsmechanismen zu untersuchen und mit den Erkenntnissen der neueren Forschung zur sogenannten „Volksgemeinschaft" ansatzweise zu ergänzen. Die VUK-Fälle sind in der Erforschung der NS-Volksgemeinschaft bisher nur randständig berücksichtigt worden. Als Pars pro Toto gehörten Kriegsgefangene aber zum Alltag deutscher Betriebsmitglieder und ein Nichtverhalten ihnen gegenüber war völlig unmöglich. Die Auswertung der Magdeburger Sondergerichtsakten hat dazu beigetragen, die Intensität der Beziehungen darzustellen und anhand neuerer Forschungsliteratur zu diskutieren.[944]

Weiterhin ist auf die Lücke in der Erforschung der in den Stammlagern eingesetzten Wachmannschaften hinzuweisen. Sozialwissenschaftlich-biografisch ausgerichtete Fallstudien können die neuere Täterforschung maßgeblich erweitern. Es handelte sich bei den in den Landesschützenbataillonen eingesetzten Soldaten zumeist um Reservisten, die bereits während des Ersten Weltkrieges eingesetzt waren. Die Entwicklung der Gewaltpraxis, der Gruppendynamik und des Korpsgeistes in den betreffenden Einheiten ist angesichts des Massensterbens sowjetischer Gefangener 1941/42 bisher noch unberücksichtigt geblieben. Für die Stalags XI A, XI B, XI C und XI D sind aus den Ermittlungsverfahren der 1960er Jahre, den Ego-Dokumenten ehemaliger Kriegsgefangener und dem Bericht der sowjetischen Untersuchungskommission zahlreiche Hinweise auf die Bedeutung und die Rolle der Gewalt im Lager zu entnehmen. Eine systematisch angelegte und über zeitliche Zäsuren hinweg durchgeführte Analyse dieser auch in den „Russenlagern" eingesetzten Gruppe trüge wesentlich zum Verständnis der Kriegsgefangenen-

---

944 Vgl. das Kapitel 2.3.1 „Zum Begriff Kriegsgefangener".

politik *und* Täterforschung bei.[945] Eine Untersuchung der Aktivitäten der Lagerärzte im Stalag XI A steht in diesem Zusammenhang ebenfalls noch aus.[946] Folgt man der Feststellung des Militärhistorikers Overmans, so ist das Wohl der Kriegsgefangenen maßgeblich von den Entscheidungsträgern und Akteuren vor Ort abhängig gewesen, weniger von den Befehlen und Anordnungen aus Berlin. Donczyks Schilderung der Gewaltpraxis im Lagerbereich für sowjetische Kriegsgefangene lässt deutlich werden, welche Handlungsspielräume einige der Wehrmachtangehörigen hatten. In diesen Themenbereich fällt die noch zu bearbeitende Frage zur genauen Lage der Friedhöfe des Stalags XI A. Es sind zwei Friedhöfe (Standortfriedhof und „Westfriedhof") angelegt worden. Die genauen Ausmaße sind nicht mit Sicherheit zu benennen. Im Jahr 1948 sind die Friedhöfe von den sowjetischen Truppen geschleift worden.[947] Lediglich die Gräberfelder der sowjetischen und italienischen Soldaten[948] konnten bisher lokalisiert werden.

945 Paul, Gerhard/Mallmann, Klaus: Sozialisation, Milieu und Gewalt. Fortschritte und Probleme der neueren Täterforschung, in: Mallmann, Klaus-Michael (Hg.): Karrieren der Gewalt. Nationalsozialistische Täterbiographien, 2. Aufl., Darmstadt 2011.

946 Eine wissenschaftliche Auseinandersetzung mit der Biografie des Stabsarztes Dr. Nauwerck (Stalag XI A) kann zur Ermittlung der spezifischen und vor Ort geschaffenen Handlungsspielräume dienen. Nauwerck geriet nach dem Ende des Zweiten Weltkrieges in russische Kriegsgefangenschaft und kehrte als Spätestheimkehrer in die DDR zurück. „1940 verpflichtete man N. als Oberfeldarzt in das Kriegsgefangenenlager der Dt. Wehrmacht in Altengrabow bei Loburg." Rönnecke, Udo: Nauwerck, Albrecht Gustav Bernhard, in: Magdeburger Biographisches Lexikon, Magdeburg 2002, S. 505. In Nauwercks Dienstzeit fällt das Massensterben der sowjetischen Kriegsgefangenen, und es ist daher detailliert zu untersuchen, welche Verbindungen zwischen seiner Tätigkeit und den geschaffenen Bedingungen im Lazarett ermittelt werden können (vgl. die Kartei der Sanitäts-Offiziere; BArch, MA, RW 49, Nr. 2090).

947 Ermittelt durch eine 1977 durchgeführte Befragung zweier Anwohner aus Drewitz (Sammlung Herlemann).

948 In einer Meldung der Magdeburger Volksstimme vom 23. September 1994 heißt es im Titel: „Sterbliche Überreste von Soldaten nach Italien gebracht". Zuvor waren Gräberfelder unter Zuhilfenahme eines für die Suche ausgestatteten „Tor-

Mit Blick auf das „Innenleben" des Stalags konnten keine belastbaren Erkenntnisse zur Bedeutung der Religion und der kulturellen Beschäftigung unter den jeweiligen Gefangenengruppen ermittelt werden. Zwar fanden die Sonntagsmessen unter reger Beteiligung der Kriegsgefangenen statt, jedoch sind aus den vorhandenen Ego-Dokumenten keine Aussagen über die sinnstiftende Wirkung der offiziell erlaubten Ausübung der Religion ableitbar. Für einige in der Magdeburger Industrie gelegene Außenkommandos ist überliefert, dass sich die eingesetzten kriegsgefangenen Polen eine religiöse Betreuung wünschten, dies jedoch auf Grund des Personalmangels nicht zu organisieren war. Im Stalag XI A hielten sich jüdische Kriegsgefangene auf, die – völkerrechtswidrig – markierte Kleidung tragen mussten. Das Thema „Jüdische Kriegsgefangene in Stammlagern" stellt bis heute ein Forschungsdesiderat dar, obwohl ein Stalag für sie einen verhältnismäßig sicheren Ort darstellte. Im Ego-Dokument des Kriegsgefangenen Yacoov Lensky wird auch auf die Rolle des Antisemitismus unter den Kriegsgefangenen und seine Bedeutung für den Kriegsgefangenenalltag im Stalag XI A hingewiesen.

In den zeitgenössischen (Lager-)Fotografien ist eine ausgiebige Feierpraxis unter den westlichen Kriegsgefangenen in den Jahren 1940 bis 1942 belegt. Diese hatte zur Voraussetzung, dass für Theaterstücke, Umzüge (Karneval) und Jahrestage Kostüme etc. hergestellt werden konnten. Auch die eingerichtete „Künstlerwerkstatt" trug zur Ausstattung der Festivitäten bei. Die positive psychologische Wirkung dieser Beschäftigung ist angesichts einer mitunter jahrelangen Gefangenschaft nicht zu unterschätzen und war für den Gewahrsamsstaat wie für die Gefangenen von hoher Bedeutung. Nur wenige Gefangene hatten Zugang zu den privilegierten Angeboten des Stalags. Eine Einordnung und Beschäftigung mit

---

nado"-Kampflugzeuges der Bundeswehr untersucht worden (vgl. „Ein „Tornado" wird zur Suche der Gräberfelder eingesetzt", Volksstimme, 18.08.1994). Man konnte so die Grablage ermitteln und damit zur Exhumierung beitragen.

den im Stalag XI A entstandenen Produkten ehemaliger Kriegsgefangener steht noch aus. Die Produkte der Lagerwerkstatt haben einen gewissen Bekanntheitsgrad entwickelt und gingen als „Lagerkunst" nach dem Ende des Krieges in privaten Besitz über. So ist in einem Bericht von angefertigten Karikaturen die Rede, von denen ein Teil heute im Deutschen Historischen Museum in Berlin archiviert ist.[949]

Abschließend ist auf die eingangs betonte Geschichte des Ortes Altengrabow zu verweisen. Nach dem 4. Mai 1945 diente das ehemalige Stalag-Gelände als Filtrierungslager für ehemalige kriegsgefangene Angehörige der sowjetischen Streitkräfte. Über diese Phase sind nahezu keine Informationen vorhanden. Weder über den genauen Ablauf der Überprüfung, noch die Verschickung und Repatriierung der zum Teil entkräfteten ehemaligen sowjetischen Kriegsgefangenen. In diesem Zusammenhang wäre weiterhin zu klären, ob und wie die im Umfeld des ehemaligen Stammlagers ansässige Bevölkerung bei der Exhumierung der sowjetischen Leichen eingebunden wurde. Die im Kommissionsbericht über die „Untaten im Stalag XI A" geschilderte Exhumierung ist u.a. mit deutschen Arbeitskräften vorgenommen worden. Unmittelbar nach diesen Ereignissen wurde Altengrabow erneut zu einem militärischen Sperrgebiet und ist in die Besatzungspolitik der sowjetischen Streitkräfte integriert worden.

---

949 Siehe Anm. 778.

8 Fotos, Dokumente und Tabellen

8.1 Fotos

Abb 1: Stab des Lagers und Offiziere der vier Landesschützenbataillone, P. Jacobshagen (1 Reihe 4. v. links); Quelle: privates Fotoalbum P. Jacobshagen, Dok.Stelle Celle

Abb 2: Polnische Kriegsgefangene bei der Grabpflege; Quelle: Centralne Muzeum Jeńców Wojennych w Łambinowicach-Opolu, Fototeka, sygn. 2407

Abb 3: Polnische Kriegsgefangene; Quelle: privates Fotoalbum P. Jacobshagen, Dok.Stelle Celle

Abb 4: Lazarett in Tangerhütte; Quelle: Centralne Muzeum Jeńców Wojennych w Łambinowicach-Opolu, Fototeka, sygn. 2406

8.2 Dokumente

Dok. 1: Merkblatt vom 20. September 1939

„Merkblatt für

Arbeitgeber, die Kriegsgefangene (Kr.Gef.) aus dem Kriegsgefangenen-Stammlager (Stalag) Altengrabow beschäftigen

Zivilbehörden, denen die Sorge für Unterkunft, Verpflegung, Bewachung und den Gesundheitszustand der Kriegsgefangenen (Kr. Gef.) obliegt.

Hilfspolizeikräfte, welche von den Zivilbehörden zur Bewachung der Kr.Gef. eingesetzt worden sind.

1. Die auf Grund eines Arbeitsvertrages mit dem Kommandanten des Kriegsgefangenen-Stammlagers (Stalag) Altengrabow beschäftigten (Kr.Gef.) unterstehen auch während ihrer Beschäftigung außerhalb des Lagers nach wie vor dem Lagerkommandanten.

2. Insonderheit verbleiben dem Stalag:

a) Die Listen- und Karteiführung der Kr.Gef.;

b) Die Ueberwachung des Post- und Paketverkehrs der Kr.Gef.;

c) Die Disziplinaraufsicht über die Kr.Gef.;

d) Die Sorge um die Bekleidung der Kr.Gef. (vorläufig müssen jedoch die Arbeitgeber in weitem Umfange aushelfen);

e) Die Ueberwachung der Einhaltung der Arbeitsverträge durch den Arbeitgeber;

f) Die Überwachung der Behandlung der Kr.Gef. durch die Zivilbehörden (Bürgermeister, Landräte) und Arbeitgeber, namentlich auch hinsichtlich der Einhaltung der Bestimmungen des Genfer Abkommens (G.A.) vom 27.7.1929

3. Die Unterbringung, Verpflegung und Bewachung der Kr.Gef. unterliegt in erster Linie den Zivilbehörden (Bürgermeistern, Landräten), letztere (die Bewachung) unter Zuhilfenahme der von den Zivilbehörden einzusetzenden Hilfspolizeikräfte. Das Stalag wird die von den Zivilbehörden getroffenen Maßnahmen möglichst

schon vor dem Eintreffen der Kr.Gef. überprüfen, jedenfalls dauernd überwachen.

4. Die für die Unterbringung der Kr.Gef. bestimmten Räumlichkeiten müssen so gesichert sein, daß ein Entweichen von Kr.Gef. nach Möglichkeit verhindert wird. Lückenlose Stacheldrahteinfriedung (zunächst einfach, später doppelt mit geeigneten Hindernissen dazwischen) ist namentlich bei größeren Unterkünften erforderlich, wenn auch zunächst einfachere Sicherungsmaßnahmen genügen müssen. Bei Einzelunterbringung von Kr.Gef. bei den Arbeitgebern, die im Ausnahmefall zweckmäßig sein kann, wird hiervon unter voller Verantwortung der Zivilbehörden abgewichen werden können.

5. Ob die Verpflegung ortschaftsweise oder bei den einzelnen Arbeitgebern erfolgt, hängt von den örtlichen Verhältnissen ab, doch dürfte letzteres anzustreben sein. Die Kosten für die Verpflegung fallen auf alle Fälle den Arbeitgebern zu.

6. Die zur Bewachung der Kr.Gef. eingesetzten Hilfspolizeikräfte sind umgehend und wiederholt über ihre Aufgabe zu unterweisen. Häufiger Wechsel der Bewachungsmannschaften ist anzustreben, damit Anbiederungen vorgebeugt wird. Zur Vereinfachung der Bewachung ist ortschaftsweise Unterbringung der Kr.Gef. in Abteilungen von nicht mehr als 50 Mann wünschenswert, doch können die örtlichen Bedingungen Abweichungen bedingen.

Auf dem Tarnsport vom Stalag bis zum Sitze des zuständigen Arbeitsamtes werden die Kr.Gef. durch militärische Begleitkommandos bewacht. Nach der am Sitze des betreffenden Arbeitsamtes stattfindenden Uebergabe der Kr.Gef. an die Bürgermeister und Landräte übernehmen diese die weitere Bewachung. Die militärischen Begleitkommandos kehren sofort nach Altengrabow zurück. Zur Erledigung noch zu verrichtende Schreibarbeiten und Ueberprüfung der seitens der Zivilbehörden und Arbeitgeber getroffenen Unterkunfts- und Verpflegungsmaßnahmen bleibt lediglich der Führer des Begleitkommandos mit dem unbedingt erforderlichen Hilfspersonal zurück. Auch diese haben sofort nach Durchführung der Aufgaben nach dem Stalag zurückzukehren.

7. Die Kr.Gef. sind Soldaten und haben daher Anspruch auf eine würdige Behandlung. Beschimpfungen oder gar tätliches Vorgehen gegen die Kr.Gef. ist verboten. Lassen sich die Kr.Gef. einen Verstoß zu Schulden kommen, der nicht durch Verwarnung erledigt werden kann, so ist dem Stalag Meldung zu machen. Unbotmäßige Kr.Gef. werden in das Stalag zurückbeordert werden. Arbeitgebern, welche gegen die rechtlichen Bestimmungen verstoßen, werden die Kr.Gef. entzogen.

8. Die Kr.Gef. unterstehen den deutschen Kriegsgesetzen. Den Befehlen der deutschen Vorgesetzten haben die Kr.Gef. unbedingt Folge zu leisten, soweit sie sich auf den inneren Dienst der Korporalschaft beziehen. Disziplinargewalt irgendwelcher Art steht den kriegsgefangenen Korporalschaftsführern nicht zu. Die Kr.Gef. haben den deutschen Offizieren und den von den Zivilbehörden eingesetzten Polizeikräften den militärischen Gruß zu erweisen.

9. Trotz würdiger Behandlung müssen die Kr.Gef. als Feinde betrachtet werden, soweit es sich nicht gemäß Angabe des Stalag um erwiesenermaßen volksdeutsche Personen handelt. Der Verkehr mit den feindlichen Kr.Gef. hat sich auf das zur Durchführung des Arbeitsvertrages Erforderliche zu beschränken. Umgehung dieser Bestimmung kann schwerwiegende Nachteile unseres Vaterlandes zur Folge haben und gegebenenfalls als Landesverrat betrachtet werden.

10. Ein Entweichen von Kr.Gef. ist mit allen zulässigen Mitteln zu verhüten, da hierdurch nicht nur die deutsche Wirtschaft geschädigt werden würde, sondern uns auch neue Gegner mit der Waffe entstehen könnten. Die Bewachungsmannschaften sind berechtigt, zur Behinderung von Fluchtversuchen erforderlichenfalls von der Schußwaffe Gebrauch zu machen. Sollte dennoch ein Kr.Gef. entweichen, so ist auf schnellstem Wege dem Stalag Meldung zu machen, unbeschadet der Schritte, die von dem Arbeitgeber der Zivilbehörde oder dem Führer der Bewachungsmannschaften nach bestem Wissen und Gewissen sofort zu unternehmen sind, um zu verhüten, daß der Entwichene einen besonderen Vorsprung gewinnt.

11. Der den Kr.Gef. nach dem Arbeitsvertrage zustehende Arbeitslohn ist durch den Arbeitgeber am Letzten jedes Monats dem Bürgermeister einzuzahlen. Dieser stellt die einzelnen Verträge in Brutto- und Nettobeträgen zusammen und führt sie zum 5. jeden Monats an das Kr.Gef.-Stalag (Postscheckkonto Magdeburg, Nummer wird noch bekanntgegeben) ab. Die genaue Errechnung der überwiesenen Beträge ist gleichfalls zum 5. jeden Monats dem Stalag zu übersenden.

Als Arbeitslohn ist der Tariflohn abzüglich 40 Prozent gegenüber der Entlohnung freier deutscher Arbeiter vorgesehen. Gegebenfalls wird die Dienststelle des Reichstreuhänders den maßgebenden Lohn festsetzen. – Die Löhne sind dem Stalag in der oben angegebenen Form voll zu überweisen, welches dem Kr.Gef. den ihm zukommenden Teil gutschreibt und ihm hierfür in der zulässigen Höhe Lagergeld zur Verfügung stellen kann. Die Entschädigung für Unterkunft wird der Gemeinde in Höhe der Quartiergeldentschädigung nach dem Wehrleistungsgesetz übersandt werden.

12. Zu den einzelnen Ortschaften sind Verkaufsstellen einzurichten, in denen die Kr.Gef. zusätzliche Genußmittel und Gebrauchsgegenstände gegen Lagergeld erstehen können. Die Verkaufsstellen übersenden das eingenommene Lagergeld zum 15. jedes Monats dem Stalag. Hierbei sind die Summen auf volle 10 RM abzurunden. Das entsprechende Reichsgeld wird den Verkaufsstellen dann überwiesen.

Lagergeld darf sich nur im Besitz von Kr.Gef. oder besonders bestimmten Verkaufsstellen befinden. Diese Verkaufsstellen dürfen nur an Kr.Gef. persönlich verkaufen, niemals aber gegen Lagergeld an die Zivilbevölkerung oder an deutsche Militärpersonen Waren abgeben. Besondere Aufmerksamkeit ist darauf zu verwenden, daß Kr.Gef. außer Lagergeld nicht in den Besitz irgendwelcher anderer Zahlungsmittel gelangen, da damit ein Entweichen erleichtert wird.

13. Der gesamte Post- und Paketverkehr der Kr.Gef. unterliegt der Aufsicht des Stalag und ist diesem zuzuleiten. Den Arbeitgebern, deren Familienmitgliedern sowie den bei ihnen Beschäftigten ist

es strengstens untersagt, Post von den Kr.Gef. zu anderen Zwecken anzunehmen, als zur Ablieferung an das Stalag. Etwa unmittelbar oder unter einer Deckanschrift für die Kr.Gef. eingehende Brief- und Paketsendungen dürfen unter keinen Umständen ausgehändigt, sondern müssen dem Stalag zugeleitet werden.

14. Die gesundheitliche Betreuung der Kr.Gef. obliegt in erster Linie den Arbeitgebern und Zivilbehörden. Erkrankte Kr.Gef. sind unverzüglich dem nächsten Zivilarzt vorzuführen. Bei nichttransportfähigen Kranken ist der nächsterreichbare Arzt hinzuzuziehen. Ist Krankenhausbehandlung erforderlich, so sind die erkrankten Kr.Gef. bei Transportfähigkeit in das Kr.Gef.-Lazarett des Stalag zu überweisen. Bei Transportunfähigkeit hat Aufnahme in ein Reservelazarett zu erfolgen, oder wenn wegen zu weiter Entfernung nicht möglich, ist der Kranke ausnahmsweise in ein Zivilkrankenhaus aufzunehmen. Für ausreichende Bewachung und für sofortige Verständigung des Stalag haben Arbeitgeber und Zivilbehörden zu sorgen. Die Verrechnung der für zivilärztliche oder Krankenhausbehandlung entstandenen Kosten erfolgt über das Stalag. Die im Arbeitsvertrag enthaltenen Bestimmungen über Unfallversicherung sind streng einzuhalten. Beim Auftreten übertragbarer Krankheiten ist dem Stalag sofort Meldung zu erstatten.

15. Besondere Vorkommnisse (u. a. Lazarett- oder Krankenhausentlassung, Todesfälle) sind dem Stalag zu melden. Wegen sofortiger Meldungen beim Entweichen eines Kr.Gef. bei Lazarett- oder Krankenhausaufnahme oder beim Auftreten übertragbarer Krankheiten vergl. [...]

16. Der gesamte Schriftverkehr zwischen Arbeitgebern und dem Stalag ist, soweit nicht besondere Eile geboten ist, über den zuständigen Bürgermeister, notfalls auch Landrat, zu leiten.

17. Ueber die Behandlung der Kr.Gef. wurde am 27.7.1929 in Genf ein Abkommen abgeschlossen, das auch von Deutschland unterzeichnet und auch als bindend anerkannt worden ist. Strenge Einhaltung unserer eingegangenen Verpflichtungen ist notwendig, um zu verhüten, daß unseren Gegnern eine willkommene Handhabe

geboten wird, uns als vertragsbrüchige Nation hinzustellen, oder gegen die in feindlicher Kriegsgefangenschaft befindlichen deutschen Soldaten Vergeltungsmaßnahmen anzuwenden. Streng darauf zu achten ist daher, daß nichts geschieht, was dem Genfer Abkommen zuwider ist. Als einige der wichtigsten Punkte des Genfer Abkommens (G.A.) wird auf folgendes hingewiesen.

a) Die Kr.Gef. müssen jederzeit mit Menschlichkeit behandelt und insbesondere gegen Gewalttätigkeiten, Beleidigungen und öffentliche Neugier geschützt werden. Vergeltungsmaßnahmen an ihnen auszuüben, ist verboten. (Art. 2 des G.A.= Genfer Abkommen)

Zusatz des Stalag:

Vergeltungsmaßnahmen werden nötigenfalls von höherer Stelle angeordnet.

b) Die Kr.Gef. haben Anspruch auf Achtung ihrer Person und ihrer Ehre. (Art. 3 des G.A.)

c) Die Kr.Gef. sind in Häusern oder Baracken unterzubringen, die jede mögliche Gewähr für Reinlichkeit und Zuträglichkeit bieten. Die Räume müssen vollständig vor Feuchtigkeit geschützt, genügend beheizt und beleuchtet sein. Gegen Feuergefahr müssen alle Vorsichtsmaßregeln getroffen werden. (Art. 10 G.A.)

Zusatz des Stalag:

Jedem Kr.Gef. ist mindestens 1 Strohsack, 1 Kopfpolster und die erforderlichen Decken sowie 1 Handtuch, Waschbecken, Eßgeschirr und Essbesteck zu liefern.

d) Die Verpflegung der Kr.Gef. hat in Menge und Güte derjenigen Ersatztruppen gleichwertig zu sein. Die Kr.Gef. erhalten außerdem Hilfsmittel, um sich die zu ihrer Verfügung stehenden Zusatznahrungsmittel selbst zuzubereiten. Trinkwasser ist ihnen in genügenden Mengen zu liefern. Der Tabakgenuß ist erlaubt. (Art. 11 des G.A.)

Zusatz des Stalag:

Die allgemeine Wirtschaftslage kann Einschränkungen erforderlich machen. So ist z.B. eine Bevorzugung der Kr.Gef. bei der Verpflegung gegenüber den an der gleichen Arbeitsstelle und mit gleichartigen Arbeiten beschäftigten Zivilarbeitern unzulässig. Den Kr.Gef.

soll Gelegenheit gegeben werden, sich auch Genußmittel und Gebrauchsgegenstände selbst zu beschaffen, soweit dies die Ernährungs- und Wirtschaftslage unseres Vaterlandes ermöglicht. Bier- und Weingenuß ist den Kr.Gef. im allgemeinen, der Genuß von Branntwein und Spirituosen stets verboten. Die Genehmigung des Tabakgenusses knüpft sich an die Bedingung, daß nicht die örtlichen und allgemeinen wirtschaftlichen Verhältnisse etwas anderes gebieten.

e) Den Kr.Gef. haben tags und nachts Bedürfnisanstalten zur Verfügung zustehen, die den Vorschriften der Gesundheitspflege entsprechen und dauernd sauber zu halten sind. Den Kr.Gef. ist zur Reinhaltung ihres Körpers eine ausreichende Menge Wasser zur Verfügung zustellen. (Art. 13 G.A.)

f) Den Kr.Gef. wird in der Ausübung ihrer Religion mit Einschluß der Teilnahme am Gottesdienst volle Freiheit gelassen, unter der einzigen Bedingung, daß sie die Ordnungs- und Polizeivorschriften der Militärbehörden befolgen. (Art. 16 G.A.)

Zusatz des Stalag:
Zu diesen gehört auch eine ausreichende Bewachung.

g) Das Tragen der Dienstabzeichen und Ehrenabzeichen ist erlaubt (Art. 19 G.A.)

h) kein Kr.Gef. darf zu Arbeiten verwendet werden, zu denen er körperlich nicht tauglich ist.

Zusatz des Stalag:
Die Kr.Gef. dürfen auch nicht zu solchen Arbeiten verwendet werden, die unmittelbar gegen ihr eigenes Vaterland gerichtet sind.

i) Die tägliche Arbeitsdauer der Kr.Gef. einschließlich des Hin- und Rückmarsches hat nicht übermäßig zu sein und keinesfalls diejenige zu übersteigen, die für die Zivil-Arbeiter der betreffenden Gegend bei der gleichen Arbeit zulässig ist. Jedem Kr.Gef. ist wöchentlich eine Ruhe von 24 aufeinanderfolgenden Stunden, vorzugsweise Sonntags, zu gewähren. (Art. 30 G.A.)

k) Es ist verboten, Kr.Gef. zu unzuträglichen oder gefährlichen Arbeiten zu verwenden. (Art 32. G.A.)

18. Alle Zweifelsfragen die bei den Arbeitgebern, den Zivilbehörden und den Bewachungsmannschaften auftauchen, sind dem Stalag zu unterbreiten. [...]

Altengrabow, den 20. September 1939."[950]

Dok. 2: Merkblatt für Kriegsgefangenen-Arbeitskommandos vom 21. Juni 1940

„Merkblatt für Kriegsgefangenen-Arbeitskommandos

I. Das Arbeitskommando:

1. Das Arbeitskommando ist ein Bestandteil des Kriegsgefangenen-Stammlagers und damit ein militärisches Kommando. Es untersteht allein dem Kommandanten des Stalag. Stellvertreter des Kommandanten ist der für einen größeren Bezirk eingesetzte Kontrolloffizier des Stalag.

2. Für den Erlaß von Befehlen oder Anordnungen ist keine andere Dienststelle oder Parteistelle zuständig.

3. Die Kriegsgefangenen unterstehen den Militärgesetzen.

II. Stellung und Pflichten des Führer-Arbeits-Kommando (Fü.Arb-Kdo.), der nicht im Offiziersrang steht.

Jedes Arbeitskommando untersteht einem besonderen Führer-Arbeitskommando, dem erforderlichenfalls eigene Wachmannschaften beigegeben werden (Wam.). Der Fü.Arb.Kdo. muß den Wam. und den Kriegsgefangenen ein Vorbild strengster Pflichterfüllung und gesitteten Lebenswandels sein.

Allgemeines

1. Der Fü.Arb.Kdo. ist militärischer Vorgesetzter der Wam. und der Kriegsgefangenen.

2. Der Fü.Arb.Kdo. hat keine Disziplinar-Strafgewalt über die Wam. und die Kriegsgefangenen.

---

950 LHASA, MD, C 30 Osterburg A, Nr. 1311, Bl. 13f.

3. Der Arbeitseinsatz der Kriegsgefangenen macht ein Zusammenarbeiten mit Behörden und Parteidienststellen erforderlich. Der Fü.Arb.Kdo. hat bei derartigen Verhandlungen ein bestimmtes und entgegenkommendes Verhalten zu zeigen. Bei Antritt seines Kommandos hat er sich den Leitern dieser Dienststellen (auch der Gendarmerie) bekannt zu machen.

4. Aus dem militärischen Charakter des Arbeits-Kommando-Lagers ergibt sich, daß das Betreten des Lagers Unbefugten grundsätzlich verboten ist. Landräte, Amtsvorsteher, Bürgermeister, Kreisleiter und Bauernführer rechnen nicht zu „Unbefugten". Soweit diese Personen dem Fü.Arb.Kdo. nicht bekannt oder durch die Uniform erkennbar sind, haben sie sich vor Betreten des Lagers auszuweisen. Polizeiliche Diensthandlungen dürfen ohne Genehmigung des Kommandanten oder des Kontrolloffiziers nicht vorgenommen werden. Nur in besonderen Ausnahmefällen wenn Gefahr im Verzuge ist, kann die Genehmigung nachträglich eingeholt werden. Im Zweifelsfalle ist sofort beim Kontrolloffizier Rückfrage zu halten. Diesem ist auch über jede derartige Handlung Bericht zu erstatten. Der Fü.Arb.Kdo. hat sich von irgendwelchen Verhandlungen stets Abschriften etwaiger Niederschriften aushändigen zu lassen und sofort seinem Bericht beizufügen.

5. Jeder Fü.Arb.Kdo. hat ein Dienstbuch zu führen. Das Dienstbuch muß über alle Vorgänge und Diensthandlungen Aufschluß geben. Unrichtige Eintragungen werden streng bestraft.

Besondere Vorgänge sind sofort dem Kontrolloffizier zu melden.

6. Der Kontrolloffizier steht dem Fü.Arb.Kdo. jederzeit mit Rat und Tat zur Seite. Beschwerden der Kriegsgefangenen sind, soweit der Fü.Arb.Kdo. diese nicht im Rahmen der ihm zustehenden Kommandogewalt erledigen kann, an den Kontrolloffizier weiterzuleiten.

B) gegenüber den Wam.

1. Die Wam. unterstehen den wie der Fü.Arb.Kdo. selbst hinsichtlich ihrer Bestrafung ihrem Truppenteil. Verfehlungen der Wam. sind dem Kontrolloffizier und der Kompanie zu melden.

2. Das Recht der Beurlaubung der Wam. steht dem Truppenteil zu, der auch über die Beurlaubungen der Fü.Arb.Kdo. nach Anhörung des Kontrolloffiziers selbst entscheidet. Der Fü.Arb.Kdo. kann am Sonnabend und Sonntag der Hälfte der Wam. Ortsurlaub bis 23 Uhr erteilen. Der Sonntagsdienst ist zur Beaufsichtigung der Freizeit der Kriegsgefangenen besonders zu regeln.

3. Der Fü.Arb.Kdo. ist daher verantwortlich, daß die ihm unterstellten Wam. dienstlich und außerordentlich ein einwandfreies militärisches Verhalten zeigen:

a) Zapfenstreich für alle Wam. ist 22 Uhr, soweit nicht eine Standortbestimmung eine andere Zeit vorschreibt.

b) Regelmäßige Appele in Bekleidung und Waffen.

c) Peinlichste Ordnung und Sauberkeit in Unterkünftenräumen.

d) Durchführung der Bewachung in Gemäßheit der erlassenen Wachvorschriften. Der Fü.Arb.Kdo. ist dafür verantwortlich, daß die Wam. mit geladenem und gesichertem Gewehr ihren gesamten Wachdienst versehen. Die Wam. sind immer wieder darauf hinzuweisen, daß sie bei Fluchtversuchen der Kriegsgefangenen dreimal kurz hintereinander den Fliehenden anrufen und, falls er diesem Zuruf nicht nachkommt, sofort von der Waffe Gebrauch zu machen.

C) gegenüber den Kriegsgefangenen

1. Disziplinarvorgesetzte der Kriegsgefangenen sind der Kommandant des Stalag (Strafbefugnis eines Regimentskommandeurs) und die Kontroll-Offiziere als dessen Stellvertreter (Strafbefugnis eines Kompaniechefs). Der Fü.Arb.Kdo. hat hinsichtlich der Kriegsgefangenen das Recht der Anordnung von Erziehungsmaßnahmen:

a) allgemeine Erziehungsmaßnahmen: Heranziehung zu schmutziger Arbeit außerhalb der Reihe der eigentlichen Arbeitszeit, Sonderappelle u. a.;

b) Verhängung des Einzelverschlusses auf harter Liegestatt bei verkürzter Verpflegung (bis zu Wasser und Brot), und je 24 Stunden;

c) das Recht der vorläufigen Festnahme bei harter Liegestatt und verkürzter Liegestatt und verkürzter Verpflegung

zu b) und c)

Jeder Einzelverschluß und jede vorläufige Festnahme ist sofort (mündlich oder fernmündlich) dem zuständigen Kontroll-Offizier zu melden.

2. Der Fü.Arb.Kdo. ist dafür verantwortlich, daß die Kriegsgefangenen ein in jeder Beziehung einwandfreies Verhalten zeigen.

Er hat immer wieder Gelegenheit zu nehmen, die Kriegsgefangenen darüber zu belehren, welches Verhalten von ihnen für die Dauer ihrer Kriegsgefangenschaft verlangt wird. Insbesondere sind die Befehle über den Verkehr mit deutschen Frauen und Mädchen, über die Abgabe von Zahlungsmitteln und sonstigen Wertgegenständen, wie über den Postverkehr in regelmäßigen Zeitabständen bekanntzugeben und auf die strenge Bestrafung hinzuweisen, die eine Zuwiderhandlung nach sich zieht.

a) Für den Verkehr der Bevölkerung mit Kriegsgefangenen gelten die erlassenen Vorschriften. Frauen und Kinder, insbesondere Mädchen, sind von den Kriegsgefangenen völlig fernzuhalten.

b) Der Verkehr mit Kriegsgefangenen hat nur im Befehlston zu erfolgen.

c) Der Kriegsgefangene hat in der militärischen Form seiner Wehrmacht zu grüßen. Die Erweisung des deutschen Grußes ist streng verboten.

d) Die Kriegsgefangenen haben die Unterkünfte stets in größter Ordnung und peinlichster Sauberkeit zu halten (besonders auch den Abort). Durch Erlaß einer besonderen Unterkunftsordnung ist dieses sicherzustellen. Die Räume müssen insbesondere beim Verlassen durch die Kriegsgefangenen aufgeräumt und sauber sein. Anbringen von Bildern des Führers, Hoheitszeichen und Hakenkreuzfahnen ist streng verboten.

e) Auf peinliche Sauberkeit der Kriegsgefangenen selbst ist zu achten. Mindestens einmal in der Woche hat der Kriegsgefangene in Gegenwart des Wam. seinen ganzen Körper abzuwaschen. Auf Krätze-Erkrankungen und Ungeziefer ist besonders zu achten

f) Zapfenstreich für die Kriegsgefangenen ist im Winter um 20 Uhr, im Sommer um 21 Uhr, soweit nicht das Ende der Arbeitszeit eine Ausnahme bedingt.

g) Die Kriegsgefangenen sollen an den Sonntagnachmittagen, sofern nicht besondere Umstände vorliegen, geschlossen im Lager sein. Es sind dann Appelle mit Kleidungsstücken abzuhalten. Weiter können Spiele, Freiübungen und Übungsmärsche außerhalb der Ortschaften von etwa 2 Stunden bei Tageslicht veranstaltet werden. Das Singen auf den Ausmärschen ist nicht zu dulden. In den Unterkunftsräumen kann den Kriegsgefangenen in der Freizeit ein ordentliches Singen gestattet werden. Selbstverständlich ist das Singen von Kampfliedern jeglicher Art untersagt.

h) Die kirchliche Betreuung, insbesondere die Teilnahme an Gottesdiensten darf nur erfolgen in Gemäßheit der hierfür erlassenen besonderen Vorschriften.

i) Der Tabakverbrauch ist einzuschränken. Der Kriegsgefangene hat die Raucherlaubnis als Vergünstigung anzusehen. Sie ist nur für bestimmte Zeiten und Ort zu erteilen. Rauchen in Schlafräumen, auf der Straße oder bei der Arbeit ist verboten. Streichhölzer und Feuerzeuge sind morgens vor dem Abmarsch zur Arbeit abzunehmen.

j) Alkoholgenuß ist verboten.

3. Der Fü.Arb.Kdo. hat die ordnungsgemäße Verpflegung der Kriegsgefangenen und ihre Behandlung durch die Wam. und Arbeitgeber ständig zu überwachen.

4. Die ärztliche Betreuung erfolgt nach den gegebenen besonderen Vorschriften.

5. Jeder auf Arbeitskommandos eingesetzte Kriegsgefangene ist zur Arbeit verpflichtet. Sonntagsarbeit ist in den Betrieben zu leisten, soweit auch deutsche Arbeiter sie leisten. Veränderungen im Arbeitseinsatz der Kriegsgefangenen sind nur mit Genehmigung des Kontrolloffiziers zulässig.

6. Grundsätzlich soll kein Kriegsgefangener den Weg zur und von der Arbeitsstelle ohne Beaufsichtigung machen. Das Hinbringen der Kriegsgefangenen zu den Arbeitsstellen und das Abholen ist unter Berücksichtigung der örtlichen Verhältnisse zu regeln. Die Benut-

zung von Fahrrädern ist den Kriegsgefangenen lediglich gestattet, soweit es zur Erreichung weit abgelegener Arbeitsplätze erforderlich ist (nur in Begleitung eines Wam.).

In erster Linie sind als Begleitpersonen die Wam einzuteilen. Wenn dieses nicht bei allen Kriegsgefangenen durchführbar ist, muß das Holen und Bringen durch den Arbeitgeber erfolgen.

7. Die Beförderung von Kr.Gef. sowie von deren mit geladenen Schußwaffen ausgerüsteten Begleitpersonen sowohl bei linienmäßigen Kraftpostfahrten als auch Kraftpostsonderfahrten – das sind Fahrten, bei denen der Besteller Fahrzeit und Ziel bestimmt – sind verboten. Kriegsgefangene, die mit ansteckenden Krankheiten und Ungeziefer behaftet sind, dürfen nie in Wagen des öffentlichen Verkehrs befördert werden. Der Transport dieser Kriegsgefangenen ist durch den Kontroll-Offizier zu veranlassen.

8. Stirbt ein Kriegsgefangener auf Arbeitskommando, so ist dieses dem Kontroll-Offizier sofort fernmündlich oder telegrafisch unter Angabe der Ursache zu melden. Schriftlichen Bericht hinterher. Ist der Tod auf unnatürliche Art eingetreten (Unglücksfall, Selbstmord usw.), muß außerdem die zuständige Polizeidienststelle in Kenntnis gesetzt werden.

9. Der Fü.Arb.Kdo. ist für die Anordnung und Durchführung der notwendigen Sicherheitsmaßnahmen verantwortlich.

a) Die Sicherheitsmaßnahmen bezüglich der Unterkunftsräume müssen derart sein, daß ein Entweichen der Kriegsgefangenen nicht möglich ist.

b) Jeder Kriegsgefangene hat seine Erkennungsmarke ständig um den Hals unter dem Rock zu tragen.

c) Die Kriegsgefangenen dürfen keinerlei Gegenstände besitzen wie Werkzeuge, Messer, Rasiermesser u.a., die als Waffen dienen oder die Flucht erleichtern können.

d) Alle Kriegsgefangenen sind darüber zu unterrichten, daß Fluchtversuche streng bestraft werden.

e) Gelingt einem Kriegsgefangenen die Flucht, so ist umgehend dem Kontrolloffizier, der Kommandantur, der nächsten Polizeistelle, dem Bürgermeister und dem Ortsgruppenleiter fernmündlich oder durch Diensttelegramm Meldung mit folgenden Angaben zu erstatten: Vor- und Zuname, Erkennungsnummer, Geburtsort und Geburtsdatum, kurze Personalbeschreibung, Ort und Zeit der Flucht, etwa erkannte Fluchtrichtung

f) Vorgänge, welche die Sicherheit gefährden (Verhetzung, Aufwiegelung, Sabotage usw.) sind sofort, auch wenn nur ein Verdacht vorliegt, zu melden. Bei Gefahr im Verzuge ist der zuständige Gendarmerieposten hinzuzuziehen. Der Kontrolloffizier ist auf kürzerem Wege zu benachrichtigen.

g) Besuche der Kriegsgefangenen durch Angehörige oder andere Personen sind grundsätzlich verboten. Falls derartige Besucher Ausweise vorlegen, sind diese abzunehmen und dem Kontrolloffizier einzureichen.

h) Alle Luftschutzmaßnahmen (Verdunkelung) sind genau durchzuführen. Bei Bränden in Dörfern sind grundsätzlich die Gefangenen n i c h t zum Löschen und Aufräumen heranzuziehen, sondern sofort von den Wam. im Lager einzuschließen und besonders scharf zu bewachen, da Flucht- und Sabotage-Gefahr in solchen Fällen besonders groß ist. Falls in einem Gefangenenlager selbst Feuer ausbricht, sind die Gefangenen unter Bewachung in einem anderen geeigneten Raume unterzubringen. Die sichere Überwachung der Kriegsgefangenen muß auch bei solchen Ausnahmefällen gewährleistet sein.

i) Die Überwachung und Behandlung der Kriegsgefangenen-Postsendungen hat in Gemäßheit der erlassenen besonderen Vorschriften zu erfolgen.

III. Stellung und Pflichten der Wam.

1. Die Wam. müssen durch ihr dienstliches und außerdienstliches Verhalten Vorbild sein. Strengste Manneszucht und Unbestechlichkeit werden, wie vom Fü.Arb.Kdo, auch von ihnen erwartet. Schikanen und Quälereien den Kriegegefangenen gegenüber sind eines deutschen Soldaten unwürdig und daher streng verboten.

2. Den Wam, ist wie den Fü.Arb.Kdo. streng verboten, Handels- und Tauschgeschäfte irgendwelcher Art mit den Kriegsgefangenen zu treiben. Sie dürfen selbstverständlich auch nicht irgendwelche Geschenke von Unternehmern oder Kriegsgefangenen entgegennehmen. Bei Einkäufen für Kriegsgefangene, welche Fü.Arb.Kdos. aus Mangel an Lagergeld tätigen können, ist jeder Aufschlag verboten. Über deratige Einkäufe ist genau Buch zu führen. Bare Auslagen, die hierdurch entstehen, sind umzulegen, müssen aber im einzelnen genau nachzuweisen sein.

3. Die Wam. wachen ebenfalls darüber, daß die Kriegsgefangenen von den Arbeitgebern nicht vorschriftswidrig behandelt werden. Etwaige Beschwerden der Arbeitgeber oder der Kriegsgefangenen sind sofort dem Fü.Arb.Kdo. zu melden.

4. Jeder Wam. führt ein Kontrollbuch über die von ihm vorgenommen Kontrollen der Kriegsgefangenen während der Arbeitszeit.

Mertens
Oberst und Kommandant"[951]

Dok. 3: Arbeitskommandos und Kontrolloffiziere

<u>I Allgemeines</u> .

„Aus dem Umstand, dass das Kriegsgefangenen-Arbeitskommando (Kr.Gef.Ar.Kdo.) ein militärisches Kommando und ein Bestandteil des Stalag ist, ergibt sich, dass Anordnungen und Befehle irgendwelcher Art nur von militärischer Seite aus ergehen können. Die Ausführung von Anordnungen ziviler Stellen ist seitens der Arb.-Kommandos (Führer und Wachmannschaften) unbedingt abzulehnen. Die Führer der Arb.Komdo.Lager haben sich streng an die Richtinien zu halten, die ihnen vom Stalag gegeben sind. Insbesondere bedarf jede Verlegung eines oder eines Teiles eines solchen der

---

951 LHASA, MD, C 30 Wanzleben A, Nr. 111, Bl. 51–53.

vorherigen Genehmigung des Kommandanten des Stalag oder des von ihm ermächtigten Kontrolloffiziers (Kontr.Offiz.) Aus dem militärischen Charakter des Arb.Kdo.Lagers ergibt sich, dass dessen Betreten zivilen Stellen jederzeit (einschl. Gendarmen) nur mit vorheriger Genehmigung des Kommandanten des Stalag gestattet werden darf. Zu Lagerüberprüfungen ist keine zivile Person berechtigt, die hierfür nicht einen Ausweis des Stalag vorzulegen vermag. Zivile Stellen, die ein berechtigtes Interesse für ein Lager angeben, sind an das Stalag zu verweisen, das bei Feststellung der Berechtigung des Antrages auf einmaliges oder wiederholtes Betreten des Arb.Kdo.Lagers die Genehmigung hierzu in der Regel nicht verweigern wird. Das Arb.Kdo.Lager ist als solches durch ein Schild von aussen her kenntlich zu machen, das den Vermerk zu tragen hat, dass Zivilpersonen jeder Art der Eintritt verboten ist.

Kontroffz. sind für alle Bezirke eingesetzt, so dass kein Arb.Kdo.-Lager ohne einen zuständigen Kontr.Offiz. ist. Die Kontr.Offiz. sind bodenständig. Ihre Aufgabe besteht in der Beaufsichtgung der Arb.-Kdo.Lager sowie in der Erledigung aller mit diesen zusammenhängenden Angelegenheiten. Hieraus ergibt sich, dass der gesamte Verkehr zwischen dem Arbeit.Kdo.Lager und dem Stalag über die Kontr.Offiz. zu leiten ist. Nur in Angelegenheiten der Lohnabrechnung und der Postüberwachung verkehren die Arbeitskommando-Führer unmittelbar mit dem Stalag (Gruppe Verwaltung bezw. Abwehr) Die Kontr.Offiz. entscheiden in allen Fragen, die ihrer Zuständigkeit unterstehen und bilden die Verbindungsstelle zwischen dem Arb.Kdo.Lager und dem Stalag für solche Fragen, die vom Stalag selbst entschieden werden müssen. Die Kontr.Offiz. sind im Besitze einer besonderen Dienstanweisung, aus der sich ihre Befugnisse ergeben. Jedes Arb.Kdo.Lager untersteht einem Arb.Kdo.Führer. (Fü.Arb.Kdo.) Ausserdem sind die Lager mit den erforderlichen Wachmannschaften (Wam.) besetzt, die dem Führer Arb.Kdo unterstehen. Auch etwa eingesetzte zivile Hilfspolizeikräfte unterstehen in Ausübung des Bewachungsdienstes dem Fü.Arb.Kdo. Die Masse der Wacheinheiten (Landesschützenbataillone- und kompanien) ist

in die Kr.Gef.Einsatzgebiete eingesetzt worden. Die Wacheinheiten sind nicht bodenständig. Aus ihnen werden die erforderlichen Fü.Arb.Kdo. und Wm. entnommen. Von ihnen (wie auch von den Kontr.Offiz.) werden sie dauernd überprüft und belehrt. Dem Führer der Wacheinheit unterstehen die Fü.Arb.Kdo. und Wam. militärisch und disziplinarisch. Auch für die Urlaubserteilung sind sie zuständig. In wirtschaftlicher Beziehung sind die Fü.Arb.Kdo. und Wam. ebenfalls den Wacheinheiten unterstellt. Nur für die Erstattung von Kosten, die lediglich durch den Bewachungsdienst entstanden sind (z.B. Reisekosten) ist das Stalag zuständig. Die Kr.Gef. unterstehen im vollen Umfange dem Stalag.
Altengrabow, den 15.2.40

Werder
Generalmajor u. Kommandant."[952]

Dok. 4: Auflockerung der Franzosenbewachung

„Oberkommando der Wehrmacht   Berlin-Schöneberg, den 20.3.42
                              Badenschestr. 51
Geheim!

Betr. Auflockerung der Bewachung von franz. und belg. Kr.Gef.; Spaziergänge und sonstige Vergünstigungen.
Stimmen aus der deutschen Öffentlichkeit haben gezeigt, dass die den franz. Kr.Gef. gewährten Erleichterungen stellenweise ein Maß angenommen, daß für die deutsche öffentliche Meinung nicht mehr verständlich ist. Es werden daher nachstehende neue Richtlinien gegeben. Die bisherigen Verfügungen [...] werden heirmit aufgehoben und sind zu vernichten.
Wegen der Verschiedenheit der Lage in den einzelnen Wehrkrei-

---

952 LHASA MD, C 30 Osterburg A, Nr. 1347, Bl. 184.

sen und innerhalb der Wehrkreise bleibt der Grundsatz bestehen, keine ins einzelne gehende Befehle für die Auflockerung zu geben. Die Wehrkreiskommandos (Kommandeure der Kr.Gef.) setzen, um eine Einheitlichkeit zu erreichen, das Maß der Auflockerung nach den beiliegenden Richtlinien, auch für alle in ihrem Bereiche liegenden Bau- und Arb.Batle. einschliesslich derjenigen der Luftwaffe im einzelnen fest. In letzterem Falle erteilt den endgültigen Befehl der Kommandeur der Kr.Gef. der Luftwaffe. – Die Kommandanten der Lager bzw. Kommandeure der Bau-Batle. überwachen die Durchführung.

Die bisherigen Erfahrungen haben ergeben, dass – besonders in den grossen Städten – zum Teil zu schnell und in zu weitherzigem Maße vorgegangen wurde. Dies hat unter den Kr.Gef. einerseits unberechtigte Hoffnungen, andererseits grosse Mißstimmung in der deutschen Bevölkerung hervorgerufen. Wenn sich die Mehrzahl der Kr.Gef. auch zweifellos einwandfrei benommen hat, so widerspricht es dem Empfinden des deutschen Volkes, dass sich Kr.Gef. in den Großstädten an Sonn- und Feiertagen oder nach getaner Arbeit in den Hauptstraßen und Parks oder in Erholungsstätten völlig frei bewegen. In kleinen Städten mag manches erträglich sein, was in grossen Orten unerwünscht ist. Ebenso sind <u>Städte</u>, die grossen, häufig das Ziel spazierengehender Kr.Gef. der umliegenden Arb.Kdos. <u>Der Kr.Gef. darf nirgends zum „Stein des Anstosses" werden.</u> Die franz. und belg. Kr.Gef. dürfen auch nicht darüber im Unklaren gelassen werden, dass sie nur Rechte erhalten können, wenn sie den <u>Pflichten gegenüber Deutschland</u> einwandfrei nachkommen. <u>Es sind daher örtliche Grenzen der freien Beweglichkeit und in grösseren Städten Sperrbezirke, die gegebenenfalls eine zeitliche Begrenzung haben können, anzuordnen.</u>

Werden dadurch Einschränkungen bisheriger Befehle notwendig, so sind vermehrte Fluchten, schlechtes Benehmen und häufiges Nachlassen in der Arbeitsleistung als Gründe anzugeben. Seit der Gewährung der „Auflockerung" ist es in einzelnen Stellen zu <u>Arbeitsverweigerungen franz. Kr.Gef.</u> gekommen.

In einzelnen Fällen haben die Kr.Gef. die Ansicht vertreten, dass sie ihnen zugewiesene Arbeiten nicht auszuführen brauchen, oder haben den Artikel 31 des Abkommens von 1929 als Vorwand für die Arbeitsverweigerung vorgebracht. Wenn Kr.Gef. trotz Belehrung z.B. Erlaß […] die Arbeit nicht wieder aufnehmen, so ist in derartigen Fällen scharf durchzugreifen.

Alle Erleichterungen bei solchen Kommandos sind sofort zu verbieten, <u>betont</u> starke Bewachung mit aufgepflanztem Seitengewehr auf den Arbeitsplätzen und auf den Wegen dorthin ist anzuordnen. Sofortige Meldung jedes Einzelfalls an OKW/AWA/Kriegsgef., das voraussichtlich Verlegung aller beteiligten mit Ausnahme der Rädelsführer in Arbeitslager des Generalgouvernements befohlen wird. Die Rädelsführer sind in Haft zu nehmen, Tatbericht wegen Gehorsamsverweigerung bzw. Meuterei ist sofort einzureichen.

Die Einschränkungen in der Bewegungsfreiheit sollen möglichst nur auf solche Arb.Kdos. beschränkt bleiben, bei denen Arbeitsverweigerung oder andere disziplinwidrige Verstöße zutage getreten sind.

Im übrigen sind, wo die Unterbringung, Verpflegung und die Bekleidung ausnahmsweise den Vorschriften nicht überall entsprechen, die Mängel unverzüglich abzustellen, um die Arbeitsfreudigkeit der Kr.Gef. zu erhalten oder zu heben.

<u>Richtlinien für die Auflockerung der Bewachung von franz. u. belg. Kr.Gef. (Mannschaften u. Unteroffiziere).</u>

Gültig im Reich mit Ausnahme der linksrheinischen Gebiete.

I. <u>Der Kriegsgefangene im Lager und im Arbeitseinsatz</u>

1) Soweit irgend möglich und nicht besondere Umstände dies verbieten, sind Kr.Gef. als Unterführer zu verwenden. Sie werden „Kr.Gef.Kdo.-Älteste" genannt. […]

5) Der Marsch von Kr.Gef. Abteilungen hat nach soldatischen Grundsätzen in der für die deutsche Wehrmacht vorgeschriebenen Form vor sich zu gehen, wobei auch auf korrekten Anzug zu achten ist.

6) Deutschen Offz. und Uffz. sind die vorgeschriebenen <u>Ehren-</u>

bezeigungen von den Führern der Kr.Gef. Kolonnen oder vom einzelnen Kr.Gef. zu erweisen. Während der Arbeit ruht die Grusspflicht.

7) Jeder Kr.Gef. muss im Besitz eines Personalausweises in der nach Anlage 2 für das ganze Reichsgebiet vorgeschriebenen Form sein. Die Ausweise sind von der Firma Bargeu Söhne Nachfl., Berlin SW. 68, Wassertorstrasse 62, zu beziehen. Zahlung aus Lagermitteln.

8) Unterkünfte

Grundsätzlich sind die Kr.Gef. innerhalb einer Gemeinde geschlossen unterzubringen. In diesem Falle ist ein deutscher Kdo.Führer einzusetzen. Ein Wachposten ist nur in ganz besonderen Fällen zu stellen. Wo der Anmarsch zur Arbeitsstätte aussergewöhnlich weit ist und besondere Bedenken nicht bestehen, können die Kr. Gef. auf dem Lande ausnahmsweise bei dem Unternehmer untergebracht werden.

II. Der Kriegsgefangene während der Freizeit im Lager und auf Arb.Kdos.

9) Vergünstigungen während der Freizeit

Vergünstigungen sind Belohnungen, die nur bei guter Führung und gleichzeitig anerkennswerter Arbeitsleistung Kr.Gef. zu gewähren sind.

10) Art der Vergünstigungen

a) Spaziergänge sollen in erster Linie dazu dienen, den Kr.Gef. deutsche Kutur zu zeigen. Sie sind nur in geschlossener Marschordnung zu gestatten. […] Als Führer können deutsche Wachmannschaften oder Kr.Gef. eingeteilt werden. Diese Führer müssen im Besitz eines Marschbefehls, der den ungefähren Weg und das Marschziel anzugeben hat. Dauer bis zu 4 Stunden; Berührung mit der deutschen und ausländischen Bevölkerung ist zu verhindern, zu mindest weitmöglichst zu beschränken. Spaziergänge dürfen nur bei Tageslicht, jedoch längstens bis 20 Uhr genehmigt werden. Mitnahme von Gepäck und Verpflegung ausser einer einfachen Mahlzeit ist nicht gestattet.

b) <u>Einzelbeurlaubung</u> kann für besonders bewährte Kr.Gef. als Sonderbelohnung mit begrenzter Bewegungsfreiheit gewährt werden. [...]

c) Nichtarbeitende Uffz. und abwehrmässig nicht einwandfreie Kr.Gef. sind von jedem Spaziergang auszuschliessen.

11) <u>Gottesdienst für Kr.Gef.</u>
Sofern keine Geistlichen vorhanden sind, die im Arbeitslager Sondergottesdienste abhalten, können Kr.Gef. am nächsten, im Fussmarsch erreichbaren Gottesdienst für Kr.Gef. teilnehmen. [...]

12) <u>Einschränkungen</u>
Betreten von Bahnhöfen, Gastwirtschaften, Vergnügungsplätzen, Friseurgeschäften sowie Läden, die für den Verkauf an Kr.Gef. nicht zugelassen sind, bleibt verboten. [...]
Der Chef des Oberkommandos der Wehrmacht
Im Auftrage: gez. Reinecke"[953]

Dok. 5: Merkblatt über Behandlung der Kriegsgefangenen durch Bedarfsträger im Arbeitseinsatz

„Kriegsgefangene sind wertvolle Arbeitskräfte.
Diese Tatsache verpflichtet alle, die Kgf. einsetzen und beschäftigen!
Der außerordentliche Bedarf an Arbeitskräften verlangt, daß die Kriegsgefangenen arbeitsfähig, arbeitswillig und gesund erhalten werden.
Hierzu ist erforderlich:
1. Gesundheitlich einwandfreie Unterkunft der Kriegsgefangenen, besonders im Winter (Heizungsmöglichkeit)
2. Verpflegung nach den vom OKH vorgeschriebenen Sätzen, die Sonderzulagen für Schwerarbeiter vorsehen.

---

953 LHASA, MD, C 20 I, Ib Nr. 886 Bd. 3, Bl. 110–112.

3. Arbeitsleistung des einzelnen Kriegsgefangenen nur nach Maßgabe seiner körperlichen Kräfte und seines Gesundheitszustandes. Das Urteil eines deutschen Arztes über Arbeitsfähigkeit der Kriegsgefangenen und über Art und Umfang seiner Einsatzmöglichkeit ist für den Bedarfsträger in jedem Falle verbindlich.

4. Kurze Anmarschwege der Kriegsgefangenen von der Unterkunft zum Arbeitsplatz. Größere An- und Abmarschwege schwächen den Kriegsgefangenen vorzeitig und gehen zu Lasten der Arbeitsleistung.

5. Zweckmäßige Einteilung der Arbeitszeit. Kriegsgefangene benötigen wöchentlich mindestens ½ arbeitsfreien Tag zur körperlichen Reinigung, Instandsetzung ihrer Bekleidung usw. Pausen für Esseneinnahme und Erholung je nach körperlichen Zustand der Kriegsgefangenen einlegen! An- und Abmarschwege der Kriegsgefangenen von und zur Arbeit möglichst nicht in die Dunkelheit verlegen (Fluchten!).

6. Ausreichende sanitäre Betreuung der Kriegsgefangenen durch kgf. Sanitätspersonal. Auf 1000 Kriegsgefangene mindestens 1 kgf. Arzt, auf 100 Kriegsgefangene mindestens 1 Sanitätssoldat oder Feldscher!

Sicherstellung der gebräuchlichsten sanitären Instrumente und Medikamente für jedes Dauerarbeitskommando (Einzelheiten mit Lagerarzt vereinbaren!).

7. Engste Zusammenarbeit zwischen Bedarfsträger, Lagerkommandantur, Lagerarzt, Heeresverpflegungsdienststellen usw. ohne Rücksicht auf formelle Zuständigkeiten.

Bedarfsträger, die Kriegsgefangene beschäftigen, müssen sich ihrer Verantwortung für Erhaltung der Arbeitskraft im Interesse der Gesamtkriegsführung bewußt sein (kein selbstsüchtiger Raubbau mit Arbeitskräften!).

Mutwillige oder fahrlässige Vernachlässigung der Kriegsgefangenen im Arbeitseinsatz schwächt die Kampfkraft von Front und Heimat!

Bedarfsträger haben Offizieren sowie den Beauftragten des GBA oder ihren Vertretern Einblick in die Unterbringung, Versorgung, Beschäftigung und Behandlung der ihnen zur Verfügung gestellten Kgf. zu gewähren.

Heeresgruppen-Kdos., Kdre. der Kgf. Kgf.-Bez.-Kommandanten, Kommandanten der Dulags und Stalags sind verpflichtet, in ihren Bereichen die Arbeitsverhältnisse und Lebensbedingungen der Kgf. zu überwachen und bei Mißständen Änderung zu erzwingen. In schuldhaften Fällen haben sie das Recht, Abzug der Kgf. anzuordnen. Die Arbeitskraft der Kgf. mit allen Mitteln zu erhalten, ist ein über dem Nutzen einzelner Bedarfsträger stehendes Gebot im Interesse des großen Ganzen! "[954]

Dok. 6: Merkblatt über die Bezahlung von Kriegsgefangenenarbeit

Allgemeine Regelung (Stand: 01.11.1943)

Soweit nicht Sonderregelungen im Einvernehmen mit dem OKW getroffen sind, ist die Bezahlung der Kriegsgefangenenarbeit ab 1. November 1943 nach folgenden Bestimmungen vorzunehmen:

1. Feststellung der Bruttolöhne.

Für die Abrechnung der Kriegsgefangenenbezahlung ist zunächst der B r u t t o l o h n festzustellen, den ein gleichartiger deutscher Arbeiter im Betrieb erhalten würde. Der Kriegsgefangene ist demgemäß in den deutschen Tarif einzustufen; der Lohn ist nach denselben Bestimmungen zu berechnen wie bei dem deutschen Gefolgschaftsmitglied, mit der Ausnahme, daß Zuschläge für Mehr-, Nacht-, Sonn- und Feiertagsarbeit, sowie Sozialabschläge nicht gewährt werden. Der errechnete Bruttolohn ist in Spalte 11 der Abrechnungsliste einzusetzen. Hat ein Kriegsgefangener im Abrechnungs-

---

954 BArch, MA, RW 19, Nr. 2144, Bl. 66.

zeitraum gleichzeitig Zeitlohn- und Akkordarbeit geleistet, so ist unter dem G e s a m t bruttolohn der auf die Akkordarbeit entfallende Anteil in Klammern anzugeben, damit die Zulage gem. Nr. 4 berechnet werden kann. Die Berechnungsunterlagen sind vom Unternehmer ein Jahr lang zur Nachprüfung durch das Stalag oder die übergeordneten Dienststellen aufzubewahren.

2. Abrechnung der Kriegsgefangenen-Entschädigung nach Tabellen.

Steht der vergleichbare deutsche Bruttolohn fest, dann ist die Abrechnung der Kriegsgefangenenbezahlung an Hand der beigefügten Tabellen vorzunehmen. Aus diesen ist abzulesen, was bei einem bestimmten deutschen Lohn des Mannschafts-Stammlagers (Stalag-Anteil und der Kriegsgefangene (Kr.Gef.-Anteil) erhalten. Es gibt eine Monats- und eine Tageslohntabelle.

a) Monatslohntabelle

Diese ist anzuwenden, wenn der Kriegsgefangene den vollen Monat hindurch dem Kommando angehört hat. Ohne Rücksicht darauf, ob er an allen Tagen gearbeitet hat, und wenn der deutsche Bruttolohn im Abrechnungsmonat mindestens RM. 60,- beträgt. Die in Spalte 13 (Stalag-Anteil!) und Spalte 14 (Kr.-Gef.-Anteil) der Abrechnungslisten einzutragenden ergeben sich o h n e w e i t e r e N e b e n r e c h - n u n g aus der Tabelle nach der Höhe des deutschen Bruttolohnes.

b) Tageslohntabelle

Diese ist nur anzuwenden bei Zu- und Abgang des Kriegsgefangenen während des Abrechnungszeitraumes, oder wenn der Bruttoverdienst im Abrechnungsmonat unter RM. 60,- geblieben ist. Die in Spalte 13 und 14 der Abrechnungsliste einzutragenden Sätze ergeben sich dann wie folgt:

436

Der Bruttolohn (Spalte 11) ist durch die Anzahl der Arbeitstage (Spalte 5 bzw.

5b) zu teilen. Das Ergebnis ist der „durchschnittliche Tageslohn" (Spalte 12).

Dieser dient zur Feststellung der Tabellensätze, die mit der Anzahl der

Arbeitstage zu vervielfältigen und in Spalte 13 und 14 einzutragen sind.

Ist für einzelne Industriezweige eine andere Abrechnung als die monatliche (z. B.)

die vier- oder fünfwöchentliche Abrechnung) üblich, so ist mit Genehmigung des Mannsch.-Stammlagers für den Abrechnungszeitraum eine besondere Tabelle unter Zugrundelegung der Tageslohntabelle anzufertigen.

3. Ueberstunden

Eine besondere Bezahlung der Ueberstunden entfällt, da die in Ueberstunden geleistete Arbeit im höheren Bruttolohn zum Ausdruck kommt.

4. Zulagen

Um dem fleißigen Kriegsgefangenen einen Ansporn und eine Anerkennung zu gewähren, ist neben der Entschädigung nach der Tabelle eine Zulage vorgesehen.

a) Bei Zeitlohnarbeit kann der Unternehmer dem nicht sowjetischen Kriegsgefangenen eine Zulage bis 10 v. H. und dem sowjetischen Kriegsgefangenen eine solche bis zu 5 v. H. des deutschen Lohnens (Spalte 11) gewähren.

b) Bei Akkordarbeit ist der Unternehmer verpflichtet, dem nicht sowjetischen Kriegsgefangenen eine Zulage in Höhe von 10.v. H. und dem sowjetischen Kriegsgefangenen eine solche von 5 v. H. des Akkordlohnes (Spalte 11) zu zahlen. Der Unternehmer kann die Zulage bei beim nicht sowjetischen Kriegsgefangenen bis auf 20 v.H. des Akkordlohnes (Spalte 11) erhöhen, um besonders die Nachteile ausgleichen zu können, die sich aus dem Uebergang von der bisherigen zur neuen Auszahlungsregelung für Akkordarbeit ergeben.

c) Die Zulagen nach a) und b) sind in Spalte 15 einzusetzen und werden an den Kriegsgefangenen voll ausgezahlt.

5. Pauschalsteuer.

Diese beträgt 10 v.H. vom Stalag- und den Kr.Gef.-Anteil und den Zulagen und ist vom Unternehmer auf der letzten Seite der Abrechnungsliste einzusetzen und an das Mannschafts-Stammlager zu zahlen.

6. Unterkunft und Verpflegung.

In dem Sta-Lag-Anteil der Tabellen sind die Beiträge für Unterkunft und Verpflegung des Kriegsgefangenen enthalten. Gewährt der Unternehmer dem Kriegsgefangenen Unterkunft und Verpflegung, so wird ihm ein Pauschalsatz von RM. 1,20 täglich (0,20 für Unterkunft, 1,- für Verpflegung) für jeden Kriegsgefangenen – ohne Unterschied der Nationalität – vergütet. Selbstverständlich sind die nach den gegebenen Richtlinien zustehenden Portionssätze für Normal-, Lang-, Schwer- und Schwerstarbeiter zu gewähren. In Spalte 10 der Abrechnungsliste sind zunächst alle Unterkunfts- und Verpflegungstage einzusetzen; hiervon werden die ersten drei Krankheitstage (s. Nr. 7) und die Schlechtwetter- Ausfalltage (s. Nr. 8) in der Abrechnung auf der letzten Seite abgezogen.

7. Krankheitstage.

Für die drei ersten Krankheitstage jeder Krankheitsperiode wird die Unterkunft und Verpflegung nicht vergütet, weil der Unternehmer berechtigt ist, die Bezahlung von Kriegsgefangenen zu fordern. (Erlaß OKW vom 23.12.42 – Az. 2f 24.17a Kgf.Org. (IIIb) Nr. 6490/42.) Von dieser Berechtigung soll aus erzieherischen Gründen möglichst Gebrauch gemacht werden, um kurzfristige Krankmeldungen zu unterbinden. Es kann vorkommen, daß bei mehrmaliger unterbrochener Krankmeldung eines Kriegsgefangenen innerhalb eines Abrechnungszeitraumes die ersten drei Krankheitstage mehrmals eingesetzt werden müssen und vom Kriegsgefangenen eingezogen werden können. Die ersten drei Krankheitstage sind in Spalte 7 der Liste einzusetzen. Vom vierten Krankheitstage ab erhält der Unternehmer den Gegenwert für Unterkunft und Verpflegung erstattet; diese Krankheitstage werden in Spalte 8 vermerkt. Wenn von dem Kürzungsrecht für die ersten drei Krankheitstage Gebrauch gemacht wird, so ist in Spalte 14 (Kr.Gef.-Anteil) trotzdem die v o l l e Auszahlung an den Kriegsgefangenen einzusetzen und der vom Kriegsgefangenen eingezogene Betrag in Spalte 19 zu vermerken.

8. a) Schlechtwettertage.
(Nur für Torf- und Meliorationsbetriebe, Bauwirtschaft und Reichsautobahnen.)
Es gelten die bisherigen, für diese Sonderfälle erlassenen Bestimmungen über Schlechtwetterregelung. (OKW – Az. 2f 24.17o Kriegsgef.Org. (IIIb) Nr. 2524/42 – vom 8.6.42.)
b) Ausfalltage.
Arbeitsausfall kann dadurch entstehen, daß der Betrieb wegen Materialmangel oder Beschädigung durch höhere Gewalt nicht arbeitsfähig ist. Wird jedoch die Arbeit (wenn auch nur stundenweise) aufgenommen, so gelten solche Tage nicht als Ausfalltage.
Für Ausfalltage hat der Unternehmer Unterkunft und Verpflegung an den Kriegsgefangenen zu gewähren. Der Unternehmer kann einen Antrag auf Erstattung dieser Kosten an das Stalag stellen.
1. wenn der Arbeitsausfall länger als zwei Tage dauert u n d
2. wenn der Arbeitsausfall nicht vom Unternehmer zu vertreten ist, insbesondere, wenn er den Kriegsgefangenen rechtzei-

tig dem Arbeitsamt zum anderweitigen Einsatz zur Verfügung gestellt hat.

Treffen diese Voraussetzungen zu, so kann Erstattung vom ersten Tage ab gewährt werden.

Treffen diese Voraussetzungen nicht zu, so hat der Unternehmer, außer der freien Unterkunft und Verpflegung noch vom vierten Tage ab an das Mannsch.-Stammlager eine Arbeitsvergütung zu entrichten, die sich aus dem StaLag- und dem Kr.Gef.-Anteil lt. Tabelle zusammensetzt und deren Berechnung ein deutscher Bruttoverdienst zugrunde gelegt wird, der vor dem Arbeitsausfall von dem Kr.-Gef. erzielt wurde. Beide Anteile sind in Spalte 13 der Abrechnungsliste einzusetzen; der Kriegsgefangene erhält keine Auszahlung.

Zu 8. a) und b)

Schlechtwetter- und Ausfalltage sind in Spalte 6 der Abrechnungsliste einzusetzen und zunächst in der Abrechnung auf der Rückseite der Liste von den Unterkunfts- und Verpflegungstagen in Spalte 10 zu kürzen.

Einen Erstattungsanspruch muß der Unternehmer mit einem besonderen Antrag an das Mannsch.-Stammlager geltend machen und diesem die erforderlichen Unterlagen (Nachweis über den unverschuldeten Arbeitsausfall, Bescheinigung des Arbeitsamtes darüber, von welchem Zeitpunkt ab der Kriegsgefangene zu anderweitigem Einsatz zur Verfügung gestellt wurde) beizufügen.

9. Auszahlung an den Kriegsgefangenen

Der Unternehmer hat den Kr.gef.-Anteil (Spalte 14) und die Zulage (Spalte 15) in Lagergeld an den Kriegsgefangenen auszuzahlen. Der Auszahlungsbetrag ist in Spalte 16 voll einzusetzen, auch dann, wenn der Unternehmer für die ersten drei Krankheitstage je RM. 1,20 (s. Nr. 7) einbehalten hat. Die ausgezahlten Beträge sind in Spalte 17 vom Kriegsgefangenen zu quittieren. Von der Empfangsbescheinigung kann mit Genehmigung des Mannsch.-Stammlagers abgesehen werden, wenn andere Auszahlungsunterlagen bei dem Unternehmer vorhanden sind, oder wenn der Komanndoführer bei der Auszahlung zugegen war und dies auf der Vorderseite der Abrechnungsliste bescheinigt hat.

Bei Ablösung eines Kriegsgefangenen ist dieser bis zum letzten Tage, an dem er auf dem Kommando war, abzufinden. Ist aus besonderen Gründen (z. B. Tod oder Flucht) die Auszahlung nicht möglich, so sind die nicht ausgezahlten Beiträge in Spalte 10 einzutragen.
Bei höheren Aussazhlungsbeträgen ist die Transferierung oder die Gutschrift auf der Personalkarte II d u r c h e i n e b e s o n d e r e N a c h w e i s u n g zu veranlassen.

10. Abrechnung.

Auf der letzten Seite der Liste hat der Unternehmer die Abrechnung selbst vorzunehmen und zu unterschreiben. Zugleich hat er zu bescheinigen, daß der Kriegsgefangene entsprechend seiner Leistung abgefunden worden ist. Die Abrechnungsliste ist über den Kommandoführer, der die im Vordruck verlangte Bescheinigung abzugeben hat, bis zum 10. j. Mts. dem Mannsch.-Stammlager einzureichen.
Nach jeder Auszahlung ist darauf hinzuweisen, daß der Kriegsgefangene Beanstandungen nur innerhalb einer Frist von 3 Monaten geltend machen kann. Spätere Beanstandungen werden nicht anerkannt.

11. Zahlung an das Mannsch.-Stammlager.

Das Mannsch.-Stammlager fordert nach Feststellung der Liste den sich aus der Abrechnung ergebenden Betrag beim Unternehmer an. Der Betrag ist innerhalb von 8 Tagen nach Erhalt der Aufforderung zu bezahlen. (Zahlungsaufforderung in einfachster Form durch Postkarte oder Anforderungsschreiben mit Zahlkarte.) Eine besondere Hauptabrechnung wird nicht mehr gefertigt, da der Unternehmer die Abrechnung selbst vornimmt.

Soweit bisher in einzelnen Wehrkreisen die Bezahlung an das Mannsch.-Stammlager sogleich bei Einreichung der Abrechnungs-liste ohne besondere Zahlungsaufforderung stattgefunden hat, kann es hierbei verbleiben. Ein Aufrechnungsrecht steht dem Unter-nehmer nicht zu. Nach Ablauf der Zahlungsfrist wird der geschul-dete Betrag auf Kosten des Unternehmers durch Postnachnahme erhoben. Wird diese nicht eingelöst, so wird die gerichtliche Bei-treibung veranlasst, auch kann die Abberufung des Arbeitskom-mandos verfügt werden. In diesem Falle gehen die Transportkos-ten zu Lasten des Unternehmers. Gerichtsstand ist der Sitz der Wehrkreisverwaltung.

12. Kürzung des Kriegsgefangenen-Entgeltes

Bei Arbeitsunwilligkeit und verschuldeter Minderleistung kann der Unternehmer nach Anhören des Kommandoführers den Kr.Gef.-Anteil bis zur Hälfte kürzen. Dies ist in Spalte 19 zu vermer-ken; außerdem ist der Grund der Kürzung dem Mannsch.-Stamm-lager anzuzeigen. Als Kr.Gef.-Anteil ist in Spalte 14 der gekürzte Betrag einzusetzen, während sich der Stalag-Anteil in Spalte 13 um den Kürzungsbeitrag erhöht.

13. Festsetzung der Minderentlohnung.

Bei a n h a l t e n d ungenügenden Leistungen kann der Unterneh-mer einen Antrag auf Minderentlohnung stellen. Der Kommandant des Mannsch.-Stammlagers hat zunächst zu prüfen, worauf die Minderleistung zurückzuführen ist und ob sie nicht durch geeig-nete Maßnahmen des Unternehmers oder des Stammlagers beho-ben werden kann. Versprechen diese Maßnahmen keinen Erfolg und erscheint auch die Zurückführung des Arbeitskommandos nicht zweckmäßig, so hat der Lagerkommandant im Benehmen mit dem Beauftragten des Reichstreuhänders der Arbeit beim zuständigen Arbeitsamt nach dem Grade der Minderleistung einen prozentualen Abschlag vom Stundenlohn nach Spalte 4 zu genehmigen.

14. Geltungsbereich.

Abmachungen, die den neuen Bestimmungen entgegenstehen, verlieren mit dem Inkrafttreten ihre Wirksamkeit, sofern nicht eine Sonderregelung im Einvernehmen mit dem OKW getroffen ist.
Die Arbeit der kriegsgefangenen Offiziere wird ebenfalls nach diesen Bestimmungen abgerechnet; der zustehende Sold wird neben dem Arbeitsverdienst ungekürzt gezahlt."

Dok. 7: Zeitungsmeldung aus „Der Angriff" vom 17. Oktober 1942

„Im Umgang mit den Kriegsgefangenen

Stets daran denken, daß auch der Gefangene unser Gegner ist!
Der Mangel an eigenen Arbeitskräften hat uns gezwungen, in unseren Fabriken und auf unseren Höfen K r i e g s g e f a n g e n e einzusetzen. Millionen von Menschen fremder Sprachen und fremder Sitten kommen infolgedessen in diesen Tagen in Berührung mit der deutschen Zivilbevölkerung, und selbst außerhalb der Arbeit ist die Möglichkeit häufigen Zusammentreffens gegeben. Keinesfalls darf dieser Zustand aber dazu führen, daß wir uns mehr mit diesen Hilfskräften abgeben, als unbedingt nötig ist. Die verantwortlichen Dienststellen des Reiches haben deshalb eine Anzahl von Gesetzen, Vorschriften und Verordnungen erlassen, die das Verhalten der Zivilbevölkerung Kriegsgefangenen gegenüber regeln.
Sie gehen von der Einsicht aus, daß auch der gefangene Feind nicht mit einem Schlage zum Freund wird. Die Erfahrungen des

Ersten Weltkrieges haben im Gegenteil gelehrt, daß die Feindstaaten die zweieinhalb Millionen in unserer Hand befindlichen Kriegsgefangenen mit Vorliebe als Kampfmittel gegen uns einsetzten. Rechtzeitige Aufklärung hat dafür gesorgt, daß die Fehler in diesem Kriege nicht wiederholt wurden. Selbstverständlich aber darf auch die Länge des Krieges nicht dazu führen, daß wir leichtsinniger werden. Lassen wir deshalb weiter als obersten Grundsatz gelten, Kriegsgefangene stets so zu behandeln, daß ihre volle Leistungsfähigkeit der Industrie und unserer Ernährungswirtschaft zugute kommt, daß wir ihnen stets korrekt gegenüber stehen, daß jedes weitergehende Entgegenkommen aber dem Feind die Spionage und die Sabotage erleichtert und sich damit gegen unser Volk richtet.

Kriegsgefangene zählen nicht zur Haus- oder Hofgemeinschaft, mithin auch nicht zur Familie. Wer sie etwa sogar behandeln will als deutsche Arbeitskräfte, würde zum Verräter an der Volksgemeinschaft. Deutsche Frauen, die in Beziehungen zu ihnen treten, schließen sich von selbst aus der Volksgemeinschaft aus und erhalten ihre gerechte Bestrafung. Selbst der Schein einer Annäherung muß, wie es in den amtliche Richtlinien heißt, vermieden werden.

Wie sieht es daneben mit der Bewegungsfreiheit der Kriegsgefangenen außerhalb ihres Lagers oder Quartiers aus? Ist es ihnen erlaubt, Gaststätten aufzusuchen? Dürfen sie ohne deutsche Bewachung auf die Straße? Wer als Betriebsführer selbst Gefangene als Arbeitskräfte zugewiesen bekommt, wird sich auch mit diesen Fragen beschäftigen müssen, und er wird erfahren, daß der Besuch von Gaststätten und für Kriegsgefangene im allgemeinen genau so untersagt ist, wie das Aufsuchen nicht zugelassener Geschäfte. Dagegen ist es ihnen gestattet ihre Feste unter sich zu feiern, und darüber hinaus dürfen Gefangene, die sich durch besondere Leistungen verdient gemacht haben, mit Urlaubsscheinen des zuständigen Lagers frei bewegen.

Selbstverständlich kann es vorkommen, daß einer von ihnen auf der Straße einmal nach dem Weg fragt. Ebenso selbstverständlich ist, daß wir uns in keiner Weise strafbar machen, wenn wir ihm die erbetene Auskunft erteilen. Anders liegt jedoch der Fall, wenn wir die Besorgung von Briefen oder Nachrichten übernehmen, uns zum Umwechseln von Lagergeld hergeben oder dem Gefangenen gar kleine Geschenke machen. All dies gehört bereits zum „v e r - b o t e n e n U m g a n g" mit Kriegsgefangenen und wird entsprechend bestraft. Sämtliche unbedingt notwendigen Dinge erhält der Gefangene ja von den ihm vorgesetzten Dienststellen, und alles, was ihm darüber hinaus zufließt, kann ihm die Möglichkeit der Nachrichtenübermittlung oder der Flucht erleichtern.

Wieder für den Betriebsführer wichtig zu wissen ist freilich, daß geringfügige Zuwendungen als B e l o h n u n g f ü r g u t e A r b e i t s l e i s t u n g e n im Interesse der Erhaltung und der Steigerung der Leistung als durchaus statthaft gelten. Zu beachten ist dabei nur, daß weder Geld noch Wertgegenstände gegeben werden können. Die Arbeitszeit richtet sich nach den kriegsbedingten Verhältnissen des Betriebes. Auch der Kriegsgefangene hat Anspruch auf die zur Erhaltung seiner Leistungsfähigkeit erforderliche Ruhezeit und auf gewisse Freizeit zur Instandhaltung seiner Kleidung und seiner Unterkunft.

All dies zeigt, daß der grundsätzlich zulässige Umgang mit den in unserer Kriegswirtschaft beschäftigten Gefangenen auf das n o t - w e n d i g s t e M a ß b e s c h r ä n k t werden soll. Das bedeutet, daß er sich also im wesentlichen auf die Arbeit und die eng damit zusammenhängenden Fragen zu erstrecken, und daß selbst die dem Betriebsführer obliegende Fürsorgepflicht sich in engen Grenzen zu halten hat."[955]

---

955 LHASA, MD, I 33, Nr. 1050, Bl. 16.

„Kriegsgefangenen   Altengrabow, den 6. April 1943
M.=Stammlager XI A
Kommandant

Dieses Schreiben ist
Strengstens geheimzuhalten!

An alle Arbeitgeber Kriegsgefangener
im Bereich des Stalags XI A

Am 30. März 1942 habe ich mich in einem besonderen Geheim-Schreiben an alle Arbeitgeber der Kriegsgefangenen im Bereiche des Stalags XI A gewandt, weil ich in wiederholten Fällen festgestellt hatte und aus fortgesetzten Anzeigen empörter Volksgenossen hervorging, daß der nötige Abstand gegenüber den Kriegsgefangenen seitens der Arbeitgeber und ihrer Angehörigen nicht immer gewahrt wird.

Ich wende mich heute nochmals an alle Arbeitgeber mit dem Ersuchen, in dieser Frage eine besonders strenge und durchaus einwandfreie Haltung einzunehmen.
Der Ernst der Lage erfordert das.
Es ist empörend, wenn es noch vorkommt, daß Kriegsgefangene mit am Tisch des Arbeitgebers und seiner Familie oder mit deutschem Personal zusammen essen. Man darf sich dann auch nicht wundern, wenn die Kriegsgefangenen, wie namentlich zur Zeit die Russen, eindeutige freche Bemerkungen machen.
Daher ergeht nochmals die dringende Aufforderung an alle Arbeitgeber, durch einwandfreies Verhalten die Kriegsgefangenen in dem nötigen Respekt zu erhalten und dafür zu sorgen, daß jedes würdelose Verhalten irgendeines Volksgenossen unterbunden wird.
Ich bringe erneut in Erinnerung, daß Kriegsgefangene von auslän-

dischen Zivilarbeitern- und arbeiterinnen getrennt gehalten werden müssen.

Daß Kriegsgefangene Zutritt zu einem Raum haben, in dem sie unbehindert ohne Aufsicht einen Radioapparat einstellen und abhören können, muß unbedingt ausgeschlossen sein. Über die daraus sich ergebenden Gefahren muß sich vor allen Dingen jeder Arbeitgeber im Klaren sein. Auch darüber, daß er sich entschieden strafbar macht.

Zur Vermeidung von Fluchten wird erneut darauf hingewiesen, daß Kriegsgefangene kein Geld oder andere Hilfsmittel zur Flucht (Werkzeuge, Kompasse, Karten, Lebensmittel u. a.) im Besitz haben dürfen. Jede Fahrlässigkeit in der Begünstigung einer Flucht wird strafrechtlich verfolgt.

Auch muß leider immer wieder auf den Tiefstand der Würdelosigkeit hingewiesen werden, der darin besteht, daß deutsche Frauen Beziehungen zu Kriegsgefangenen anknüpfen und sich ihnen hingeben und damit die Ehre und das Ansehen der deutschen Frau in den Schmutz ziehen. Jeden Fall solcher Beziehungen, auch der fahrlässigen Begünstigung, werde ich unnachsichtlich der Geheimen Staatspolizei zur strafrechtlichen Verfolgung weiterleiten. Ich habe sämtlichen mit der Überwachung beauftragten Truppen und Dienststellen meines Bereiches befohlen, jeden Übertretungsfall mir sofort zu melden und werde <u>rücksichtslos</u> durchgreifen, wozu in allererster Linie auch der sofortige Entzug der Kriegsgefangenen – ganz gleich an welcher Stelle eingesetzt – gehören wird.

Jeder Arbeitgeber, seine Angehörigen und sein Personal mögen sich auch stets das bekannte Schild „Vorsicht bei Gesprächen, Feind hört mit!" vor Augen halten.

Der Kriegsgefangene ist Feind! N e u e Oberstleutnant und Kommandant"[956]

---

956 Stadtarchiv Halberstadt, Zuckerfabrik, 75, unpag.

Dok. 9: Einsatzbedingungen in der Land- und Forstwirtschaft

„Der Präsident des Landesarbeitsamtes Mitteldeutschland,
Erfurt, den 6. Oktober 1939
Betrifft: Einsatzbedingungen der Kriegsgefangenen in der Land-
und Forstwirtschaft

Die Einsatzbedingungen der in der Land- und Forstwirtschaft eingesetzten Kriegesgefangenen habe ich im Einvernehmen mit dem
Reichsminister für Ernährung und Landwirtschaft, dem Reichsforst-
meister und dem Oberkommando der Wehrmacht wie folgt geregelt:

1. Den in der Land- und Forstwirtschaft eingesetzten Kriegsgefangenen ist freie Unterkunft und Verpflegung zu gewähren. Bei einer
Unterbringung und Beköstigung außerhalb des Betriebes sind die
hierfür entstehenden Kosten vom Betriebsführer zu tragen. Wird
die Unterkunft und Verpflegung ganz oder teilweise von der Wehrmacht übernommen, so hat der Betriebsführer hierfür folgende
Entschädigungssätze an die Wehrmacht zu zahlen:
a) für Verpflegung täglich 1,20 RM
   (Morgenkost –,20 RM,
   Mittagskost –,60 RM,
   Abendbrot –,40 RM)

b) für Unterkunft täglich   –,20 RM im Sommer
                                –,40 RM im Winter.
2. Daneben sind für jeden mit Zeitlohnarbeit beschäftigten Kriegsgefangenen im ganzen Reichsgebiet folgende Barbeträge an die
zuständigen Stellen der Wehrmacht abzuführen:

Je Arbeitsstunde	–,06 RM,
Je Arbeitstag	–,54 RM,
Je Arbeitsmonat	13,50 RM

3. Für jeden mit Stücklohnarbeit beschäftigten Kriegsgefangenen sind 80% der tariflichen, beim Fehlen einer tariflichen Regelung 80% der ortsüblichen Akkordlöhne zu zahlen.

Wenn bestehende Tarifordnungen der Akkordberechnung den tariflichen Zeitlohn zu Grunde legen, so tritt an die Stelle der tariflichen Zeitlohnsätze ein reichseinheitlicher Stundenlohn von 32 Rpf. Von den auf Grunde dieser Basis errechneten Akkordverdiensten sind 80% zu zahlen.

Von dem Gesamtverdienst sind für Unterkunft und Verpflegung die von der Wehrmacht für die Bewertung dieser Leistungen festgesetzten Sätze in Abzug zu bringen, wenn Verpflegung und Unterkunft vom Betriebe gestellt werden."[957]

957 LHASA, MD, C 30 Osterburg A, Nr. 1311, Bl. 34.

8.3 Tabellen

Tab. 1: Übersicht über die im Stalag XI A eingesetzten Kommandanten, ihre Stellvertreter und Angehörige des Lagerstabes[1]

Militärischer Rang	Nachname	Vorname	Geburtsdatum
Hptm.	Becker	Hermann	*21.02.1886
Hptm.	Dr. Besemüller	Walter	*18.07.1890
Oblt.	Bohne	Franz	*16.12.1882
Rittm.	Bormann (?)	Wilhelm	*26.08.1895
Hptm.	Brinkmann	Heinrich	*10.04.1895
Major	Drübba	Paul	*14.05.1874
Hptm.	Ebert	Rudolf	*29.07.1893
Hptm.	Engel	Karl	*28.12.1882
Hptm.	Fahrenkamp	Friedrich	*13.08.1887
Hptm.	Flack	Otto	*25.07.1894
Oblt.	Franke[1]	Martin	*10.11.1898
Hptm.	Gloth	August	*15.12.1887
Hptm.	Günther	Erich	*18.11.1891
Hptm.	Haentzsch	Paul	*17.09.1891
Hptm.	Keese	Otto	*21.04.1885
Hptm.	Keil	Otto	*23.08.1895
Major	Kothe	Wilhelm	*02.09.1888
Major	Dr. Lange	Ernst	*05.01.1890
Hptm.	Lippert	Georg	*16.03.1884
Hptm.	Lüssenhop	Wilhelm	*26.09.1887
Hptm.	Lütgens	August	*06.04.1893
Obstlt.	Neue[2]	Otto	*05.01.1883
Oblt.	Püsch	Erich	*02.02.1884
Hptm.	Rehren	Otto	*03.07.1894
Major	Dr. Schmidt	Hermann	*21.06.1877
Hptm	Schmidt	Otto	*05.01.1893
Hptm	Schrader	Arnold	*25.04.1884

Militärischer Rang	Nachname	Vorname	Geburtsdatum
Oblt.	Seeger	Paul	*16.09.1895
Rittm	Seeliger	(?)	*19.09.1891
Rittm	Sievers	Otto	*04.07.1889
Hptm.	Szumigala	Stanislaus	*30.04.1865
Hptm.	Kagler	Wilhelm	*31.01.1886
Hptm.	Kendel	Walter	*10.08.1884
Hptm.	Spieß	Karl	*17.10.1895
Oblt.	Dr. Theuring (?)	Heinrich	*07.07.1887
Obstlt.	Ballerstedt[3]	Kurt	*22.06.1894
Obstlt.	Flügge[4]	Hermann	*02.09.1892
Major z.V.	Jacobshagen[5]	Paul	*31.10.1895
Major d.R.	Lauckert[6]	Ernst	*18.09.1893
Oberst	Nieter[7]	Rudolf	*09.08.1892
Oberst	Ochernal[8]	Theodor	*05.11.1891
Gen.Maj. z.V.	von Werder[9]	Wolfgang	*09.01.1876
Major z.V.	Kippermann[10]	Friedrich	*07.12.1879
Oberst z.V.	Mertens[11]	Volkar (?)	*10.09.1876
Major z.V.	Nickel[12]	(?)	?
Oberst z.V.	v. Ludwiger[13]	Kurt	?
Major z.V.	Dresel[14]	Max	*08.03.1886
Hptm. d.R.	Lauckert[15]	Ernst	?
Hptm. d.R.	Breithaupt[16]	Ernst	?
Hptm. d.R.	Kohl[17]	Heinrich	?
Hptm. d.R.	Schwark[18]	Alfred	?

1   Die Auflistung ist einer handschriftlichen Findkartei entnommen worden. Keine Gewähr für Schreib- und Übertragungsfehler. Bereits Donczyk hat in seiner Studie auf Personen und deren Dienstzeit im Stalag verwiesen. Der Abgleich seiner Angaben mit den Daten des BArch, MA hat Differenzen aufzeigen können; aus diesem Grund erschien eine erneute Auflistung besonders erkenntniserweiternd. Vgl. Donczyk, Franciszek: Stalag XI A Altengrabow, Warschau 1959. Hier: Vgl. HStaatsA. Hannover, Nds. 721 Hannover, Acc. 90/99, Nr. 145, Bd. 2, Bl. 223f.

2   Folgende Informationen sind mit freundlicher Unterstützung von M. Viebig, Gedenkstätte ROTER OCHSE in Halle, an den Verfasser weitergeleitet wor-

den: Martin Franke (geb. 1898) trat 1931 der NSDAP bei und amtierte von 1933 bis 1935 als Kreispersonalamtsleiter der NSDAP-Kreisleitung Burg. Ab 1942 wirkte er als Abwehroffizier im Kriegsgefangenenlager Altengrabow bei Magdeburg. Dort verstarben tausende sowjetische Insassen in Folge systematischer Unterversorgung und katastrophaler Unterbringung. Im Sommer 1945 wurde Franke wegen seiner NS-Belastung aus dem öffentlichen Dienst entlassen. Fortan arbeitete er als Schädlingsbekämpfer. Im Zuge der Durchführung des SMAD-Befehls Nr. 201 verhaftete ihn das NKWD am 13. Januar 1948. Das SMT Halle verurteilte ihn zu lebenslänglicher Zwangsarbeit, hauptsächlich auf Grund seiner „verbrecherischen Tätigkeit im Lager der sowjetischen Kriegsgefangenen". Franke verbüßte seine Strafe im Speziallager Bautzen sowie in der Strafvollzugsanstalt Brandenburg. Nach vorzeitiger Haftentlassung im April 1956 siedelte er in die Bundesrepublik über. Quelle: Vgl. BArch, DO 1, SMT- und Waldheim-Verurteilte.

3   Kdt. des Stalags XI A 25.09.1941–23.04.1943.

4   Stellv. Kdt. Stalag XI A 16.11.43–24.03.1945.

5   Stellv. Kdt. Stalag XI A 25.03.1945–?.

6   stellv. Kdt. Stalag XI A 02.06.–15.11.1942 (?).

7   ?–19.03.1941.

8   Kdt. Stalag XI A 24.04.1943–29.10.1944.

9   Kdt. Stalag XI A 30.10.1944–04.05.1945.

10   Kdt. Stalag XI A ?–28.02.1940.

11   ?–11.04.1941.

12   Kdt. Stalag XI A 01.03.1940–08.04.1941.

13   Stellv. Kdt. Stalag XI A 09.05.1941–01.10.1941.

14   Kdt. Stalag XI A 07.05.1941–27.07.1941.

15   Stellv. Kdt. Stalag XI A 25.02.1942–01.06.1942.

16   PV. 15.10.1940.

17   PV. 29.01.1941.

18   PV. 15.12.1941.

19   PV. 30.04.1942. Für den Arbeitseinsatz der Kriegsgefangenen zuständig.

Tab. 2: Verhältnis von Arbeitskräftebedarf und Bereitstellung von kriegsgefangenen Arbeitskräften in den Kreisen der preußischen Provinz Sachsen (25.10.1939)

Arbeitsamt	Gesamtbedarf	gestellte Kriegsgefangene
Aschersleben	1.195	600
Bernburg	2.600	900
Bitterfeld	2.451	1.210
Burg	2.735	2.642
Dessau	1.381	400
Eilsleben	2.235	740
Erfurt	1.050	500
Halberstadt	3.190	895
Halle	4.600	1.099
Heiligenstadt	290	150
Magdeburg	5.825	2.511
Mühlhausen	742	100
Naumburg	1.306	250
Nordhausen	912	150
Stendal	6.733	1.210
Suhl	275	0
Wittenberg	1.107	0
Zeitz	360	0

Tab. 3: Übersicht über den Kriegsgefangeneneinsatz in den Kreisen des Regierungsbezirkes Magdeburg (09.01.1943)[20]

Arbeitsamt	Kreis	Zahl der Arb.Kdos.	Zahl der Kgf.
Magdeburg	Magdeburg Stadt	30	4.500
	Teil Calbe	19	1.000
	Wanzleben	47	1.900
	Wolmirstedt	62	1.800
	Haldensleben	69	1.800
	Enklave Helmstedt	14	300
Stendal	Osterburg	142	2.400
	Stendal	125	2.600
	Salzwedel	211	3.900
	Gardelegen	140	3.400
Burg	Jerichow I	104	3.000
	Jerichow II	81	2.600
Dessau	Dessau-Köthen	95	4.700
	Zerbst	60	1.600
	Teil Calbe	12	500
Bernburg	Bernburg	60	2.300
	Teil Calbe	30	1.500
Aschersleben	Aschersleben (Stadt)	7	700
	Ballenstedt + Enklave Quedlinburg	24	700
Halberstadt	Halberstadt (Stadt)	40	2.400

20   LHASA, MD, C 20 I, Ib Nr. 886 Bd. 3, Bl. 164.

Tab. 4: Die quantitative Verteilung der ermittelten „GV-Verbrechen" pro Kriegsjahr

I. Sondergericht Magdeburg und Staatsanwaltschaft Magdeburg

Jahr	1939	1940	1941	1942	1943	1944	1945
„GV-Verbrechen"	0	0	0	0	5	9	2

II. Straf- und Gerichtsgefängnisse Magdeburg (Sondergericht und Zweigstellen)

Jahr	1939	1940	1941	1942	1943	1944	1945
„GV-Verbrechen"	0	0	1	1	5	11	3

III. Staatsanwaltschaft Stendal

Jahr	1939	1940	1941	1942	1943	1944	1945
„GV-Verbrechen"	0	2	0	0	2	6	0

Tab. 5: Übersicht über die Versorgung einzelner Antragsteller („Bedarfsträger") mit Kriegsgefangenen (Landesarbeitsamt Mitteldeutschland Erfurt, den 9. Dezember 1939[21])

	Gesamtanträge	Gesamt Kgf.	erledigte Anträge	gestellte Kgf.	fehlende Kgf.
insgesamt	1.793	44.300	1.767	43.251	1.049
	1a	1b	2a	2b	3b
Arbeitsvorhaben					
Landwirtschaft	1.649	37.586	1.649	37.586	–
Forstwirtschaft	21	485	18	425	60
Zuckerfabriken	39	2.732	39	2.732	–
Bergbau	7	425	3	220	205
Meliorationen	3	160	2	100	60
Bahnarbeiten	8	467	6	399	68
Reichspostarbeiten	–	–	–	–	–
Wasserstrassen	6	285	5	265	20
Vierjahresplan	8	576	7	476	100
Reichsautobahn	–	–	–	–	–
Grubenholzgewinnung	–	–	–	–	–
sonstige Arbeiten	52	1.584	38	1.048	536
insgesamt	1.793	44.300	1.767	43.251	1.049

21   LHASA, MD, C 20 I, Ib Nr. 886 Bd. 2, Bl. 148 f.

Tab. 6: Vergleich des Kriegsgefangenen-Arbeitseinsatzes in Mitteldeutschland; aufgeführte Wehrkreise; im WK XI insgesamt 42.251 Kriegsgefangene; Landw. = Landwirtschaft, Forstwirtschaft, Zuckerfabriken; Ind. = Industrie und Gewerbe] (05.12.1939)[22]

Wehrkreis	IV		IX		XI	
Arbeitsamt	Landw.	Ind.	Landw.	Ind.	Landw.	Ind.
Altenburg	1.000	–	–	–	–	–
Arnstadt	–	–	225	50	–	–
Aschersleben	–	–	–	–	950	215
Bernburg	–	–	–	–	1.680	120
Bitterfeld	1.880	220	–	–	50	–
Burg	–	–	–	–	2.490	–
Dessau	–	–	–	–	1.020	50
Eisenach	–	–	20	30	–	–
Eisleben	1.320	–	560	–	–	–
Erfurt	–	–	900	–	–	–
Gera	–	–	920	75	–	–
Gotha	–	–	825	–	–	–
Halberstadt	–	–	–	–	3.405	–
Halle	4.184	305	725	30	–	–
Heiligenstadt	–	–	300	–	–	–
Jena	–	–	952	–	–	–
Magdeburg	–	–	–	–	5.041	365
Meiningen	–	–	–	139	–	–
Mühlhausen	–	–	500	–	–	–
Naumburg	300	–	559	–	–	–
Nordhausen	–	–	605	85	–	–
Saalfeld	–	–	–	150	–	–
Sondershausen	–	–	720	–	–	–
Sonneberg	–	–	–	–	–	–

Wehrkreis	IV		IX		XI	
Arbeitsamt	Landw.	Ind.	Landw.	Ind.	Landw.	Ind.
Stendal	–	–	–	–	4.321	–
Suhl	–	–	250	115	–	–
Torgau	1.632	168	–	–	–	–
Weimar	–	–	1.579	321	–	–
Weißenfels	650	70	–	–	–	–
Wittenberg	650	–	–	–	60	–
Zeitz	570	–	–	–	–	–
Insgesamt	**12.086**	**763**	**9.640**	**995**	**19.017**	**750**

22   Ebd., Bl. 149.

Tab. 7: Übersicht über die in den Arbeitsamtbezirken eingerichtete Anzahl von Arbeitskommandos, der Anzahl der dort beschäftigten Kriegsgefangenen und deren Organisation; Stalag XIA Altengrabow[23] (Stand: 09.01.1943)

Arbeitsamt	Kreis	Zahl Arb. Kdos	Zahl der Kgf.	Kontrolloffizier	Landesschützen-bataillon	Landesschützen-kompanie
Magdeburg	Magdeburg Stadt	30	4.500	Magdeburg-Süd 96/7.400	Nr. 740 Magdeburg	Magdeburg
	Teil Calbe	19	1.000			
	Wanzleben	47	1.900			Wanzleben
	Wolmirstedt	62	1.800	Magdeburg-Nord 145/3.900		Eilsleben / Wolmirstedt
	Haldensleben	69	1.800			
	Enkl. Helmstedt	14	300		241/11.300	
Stendal	Osterburg[24]	142	2.400	Stendal 267/5.000	Nr. 741 Stendal	Osterburg / Stendal
	Stendal	125	2.600			
	Salzwedel	211	3.900	Klötze 351/7.300		Salzwedel / Klötze
	Gardelegen	140	3.400		618/12.300	
Burg	Jerichow I	104	3.000	Burg 185/5.600	Nr. 720 Zerbst	Burg Genthin
	Jerichow II	81	2.600			
Dessau	Dessau-Köthen	95	4.700	Dessau 167/6.800		Köthen
	Zerbst	60	1.600			Zerbst
	Teil Calbe	12	500			

Arbeitsamt	Kreis	Zahl Arb. Kdos	Zahl der Kgf.	Kontrolloffizier	Landesschützen-bataillon	Landesschützen-kompanie
Bernburg	Bernburg	60	2.300	Bernburg	Nr. 718 Halberstadt	Calbe
	Teil Calbe	30	1.500			
Aschersleben	Aschersleben (Stadt)	7	700			
	Ballenstedt + Enkl. Quedlinburg	24	700		235/12.300	Ballenstedt
Halberstadt	Halberstadt (Stadt)	40	2.400	Halberstadt		Halberstadt-Ost Halberstadt-West

23 LHASA, MD, C 20 I, Ib Nr. 886 Bd. 3, Bl. 164.

24 Der Arbeitskräftebedarf war mit Blick auf die Landwirtschaft in der Altmark steigend und der Zenit des Arbeitskräftebedarfs noch nicht erreicht. In einer Meldung des Arbeitsamtes Stendal vom 2. Juli 1942 wird mitgeteilt, dass sich im Kreise Osterburg 1.194 Franzosen, 14 Juden, 170 Wallonen, 381 sowjetische Russen, 272 Serben und 28 Polen (2.088 Kriegsgefangene) aufhielten. Vgl. LHASA MD, C 30 Osterburg A, Nr. 1348, Bl. 223.

Tab. 8: Übersicht über die Anzahl der während des Zweiten Weltkrieges in Stalag XI A registrierten Kriegsgefangenen. Ermittelt aus den Zahlenangaben des IKRK und Meldungen an die WASt; Gesamt-AE (= im Gesamtarbeitseinsatz, außerhalb des Stalags, befindliche Kriegsgefangene)

Datum	Franzosen	Engländer	Belgier	Polen	Südost	Sowjets	Italiener	USA	Niederländer	Andere AE	Bestand	Kontrolle	Gesamt-AE
10.09.40	16.513		12.899	6.061							35.473	35.473	
25.10.40	18.380		12.112	5.593							36.085	36.085	
10.01.41	27.545	1	12.104	4.820							44.470	44.470	
31.01.41	31.912	1	9.076	4.295							45.284	45.284	
28.02.41	31.900		5.947	4.294							42.141	42.141	
31.03.41	31.084		5.997	3.403							40.084	40.084	
01.05.41	32.878	5	5.739	3.563							49.280	42.185	
01.06.41	31.867	5	5.623	1.321							53.527	38.816	
01.08.41	30.665		5.5.28	2.507	7.326						46.026	?	
01.09.41	31.254		5.622	2.699	7.097						46.672	46.672	
01.10.41	29.311		5.394	2.100	6.955						43.760	?	
01.11.41	29.169		5.387	986	6.934						42.458	?	40.328
01.12.41	28.923		5.381	795	6.583	9.234					50.916	?	
01.01.42	28.887		5.379	725	6.535	8.031					49.547	?	45.100
01.02.42	28.369		5.3.59	784	6.533	8.109					45.154	49.154	
01.04.42	28.292		5.350	763	5.443	8.997					48.845	48.845	

Datum	Franzosen	Engländer	Belgier	Polen	Südost	Sowjets	Italiener	USA	Niederländer	Andere	Bestand	Kontrolle	Gesamt-AE
01.06.42	27.292		4.955	746	5.313	9.784					48.090	48.090	
01.08.42	28.928		4.904	728	4.989	13.745					51.294	?	48.138
01.09.42	26.582		4.777	715	4.926	17.615					54.477	54.615	
01.11.42	26.261		4.735	620	5.024	17.936					54.575	54.576	
01.12.42	26.305		4.734	599	5.042	19.105					55.782	55.785	
01.01.43	25.719		4.624	627	5.061	17.188					53.219	53.219	
01.02.43	25.078		4.548	623	4.9006	18.998					54.153	54.153	
01.03.43	25.239		4.550	630	4.718	18.204					53.341	53.341	
01.04.43	24.385		4.546	609	4.695	12.237					46.472	46.472	
01.05.43	23.244		4.580	553	4.720	12.402					45.499	45.499	
01.06.43	23.013		4.565	534	4.713	12.729			638		46.192	46.192	
01.07.43	22.690		4.561	547	4.688	11.989			3.289 (?)		47.764	?	42.483
01.08.43	22.497		4.526	546	4.667	12.215			1.091		45.542	45.542	
01.09.43	22.399		4.507	564	4.616	11.603			709		44.398	44.398	
01.10.43	21.885		4.504	557	4.605	11.950	3.045		673		47.634	47.219	
01.12.43	21.855	2.399	4.488	553	4.584	12.173	14.485		473		61.040	61.040	
01.01.44	21.743	2.550	4.488	559	4.578	12.531	14.599		530		61.578	61.578	
01.02.44	21.612	1.326	4.478	550	4.569	13.095	14.587		531		60.748	60.748	
01.03.44	21.544	1.418	4.444	544	4.459	13.240	14.980		530		61.159	61.159	51.100

Datum	Franzosen	Engländer	Belgier	Polen	Südost	Sowjets	Italiener	USA	Niederländer	Andere	Bestand	Kontrolle	Gesamt-AE
01.04.44	21.513	2.630	4.432	545	4.304	13.051	15.424		537		62.433	62.436	
01.05.44	21.573	3.066	4.457	551	4.174	13.354	15.200	62	536		62.973	62.973	
01.06.44	21.541	3.057	4.455	554	4.206	13.446	15.236	60	504		63.059	63.059	
01.07.44	22.106	3.008	4.432	568	4.194	13.433	14.835	60	503		63.139	63.139	
01.08.44	22.127	3.028	4.429	555	4.136	13.429	15.026	8	500		63.288	63.288	51.694
01.09.44	22.041	3.006	4.419	568	4.1.81	15.374	15.540	1	487		66.117	65.617	
01.10.44	21.916	2.996	4.418	566	4.217	16.152	1.953	2	486		52.706	52.706	
01.11.44	21.982	3.536	4.417	3.274	4.213	21.439	1.297	10	461		60.629	60.629	
01.12.44	23.189	3.677	4.4.30	3.318	4.217	22.148	748	11	464	309 Slow.[25]	62.511	62.202	
01.01.45	22.983	3.606	4.438	2.815	4.217	22.258	1.072	18	464	451	60.748	62.322	

25 Slowaken.

463

Tab. 9: Unvollständige Übersicht über die ermittelten Arbeitskommandos (= Arbeitseinsatzorte), den Arbeitgeber und die Nationalität der dort eingesetzten Kriegsgefangenen. Mit „R" gekennzeichnete Kommandos (= „Russenkommandos") waren nur für sowjetische Kriegsgefangene. In Zusammenarbeit mit der Dokumentationsstelle Celle (Stiftung niedersächsische Gedenkstätten)

Arb.Kdo.	Ort	Arbeitgeber	Nationalität
2/2	Ackendorf		Italiener
R 9/2	Angern		Sowjets
R 10/2	Arneburg		Sowjets
11	Aschersleben		Polen
11/3	Aschersleben		
11/4	Aschersleben		Italiener
11/5	Aschersleben	Masch.Fa. Born	Italiener
11/7	Aschersleben	Muna	Italiener
11/12	Ascherleben	Kalischacht	Italiener
11/13	Aschersleben	Froserstraße	Italiener
11/14	Aschersleben		
14	Andorf		Italiener
20/2	Althaldenlsben		
R 27/1	Alleringersleben		Sowjets
28/5	Aken	I.G. Farben	Italiener
R 37/2	Badeleben		Sowjets
38/2	Badersleben		Italiener
41/2	Bahrendorf	Fuhrwerk Gustav Homann	Serben
42/1	Ballenstedt		Polen
42/3	Ballenstedt	Gummiwerke	Italiener
42/5	Ballenstedt	Alte Ziegelei	Italiener
43/1	Barby	Fa. Maizene	Italiener
R 43/3	Barby		Sowjets
48/1	Bergzow		Polen

Arb.Kdo.	Ort	Arbeitgeber	Nationalität
R 67	Bretsch		Sowjets
71/1	Buch		Polen
R 72/7	Buchhorst		Sowjets
77/3	Burg		Italiener
77/4	Burg		
77/5	Burg		
77/11	Burg		Italiener
R 80/3	Busch		Sowjets
81	Büste (?)		Polen
86/1	Badel (?)		Italiener
98	Bierstedt		Italiener
101/2	Bonese		Italiener
102/2			Franzosen
R 102/3	Bodendorf		Sowjets
R 102/2	Bodendorf		Sowjets
119/5	Bernburg		
119/13	Bernburg	Solvay-Werke	Italiener
119/15	Bernburg		Italiener
R 122/2	Buchwitz		Sowjets
R 129	Calbe/Saale		Sowjets
129/2	Calbe		
129/3	Calbe		Italiener
129/9	Calbe		Italiener
R 129/8	Calbe		Sowjets
R 130/1	Calbe/Milde		Sowjets
R 130/3	Calbe/Milde		Sowjets
R 130/8	Calbe/Milde		Sowjets
131/2	Calberswisch		Italiener
R 131	Calberwisch		Sowjets
132/2	Cheinitz		Italiener
R 135/1	Coswig		Sowjets
R 135/4	Coswig		Sowjets

Arb.Kdo.	Ort	Arbeitgeber	Nationalität
R 135/5	Coswig		Sowjets
R 148/			Sowjets
149	Dannigkow		Polen
R 151/4	Dedeleben		Sowjets
153/1	Derenburg		Italiener
153/3	Derenburg		Italiener
156/3	Dingelstedt		Italiener
R 170/I	Dessau-Roßlau		Sowjets
170/2	Dessau		
170/4	Dessau-Roßlau		
170/7	Dessau		Italiener
170/7	Dessau		
170/10	Dessau	BAMAG[26]	u.a. Franzosen
170/13	Dessau/Roßlau		
170/14	Dessau		Italiener
170/15	Dessau	„Polysius"	Italiener
170/16	Dessau	Masch. Fa. Kockert	Italiener
170/19	Dessau		Italiener
170/21	Dessau		
170/22	Dessau		
170/23	Dessau	Fa. Krzisevski	Italiener
170/24	Dessau	Bamag	Italiener
170/26	Dessau		
170/30	Dessau		Italiener
170/31	Dessau		Italiener
170/33	Dessau		Sowjets
170/35	Dessau		Italiener
170/36	Dessau	Junkersstr. 35/36	Italiener
170/37	Dessau	Junkerswerkheim Süd	Italiener
170/38	Dessau	Junkers Hindenburg-kaserne	Italiener
170/40	Dessau		Italiener

Arb.Kdo.	Ort	Arbeitgeber	Nationalität
170/41	Dessau		Italiener
170/70	Dessau	Junkerswerke	Franzosen, Belgier
R 204	Deutschhorst		Sowjets
R 205/1	?		Sowjets
R 213/2	Edderitz		Sowjets
213/3	Edderitz		Italiener
214/2	Egeln		Italiener
214/4	Egeln	Salzwerke	Italiener
R 221/1	Eilsleben		Sowjets
221/2	Eilsleben		Italiener
R 226	Elsnigk		Sowjets
235/1	Ellenberg		Italiener
243/1	Elbingerode	Stahlwerke	Italiener
243/3	Elbingerode		
243/4	Elbingerode		
254/1	Förderstedt		
254/4	Förderstedt	Kalkwerk	Italiener
R 254/4	Förderstedt		Sowjets
256	Freckleben		Polen
257/2	Frose	I.G. Farben	Italiener
273/1	Gardelegen		
274	Gattersleben		Polen
274/2	Gattersleben		Italiener
R 274/5	Gattersleben		Sowjets
274/5	Gattersleben		Italiener
279/5	Genthin	Futtersammelstelle	Italiener
279/6	Genthin	Silva-Werke A.G.	Italiener
279/7	Genthin		Italiener
281	Gernrode		Polen, Italiener
R 282/2	Giersleben		Sowjets
R 284/2	Gieseritz		Sowjets

Arb.Kdo.	Ort	Arbeitgeber	Nationalität
R 287	Glauzig		Sowjets
R 289/2	Glinde		Sowjets
292/1	Goldbeck		Italiener
R 294/1	Gommern		Sowjets
294/2	Gommern		
294/3	Gommern		Italiener
R 294/	Gommern		Sowjets
294/5	Gommern		
301/3	Gröningen		Italiener
R 301/3	Gröningen		Sowjets
312	Groß Quenstedt		Italiener
314	Groß Rossendorf		Polen
315/2	Groß Rossau		Polen
324/3	Güsen		Italiener
324/4	Güsen		Italiener
326/4	Güsten		Italiener
R 326/2	Güsten		Sowjets
329/ /1	Gerwisch		
329/3	Gerwisch		Italiener
R 329/2	Gerwisch		Sowjets
331	Gollensdorf		Polen
340	Groß Schierstedt		
356/9	Halberstadt	Fa. Heine-Ziegelei	Italiener
356/9	Halberstadt		Italiener
R 356/2	Halberstadt		Sowjets
R 356/3	Halberstadt		Sowjets
R 356/10	Halberstadt		Sowjets
R 356/13	Halberstadt		Sowjets
R 356/13	Halberstadt	Fliegerhorst	Sowjets
R 356/19	Halberstadt		Sowjets
358/8	Haldensleben		Italiener
358/10	Haldensleben		Italiener

Arb.Kdo.	Ort	Arbeitgeber	Nationalität
359/9	Hamersleben	Klostergut (?)	Italiener
R 359/3	Hamersleben		Sowjets
367	Heiligenfelde		Polen
R 372/2	Hillersleben		Sowjets
377	Hohenerxleben	Kalkwerk	Italiener
382/2	Hohenziatz	Rittergut „Bodenstern"	Italiener
385	Hornburg		Polen
387/2	Hoym		Italiener
389/6	Hötensleben	„Schnitterkaserne"	Italiener
R 389/6	Hötensleben		Sowjets
391	Hundisburg		Belgier, Franzosen, Italiener
392	Hadmersleben (?)		Italiener
395	Hecklingen (?)		
395/4	Hecklingen (?)		Polen
R 395/4	Hecklingen		Sowjets
401	Harzgerode (?)		Polen
401/4	Harzgerode	Leichtmetallwerke	Italiener
R 416/2	Iden		Sowjets
418	Insel		Polen
R 428/2	Jahrstedt		Sowjets
R 437	?		Sowjets
440	Kade		Italiener
446	Kirchmöser	Reichsbahn	Franzosen, Serben
446/4	Kirchmöser	RAW	Italiener
446/5	Kirchmöser	Stahleisenwerk	Italiener
446/6	Kirchmöser	RAW	Italiener
R 446/3	Kirchmöser		Sowjets
450	Klein Lübars		
R 456/5	Klein Wanzleben		Sowjets
456/6	Klein Wanzleben		Italiener

Arb.Kdo.	Ort	Arbeitgeber	Nationalität
R 459/2	Klinge		Sowjets
463/1	Königsborn	Heereszeugamt	Italiener
R 463/2	Königsborn		Sowjets
R 464/2	Königsaue		Sowjets
R 464/3	Königsaue		Sowjets
R 469/2	?		Sowjets
472	Klein Mühlingen		
475	Kladen		Polen
480	Klein Gartz	Ortsbauernschaft	Italiener
482/10	Köthen		Italiener
482/11	Köthen	Junkers	Italiener
485	Kusey		Polen
R 490/2	Kläden		Sowjets
500	Klein Wieblitz		Italiener
513/3	Loburg		
R 513/6	Loburg		Sowjets
R 516/2	Löbnitz		Sowjets
533	Lüttgenrode		Polen
544/2	Magdeburg		
544/3	Magdeburg		
544/4	Magdeburg/Buckau		Franzosen, Belgier
544/7	Magdeburg	Krupp-Gruson	Italiener
544/9	Magdeburg		
544/10	Magdeburg		Franzosen
R 544/10	Magdeburg/Buckau		Sowjets
544/11	Magdeburg		
544/12	Magdeburg		
544/13	Magdeburg		
544/14	Magdeburg	Hafen A.G.	Italiener
544/17	Magdeburg	„Kristallpalast"	
544/21	Magdeburg		

Arb.Kdo.	Ort	Arbeitgeber	Nationalität
544/23	Magdeburg/Buckau		
544/26	Magdeburg/Süd-West	Fahlberg-List AG	Italiener
544/27	Magdeburg		
544/28	Magdeburg		Italiener
544/29	Magdeburg	Polte oHG	Franzosen, Belgier
544/34	Magdeburg		Jugoslawen
544/35	Magdeburg/Lemsdorf		
544/41	Magdeburg	Krupp	Italiener
544/49	Magdeburg	Brabag	Italiener
544/50	Magdeburg	Junkers	Italiener
544/51	Magdeburg	Fa. Polte (Lager)	Italiener
544/53	Magdeburg	Schäffer und Budenberg	Italiener
544/54	Magdeburg	RAW	Italiener
R 544/13	Magdeburg		Sowjets
R 544/37	Magdeburg		Sowjets
R 544/38	Magdeburg	Wolf	Sowjets
R 544/39	Magdeburg		Sowjets
R 544/40	Magdeburg		Sowjets
R 544/43	Magdeburg		Sowjets
R 544/45	Magdeburg		Sowjets
R 544/47			Sowjets
551	Möckern		
554	Messdorf		Polen
556/8	Mieste	Asbelith-Werke	Italiener
560	Minsleben	Junkers	Italiener
561	Möckern	Gasthaus „Goldene Krone"	Italiener
568	Molitz		Italiener
576/2	Mellin		Italiener
585	Maxdorf		Italiener
R 598/2	Neugattersleben		

Arb.Kdo.	Ort	Arbeitgeber	Nationalität
R 601	Neundorf (Bernburg)		Sowjets
R 601/3	Neundorf		Sowjets
602/1	Neuwegersleben		
605/3	Nordgermersleben		Italiener
608/1	Nienburg		
608/2	Nienburg		
621/3	Nachterstedt	Grube „Concordia"	Italiener
R 621/4	Nachterstedt		Sowjets
R 626/3	Olvenstedt		Sowjets
627/4	Oschersleben	AGO-Werke	Italiener
630	Osterholz		Polen
R 634/2	Oberpeissen		Sowjets
R 636/2	Oebisfelde		Sowjets
639/3	Osterwieck		Italiener
640/3	Offleben		Italiener
644	Plötzkau		Polen
R 649/2	Parey		Sowjets
659/2	Pretzier	Ortsbauernschaft	Italiener
662/2	Prosigk		Italiener
677/3	Quedlinburg		Italiener
677/10	Quedlinburg	Reichsbahn	Italiener
677/13	Quedlinburg		Italiener
677/ 4	Quedlinburg		Italiener
R 677/1	Quedlinburg		Sowjets
694	Reesen		Italiener
696	Reinstedt		Italiener
697	Rengerslage		Polen
R 697/	Rengerslage		Sowjets
702	Rietzel		Polen
704	Rochau		Polen
707	Rogätz		Polen
R 717/2	Rohrbeck		Sowjets

Arb.Kdo.	Ort	Arbeitgeber	Nationalität
719/3	Rodleben		Italiener
719/5	Rodleben		
722	Rindtorf		Polen
737	Salzwedel	Zuckerfabrik	Polen
737/6	Salzwedel		
R 737/7	Salzwedel		Sowjets
R 737/9	Salzwedel		Sowjets
742/3	Seehausen	Leichtbauwerk	Italiener
749	Sommerschenburg		Italiener
754/1	Späningen		Polen
756/1	Süplingen (?)		Brit.
757	Sallenthin	Ortsbauernschaft	Italiener
759/3	Seehausen		Italiener
R 759/2	Seehausen		Sowjets
R 761/4	Sachau		Sowjets
767/2	Silberhütte		Italiener
R 767	Silberhütte		Sowjets
R 778/2	Schinne		Sowjets
780	Schlanstedt		Polen
784/5	Schönebeck		Italiener
784/7	Schönebeck		
784/8	Schönebeck		Italiener
784/9	Schönebeck		Italiener
784/10	Schönebeck	Patronenfabrik	Italiener
784/11	Schönebeck		Italiener
784/12	Schönebeck		Italiener
784/16	Schönebeck		
785/1	Schönhausen		Italiener
R 785/2	Schönhausen		Sowjets
787	Schricke		Polen
788/2	Schwanebeck		Italiener
798	Schernickau		Polen

Arb.Kdo.	Ort	Arbeitgeber	Nationalität
R 812/1	Schierke		Sowjets
812/3	Schierke		
815/1	Schönebeck		
816/3	Staßfurt	Junkers	Italiener
816/6	Staßfurt		Italiener
816/7	Staßfurt	Bahnmeisterei	Italiener
816/8	Staßfurt		Italiener
816/9	Staßfurt	Sodafabrik	Italiener
816/10	Staßfurt		Italiener
816/11	Staßfurt		Italiener
816/12	Staßfurt		
R 816/1	Staßfurt		Sowjets
820/1	Stendal		
820/5	Stendal	Konservenfabrik	Italiener
820/12	Stendal		Italiener
820/14	Stendal	RAW	Italiener
823	Ströbeck		Italiener
823/1	Ströbeck		Italiener
827/2	Stappenbeck		Italiener
833/2	Tangermünde		Italiener
833/7	Tangermünde		Italiener
R 833/2	Tangermünde		Sowjets
834	Tarthun		Italiener
844	Thale		Polen
844/1	Thale	Eisenhüttenwerk	Italiener
844/3	Thale		Italiener
844/4	Thale		
844/6	Thale		
R 844/2	Thale		Sowjets
R 845	???leben		Sowjets
875/4	Vockerode	Elektrowerke	Italiener
876	Vienau		Italiener

Arb.Kdo.	Ort	Arbeitgeber	Nationalität
880	Wahlitz		
889	Weteritz		Polen
892/1	Weferlingen		Italiener
R 892/1	Weferlingen		Sowjets
893/2	Wegeleben	Junkers	Italiener
893/5	Wegeleben		Italiener
R 893/	Wegeleben		Sowjets
R 893/6	Wegeleben		Sowjets
896	Wellen		Polen
900/7	Westeregeln	Flugzeugwerke	Italiener
905	Winterfeld		Polen, Italiener
909/3	Weissandt		Italiener
911	Wörlitz		Polen
914/4	Wulfen		Italiener
R 918/2	Wust (?)		Sowjets
932	Wernigerode		
932/2	Wernigerode		Italiener
932/5	Wernigerode		
932/6	Wernigerode		
R 941/2	Wendisch		Sowjets
943	Zeddenick		Polen
944/1	Zens		Polen
950/1	Ziesar		Italiener
961/2	Zethlingen		Italiener
963/3	Zerbst		
963/4	Zerbst		Italiener
R 963/4	Zerbst		Sowjets
R 963/7	Zerbst		Sowjets
R 971	Zienau		Sowjets

26 Berlin-Anhaltische Maschinenbau AG.

8.4 Tabellenverzeichnis

Tab. 1: Übersicht über die im Stalag XI A eingesetzten Kommandanten, ihre Stellvertreter und Angehörige des Lagerstabes

Tab. 2: Verhältnis von Arbeitskräftebedarf und Bereitstellung von kriegsgefangenen Arbeitskräften in den Kreisen der preußischen Provinz Sachsen

Tab. 3: Übersicht über den Kriegsgefangeneneinsatz in den Kreisen des Regierungsbezirkes Magdeburg

Tab. 4: Die quantitative Verteilung der ermittelten „GV-Verbrechen" pro Kriegsjahr

Tab. 5: Übersicht über die Versorgung einzelner Antragsteller („Bedarfsträger") mit Kriegsgefangenen (Landesarbeitsamt Mitteldeutschland Erfurt, den 9. Dezember 1939)

Tab. 6: Vergleich des Kriegsgefangenen-Arbeitseinsatzes in Mitteldeutschland; aufgeführte Wehrkreise; im WK XI insgesamt 42.251 Kriegsgefangene; Landw. = Landwirtschaft, Forstwirtschaft, Zuckerfabriken; Ind. = Industrie und Gewerbe]

Tab. 7: Übersicht über die in den Arbeitsamtbezirken eingerichtete Anzahl von Arbeitskommandos, der Anzahl der dort beschäftigten Kriegsgefangenen und deren Organisation; Stalag XI A Altengrabow (Stand: 09.01.1943)

Tab. 8: Übersicht über die Anzahl der während des Zweiten Weltkrieges in Stalag XI A registrierten Kriegsgefangenen. Ermittelt aus den Zahlenangaben des IKRK und Meldungen an die WASt; Gesamt-AE (= im Gesamtarbeitseinsatz, außerhalb des Stalags, befindliche Kriegsgefangene)

Tab. 9: Unvollständige Übersicht über die ermittelten Arbeitskommandos (= Arbeitseinsatzorte), den Arbeitgeber und die Nationalität der dort eingesetzten Kriegsgefangenen. In Zusammenarbeit mit der Dokumentationsstelle Celle (Stiftung niedersächsische Gedenkstätten)

8.5 Quellen und Literatur

8.5.1 Ungedruckte Quellen

Staatsarchiv der Russischen Föderation, Moskau (Gosudarstvennyj Archiv Rossijskoj Federacii – GARF)
- Fond 7021 Außerordentliche Staatliche Kommission zur Feststellung und Untersuchung von Gräueltaten der deutsch-faschistischen Eroberer und ihrer Helfershelfer sowie des von ihnen diesen verursachten Schadens an Menschen, Kolchosen, gesellschaftlichen Organisationen, staatlichen Betrieben und Einrichtungen der UdSSR (CGK): Findbuch 115, Nr. 5; Findbuch 128, Nr. 238

Staatliches Militärarchiv der Russischen Föderation, Moskau (Rossijski Gosudarstvennyj Voennyj Archiv – RGVA)
- Fond 500 Reichssicherheitshauptamt: Findbuch 5, Nr. 62; Findbuch 1, Nr. 749
- Fond 1367 Dokumentarmaterial über Konzentrations- und Kriegsgefangenenlager: Findbuch 2, Nr. 29
- Fond 1525 Akten, die gesondert aufbewahrt werden: Findbuch 1, Nr. 146

Zentrales Kriegsgefangenenmuseum in Łambinowice-Opole, Polen (Archiwum Centralnego Muzeum Jencow Wojenich w Lambinowicach-Opulu)
- Materialy i Dokumenty: Statystyka genewska, sygn. 2; 4; 5; 6; 7; 15; 16
- MiD: Raporty MKCK w Genewie, sygn. 2; 3, 6; 7; 12
- MiD: XI OW, sygn. 12
- Fototeka: Sygn. 2407; 2406
- WASt: St.XIA, 1. 544; 1. 562; 1. 566; 1. 572; 1. 599; 1. 635

Bundesarchiv, Abteilung Militärarchiv, Freiburg (BArch, MA)
- RW 6 OKW/Allgemeines Wehrmachtamt: Nr. 279; 450
- RW 19 OKW/Wehrwirtschaftsamt und Rüstungsamt: Nr. 2109; 2140; 2144; 2152

- RW 20-11 Kriegstagebuch deR Rüstungsinspektion Hannover: Nr. 8; 10; 28
- RW 59 Personalverwaltende Stellen deR Wehrmacht: Nr. 2090; 2078; 2148
- MSG 194 Evangelisches Hilfswerk e.V.: Nr. 55; 56; 64

Politisches Archiv des Auswärtigen Amtes, Berlin
- Rechtsabteilung: R 100710 Fichenr. 1804/ 1805; R 40987; R 40769; R 40706a; R 40706b; R 40769; R 40991; R 40977; R 40973; R 40974; R 40992; R 40705; R 40977; R 40987; R 40989; R 40981; R 40982; R 40655; Bern, Bd. 4721; Bern, Bd. 5774; R 60655; R 40769

Landeshauptarchiv Sachsen-Anhalt, Abteilung Magdeburg (LHASA, MD)
- C 20 I Oberpräsident Magdeburg. Allgemeine Abteilung, Ib: Nr. 886 Bd. 2; 886 Bd. 3; 1825; 1842; 3269; 3279; 3290; 3292; 3293; 4129
- C 28 Ig Regierung Magdeburg. Medizinalregistratur: Nr. 261; 262; 263; 283 Bd. 2
- C 30 Landratsamt und Kreiskommunalverwaltung Jerichow I (Burg) A: Nr. 181
- C 30 Landratsamt und Kreiskommunalverwaltung Oschersleben A: Nr. 99; 111; 129; 185; 1347; 1348
- C 30 Landratsamt und Kreiskommunalverwaltung Osterburg A: Nr. 1311
- C 30 Landratsamt und Kreiskommunalverwaltung Quedlinburg I: Nr. 243
- C 102 Landesbauernschaft Sachsen-Anhalt, Halle (Saale): Nr. 245; 246; 247
- C 134 Magdeburg und Staatsanwaltschaft beim Sondergericht Magdeburg: Nr. 27; 44; 74; 81 Bd. 1; 81 Bd. 2; 154; 190; 205/2
- C 141 Staatsanwaltschaft Stendal: Nr. 176; 177; 178

- C 144 Straf- und Gefängnisse Magdeburg, Gommern und Schöne-
  beck: Nr. 113; 194; 197; 260
- I 28 Fried. Krupp Grusonwerk AG, Magdeburg: Nr. 651; 652; 654;
  669; 1458
- I 33 Maschinenfabrik Buckau R. Wolf AG, Magdeburg: Nr. 9; 10;
  174; 614; 626; 1026; 1043; 1044; 1045; 1046; 1047; 1048; 1049;
  1050; 1052; 1055; 1056; 1057; 1062; 1457
- I 36 Polte oHG, Patronen-, Munitionsmaschinen- und Armaturen-
  fabrik, Magdeburg: Nr. 1026
- I 45 Maschinen- und Armaturenfabrik vormals C. Louis Strube AG,
  Magdeburg-Buckau: Nr. 478/22
- I 53 Fahlberg-List AG, Chemische Fabriken Magdeburg: Nr. 744

Kreisarchiv Oschersleben
- Völpke: Völpke 23

Kreisarchiv Wanzleben*
- *Gemeinde Bahrendorf: Nr. 22; 24*
- *Gemeinde Domersleben: Nr. 1*

Kreisarchiv Landkreis Harz
- Gemeinde Anderbeck: II/ 12
- Gemeinde Pabstorf: II/ 18

Kreisarchiv Schönebeck
- B: 5.4
- B. 01: 35
- B. 02: 264
- B. 6: 145.I

Stadtarchiv Stendal
- 043: 17; 18

---

*   Dieser Bestand lagert im Kreisarchiv Oschersleben.

Stadtarchiv Halberstadt
- Emersleben: Nr. 112
- Mahndorf II: Nr. 2
- Klein Quenstedt: Nr. 8
- 485: Zuckerfabrik, 75

Stadtarchiv Wernigerode
- WR II: Nr. 5605; 5606; 5609; 5610; 5622

Stadtarchiv Magdeburg
- Rep. 44: Nr. 60; 61; 62

Dokumentationsstelle Stiftung niedersächsische Gedenkstätten in Celle (Dok.Stelle Celle), Auswahl
- Archivsignaturen/Protokolle: Sichtungsprotokolle der Recherchen im Staatlichen Archiv der Russischen Föderation (GARF), Staatlichen Militärarchiv der Russischen Föderation (RGVA) und im Landeshauptarchiv Sachsen-Anhalt Abt. Magdeburg (LHASA)
- Ego-Dokumente/Berichte: Digitale Version des privates Fotoalbums „P. Jacobshagen"; Kopie der Memoiren des stellv. Lagerkommandanten P. Jacobshagen; Erinnerungen von Paitel und Nurejew über Kriegsgefangenschaft u. a. XIA Altengrabow; Kopie des Exhumierungsberichtes über sowjetische Kriegsgefangene (42-seitiger Bericht über Gräueltaten an sowj. Kriegsgefangenen im Stalag XIA von 1947; Bildmaterial); Kopie eines 16-seitigen IKRK-Besuchsberichtes zum Stalag XIA vom 14.11.1944
- Statistiken: Statistisches Datenmaterial zum Arbeitseinsatz im Wehrkreis XI („Arbeitseinsatz im Deutschen Reich vom 14. Juli 1941 bis 31. Oktober 1944")
- Bild-/Kartenmaterial: Kopie einer zeitgenössischen Karte des Wehrkreises XI
- Weisungen/Rechtliches: Dienstanweisung für den Kommandanten eines „Kriegsgefangenen Mannschafts-Stammlagers"

(HDv. 8/5); Kopie „Genfer Abkommen über die Behandlung d. Kriegsgefangenen" aus RGBL (1934), Teil 2

– Strafverfahren: Kopie der Aktenauszüge zu einem Ermittlungsverfahren gegen ehemalige Wachmannschaften (HStaatsA. Hannover, Nds. 721 Hannover, Acc. 90/99, Nr. 145, Bd. 2, Bl. 219–235.); Kopie der Teilübersetzung aus „Donczyk, Franciszek: Stalag XI A Altengrabow, Warschau 1959" aus dem Ermittlungsverfahren Staatsanwaltschaft Hannover wegen Aussonderungen im Stalag XI A Az. 11/2 Js 48/67 gegen ehemalige Wachmannschaften genutzt worden ist. HStaatsA. Hannover, Nds. 721 Hannover, Acc. 90/99, Nr. 145, Bd. 2, Bl. 219–235; Kopien aus dem Ermittlungsverfahren der Staatsanwaltschaft Hannover betr. Aussonderungen im Stalag XI A (Az. 11/2 Js 48/67): HStaatsA. Hannover, Nds. 721 Hannover, Acc. 90/99, Nr. 145, Bd. 3

– Sonstiges: Kopie Erkennungsmarken-Nummernvergabe durch die Stalags; Kopien Belegungsstärken einzelner Lager im Reichsgebiet; Kopien der Belegungsstärken für Stalag XI A aus Bundesarchiv, Abteilung Militärarchiv, Freiburg, i. B.

Private Sammlungen (Auswahl)

– Sammlung „T. Haderer": Kartenmaterial (Lage der Friedhöfe; Luftbildaufnahmen der Royal Air Force); Kopie der Erinnerungen „Major P. Worrall"; Fotografien, Zeitungsartikel

– Sammlung „U. Geisler": Erinnerungsbericht „H. Tjepkema"

– Sammlung „R. Bewersdorf": Erinnerungsbericht „H. A. Ruyten"

– Sammlung „B. Herlemann": Übersetzung des Exhumierungsberichtes; Informationen zu Sterbefällen im Stalag XI A und der Ermittlung von Gräberfeldern; Vernehmungsberichte der Stapoleitstelle Magdeburg: Anhörung wegen Beihilfe zum Mord (36 Seiten); Ego-Dokument des Kriegsgefangenen Khacik Adamjan (XI A) „Als ich 20 Jahre alt wurde"; Kopie der niederländischen „Dokumente und Bleistiftzeichnungen von ehemaligen Kriegsgefangenen in Altengrabow" (Mojet); Dienstanweisung für den Führer eines Kriegsgefangenenarbeitskommandos

vom 02.08.1939 (Original); zeitgenössische Schrift „Reichseigentum Kriegsgefangene. Auf Grund der Kriegsakten bearbeitet beim Oberkommando der Wehrmacht, Berlin 1939" (Original); ca. 250 Personalkarten I sowjetischer Kriegsgefangener (ursprünglich aus der Dok.Stelle Celle); Luftbildaufnahmen und Ziele des Stalag XI A (War Offiice London, Air 40/227)
– Sammlung „A. Sperk": Signaturhinweise zum Stalag XI A im Landeshauptarchiv Sachsen-Anhalt, Abt. Dessau und in der Behörde des Bundesbeauftragten für die Stasi-Unterlagen (BStU)

8.5.2 Gedruckte Quellen

Die Genfer Rotkreuz-Abkommen vom 12. August 1949 und die beiden Zusatzprotokolle vom 8. Juni 1977 sowie das Abkommen betreffend die Gesetze und Gebräuche des Landkrieges vom 18. Oktober 1907 und Anlage (Haager Landkriegsordnung, mit einer Einführung Anton Schlögel), Bonn 1988.

Boberach, Heinz (Hg.): Meldungen aus dem Reich. Auswahl aus den geheimen Lageberichten des Sicherheitsdienstes der SS 1939–1945, München 1968.

8.5.3 Literatur

Absolon, Rudolf: Die Wehrmacht im Dritten Reich, Bd. 6, 19. Dezember 1941 bis 9. Mai 1945 (Schriften des Bundesarchivs, 16.6), Boppard am Rhein 1995.

Abke, Stefanie: Sichtbare Zeichen unsichtbarer Kräfte. Denunziationsmuster und Denunziationsverhalten 1933–1949, Tübingen 2003.

Altenstraßer, Christina: Handlungsspielraum Denunziation. Alltag, Geschlecht und Denunziation im ländlichen Oberdonau 1938 bis 1945, Diplomarbeit, Linz 2005.

Amenda, Lars: Fremdarbeiter, Ostarbeiter, Gastarbeiter. Semantiken der Ungleichheit und ihre Praxis im „Ausländereinsatz", in: Kramer, Nicole/Nolzen, Armin: Ungleichheiten im „Dritten Reich" (Beiträge zur Geschichte des Nationalsozialismus, 28), Göttingen 2012, S. 90–117.

Arnold, Klaus Jochen: Rezension zu: Toppe, Andreas: Militär und Kriegsvölkerrecht. Rechtsnorm, Fachdiskurs und Kriegspraxis in Deutschland 1899–1940. München 2007, in: H-Soz-u-Kult, 18.06.2008, online: www.hsozkult.de/publicationreview/id/rez buecher-10751 (17.07.2015).

Bauer, Gudrun: Unfreiwillig in Brandenburg. Kriegsgefangene und Zwangsarbeiter in der Stadt Brandenburg in zwei Weltkriegen, Berlin 2004.

Bearden, Bob: To D-Day and back. Adventures with the 507th Parachute Infantry Regiment and life as a World War II POW, St. Paul 2007.

Begrich, Pascal: Das Frauen-KZ der Polte oHG in Magdeburg, in: Kaltenborn, Steffi/Schmiechen-Ackermann, Detlef (Hg.): Stadtgeschichte in der NS-Zeit. Fallstudien aus Sachsen-Anhalt und vergleichende Perspektiven. Münster 2005, S. 123–134.

Ders.: „Man passte auf, dass man uns leiden ließ". KZ-Häftlinge in Magdeburg, in: Puhle, Matthias (Hg.): Unerwünscht – verfolgt – ermordet. Ausgrenzung und Terror während der nationalsozialistischen Diktatur in Magdeburg 1933–1945 (Magdeburger Museumsschriften, 11), Magdeburg 2008, S. 317–328.

Benad, Matthias: Zwangsverpflichtet. Kriegsgefangene und zivile Zwangsarbeiter(-innen) in Bethel und Lobetal 1939–1945, Bielefeld 2002.

Benz, Wigbert: Der Hungerplan im „Unternehmen Barbarossa" 1941, Berlin 2011.

Benz, Wolfgang: Kriegsgefangenenlager 1939–1950. Kriegsgefangenschaft als Thema der Gedenkarbeit (Gedenkarbeit in Rheinland Pfalz, 9), hg. von der Landeszentrale für Politische Bildung Rheinland Pfalz, Mainz 2012, S. 12–21.

Bergmann, Klaus: Justiz im Nationalsozialismus. Sondergerichte in der Justiz des Nationalsozialismus. Das Sondergericht Oldenburg. Ein Reader zum Sonderteil der Wanderausstellung „Justiz im Nationalsozialismus – über Verbrechen im Namen des Deutschen Volkes", Hannover 2001.

Bindernagel, Franka/Bütow, Tobias: Ein KZ in der Nachbarschaft. Das Magdeburger Außenlager der Brabag und der „Freundeskreis Himmler", 2. Aufl., Köln 2004.

Bohse, Daniel/Viebig, Michael: Sondergerichte und deren Tätigkeit auf dem Gebiet des heutigen Landes Sachsen-Anhalt, in: Justiz im Nationalsozialismus. Begleitband zur Wanderausstellung Sachsen-Anhalt, hg. v. d. Stiftung Gedenkstätten Sachsen-Anhalt, Magdeburg 2008, S. 28–35.

Borgsen, Werner/Volland, Klaus: Stalag X B Sandbostel. Zur Geschichte eines Kriegsgefangenen- und KZ-Auffanglagers in Norddeutschland 1939–1945, 4. Aufl., Bremen 2010.

Bozyakali, Can: Das Sondergericht am Hanseatischen Oberlandesgericht. Eine Untersuchung der NS-Sondergerichte unter besonderer Berücksichtigung der Anwendung der Verordnung gegen Volksschädlinge, Frankfurt am Main u. a. 2005.

Brelewska, Lucyna: W stalagu XI Altengrabow-lazaret Gross Lubars, in: „Łambinowicki Rocznik Muzealny". T. 8, Łambinowice – Opole 1985, S. 70–80.

Brodskij, Efim A.: Die Lebenden kämpfen. Die illegale Organisation Brüderliche Zusammenarbeit der Kriegsgefangenen (BSW), Berlin (Ost) 1968.

Ders.: Im Kampf gegen den Faschismus. Sowjetische Widerstandskämpfer in Hitlerdeutschland 1941–1945, Berlin (Ost) 1975.

Bruendel, Steffen: Kriegsgreuel 1914–1918. Rezeption und Aufarbeitung deutscher Kriegsverbrechen im Spannungsfeld von Völkerrecht und Kriegspropaganda, in: Neitzel, Sönke/Hohrath, Daniel: Kriegsgreuel. Die Entgrenzung der Gewalt in kriegerischen Konflikten vom Mittelalter bis ins 20. Jahrhundert (Krieg in der Geschichte, 40), Paderborn 2008, S. 293–316.

Buchholz, Marlis: Bergen-Belsen. Kriegsgefangenenlager 1940–1945; Konzentrationslager 1943–1945; Displaced Persons Camp 1945–1950, Katalog der Dauerausstellung, Göttingen 2009.

Christiansen, Chris: Hoffnung hinter Stacheldraht. Hilfe für Kriegs-gefangene. Erinnerungen eines CVJM-Sekretärs 1942–1948, Met-zingen 1999.

Czarnowski, Gabriele: Zwischen Germanisierung und Vernich-tung. Verbotene polnisch-deutsche Liebesbeziehungen und die Re-Konstruktion des Volkskörpers im Zeiten Weltkrieg, in: Kra-mer, Helgard (Hg.): Die Gegenwart der NS-Vergangenheit, Ber-lin/Wien 2000, S. 295–303.

Dawletschin, Tamurbek: Von Kasan nach Bergen-Belsen. Erinne-rungen eines sowjetischen Kriegsgefangenen, Göttingen 2005, S. 146 f.

Däumer, Matthias: Unorte. Spielarten einer verlorenen Verortung. Kulturwissenschaftliche Perspektiven (Mainzer historische Kul-turwissenschaften, 3), Bielefeld 2010.

Davey, Owen Anthony: The Origins of the Legion des Volontaires Francais contre le Bolchevisme, in: Journal of Contemporary History Vol. 6, Nr. 4 (1971), S. 29–45.

Diewald-Kerkmann, Gisela: Politische Denunziation im NS-Regime oder die kleine Macht der Volksgenossen, Bonn 1995.

Dietrich, Anette: Rezension zu Schneider, Silke: Verbotener Umgang. Ausländer und Deutsche im Nationalsozialismus. Dis-kurse um Sexualität, Moral, Wissen und Strafe, Baden-Baden 2011, in: H-Soz-u-Kult, 19.09.2011, online: www.hsozkult.de/publicationreview/id/rezbuecher-15696 (17.07.2015).

Donczyk, Franciszek: Stalag XI A Altengrabow, Warschau 1959.

Dörner, Bernward: NS-Herrschaft und Denunziation. Anmerkun-gen zu Defiziten in der Denunziationsforschung, in: Marszolek, Inge: Denunziation im 20. Jahrhundert. Zwischen Komparatis-tik und Interdisziplinarität, Köln 2001, S. 55–69.

Dunant, Eudes: Henry Dunant, un pionnier de l'humanitaire. Bio-graphie, Nantes 2011.

Dunant, Henry: Eine Erinnerung an Solferino. Jubiläumsausgabe 125 Jahre Rotes Kreuz, Bern 1988 (ND).

Eschebach, Insa/Mühlhäuser, Regina: Krieg und Geschlecht. Sexuelle Gewalt im Krieg und Sex-Zwangsarbeit in NS-Konzentrationslagern, Berlin 2008.

Enzensberger, Hans Magnus (Hg.): Krieger ohne Waffen. Das Internationale Komitee vom Roten Kreuz (Die andere Bilbliothek, 196), Frankfurt am Main 2001.

Favez, Jean-Claude: The Red Cross and the Holocaust, Cambridge 1999.

Ders.: Das internationale Rote Kreuz und das Dritte Reich. War der Holocoust aufzuhalten?, München 1989.

Frieser, Karl Heinz: Die deutschen Blitzkriege. Operativer Triumph – strategische Tragödie, in: Müller, Rolf-Dieter/Volkmann, Hans-Erich: Die Wehrmacht. Mythos und Realität, München 1999.

Gander, Michael: Zwangsarbeiter und Kriegsgefangene in der Grafschaft Bentheim. Mit Beiträgen sowie einem Quellen- und Bereichtsteil über den Zweiten Weltkrieg und das Kriegsende in der Grenzregion Grafschaft Bentheim, Bentheim 2005.

Geck, Stefan: Das deutsche Kriegsgefangenenwesen 1939–1945, unveröff. Magisterarbeit, Univ. Mainz 1998.

Ders.: Dulag Luft/Auswertestelle West. Vernehmungslager der Luftwaffe für westalliierte Kriegsgefangene im Zweiten Weltkrieg (Europäische Hochschulschriften, Reihe 3 Geschichte und ihre Hilfswissenschaften, 1057), Frankfurt am Main 2008.

Geenen, Elke M.: Die Soziologie des Fremden. Ein gesellschaftstheoretischer Entwurf, Opladen 2002.

Gelber, Yoav: ‚Palestinian Jewish PoWs in German Captivity‘, in: Yad Vashem Studies, Bd. 14 (1981), S. 89–137.

Gerlach, Christian: Krieg, Ernährung, Völkermord. Forschungen zur deutschen Vernichtungspolitik im Zweiten Weltkrieg, Hamburg 1998.

Gorsler, Bernadette: STALAG IX A Ziegenhain. Eine Dokumentation künstlerischen und handwerklichen Schaffens von sowjetischen und französischen Kriegsgefangenen während ihrer Kriegsgefangenschaft, Schwalmstadt 2011.

Gotto, Bernhard: Nationalsozialistische Kommunalpolitik. Administrative Normalität und Systemstabilisierung durch die Augsburger Stadtverwaltung 1933–1945 (Studien zur Zeitgeschichte, 7), München 2006.

Hammermann, Gabriele: Zwangsarbeit für den „Verbündeten". Die Arbeits- und Lebensbedingungen der italienischen Militärinternierten in Deutschland 1943–1945, Tübingen 2002.

Haritonow, Alexander/Müller, Klaus-Dieter: Die Gesamtzahl sowjetischer Kriegsgefangener. Eine weiterhin ungelöste Frage, in: Vierteljahrshefte für Zeitgeschichte, Bd. 58 (2010), S. 393–401.

Hartmann, Christian: Massensterben oder Massenvernichtung? Sowjetische Kriegsgefangene im „Unternehmen Barbarossa". Aus dem Tagebuch eines deutschen Lagerkommandanten, in: Vierteljahrshefte für Zeitgeschichte, Bd. 49 (2001), H. 1, S. 97–158.

Ders.: Der deutsche Krieg im Osten. 1941–1944. Facetten einer Grenzüberschreitung, München 2009.

Hauch, Gabriella: „… Das gesunde Volksempfinden gröblich verletzt". Verbotener Geschlechtsverkehr mit „Anderen" während des Nationalsozialismus, in: Hauch, Gabriella (Hg.): Frauen im Reichsgau Oberdonau. Geschlechtsspezifische Bruchlinien im Nationalsozialismus (Oberösterreich in der Zeit des Nationalsozialismus, 5), Linz 2006, S. 245–270.

Herbert, Ulrich: Best. Biographische Studien über Radikalismus, Weltanschauung und Vernunft, 3. Aufl., Bonn 2001.

Ders.: Fremdarbeiter. Politik und Praxis des „Ausländer-Einsatzes" in der Kriegswirtschaft des Dritten Reiches, 2. Aufl., Bonn 1999.

Herlemann, Beatrix: „Der Bauer klebt am Hergebrachten". Bäuerliche Verhaltensweisen unterm Nationalsozialismus auf dem Gebiet des heutigen Landes Niedersachsen, Hannover 1993.

Herold, Gerd (Hg.): Innere Medizin, Köln 2010.

Heudtlass, Willy/Gruber, Walter: J. Henry Dunant. Gründer des Roten Kreuzes, Urheber der Genfer Konvention. Eine Biographie in Dokumenten und Bildern, 4. Aufl., Stuttgart 1985.

Heusler, Andreas/Spoerer, Mark/Trischler, Helmuth (Hg.): Rüstung, Kriegswirtschaft und Zwangsarbeit im „Dritten Reich" (Perspektiven, 3), München 2010.

Hirschfeld, Gerhard/Jersak, Tobias (Hg.): Karrieren im Nationalsozialismus. Funktionseliten zwischen Mitwirkung und Distanz, Frankfurt am Main 2004.

Hoch, Gerhard: Im Schatten des Vernichtungskrieges. Sowjetische Kriegsgefangene und Zwangsarbeiter in Schleswig-Holstein, in: Täter und Opfer unter dem Hakenkreuz. Eine Landespolizei stellt sich der Geschichte, Kiel 2001, S. 35–42.

Hornung, Ela/Langthaler, Ernst/Schweitzer, Sabine: Zwangsarbeit in der Landwirtschaft, in: Das Deutsche Reich und der Zweite Weltkrieg, Bd. 9: Die Deutsche Kriegsgesellschaft 1939 bis 1945, 2. Hbd.: Ausbeutung, Deutungen, Ausgrenzung, München 2005, S. 577–666.

Hüntelmann, Axel: Eine biopolitische Geschichte der Gesundheitsämter, in: Hüntelmann, Axel/Vossen, Johannes/Czech, Herwig (Hg.): Gesundheit und Staat. Studien zur Geschichte der Gesundheitsämter in Deutschland 1870–1950, (Abhandlungen zur Geschichte der Medizin und Naturwissenschaften, 104), Husum 2006, S. 275–295.

Hüser, Karl/Otto, Reinhard: Das Stammlager 326 (VI K) Senne 1941–1945. Sowjetische Kriegsgefangene als Opfer des Nationalsozialistischen Weltanschauungskrieges, Bd. 2, Bielefeld 1992.

„Ich werde es nie vergessen". Briefe sowjetischer Kriegsgefangener 2004–2006, hg. vom Verein „Kontakte-Контакты" e.V./Verein für Kontakte zu Ländern der ehemaligen Sowjetunion in Kooperation mit dem Deutsch-Russischen Museum Berlin-Karlshorst, Berlin 2007.

Kaiser, Wolf: Täter im Vernichtungskrieg. Der Überfall auf die Sowjetunion und der Völkermord an den Juden, Berlin 2002.

Kaltenborn, Steffi/Schmiechen-Ackermann, Detlef (Hg.): Stadtgeschichte in der NS-Zeit. Fallstudien aus Sachsen-Anhalt und vergleichende Perspektiven, Münster 2005.

Kannmann, Paul: Tagungsbericht ‚Volksgemeinschaft' vor Ort? Neue Forschungen zur sozialen Praxis im Nationalsozialismus. 23.02.2012–25.02.2012, Oldenburg, in: H-Soz-u-Kult, 27.03.2012, online: www.hsozkult.de/conferencereport/id/ tagungsberichte-4172 (17.07.2015).

Kavcic, Silvija: Rezension zu: Grünfelder, Anna Maria: Arbeitseinsatz für die Neuordnung Europas. Zivil- und ZwangsarbeiterInnen aus Jugoslawien in der „Ostmark" 1938/41–1945. Wien 2010, in: H-Soz-u-Kult, 31.05.2011, online: www.hsozkult.de/ publicationreview/id/rezbuecher-15413 (17.07.2015).

Keller, Rolf: Bergen-Belsen, Altengrabow, Magdeburg. Sowjetische Kriegsgefangene im Wehrkreis XI, in: Erinnern! Aufgabe, Chance, Herausforderung, hg. von der Stiftung Gedenkstätten Sachsen-Anhalt, Bd. 3 (2004), S. 1–13.

Ders.: Sowjetische Kriegsgefangene im Deutschen Reich 1941/42. Behandlung und Arbeitseinsatz zwischen Vernichtungspolitik und kriegswirtschaftlichen Zwängen, Göttingen 2011.

Ders./Otto, Reinhard: Das Massensterben der sowjetischen Kriegsgefangenen und die Wehrmachtbürokratie. Unterlagen zur Registrierung der sowjetischen Kriegsgefangenen 1941–1945 in deutschen und russischen Institutionen. Ein Forschungsbericht, in: Militärgeschichtliche Mitteilungen, hg. vom Militärgeschichtlichen Forschungsamt, Nr. 57 (1998), Heft 1, S. 149–180.

Ders./Petry, Silke (Hg.): Sowjetische Kriegsgefangene im Arbeitseinsatz 1941–1945. Dokumente zu den Lebens- und Arbeitsbedingungen in Norddeutschland (Schriftenreihe der Stiftung niedersächsische Gedenkstätten, 2), Göttingen 2013.

Kershaw, Ian: „Volksgemeinschaft". Potenzial und Grenzen eines neuen Forschungskonzepts, in: Vierteljahrshefte für Zeitgeschichte, Bd. 59 (2011), S. 1–17.

Kilian, Achim: Einzuweisen zur völligen Isolierung. NKWD-Speziallager Mühlberg/Elbe 1945–1948, Leipzig 1992.

Ders.: Mühlberg 1939–1948. Ein Gefangenenlager mitten in Deutschland, Köln/Weimar/Wien 2001.

Kienitz, Sabine: Beschädigte Helden. Kriegsinvalidität und Körperbilder 1914–1923 (Krieg in der Geschichte, 41), Paderborn 2008.

Klingemann, Carsten/Panke-Kochinke, Birgit/Schaidhammer-Placke, Monika: Frontschwestern und Friedensengel: Kriegskrankenpflege im Ersten und Zweiten Weltkrieg, in: Projektverbund Friedens- und Konfliktforschung in Niedersachsen. Ergebnisberichte aus Forschungsprojekten der Jahre 1998–2001, Osnabrück Universität (2003), S. 105–125.

Knoch, Heike: Die Kinder der Kriegskinder und die späten Folgen des NS-Terrors (Jahrbuch für psychohistorische Forschung, 13), Heidelberg 2012.

Koch, Andreas: Dynamische Kommunikationsräume. Ein systemtheoretischer Raumentwurf (Geographie der Kommunikation, 4), Münster 2004, S. 254–268.

Kolmorgen, Eckard/Godau-Schütke, Klaus-Detlev: „Verbotener Umgang mit Kriegsgefangenen". Frauen vor dem Schleswig-Holsteinischen Sondergericht (1940–1945), in: Demokratische Geschichte. Jahrbuch für Schleswig-Holstein, Bd. 9 (1995), S. 125–149.

Kotek, Joël/Rigoulot, Pierre: Das Jahrhundert der Lager. Gefangenschaft, Zwangsarbeit, Vernichtung, Berlin 2001.

Kretschmann, Christoph: Vom Grusonwerk zum SKET. 150 Jahre Industriegeschichte, 2. Aufl., Magdeburg 2007.

Kruszona, Bogdan: Wachman Stalagu XI A Altengrabow, Pelplin 2008.

Kundrus, Birthe: Kriegerfrauen. Familienpolitik und Geschlechterverhältnis im Ersten und Zweiten Weltkrieg, Hamburg 1995.

Kundrus, Birthe: „Die Unmoral deutscher Soldatenfrauen". Diskurs, Alltagsverhalten und Ahndungspraxis 1939–1945, in: Heinsohn, Kirsten/Vogel, Barbara/Weckel, Ulrike (Hg.): Zwischen Karriere und Verfolgung. Handlungsräume von Frauen im Nationalsozialismus (Reihe Geschichte und Geschlechter, 20), Frankfurt am Main 1997, S. 96–110.

Dies.: Verbotener Umgang. Liebesbeziehungen zwischen Ausländern und Deutschen 1939–1945, in: Hoffmann, Katharina/Lembeck, Andreas (Hg.): Nationalsozialismus und Zwangsarbeit in der Region Oldenburg, Oldenburg 1999, S. 149–170.

Lieb, Peter: Täter aus Überzeugung? Oberst Carl von Andrian und die Judenmorde der 707. Infanteriedivision 1941/42. Das Tagebuch eines Regimentskommandeurs – ein neuer Zugang zu einer berüchtigten Wehrmachtsdivision, in: Vierteljahrshefte für Zeitgeschichte, Bd. 50 (2002), S. 523–557.

Lillteicher, Jürgen: Profiteure des NS-Systems? Deutsche Unternehmen und das „Dritte Reich", Berlin 2006.

Linne, Karsten: Rez. zu: Keller, Rolf: Sowjetische Kriegsgefangene im Deutschen Reich 1941/42. Behandlung und Arbeitseinsatz zwischen Vernichtungspolitik und kriegswirtschaftlichen Erfordernissen. Göttingen 2011, in: H-Soz-u-Kult, 09.02.2012, online: www.hsozkult.de/publicationreview/id/rezbuecher-17056 (17.07.2015).

Löffelsender, Michael: Strafjustiz an der Heimatfront. Die strafrechtliche Verfolgung von Frauen und Jugendlichen im Oberlandesgerichtsbezirk Köln 1939–1945 (Beiträge zur Rechtsgeschichte des 20. Jahrhunderts, 70), Tübingen 2012.

Lops, Carmine: Albori della nuova Europa. Storia documenta della Resistenza italiana in Germania, Rom 1965.

Lüdtke, Alf: Alltagsgeschichte, Mikro-Historie, historische Anthropologie, in: Hans-Jürgen Goertz (Hg.): Geschichte. Ein Grundkurs. Reinbek 1998, S. 565–567.

Luge, Jens: Die Rechtsstaatlichkeit der Strafrechtspflege im Oldenburger Land 1932–1945, Hannover 1993.

Mai, Uwe: Kriegsgefangen in Brandenburg. Stalag IIIA in Luckenwalde 1939–1945, Berlin 1999.

Ders.: „Rasse und Raum". Agrarpolitik, Sozial- und Raumplanung im NS-Staat, Paderborn 2002.

Matzerath, Horst: Nationalsozialismus und kommunale Selbstverwaltung, Stuttgart 1970.

Maurach, Reinhart: Das Kriegsrecht vom Blickfeld der Sowjetunion, in: Jahrbuch für internationales Recht, Bd. 2 (1949), S. 736–753.

Mecking, Sabine/Wirsching, Andreas (Hg.): Stadtverwaltung im Nationalsozialismus. Systemstabilisierende Dimensionen kommunaler Herrschaft, Paderborn 2005.

Medick, Hans: Mikro-Historie, in: Winfried Schulze (Hg.): Sozialgeschichte, Alltagsgeschichte, Mikro-Historie. Eine Diskussion. Göttingen 1994, S. 40–53.

Michels, Eckard Rez. zu: Koller, Christian: „Von Wilden aller Rassen niedergemetzelt", die Diskussion um die Verwendung von Kolonialtruppen in Europa zwischen Rassismus, Kolonial- und Militärpolitik (1914–1930), in: Francia, Bd. 31/3 (2004), S. 251–254.

Montant, Fabienne: Altengrabow. Stalag XI-A, Carcassonne 1999.

Monteath, Peter: P.O.W. Australian Prisoners of War in Hitler's Reich, Sydney 2011.

Mühlhäuser, Regina: Eroberungen – Sexuelle Gewalttaten und intime Beziehungen deutscher Soldaten in der Sowjetunion, 1941–1945, Hamburg 2010

Müller, Klaus Dieter (Hg.): Die Tragödie der Gefangenschaft in Deutschland und der Sowjetunion 1941–1956 (Schriften des Hannah-Arendt-Institutes für Totalitarismusforschung, 5), Köln u.a. 1998.

Müller, Rolf-Dieter/Ueberschär, Gerd Rolf: Hitlers Krieg im Osten 1941–1945. Ein Forschungsbericht, Darmstadt 2000.

Münkel, Daniela: Nationalsozialistische Agrarpolitik und Bauernalltag (Campus Forschung, 735), Frankfurt am Main 1996.

Naasner, Walter: Neue Machtzentren in der deutschen Kriegswirtschaft 1942–1945. Die Wirtschaftsorganisation der SS, das Amt des Generalbevollmächtigten für den Arbeitseinsatz und das Reichsministerium für Rüstung und Kriegsproduktion im nationalsozialistischen Herrschaftssystem (Schriften des Bundesarchivs, 45), Boppard 1994.

Neef, Christian: Das Ende der 10. Panzerdivision, in: Spiegel, Nr. 53 (2009), S. 100–103.

Oeter, Steffen: Die Entwicklung des Kriegsgefangenenrechts. Die Sichtweise eines Völkerrechtlers, in: Overmans, Rüdiger (Hg.): In der Hand des Feindes. Kriegsgefangenschaft von der Antike bis zum Zweiten Weltkrieg, Köln (u.a.) 1999, S. 41–62.

Olbrich, Hubert (Hg.): Sozialbericht von Johannes Hesekiel, 1866. Über die Wanderarbeiter beim Rübenanbau und in den Zuckerfabriken der Provinz Sachsen, Berlin 1982.

Oltmer, Jochen (Hg.): Kriegsgefangene im Europa des Ersten Weltkriegs (Krieg in der Geschichte, 24), Paderborn 2006.

Osterloh, Jörg: Verdrängt, vergessen, verleugnet. Die Geschichte der sowjetischen Kriegsgefangenen in der historischen Forschung in der Bundesrepublik und der DDR, in: Geschichte in Wissenschaft und Unterricht, Bd. 47 (1996), S. 608–619.

Ders.: Ein ganz normales Lager. Das Kriegsgefangenen-Mannschaftsstammlager 304 (IV H) Zeithain bei Riesa/Sa. 1941 bis 1945 (Schriftenreihe der Stiftung Sächsische Gedenkstätten zur Erinnerung an die Opfer Politischer Gewaltherrschaft, 2), 2. Aufl., Leipzig 1997.

Otto, Reinhard: Sowjetische Kriegsgefangene in deutschem Gewahrsam – aktuelle Forschungsergebnisse, in: Kriegsgefangenenlager 1939–1950. Kriegsgefangenschaft als Thema der Gedenkarbeit (Gedenkarbeit in Rheinland-Pfalz, 9), hg. von der Landeszentrale für Politische Bildung Rheinland Pfalz, Mainz 2012, S. 22–37.

Ders.: Vernichten oder Ausnutzen? „Aussonderungen" und Arbeitseinsatz sowjetischer Kriegsgefangener im Reichsgebiet in den Jahren 1941/42, Diss. Univ. Paderborn 1995.

Ders.: Wehrmacht, Gestapo und sowjetische Kriegsgefangene im deutschen Reichsgebiet 1941/42 (Schriftenreihe der Vierteljahrshefte für Zeitgeschichte, 77), München 1998.

Ders./Keller, Rolf/Nagel, Jens: Sowjetische Kriegsgefangene in deutschem Gewahrsam 1941–1945. Zahlen und Dimensionen, in: Vierteljahrshefte für Zeitgeschichte, Bd. 56 (2008), H. 4, S. 557–602.

Ders./Keller, Rolf: Zur Individuellen Erfassung von sowjetischen Kriegsgefangenen durch die Wehrmacht, in: Vierteljahrshefte für Zeitgeschichte, Bd. 59 (2011), H. 4, S. 563–578.

Overmans, Rüdiger: Ein Silberstreif am Forschungshorizont? Veröffentlichungen zur Geschichte der Kriegsgefangenschaft. Ein bibliographischer Essay, in: ders. (Hg.): In der Hand des Feindes. Kriegsgefangenschaft von der Antike bis zum Zweiten Weltkrieg, Köln (u.a.) 1999, S. 483–507.

Ders.: Die Kriegsgefangenenpolitik des Deutschen Reiches 1939 bis 1945, in: Das Deutsche Reich und der Zweite Weltkrieg, Bd. 9: Die Deutsche Kriegsgesellschaft 1939 bis 1945, 2. Hbd.: Ausbeutung, Deutungen, Ausgrenzung, München 2005, S. 729–875.

Ders./Hilger, Andreas/Polian, Pavel (Hg.): Rotarmisten in deutscher Hand. Dokumente zu Gefangenschaft, Repatriierung und Rehabilitierung sowjetischer Soldaten des Zweiten Weltkrieges, Paderborn 2012.

Paul, Gerhard: Die Täter der Shoah. Fanatische Nationalsozialisten oder ganz normale Deutsche?, 2. Aufl., Göttingen 2003.

Ders./Mallmann, Klaus: Sozialisation, Milieu und Gewalt. Fortschritte und Probleme der neueren Täterforschung, in: Mallmann, Klaus-Michael (Hg.): Karrieren der Gewalt. Nationalsozialistische Täterbiographien, Darmstadt 22011, S. 1–32.

Pfahlmann, Hans: Fremdarbeiter und Kriegsgefangene in der deutschen Kriegswirtschaft 1939–1945, Darmstadt 1968.

Picaper, Jean-Paul: Le crime d'aimer. Les enfants du STO, Paris 2005.

Pohl, Jürgen: Zwangsarbeiter und Kriegsgefangene in Recklinghausen im Zweiten Weltkrieg, Recklinghausen 2001.

Polian, Pavel: Sowjetische Juden als Kriegsgefangene. Die ersten Opfer des Holocaust?, in: Bischof, Günter/Karner, Stefan/Stelzl-Marx, Barbara: Kriegsgefangene des Zweiten Weltkrieges. Gefangennahme – Lagerleben – Rückkehr, Wien (u.a.) 2005, S. 488–506.

Rasenberger, Herbert: Vom süßen Anfang bis zum bitteren Ende. 110 Jahre Fahlberg-List in Magdeburg – mehr als eine Betriebsgeschichte, Oschersleben (Bode) 2009.

Rathkolb, Oliver: Zwangsarbeit in der Industrie, in: Das Deutsche Reich und der Zweite Weltkrieg, Bd. 9: Die Deutsche Kriegsgesellschaft 1939 bis 1945, 2. Hbd.: Ausbeutung, Deutungen, Ausgrenzung, München 2005, S. 667–728.

Rehren, Eike: Gedemütigt und ausgebeutet. Kriegsgefangene und Zwangsarbeiter in Stadt und Landkreis Springe 1939–1945, Springe 2009.

Renner, Andreas: Rez. zu Nagornaja, Oksana: Drugoj voennyj opyt. Rossijskie voennoplennye Pervoj mirovoj vojny v Germanii (1914–1922) [Eine andere Kriegserfahrung. Russländische Kriegsgefangene im Ersten Weltkrieg in Deutschland (1914–1922)], Moskau 2010.

Reuband, Karl-Heinz: Denunziation im Dritten Reich. Die Bedeutung von Systemunterstützung und Gelegenheitsstrukturen, in: Historical Social Research, Vol. 26 (2001), No. 2/3, S. 219–234.

Roitsch, Bianca: „Ueberall [...] merkt man, daß sich in nächster Nähe eine kleine Stadt aufgetan hat". Interaktionsformen der frühen Konzentrationslager Moringen und Esterwegen mit ihrem Umfeld, in: Stern, Katrin/Reinicke, David/Thieler, Kerstin u.a. (Hg.): Gemeinschaft als Erfahrung. Kulturelle Inszenierungen und soziale Praxis 1930–1960, Paderborn 2014, S. 63–88.

Römer, Felix: „Im alten Deutschland wäre solcher Befehl nicht möglich gewesen". Rezeption, Adaption und Umsetzung des Kriegsgerichtsbarkeiterlasses im Ostheer 1941/42, in: Vierteljahrshefte für Zeitgeschichte, Bd. 56 (2008), 1, S. 53–99.

Ders.: Der Kommissarbefehl. Wehrmacht und NS-Verbrechen an der Ostfront 1941/42, Paderborn 2008.

Sander, Ulrich: Von Arisierung bis Zwangsarbeit. Verbrechen der Wirtschaft an Rhein und Ruhr 1933 bis 1945, Köln 2012.

Satjukow, Silke: „Bankerte!" Verschwiegene Kinder des Krieges. In: Kriegskinder. Die späten Folgen des Zweiten Weltkrieges in Deutschland und in Russland, hg. vom Deutschen Historischen Institut Moskau. Moskau 2009, S. 13–36.

Scharf, Eginhard: Die Verfolgung pfälzischer Frauen wegen „verbotenen Umgangs" mit Ausländern, in: Meyer, Hans-Georg/Berkessel, Hans (Hg.): Die Zeit des Nationalsozialismus in Rheinland-Pfalz, Bd. 3, Mainz 2001, S. 79–88.

Schlumbohm, Jürgen (Hg.): Mikrogeschichte – Makrogeschichte. Komplementär oder inkommensurabel? Göttingen 2000.

Schmiechen-Ackermann, Detlef (Hg.) Volksgemeinschaft. Mythos, wirkungsmächtige soziale Verheißung oder soziale Realität im „Dritten Reich"? Zwischenbilanz einer kontroversen Debatte, Paderborn 2012.

Schneider, Silke: Verbotener Umgang. Ausländer und Deutsche im Nationalsozialismus. Diskurse um Sexualität, Moral, Wissen und Strafe (Historische Grundlagen der Moderne. Autoritäre Diktaturen und Regime, 2), Baden-Baden 2011.

Schreiber, Gerhard: Die italienischen Militärinternierten im deutschen Machtbereich 1943 bis 1945. Verraten – Verachtet – Vergessen (Beiträge zur Militärgeschichte, 28). München 1990.

Schröter, Michael: Der willkommene Verrat. Beiträge zur Denunziationsforschung, Weilerswist 2007.

Seegers, Lu: Die „Generation der Kriegskinder". Mediale Inszenierung einer „Leidensgemeinschaft"?, in: Schmiechen-Ackermann, Detlef (Hg.) Volksgemeinschaft. Mythos, wirkungsmächtige soziale Verheißung oder soziale Realität im „Dritten Reich"? Zwischenbilanz einer kontroversen Debatte, Paderborn 2012, S. 335f.

Seidel, Hans-Christoph: Der Ruhrbergbau im Zweiten Weltkrieg. Zechen – Bergarbeiter – Zwangsarbeiter (Veröffentlichungen des Instituts für soziale Bewegungen, Reihe C: Arbeitseinsatz und Zwangsarbeit im Bergbau während des Ersten und Zweiten Weltkrieges, 7), Essen 2010.

Seidl, Tobias: Führerpersönlichkeiten. Deutungen und Interpretationen deutscher Wehrmachtgeneräle in britischer Kriegsgefangenschaft, Paderborn 2012.

Sens, Walter: „Altengrabow tief im Sande …!". Eine Geschichte des Truppenübungsplatzes, Burg b. Magdeburg 1933.

Smit, David Jan: Onder Vlaggen van Zweden en het Rode Kruis: Een medisch-historische studie naar aspecten van internationale bescherming van en hulp- en zorgverlening aan Nederlandse militairen in Duitse krijgsgevangenschap van 1940 tot 1945, Diss. Univ. Rotterdam 1997.

Speckner, Hubert: In der Gewalt des Feindes. Kriegsgefangenenlager in der „Ostmark" 1939–1945, Wien 2003.

Speer, Florian: Ausländer im „Arbeitseinsatz" in Wuppertal. Zivile Arbeitskräfte, Zwangsarbeiter und Kriegsgefangene im Zweiten Weltkrieg, Wuppertal 2003.

Spoerer, Mark: Zwangsarbeit unter dem Hakenkreuz. Ausländische Zivilarbeiter, Kriegsgefangene und Häftlinge im Deutschen Reich und im besetzten Europa 1939–1945, Stuttgart 2001.

Ders.: Die soziale Differenzierung der ausländischen Zivilarbeiter, Kriegsgefangenen und Häftlinge im Deutschen Reich, in: Das Deutsche Reich und der Zweite Weltkrieg, Bd. 9: Die Deutsche Kriegsgesellschaft 1939 bis 1945, 2. Hbd.: Ausbeutung, Deutungen, Ausgrenzung, München 2005, S. 485–576.

Stein, Wolfgang Hans: „Standgerichte der inneren Front". Die Rechtsprechung der NS-Sonderlager, in: Meyer, Hans-Georg/Berkessel, Hans (Hg.): Die Zeit des Nationalsozialismus in Rheinland-Pfalz, Bd. 3, Mainz 2001, S. 136–149.

Steinbacher, Sybille: Differenz der Geschlechter? Chancen und Schranken für die Volksgenossinnen, in: Bajohr, Frank/Wildt, Michael (Hg.): Volksgemeinschaft. Neue Forschungen zur Geschichte des Nationalsozialismus (Die Zeit des Nationalsozialismus, 18354), Frankfurt am Main, S. 94–104.

Stelbrink, Wolfgang: Rezension zu: Mecking, Sabine; Wirsching, Andreas (Hg.): Stadtverwaltung im Nationalsozialismus. Systemstabilisierende Dimensionen kommunaler Herrschaft. Paderborn 2005, in: H-Soz-u-Kult, 15.11.2005, online: www.hsozkult. de/publicationreview/id/rezbuecher-6696 (17.07.2015).

Stelzl-Marx, Barbara: Zwischen Fiktion und Zeitzeugenschaft. Amerikanische und sowjetische Kriegsgefangene im Stalag XVII B Krems-Gneixendorf, Tübingen 2000.

Stepanova, Elena: Den Krieg beschreiben. Der Vernichtungskrieg im Osten in deutscher und russischer Gegenwartsprosa, Bielefeld 2009; Arnold, Klaus Jochen: Die Wehrmacht und die Besatzungspolitik in den besetzten Gebieten der Sowjetunion. Kriegführung und Radikalisierung im „Unternehmen Barbarossa", Berlin 2005.

Streim, Alfred: Die Behandlung sowjetischer Kriegsgefangener im „Fall Barbarossa". Eine Dokumentation unter Berücksichtigung der Unterlagen deutscher Strafvollzugsbehörden und der Materialien der Zentralen Stelle der Landesjustizverwaltungen zur Aufklärung von NS-Verbrechen (Motive – Texte – Materialien, 13), Heidelberg 1981.

Streit, Christian: Keine Kameraden. Die Wehrmacht und die sowjetischen Kriegsgefangenen 1941–1945 (Studien zur Zeitgeschichte, 13), Stuttgart 1978.

Tachikawa, Kyoichi: „The Treatment of Prisoners of War by the Imperial Japanese Army and Navy Focusing on the Pacific War," in: NIDS Security Reports, no. 9 (2008), S. 45–90.

Thamer, Hans Ulrich: „Es wird alles ganz verwandelt sein." Die deutsche Gesellschaft und der Krieg. Eine Schlußbetrachtung, in: Das Deutsche Reich und der Zweite Weltkrieg, Bd. 9: Die Deutsche Kriegsgesellschaft 1939 bis 1945, 2. Hbd.: Ausbeutung, Deutungen, Ausgrenzung, München 2005, S. 977–994.

Thimm, Barbara/Kößler, Gottfried/Ulrich, Susanne (Hg.): Verunsichernde Orte. Selbstverständnis und Weiterbildung in der Gedenkstättenpädagogik (Schriftenreihe des Fritz-Bauer-Institutes, 21), Frankfurt am Main 2010.

Tooze, Adam: Ökonomie der Zerstörung. Die Geschichte der Wirtschaft im Nationalsozialismus (Schriftenreihe, 663), Bonn 2007.

Toppe, Andreas: Militär und Kriegsvölkerrecht. Rechtsnorm, Fachdiskurs und Kriegspraxis in Deutschland 1899–1940, München 2007.

Trüter; Claudia: „Als Entschuldigung meines Verhaltens kann ich nur angeben, dass das Herz sich nicht befehlen lässt." Verbotener Umgang mit Kriegsgefangenen vor dem Sondergericht, in: Danker, Uwe/Köhler, Nils/Nowottny, Eva/Ruck, Michael (Hg.): Zwangsarbeitende im Kreis Nordfriesland 1939–1945 (IZRG-Schriftenreihe, 12), Bielefeld 2004, S. 201–219.

Vaccaro, Tony: Entering Germany. Photographs 1944–1949, Köln 2001.

„Verbotener Umgang mit Kriegsgefangenen".Verfahren am Landgericht Halberstadt (1940–1945), hg. von der Heinrich-Böll-Stiftung Sachsen-Anhalt und der Stiftung Gedenkstätten Sachsen-Anhalt/Gedenkstätte Roter Ochse Halle (Saale), Halle 2012.

Vercoe, Tony: Survival at Stalag IVB. Soldiers and airmen remember Germany's largest POW camp of World War II, Jefferson 2006.

Virgili, Fabrice: Naître ennemi. Les enfants de couples franco-alemands nés pendant la Seconde Guerre mondiale, Paris 2009.

Vergin, Ute: Die nationalsozialistische Arbeitseinsatzverwaltung und ihre Funktionen beim Fremdarbeiter(innen)einsatz während des Zweiten Weltkrieges, Dissertation, Osnabrück 2008.

Viebig, Michael: September 1939 – Veränderungen in der nationalsozialistischen Strafrechtspflege und der Spruchtätigkeit von Sondergerichten in Mitteldeutschland, unter besonderer Berücksichtigung des Sondergerichtes Halle, in: Erinnern! Aufgabe, Chance, Herausforderung (H. 2), 2009, S. 1–11.

Wehler, Hans-Ulrich: Deutsche Gesellschaftsgeschichte. Vom Beginn des Ersten Weltkriegs bis zur Gründung der beiden deutschen Staaten 1914–1949 (Schriftenreihe/Bundeszentrale für politische Bildung, 776), Bonn 2010.

Werther, Thomas: Kriegsgefangene vor dem Marburger Militärgericht, in: Geschichtswerkstatt Marburg e.V. (Hg.): Militärjustiz im Nationalsozialismus. Das Marburger Militärgericht, Marburg 1994, S. 244–292.

Wildt, Michael: Generation des Unbedingten. Das Führungskorps des Reichssicherheitshauptamtes, Hamburg 2002.

Ders.: „Volksgemeinschaft". Eine Antwort auf Ian Kershaw, in: Zeithistorische Forschungen, Bd. 8 (2011), S. 102–109.

Ders.: Volksgemeinschaft. Eine Gewaltkonstruktion des Volkes, in: Bielefeld, Ulrich: Gesellschaft – Gewalt – Vertrauen, Hamburg 2012, S. 438–457.

Wirsching, Andreas, Nationalsozialismus in der Region. Tendenzen der Forschung und methodische Probleme, in: Möller, Horst; Wirsching, Andreas; Ziegler, Walter (Hg.), Nationalsozialismus in der Region, München 1996, S. 25–46.

Wolters, Christine: Rezension zu: Bindernagel, Franka; Bütow, Tobias: Ein KZ in der Nachbarschaft. Das Magdeburger Außenlager der Brabag und der „Freundeskreis Himmler". Köln 2003, in: H-Soz-u-Kult, 07.01.2004, online: www.hsozkult.de/publica tionreview/id/rezbuecher-3757 (17.07.2015).

Wüllenweber, Hans: Sondergerichte im Dritten Reich. Vergessene Verbrechen der Justiz, Frankfurt a.M. 1990.

Wylie, Neville: Barbed Wire Diplomacy. Britain, Germany and the Politics of Prisoners of War, 1939–1945, Oxford 2010.

Zagovec, Rafael: Gespräche mit der „Volksgemeinschaft". Die deutsche Kriegsgesellschaft im Spiegel westalliierter Frontverhöre, in: Das Deutsche Reich und der Zweite Weltkrieg, Bd. 9: Die Deutsche Kriegsgesellschaft 1939 bis 1945, 2. Hbd.: Ausbeutung, Deutungen, Ausgrenzung, München 2005, S. 298–310.

Zeidler, Manfred: Die Dokumentationstätigkeit deutscher Stellen und die Entwicklung des Forschungsstands zu den Verurteilungen deutscher Kriegsgefangener in der UDSSR in den Nachkriegsjahren, in: Hilger, Andreas: Sowjetische Militärtribunale,

Bd. 1, Die Verurteilung deutscher Kriegsgefangener 1941–1953, Köln 2001.

Zühl, Antje: Zum Verhältnis der deutschen Landbevölkerung gegenüber Zwangsarbeitern und Kriegsgefangenen, in: Röhr, Werner/ Eichholtz, Dietrich/Hass, Gerhart u.a. (Hg.): Faschismus und Rassismus. Kontroversen um Ideologie und Opfer, Berlin 1991, S. 342–352.

8.6 Abkürzungsverzeichnis

AA	Arbeitsamt
AA	Auswärtiges Amt
AÄ	Arbeitsämter
Abt.	Abteilung
AGSST	Armee-Kriegsgefangenensammelstelle
AK	Armeekorps
AK	Armia Krajowa (Polnische Heimatarmee)
AMK	Arbeitsgemeinschaft Magdeburger Kriegsgefangenenlager
A.O.	Abwehroffizier
AWA	Allgemeines Wehrmachtsamt
BArch, MA	Bundesarchiv, Abteilung Militärarchiv (Freiburg i.B.)
BdE	Befehlshaber des [Heimat- und] Ersatzheeres
Chef Abt. Kgf.	Chef der Abt. Kriegsgefangene im OKW/ AWA (ab 1939)
ChdDtPol	Chef der deutschen Polizei
Chef Kgf. [OKW]	Chef des Kriegsgefangenenwesens im OKW (ab 01.01.1942)
Chef Kgf.	Chef des Kriegsgefangenenwesens (ab 01.04.1944)

DDR	Deutsche Demokratische Republik
Div.	Division
Dok.Stelle Celle	Dokumentationsstelle Stiftung niedersächsische Gedenkstätten in Celle
d.R.	der Reserve
DRK	Deutsches Rotes Kreuz
Dulag	Durchgangslager
Frontstalag	Frontstammlager
Fü.Arb.Kdo.	Führer des Arbeitskommandos
GARF	Staatsarchiv der Russischen Föderation
GBA	Generalbevollmächtigter für den Arbeitseinsatz
Gen.Maj.	Generalmajor
Gestapo	Geheime Staatspolizei
GKA	Genfer Abkommen über die Behandlung der Kriegsgefangenen
GSSD	Gruppe der Sowjetischen Streitkräfte in Deutschland
GV	Geschlechtsverkehr
HDv.	Heeresdienstvorschrift
Heilag	Heimkehrerlager
HLKO	Haager Landkriegsordnung
Hptm.	Hauptmann
IAG	Industrie-Arbeitsgemeinschaft
IKRK	Internationales Komitee vom Roten Kreuz
IMI, Imi	Italienische Militärinternierte
Kdo.	Kommando
Kdr.Kgf.	Kommandeur der Kriegsgefangenen
Kdt.	Kommandant
KG, Kgf., KGF, Kr.Gef.	Kriegsgefangener
Kgf.-Arb. Btl.	Kriegsgefangenenarbeitsbataillon
KZ	Konzentrationslager
LAA	Landesarbeitsamt

LHASA, MD	Landeshauptarchiv Sachsen-Anhalt, Abteilung Magdeburg
LS-Keller	Luftschutzkeller
Lt.	Leutnant
Marlag	Marinelager
MfS	Ministerium für Staatssicherheit der DDR
NKWD	Narodny kommissariat wnutrennich del (Volkskommissariat für innere Angelegenheiten)
NS	Nationalsozialistisch
NSDAP	Nationalsozialistische Arbeiterpartei
NSKK	Nationalsozialistisches Kraftfahr-Korps
NSV	Nationalsozialistische Volkswohlfahrt
OB	Oberbürgermeister
Oblt.	Oberleutnant
Obstlt.	Oberstleutnant
Oflag	Offizierslager
OKH	Oberkommando des Heeres
OKW	Oberkommando der Wehrmacht
Pg.	Parteigenosse (der NSDAP)
PK	Personalkarte
RAD	Reichsarbeitsdienst
RAM	Reichsarbeitsminister/-ministerium
RAW	Reichsbahnausbesserungswerk
Rez.	Rezension
RGBl.	Reichsgesetzblatt
RGVA	Staatliches Militärarchiv der Russischen Föderation
Rittm.	Rittmeister
RM	Reichsmark
RMEL	Reichsministerium für Ernährung und Landwirtschaft
RMI	Reichsministerium des Innern

RNS	Reichsnährstand
RSHA	Reichssicherheitshauptamt
Rü.	Rüstung
Rü-In	Rüstungs-Inspektion
SA	Sturmabteilung
SAARF	Special Allied Airborne Reconnaissance Force
SD	Sicherheitsdienst der SS
SHAEF	Supreme Headquarters, Allied Expeditionary Force
SMAD	Sowjetische Militäradministration in Deutschland
SMT	Sowjetisches Militärtribunal
SS	Schutzstaffel
Stalag	Kriegsgefangenen-Mannschaftsstammlager
Stapo(Leitstelle)	Staatspolizeileitstelle
unpag.	unpaginiert
v. H.	von Hundert
VLR	Vortragender Legationsrat
v. Mts.	vorigen Monats
VUK	Verbotener Umgang mit Kriegsgefangenen
Wam.	Wachmannschaft
WASt	Wehrmachtauskunftstelle (heute Deutsche Dienststelle)
YMCA	Young Men's Christian Association
z.b.V.	zur besonderen Verwendung
z.V.	zur Verfügung